工 业 集 团 公 司

集团公司领导班子

（左起：副总经理冯大为，党委副书记李海波，副总经理田维宽，总经理梁平，党委书记董事长才玮辉，副总经理赫宇，总会计师井忠勇，纪委书记梁延森，总经理助理马继来）

1907年在延长县钻成中国陆上第一口油井

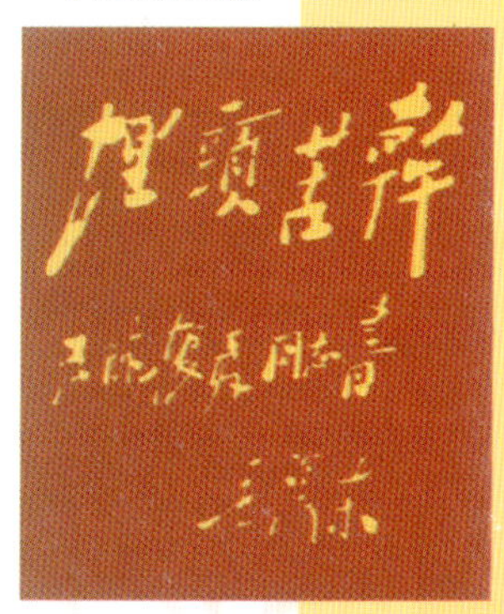

1944年毛泽东主席为延长石油厂厂长陈振夏同志题词"埋头苦干"

的速度递增。2002年排名中国企业500强第122位，2000年至2003年累计实现税利105亿元，连续4年列为陕西省第一税利大户。

延长石油，源远流长。延长石油的发现和利用始载于《汉书》。创建于1905年的"延长石油厂"，揭开了中国近代石油工业的序幕，为中国革命和建设做出了重要贡献。伴随着改革开的春风，延长石油事业得到了长足发展。进入新的世纪，延长石油人坚持以"三个代表"重要思想为指导，埋头苦干，与时俱进，力争2008年实现原油生产和加工两个1000万吨目标，以新的业绩回报社会各界的厚爱，为陕西经济建设做出新的贡献。

成品油销售

石油炼制

石油化工——聚丙烯

陕西省信息产业厅

2003年，陕西信息产业主要经济指标稳定增长。共完成工业总产值452.3亿元，同比增长20.4%；完成工业增加值100亿元，增长22.8%；实现产品销售收入300亿元，增长23.2%；实现利税总额34.7%，增长27.1%。主要产品产销率达到96%以上。软件业收入突破百亿元大关，完成收入105亿元，增长50%。

全行业在新产品开发和技术改造方面取得新成果。共下达科研计划183项，申报信息产业部科研试制民品计划15项，省新品计划和重点技术等创新项目103项。完成新品和科技成果鉴定54项。新品产值率33%，质量稳定提高率92.4%。共完成技改投资5.8亿元。积极落实省委省政府提出的项目带动战略，向中央各部委申报了各种基金、技改项目60项。争取到位电子发展基金600万元、出口研发基金120万元、出口技改贴息380万元、科技创新基金300万元、军工技改中央预算专项资金1260万元。2003年，陕西信息产业以电子政务、企业信息化和改造提升传统产业为重点，努力推进全省信息化建设。组织协调有关部门提出了《关于我省电子政务建设的意见》，拟制了《陕西省电子政务建设"十五"发展规划纲要(修改稿)》、会同有关部门制定了《关于用信息技术改造提升传统产业的指导意见》等。组织相关部门和专家对远程服务工程方案进行研究、完善。加大了政策法规制度建设和信息化知识教育培训工作力度。

2003年，信息产业在无线电管理方面大力宣传贯彻《中华人民共和国频率划分规定》，在全省开展了保护民用航空无线电专用频率专项整顿和无线电频率台站检查工作，有效地维护了空中电波秩序，使航空通信效果明显改善。在我省遭遇重大洪涝灾害时，无线电管理部门深入防汛第一线，及时解决问题，保证了防汛频率的正常工作。

陕 西 企 业 年 鉴

2004

国家统计局陕西省企业调查队
陕西省人民政府国有资产监督管理委员会 编

陕西人民出版社

(陕)新登字 001 号

图书在版编目(CIP)数据

陕西企业年鉴.2004/国家统计局陕西省企业调查队,陕西省国有资产管理委员会编.—西安:陕西人民出版社,2004

ISBN 7-224-07138-2

Ⅰ.陕... Ⅱ.①国...②陕... Ⅲ.企业经济-陕西省-2004-年鉴 Ⅳ.F279.274.1-54

中国版本图书馆 CIP 数据核字(2004)第 136729 号

责任编辑 张卫东
封面设计 曹 刚 程印红

书 名:陕西企业年鉴 2004
编 者:国家统计局陕西省企业调查队
陕西省人民政府国有资产监督管理委员会
出版发行:陕西人民出版社(西安北大街 147 号 邮编:710003)
印 刷:陕西省印刷厂
开 本:880mm×1230mm 1/16 31.75 印张 32 插页
字 数:949 千字
版 次:2004 年 12 月第 1 版 2004 年 12 月第 1 次印刷
印 数:1—1500
书 号:ISBN 7-224-07138-2/F·933
定 价:220.00 元

《陕西企业年鉴》编辑委员会

《陕西企业年鉴》编辑部

利君药

卓越品质 孜孜追求

全国人大代表
利君集团董事长
利君制药股份公司董事长 吴秦

利君集团是在原西安制药厂基础上改制设立的中国西部大型制药企业集团。集团下辖28个子公司，拥有总资产15亿元，员工5000余人。基本构架了规模制药、金融投资、建筑安装、饮品开发、医药连锁、设备制造、地产开发、出口贸易等产业格局。

公司产品规模优势明显。四大原料药红霉素、琥乙红霉素、异VC钠和盐酸四环素产销量均居全国第一。盐酸四环素通过美国FDA认证，占美国市场65%。制剂以中国驰名商标、中国公众最喜爱的十大商标“利君沙”为核心，形成了大环内脂类抗生素系列利迈先、派奇，心血管系列多贝斯、利喜定，免疫保健系列可好、维口佳、养力佳、“升态”营养液和感冒系列儿感乐、利君感冒喷剂等为代表的一批具有大品牌潜力的精品医药群。企业被确定为中国西部药品经济动员中心。

公司营销网络覆盖全国。实现了“十部两办”的扁平化管理。已组建26个覆盖全国的实体分公司，构建300多家商业代理联盟，发展5000多家医院和零售药店为主的庞大终端网络。产品销往全国30个省区、200多个大中城市和广大农村及欧美市场。

公司科技实力强劲雄厚。设有以新型西药、现代中药、生物制药及OTC制剂为主的专门科研机构。拥有年产80亿片亚洲最大的固体制剂车间，利君恒心堂制药为主的现代中药生产基地和世界先进、国内一流的自动化物流中心。制剂车间和主要原料车间通过GMP和美国FDA认证。企业被认定为高新技术企业。

公司运行机制规范高效。具有完善健全的法人治理结构和激励约束机制。所有子公司都进行了“利君化、公司化”规范改制，建立了以产品、品牌和资产为纽带的母子公司管理体制和“科学、高效、务实、活力”的运行机制。

公司管理水平先进科学。建立了以财务为中心的管理体系，确立了“外圆内方”方略和“哑铃型”管理形态。全面实现办公自动化。引进了一批职业经理、硕士和博士等高素质人才，初步建成“521”人才工程，具有快速发展的充足人才储备。

公司获得一系列重大荣誉。国家和省市领导多次来公司视察，1998年江泽民同志为企业亲笔题词“发扬延安精神，振兴民族药业”。公司被授予“全国五一劳动奖状”、“全国医药系统先进集体”等荣誉称号。董事长吴秦荣获“全国五一劳动奖章”、“陕西省劳动模范”等殊荣，并光荣当选第十届全国人大代表。

利君广场

宝　鸡　机　床　厂

办公楼

宝鸡机床厂是一个具有机电产品进出口自营权的新技术企业，全国重点骨干金切机床厂。企业总资产近5亿元，现有员工1700多人，其中专业工程技术人员400多人。企业主要由宝鸡机床厂、忠诚机床股份有限公司及两个分厂、六个合资公司组成。1999年通过ISL9001质量本体系认证。

企业主导产品有柔性制造单元、车削中心、加工中心、数控铣床、数控车床、马鞍车床、普通车床等12大类、160多个品种。年产机床5000台，产品数控化率达到52%，产值近5亿元，出口创汇连年保持在700万美元以上。产品畅销国内外，远销世界50多个国家和地区。

近年业企业多次荣获国家、省、部级奖励，“忠诚”牌CS6266B马鞍车床和“忠诚”牌BJ1640系列车床分别荣获陕西省、宝鸡市名牌产品；CK7520全功能数控车床被 国家科技部等六部委联合授予国家重点新产品，列入“国家级火炬计划”，被省政府评为陕西省企业技术创新奖二等奖；GH7520车削中心、CK7520数控车床获机床质量监督抽查优质产品，BK202S平行双主轴车削柔性单元被国家经贸委确定为“双高一优”和“国债支持”项目。

职工食堂

企业连续两年被中国机床工具工业协会评为“产品销售收入十佳”、“创品牌活动十佳”、“数控产值十佳”和“出口创汇十佳”殊荣，连续两年被中国工业经济联合会、中国机械工业联合会共同授予“中国机械行业竞争力之星企业”。2002年9月在参加科技部国家863高新技术研究发展计划、先进制造与自动化技术领域“数控关键技术与装备产业化支撑技术及应用”项目招标中一举中标，成为全国机床行业仅有的三家中标单位之一。2000年5月，该厂荣获“全国五一劳动奖状”先进集体光荣称号；多年来，先后被授予“高新技术企业”、“质量效益型先进企业”、“省级文明单位”等荣誉称号。厂长兼党委书记金洪祥同志2002年荣获“陕西省劳动模范”称号，2003年1月光荣当选陕西省第十届人大代表、金台区第十五届人大代表，荣获“陕西省2003年度有突出贡献专家”，“宝鸡市有突出贡献拔尖人才”。

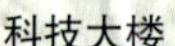

科技大楼

装配车间

宝　鸡　机　床　厂

2003年企业共完成机床产量4414台，分别比去年同期增长50.03%；工业总产值4.26亿元，同比增长49.85%；销售收入3.65亿元，同比增长57.52%；实现利税3181万元，同比增长81.9%；出口创汇772万美元，同比增长22.08%。

2004年工厂奋斗目标是：机床产量5500台，工业总产值5亿元；销售收入4.6亿元；出口创汇800万美元。

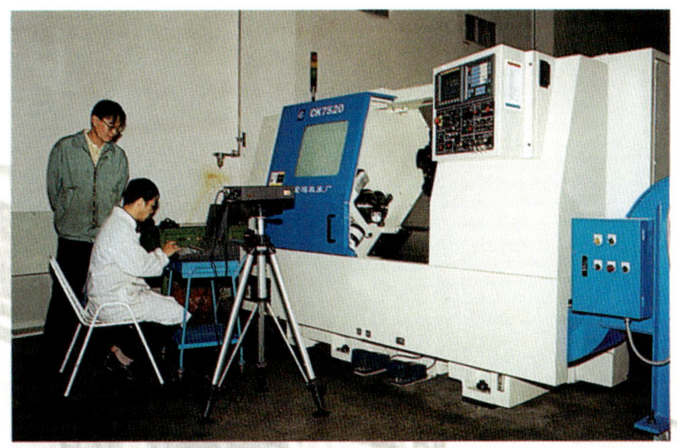

CK7520全功能数控车床

机加中心车间一隅

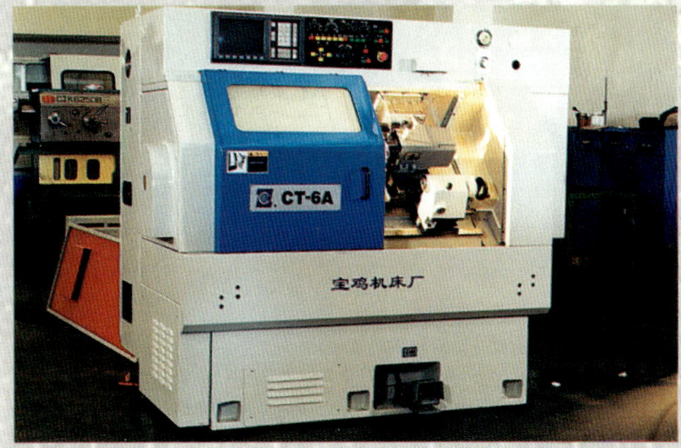

CT-6A全功能数控车床

贾省长视察

贾省长视察

市领导视察工作

金总在车间

金总与工人在一起

陕西秦龙电力股

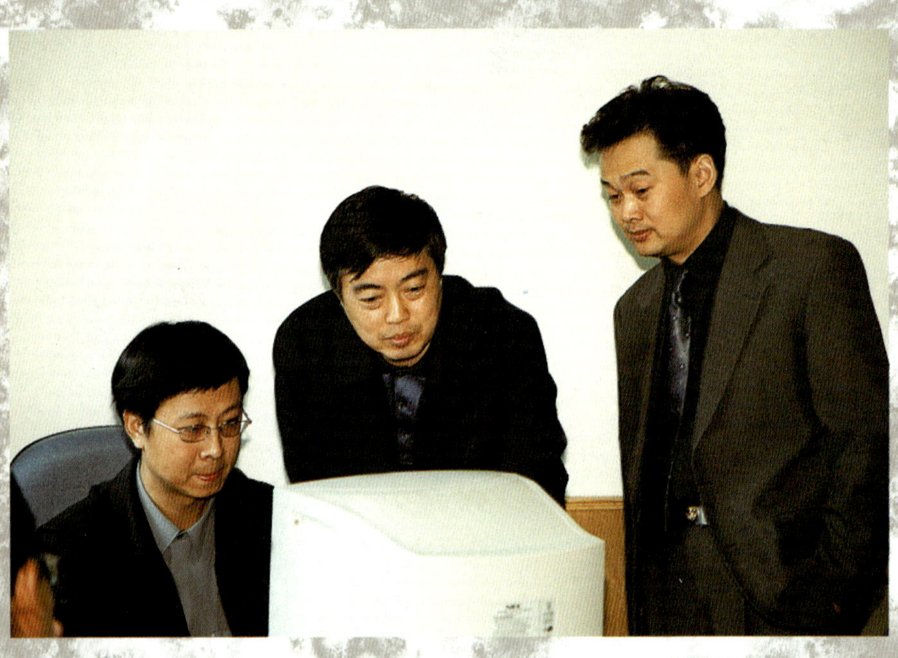

陕西秦龙电力股份有限公司正式成立于1997年12月31日，公司注册资本5亿元人民币。控股股东为陕西省电力建设投资开发公司，公司以电力的生产和开发为主，是陕西省目前注册股本和资产规模最大的股份公司之一。

陕西秦龙电力股份有限公司拥有水电、火电总装机容量40.85万千瓦，总资产15.66亿元，净资产8.94亿元，实现税后利润0.92亿元。公司经营的主要资产包括：二郎坝水力发电公司、陕西秦华发电有限责任公司(60%股权)、陕西渭河发电有限责任公司(19%股权)、陕西秦达房地产开发有限公司(60%股权)、略阳火力发电厂(托管经营)。

陕西秦龙电力股份有限公司立足陕西丰富的电力资源，充分发挥公司资产优良、规模配套的优势，以陕西省煤炭资源和水力资源的开发为主，开展大型火力发电项目和汉江流域水电站群的建设和经营，不断扩大电力资源开发的规模，使我省的电力资源优势转化为带动和促进经济发展的电力能源，并在非电力经营项目上也逐步探索经营，进一步增强公司的市场竞争能力和盈利能力。

份有限公司简介

五十周年歌咏比赛

精心管理

陕西省地方电力(集团)公司领导班子

总经理王文学(左四)、党委书记王鹏(右四)

副总经理颜宗智(左三)、副总经理刘健民(右三)

纪委书记李发展(左二)、党委委员雪彦礼(右二)

总会计师李菊萍(左一)、总工程师苏锦厚(右一)

SHAANXI REGIONAL ELECTRIC POWER GROUP

陕西省地方电力(集团)公司

陕西省地方电力(集团)公司是经陕西省人民政府批准，在原陕西省农电管理局基础上改制设立的省政府直属大型供电企业，承担着榆林市和高陵等66个县(区)工农业生产和城乡居民生活的供电任务，供电面积占全省总面积80%，供电人口占全省总人口40%。公司下属有供电、发电及工程设计、电力建设、物资供应、计量检测、工程监理、设备制造、科技投资、职工培训等单位102个。

陕西地方电力创始于1989年。15年来，在陕西省委、省政府的领导下，公司紧紧围绕全省经济社会发展目标，坚持企业效益、社会效益并重的原则，企业实力不断增强。通过认真实施全省扶贫通电规划，使行政村和农户通电率分别达到了100%和97.4%，提前实现了省政府确定的村村通电目标；率先推行农村分类综合电价和农村居民生活照明最高限价，高度重视规范化供电所建设，切实减轻群众用电负担，电力营销保持较好水平；强化科学管理，推进市场化运营，售电量由19亿千瓦时增加到74亿千瓦时，主营业务收入由1.7亿元增加到27亿元，实现利税由1237万元增加到1.2亿元，资产总额由2.5亿元增加到71亿元，经济效益稳步提高；实施了总投资78亿元的城乡电网建设与改造，电网状况得到根本改观，供电能力显著提高；坚持两个文明协调发展，绝大多数下属单位都建成了省、市级文明单位。目前公司拥有110千伏变电站46座、线路3121公里，35千伏变电站357座、线路5657公里，10千伏线路50977公里，低压线路近13万公里，控股、参股发电装机容量40万千瓦，已经成为陕西电力市场的重要主体和骨干企业，在全省经济格局中的地位日益突出。

陕西省地方电力(集团)公司的成立，揭开了陕西地方电力事业新一页。公司将按照省委、省政府的要求，积极推进公司化改制，健全各项规章制度，以建立国有资产保值增值机制、科学决策机制和激励约束机制为重点，切实推进科学管理；以电网运行和市场营销为基本任务，积极开拓电力市场，加强安全生产，保障优质服务；深入推进主辅分离，创新多种经营发展机制，优化辅业发展结构，不断壮大企业实力；全面完成农村电网建设与改造工程，积极实施县城电网改造工程，不断提高供电能力和供电质量，努力促进地方经济发展。通过体制创新、管理创新和制度创新，把公司做大做强，成为多元化、集团化的大型现代化控投企业，在实施西部大开发、建设西部经济强省的进程中，为陕西经济建设和社会发展做出贡献，再创新辉煌。

红原航空锻铸工业公司

创建于1965年，是中国航空工业第一集团公司所属的大型锻铸专业化企业。创建30多年来，为中国航空、航天、兵器、船舶、石油、化工、机械、交通、电力等行业的发展做出了重要贡献。公司总资产6.8亿元，占地面积53万平方米，员工3200余人。公司拥有各类工程技术人员400余名，建有省级企业技术中心及计算机辅助设计中心，具有独立设计、科研开发能力，能够生产各种钢、铝合金、铜合金、镁合金、钛合金、高温合金锻件及各种精密尺寸要求锻件，具有等温锻造研发技术能力。同时，可生产各类碳素钢、不锈钢、青铜及高温合金等各种复杂外形结构的精密铸件。公司建立了完整、有效的质量保证体系，通过了ISO9002质量体系认证及新时代军工体系认证，拥有自营进出口权，是国家批准的锻铸件出口基地。

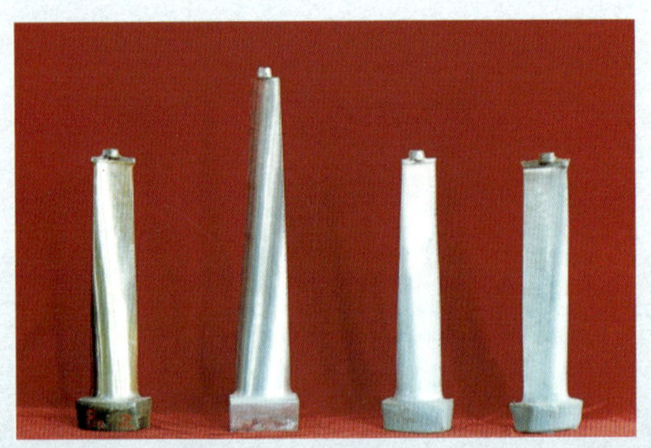

2003年，红原公司紧紧抓住军工企业难得的发展机遇，始终将发展作为第一要务，围绕实现销售收入1.8亿元这个目标，突出生产经营、改革脱困两个重点，实施人才、信息、技改、民心、改革五大工程，带动了生产经营、市场开发、改革管理及企业文化建设等各项工作的全面推进，全面实现了年初生产经营目标，完成现价工业总产值1.9亿元，同比增长18%。

新的一年，红原公司将按照“求真务实打基础，增产增收齐发展”的基本思路，大力弘扬“激情进取，志在超越”的航空人精神，团结一致，拼搏奉献，创新争先，努力把红原建设成为“行业领先，国内一流，世界知名”的航空锻铸基地。

法定代表人：杨春尚（总经理）
电　　话：（0910）2421191—5
传　　真：（0910）2421196
网　　址：www.hyfcc.com
通讯地址：陕西省三原县二号信箱
邮　　编：713801

希格玛有限责任会计师事务所

董事长(主任会计师)　吕桦

希格玛所是1998年在原西安会计师事务所(中国成立最早的八家会计师事务所之一)的基础上改制设立的综合性会计师事务所。事务所机构健全、队伍精干、资格齐全、管理规范，现以其雄厚的综合实力跻身于中国名牌事务所之列。

希格码所下设办公室、人事教育部、财务部、经营管理部、业务监管部、培训部等职能部门和财务审计部、资产评估部、工程造价咨询部、管理咨询部、杨凌分所等业务办事机构。事务所现有员工200余人，其中具有注册会计师、资产评估师、注册税务师、造价工程师等资格的专业人员占人员总数的75%以上，平均年龄38岁。

希格玛所具有中国政府授予的证券期货相关业务资格、金融相关审计业务资格、特大型国有企业审计资格、资产评估资格、工程造价咨询甲级资格，同时也是中央企业工委监事会工作部聘请的特别技术助理单位。

希格玛所建立了完整的制度管理体系和严密的质量控制系统，各项工作均在规范化轨道运行，执业人员严守职业道德，坚持独立、客观、公正的原则，以严谨、求实的作风和优良的服务赢得了社会充分的信赖。

希格玛所现已形成了以证券、期货相关业务为龙头，财务审计、金融审计、资产评估、工程造价咨询为核心，集管理咨询、税务代理、专业培训等业务于一体的服务网络。业务涉及各行各业，市场拓展到中国二十多个省、市和自治区。希格玛所正以全新的姿态立足中国，走向世界。

所长办公室剪影

独立　客观　公正　独立　客观　公正　独立　客观　公正　独立　客观　公正

陕西汽车集团

陕西汽车集团有限责任公司董事长：张玉浦

简　介

近两年陕西汽车集团有限责任公司（以下简称陕汽集团）以实现企业可持续发展为目标，大力开展“双优”工程，通过广泛吸收社会资本，成功实现了全国汽车行业首家与民营上市公司湘火炬的合资合作，增加了中卡系列产品，壮大了汽车零部件力量，使集团生产能力迅速提升，达到了年产各类汽车3万辆，重型车桥5万根的能力。

目前陕汽集团拥有陕西重型汽车有限公司、陕西欧舒特汽车股份有限公司、陕西汉德车桥有限公司、陕西宝鸡华山工程车辆有限责任公司、陕西通力专用汽车有限责任公司、陕西华亨汽车散热器有限责任公司、陕西万方汽车零部件有限公司、陕西华臻三产工贸有限责任公司等11个参股及控股子公司。产品品种覆盖重型军用越野车、重型卡车、大客车（底盘）、中型卡车、重型车桥等，具有特色鲜明、规格齐全、性能可靠的四大类1000多个品种序列，并进入2003年中国500强企业。

陕汽集团注册资本31518万元，占地面积135万平方米，拥有固定资产10亿元，职工10000余人，其中工程技术人员和具有中级以上职称的专业技术管理人员1200余名，公司具有完整的产品开发、生产制造、检测调试和市场营销体系，并于1999年通过了ISO9001：1994质量体系认证，2003年又通过了中国国家强制认证（3C）、GJB9001A-2001国军标认证及ISO9001：2000质量体系认证。

陕汽集团自80年代引进奥地利斯太尔重型汽车及德国曼公司大客车（底盘）设计制造技术以来，不断吸收当代世界先进技术，2003年又与德国曼公司签署长期战略合作协议，独家引进其畅销全球的MANF2000、TG-A系列重卡生产技术，从而形成了中国重型汽车升级换代新产品。目前集团公司在重型军用越野汽车、大

2004年5月18日，陕汽与德国MAN公司全面合作及重卡技术转让签约仪式在北京钓鱼台国宾馆举行。

在第八届中国东西部贸洽会，省委书记李建国、省长贾治邦在陕汽展台前参观指导工作

有限责任公司

陕汽德龙 F2000 重卡风光上海滩

陕汽牌 2190 军用越野车

吨位商用车和高档大客车（底盘）制造领域具有独特的优势，技术水平始终保持国内领先，成为国家选型对比试验后保留的唯一指定装备我军的重型军用越野车生产基地。

公司拥有自营出口权，产品出口亚洲、欧洲、美洲、大洋洲、非洲等十多个国家和地区，被国务院批准为扩大出口企业。产品 SX2150 及 SX2190 型军用越野车先后参加了举世瞩目的建国 35 周年及 50 周年国庆阅兵仪式，以庞大的阵容壮我军威，为国争光，受到国务院及中央军委的多次嘉奖。

面对经济全球化的挑战，陕西汽车集团有限责任公司将以强大的科技开发能力、大规模的生产能力、不断创新的市场开拓能力、崭新的企业文化凝聚力和先进灵活的管理能力，参与国际国内市场的竞争，为中国汽车工业的大发展，为西部大开发和陕西经济的跨越式增长，做出了更大的贡献。

董事长：张玉浦

总经理：方红卫

地址：西安市幸福北路 39 号

邮编：710043

电话：029-83388331

传真：029-82527664

网址：www.sxqc.com

陕汽斯太尔 3380 自卸车

陕汽 F2000 在运送“神州五号”返回仓

SHAAN XI BAOCHNG AVIATION INSTROMENT CO, LTD

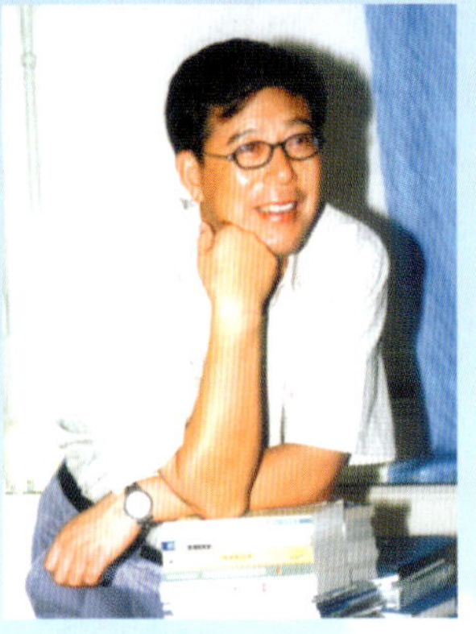
董事长：郭斌

企业简介

陕西宝成航空科技有限公司是以陕西宝成航空仪表有限责任公司为主体投资组建的有限公司 。主要从事新型纺织机械、空调制冷设备、精密钣金机柜和特种电源等寓军寓民产品的设计、制造、生产和销售。主要控股公司有：陕西宝成－爱罗泰齐空调设备有限责任公司、陕西宝成新型纺织机械有限责任公司、陕西宝成实业有限责任公司等。

电话：0917－3629187 传真：0917－3629657 电子邮箱：Baochengminpin@vip.sina.com

陕西宝成－爱罗泰齐空调设备有限责任公司

陕西宝成航空科技有限公司是以陕西宝成航空仪表有限责任公司为主体投资组建的有限公司 。主要从事新型纺织机械、空调制冷设备、精密钣金机柜和特种电源等寓军寓民产品的设计、制造、生产和销售。主要控股公司有：陕西宝成－爱罗泰齐空调设备有限责任公司、陕西宝成新型纺织机械有限责任公司、陕西宝成实业有限责任公司等。

电话：0917－3629187 传真：0917－3629657 电子邮箱：Baochengminpin@vip.sina.com

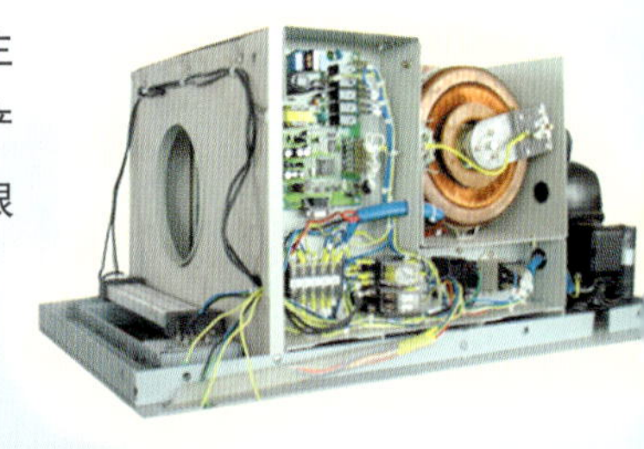

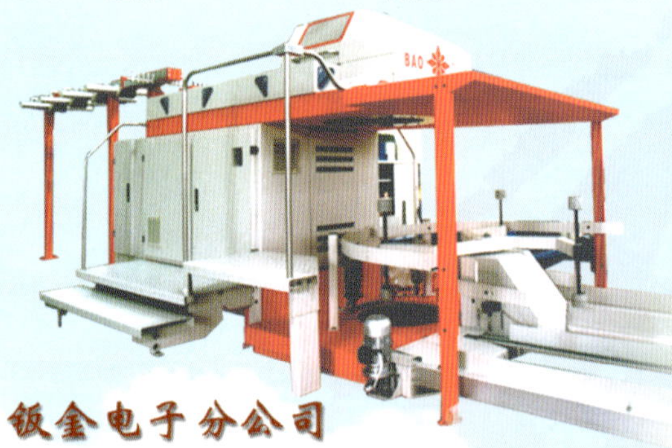

陕西宝成新型纺织机械有限责任公司

陕西宝成新型纺织机械有限责任公司是以陕西宝成航空科技有限公司为主体投资组建的有限责任公司。公司生产的新型纺织机械FA311、FA313、FA322 系列高速并条机以及仪器、仪表等产品曾多次荣获国家及部省级奖励，被授予“全国用户满意产品”、“全国推荐产品”、“替代进口产品”等称号。已成为中国纺机生产骨干企业之一。

电话：0917－3620001 传真：0917－3620218 电子邮箱：Office@shaanxibaohua.com

钣金电子分公司

陕西宝成航空科技有限公司钣金电子分公司主要产品有：军用中频静变电源；空调、冰箱用各型控制器；列车轴温报警器及检测设备；汽车仪表及传感器；各型精密钣金机壳机箱等。

电话：0917－3629505　传真：0917－3622045

电子邮箱：Baochengminpin@vip.sina.com

陕西宝成实业有限责任公司是一家集商贸、宾馆、医疗服务、教育培训、物业管理、建筑安装等多种经营为一体的综合性公司，注册资金 500 万元，拥有员工 700 人。

电话：0917－3629699　传真：0917－362215

电子邮箱：Baochengminpin@vip.sina.com

中航宝成

www.avicbaocheng.com　www.avicbaocheng.com.cn

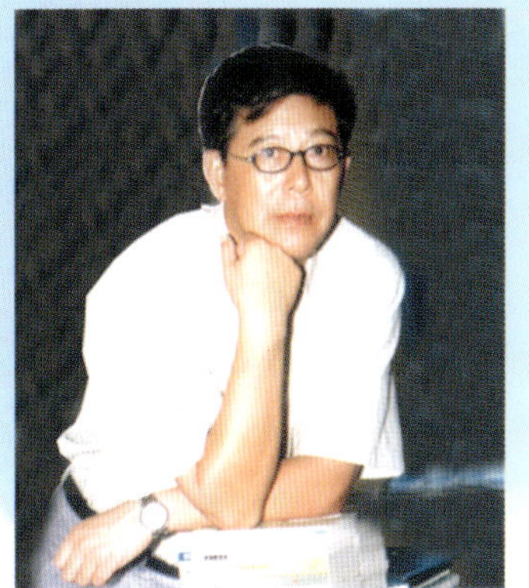

总经理：郭　斌

企业简介

陕西宝成航空仪表有限责任公司（国营第二一二厂）始建于1955年，是国家“一五”期间156项重点工程之一，属于国家大型II类企业，隶属于中国航空第一集团公司，主要产品有陀螺仪表、导航系统、精密惯性元器件、精密传感器、精密电位器、同步器等。

公司管理严格，环境优美，有完善的质保体系，公司及子公司98年通过ISO9001 、GJB/Z9001-1996质量认证。2003年通过ISO9001-2000、GJB9001A-2001质量认证。

陕西省招标有限公司

陕西省招标有限责任公司于2004年3月登记成立，注册资本1200万元。公司是在陕西省机械设备成套局机构改制、政企分开后，整合原各业务部门的基础上，联合电力、冶金、化工、军工等行业的相关法人股东共同组建专业从事招标代理、咨询、监理服务的股份制企业。

陕西省招标有限责任公司具备成套设备招标、建设工程设备招标、土建工程招标、装饰装修工程招标、项目招标、采购招标、建设工程咨询、工程监理等相关专业资质。可以完整地提供各行业基本建设、技术改造的招标、咨询、监监理等服务工作。

陕西省招标有限责任公司在公司法人治理结构的体系下，既继承了陕西省机械设备成套局原业务部门的职能工作、丰富的行业实践经验，又导入了顺应市场经济全新的经营理念经市场为导向的经营管理模式，形成了门类齐全的招标工作专业体系。公司各类专业技术人员占职工总数的86%，其中高级职称占16%，中级职称占33%，初级职称占37%。

长期招标工作的历史渊源给陕西省招标有限责任公司今后的工作打下了坚实的基础：从“五一”时期，完成国家交给的苏联援建156项工程的完善补套工作启始，在过去40多年里，根据国家建设的需要，为我省的冶金、煤炭、建材、电力、石油、化工、国防、机械、电子、医药、水利、广播电视、文化教育等20多个行业，900余个大、中型建设项目，组织了近45亿元的成套设备供应。1987年以来完成了陕西渭河化肥厂、陕西汉江钢铁厂、陕西文体科技中心工程、耀县水泥厂、省人民医院门诊楼、省政府综合楼、广厦工程等国家和地方大中型300余个项目的设备招标工作，平均节资率15%以上；1998年以来承担了工程总投资106亿元的陕西省农村电网建设（改造）工程项目，截至2003年已完成招标额50余亿元，节资15%以上，受到省政府的充分肯

定和相关部门的良好评价。随着机构改制政企分开，为顺应市场经济的新要求，我们奉行“盘资源、择制度、树品牌、酿文化、拓市场、快发展”的整合思路，积极对百尽竿头再上一步。

立足现时，回顾历史展望未来，我们充满信心；不断超越自我，是我们孜孜不倦地追求。回首往事，各级领导的关怀支持，各界朋友同仁的信赖厚爱，我们没齿难忘。我们将怀由衷之心，秉承科学理性的人文精神；遵循方圆中正，以人为本的经营理念，公开、公平、公正的工作原则；坚持专注的职业态度，专业的职业水准，勤奋开拓报以涌泉。

千里之行，始于足下，走好每一步，我们定会抵达光辉的彼岸。

借此之际，陕西省招标有限责任公司董事长粱远来先生、总经理郭养正先生携公司全体公司员工再次向关心支持爱护我们的各级领导、各界朋友表示最诚挚的感谢。

陕西省采购招标有限责任公司

陕西省人民政府改造工程现场回访

陕西省采购招标有限责任公司是陕西省机械设备成套局实行政企分开、事企分开后成立并在陕西省工商行政管理局注册登记的法人实体，是从事货物采购、基本建设工程、室内外装修工程、机电设备、各类服务性招标的专业招标机构，已具备政府采购、机电设备、建设工程、室内外装饰工程的招标代理资质，是以招标、监理、咨询和工程总承包为主要经营业务的工程技术服务机构。办公地址在陕西省政务大厅。

公司以陕西省机械设备成套局的业务为基础，自成立之日起，招标范围不断扩大，招标领域稳步延伸。招标领域已涉及到办公设备、医疗器械、服装、家具、变配电设备、建筑材料等货物采购招标；计算机网络、安防监控、消防报警、楼宇自控、电梯改造及安装、锅炉安装、室内外装修工程、土建工程招标、设计、监理服务类招标。涉及到金融、煤炭、化工、电力、石油、农业、体育、文物、广播电视、文化教育、环境保护、房地产开发、交通运输等行业。目前已实施陕西省政府10＃楼、人民大会堂陕西厅、陕西省委信访楼、陕西省政府机关事务管理局、秦始皇兵马俑博物馆秦陵多功能会议厅建设工程、西安市儿童医院住院楼建设工程、陕西省奥林匹克公园田径馆新建项目、杨凌示范区小区新建项目、中国重型汽车西安销售公司大楼新建项目等一批有重大影响的招标

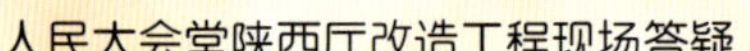
人民大会堂陕西厅改造工程现场答疑

招标大会

合同签字仪式

评标过程

工程。通过招标使建设工程提高质量，降低费用，缩短工期，创造最佳的经济效益、社会效益和投资效益；通过规范程序、规范管理使招标企业在同一平台公平竞争，优胜劣汰，为招标市场的健康发展起到积极的推动作用。

公司配备了建筑、结构、工程造价、电气、暖通、给排水、机械、计算机及智能化、经济等各类专业技术人员，已成为一家专业人才齐全、技术力量雄厚、管理手段先进的现代招标服务企业，锻炼和培养了一批熟悉国家《招投标法》、《政府采购法》，掌握招标采购管理程序、运作程序，能够有效地实施各项招标业务的高素质队伍。建立了机电设备、建筑结构、装饰效果、概预算等20多类、50多个专业、600多人的专家库。在招标实践中，我公司恪守“公开、公平、公正、诚实信用”的招标准则，坚持“规范操作，公开透明，信誉至上”的服务原则，以为建设单位提供高效的技术服务为宗旨，树立了公正执业、诚信守法、团结进取、求实开拓的企业精神，以赢得社会各界的普遍赞誉。

公司将以科学、求实、热情、周到的服务，树“品牌”意识，创“精品”工程，不断提高招标水平，为我省工程建设和经济发展做出贡献。

唱标过程

陕西省水电工程局

陕西省水电工程局（集团）有限责任公司，简称陕工局集团公司，对外名称为秦海国际工程总公司。是具有国家水利水电、公路、房屋建筑工程施工总承包一级资质，公路路面、公路路基工程专业承包一级资质，市政公用工程施工总承包二级资质，以及对外经营承包工程资质的大型国有施工企业。

企业拥有各类中、高级专业技术人员2000余名，一级资质项目经理100多名。工人中高、中级技工占67%。拥有一流的进口和国产主要工程机械设备2000余台，总资产约10亿元。年施工生产能力在15亿元以上。

集团公司累计修筑各类拦河坝、水电站、泵站百余座，隧洞100余公里，各类供水管道500多公里，公路近500公里，大中型桥梁、渡槽50多座，房屋建筑32万平方米。特别是先后在国外修建了30多座土石坝，仅百米以上的大坝就有7座。公司承建完成的新疆

位于陕西省周至县马召镇，拦河坝为黏土心墙砂砾石坝，坝高130米，坝体填筑工程量858万立方米，总库容2亿立方米。工程以城市供水为主。年向西安供水8.05亿立方米，2002年竣工。

长江三峡永久船闸开挖，90度直立墙，最大挖深68.5米

东雷抽黄续建工程北干二级泵站，总装机容量42.6MW，2004以我国目前已建成的装机容量最大的泵站获得“中国企业新纪录”

团）有限责任公司

克孜尔水库荣获“中国建助工程鲁班奖”“詹天佑土木工程大奖”；高138米的新疆乌鲁瓦提水利枢纽混凝土面板砂砾石料堆石坝，是目前国内已建成同类型最高坝，荣获“中国企业新纪录”；参与了长江三峡、黄河小浪底、李家峡、公伯峡等国家重点建设项目，并以优良的业绩赢得了业主的赞誉。同时还远赴突尼斯、几内亚、毛里求斯、伊拉克、马里和老挝等国家承担工程施工。

公司1998年获得ISO9000国际质量体系认证，2002年通过新的IS09001：2000标准认证。近十年来承建完成的所有工程均被评为优良工程，优良率100%。多次被评为全国先进建筑施工企业和水利水电系统先进企业，先后荣获“全国创建文明行业工作先进单位”、“全国五一劳动奖状”、“全国质量管理先进企业”、“全国守合同重信用企业”等称号。

新疆克孜尔水利枢纽工程，位于新疆拜城县，处于强震区活断层上。主坝为黏土心墙堆石坝，坝高44米，坝长2208.6米，总库容6.4亿立方米。工程以灌溉、防洪为主。于1993年建成，荣获“中国建筑鲁班奖”

国家重点工程青海公伯峡水电站，位于青海省化隆县与循化县交界处的黄河干流上，以发电、灌溉、供水为主。坝体为混凝土面板堆石坝，坝高139米，总库容6.2亿立方米，电站装机容量1500MW，年发电量51.4kw·h。该工程在全国首创了边墙挤压机在大坝施工中的运用。

西（安）宝（鸡）高速公路

黄河壶口观瀑舫，三星级宾馆

陕西龙门钢铁（集团）有限责任公司简介

龙门——一个神奇的地方，“鲤鱼跳龙门”的神话传说赋予了他更加神奇的魅力。

陕西龙门钢铁（集团）有限责任公司位于中国历史文化名城韩城市，北依龙门，东临黄河，交通便捷，水电充足，资源丰富。经过几十年的艰苦创业和滚动发展，公司已具有了雄厚的竞争实力，是陕西最大的钢铁联合企业和重点发展的大型企业集团，西北地区三大钢铁集团之一。

公司现有员工6500余人，占地3500余亩，总资产25亿元。公司拥有宝鸡红光、宝鸡轧钢、昌龙运输、钢铁炉料、华山设备、大西沟矿山、华龙耐材、环保产业等8个控股子公司，下设七大分厂、2个矿山、5个分公司、10个机关处室以及龙钢大厦（西安）、禹龙宾馆（韩城）等服务机构。形成了年产300万吨连铸坯、240万吨生铁、250万吨钢材、40万吨带钢（管材）、60万吨洗精煤、40万吨焦炭、80万吨精矿粉的综合生产能力，年销售收入达到65亿元。主要产品有小型材、带钢、焊管、钢坯、焦炭等，其中生铁、焦炭均为省优产品，“禹龙”牌钢材、炼钢生铁系陕西省名牌产品，出口日本、韩国及东南亚。“禹龙”牌钢材被评为“全国用户满意产品”和“中国建材质量信得过知名品牌”，畅销陕西及周边省区。1999年企业通过了ISO9002国际质量体系认证，2002年顺利通过ISO9001:2000版标准换片复审。2002年公司与西安建筑科技大学冶金学院联合创办了“陕西龙门钢铁（集团）有限责任公司冶金工程技术中心”。2002年，企业被国家质检总局授予“国家级完善计量检测体系合格单位”。

企业先后被评为国家“守全同重信用”企业、全国500家最佳经济效益工业企业、全国思想政治工作优秀企业、全国模范职工之家、建设银行AAA资信企业、全省质量服务双满意单位、陕西省十大利税工业企业、陕西省经济明星企业、陕西省产学研先进单位、陕西省质量效益型先进企业、省科协先进单位、陕西省先进集体、渭南市模范纳税户、韩城市园林式企业等。

“每一年、每一天，我们都要进步。”这是公司董事长兼总经理张丹力对公司的整体要求，更是“龙钢精神”的精髓所在。面对西部大开发的历史机遇，龙钢集团全体员工决心以党的“十六大”为指针，按照省上提出的“重整冶金，打造支柱”的战略部署，以饱满的热情和昂扬的斗志，走“资本股份化、融资社会化、产业规模化、效益最佳化”之路，深挖内部潜力、狠抓质量管理、谋求更大发展，为陕西“一线两带”开发建设，为陕西建设西部经济强省做出新的、更大的贡献。

五机五流连铸

炼铁高炉群

陕西省技术进步

公司经营班子研究工作

陕西省技术进步投资有限责任公司是依据《陕西省人民政府关于建设项目资本金有关问题的通知》[陕政发（1997）34号]，经陕西省经济贸易委员会批准于1997年5月成立。公司位于西安市高新技术开发区高新二路山西证券大厦22层，是根据国家产业政策对陕西省省内企业技术改造、技术进步、企业改组进行投资的国有独资公司，是陕西省政府授权的省级重大技改项目挖潜改造资金的投资主体，并从事资产经营业务。公司隶属于陕西省经济贸易委员会。

陕西省技术进步投资有限责任公司的资金全部由省财政划拨。截至2003年12月31日，公司资产总计60399万元（其中：流动资产24115万元，长期资产29773万元，固定资产净值232万元）；负债合计815万元；所有者权益59584万元。

目前陕西省技术进步投资有限责任公司的投资领域已涉及电子信息、汽车制造、化工、医药、建材、食品、机械、担保等领域，控股、参股项目39个，较好地发挥了政府投资导向作用，对陕西省的企业技术进步、资产重组和结构调整起到了促进作用。

公司投资项目——陕西华经微电子股份有限公司生产线一角

公司投资项目——西安海星现代科技股份有限公司产业基础

投资有限责任公司

公司投资项目——西安博华制药有限责任公司制剂车间

公司投资项目——陕西华特玻纤材料有限公司湿法毡生产线

公司投资项目——陕西汉江汽车有限责任公司SFJ6370系列产品

陕西兴化

——中国最大的硝酸铵生产基地

陕西兴化集团有限责任公司是现代化的国有大型企业。多年来企业为我国的工业、农业、国防、航天事业做出了重要贡献。企业已从单一的化肥生产企业扩展为具有化肥、化工、航天、特种气体、塑料编织六大类30余种产品的综合化工企业。集团公司控股的兴化化学股份公司是由兴化联合17家法人，共同出资组建的股份制公司。主导产品硝酸铵拥有30万吨生产能力，产销量雄居全国第一。多年保持“陕西省名牌产品”称号。在省内同行业首家通过ISO9002质量认证。

兴化30多年来走过了一条技改扩能，实现低成本扩张的成功之路。企业一直把主攻方向定在搞好生产能力配套完善，调整产品结构，向产品的深度要效益和开拓新产品、新领域四大目标上。“八五”期间，兴化完成技改投资1.5亿元，上缴利税年平均增长11.46%，名列全省利税大户第五名。

“九五”期间，兴化完成技改投资2.5亿元，其中，引进法国KT技术建设的硝酸铵生产线被列入国家“中西部优势工程和老工业基地改造振兴工程”。

针对原料线路革命的“油改气"工程和采用美国设备、技术建设的10万吨稀硝酸和4万吨浓硝酸生产线，为企业节能降耗和解决生产“瓶颈"发挥了巨大作用。

2003年，是兴化新一轮发展的起步之年，全年公司生产硝酸铵275103吨，实现销售收入3.88亿元，实现利税3900万元。

随着兴化技改项目不断发挥功效，兴化的规模会越来越大，越做越强。

陕西兴化　　兴陕兴华

地址：　陕西·兴平

电话：0910---8822512

传真：0910---8822012

Http：//www.snxhchem.com

陕西兴化
SHAANXI XINGHUA

兴陕兴华

陕西华特玻璃

耐碱玻璃纤维系列产品

高速公路防眩板

陕西华特玻璃纤维有限公司是国有控股的大型玻璃纤维生产企业，中国最大的特种玻纤生产商，已有30多年玻纤专业生产经验，公司拥有无碱、耐碱、高硅氧、湿法薄毡、贵金属(铂、铑、铱)加工、表面涂覆、玻璃钢制品加工等专业生产线，具有年产玻璃纤维纱6000吨、玻璃纤维布2000万平方米、湿法薄毡(玻璃纤维纸)2500万平方米、玻璃钢500吨的生产能力。企业多次受到市、省、部委、国家的表彰，曾获得“全国守合同、重信用企业”、“陕西省先进集体”、“陕西省企业管理示范单位”、“全国建材系统先进集体”等多项殊荣。

华特玻纤公司主要产品有：

无碱玻纤系列：各种规格的玻纤织物，标重范围25—1800克/平方米；

耐碱玻纤系列：玻璃球、粗纱、短切布、网格布；

高硅氧玻纤系列：各种工业用布、带、绳、纱、针刺毡等；

玻璃钢座椅

纤维有限公司

玻纤无纺制品:玻纤屋面毡、玻璃钢表面毡、管道毡、蓄电池隔板毡、贴面毡、印刷线路板用毡、高硅氧针刺毡、缝编毡等;

玻璃钢系列：专用玻璃钢座椅、玻璃钢通风管道、各种大型水上滑道、高速公路用防眩板、防撞筒、隔离墩、锥形标等交通安全设施产品，玻璃钢管、罩、各种型材、机动车玻璃钢配件、玻璃钢机械配件。

陕西华特玻璃纤维有限公司高硅氧系列产品

地址：陕西省兴平市友谊南路

邮编:713100

法人代表：贾韵梅

电话:0910 8362038，8362039

传真:0910 8362168，8822946

电邮:huatek@163.com

http//www.huatek.cn

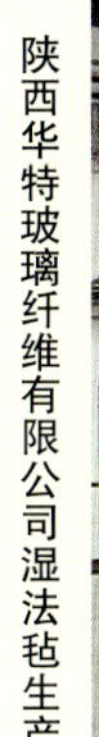

陕西华特玻璃纤维有限公司湿法毡生产线

陕西华特玻璃纤维有限公司厂前区

陕西方圆实业集团有限公司简介

陕西方圆实业集团有限公司是由陕西第一毛纺织厂和陕西省纺织工业总公司等共同出资组建的（集团）有限公司，公司总资产7600万元。集团公司下属企业：中美合资陕西咸阳杜克普服装有限公司、陕西方圆毛纺织有限责任公司、毛纺原料公司、方圆开发公司、营销总公司、进出口公司、钴60辐照中心、水电公司、方圆商场及数家大型综合性商场。集团公司的经营范围为：毛纺织产品、服装的生产、销售；物业管理；放射元素消毒；机械加工；进出口代理。集团公司主导产品有“方圆”牌精纺呢绒、“杜克普”牌西服及毛条产品。

中美合资陕西咸阳杜克普服装有限公司先后引进世界上最先进的美国柏格计算机辅助设计系统（CAD）、计算机辅助裁剪系统（CAM）、德国杜克普及霍夫曼全套缝制、立体整烫设备，技术装备水平已进入全国先进行列。“杜克普”西服引进世界最先进的意大利样板工艺技术，面料轻薄软挺，精工细做，具有立体造型美感及良好的保型性，穿着舒适、美观大方，并为顾客提供快捷良好的售前、售中、售后服务。“杜克普”西服曾荣获中国企业文化节金奖、中国西部商品交易博览会金奖、消费者信得过商品等多项大奖，被陕西省人民政府认定为陕西名牌产品。公司通过ISO9001质量体系认证，年可生产西服15万套。

陕西方圆毛纺织有限责任公司拥有条染、粗纱、纺织织布、染整等各类精良设备，形成7000锭年产120万米的高档精纺呢绒生产线。公司引进意大利、德国、瑞士等国家前纺成套设备，细纱机、自动络筒机、片梭织机、整经机、剪毛机、预缩机和罐蒸机等先进设备188台，可生产不同风格、档次和成分的纯毛、混纺、化纤等高支高密、轻薄高档产品。公司生产的“方圆”牌呢绒畅销全国，远销世界26个国家和地区，产品多次荣获国家金奖、银奖、省优、部优称号。纯毛单面华达呢和混纺啥味呢独具特色，在手感、光泽、风格等方面明显优于同类产品，受到广大客户和消费者的青睐。公司已通ISO9001质量体系认证。

陕西方圆实业集团有限公司热诚与国内外企事业团体、工贸界朋友开展贸易、技术经济合作，共谋发展，共同繁荣。

地址：陕西省咸阳市人民西路29号

电话：0910－3212122

传真：0910－3218221

邮编：712000

『方圆』牌呢绒

制條车间

『杜克普』西服生产线

引进的片梭织机

永安财产保险股份有限公司
汉中中心支公司

永安财产保险股份有限公司是以陕西省财政厅、国家电力、电子、石油、商贸、有色金属、航空航天等行业具有雄厚经济实力的大型企业集团和骨干企业为主要股东，面向全国的一家股份制法人商业财产保险公司，也是唯一一家总部设在陕西的保险公司。目前，公司已先后在重庆、太原、乌鲁木齐、成都、北京、广州、石家庄、郑州、昆明、青岛、大连、济南、南京、兰州等18个省市建立了分支机构，同时在陕西十个地市建立了分支机构，形成了以西安为中心，辐射全国中心城市的保险机构网络。

永安财产保险股份有限公司汉中中心支公司于2002年2月正式开业。公司在汉中市辖区内主要经营企业财产保险、家庭财产保险、机动车辆保险、货物运输保险、建筑工程保险、安装工程保险、能源保险、船舶保险、信用保证保险、责任保险和团体人身意外伤害保险、建筑工程意外伤害保险、交通意外伤害保险、学生幼儿意外伤害保险、旅行人身意外伤害保险、旅游观光景点娱乐场所人身意外伤害保险、旅客住宿意外伤害保险等保险业务。

一、机构设置

公司以“高起点、高标准”为建司宗旨，按照现代企业管理模式，以“合理分工，精简高效”的原则，设立了综合部、业务管理部、客户服务部和两个业务部门，并在主要县区设立了营销服务部。

二、人员状况

公司现有员工80名，管理人员15名，业务人员65名。其中大学本科21名，占26%；专科53名，占66%；公司95%的员工曾有过保险从业经历，具有较强的业务能力。同时，公司定期对员工进行保险专业知识培训，员工的基本素质和专业知识完全能够满足中心支公司的管理和业务发展的需要。

三、内部管理

永安保险公司实行一级法人制度，本着为保户负责、严格承保风险，实行法定分保及商业分保相结合的经营原则。永安保险公司作为股份制保险公司，与国际接轨，从公司组建开始，就按照高标准，严要求，市场化的股份制公司体制建立和运作，接受资信良好的会计事务所审查，向广大股东出具具有法律效力的会计报告，公开公司财务的真实情况，保证公司的财务运行良好。永安保险公司自1999年资产重组以来，每年以200%的速度加速发展，这充分体现永安保险旺盛的生命力。2002年，永安保险公司借西部大开发的政策导向，经国家保监委批准为全国性保险公司，同年永安与天安、华安等四家保险公司签定战略同盟协议，不仅壮大了永安保险公司的实力，而且更加丰富了为保户服务的方式。

四、服务体系

公司以客户服务部为服务中心，配备理赔专车，开通服务电话(2111530)和服务传呼(126---呼永安保险)，实行24小时值班制度，受理各类保险报案咨询和投诉，查勘保险事故。公司同各县交警大队保持密切联系，力争快捷、迅速解决赔案，使保户获得满意的服务。

公司开业以来，在市委、市政府及有关部门的大力支持下，业务发展迅速，市场占有率不断提高。2003年保费收入805.25万元，完成总公司下达全年任务的134%，较上年同期增长48%，实现利润60.23万元，共处理各类赔案923件，支付赔款277.7万元，综合赔付率34%。

永安财产保险股份有限公司汉中中心支公司内抓管理、外树形象，以“永远为保户着想”的服务宗旨树立了良好的企业形象，赢得了社会普遍的认可和好评。特别是在2002年“6.9”洪灾中，我公司及时向受灾单位支付赔款112万元，为我市在大灾后及时稳定社会秩序、恢复企业生产、安定人民生活做出了积极的贡献，受到了市委、市政府的好评。2003年我公司被总公司评为“诚信服务最佳单位”。

永安保险公司汉中中心支公司以“保障财产安全、支持国民经济发展、促进我市繁荣昌盛”为己任，借鉴国际保险业经营管理先进经验，开发适应地方经济建设的新险种，竭诚为我市各企事业单位、团体、个人的财产承担和分散风险。公司还向社会推出《客户服务承诺制度》、《客户服务跟踪制度》，规定了《服务用语》及《服务准则》，以创新的经营理念，灵活的机制，独特的服务方式，高效的办事效率，为汉中新老客户提供优质、高效的服务。

厂长 金洪祥

金洪祥同志简历

金洪祥，男，1954年10月生。辽宁铁岭人，现任宝鸡机床厂厂长，宝鸡忠诚机床集团总经理，宝鸡忠诚机床股份有限公司董事长，宝鸡机床厂、宝鸡忠诚机床股份有限公司党委书记。

金洪祥同志从1998年起任宝鸡机床厂厂长、宝鸡忠诚机床集团总经理(法人代表)、党委委员；2000年12月任宝鸡忠诚机床股份有限公司董事长；2003年4月兼任宝鸡机床厂、宝鸡忠诚机床股份有限公司党委书记。

自1998年初担任宝鸡机床厂厂长以来，金洪祥同志坚持改革、不断创新全心致力于工厂发展。他以务实拼搏的精神，雷厉风行的作风，丰富的企业管理知识和实践经验，团结厂领导班子成员，紧紧依靠广大干部职工，大胆改革，积极进取，取得了一个又一个辉煌成就。保证了企业以每年30%以上的速度快速发展，使宝鸡机床厂成为中国机床工具行业的骨干企业。

2003年当选陕西省第十届人大代表；

2002年5月荣获“陕西省劳动模范”；

2003年度“陕西省有突出贡献专家”；

1999年、2000年、2001年被评为“宝鸡市国有企业模范带头人”；

1999年3月荣获“陕西省依靠职工群众推进企业技术进步的好厂长”；

1999年1月荣获“省质量明星厂长”；

1999年3月荣获“外贸工作先进个人”；

2000年3月荣获“创经济效益最佳企业先进个人”等称号。

编辑说明

一、《陕西企业年鉴》是一部全面、系统地反映陕西国有企业改革成果，展示企业集团的发展以及在全省国民经济和社会发展中所起的作用，描绘优势企业在制度创新、管理创新和技术创新等方面的优势，汇编与企业密切相关的政策法规的资料性年刊。由国家统计局陕西省企业调查队、陕西省人民政府国有资产监督管理委员会联合编辑出版。

二、《陕西企业年鉴》共分“企业主要经济指标”、“企业改革”、“经济问题观察”、“政策法规”、“企业工作大事记”等五个篇章。

“企业主要经济指标”内容包括：全省优势企业、企业集团、大中型工业企业、上市公司及企业排行情况等。

“企业改革”内容包括：全省国企改革总体情况、建立现代企业制度重点监测企业情况和案例分析等。

“经济问题观察”内容包括：近两年关于企业改革与发展的专题调研报告。

“政策法规”内容包括：2004 年 9 月以前国家和省委、省政府出台的与企业相关政策，不包括 2003 年版《陕西企业年鉴》已经编录的政策法规。“企业工作大事记”内容包括：陕西省省委、省政府 2003 年深化企业改革新开展的主要工作和有关活动。

三、年鉴中统计指标解释及计算方法以 2003 年国家统计报表制度为准。其中，企业集团财务指标按财政部门有关“合并会计报表”的规定填报。但是也有些企业集团由于种种原因，采用相加汇总的方法填报。

四、年鉴中全省大中型工业企业有关资料来自陕西省统计局；企业集团、优势企业、建立现代企业制度重点监测企业有关资料来自陕西省企业调查队。

五、本年鉴编辑出版过程中，得到省政府领导、有关部门、各有关企业的大力支持，在此，我们一并致以诚挚的谢意。由于本年鉴涉及内容多，在编辑工作中难免会出现疏漏，甚至出现差错，敬请广大读者批评指出，并恳切希望对本年鉴今后的编辑工作提出改进意见和建议。

《陕西企业年鉴》编辑委员会编辑部

2004 年 10 月

目 录

第一篇 企业主要经济指标

第二篇　企业改革

第三篇　经济问题观察

第四篇　政策法规

第五篇　企业工作大事记

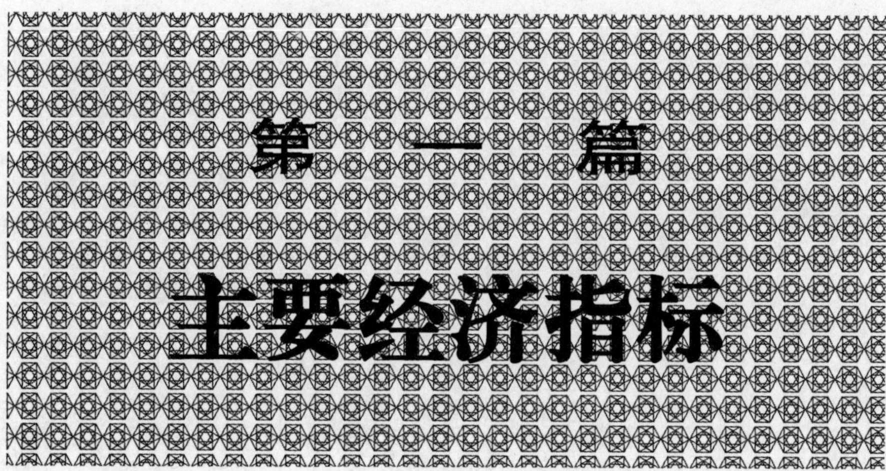

第　一　篇

主要经济指标

陕西省大中型工业企业主要经济指标（一）

（2003年）　　单位：千元

指　　标	企业单位数（个）	亏损企业	工业总产值（不变价）	工业总产值（当年价）	工业销售产值（当年价）
总　　计	420	107	118342560	152569011	150165906
在总计中：亏损企业	107	107	14979619	16228066	15908362
在总计中：国有控股企业	302	93	99519132	127952858	126146812
在总计中：农村工业	11	1	1074259	1299486	1292570
在总计中：轻工业	118	22	27511142	27472840	26841954
重工业	302	85	90831418	125096171	123323952
在总计中：大型企业	64	10	64633214	91813073	91140720
中型企业	356	97	53709346	60755938	59025186
一、按登记注册类型分组					
内资企业	397	103	104356923	141286094	139151084
国有企业	181	66	41434235	63892362	63454650
中央企业	72	25	17999005	23741457	23409227
地方企业	109	41	23435230	40150905	40045423
集体企业	12	0	1880410	1953122	1876075
股份合作企业	4	1	205313	322060	324582
联营企业	5	0	230624	304589	280230
国有联营企业	4	0	178183	252148	235535
国有与集体联营企业	1	0	52441	52441	44695
有限责任公司	124	26	38624806	42068978	40790635
国有独资公司	25	9	9700504	10095502	9907510
其他有限责任公司	99	17	28924302	31973476	30883125
股份有限公司	52	8	20254222	30688133	30503202
私营企业	19	2	1727313	2056850	1921710
私营独资企业	3	0	223934	218586	136283
私营合作企业	1	0	53100	54720	52532
私营有限责任公司	14	2	1383242	1738455	1686375
私营股份有限公司	1	0	67037	45089	46520
港、澳、台商投资企业	8	1	6623288	4431040	4380454
合资经营企业（港或澳、台资）	6	1	6114705	2641252	2590666
合作经营企业（港或澳、台资）	1	0	474878	1732738	1732738
港澳台商独资经营企业	1	0	33705	57050	57050
外商投资企业	15	3	7362349	6851877	6634368
中外合资经营企业	11	3	6253645	5598724	5384253
中外合作经营企业	1	0	112118	312186	312186
外资企业	3	0	996586	940967	937929
二、按经济组织类型分组					
独资企业	200	66	44568870	67062087	66461987
国有企业	181	66	41434235	63892362	63454650
集体企业	12	0	1880410	1953122	1876075
私营独资企业	3	0	223934	218586	136283

注：本表行业分类按《国民经济行业分类》（GB/T4754－2002）标准划分。

续表

指　　标	企业单位数（个）	亏损企业	工业总产值（不变价）	工业总产值（当年价）	工业销售产值（当年价）
港澳台商独资经营企业	1	0	33705	57050	57050
外资企业	3	0	996586	940967	937929
合作、合伙企业	12	1	1076033	2726293	2702268
股份合作企业	4	1	205313	322060	324582
国有联营企业	4	0	178183	252148	235535
国有与集体联营企业	1	0	52441	52441	44695
私营合伙企业	1	0	53100	54720	52532
合作经营企业（港或澳、台资）	1	0	474878	1732738	1732738
中外合作经营企业	1	0	112118	312186	312186
股份有限公司	53	8	20321259	30733222	30549722
股份有限公司（内资）	52	8	20254222	30688133	30503202
私营股份有限公司	1	0	67037	45089	46520
有限责任公司	155	32	52376398	52047409	50451929
国有独资公司	25	9	9700504	10095502	9907510
私营有限责任公司	14	2	1383242	1738455	1686375
合资经营企业（港或澳、台资）	6	1	6114705	2641252	2590666
中外合资经营企业	11	3	6253645	5598724	5384253
其他有限责任公司	99	17	28924302	31973476	30883125
三、按工业行业分					
煤炭开采和洗选业	16	2	4435141	6097418	6170602
烟煤和无烟煤的开采洗选	15	2	4346864	5833743	5882970
褐煤的开采洗选	1	0	88277	263675	287632
石油和天然气开采业	14	0	5957101	30168441	30102975
天然原油和天然气开采	13	0	5896898	30098157	30032691
与石油和天然气开采有关的服务活动	1	0	60203	70284	70284
黑色金属矿采选业	1	0	21000	67354	67354
铁矿采选	1	0	21000	67354	67354
有色金属矿采选业	16	2	1508645	2198944	2463411
常用有色金属矿采选	7	1	268094	331995	343908
铜矿采选	1	0	31582	33709	35739
铅锌矿采选	6	1	236512	298286	308169
贵金属采选	8	1	439827	803981	815821
金矿采选	7	0	405689	752609	764301
银矿采选	1	1	34138	51372	51520
稀有稀土金属矿采选	1	0	800724	1062968	1303682
钨钼矿采选	1	0	800724	1062968	1303682
农副食品加工业	9	1	1060376	1206504	1156968
谷物磨制	2	1	83573	134435	126305
植物油加工	2	0	171655	235347	220726
食用植物油加工	2	0	171655	235347	220726
屠宰及肉类加工	2	0	425856	469282	460231
畜禽屠宰	1	0	101216	132390	128478

续表

指　标	企业单位数（个）	亏损企业	工业总产值（不变价）	工业总产值（当年价）	工业销售产值（当年价）
肉制品及副产品加工	1	0	324640	336892	331753
其他农副食品加工	3	0	379292	367440	349706
淀粉及淀粉制品的制造	3	0	379292	367440	349706
食品制造业	8	1	1160676	1468557	1416285
方便食品制造	3	1	658970	657021	628872
速冻食品制造	1	1	40114	71540	49947
方便面及其他方便食品制造	2	0	618856	585481	578925
液体乳及乳制品制造	5	0	501706	811536	787413
饮料制造业	12	0	1430738	2012187	1953387
酒的制造	7	0	672923	1277994	1290136
白酒制造	4	0	228733	450385	456921
啤酒制造	3	0	444190	827609	833215
软饮料制造	5	0	757815	734193	663251
碳酸饮料制造	1	0	273721	290390	256555
果菜汁及果菜汁饮料制造	3	0	274464	255136	182459
茶饮料及其他软饮料制造	1	0	209630	188667	224237
烟草制品业	6	1	3101525	4852113	4788228
卷烟制造	6	1	3101525	4852113	4788228
纺织业	23	9	3673504	3995174	3998739
棉、化纤纺织及印染精加工	22	9	3607263	3906745	3900546
棉、化纤纺织加工	19	6	3367763	3690965	3702567
棉、化纤印染精加工	3	3	239500	215780	197979
纺织制成品制造	1	0	66241	88429	98193
棉及化纤制品制造	1	0	66241	88429	98193
纺织服装、鞋、帽制造业	3	0	265009	244681	292959
纺织服装制造	3	0	265009	244681	292959
皮革、毛皮、羽毛（绒）及其制品业	1	0	41773	70690	69738
皮革制品制造	1	0	41773	70690	69738
皮鞋制造	1	0	41773	70690	69738
木材加工及木、竹、藤、棕、草制品业	1	0	124525	102760	102970
人造板制造	1	0	124525	102760	102970
纤维板制造	1	0	124525	102760	102970
造纸及纸制品业	10	2	713520	799353	779121
造纸	8	2	564602	646912	641964
机制纸及纸板制造	8	2	564602	646912	641964
纸制品制造	2	0	148918	152441	137157
纸和纸板容器的制造	2	0	148918	152441	137157
印刷业和记录媒介的复制	10	2	1496959	1569876	1549769
印刷	10	2	1496959	1569876	1549769
书、报、刊印刷	6	2	474914	554338	531233
包装装潢及其他印刷	4	0	1022045	1015538	1018536

续表

指　标	企业单位数（个）	亏损企业	工业总产值（不变价）	工业总产值（当年价）	工业销售产值（当年价）
石油加工、炼焦及核燃料加工业	11	0	3336562	12090408	12162551
精炼石油产品的制造	2	0	1764968	8313108	8335723
原油加工及石油制品制造	2	0	1764968	8313108	8335723
炼焦	8	0	876974	3114905	3150997
核燃料加工	1	0	694620	662395	675831
化学原料及化学制品制造业	28	12	4508154	5165528	5027812
基础化学原料制造	5	2	783967	918279	896708
无机碱制造	1	0	367042	443923	434988
无机盐制造	1	0	62267	71335	73301
有机化学原料制造	2	1	243615	288745	274310
其他基础化学原料制造	1	1	111043	114276	114109
肥料制造	14	8	2218886	2698005	2674897
氮肥制造	13	7	2119229	2529952	2532301
磷肥制造	1	1	99657	168053	142596
涂料、油墨、颜料及类似产品制造	2	0	281396	199936	192107
涂料制造	2	0	281396	199936	192107
专用化学产品制造	5	1	681273	802708	778704
炸药及火工产品制造	3	1	425881	547316	536129
信息化学品制造	1	0	223376	223376	211439
环境污染处理专用药剂材料制造	1	0	32016	32016	31136
日用化学产品制造	2	1	542632	546600	485396
肥皂及合成洗涤济制造	2	1	542632	546600	485396
医药制造业	20	1	6749734	6749541	6531015
化学药品原药制造	2	0	550166	533637	509986
化学药品制剂制造	7	1	4866625	4905247	4817085
中药饮片加工	1	0	105000	105000	96221
中成药制造	8	0	881589	964868	829850
生物、生化制品的制造	2	0	346354	240789	277873
橡胶制品业	1	0	97715	111544	116196
橡胶板、管、带的制造	1	0	97715	111544	116196
非金属矿物制品业	26	12	1655903	2161106	2109134
水泥、石灰和石膏的制造	18	7	1112984	1534648	1517361
水泥制造	18	7	1112984	1534648	1517361
水泥及石膏制品制造	3	2	139169	206004	188095
水泥制品制造	3	2	139169	206004	188095
玻璃及玻璃制品制造	4	2	377404	387970	370057
平板玻璃制造	2	1	181293	167701	162303
日用玻璃制品及玻璃包装容器制造	1	1	56939	78917	65433
玻璃纤维及制品制造	1	0	139172	141352	142321
石墨及其他非金属矿物制品制造	1	1	26346	32484	33621
石墨及碳素制品制造	1	1	26346	32484	33621

续表

指　　标	企业单位数（个）	亏损企业	工业总产值（不变价）	工业总产值（当年价）	工业销售产值（当年价）
黑色金属冶炼及压延加工业	9	4	3108954	5509826	5488522
炼铁	2	0	391652	892740	933396
炼钢	2	1	513182	1008091	966078
铜压延加工	4	2	1986473	3421469	3371809
铁合多冶炼	1	1	217647	187526	217239
有色金属冶炼及压延加工业	14	4	3121604	3609262	3571742
常用有色金属冶炼	9	3	1886860	2375825	2326084
铜冶炼	1	1	26159	33479	25872
铅锌冶炼	6	1	1240054	1491758	1465516
铝冶炼	2	1	620647	850588	834696
稀有稀土金属冶炼	1	0	184719	184719	184719
稀土金属冶炼	1	0	184719	184719	184719
有色金属压延加工	4	1	1050025	1048718	1060939
常用有色金属压延加工	2	1	219065	239962	222395
稀有稀土金属压延加工	2	0	830960	808756	838544
金属制品业	7	1	463811	608256	592129
结构性金属制品制造	2	0	69770	139097	144995
金属结构制造	1	0	46940	110177	113145
金属门窗制造	1	0	22830	28920	31850
金属工具制造	3	1	243026	248419	232821
切削工具制造	3	1	243026	248419	232821
金属丝绳及其制品的制造	2	0	151015	220740	214313
通用设备制造业	18	5	5020594	4500202	4321538
锅炉及原动机制造	4	2	739311	653282	635882
锅炉及辅助设备制造	2	0	151291	122662	107472
内燃机及配件制造	2	2	588020	530620	528410
金属加工机械制造	6	1	1739517	1453360	1415138
金属切削机床制造	6	1	1739517	1453360	1415138
起重运输设备制造	2	1	189850	210414	199279
泵、阀门、压缩机及类似机械的制造	3	0	829434	689948	619877
泵及真空设备制造	2	0	221903	212023	166892
气体压缩机械制造	1	0	607531	477925	452985
风机、衡器、包装设备等通用设备	1	0	1309778	1265652	1229840
风机、风扇制造	1	0	1309778	1265652	1229840
金属铸、锻加工	2	1	212704	227546	221522
钢铁铸件制造	1	0	36204	37258	36475
锻件及粉末冶金制品制造	1	1	176500	190288	185047
专用设备制造业	32	10	7556410	6745247	6499272
矿山、冶金、建筑专用设备制造	12	4	3453979	2916114	2830226
采矿、采石设备制造	1	1	76589	69949	60930
石油钻采专用设备制造	3	1	1103039	1014992	1030365

续表

指　标	企业单位数（个）	亏损企业	工业总产值（不变价）	工业总产值（当年价）	工业销售产值（当年价）
建筑工程机械制造	4	1	1487842	964235	861981
建筑材料生产专用机械制造	1	0	161148	159990	154415
冶金专用设备制造	3	1	625361	706948	722535
食品、饮料、烟草及饲料生产专用设备制造	1	0	47662	44874	43430
食品、饮料、烟草工业专用设备制造	1	0	47662	44874	43430
印刷、制药、日化生产专用设备制造	2	0	407716	370302	345979
制浆和造纸专用设备制造	1	0	257631	220217	201094
印刷专用设备制造	1	0	150085	150085	144885
纺织、服装和皮革工业专用设备制造	5	2	1479232	1187451	1114279
纺织专用设备制造	3	2	133333	123511	105706
缝纫机械制造	2	0	1345899	1063940	1008573
电子和电工机械专用设备制造	7	3	1690036	1744531	1701308
电子工业专用设备制造	1	0	194851	202861	190200
武器弹药制造	5	2	1357537	1434408	1420123
航空、航天及其他专用设备制造	1	1	137648	107262	90985
农、林、牧、渔专用机械制造	2	1	218377	237542	234146
拖拉机制造	1	1	194531	207272	203980
营林及木竹采伐机械制造	1	0	23846	30270	30166
医疗仪器设备及器械制造	2	0	233791	215638	193450
医疗诊断、监护及治疗设备制造	1	0	150175	150175	127189
口腔科用设备及器具制造	1	0	83616	65463	66261
环保、社会公共安全及其他专用设备制造	1	0	25617	28795	36454
其他专用设备制造	1	0	25617	28795	36454
交通运输设备制造业	38	7	20481461	18646739	18109154
铁路运输设备制造	7	1	1292078	1870842	1909916
铁路机车车辆及动车组制造	1	0	704713	935370	934123
铁路专用设备及器材、配件制造	5	0	524869	859380	893521
其他铁路设备制造及设备修理	1	1	62496	76092	82272
汽车制造	10	3	7607600	6554737	6311936
汽车整车制造	3	0	5272154	4700665	4602216
改装汽车制造	2	1	92789	124701	143081
汽车零部件及配件制造	5	2	2242657	1729371	1566639
航空航天器制造	21	3	11581783	10221160	9887302
飞机制造及修理	16	3	10466061	9156322	8847181
航天器制造	5	0	1115722	1064838	1040121
电气机械及器材制造业	15	6	7126223	5928780	5891751
电机制造	2	0	614244	536688	537373
电动机制造	2	0	614244	536688	537373
输配电及控制设备制造	6	2	5228899	4417277	4373150
变压器、整流器和电感器制造	2	1	104903	100435	88868
电容器及其配套设备制造	1	0	58812	58936	53100

续表

指　标	企业单位数(个)	亏损企业	工业总产值(不变价)	工业总产值(当年价)	工业销售产值(当年价)
配电开关控制设备制造	2	1	4654391	3847113	3865304
其他输配电及控制设备制造	1	0	410793	410793	365878
电线、电缆、光缆及电工器材制造	4	1	693344	420464	434050
电线电缆制造	2	0	271472	216664	246155
绝缘制品制造	2	1	421872	203800	187895
家用电力器具制造	2	2	464965	467939	451150
家用制冷电器具制造	2	2	464965	467939	451150
照明器具制造	1	1	124771	86412	96028
电光源制造	1	1	124771	86412	96028
通信设备、计算机及其他电子设备制造业	23	6	23803237	12217943	11365834
通信设备制造	6	2	1807305	1316053	1308411
通信传输设备制造	2	1	387078	373722	368623
通信交换设备制造	1	1	987080	568880	562034
其他通信设备制造	3	0	433147	373451	377754
雷达及配套设备制造	1	0	207626	208973	208973
广播电视设备制造	1	1	116569	77573	69982
广播电视节目制作及发射设备制造	1	1	116569	77573	69982
电子器件制造	4	0	12194267	6579759	6299723
电子真空器件制造	4	0	12194267	6579759	6299723
电子元件制造	9	3	3866977	1946034	1839694
电子元件及组件制造	9	3	3866977	1946034	1839694
家用视听设备制造	1	0	5121881	1600939	1600939
家用影视设备制造	1	0	5121881	1600939	1600939
仪器仪表及文化、办公用机械制造业	6	2	1397025	1394366	1246250
通用仪器仪表制造	1	1	37795	37443	31077
工业自动控制系统装置制造	1	1	37795	37443	31077
专用仪器仪表制造	4	1	535090	522653	480163
环境监测专用仪器仪表制造	1	0	148783	191831	199581
导航、气象及海洋专用仪器制造	1	0	270730	214710	176520
核子及核辐射测量仪器制造	1	1	46566	47101	38127
电子测量仪器制造	1	0	69011	69011	65935
光学仪器及眼镜制造	1	0	824140	834270	735010
光学仪器制造	1	0	824140	834270	735010
工艺品及其他制造业	2	0	825308	842551	759966
工艺美术品制造	2	0	825308	842551	759966
珠宝首饰及有关物品的制造	2	0	825308	842551	759966
电力、热力的生产和供应业	37	17	4010524	10904095	10895213
电力生产	24	10	2920800	7778250	7769008
火力发电	22	9	2665225	7409112	7359812
水力发电	2	1	255575	369138	409196
电力供应	13	7	1089724	3125845	3126205
燃气生产和供应业	2	0	24231	165360	201116
水的生成和供应业	1	0	64618	364205	364205
自来水的生产和供应	1	0	64618	364205	364205

陕西省大中型工业企业主要经济指标（二）

（2003 年） 单位：千元

指　　标	工业增加值（当年价）	资产合计	流动资产	存　货	产成品
总　　计	55544683	304531029	120470265	31776844	9872272
在总计中：亏损企业	5217781	56617804	20220003	5105387	1919997
在总计中：国有控股企业	47200111	265006919	103995077	28077538	8438628
在总计中：农村工业	463844	1764992	560627	159087	73522
在总计中：轻工业	10716642	37972679	19128017	6366001	2111837
重工业	44828041	266558350	101342248	25410843	7760435
在总计中：大型企业	34286417	185015304	69178006	18213056	4669245
中型企业	21258266	119515725	51292259	13563788	5203027
一、按登记注册类型分组					
内资企业	50912682	291194560	113377040	30487173	9342746
国有企业	22363632	131216908	54066384	14363084	3971013
中央企业	8964448	56725284	25708954	7002677	1256123
地方企业	13399184	74491624	28357430	7360407	2714890
集体企业	525315	2944125	1480706	348554	124746
股份合作企业	173484	728084	228374	35292	10492
联营企业	139452	604561	190190	26370	7519
国有联营企业	115414	550553	169828	22203	5423
国有与集体联营企业	24038	54008	20362	4167	2096
有限责任公司	12712542	93127168	38261544	11993065	3398041
国有独资公司	3267963	28800592	8718203	2284622	697289
其他有限责任公司	9444579	64326576	29543341	9708443	2700752
股份有限公司	14396666	60463398	18286673	3366698	1663265
私营企业	601591	2110316	863169	354110	167670
私营独资企业	89121	352956	141281	61980	33054
私营合作企业	12001	56388	29320	650	650
私营有限责任公司	484579	1655941	658113	285826	131464
私营股份有限公司	15890	45031	34455	5654	2502
港、澳、台商投资企业	1488566	4840208	1892176	254907	74276
合资经营企业（港或澳、台资）	661055	1219156	648225	186914	68075
合作经营企业（港或澳、台资）	809028	3572743	1218747	48219	0
港澳台商独资经营企业	18483	48309	25204	19774	6201
外商投资企业	3143435	8496261	5201049	1034764	455250
中外合资经营企业	2592291	6395272	4803379	948196	424536
中外合作经营企业	190044	1123683	51406	18810	0
外资企业	361100	977306	346264	67758	30714
二、按经济组织类型分组					
独资企业	23357651	135539604	56059839	14861150	4165728
国有企业	22363632	131216908	54066384	14363084	3971013
集体企业	525315	2944125	1480706	348554	124746
私营独资企业	89121	352956	141281	61980	33054

续表

指　　标	工业增加值（当年价）	资产合计	流动资产	存　货	产成品
港澳台商独资经营企业	18483	48309	25204	19774	6201
外资企业	361100	977306	346264	67758	30714
合作、合伙企业	1324009	6085459	1718037	129341	18661
股份合作企业	173484	728084	228374	35292	10492
国有联营企业	115414	550553	169828	22203	5423
国有与集体联营企业	24038	54008	20362	4167	2096
私营合伙企业	12001	56388	29320	650	650
合作经营企业（港或澳、台资）	809028	3572743	1218747	48219	0
中外合作经营企业	190044	1123683	51406	18810	0
股份有限公司	14412556	60508429	18321128	3372352	1665767
股份有限公司（内资）	14396666	60463398	18286673	3366698	1663265
私营股份有限公司	15890	45031	34455	5654	2502
有限责任公司	16450467	102397537	44371261	13414001	4022116
国有独资公司	3267963	28800592	8718203	2284622	697289
私营有限责任公司	484579	1655941	658113	285826	131464
合资经营企业（港或澳、台资）	661055	1219156	648225	186914	68075
中外合资经营企业	2592291	6395272	4803379	948196	424536
其他有限责任公司	9444579	64326576	29543341	9708443	2700752
三、按工业行业分					
煤炭开采和洗选业	2392267	17093461	4076856	504376	113616
烟煤和无烟煤的开采洗选	2316807	16586620	3949863	476335	94296
褐煤的开采洗选	75460	506841	126993	28041	19320
石油和天然气开采业	15995465	57165161	10393398	1267746	439861
天然原油和天然气开采	15985468	57038833	10340082	1267719	439861
与石油和天然气开采有关的服务活动	9997	126328	53316	27	0
黑色金属矿采选业	34150	66029	46981	0	0
铁矿采选	34150	66029	46981	0	0
有色金属矿采选业	881275	4211946	1797554	391852	198378
常用有色金属矿采选	137269	646525	315198	52053	37456
铜矿采选	14617	62707	47606	7858	3502
铅锌矿采选	122652	583818	267592	44195	33954
贵金属采选	275268	1203698	317519	79911	39865
金矿采选	256448	1057432	265613	72897	39407
银矿采选	18820	146266	51906	7014	458
稀有稀土金属矿采选	468738	2361723	1164837	259888	121057
钨钼矿采选	468738	2361723	1164837	259888	121057
农副食品加工业	324683	1062272	554827	275708	164669
谷物磨制	78593	249270	99601	22963	10645
植物油加工	59405	185660	93490	66234	34086
食用植物油加工	59405	185660	93490	66234	34086
屠宰及肉类加工	132196	300471	143243	74189	50738
畜禽屠宰	31130	58828	29804	7256	7256

续表

指　标	工业增加值（当年价）	资产合计	流动资产	存　货	产成品
肉制品及副产品加工	101066	241643	113439	66933	43482
其他农副食品加工	54489	326871	218493	112322	69200
淀粉及淀粉制品的制造	54489	326871	218493	112322	69200
食品制造业	530986	1220407	579144	115138	40313
方便食品制造	257737	602807	263162	37969	14805
速冻食品制造	27014	148267	102572	3194	0
方便面及其他方便食品制造	230723	454540	160590	34775	14805
液体乳及乳制品制造	273249	617600	315982	77169	25508
饮料制造业	788025	2626981	1021465	397528	229773
酒的制造	518957	1401458	606667	248940	143424
白酒制造	186732	713228	409371	183006	139301
啤酒制造	332225	688230	197296	65934	4123
软饮料制造	269068	1225523	414798	148588	86349
碳酸饮料制造	86524	283976	146458	31130	14412
果菜汁及果菜汁饮料制造	93539	613085	208094	108965	68657
茶饮料及其他软饮料制造	89005	328462	60246	8493	3280
烟草制品业	2764271	6985990	5304303	2451886	39770
卷烟制造	2764271	6985990	5304303	2451886	39770
纺织业	1158045	6652979	2376516	1060830	533880
棉、化纤纺织及印染精加工	1133587	6563992	2320266	1040172	520057
棉、化纤纺织加工	1070664	6043994	2112357	982922	483389
棉、化纤印染精加工	62923	519998	207909	57250	36668
纺织制成品制造	24458	88987	56250	20658	13823
棉及化纤制品制造	24458	88987	56250	20658	13823
纺织服装、鞋、帽制造业	87870	297979	193614	39346	22166
纺织服装制造	87870	297979	193614	39346	22166
皮革、毛皮、羽毛（绒）及其制品业	18366	231964	165269	29305	16231
皮革制品制造	18366	231964	165269	29305	16231
皮鞋制造	18366	231964	165269	29305	16231
木材加工及木、竹、藤、棕、草制品业	20058	259439	49147	0	0
人造板制造	20058	259439	49147	0	0
纤维板制造	20058	259439	49147	0	0
造纸及纸制品业	246888	809120	248061	80466	41128
造纸	192827	683228	213012	70110	34278
机制纸及纸板制造	192827	683228	213012	70110	34278
纸制品制造	54061	125892	35049	10356	6850
纸和纸板容器的制造	54061	125892	35049	10356	6850
印刷业和记录媒介的复制	620596	3037297	1144706	262171	130086
印刷	620596	3037297	1144706	262171	130086
书、报、刊印刷	157727	981701	330543	75142	52920
包装装潢及其他印刷	462869	2055596	814163	187029	77166

续表

指 标	工业增加值（当年价）	资产合计	流动资产	存 货	
					产成品
石油加工、炼焦及核燃料加工业	2758167	8998506	3490715	983443	236162
精炼石油产品的制造	1805023	4664796	1576897	406809	127557
原油加工及石油制品制造	1805023	4664796	1576897	406809	127557
炼焦	719006	2418984	1369786	341372	101470
核燃料加工	234138	1914726	544032	235262	7135
化学原料及化学制品制造业	1490107	12809952	3293154	884764	344150
基础化学原料制造	259327	2145087	749930	145572	73223
无机碱制造	108536	1466141	384525	106146	50380
无机盐制造	31584	78736	30145	5146	4802
有机化学原料制造	108572	516567	291445	21016	11284
其他基础化学原料制造	10635	83643	43815	13264	6757
肥料制造	816050	7187268	1328884	364127	135997
氮肥制造	760333	6954611	1237833	301565	73435
磷肥制造	55717	232657	91051	62562	62562
涂料、油墨、颜料及类似产品制造	38117	289638	113497	32098	10985
涂料制造	38117	289638	113497	32098	10985
专用化学产品制造	254571	2508090	796581	270942	98565
炸药及火工产品制造	158126	2253616	629671	198359	66306
信息化学品制造	81489	214228	141905	70146	31379
环境污染处理专用药剂材料制造	14956	40246	25005	2437	880
日用化学产品制造	122042	679869	304262	72025	25380
肥皂及合成洗涤济制造	122042	679869	304262	72025	25380
医药制造业	2913372	9233816	5123570	1128044	683232
化学药品原药制造	101877	992119	466748	83621	66396
化学药品制剂制造	2229200	5345545	3202801	781485	433445
中药饮片加工	40302	81909	37104	9638	5462
中成药制造	440033	1293656	743085	182926	122250
生物、生化制品的制造	101960	1520587	673832	70374	55679
橡胶制品业	54980	227478	133767	30841	12791
橡胶板、管、带的制造	54980	227478	133767	30841	12791
非金属矿物制品业	773519	5494349	2071660	614934	289608
水泥、石灰和石膏的制造	609666	4140135	1411284	393420	169176
水泥制造	609666	4140135	1411284	393420	169176
水泥及石膏制品制造	42737	506550	259968	85794	65549
水泥制品制造	42737	506550	259968	85794	65549
玻璃及玻璃制品制造	110344	708934	324199	91030	44761
平板玻璃制造	29789	441038	177320	37557	8433
日用玻璃制品及玻璃包装容器制造	23478	76339	55289	12467	12467
玻璃纤维及制品制造	57077	191557	91590	41006	23861
石墨及其他非金属矿物制品制造	10772	138730	76209	44690	10122
石墨及碳素制品制造	10772	138730	76209	44690	10122

续表

指　标	工业增加值（当年价）	资产合计	流动资产	存　货	产成品
黑色金属冶炼及压延加工业	1340570	9962321	4719462	1151209	349156
炼铁	232395	2058229	527778	178170	6983
炼钢	211392	1216525	533617	238874	14131
铜压延加工	823381	6101070	3347620	666830	317445
铁合多冶炼	73402	586497	310447	67335	10597
有色金属冶炼及压延加工业	935180	6966671	2984403	1214963	371798
常用有色金属冶炼	572753	4113668	1247602	529036	85619
铜冶炼	13711	60719	40688	113	0
铅锌冶炼	433321	2482695	808292	329629	56725
铝冶炼	125721	1570254	398622	199294	28894
稀有稀土金属冶炼	68160	88947	43760	30060	3400
稀土金属冶炼	68160	88947	43760	30060	3400
有色金属压延加工	294267	2764056	1693041	655867	282779
常用有色金属压延加工	51941	308316	120025	86608	46024
稀有稀土金属压延加工	242326	2455740	1573016	569259	236755
金属制品业	244472	1329391	794848	424342	271960
结构性金属制品制造	44865	191245	145403	68261	36123
金属结构制造	35300	134317	109349	51554	30887
金属门窗制造	9565	56928	36054	16707	5236
金属工具制造	120211	705416	394750	263140	181913
切削工具制造	120211	705416	394750	263140	181913
金属丝绳及其制品的制造	79396	432730	254695	92941	53924
通用设备制造业	1652277	8967962	5779795	1687695	494819
锅炉及原动机制造	177102	1382413	658439	336363	72807
锅炉及辅助设备制造	33833	341509	161556	89136	54494
内燃机及配件制造	143269	1040904	496883	247227	18313
金属加工机械制造	489820	3179948	1964261	753980	187311
金属切削机床制造	489820	3179948	1964261	753980	187311
起重运输设备制造	63017	254101	125925	63775	22708
泵、阀门、压缩机及类似机械的制造	281649	1091863	718425	148065	34970
泵及真空设备制造	69498	663786	462506	108388	34970
气体压缩机械制造	212151	428077	255919	39677	0
风机、衡器、包装设备等通用设备	562053	2311748	1985817	267434	118442
风机、风扇制造	562053	2311748	1985817	267434	118442
金属铸、锻加工	78636	747889	326928	118078	58581
钢铁铸件制造	15541	67000	55356	12661	5080
锻件及粉末冶金制品制造	63095	680889	271572	105417	53501
专用设备制造业	1989872	15187847	7892253	2922439	1113053
矿山、冶金、建筑专用设备制造	892581	5592673	3611340	1351922	612032
采矿、采石设备制造	28360	226314	119927	31932	10221
石油钻采专用设备制造	286231	2056813	1459713	521480	204455

续表

指　　标	工业增加值（当年价）	资产合计	流动资产	存　货	产成品
建筑工程机械制造	328276	1432040	840056	391170	210987
建筑材料生产专用机械制造	25430	281072	238372	42511	18687
冶金专用设备制造	224284	1596434	953272	364829	167682
食品、饮料、烟草及饲料生产专用设备制造	15756	100840	67150	2840	2102
食品、饮料、烟草工业专用设备制造	15756	100840	67150	2840	2102
印刷、制药、日化生产专用设备制造	123119	433655	292016	105782	29091
制浆和造纸专用设备制造	68104	216515	175152	51633	22481
印刷专用设备制造	55015	217140	116864	54149	6610
纺织、服装和皮革工业专用设备制造	378422	1925005	1089505	444290	208108
纺织专用设备制造	47128	509055	230358	140418	61185
缝纫机械制造	331294	1415950	859147	303872	146923
电子和电工机械专用设备制造	432530	5694258	2085309	718311	151083
电子工业专用设备制造	72051	251764	157518	69178	29710
武器弹药制造	345772	5083128	1754272	591654	104965
航空、航天及其他专用设备制造	14707	359366	173519	57479	16408
农、林、牧、渔专用机械制造	56782	986366	489398	212756	57584
拖拉机制造	43547	913725	434015	190006	44729
营林及木竹采伐机械制造	13235	72641	55383	22750	12855
医疗仪器设备及器械制造	85210	297420	214164	77642	49022
医疗诊断、监护及治疗设备制造	58900	199979	156580	35465	19345
口腔科用设备及器具制造	26310	97441	57584	42177	29677
环保、社会公共安全及其他专用设备制造	5472	157630	43371	8896	4031
其他专用设备制造	5472	157630	43371	8896	4031
交通运输设备制造业	5220141	39302912	24445696	8603756	2037778
铁路运输设备制造	528127	2757506	1737141	766593	288890
铁路机车车辆及动车组制造	218604	752055	402625	195218	19696
铁路专用设备及器材、配件制造	279920	1707164	1206888	515641	249597
其他铁路设备制造及设备修理	29603	298287	127628	55734	19597
汽车制造	1839513	7582648	4233555	1284868	582597
汽车整车制造	1155918	4901133	2641856	768468	402009
改装汽车制造	29050	185183	87875	41059	23830
汽车零部件及配件制造	654545	2496332	1503824	475341	156758
航空航天器制造	2852501	28962758	18475000	6552295	1166291
飞机制造及修理	2494398	26249533	16855089	5815745	1138195
航天器制造	358103	2713225	1619911	736550	28096
电气机械及器材制造业	1507966	11554372	6641621	1982199	728354
电机制造	91894	522312	333737	161352	84518
电动机制造	91894	522312	333737	161352	84518
输配电及控制设备制造	1067738	8770647	5173830	1584062	501021
变压器、整流器和电感器制造	28970	172831	109991	57785	35933
电容器及其配套设备制造	9744	88235	54636	14173	9692

续表

指　标	工业增加值（当年价）	资产合计	流动资产	存　货	
					产成品
配电开关控制设备制造	837163	8268412	4889716	1490012	447666
其他输配电及控制设备制造	191861	241169	119487	22092	7730
电线、电缆、光缆及电工器材制造	108352	1035919	543690	142243	88235
电线电缆制造	65568	439270	329357	67932	67397
绝缘制品制造	42784	596649	214333	74311	20838
家用电力器具制造	208168	1028164	509124	27705	10423
家用制冷电器具制造	208168	1028164	509124	27705	10423
照明器具制造	31814	197330	81240	66837	44157
电光源制造	31814	197330	81240	66837	44157
通信设备、计算机及其他电子设备制造业	2843438	19479593	11991783	2188708	666376
通信设备制造	451261	3344491	2531145	390970	127780
通信传输设备制造	116810	779297	427992	157400	42391
通信交换设备制造	230890	1831902	1525052	190874	64474
其他通信设备制造	103561	733292	578101	42696	20915
雷达及配套设备制造	77046	1671817	1255022	422518	0
广播电视设备制造	35959	726121	619912	77361	49011
广播电视节目制作及发射设备制造	35959	726121	619912	77361	49011
电子器件制造	1286111	7620108	4696982	669724	184406
电子真空器件制造	1286111	7620108	4696982	669724	184406
电子元件制造	528956	4788771	2602584	618336	298914
电子元件及组件制造	528956	4788771	2602584	618336	298914
家用视听设备制造	323781	133185	74488	1639	6
家用影视设备制造	323781	133185	74488	1639	6
仪器仪表及文化、办公用机械制造业	384244	2993559	1637858	557897	244417
通用仪器仪表制造	844	483614	250579	76245	44972
工业自动控制系统装置制造	844	483614	250579	76245	44972
专用仪器仪表制造	206700	1357805	803950	283621	96836
环境监测专用仪器仪表制造	69701	544791	315842	140870	19098
导航、气象及海洋专用仪器制造	82814	489227	276230	95229	52765
核子及核辐射测量仪器制造	20898	260803	172409	44446	24973
电子测量仪器制造	33287	62984	39469	3076	0
光学仪器及眼镜制造	176700	1152140	583329	198031	102609
光学仪器制造	176700	1152140	583329	198031	102609
工艺品及其他制造业	188990	1530456	768810	218100	57269
工艺美术品制造	188990	1530456	768810	218100	57269
珠宝首饰及有关物品的制造	188990	1530456	768810	218100	57269
电力、热力的生产和供应业	5145119	46795169	10430680	295000	1478
电力生产	3259794	22917960	4067664	265370	1478
火力发电	3052128	20456795	4024748	262345	1478
水力发电	207666	2461165	42916	3025	0
电力供应	1885325	23877209	6363016	29630	0
燃气生产和供应业	45627	497407	87155	605	0
水的生成和供应业	193697	1478243	231194	11553	0
自来水的生产和供应	193697	1478243	231194	11553	0

陕西省大中型工业企业主要经济指标（三）

（2003年）　单位：千元

指　标	流动资产年平均余额	固定资产小　计	固定资产原　价	累计折旧	本年折旧
总　计	110735229	160294479	217428257	74978497	13718730
在总计中：亏损企业	20404722	32304826	44469361	15506408	3873623
在总计中：国有控股企业	95618381	141331031	194581621	67293299	12267945
在总计中：农村工业	464451	822462	791185	211351	51468
在总计中：轻工业	19290026	13459545	18890425	7751600	1118840
重工业	91445203	146834934	198537832	67226897	12599890
在总计中：大型企业	62737398	103743841	145098521	50021659	8209908
中型企业	47997831	56550638	72329736	24956838	5508822
一、按登记注册类型分组					
内资企业	103927732	154619266	207546747	70512868	12954630
国有企业	50086716	69326825	97617985	37106538	6854327
中央企业	23477154	28386259	41298003	16427910	3657891
地方企业	26609562	40940566	56319982	20678628	3196436
集体企业	1336202	753092	923298	301962	58744
股份合作企业	222303	384307	459692	138396	30129
联营企业	183350	344432	451103	249661	22918
国有联营企业	163491	329352	424075	129903	22431
国有与集体联营企业	19859	15080	27028	119758	487
有限责任公司	34743854	45284513	55432467	16575460	3004111
国有独资公司	8428286	16816002	21017428	6393301	1096931
其他有限责任公司	26315568	28468511	34415039	10182159	1907180
股份有限公司	16632506	37665078	51818449	15971827	2937567
私营企业	722801	861019	843753	169024	46834
私营独资企业	132701	203854	194940	60610	7491
私营合作企业	18000	14768	8040	150	150
私营有限责任公司	539161	636208	628430	102179	38672
私营股份有限公司	32939	6189	12343	6085	521
港、澳、台商投资企业	1660041	2755108	5881248	3271018	498613
合资经营企业（港或澳、台资）	517149	507581	568864	207249	35018
合作经营企业（港或澳、台资）	1125590	2224423	5287442	3061551	462575
港澳台商独资经营企业	17302	23104	24942	2218	1020
外商投资企业	5147456	2920105	4000262	1194611	265487
中外合资经营企业	4715094	1347440	1964933	723010	122336
中外合作经营企业	75562	1046286	1235980	198359	65602
外资企业	356800	526379	799349	273242	77549
二、按经济组织类型分组					
独资企业	51929721	70833254	99560514	37744570	6999131
国有企业	50086716	69326825	97617985	37106538	6854327
集体企业	1336202	753092	923298	301962	58744
私营独资企业	132701	203854	194940	60610	7491

续表

指　　标	流动资产年平均余额	固定资产小　计	固定资产原　价	累计折旧	本年折旧
港澳台商独资经营企业	17302	23104	24942	2218	1020
外资企业	356800	526379	799349	273242	77549
合作、合伙企业	1624805	4014216	7442257	3648117	581374
股份合作企业	222303	384307	459692	138396	30129
国有联营企业	163491	329352	424075	129903	22431
国有与集体联营企业	19859	15080	27028	119758	487
私营合伙企业	18000	14768	8040	150	150
合作经营企业（港或澳、台资）	1125590	2224423	5287442	3061551	462575
中外合作经营企业	75562	1046286	1235980	198359	65602
股份有限公司	16665445	37671267	51830792	15977912	2938088
股份有限公司（内资）	16632506	37665078	51818449	15971827	2937567
私营股份有限公司	32939	6189	12343	6085	521
有限责任公司	40515258	47775742	58594694	17607898	3200137
国有独资公司	8428286	16816002	21017428	6393301	1096931
私营有限责任公司	539161	636208	628430	102179	38672
合资经营企业（港或澳、台资）	517149	507581	568864	207249	35018
中外合资经营企业	4715094	1347440	1964933	723010	122336
其他有限责任公司	26315568	28468511	34415039	10182159	1907180
三、按工业行业分					
煤炭开采和洗选业	4214936	11411306	15268086	4122223	809442
烟煤和无烟煤的开采洗选	4091600	11276637	15155939	4103014	805092
褐煤的开采洗选	123336	134669	112147	19209	4350
石油和天然气开采业	8711680	45515290	63102437	19968715	3960807
天然原油和天然气开采	8658013	45459067	63035679	19958180	3957583
与石油和天然气开采有关的服务活动	53667	56223	66758	10535	3224
黑色金属矿采选业	25658	10906	10906	1371	1371
铁矿采选	25658	10906	10906	1371	1371
有色金属矿采选业	1732726	2139012	3085078	1295678	151022
常用有色金属矿采选	296850	275978	510762	237700	32450
铜矿采选	41110	13457	21846	8389	947
铅锌矿采选	255740	262521	488916	229311	31503
贵金属采选	310794	725367	1144969	441853	70257
金矿采选	258889	643395	1014778	386317	63866
银矿采选	51905	81972	130191	55536	6391
稀有稀土金属矿采选	1125082	1137667	1429347	616125	48315
钨钼矿采选	1125082	1137667	1429347	616125	48315
农副食品加工业	533978	363815	454414	145743	26366
谷物磨制	94390	75650	141764	66114	6527
植物油加工	84138	76170	83805	13828	2474
食用植物油加工	84138	76170	83805	13828	2474
屠宰及肉类加工	156890	113560	128769	27563	7096
畜禽屠宰	26406	22163	19797	1373	1373

续表

指　标	流动资产年平均余额	固定资产小计	固定资产原价	累计折旧	本年折旧
肉制品及副产品加工	130484	91397	108972	26190	5723
其他农副食品加工	198560	98435	100076	38238	10269
淀粉及淀粉制品的制造	198560	98435	100076	38238	10269
食品制造业	549611	525552	607946	216971	30720
方便食品制造	267648	276153	437285	166035	27124
速冻食品制造	102572	38064	52070	18909	2100
方便面及其他方便食品制造	165076	238089	385215	147126	25024
液体乳及乳制品制造	281963	249399	170661	50936	3596
饮料制造业	1337833	1229590	1749977	588299	142223
酒的制造	567484	494317	798593	335480	67905
白酒制造	310062	118954	187364	88868	8879
啤酒制造	257422	375363	611229	246612	59026
软饮料制造	770349	735273	951384	252819	74318
碳酸饮料制造	138407	121088	221620	100804	11553
果菜汁及果菜汁饮料制造	561784	382143	452490	106783	17533
茶饮料及其他软饮料制造	70158	232042	277274	45232	45232
烟草制品业	5258177	1543466	2674256	1182052	161001
卷烟制造	5258177	1543466	2674256	1182052	161001
纺织业	2402476	2702018	4688976	2277102	261523
棉、化纤纺织及印染精加工	2336456	2670716	4652522	2265110	259734
棉、化纤纺织加工	2227990	2458378	4347852	2135923	254240
棉、化纤印染精加工	108466	212338	304670	129187	5494
纺织制成品制造	66020	31302	36454	11992	1789
棉及化纤制品制造	66020	31302	36454	11992	1789
纺织服装、鞋、帽制造业	165576	64133	76054	20005	3389
纺织服装制造	165576	64133	76054	20005	3389
皮革、毛皮、羽毛（绒）及其制品业	125924	58191	85465	42160	2490
皮革制品制造	125924	58191	85465	42160	2490
皮鞋制造	125924	58191	85465	42160	2490
木材加工及木、竹、藤、棕、草制品业	47822	98797	147371	48678	8267
人造板制造	47822	98797	147371	48678	8267
纤维板制造	47822	98797	147371	48678	8267
造纸及纸制品业	231872	516366	606078	232622	24299
造纸	196915	444243	514208	102122	20895
机制纸及纸板制造	196915	444243	514208	102122	20895
纸制品制造	34957	72123	91870	130500	3404
纸和纸板容器的制造	34957	72123	91870	130500	3404
印刷业和记录媒介的复制	1189789	1294081	2041759	840163	131045
印刷	1189789	1294081	2041759	840163	131045
书、报、刊印刷	314473	550947	894261	356706	52997
包装装潢及其他印刷	875316	743134	1147498	483457	78048

续表

指　　标	流动资产年平均余额	固定资产小　计	固定资产原　价	累计折旧	本年折旧
石油加工、炼焦及核燃料加工业	2973260	5004953	6487779	2360219	447897
精炼石油产品的制造	1518156	2811800	3167383	1163359	222733
原油加工及石油制品制造	1518156	2811800	3167383	1163359	222733
炼焦	939168	855461	1203276	393564	79036
核燃料加工	515936	1337692	2117120	803296	146128
化学原料及化学制品制造业	3196750	8035084	10759089	3006179	428250
基础化学原料制造	612258	1099025	1538058	581573	98767
无机碱制造	318130	812062	1035131	368221	36280
无机盐制造	5700	32597	45595	8133	8133
有机化学原料制造	244613	214869	379154	164532	50158
其他基础化学原料制造	43815	39497	78178	40687	4196
肥料制造	1451154	5086312	7211934	1683507	268223
氮肥制造	1327826	5065458	7180923	1673295	268056
磷肥制造	123328	20854	31011	10212	167
涂料、油墨、颜料及类似产品制造	108214	100751	124444	179312	5078
涂料制造	108214	100751	124444	179312	5078
专用化学产品制造	709530	1402353	1464549	433085	40122
炸药及火工产品制造	570367	1333116	1352957	384885	32132
信息化学品制造	118645	59582	104633	45051	6794
环境污染处理专用药剂材料制造	20518	9655	6959	3149	1196
日用化学产品制造	315594	346643	420104	128702	16060
肥皂及合成洗涤济制造	315594	346643	420104	128702	16060
医药制造业	5037018	2958842	3013059	878524	149653
化学药品原药制造	439838	448461	489525	71850	16745
化学药品制剂制造	3115511	1244594	1473822	604394	87595
中药饮片加工	42822	41808	41808	3421	1184
中成药制造	708856	487427	382365	108202	17287
生物、生化制品的制造	729991	736552	625539	90657	26842
橡胶制品业	135982	87602	121006	47683	4133
橡胶板、管、带的制造	135982	87602	121006	47683	4133
非金属矿物制品业	1950476	2969724	3479666	1202249	212455
水泥、石灰和石膏的制造	1292492	2337275	2608337	911887	181240
水泥制造	1292492	2337275	2608337	911887	181240
水泥及石膏制品制造	245588	242126	312180	99112	6191
水泥制品制造	245588	242126	312180	99112	6191
玻璃及玻璃制品制造	334030	327810	452908	147522	19955
平板玻璃制造	192761	223060	289125	86015	12955
日用玻璃制品及玻璃包装容器制造	47826	20846	23938	5566	550
玻璃纤维及制品制造	93443	83904	139845	55941	6450
石墨及其他非金属矿物制品制造	78366	62513	106241	43728	5069
石墨及碳素制品制造	78366	62513	106241	43728	5069

续表

指　　标	流动资产年平均余额	固定资产小　计	固定资产原　价	累计折旧	本年折旧
黑色金属冶炼及压延加工业	3804414	4335355	4656811	1033280	169587
炼铁	406767	1167362	1154147	26961	17957
炼钢	474343	544801	741921	314274	10088
铜压延加工	2633203	2370559	2442495	626430	122526
铁合多冶炼	290101	252633	318248	65615	19016
有色金属冶炼及压延加工业	3102775	3051409	3481994	1326466	175760
常用有色金属冶炼	1425767	2020301	1917153	623805	120061
铜冶炼	34151	19889	24523	5221	338
铅锌冶炼	764269	959857	866556	185525	69350
铝冶炼	627347	1040555	1026074	433059	50373
稀有稀土金属冶炼	8454	22686	8520	2812	2812
稀土金属冶炼	8454	22686	8520	2812	2812
有色金属压延加工	1668554	1008422	1556321	699849	52887
常用有色金属压延加工	136627	163530	192674	31713	7824
稀有稀土金属压延加工	1531927	844892	1363647	668136	45063
金属制品业	737170	430272	786408	451569	86831
结构性金属制品制造	94860	45123	63630	26323	3518
金属结构制造	94860	24462	42969	18506	2794
金属门窗制造	0	20661	20661	7817	724
金属工具制造	386311	228958	407056	254207	67032
切削工具制造	386311	228958	407056	254207	67032
金属丝绳及其制品的制造	255999	156191	315722	171039	16281
通用设备制造业	5117364	2639603	3789603	1576772	167971
锅炉及原动机制造	784116	596396	783064	388563	25830
锅炉及辅助设备制造	197890	128947	147630	60234	2855
内燃机及配件制造	586226	467449	635434	328329	22975
金属加工机械制造	1858938	915208	1520460	633607	73830
金属切削机床制造	1858938	915208	1520460	633607	73830
起重运输设备制造	121696	77153	141014	72474	5356
泵、阀门、压缩机及类似机械的制造	626183	341800	385328	113149	23182
泵及真空设备制造	370265	185971	174254	53610	5290
气体压缩机械制造	255918	155829	211074	59539	17892
风机、衡器、包装设备等通用设备	1382634	294912	481792	230460	23864
风机、风扇制造	1382634	294912	481792	230460	23864
金属铸、锻加工	343797	414134	477945	138519	15909
钢铁铸件制造	55356	11544	16115	4803	679
锻件及粉末冶金制品制造	288441	402590	461830	133716	15230
专用设备制造业	7667006	6317714	8811258	3313647	302416
矿山、冶金、建筑专用设备制造	3504018	1747636	2713868	1048761	96386
采矿、采石设备制造	112829	105987	202002	96025	7567
石油钻采专用设备制造	1456276	473496	692666	242495	34278

续表

指 标	流动资产年平均余额	固定资产小 计	固定资产原 价	累计折旧	本年折旧
建筑工程机械制造	832973	539225	727771	224962	30138
建筑材料生产专用机械制造	190881	24984	41991	18073	1243
冶金专用设备制造	911059	603944	1049438	467206	23160
食品、饮料、烟草及饲料生产专用设备制造	66652	23100	27520	14420	2752
食品、饮料、烟草工业专用设备制造	66652	23100	27520	14420	2752
印刷、制药、日化生产专用设备制造	271163	137769	280360	156263	10817
制浆和造纸专用设备制造	161413	39357	83320	54115	2487
印刷专用设备制造	109750	98412	197040	102148	8330
纺织、服装和皮革工业专用设备制造	1144558	455294	952245	528433	43887
纺织专用设备制造	227000	215402	470020	266779	17182
缝纫机械制造	917558	239892	482225	261654	26705
电子和电工机械专用设备制造	1912269	3313890	3992507	1254589	116256
电子工业专用设备制造	161382	75518	183330	119480	16140
武器弹药制造	1601187	3137212	3587971	991641	91354
航空、航天及其他专用设备制造	149700	101160	221206	143468	8762
农、林、牧、渔专用机械制造	499914	478641	637026	222655	22388
拖拉机制造	445999	461411	606281	209140	20845
营林及木竹采伐机械制造	53915	17230	30745	13515	1543
医疗仪器设备及器械制造	217780	73601	96935	39342	8399
医疗诊断、监护及治疗设备制造	161966	33792	42159	24373	6567
口腔科用设备及器具制造	55814	39809	54776	14969	1832
环保、社会公共安全及其他专用设备制造	50652	87783	110797	49184	1531
其他专用设备制造	50652	87783	110797	49184	1531
交通运输设备制造业	21042829	11495724	14916869	6107010	786794
铁路运输设备制造	1616066	884533	1362723	556694	81742
铁路机车车辆及动车组制造	405607	328496	536748	246086	29029
铁路专用设备及器材、配件制造	1075427	385787	659756	303847	45952
其他铁路设备制造及设备修理	135032	170250	166219	6761	6761
汽车制造	3671635	2611049	3308538	1065538	196615
汽车整车制造	2382421	1753809	2020775	397394	140416
改装汽车制造	94981	96500	163396	64454	7558
汽车零部件及配件制造	1194233	760740	1124367	603690	48641
航空航天器制造	15755128	8000142	10245608	4484778	508437
飞机制造及修理	14224242	7055125	8959771	3884610	441412
航天器制造	1530886	945017	1285837	600168	67025
电气机械及器材制造业	6370001	3271148	4818233	2000460	336898
电机制造	356765	172270	266434	103245	5881
电动机制造	356765	172270	266434	103245	5881
输配电及控制设备制造	4855867	2287449	3506501	1627656	271574
变压器、整流器和电感器制造	112761	52495	73220	22544	2396
电容器及其配套设备制造	49547	12887	26022	13135	1558

续表

指　　标	流动资产年平均余额	固定资产小　计	固定资产原　价	累计折旧	本年折旧
配电开关控制设备制造	4579366	2137620	3301255	1565056	258211
其他输配电及控制设备制造	114193	84447	106004	26921	9409
电线、电缆、光缆及电工器材制造	476507	423473	504736	105108	18115
电线电缆制造	296123	81699	67944	9336	2806
绝缘制品制造	180384	341774	436792	95772	15309
家用电力器具制造	589552	284110	395119	113151	38368
家用制冷电器具制造	589552	284110	395119	113151	38368
照明器具制造	91310	103846	145443	51300	2960
电光源制造	91310	103846	145443	51300	2960
通信设备、计算机及其他电子设备制造业	11701127	5293771	8744468	3848801	279203
通信设备制造	2395663	693279	891545	253371	48016
通信传输设备制造	393616	322049	334244	96093	7289
通信交换设备制造	1622378	228127	376631	114249	28490
其他通信设备制造	379669	143103	180670	43029	12237
雷达及配套设备制造	1166910	280811	377484	134965	15589
广播电视设备制造	622725	58919	102764	46919	3985
广播电视节目制作及发射设备制造	622725	58919	102764	46919	3985
电子器件制造	4652733	2394458	4929625	2613387	100465
电子真空器件制造	4652733	2394458	4929625	2613387	100465
电子元件制造	2534693	1604296	2145942	749000	98537
电子元件及组件制造	2534693	1604296	2145942	749000	98537
家用视听设备制造	74488	51965	94992	43227	6930
家用影视设备制造	74488	51965	94992	43227	6930
仪器仪表及文化、办公用机械制造业	1623467	1101424	1611908	676499	82379
通用仪器仪表制造	232288	135445	220405	93479	3907
工业自动控制系统装置制造	232288	135445	220405	93479	3907
专用仪器仪表制造	766289	406695	641956	290483	56126
环境监测专用仪器仪表制造	350009	137050	216064	126102	20471
导航、气象及海洋专用仪器制造	246526	195995	302021	108030	22903
核子及核辐射测量仪器制造	130394	65235	115456	54759	12300
电子测量仪器制造	39360	8415	8415	1592	452
光学仪器及眼镜制造	624890	559284	749547	292537	22346
光学仪器制造	624890	559284	749547	292537	22346
工艺品及其他制造业	695069	188242	103012	36661	12335
工艺美术品制造	695069	188242	103012	36661	12335
珠宝首饰及有关物品的制造	695069	188242	103012	36661	12335
电力、热力的生产和供应业	8681528	34295195	45394429	15344207	4253195
电力生产	3849581	18389943	26670242	9864413	3116804
火力发电	3812618	15971915	22328501	7923581	1392368
水力发电	36963	2418028	4341741	1940832	1724436
电力供应	4831947	15905252	18724187	5479794	1136391
燃气生产和供应业	112874	330477	380782	60532	15205
水的生成和供应业	258061	1015417	1473080	725957	93803
自来水的生产和供应	258061	1015417	1473080	725957	93803

陕西省大中型工业企业主要经济指标（四）

（2003年） 单位：千元

指　　标	固定资产净值年平均余额	负债合计	流动负债小　计	长期负债小　计	所有者权益合　计
总　　计	136980078	188755572	118178025	67926472	114013973
在总计中：亏损企业	29206433	42054549	23832295	16091540	14287064
在总计中：国有控股企业	122468758	164629081	103247786	59107722	98740069
在总计中：农村工业	766598	823333	519886	301613	941659
在总计中：轻工业	11982739	21872728	17791178	3531760	15976236
重工业	124997339	166882844	100386847	64394712	98037737
在总计中：大型企业	85604457	108073771	63624951	42303735	76891582
中型企业	51375621	80681801	54553074	25622737	37122391
一、按登记注册类型分组					
内资企业	131318309	181914380	112667521	66636736	107518696
国有企业	57800994	84131958	58581703	23894875	45493910
中央企业	28957323	35804786	23165874	10977843	19485189
地方企业	28843671	48327172	35415829	12917032	26008721
集体企业	796976	1258923	931206	327716	1685202
股份合作企业	395556	480350	266046	214304	247734
联营企业	335943	504270	206474	297795	100291
国有联营企业	320863	473503	184485	289017	77050
国有与集体联营企业	15080	30767	21989	8778	23241
有限责任公司	37116227	66945215	37250729	29081826	26135224
国有独资公司	15130952	20086723	9807561	9806353	8667140
其他有限责任公司	21985275	46858492	27443168	19275473	17468084
股份有限公司	34134783	27585233	14816454	12541116	32754450
私营企业	737830	1008431	614909	279104	1101885
私营独资企业	163278	221560	90768	17289	131396
私营合作企业	13350	44736	41236	3500	11652
私营有限责任公司	554464	718843	459613	258315	937098
私营股份有限公司	6738	23292	23292	0	21739
港、澳、台商投资企业	2840068	1832719	1720585	110299	3007489
合资经营企业（港或澳、台资）	366852	586873	529795	55244	632283
合作经营企业（港或澳、台资）	2450493	1196551	1141495	55055	2376192
港澳台商独资经营企业	22723	49295	49295	0	－986
外商投资企业	2821701	5008473	3789919	1179437	3487788
中外合资经营企业	1242676	3937157	3556720	380437	2458115
中外合作经营企业	1066433	693916	24916	669000	429767
外资企业	512592	377400	208283	130000	599906
二、按经济组织类型分组					
独资企业	59296563	86039136	59861255	24369880	47909428
国有企业	57800994	84131958	58581703	23894875	45493910
集体企业	796976	1258923	931206	327716	1685202
私营独资企业	163278	221560	90768	17289	131396

续表

指　　标	固定资产净值年平均余额	负债合计	流动负债小　计	长期负债小　计	所有者权益合　计
港澳台商独资经营企业	22723	49295	49295	0	-986
外资企业	512592	377400	208283	130000	599906
合作、合伙企业	4261775	2919823	1680167	1239654	3165636
股份合作企业	395556	480350	266046	214304	247734
国有联营企业	320863	473503	184485	289017	77050
国有与集体联营企业	15080	30767	21989	8778	23241
私营合伙企业	13350	44736	41236	3500	11652
合作经营企业（港或澳、台资）	2450493	1196551	1141495	55055	2376192
中外合作经营企业	1066433	693916	24916	669000	429767
股份有限公司	34141521	27608525	14839746	12541116	32776189
股份有限公司（内资）	34134783	27585233	14816454	12541116	32754450
私营股份有限公司	6738	23292	23292	0	21739
有限责任公司	39280219	72188088	41796857	29775822	30162720
国有独资公司	15130952	20086723	9807561	9806353	8667140
私营有限责任公司	554464	718843	459613	258315	937098
合资经营企业（港或澳、台资）	366852	586873	529795	55244	632283
中外合资经营企业	1242676	3937157	3556720	380437	2458115
其他有限责任公司	21985275	46858492	27443168	19275473	17468084
三、按工业行业分					
煤炭开采和洗选业	10578904	9719180	4191566	5527614	7374281
烟煤和无烟煤的开采洗选	10480734	9548089	4090615	5457474	7038531
褐煤的开采洗选	98170	171091	100951	70140	335750
石油和天然气开采业	35269737	27444991	13726030	13718860	29720170
天然原油和天然气开采	35236532	27368539	13649578	13718860	29670294
与石油和天然气开采有关的服务活动	33205	76452	76452	0	49876
黑色金属矿采选业	9534	24169	24168	0	41860
铁矿采选	9534	24169	24168	0	41860
有色金属矿采选业	1776465	2222617	1276094	940523	1989329
常用有色金属矿采选	285034	470210	384767	85442	176315
铜矿采选	13749	31588	31588	0	31119
铅锌矿采选	271285	438622	353179	85442	145196
贵金属采选	679707	894181	269588	618594	309517
金矿采选	605336	743726	247959	489768	313706
银矿采选	74371	150455	21629	128826	-4189
稀有稀土金属矿采选	811724	858226	621739	236487	1503497
钨钼矿采选	811724	858226	621739	236487	1503497
农副食品加工业	352059	693845	399124	229723	368427
谷物磨制	91898	180080	122520	57560	69190
植物油加工	72490	111629	36886	74743	74031
食用植物油加工	72490	111629	36886	74743	74031
屠宰及肉类加工	105446	179698	124178	55520	120773
畜禽屠宰	18425	27552	27552	0	31276

续表

指　　标	固定资产净值年平均余额	负债合计	流动负债小　计	长期负债小　计	所有者权益合　计
肉制品及副产品加工	87021	152146	96626	55520	89497
其他农副食品加工	82225	222438	115540	41900	104433
淀粉及淀粉制品的制造	82225	222438	115540	41900	104433
食品制造业	388825	682657	494357	187384	537750
方便食品制造	270755	290568	181568	109000	312239
速冻食品制造	33162	85366	85366	0	62901
方便面及其他方便食品制造	237593	205202	96202	109000	249338
液体乳及乳制品制造	118070	392089	312789	78384	225511
饮料制造业	1124401	1617767	1347293	182852	1009214
酒的制造	466640	813543	676080	137463	587915
白酒制造	100097	617094	496431	120663	96134
啤酒制造	366543	196449	179649	16800	491781
软饮料制造	657761	804224	671213	45389	421299
碳酸饮料制造	117682	63015	63015	0	220961
果菜汁及果菜汁饮料制造	318418	601846	547952	5389	11239
茶饮料及其他软饮料制造	221661	139363	60246	40000	189099
烟草制品业	1437332	5114010	4882851	231155	1871980
卷烟制造	1437332	5114010	4882851	231155	1871980
纺织业	3096195	3940585	2993028	606557	2712394
棉、化纤纺织及印染精加工	3073776	3878262	2930705	606557	2685730
棉、化纤纺织加工	2989522	3179770	2327482	511288	2864224
棉、化纤印染精加工	84254	698492	603223	95269	－178494
纺织制成品制造	22419	62323	62323	0	26664
棉及化纤制品制造	22419	62323	62323	0	26664
纺织服装、鞋、帽制造业	63672	177041	150541	26500	120938
纺织服装制造	63672	177041	150541	26500	120938
皮革、毛皮、羽毛（绒）及其制品业	44313	191860	97394	94465	40104
皮革制品制造	44313	191860	97394	94465	40104
皮鞋制造	44313	191860	97394	94465	40104
木材加工及木、竹、藤、棕、草制品业	100888	172681	35031	137650	86758
人造板制造	100888	172681	35031	137650	86758
纤维板制造	100888	172681	35031	137650	86758
造纸及纸制品业	438305	513363	376396	136967	295757
造纸	371620	441383	343404	97979	241845
机制纸及纸板制造	371620	441383	343404	97979	241845
纸制品制造	66685	71980	32992	38988	53912
纸和纸板容器的制造	66685	71980	32992	38988	53912
印刷业和记录媒介的复制	1153423	1173821	853661	320160	1863476
印刷	1153423	1173821	853661	320160	1863476
书、报、刊印刷	549181	519891	338179	181712	461810
包装装潢及其他印刷	604242	653930	515482	138448	1401666

续表

指　标	固定资产净值年平均余额	负债合计	流动负债小　计	长期负债小　计	所有者权益合　计
石油加工、炼焦及核燃料加工业	4134524	5776953	4419623	1357330	3221553
精炼石油产品的制造	1997080	3086592	2709322	377270	1578204
原油加工及石油制品制造	1997080	3086592	2709322	377270	1578204
炼焦	755440	1752785	1372641	380144	666199
核燃料加工	1382004	937576	337660	599916	977150
化学原料及化学制品制造业	7290519	10285279	3860969	6420753	2524673
基础化学原料制造	997301	1373196	819347	553849	771891
无机碱制造	681460	607665	443528	164137	858476
无机盐制造	37511	7761	7761	0	70975
有机化学原料制造	238833	498269	315830	182439	18298
其他基础化学原料制造	39497	259501	52228	207273	－175858
肥料制造	4957215	6725392	1647651	5074184	461876
氮肥制造	4888652	6563007	1635221	4927784	391604
磷肥制造	68563	162385	12430	146400	70272
涂料、油墨、颜料及类似产品制造	91063	194488	191488	3000	95150
涂料制造	91063	194488	191488	3000	95150
专用化学产品制造	1022743	1551724	909704	642020	956366
炸药及火工产品制造	959777	1473769	831749	642020	779847
信息化学品制造	59268	65306	65306	0	148922
环境污染处理专用药剂材料制造	3698	12649	12649	0	27597
日用化学产品制造	222197	440479	292779	147700	239390
肥皂及合成洗涤济制造	222197	440479	292779	147700	239390
医药制造业	2211027	4688026	3907821	724956	4422075
化学药品原药制造	373492	431969	267592	164377	560150
化学药品制剂制造	838248	2800214	2350347	448618	2421616
中药饮片加工	38387	56376	19128	37248	25533
中成药制造	274981	804673	758560	46113	488983
生物、生化制品的制造	685919	594794	512194	28600	925793
橡胶制品业	72744	241718	206010	35708	－14240
橡胶板、管、带的制造	72744	241718	206010	35708	－14240
非金属矿物制品业	2329718	4268755	2855244	1386711	1225594
水泥、石灰和石膏的制造	1728889	2979205	1680733	1282273	1160930
水泥制造	1728889	2979205	1680733	1282273	1160930
水泥及石膏制品制造	216550	432079	370179	51299	74471
水泥制品制造	216550	432079	370179	51299	74471
玻璃及玻璃制品制造	319727	719200	700760	18440	－10266
平板玻璃制造	215035	554348	554348	0	－113310
日用玻璃制品及玻璃包装容器制造	18462	66425	57375	9050	9914
玻璃纤维及制品制造	86230	98427	89037	9390	93130
石墨及其他非金属矿物制品制造	64552	138271	103572	34699	459
石墨及碳素制品制造	64552	138271	103572	34699	459

续表

指　　标	固定资产净值年平均余额	负债合计	流动负债小　计	长期负债小　计	所有者权益合　计
黑色金属冶炼及压延加工业	2830980	6475639	4646111	1828925	3486682
炼铁	566564	894797	408825	485972	1163432
炼钢	502377	946273	803393	142880	270252
铜压延加工	1500091	4379051	3360812	1017636	1722019
铁合多冶炼	261948	255518	73081	182437	330979
有色金属冶炼及压延加工业	2122504	4458859	3054056	1404801	2507812
常用有色金属冶炼	1235084	2665071	1552499	1112571	1448597
铜冶炼	19645	47266	30560	16706	13453
铅锌冶炼	626862	1349480	934859	414621	1133215
铝冶炼	588577	1268325	587080	681244	301929
稀有稀土金属冶炼	43662	40168	40113	55	48779
稀土金属冶炼	43662	40168	40113	55	48779
有色金属压延加工	843758	1753620	1461444	292175	1010436
常用有色金属压延加工	136693	163303	163203	100	145013
稀有稀土金属压延加工	707065	1590317	1298241	292075	865423
金属制品业	324194	912274	707517	204756	417117
结构性金属制品制造	24543	132044	132044	0	59201
金属结构制造	24543	91648	91648	0	42669
金属门窗制造	0	40396	40396	0	16532
金属工具制造	155384	574274	418111	156162	131142
切削工具制造	155384	574274	418111	156162	131142
金属丝绳及其制品的制造	144267	205956	157362	48594	226774
通用设备制造业	2303034	6213536	5552996	650563	2754426
锅炉及原动机制造	542408	1286333	1167426	118906	96080
锅炉及辅助设备制造	79594	273697	245214	28483	67812
内燃机及配件制造	462814	1012636	922212	90423	28268
金属加工机械制造	856572	1894770	1578243	306554	1285178
金属切削机床制造	856572	1894770	1578243	306554	1285178
起重运输设备制造	69466	297728	297658	70	－43627
泵、阀门、压缩机及类似机械的制造	271002	292389	289309	3079	799474
泵及真空设备制造	116467	224485	221405	3079	439301
气体压缩机械制造	154535	67904	67904	0	360173
风机、衡器、包装设备等通用设备	227766	1908543	1859085	49458	403205
风机、风扇制造	227766	1908543	1859085	49458	403205
金属铸、锻加工	335820	533773	361275	172496	214116
钢铁铸件制造	11312	38053	38053	0	28947
锻件及粉末冶金制品制造	324508	495720	323222	172496	185169
专用设备制造业	5383562	10407689	7251852	2867898	4765435
矿山、冶金、建筑专用设备制造	1579124	4706923	3589100	1115959	885750
采矿、采石设备制造	105286	358042	204474	153538	－131728
石油钻采专用设备制造	451948	1883234	1323254	559980	173579

续表

指　　标	固定资产净值年平均余额	负债合计	流动负债小　计	长期负债小　计	所有者权益合　计
建筑工程机械制造	433197	950533	709435	239265	481507
建筑材料生产专用机械制造	22947	173724	173724	0	107348
冶金专用设备制造	565746	1341390	1178213	163176	255044
食品、饮料、烟草及饲料生产专用设备制造	24078	160126	6364	0	－59286
食品、饮料、烟草工业专用设备制造	24078	160126	6364	0	－59286
印刷、制药、日化生产专用设备制造	121177	240379	232379	8000	193276
制浆和造纸专用设备制造	26605	127050	127050	0	89465
印刷专用设备制造	94572	113329	105329	8000	103811
纺织、服装和皮革工业专用设备制造	430650	1067594	493752	573841	857411
纺织专用设备制造	212418	745887	209145	536741	－236832
缝纫机械制造	218232	321707	284607	37100	1094243
电子和电工机械专用设备制造	2695729	3176611	2176816	867483	2502924
电子工业专用设备制造	58592	191738	141564	50174	60026
武器弹药制造	2558985	2781865	1850013	800044	2286540
航空、航天及其他专用设备制造	78152	203008	185239	17265	156358
农、林、牧、渔专用机械制造	413941	793569	521791	271778	192797
拖拉机制造	396018	764718	499440	265278	149007
营林及木竹采伐机械制造	17923	28851	22351	6500	43790
医疗仪器设备及器械制造	58323	208662	177825	30837	88758
医疗诊断、监护及治疗设备制造	17789	132073	110473	21600	67906
口腔科用设备及器具制造	40534	76589	67352	9237	20852
环保、社会公共安全及其他专用设备制造	60540	53825	53825	0	103805
其他专用设备制造	60540	53825	53825	0	103805
交通运输设备制造业	7594421	26743703	21348563	5372388	12520685
铁路运输设备制造	770727	1655771	1542879	112891	1101735
铁路机车车辆及动车组制造	277389	419605	413805	5800	332450
铁路专用设备及器材、配件制造	359787	1054862	970761	84101	652302
其他铁路设备制造及设备修理	133551	181304	158313	22990	116983
汽车制造	1712375	4865288	4116168	727329	2717360
汽车整车制造	1164796	3299577	2898678	398908	1601556
改装汽车制造	97991	153260	106600	46660	31923
汽车零部件及配件制造	449588	1412451	1110890	281761	1083881
航空航天器制造	5111319	20222644	15689516	4532168	8701590
飞机制造及修理	4429159	18428385	14338842	4088583	7788962
航天器制造	682160	1794259	1350674	443585	912628
电气机械及器材制造业	2850616	8290369	7084827	1205541	3264003
电机制造	155604	400880	381314	19566	121432
电动机制造	155604	400880	381314	19566	121432
输配电及控制设备制造	1865560	5864994	5109317	755676	2905653
变压器、整流器和电感器制造	51567	107687	99913	7774	65144
电容器及其配套设备制造	13489	57489	41189	16300	30746

续表

指　　标	固定资产净值年平均余额	负债合计	流动负债小　计	长期负债小　计	所有者权益合　计
配电开关控制设备制造	1723883	5656798	4925195	731602	2611614
其他输配电及控制设备制造	76621	43020	43020	0	198149
电线、电缆、光缆及电工器材制造	436465	1104029	780784	323245	－68110
电线电缆制造	87831	349996	349996	0	89274
绝缘制品制造	348634	754033	430788	323245	－157384
家用电力器具制造	301706	776827	683831	92996	251337
家用制冷电器具制造	301706	776827	683831	92996	251337
照明器具制造	91281	143639	129581	14058	53691
电光源制造	91281	143639	129581	14058	53691
通信设备、计算机及其他电子设备制造业	4695356	11550742	8831969	2605769	7803135
通信设备制造	623571	2200728	1866289	334439	1143763
通信传输设备制造	238196	423816	345271	78545	355481
通信交换设备制造	258838	1421193	1223193	198000	410709
其他通信设备制造	126537	355719	297825	57894	377573
雷达及配套设备制造	224377	1335227	576861	758366	336590
广播电视设备制造	55845	873179	835010	38168	－147058
广播电视节目制作及发射设备制造	55845	873179	835010	38168	－147058
电子器件制造	2051310	3290588	2819209	471379	4329520
电子真空器件制造	2051310	3290588	2819209	471379	4329520
电子元件制造	1407757	3242714	2401075	841637	1420341
电子元件及组件制造	1407757	3242714	2401075	841637	1420341
家用视听设备制造	51765	38795	38795	0	94390
家用影视设备制造	51765	38795	38795	0	94390
仪器仪表及文化、办公用机械制造业	913291	1859444	1579895	279549	1134115
通用仪器仪表制造	130331	476880	432524	44356	6734
工业自动控制系统装置制造	130331	476880	432524	44356	6734
专用仪器仪表制造	337240	689397	551317	138080	668408
环境监测专用仪器仪表制造	89599	192356	129297	63059	352435
导航、气象及海洋专用仪器制造	186367	325758	258899	66859	163469
核子及核辐射测量仪器制造	49590	143821	135659	8162	116982
电子测量仪器制造	11684	27462	27462	0	35522
光学仪器及眼镜制造	445720	693167	596054	97113	458973
光学仪器制造	445720	693167	596054	97113	458973
工艺品及其他制造业	65200	464359	462359	2000	1066097
工艺美术品制造	65200	464359	462359	2000	1066097
珠宝首饰及有关物品的制造	65200	464359	462359	2000	1066097
电力、热力的生产和供应业	34955762	31432788	11255322	18546919	13903575
电力生产	16908430	18856454	4493045	14363403	4061506
火力发电	14420685	17459419	4454066	13005347	2997376
水力发电	2487745	1397035	38979	1358056	1064130
电力供应	18047332	12576334	6762277	4183516	9842069
燃气生产和供应业	310765	290884	90789	200095	206523
水的生成和供应业	757808	705968	214568	491400	772275
自来水的生产和供应	757808	705968	214568	491400	772275

陕西省大中型工业企业主要经济指标（五）

（2003年）　单位：千元

指　　标	产品销售收入	产品销售成本	产品销售费用	产品销售税金及附加	其他业务利润
总　　计	152925868	110689691	5349046	4557833	934998
在总计中：亏损企业	17680501	15207043	596428	394772	124027
在总计中：国有控股企业	129207852	93287541	3304276	4310882	786454
在总计中：农村工业	1386200	1145890	36350	28120	23593
在总计中：轻工业	24490021	15233017	2789817	2131534	157588
重工业	128435847	95456674	2559229	2426299	777410
在总计中：大型企业	93360579	67147712	1821755	2697786	486535
中型企业	59565289	43541979	3527291	1860047	448463
一、按登记注册类型分组					
内资企业	143768988	105124134	3906283	4505484	905044
国有企业	67092739	49843431	1466081	3364795	374639
中央企业	27996725	21633830	460474	2109439	122897
地方企业	39096014	28209601	1005607	1255356	251742
集体企业	1610848	1238779	58567	15887	76226
股份合作企业	324043	230360	8039	3033	1044
联营企业	274550	157055	34585	2048	169
国有联营企业	236349	126058	34506	1742	0
国有与集体联营企业	38201	30997	79	306	169
有限责任公司	42372371	33531980	1414307	480349	306584
国有独资公司	9893111	7857930	185766	130844	115823
其他有限责任公司	32479260	25674050	1228541	349505	190761
股份有限公司	30173924	18533965	828508	629994	145635
私营企业	1920513	1588564	96196	9378	747
私营独资企业	146530	106773	8740	3297	34
私营合作企业	52532	44544	1982	1880	0
私营有限责任公司	1674217	1405319	80937	3740	747
私营股份有限公司	47234	31928	4537	461	-34
港、澳、台商投资企业	2805913	1940373	124446	1430	12048
合资经营企业（港或澳、台资）	1055168	769261	124446	1430	12048
合作经营企业（港或澳、台资）	1711346	1132448	0	0	0
港澳台商独资经营企业	39399	38664	0	0	0
外商投资企业	6350967	3625184	1318317	50919	17906
中外合资经营企业	5030886	2771513	1157515	30889	12252
中外合作经营企业	312182	156244	0	20030	148
外资企业	1007899	697427	160802	0	5506
二、按经济组织类型分组					
独资企业	69897415	51925074	1694190	3383979	456405
国有企业	67092739	49843431	1466081	3364795	374639
集体企业	1610848	1238779	58567	15887	76226
私营独资企业	146530	106773	8740	3297	34

续表

指　　标	产品销售收入	产品销售成　本	产品销售费　用	产品销售税金及附加	其他业务利　润
港澳台商独资经营企业	39399	38664	0	0	0
外资企业	1007899	697427	160802	0	5506
合作、合伙企业	2674653	1720651	44606	26991	1361
股份合作企业	324043	230360	8039	3033	1044
国有联营企业	236349	126058	34506	1742	0
国有与集体联营企业	38201	30997	79	306	169
私营合伙企业	52532	44544	1982	1880	0
合作经营企业（港或澳、台资）	1711346	1132448	0	0	0
中外合作经营企业	312182	156244	0	20030	148
股份有限公司	30221158	18565893	833045	630455	145601
股份有限公司（内资）	30173924	18533965	828508	629994	145635
私营股份有限公司	47234	31928	4537	461	-34
有限责任公司	50132642	38478073	2777205	516408	331631
国有独资公司	9893111	7857930	185766	130844	115823
私营有限责任公司	1674217	1405319	80937	3740	747
合资经营企业（港或澳、台资）	1055168	769261	124446	1430	12048
中外合资经营企业	5030886	2771513	1157515	30889	12252
其他有限责任公司	32479260	25674050	1228541	349505	190761
三、按工业行业分					
煤炭开采和洗选业	6173447	4607918	165727	109951	114965
烟煤和无烟煤的开采洗选	5794681	4282284	150653	109339	114965
褐煤的开采洗选	378766	325634	15074	612	0
石油和天然气开采业	28026043	15764896	103119	846192	103859
天然原油和天然气开采	27938840	15700242	94171	844381	102516
与石油和天然气开采有关的服务活动	87203	64654	8948	1811	1343
黑色金属矿采选业	134283	68841	464	3484	-102
铁矿采选	134283	68841	464	3484	-102
有色金属矿采选业	2397547	1331345	46362	16812	35605
常用有色金属矿采选	344197	207711	11269	3536	24171
铜矿采选	36938	23805	1133	247	0
铅锌矿采选	307259	183906	10136	3289	24171
贵金属采选	686780	449904	3589	2464	6407
金矿采选	635265	411050	1220	2007	6425
银矿采选	51515	38854	2369	457	-18
稀有稀土金属矿采选	1366570	673730	31504	10812	5027
钨钼矿采选	1366570	673730	31504	10812	5027
农副食品加工业	1197469	940019	61179	1344	1718
谷物磨制	133906	117861	4848	82	21
植物油加工	220726	203546	1614	249	266
食用植物油加工	220726	203546	1614	249	266
屠宰及肉类加工	471018	295474	24336	645	778
畜禽屠宰	139265	127332	4473	13	215

续表

指　　标	产品销售收入	产品销售成本	产品销售费用	产品销售税金及附加	其他业务利润
肉制品及副产品加工	331753	168142	19863	632	563
其他农副食品加工	371819	323138	30381	368	653
淀粉及淀粉制品的制造	371819	323138	30381	368	653
食品制造业	1359490	965603	205858	8773	2365
方便食品制造	589513	481689	49798	5200	2065
速冻食品制造	40408	37996	814	74	0
方便面及其他方便食品制造	549105	443693	48984	5126	2065
液体乳及乳制品制造	769977	483914	156060	3573	300
饮料制造业	2001123	1133113	348440	149395	12361
酒的制造	1284642	679213	216955	148996	6444
白酒制造	456024	167213	132260	52252	284
啤酒制造	828618	512000	84695	96744	6160
软饮料制造	716481	453900	131485	399	5917
碳酸饮料制造	297189	205987	53417	0	2533
果菜汁及果菜汁饮料制造	149364	106659	13524	399	236
茶饮料及其他软饮料制造	269928	141254	64544	0	3148
烟草制品业	4737956	1953955	213833	1841254	9855
卷烟制造	4737956	1953955	213833	1841254	9855
纺织业	3942312	3446550	63176	46019	12598
棉、化纤纺织及印染精加工	3838097	3358907	58671	45756	12052
棉、化纤纺织加工	3652594	3177610	53974	45597	10820
棉、化纤印染精加工	185503	181297	4697	159	1232
纺织制成品制造	104215	87643	4505	263	546
棉及化纤制品制造	104215	87643	4505	263	546
纺织服装、鞋、帽制造业	293673	217398	26861	3798	694
纺织服装制造	293673	217398	26861	3798	694
皮革、毛皮、羽毛（绒）及其制品业	70536	54928	5062	110	4178
皮革制品制造	70536	54928	5062	110	4178
皮鞋制造	70536	54928	5062	110	4178
木材加工及木、竹、藤、棕、草制品业	118642	102167	1101	0	0
人造板制造	118642	102167	1101	0	0
纤维板制造	118642	102167	1101	0	0
造纸及纸制品业	752360	643833	21240	7810	7827
造纸	625219	537456	16920	7452	7591
机制纸及纸板制造	625219	537456	16920	7452	7591
纸制品制造	127141	106377	4320	358	236
纸和纸板容器的制造	127141	106377	4320	358	236
印刷业和记录媒介的复制	1696567	1109316	73433	18165	14291
印刷	1696567	1109316	73433	18165	14291
书、报、刊印刷	562669	420432	30063	9170	11786
包装装潢及其他印刷	1133898	688884	43370	8995	2505

续表

指　　标	产品销售收入	产品销售成　本	产品销售费　用	产品销售税金及附加	其他业务利　润
石油加工、炼焦及核燃料加工业	12463537	9985819	104790	650476	－12917
精炼石油产品的制造	8591074	7052375	65043	502177	946
原油加工及石油制品制造	8591074	7052375	65043	502177	946
炼焦	3210373	2347414	38737	148235	－15725
核燃料加工	662090	586030	1010	64	1862
化学原料及化学制品制造业	4850422	3915484	178026	46759	22762
基础化学原料制造	907498	729000	33181	16919	－1336
无机碱制造	454657	377345	4332	3321	－1643
无机盐制造	74115	63591	1442	378	117
有机化学原料制造	264679	191689	21029	12665	59
其他基础化学原料制造	114047	96375	6378	555	131
肥料制造	2511488	2129480	37485	23829	8022
氮肥制造	2415303	2045274	34325	23821	8022
磷肥制造	96185	84206	3160	8	0
涂料、油墨、颜料及类似产品制造	191659	161817	8850	505	441
涂料制造	191659	161817	8850	505	441
专用化学产品制造	766606	542887	30886	2965	13230
炸药及火工产品制造	542160	403704	25616	2262	13209
信息化学品制造	193310	117790	4054	0	21
环境污染处理专用药剂材料制造	31136	21393	1216	703	0
日用化学产品制造	473171	352300	67624	2541	2405
肥皂及合成洗涤济制造	473171	352300	67624	2541	2405
医药制造业	6392625	3165599	1623627	27040	14915
化学药品原药制造	510560	355953	18744	1177	1454
化学药品制剂制造	4695079	2360454	1200571	18630	14312
中药饮片加工	76137	20425	24837	283	0
中成药制造	826640	306256	302541	2455	268
生物、生化制品的制造	284209	122511	76934	4495	－1119
橡胶制品业	95092	60545	5436	470	1857
橡胶板、管、带的制造	95092	60545	5436	470	1857
非金属矿物制品业	1973190	1455717	109396	27309	14442
水泥、石灰和石膏的制造	1452009	1041818	94765	17502	12109
水泥制造	1452009	1041818	94765	17502	12109
水泥及石膏制品制造	146756	118378	7523	1722	1068
水泥制品制造	146756	118378	7523	1722	1068
玻璃及玻璃制品制造	338334	262735	5474	7933	1265
平板玻璃制造	142239	113121	2049	6584	859
日用玻璃制品及玻璃包装容器制造	58170	57176	107	72	0
玻璃纤维及制品制造	137925	92438	3318	1277	406
石墨及其他非金属矿物制品制造	36091	32786	1634	152	0
石墨及碳素制品制造	36091	32786	1634	152	0

续表

指　标	产品销售收入	产品销售成本	产品销售费用	产品销售税金及附加	其他业务利润
黑色金属冶炼及压延加工业	5870034	5152903	118673	43119	37417
炼铁	924285	862476	15611	4001	409
炼钢	948962	838900	1885	4206	1992
钢压延加工	3779940	3262599	94874	17912	34323
铁合多冶炼	216847	188928	6303	17000	693
有色金属冶炼及压延加工业	3621428	2960196	79341	118272	26299
常用有色金属冶炼	2381672	2001742	48357	72858	11116
铜冶炼	31031	29063	79	3209	459
铅锌冶炼	1558378	1266821	30568	66139	3359
铝冶炼	792263	705858	17710	3510	7298
稀有稀土金属冶炼	184719	169193	6128	351	0
稀土金属冶炼	184719	169193	6128	351	0
有色金属压延加工	1055037	789261	24856	45063	15183
常用有色金属压延加工	197865	164215	2250	5376	10
稀有稀土金属压延加工	857172	625046	22606	39687	15173
金属制品业	546161	397277	30796	12545	2925
结构性金属制品制造	132311	101827	9188	5373	－2104
金属结构制造	98979	66321	9188	5338	0
金属门窗制造	33332	35506	0	35	－2104
金属工具制造	199382	140525	6616	6284	2977
切削工具制造	199382	140525	6616	6284	2977
金属丝绳及其制品的制造	214468	154925	14992	888	2052
通用设备制造业	4414642	3226826	163073	77215	17416
锅炉及原动机制造	594842	466715	12723	7693	4868
锅炉及辅助设备制造	88926	67762	4570	618	872
内燃机及配件制造	505916	398953	8153	7075	3996
金属加工机械制造	1508997	1180845	54727	56286	3053
金属切削机床制造	1508997	1180845	54727	56286	3053
起重运输设备制造	220750	193898	7146	678	372
泵、阀门、压缩机及类似机械的制造	670297	447095	35608	1145	1807
泵及真空设备制造	163872	96773	16688	1145	1807
气体压缩机械制造	506425	350322	18920	0	0
风机、衡器、包装设备等通用设备	1208616	780123	46873	11000	6582
风机、风扇制造	1208616	780123	46873	11000	6582
金属铸、锻加工	211140	158150	5996	413	734
钢铁铸件制造	31071	22563	2775	261	553
锻件及粉末冶金制品制造	180069	135587	3221	152	181
专用设备制造业	6930720	5224992	303453	53213	112109
矿山、冶金、建筑专用设备制造	3071059	2411544	121827	23752	95015
采矿、采石设备制造	64263	49389	4895	502	－34
石油钻采专用设备制造	1280098	1010143	36448	14572	1899

续表

指　　标	产品销售收入	产品销售成　本	产品销售费　用	产品销售税金及附加	其他业务利　润
建筑工程机械制造	849294	647607	48320	5089	29131
建筑材料生产专用机械制造	192376	160082	8765	780	2292
冶金专用设备制造	685028	544323	23399	2809	61727
食品、饮料、烟草及饲料生产专用设备制造	43430	18292	1890	50	0
食品、饮料、烟草工业专用设备制造	43430	18292	1890	50	0
印刷、制药、日化生产专用设备制造	354369	265086	12793	934	1656
制浆和造纸专用设备制造	204303	151333	4471	0	249
印刷专用设备制造	150066	113753	8322	934	1407
纺织、服装和皮革工业专用设备制造	1295988	933105	72774	5018	5340
纺织专用设备制造	142389	106006	7849	1219	1402
缝纫机械制造	1153599	827099	64925	3799	3938
电子和电工机械专用设备制造	1725114	1271526	31876	16021	7260
电子工业专用设备制造	190200	80707	5488	5261	986
武器弹药制造	1433311	1101109	15802	10497	3798
航空、航天及其他专用设备制造	101603	89710	10586	263	2476
农、林、牧、渔专用机械制造	229937	196693	20491	1327	269
拖拉机制造	199771	177173	18437	1076	106
营林及木竹采伐机械制造	30166	19520	2054	251	163
医疗仪器设备及器械制造	174248	100756	40026	5885	461
医疗诊断、监护及治疗设备制造	112359	53847	35585	5588	262
口腔科用设备及器具制造	61889	46909	4441	297	199
环保、社会公共安全及其他专用设备制造	36575	27990	1776	226	2108
其他专用设备制造	36575	27990	1776	226	2108
交通运输设备制造业	19126556	15360857	532310	70423	141926
铁路运输设备制造	1877664	1493881	37917	15561	31603
铁路机车车辆及动车组制造	933669	785366	3971	3148	-866
铁路专用设备及器材、配件制造	828373	630063	28489	6469	31862
其他铁路设备制造及设备修理	115622	78452	5457	5944	607
汽车制造	6299640	5095748	240055	31709	34108
汽车整车制造	4590309	4020985	165409	18833	20975
改装汽车制造	122930	91774	27079	5398	1204
汽车零部件及配件制造	1586401	982989	47567	7478	11929
航空航天器制造	10949252	8771228	254338	23153	76215
飞机制造及修理	9995377	8065290	245495	16922	72239
航天器制造	953875	705938	8843	6231	3976
电气机械及器材制造业	5590562	4388358	344459	49326	61784
电机制造	530897	478083	18053	1615	12386
电动机制造	530897	478083	18053	1615	12386
输配电及控制设备制造	4275726	3239958	292449	23610	44513
变压器、整流器和电感器制造	75092	60949	5863	349	262
电容器及其配套设备制造	54589	34704	6894	278	86

续表

指　标	产品销售收入	产品销售成本	产品销售费用	产品销售税金及附加	其他业务利润
配电开关控制设备制造	3808985	2885243	277851	20744	41615
其他输配电及控制设备制造	337060	259062	1841	2239	2550
电线、电缆、光缆及电工器材制造	467719	407794	13673	12298	1815
电线电缆制造	267154	223143	8682	12008	1065
绝缘制品制造	200565	184651	4991	290	750
家用电力器具制造	220079	180912	11492	11214	3281
家用制冷电器具制造	220079	180912	11492	11214	3281
照明器具制造	96141	81611	8792	589	-211
电光源制造	96141	81611	8792	589	-211
通信设备、计算机及其他电子设备制造业	9303371	7227945	372627	75072	60241
通信设备制造	1042739	626764	154639	16033	8240
通信传输设备制造	331964	184729	12014	11059	5027
通信交换设备制造	372265	264051	110622	1889	-246
其他通信设备制造	338510	177984	32003	3085	3459
雷达及配套设备制造	310005	161769	1295	42	-5294
广播电视设备制造	46849	41210	3297	233	-442
广播电视节目制作及发射设备制造	46849	41210	3297	233	-442
电子器件制造	5622958	4591166	111197	41897	22832
电子真空器件制造	5622958	4591166	111197	41897	22832
电子元件制造	1784310	1420008	62499	14237	32019
电子元件及组件制造	1784310	1420008	62499	14237	32019
家用视听设备制造	115390	105678	0	0	0
家用影视设备制造	115390	105678	0	0	0
仪器仪表及文化、办公用机械制造业	1386660	1045192	35584	10050	8557
通用仪器仪表制造	79778	70479	3140	563	-2595
工业自动控制系统装置制造	79778	70479	3140	563	-2595
专用仪器仪表制造	571869	386354	22699	8679	8232
环境监测专用仪器仪表制造	192108	125176	2466	299	144
导航、气象及海洋专用仪器制造	251985	173362	10127	5611	2534
核子及核辐射测量仪器制造	61841	42230	7273	28	5554
电子测量仪器制造	65935	45586	2833	2741	0
光学仪器及眼镜制造	735013	588359	9745	808	2920
光学仪器制造	735013	588359	9745	808	2920
工艺品及其他制造业	255776	201352	306	1391	63346
工艺美术品制造	255776	201352	306	1391	63346
珠宝首饰及有关物品的制造	255776	201352	306	1391	63346
电力、热力的生产和供应业	16659273	14129161	3726	239013	25739
电力生产	7296705	5813910	3726	81483	15375
火力发电	6953583	5506179	3726	79718	15375
水力发电	343122	307731	0	1765	0
电力供应	9362568	8315251	0	157530	10364
燃气生产和供应业	180166	157464	1706	848	8903
水的生成和供应业	364205	294122	5862	2185	7063
自来水的生产和供应	364205	294122	5862	2185	7063

陕西省大中型工业企业主要经济指标（六）

（2003年） 单位：千元

指标	管理费用	利息支出	利润总额	利税总额	本年应交增值税	全部从业人员年平均人数（人）
总计	12559970	3889688	15796714	29290170	8935623	761412
在总计中：亏损企业	2056040	1158954	－1756287	－443192	918323	174003
在总计中：国有控股企业	11528612	3260041	13449124	25207461	7447455	657624
在总计中：农村工业	57130	26405	81002	139706	30584	14882
在总计中：轻工业	1783725	493011	2027549	5812024	1652941	154954
重工业	10776245	3396677	13769165	23478146	7282682	606458
在总计中：大型企业	6883402	2067730	12013255	20047192	5336151	353266
中型企业	5676568	1821958	3783459	9242978	3599472	408146
一、按登记注册类型分组						
内资企业	12126604	3719822	14187183	26869834	8177167	744147
国有企业	6830336	1606370	4133222	11821451	4323434	381473
中央企业	2909931	622049	697671	4582173	1775063	140241
地方企业	3920405	984321	3435551	7239278	2548371	241232
集体企业	76470	40733	170982	257843	70974	13271
股份合作企业	38117	21603	23645	51944	25266	4803
联营企业	35038	24909	22946	47492	22498	2447
国有联营企业	31572	24186	17768	38946	19436	1847
国有与集体联营企业	3466	723	5178	8546	3062	600
有限责任公司	3859807	1661104	2164858	4665532	2020325	254586
国有独资公司	1155694	680978	307129	941561	503588	98527
其他有限责任公司	2704113	980126	1857729	3723971	1516737	156059
股份有限公司	1225125	323303	7599515	9899146	1669637	74431
私营企业	61711	41800	72015	126426	45033	13136
私营独资企业	2413	10472	4573	9570	1700	1616
私营合作企业	980	56	3089	4969	0	1400
私营有限责任公司	50704	31281	61309	103771	38722	9147
私营股份有限公司	7614	－9	3044	8116	4611	973
港、澳、台商投资企业	88988	52330	594698	864609	268481	6861
合资经营企业（港或澳、台资）	52473	13032	91404	124824	31990	3696
合作经营企业（港或澳、台资）	33637	39298	503294	739284	235990	2385
港澳台商独资经营企业	2878	0	0	501	501	780
外商投资企业	344378	117536	1014833	1555727	489975	10404
中外合资经营企业	294815	66308	796136	1204462	377437	8074
中外合作经营企业	23523	41427	114234	180904	46640	373
外资企业	26040	9801	104463	170361	65898	1957
二、按经济组织类型分组						
独资企业	6938137	1667376	4413240	12259726	4462507	399097
国有企业	6830336	1606370	4133222	11821451	4323434	381473
集体企业	76470	40733	170982	257843	70974	13271
私营独资企业	2413	10472	4573	9570	1700	1616

续表

指　　标	管理费用	利息支出	利润总额	利税总额	本年应交增值税	全部从业人员年平均人数（人）
港澳台商独资经营企业	2878	0	0	501	501	780
外资企业	26040	9801	104463	170361	65898	1957
合作、合伙企业	131295	127293	667208	1024593	330394	11408
股份合作企业	38117	21603	23645	51944	25266	4803
国有联营企业	31572	24186	17768	38946	19436	1847
国有与集体联营企业	3466	723	5178	8546	3062	600
私营合伙企业	980	56	3089	4969	0	1400
合作经营企业（港或澳、台资）	33637	39298	503294	739284	235990	2385
中外合作经营企业	23523	41427	114234	180904	46640	373
股份有限公司	1232739	323294	7602559	9907262	1674248	75404
股份有限公司（内资）	1225125	323303	7599515	9899146	1669637	74431
私营股份有限公司	7614	－9	3044	8116	4611	973
有限责任公司	4257799	1771725	3113707	6098589	2468474	275503
国有独资公司	1155694	680978	307129	941561	503588	98527
私营有限责任公司	50704	31281	61309	103771	38722	9147
合资经营企业（港或澳、台资）	52473	13032	91404	124824	31990	3696
中外合资经营企业	294815	66308	796136	1204462	377437	8074
其他有限责任公司	2704113	980126	1857729	3723971	1516737	156059
三、按工业行业分						
煤炭开采和洗选业	794935	415602	397667	1036311	528693	76540
烟煤和无烟煤的开采洗选	789782	404734	376645	1001644	515660	76090
褐煤的开采洗选	5153	10868	21022	34667	13033	450
石油和天然气开采业	854980	205728	8981361	12002855	2175302	41946
天然原油和天然气开采	849413	205272	8974179	11991363	2172803	41281
与石油和天然气开采有关的服务活动	5567	456	7182	11492	2499	665
黑色金属矿采选业	16431	0	39631	50955	7840	520
铁矿采选	16431	0	39631	50955	7840	520
有色金属矿采选业	651339	30538	285097	396440	94531	15147
常用有色金属矿采选	74094	8244	38949	74152	31667	3406
铜矿采选	3988	－154	8026	11659	3386	615
铅锌矿采选	70106	8398	30923	62493	28281	2791
贵金属采选	147824	23516	74848	86772	9460	4637
金矿采选	139647	18945	76991	84023	5025	4248
银矿采选	8177	4571	－2143	2749	4435	389
稀有稀土金属矿采选	429421	－1222	171300	235516	53404	7104
钨钼矿采选	429421	－1222	171300	235516	53404	7104
农副食品加工业	21197	17189	21832	29696	6520	4761
谷物磨制	6562	1955	1781	2515	652	1532
植物油加工	3224	6058	4954	6195	992	742
食用植物油加工	3224	6058	4954	6195	992	742
屠宰及肉类加工	4601	1432	11452	12097	0	1234
畜禽屠宰	2881	1201	3834	3847	0	450

续表

指　　标	管理费用	利息支出	利润总额	利税总额	本年应交增值税	全部从业人员年平均人数（人）
肉制品及副产品加工	1720	231	7618	8250	0	784
其他农副食品加工	6810	7744	3645	8889	4876	1253
淀粉及淀粉制品的制造	6810	7744	3645	8889	4876	1253
食品制造业	41753	13960	87434	139098	42891	5220
方便食品制造	10244	8781	36622	68565	26743	2026
速冻食品制造	2324	803	－1615	－281	1260	302
方便面及其他方便食品制造	7920	7978	38237	68846	25483	1724
液体乳及乳制品制造	31509	5179	50812	70533	16148	3194
饮料制造业	103812	33379	204081	514203	160727	7266
酒的制造	75178	16932	130897	398571	118678	4969
白酒制造	34943	18394	17413	108840	39175	3505
啤酒制造	40235	－1462	113484	289731	79503	1464
软饮料制造	28634	16447	73184	115632	42049	2297
碳酸饮料制造	16700	0	22238	41263	19025	509
果菜汁及果菜汁饮料制造	8003	12734	4848	5300	53	1260
茶饮料及其他软饮料制造	3931	3713	46098	69069	22971	528
烟草制品业	408130	158150	195712	2512517	475551	7231
卷烟制造	408130	158150	195712	2512517	475551	7231
纺织业	342354	87124	－19431	194397	167809	69715
棉、化纤纺织及印染精加工	332166	86367	－20734	190481	165459	68215
棉、化纤纺织加工	317636	75295	3485	212509	163427	65527
棉、化纤印染精加工	14530	11072	－24219	－22028	2032	2688
纺织制成品制造	10188	757	1303	3916	2350	1500
棉及化纤制品制造	10188	757	1303	3916	2350	1500
纺织服装、鞋、帽制造业	31817	1354	12744	27698	11156	3833
纺织服装制造	31817	1354	12744	27698	11156	3833
皮革、毛皮、羽毛（绒）及其制品业	10381	3149	1151	2376	1115	1185
皮革制品制造	10381	3149	1151	2376	1115	1185
皮鞋制造	10381	3149	1151	2376	1115	1185
木材加工及木、竹、藤、棕、草制品业	3559	8756	3059	7399	4340	1026
人造板制造	3559	8756	3059	7399	4340	1026
纤维板制造	3559	8756	3059	7399	4340	1026
造纸及纸制品业	23520	20716	31573	58369	18986	11920
造纸	17769	17229	22130	44483	14901	9740
机制纸及纸板制造	17769	17229	22130	44483	14901	9740
纸制品制造	5751	3487	9443	13886	4085	2180
纸和纸板容器的制造	5751	3487	9443	13886	4085	2180
印刷业和记录媒介的复制	196477	20711	270586	401768	113017	8255
印刷	196477	20711	270586	401768	113017	8255
书、报、刊印刷	57955	15624	－1731	25129	17690	4202
包装装潢及其他印刷	138522	5087	272317	376639	95327	4053

续表

指　　标	管理费用	利息支出	利润总额	利税总额	本年应交增值税	全部从业人员年平均人数（人）
石油加工、炼焦及核燃料加工业	478182	130620	937269	2108967	521222	14270
精炼石油产品的制造	308205	78495	677564	1570838	391097	5287
原油加工及石油制品制造	308205	78495	677564	1570838	391097	5287
炼焦	109521	53595	245507	522994	129252	6291
核燃料加工	60456	－1470	14198	15135	873	2692
化学原料及化学制品制造业	541568	233767	33088	305637	225790	46624
基础化学原料制造	92790	51334	－6511	80625	70217	7016
无机碱制造	51242	7575	5647	42185	33217	3898
无机盐制造	3822	200	7173	12269	4718	324
有机化学原料制造	20322	28312	282	39746	26799	1324
其他基础化学原料制造	17404	15247	－19613	－13575	5483	1470
肥料制造	235369	139045	－33590	81582	91343	21530
氮肥制造	220004	133908	－24004	90900	91083	19220
磷肥制造	15365	5137	－9586	－9318	260	2310
涂料、油墨、颜料及类似产品制造	14745	1588	5059	11393	5829	959
涂料制造	14745	1588	5059	11393	5829	959
专用化学产品制造	173370	23429	60991	99114	35158	14959
炸药及火工产品制造	155905	20977	2432	28200	23506	14095
信息化学品制造	15451	2301	52913	63882	10969	486
环境污染处理专用药剂材料制造	2014	151	5646	7032	683	378
日用化学产品制造	25294	18371	7139	32923	23243	2160
肥皂及合成洗涤济制造	25294	18371	7139	32923	23243	2160
医药制造业	418456	83445	1199114	1750410	524256	17922
化学药品原药制造	23848	16014	116349	122640	5114	1963
化学药品制剂制造	261130	25358	930472	1340670	391568	9287
中药饮片加工	25801	2205	2586	9809	6940	1201
中成药制造	88875	13771	112954	206318	90909	4281
生物、生化制品的制造	18802	26097	36753	70973	29725	1190
橡胶制品业	22253	6666	833	5994	4691	2443
橡胶板、管、带的制造	22253	6666	833	5994	4691	2443
非金属矿物制品业	229474	105733	53383	216554	135862	25940
水泥、石灰和石膏的制造	151070	65083	78468	193544	97574	17655
水泥制造	151070	65083	78468	193544	97574	17655
水泥及石膏制品制造	27863	11899	－15175	－3238	10215	2551
水泥制品制造	27863	11899	－15175	－3238	10215	2551
玻璃及玻璃制品制造	47378	27780	－7173	27157	26397	5080
平板玻璃制造	20402	25477	－17691	631	11738	1466
日用玻璃制品及玻璃包装容器制造	672	20	－254	749	931	630
玻璃纤维及制品制造	26304	2283	10772	25777	13728	2984
石墨及其他非金属矿物制品制造	3163	971	－2737	－909	1676	654
石墨及碳素制品制造	3163	971	－2737	－909	1676	654

续表

指　　标	管理费用	利息支出	利润总额	利税总额	本年应交增值税	全部从业人员年平均人数（人）
黑色金属冶炼及压延加工业	332494	141732	97235	424992	284638	21279
炼铁	15598	5058	21206	60917	35710	4550
炼钢	65259	32149	1363	57020	51451	7391
铜压延加工	234115	94383	84404	282649	180333	8421
铁合多冶炼	17522	10142	－9738	24406	17144	917
有色金属冶炼及压延加工业	260046	107119	162850	438705	157583	18888
常用有色金属冶炼	119277	66090	86377	263923	104688	11530
铜冶炼	671	947	－2528	2603	1922	467
铅锌冶炼	41966	30937	149145	282837	67553	6899
铝冶炼	76640	34206	－60240	－21517	35213	4164
稀有稀土金属冶炼	5516	784	2633	6492	3508	380
稀土金属冶炼	5516	784	2633	6492	3508	380
有色金属压延加工	135253	40245	73840	168290	49387	6978
常用有色金属压延加工	8569	8932	1529	12181	5276	1203
稀有稀土金属压延加工	126684	31313	72311	156109	44111	5775
金属制品业	82678	16086	13868	58759	32346	6848
结构性金属制品制造	13627	1456	1543	8456	1540	934
金属结构制造	12700	1323	1543	8111	1230	560
金属门窗制造	927	133	0	345	310	374
金属工具制造	44436	9115	－2710	20360	16786	4655
切削工具制造	44436	9115	－2710	20360	16786	4655
金属丝绳及其制品的制造	24615	5515	15035	29943	14020	1259
通用设备制造业	532021	99014	348832	665554	239507	29747
锅炉及原动机制造	125633	26989	－17404	－1733	7978	8716
锅炉及辅助设备制造	21420	6872	2385	7332	4329	1496
内燃机及配件制造	104213	20117	－19789	－9065	3649	7220
金属加工机械制造	131055	32916	39622	173678	77770	12026
金属切削机床制造	131055	32916	39622	173678	77770	12026
起重运输设备制造	21838	9024	－11270	－4191	6401	1349
泵、阀门、压缩机及类似机械的制造	45901	10834	134660	173445	37640	1661
泵及真空设备制造	16294	5364	32660	39445	5640	1301
气体压缩机械制造	29607	5470	102000	134000	32000	360
风机、衡器、包装设备等通用设备	172118	196	203990	320116	105126	3421
风机、风扇制造	172118	196	203990	320116	105126	3421
金属铸、锻加工	35476	19055	－766	4239	4592	2574
钢铁铸件制造	4920	414	597	3351	2493	402
锻件及粉末冶金制品制造	30556	18641	－1363	888	2099	2172
专用设备制造业	915747	260914	260569	656382	342600	55911
矿山、冶金、建筑专用设备制造	387547	115878	41676	278068	212640	19051
采矿、采石设备制造	18068	12314	－22553	－17028	5023	1710
石油钻采专用设备制造	167602	45053	6267	87733	66894	5214

续表

指　　标	管理费用	利息支出	利润总额	利税总额	本年应交增值税	全部从业人员年平均人数（人）
建筑工程机械制造	81892	34892	47078	149925	97758	3671
建筑材料生产专用机械制造	15771	468	11381	19960	7799	636
冶金专用设备制造	104214	23151	－497	37478	35166	7820
食品、饮料、烟草及饲料生产专用设备制造	124	204	23	123	50	798
食品、饮料、烟草工业专用设备制造	124	204	23	123	50	798
印刷、制药、日化生产专用设备制造	43979	2353	28293	55053	25826	2730
制浆和造纸专用设备制造	24776	－845	22160	37316	15156	1192
印刷专用设备制造	19203	3198	6133	17737	10670	1538
纺织、服装和皮革工业专用设备制造	111175	10855	211302	275861	59541	5444
纺织专用设备制造	33824	7423	－3238	9596	11615	3042
缝纫机械制造	77351	3432	214540	266265	47926	2402
电子和电工机械专用设备制造	278505	90503	－17644	15523	17146	22650
电子工业专用设备制造	17786	6642	3122	10643	2260	3428
武器弹药制造	240683	81408	27559	49534	11478	17538
航空、航天及其他专用设备制造	20036	2453	－48325	－44654	3408	1684
农、林、牧、渔专用机械制造	64430	34975	－6847	7777	13297	3459
拖拉机制造	57361	33903	－7202	4676	10802	2687
营林及木竹采伐机械制造	7069	1072	355	3101	2495	772
医疗仪器设备及器械制造	19999	4579	3720	20961	11356	1011
医疗诊断、监护及治疗设备制造	11012	2770	3691	17662	8383	432
口腔科用设备及器具制造	8987	1809	29	3299	2973	579
环保、社会公共安全及其他专用设备制造	9988	1567	46	3016	2744	768
其他专用设备制造	9988	1567	46	3016	2744	768
交通运输设备制造业	2093993	460284	902201	1430881	458257	126722
铁路运输设备制造	287278	20073	47252	119905	57092	16586
铁路机车车辆及动车组制造	122654	675	13016	47815	31651	7415
铁路专用设备及器材、配件制造	142649	14054	35620	66746	24657	7040
其他铁路设备制造及设备修理	21975	5344	－1384	5344	784	2131
汽车制造	378278	86237	582174	845050	231167	24977
汽车整车制造	240763	62266	148927	299416	131656	11677
改装汽车制造	22296	2711	－1805	4574	981	2182
汽车零部件及配件制造	115219	21260	435052	541060	98530	11118
航空航天器制造	1428437	353974	272775	465926	169998	85159
飞机制造及修理	1253020	317322	228505	409271	163844	76663
航天器制造	175417	36652	44270	56655	6154	8496
电气机械及器材制造业	712957	142306	8396	316906	259184	32631
电机制造	31681	11961	1630	20025	16780	4358
电动机制造	31681	11961	1630	20025	16780	4358
输配电及控制设备制造	592874	97796	88250	307255	195395	19202
变压器、整流器和电感器制造	8126	3968	－3909	－67	3493	918
电容器及其配套设备制造	5714	2256	3666	7418	3474	370

续表

指　　标	管理费用	利息支出	利润总额	利税总额	本年应交增值税	全部从业人员年平均人数（人）
配电开关控制设备制造	552627	91370	38376	230540	171420	15996
其他输配电及控制设备制造	26407	202	50117	69364	17008	1918
电线、电缆、光缆及电工器材制造	31663	18593	－12574	10757	11033	1957
电线电缆制造	14912	5643	4497	22759	6254	930
绝缘制品制造	16751	12950	－17071	－12002	4779	1027
家用电力器具制造	45284	9416	－57501	－16201	30086	4290
家用制冷电器具制造	45284	9416	－57501	－16201	30086	4290
照明器具制造	11455	4540	－11409	－4930	5890	2824
电光源制造	11455	4540	－11409	－4930	5890	2824
通信设备、计算机及其他电子设备制造业	905608	243009	529975	998559	393512	43023
通信设备制造	234623	56785	－26280	32089	42336	6394
通信传输设备制造	103522	7225	17306	31392	3027	3602
通信交换设备制造	70385	42642	－119858	－111443	6526	1069
其他通信设备制造	60716	6918	76272	112140	32783	1723
雷达及配套设备制造	70724	33672	1303	2310	965	3175
广播电视设备制造	12918	21935	－31581	－29074	2274	854
广播电视节目制作及发射设备制造	12918	21935	－31581	－29074	2274	854
电子器件制造	346333	32272	537556	841208	261755	17008
电子真空器件制造	346333	32272	537556	841208	261755	17008
电子元件制造	223786	88749	19102	108107	74768	13361
电子元件及组件制造	223786	88749	19102	108107	74768	13361
家用视听设备制造	3874	0	7888	14790	6902	1000
家用影视设备制造	3874	0	7888	14790	6902	1000
仪器仪表及文化、办公用机械制造业	270624	38061	－573	25156	15679	11265
通用仪器仪表制造	21817	14091	－32956	－29400	2993	2508
工业自动控制系统装置制造	21817	14091	－32956	－29400	2993	2508
专用仪器仪表制造	137177	9793	11714	25759	5366	4274
环境监测专用仪器仪表制造	60399	1134	3420	4119	400	1258
导航、气象及海洋专用仪器制造	57343	7746	4276	14065	4178	1957
核子及核辐射测量仪器制造	16059	434	－2945	－2917	0	752
电子测量仪器制造	3376	479	6963	10492	788	307
光学仪器及眼镜制造	111630	14177	20669	28797	7320	4483
光学仪器制造	111630	14177	20669	28797	7320	4483
工艺品及其他制造业	3369	15226	44111	65681	20179	1172
工艺美术品制造	3369	15226	44111	65681	20179	1172
珠宝首饰及有关物品的制造	3369	15226	44111	65681	20179	1172
电力、热力的生产和供应业	1187102	783910	673944	2389862	1476905	48444
电力生产	424626	552868	514497	1389333	793353	28588
火力发电	414187	552879	544825	1400048	775505	27167
水力发电	10439	－11	－30328	－10715	17848	1421
电力供应	762476	231042	159447	1000529	683552	19856
燃气生产和供应业	16967	5976	7731	18487	9908	803
水的生成和供应业	55746	－536	11391	38602	25026	2915
自来水的生产和供应	55746	－536	11391	38602	25026	2915

陕西省优势(重点)企业基本情况一览表(一)

(2003年)

企业名称	法人单位代码	法定代表人	企业地址
西安电力机械制造公司	22060853－6	浦天祥	陕西省西安市莲湖区丰登北路29号
韩城矿务局	22216068－3	褚能冰	陕西省渭南市韩城金塔路1号
西安飞机工业(集团)有限责任公司	22052116－6	杨　忠	陕西省西安市阎良区西飞大道一号
庆安集团有限公司	29446052－X	曹怀根	陕西省西安市莲湖区大庆路158号
秦川机床集团有限公司	22052483－4	龙兴元	陕西省宝鸡市渭滨区姜谭路22号
陕西天王兴业集团有限公司	22052521－2	费亚丽	陕西省咸阳市秦都区人民中路33号
西安标准工业股份有限公司	62800168－2	赵新庆	陕西省西安市雁塔区太白南路335号
陕西法士特齿轮有限责任公司	73043118－7	李大开	陕西省西安市莲湖区大庆路西段
西安大唐电信有限公司	62390478－6	魏少军	陕西省西安市雁塔区沣惠南路八号
中国北车集团西安车辆厂	22060180－1	孙　锴	陕西省西安市未央区三桥镇建章路
西安石油化工总厂	22060287－1	孙七一	陕西省西安市未央区建章路北段6号
西安解放集团股份有限公司	22061133－X	王　科	陕西省西安市碑林区东大街解放市场6号
陕西建设机械股份有限公司	73266629－7	高　峰	陕西省西安市新城区金花北路48号
西安利君制药股份有限公司	71017265－9	吴　秦	陕西省西安市莲湖区未央路中段
陕西汽车集团有限责任公司	22052425－2	张玉浦	陕西省西安市新城区幸福北路39号
西安东方机电(集团)有限公司	22052432－4	才长伟	陕西省西安市新城区幸福南路1号
西安西化热电化工有限责任公司	22060311－0	贾双社	陕西省西安市雁塔区鱼化乡
陕西鼓风机(集团)有限公司	29452049－X	印建安	陕西省西安市临潼区代王街
西安民生集团股份有限公司	22060335－6	詹军道	陕西省西安市新城区解放路103号
西安华山机械工业有限公司	22052466－6	李　峰	陕西省西安市新城区幸福中路123号
青岛啤酒西安有限责任公司	29446305－0	金志国	陕西省西安市未央区啤酒路1号
陕西华圣企业(集团)股份有限公司	22052873－9	李大灿	陕西省西安市碑林区含光北路156号
西安航空发动机(集团)有限公司	22060548－2	马福安	陕西省西安市未央区徐家湾
陕西省高速公路建设集团公司	62311022－2	陈双全	陕西省西安市碑林区友谊东路428号
西安交通大学开元集团	22073485－8	王太川	陕西省西安市碑林区火炬路2号
西安印钞厂	22053020－6	姚元军	陕西省西安市莲湖区汉城路153号
西安杨森制药有限公司	62310082－5	昝安胜	陕西省西安市新城区万寿北路34号
陕西精密合金股份有限公司	22053579－5	赵　岗	陕西省西安市莲湖区枣园东路31号
五环(集团)实业有限责任公司	29420419－8	王树平	陕西省西安市灞桥区纺西街158号
西安高科(集团)公司	22063004－7	段先念	陕西省西安市雁塔区电子一路电子商城4楼

续表

企业名称	法人单位代码	法定代表人	企业地址
西安海星科技投资控股(集团)有限公司	22063502－4	荣　海	陕西省西安市高新区科技二路62号
陕西秦龙电力股份有限公司	29420977－3	袁小宁	陕西省西安市新城区西一路41号
陕西省电力公司	71007260－7	赵杰臣	陕西省西安市新城区尚德路57号
陕西唐华四棉有限责任公司	71979850－0	顾宪祥	陕西省西安市灞桥区纺织城纺西街168号
中铁宝桥股份有限公司	72735754－5	李建生	陕西省宝鸡市渭滨区清姜路80号
宝鸡石油机械有限责任公司	74129455－2	史习盐	陕西省宝鸡市金台区东风路2号
陕西西凤酒股份有限公司	71357657－9	张中屹	陕西省宝鸡市凤翔县柳林镇
宝鸡卷烟厂	22052401－7	陈　晖	陕西省宝鸡市金台区东风路1号
宝鸡石油钢管有限责任公司	71975736－2	王　涛	陕西省宝鸡市渭滨区姜谭路10号
陕西东岭集团	71975059－0	李黑记	陕西省宝鸡市金台区马营路东段
陕西宝光真空电器股份有限公司	70990189－3	李明鑫	陕西省宝鸡市渭滨区英达路5号
宝鸡商场(集团)股份有限公司	22130301－3	魏存功	陕西省宝鸡市渭滨区经二路114号
咸阳偏转集团公司	22171460－5	郑　毅	陕西省咸阳市秦都区渭阳西路70号
陕西宴友思股份有限公司	29420307－2	谢成杰	陕西省咸阳市三原县宴友思大街
陕西兴化集团有限责任公司	29420816－4	王兴若	陕西省咸阳市兴平县东城街
陕西渭河发电有限公司	62374776－8	刘春茂	陕西省咸阳市渭城区正阳街
陕西龙门钢铁(集团)有限责任公司	73537054－7	张丹力	陕西省渭南市韩城龙门镇
陕西陕化化肥股份有限公司	29420728－4	傅德俊	陕西省渭南市华县瓜坡镇
陕西渭河煤化工集团有限责任公司	22053051－3	郭金鹏	陕西省渭南市经济开发区
陕西省延长石油工业集团公司	22056857－0	才玮辉	陕西省延安市宝塔区十里铺
陕西秦岭水泥(集团)股份有限公司	29420165－9	兰建文	陕西省铜川市耀州区东郊
西安东盛集团有限公司	29426184－6	郭家学	陕西省西安市高新区唐延路23号东盛大厦
彩虹集团公司	10001820－8	马金泉	陕西省咸阳市未央西路70号
中国石油天然气股份有限公司长庆油田分公司	71000000－5	王道富	陕西省西安市未央区长庆兴隆园
陕西旅游集团公司	22053336－X	陈泽忠	陕西省西安市碑林区长安街54号
陕西煤航数码测绘(集团)股份有限公司	22053452－2	宋　理	陕西省西安市新城区南新街28号
长安信息产业(集团)股份有限公司	22053756－3	蔡世杰	陕西省西安市友谊东路41号
金花企业集团	29419075－0	吴一坚	陕西省西安市碑林区振兴路1号
西安达尔曼实业股份有限公司	29423953－4	许宗林	陕西省西安市新城区建工路19号
陕西有色金属集团有限公司	22053202－5	宋钧炉	陕西省西安市新城区省政府大楼

陕西省优势(重点)企业基本情况一览表(二)

(2003年)

企业名称	联系电话	邮政编码	企业规模	登记注册类型	注册资本(万元)
西安电力机械制造公司	029－84241742	710077	大型	国有企业	149966
韩城矿务局	0913－5261100	715400	大型	国有企业	56535
西安飞机工业(集团)有限责任公司	029－86845052	710089	大型	有限责任公司	201683
庆安集团有限公司	029－84244896	710077	大型	有限责任公司	81517
秦川机床集团有限公司	0917－3670665	721009	大型	有限责任公司	39849
陕西天王兴业集团有限公司	0910－3172560	712000	大型	国有独资公司	12700
西安标准工业股份有限公司	029－88279159	710068	中型	股份有限公司	31901
陕西法士特齿轮有限责任公司	029－84625500	710077	大型	有限责任公司	25600
西安大唐电信有限公司	029－88379595	710075	中型	有限责任公司	39239
中国北车集团西安车辆厂	029－82369128	710086	大型	国有企业	21436
西安石油化工总厂	029－84311452	710086	中型	国有企业	798
西安解放集团股份有限公司	029－87217674	710001	大型	股份有限公司	13038
陕西建设机械股份有限公司	029－82592284	710032	中型	股份有限公司	10156
西安利君制药股份有限公司	029－84247729	710077	大型	股份有限公司	21090
陕西汽车集团有限责任公司	029－83388331	710043	大型	有限责任公司	116761
西安东方机电(集团)有限公司	029－82624816	710043	大型	国有独资公司	28568
西安西化热电化工有限责任公司	029－84242212	710077	大型	有限责任公司	86165
陕西鼓风机(集团)有限公司	029－83931400	710611	大型	国有独资公司	13000
西安民生集团股份有限公司	029－87481872	710005	大型	股份有限公司	20201
西安华山机械工业有限公司	029－83202240	710043	大型	国有独资公司	15334
青岛啤酒西安有限责任公司	029－86710453	710016	中型	有限责任公司	22220
陕西华圣企业(集团)股份有限公司	029－88429288	710068	中型	股份有限公司	10000
西安航空发动机(集团)有限公司	029－86152114	710021	大型	有限责任公司	121298
陕西省高速公路建设集团公司	029－87881355	710054	大型	国有独资公司	100000
西安交通大学开元集团	029－83241133	710043	中型	股份有限公司	8000
西安印钞厂	029－84273000	710077	大型	国有企业	36066
西安杨森制药有限公司	029－83234455	710043	中型	中外合资企业	20931
陕西精密合金股份有限公司	029－84624535	710077	中型	股份有限公司	26120
五环(集团)实业有限责任公司	029－83511443	710038	大型	有限责任公司	11648
西安高科(集团)公司	029－88234641	710065	大型	国有企业	150000

续表

企业名称	联系电话	邮政编码	企业规模	登记注册类型	注册资本(万元)
西安海星科技投资控股(集团)有限公司	029-82307529	710075	大型	有限责任公司	10000
陕西秦龙电力股份有限公司	029-87403985	710004	中型	股份有限公司	50000
陕西省电力公司	029-87402487	710004	中型	有限责任公司	100000
陕西唐华四棉有限责任公司	029-83519819	710038	大型	国有独资公司	4500
中铁宝桥股份有限公司	0917-2867132	721006	大型	股份有限公司	20000
宝鸡石油机械有限责任公司	0917-3462019	721002	大型	有限责任公司	8618
陕西西凤酒股份有限公司	0917-7421001	721406	中型	股份有限公司	10282
宝鸡卷烟厂	0917-3469283	721000	大型	国有企业	50932
宝鸡石油钢管有限责任公司	0917-3398325	721008	中型	有限责任公司	101929
陕西东岭集团	0917-3451718	721004	大型	股份有限公司	5400
陕西宝光真空电器股份有限公司	0917-3561172	721006	中型	港澳台合资企业	15800
宝鸡商场(集团)股份有限公司	0917-3270353	721000	大型	股份有限公司	16034
咸阳偏转集团公司	0910-3628114	712021	中型	国有独资公司	73765
陕西宴友思股份有限公司	0910-2281494	713800	中型	股份有限公司	8100
陕西兴化集团有限责任公司	0910-8822532	713100	中型	国有独资公司	14292
陕西渭河发电有限公司	0910-3882222	712085	大型	港澳台合资企业	180000
陕西龙门钢铁(集团)有限责任公司	0913-5182300	715405	大型	有限责任公司	22001
陕西陕化化肥股份有限公司	0913-4018002	714100	大型	股份有限公司	12000
陕西渭河煤化工集团有限责任公司	0913-2106000	714000	大型	有限责任公司	30413
陕西省延长石油工业集团公司	0911-2499830	716000	大型	国有独资公司	42165
陕西秦岭水泥(集团)股份有限公司	0919-6231303	727100	大型	股份有限公司	41300
西安东盛集团有限公司	029-88332288	710075	大型	有限责任公司	15000
彩虹集团公司	0910-3334138	712021	大型	国有企业	100000
中国石油天然气股份有限公司长庆油田分公司	029-86596666	710021	大型	股份有限公司	0
陕西旅游集团公司	029-85392799	710061	其他	国有独资公司	30000
陕西煤航数码测绘(集团)股份有限公司	029-87216331	710004	小型	股份有限公司	29090
长安信息产业(集团)股份有限公司	029-82231728	710054	中型	股份有限公司	8733
金花企业集团	029-88404188	710068	中型	有限责任公司	150000
西安达尔曼实业股份有限公司	029-82246915	710043	中型	股份有限公司	28664
陕西有色金属集团有限公司	029-87293439	710006	大型	国有独资公司	102439

陕西省优势(重点)企业基本情况一览表(三)

(2003年)

企业名称	控股情况	企业产品(或业务)		
西安电力机械制造公司	国有绝对控股	全封闭组合电器	变压器	高压电瓷
韩城矿务局	国有绝对控股	原煤	洗精煤	焦炭
西安飞机工业(集团)有限责任公司	国有绝对控股	飞机制造及修理		
庆安集团有限公司	国有绝对控股	飞机制造及修理	家用空气调节器制造	
秦川机床集团有限公司	国有相对控股	金属切削机床	塑料加工机械	铸件汽车配件及电脑
陕西天王兴业集团有限公司	国有绝对控股	棉纱	棉布	棉线
西安标准工业股份有限公司	国有绝对控股	缝纫机制造		
陕西法士特齿轮有限责任公司	其他控股	重型汽车变速器	汽车配件	OEM 配套出口齿轮
西安大唐电信有限公司	国有绝对控股	SP30 程控数字交换机	SCDMA 系列产品	移动通信设备
中国北车集团西安车辆厂	国有绝对控股	新造货车	修理客车	修理货车
西安石油化工总厂	国有绝对控股	石油沥青	汽油	柴油
西安解放集团股份有限公司	国有相对控股	国内贸易业	房地产开发	停车场
陕西建设机械股份有限公司	国有绝对控股	摊铺机	稳拌机,翻斗车	钢结构产品
西安利君制药股份有限公司	国有相对控股	红霉素	琥乙红霉素	片剂
陕西汽车集团有限责任公司	国有绝对控股	重型载货汽车	中型载货汽车	大客车底盘
西安东方机电(集团)有限公司	国有绝对控股	武器弹药制造业	摩托车整车生产	空调压缩机制造
西安西化热电化工有限责任公司	国有绝对控股	烧碱	聚氯乙烯	盐酸
陕西鼓风机(集团)有限公司	国有绝对控股	风机	工矿配件	
西安民生集团股份有限公司	国有相对控股	零售业		
西安华山机械工业有限公司	国有绝对控股	武器弹药制造 3663	电焊机制造 3524	粉末冶金制品 3592
青岛啤酒西安有限责任公司	国有绝对控股	啤酒制造		
陕西华圣企业(集团)股份有限公司	国有相对控股	果品收购、储存、分选	报纸传媒	塑料、建材生产
西安航空发动机(集团)有限公司	国有绝对控股	航空发动机	纺织机械	高线轧机
陕西省高速公路建设集团公司	国有绝对控股	公路建、营、养、管		
西安交通大学开元集团	国有相对控股	可视系列产品	阳光教育	房地产开发与管理
西安印钞厂	国有绝对控股	钞票印刷	税票印刷	证券印刷
西安杨森制药有限公司	其他控股	吗丁林	达克宁乳膏	西比灵胶囊
陕西精密合金股份有限公司	其他控股	钢带		
五环(集团)实业有限责任公司	国有绝对控股	纺纱	纺布	纺绒
西安高科(集团)公司	国有绝对控股	房地产经营开发	电子元器件制造	医药制造

续表

企业名称	控股情况	企业产品(或业务)		
西安海星科技投资控股(集团)有限公司	其他控股	计算机生产和批发零售	饮料生产和批发	超市
陕西秦龙电力股份有限公司	国有绝对控股	电力生产		
陕西省电力公司	国有绝对控股	电力产品发供销	电站辅机	热力发供销
陕西唐华四棉有限责任公司	国有绝对控股	棉纱	棉布	
中铁宝桥股份有限公司	国有绝对控股	钢梁钢结构	铁路道岔	高锰钢撤叉
宝鸡石油机械有限责任公司	国有绝对控股	石油钻采设备		
陕西西凤酒股份有限公司	国有绝对控股	白酒		
宝鸡卷烟厂	国有绝对控股	卷烟		
宝鸡石油钢管有限责任公司	国有绝对控股	钢压延加工业		
陕西东岭集团	集体绝对控股	钢材贸易	锌品冶炼	焦炭冶炼
陕西宝光真空电器股份有限公司	国有相对控股	真空开关管	真空断路器	真空开关柜
宝鸡商场(集团)股份有限公司	国有相对控股	商品销售	酒店及路桥收费	制药
咸阳偏转集团公司	国有绝对控股	偏转线圈	漆包线	
陕西宴友思股份有限公司	国有绝对控股	肉制品	秦川牛肉	
陕西兴化集团有限责任公司	国有绝对控股	纯碱	氯化铵	二氧化碳
陕西渭河发电有限公司	其他控股	火力发电		
陕西龙门钢铁(集团)有限责任公司	集体绝对控股	钢材	粗钢	生铁
陕西陕化化肥股份有限公司	国有绝对控股	合成氨	尿素	磷酸二铵
陕西渭河煤化工集团有限责任公司	国有绝对控股	尿素	合成氨	
陕西省延长石油工业集团公司	国有绝对控股	汽油	柴油	液化气
陕西秦岭水泥(集团)股份有限公司	国有相对控股	水泥制造		
西安东盛集团有限公司	其他控股	白加黑	盖天力	维奥心
彩虹集团公司	国有绝对控股	彩色显像管		
中国石油天然气股份有限公司长庆油田分公司	国有绝对控股	天然原油	天然气	原油加工
陕西旅游集团公司	国有绝对控股	旅游服务		
陕西煤航数码测绘(集团)股份有限公司	国有相对控股	商品批发	服务业	
长安信息产业(集团)股份有限公司	其他控股	计算机系统服务		
金花企业集团	其他控股	转移因子口服液	商品零售	
西安达尔曼实业股份有限公司	集体绝对控股	镶嵌首饰	宝石成面	冰洲石
陕西有色金属集团有限公司	国有绝对控股	钼精矿	钛材	电解铝

陕西省优势(重点)企业基本情况一览表(四)

(2003年)

企业名称	技术中心级别	备　注
西安电力机械制造公司		
韩城矿务局	其他	
西安飞机工业(集团)有限责任公司	省级	通过 ISO9000 认证
庆安集团有限公司	国家级	通过 ISO9000 认证
秦川机床集团有限公司	省级	通过 ISO9000 认证
陕西天王兴业集团有限公司	省级	通过 ISO9000 认证
西安标准工业股份有限公司	国家级	通过 ISO9000 认证
陕西法士特齿轮有限责任公司	其他	通过 ISO9000 认证
西安大唐电信有限公司		通过 ISO9000 认证
中国北车集团西安车辆厂	其他	通过 ISO9000 认证
西安石油化工总厂	其他	通过 ISO9000 认证
西安解放集团股份有限公司	其他	
陕西建设机械股份有限公司	省级	通过 ISO9000 认证　通过 ISO14000 认证
西安利君制药股份有限公司	省级	
陕西汽车集团有限责任公司	其他	通过 ISO9000 认证
西安东方机电(集团)有限公司	省级	通过 ISO9000 认证
西安西化热电化工有限责任公司	省级	
陕西鼓风机(集团)有限公司		通过 ISO9000 认证　通过 ISO14000 认证
西安民生集团股份有限公司		通过 ISO9000 认证
西安华山机械工业有限公司	其他	通过 ISO9000 认证
青岛啤酒西安有限责任公司		通过 ISO9000 认证　通过 ISO14000 认证
陕西华圣企业(集团)股份有限公司		通过 ISO9000 认证
西安航空发动机(集团)有限公司		通过 ISO9000 认证
陕西省高速公路建设集团公司		
西安交通大学开元集团	其他	通过 ISO9000 认证
西安印钞厂		通过 ISO9000 认证　通过 ISO14000 认证
西安杨森制药有限公司	国家级	通过 ISO9000 认证　通过 ISO14000 认证
陕西精密合金股份有限公司		通过 ISO9000 认证
五环(集团)实业有限责任公司		通过 ISO9000 认证
西安高科(集团)公司		通过 ISO9000 认证　通过 ISO14000 认证

续表

企业名称	技术中心级别	备　注
西安海星科技投资控股(集团)有限公司	其他	通过 ISO9000 认证
陕西秦龙电力股份有限公司		通过 ISO14000 认证
陕西省电力公司	国家级	通过 ISO9000 认证　通过 ISO14000 认证
陕西唐华四棉有限责任公司	其他	通过 ISO9000 认证
中铁宝桥股份有限公司		通过 ISO9000 认证　通过 ISO14000 认证
宝鸡石油机械有限责任公司	省级	通过 ISO9000 认证　通过 ISO14000 认证
陕西西凤酒股份有限公司		通过 ISO9000 认证
宝鸡卷烟厂	其他	通过 ISO9000 认证
宝鸡石油钢管有限责任公司	其他	通过 ISO9000 认证
陕西东岭集团		通过 ISO9000 认证　通过 ISO14000 认证
陕西宝光真空电器股份有限公司	省级	通过 ISO9000 认证
宝鸡商场(集团)股份有限公司		通过 ISO9000 认证　通过 ISO14000 认证
咸阳偏转集团公司	省级	通过 ISO9000 认证　通过 ISO14000 认证
陕西宴友思股份有限公司	国家级	通过 ISO9000 认证
陕西兴化集团有限责任公司		通过 ISO9000 认证
陕西渭河发电有限公司		
陕西龙门钢铁(集团)有限责任公司		通过 ISO9000 认证
陕西陕化化肥股份有限公司		通过 ISO9000 认证
陕西渭河煤化工集团有限责任公司		通过 ISO9000 认证
陕西省延长石油工业集团公司		通过 ISO9000 认证　通过 ISO14000 认证
陕西秦岭水泥(集团)股份有限公司	省级	通过 ISO9000 认证
西安东盛集团有限公司	省级	通过 ISO9000 认证
彩虹集团公司	省级	通过 ISO9000 认证　通过 ISO14000 认证
中国石油天然气股份有限公司长庆油田分公司	其他	通过 ISO9000 认证　通过 ISO14000 认证
陕西旅游集团公司		
陕西煤航数码测绘(集团)股份有限公司		通过 ISO9000 认证　通过 ISO14000 认证
长安信息产业(集团)股份有限公司	其他	通过 ISO9000 认证
金花企业集团	省级	通过 ISO9000 认证
西安达尔曼实业股份有限公司	其他	通过 ISO9000 认证　通过 ISO14000 认证
陕西有色金属集团有限公司		

陕西省优势(重点)企业主要经济指标

(2003 年)

企业名称	资产总计（万元）	营业收入（万元）	新产品销售收入（万元）	出口销售总额（万元）	投资收益（万元）
西安电力机械制造公司	781043	410603	87461	75304	1769
韩城矿务局	232865	67094			-9
西安飞机工业(集团)有限责任公司	1045283	382357	165892		2909
庆安集团有限公司	205222	115714	46264	3926	4457
秦川机床集团有限公司	145019	61190	8346	975	466
陕西天王兴业集团有限公司	50397	35075		639	1489
西安标准工业股份有限公司	105558	74013	30721	21248	3305
陕西法士特齿轮有限责任公司	123807	117036	38592	12849	
西安大唐电信有限公司	183190	37397			-196
中国北车集团西安车辆厂	75105	97130	43797		17
西安石油化工总厂	96971	202206			3
西安解放集团股份有限公司	86927	137131			421
陕西建设机械股份有限公司	56422	53081	5543	499	
西安利君制药股份有限公司	78557	90933	10267	4104	-45
陕西汽车集团有限责任公司	378297	385225	41346	2897	3077
西安东方机电(集团)有限公司	140942	50220	19736	3052	7
西安西化热电化工有限责任公司	146614	45466			
陕西鼓风机(集团)有限公司	231175	120862	75368	107	134
西安民生集团股份有限公司	97501	73237			252
西安华山机械工业有限公司	150631	58397	23413	1176	-406
青岛啤酒西安有限责任公司	49387	111457			775
陕西华圣企业(集团)股份有限公司	130189	54428		4150	842
西安航空发动机(集团)有限公司	451322	118197	31824	21762	-12
陕西省高速公路建设集团公司	1263398	84093			1285
西安交通大学开元集团	65630	56762			1159
西安印钞厂	86061	68392		61	
西安杨森制药有限公司	173940	275639	127292	58	-121
陕西精密合金股份有限公司	114822	8751	669		345
五环(集团)实业有限责任公司	51762	43959	8551	13892	93
西安高科(集团)公司	1082219	344042	115	4533	581

续表

企业名称	资产总计（万元）	营业收入（万元）	新产品销售收入（万元）	出口销售总额（万元）	投资收益（万元）
西安海星科技投资控股(集团)有限公司	245372	303195			-41
陕西秦龙电力股份有限公司	155660	27407			7099
陕西省电力公司	2477853	1081037			9298
陕西唐华四棉有限责任公司	59907	37227		8616	3
中铁宝桥股份有限公司	115374	50625	11650	8794	465
宝鸡石油机械有限责任公司	91899	92557	19751	18562	
陕西西凤酒股份有限公司	46096	23949	2081	22	
宝鸡卷烟厂	296798	224925	17466	1236	
宝鸡石油钢管有限责任公司	137479	78221	16959	163	5
陕西东岭集团	149984	244988		211	26
陕西宝光真空电器股份有限公司	50281	28882	18486	423	1
宝鸡商场(集团)股份有限公司	105499	29619			606
咸阳偏转集团公司	202321	73700	58546	19945	216
陕西宴友思股份有限公司	26164	33231			
陕西兴化集团有限责任公司	41383	10485			1634
陕西渭河发电有限公司	357274	171134			
陕西龙门钢铁(集团)有限责任公司	256988	262794			233
陕西陕化化肥股份有限公司	100955	50293			5
陕西渭河煤化工集团有限责任公司	351351	62461			256
陕西省延长石油工业集团公司	1243389	1315659			
陕西秦岭水泥(集团)股份有限公司	156283	54716			-43
西安东盛集团有限公司	469909	175208			719
彩虹集团公司	836862	782496		109171	746
中国石油天然气股份有限公司长庆油田分公司	3658656	1624015			-31
陕西旅游集团公司	309041	51418			
陕西煤航数码测绘(集团)股份有限公司	41365	1149			-2467
长安信息产业(集团)股份有限公司	59346	3740	1200		3507
金花企业集团	800000	322326	900		1100
西安达尔曼实业股份有限公司	224734	21408			
陕西有色金属集团有限公司	865661	437356	12566	24317	1503

续表

企业名称	利润总额（万元）	从业人员（人）	在岗职工（人）	从业人员劳动报酬（万元）	在岗职工劳动报酬（万元）
西安电力机械制造公司	8238	13080	13040	25172	25125
韩城矿务局	24	15064	15064	13202	13202
西安飞机工业(集团)有限责任公司	6665	11476	11476	20189	20189
庆安集团有限公司	3851	6854	6818	8543	8521
秦川机床集团有限公司	1724	3832	3802	4562	4536
陕西天王兴业集团有限公司	1120	6187	6187	6617	6617
西安标准工业股份有限公司	12537	2478	2478	5648	5648
陕西法士特齿轮有限责任公司	44568	2980	2980	9015	9015
西安大唐电信有限公司	－11986	921	921	6416	6416
中国北车集团西安车辆厂	1302	6974	6974	13096	13096
西安石油化工总厂	5635	1231	1176	2194	2161
西安解放集团股份有限公司	7681	1094	1094	3012	3012
陕西建设机械股份有限公司	3854	1405	1405	3381	3381
西安利君制药股份有限公司	14524	2450	2450	4740	4740
陕西汽车集团有限责任公司	13347	10069	8843	17247	16867
西安东方机电(集团)有限公司	－144	4990	4979	6671	6662
西安西化热电化工有限责任公司	565	3419	3419	5471	5471
陕西鼓风机(集团)有限公司	20399	3453	3453	9591	9591
西安民生集团股份有限公司	3704	3117	3117	3451	3451
西安华山机械工业有限公司	2704	5075	5066	7331	7326
青岛啤酒西安有限责任公司	9460	651	651	738	738
陕西华圣企业(集团)股份有限公司	7072	652	590	766	730
西安航空发动机(集团)有限公司	3869	12427	12427	22610	22610
陕西省高速公路建设集团公司	3616	3785	3735	4724	4682
西安交通大学开元集团	7016	1118	1118	1610	1610
西安印钞厂	18694	2034	1922	6508	6385
西安杨森制药有限公司	66192	1324	1324	16574	16574
陕西精密合金股份有限公司	－35	292	292	245	245
五环(集团)实业有限责任公司	846	6071	6060	5595	5582
西安高科(集团)公司	16495	4950	4895	8164	8070

续表

企业名称	利润总额（万元）	从业人员（人）	在岗职工（人）	从业人员劳动报酬（万元）	在岗职工劳动报酬（万元）
西安海星科技投资控股(集团)有限公司	12123	4100	4100	4500	4500
陕西秦龙电力股份有限公司	9412	1250	1209	3266	3170
陕西省电力公司	18080	37495	37495	61904	61904
陕西唐华四棉有限责任公司	2465	5772	5772	5593	5593
中铁宝桥股份有限公司	2840	2797	2757	5108	5072
宝鸡石油机械有限责任公司	8413	2898	2742	6607	6440
陕西西凤酒股份有限公司	826	1897	1897	1615	1615
宝鸡卷烟厂	19057	2041	2041	4331	4331
宝鸡石油钢管有限责任公司	62	2039	1611	4143	3550
陕西东岭集团	22552	2818	2818	2970	2970
陕西宝光真空电器股份有限公司	2182	1426	1426	3199	3199
宝鸡商场(集团)股份有限公司	1584	1370	1370	561	561
咸阳偏转集团公司	－3553	2005	2005	3292	3292
陕西宴友思股份有限公司	51	784	784	395	395
陕西兴化集团有限责任公司	227	1928	1928	1849	1849
陕西渭河发电有限公司	50329	2385	2264	5009	4878
陕西龙门钢铁(集团)有限责任公司	12389	4014	4014	7619	7619
陕西陕化化肥股份有限公司	－3503	3141	3141	3895	3895
陕西渭河煤化工集团有限责任公司	3704	1812	1811	3728	3718
陕西省延长石油工业集团公司	180900	17285	17285	48314	48314
陕西秦岭水泥(集团)股份有限公司	7127	4472	4472	5661	5661
西安东盛集团有限公司	5931	3900	3900	3980	3980
彩虹集团公司	59487	21668	21668	44256	44256
中国石油天然气股份有限公司长庆油田分公司	657757	11506	11506	22689	22689
陕西旅游集团公司	－7621	5719	5365	5226	5064
陕西煤航数码测绘(集团)股份有限公司	－56469	503	503	510	510
长安信息产业(集团)股份有限公司	2858	95	95	165	165
金花企业集团	31000	4051	4051	3000	3000
西安达尔曼实业股份有限公司	－13691	614	614	595	595
陕西有色金属集团有限公司	34718	25609	25609	39357	39357

陕西省优势(重点)企业注册资本情况

(2003年)　单位:万元

指　标	企业单位数(个)		资本合计		国家资本	
	单位数	比重(%)	资本额	比重(%)	资本额	比重(%)
总　计	**60**	**100.0**	**2773277**	**100.0**	**1280227**	**46.2**
按控股情况分						
国有及国有控股小计	49	81.7	2280828	82.2	1203104	52.7
国有绝对控股	39	65.0	2066426	74.5	1154989	55.9
国有相对控股	10	16.7	214402	7.7	48115	22.4
集体控股小计	3	5.0	56065	2.0	9118	16.3
其他	8	13.3	436384	15.7	68005	15.6
按主营行业分						
工业小计	49	81.7	2380781	85.8	983097	41.3
采矿业	3	5.0	158974	5.7	158974	100.0
制造业	43	71.7	1891807	68.2	770123	40.7
电力、燃气及水的生产和供应业	3	5.0	330000	11.9	54000	16.4
建筑业	1	1.7	100000	3.6	100000	100.0
信息传输、计算机服务和软件业	1	1.7	8733	0.3	1405	16.1
批发和零售业	7	11.7	103763	3.7	15725	15.2
房地产业	1	1.7	150000	5.4	150000	100.0
租赁和商务服务业	1	1.7	30000	1.1	30000	100.0
按登记注册类型分						
国有企业	8	13.3	565733	20.4	544297	96.2
公司制企业小计	52	86.7	2207544	79.6	735930	33.3
国有独资企业	11	18.3	436763	15.7	392861	89.9
其他有限责任公司	18	30.0	1183941	42.7	225377	19.0
股份有限公司	20	33.3	370109	13.3	63692	17.2
中外合资企业	1	1.7	20931	0.8		
港澳台合资企业	2	3.3	195800	7.1	54000	27.6
按企业规模分						
大型	38	63.3	1983257	71.5	1117506	56.3
中型	20	33.3	730930	26.4	126592	17.3
小型	1	1.7	29090	1.0	6129	21.1
其他	1	1.7	30000	1.1	30000	100.0
按三次产业分						
第二产业	50	83.3	2480781	89.5	1083097	43.7
第三产业	10	16.7	292496	10.5	197130	67.4
按重点企业类型分						
中央企业	2	3.3	249966	9.0	249966	100.0
520户国家重点企业	3	5.0	306501	11.1	306501	100.0
原512户国家重点企业	2	3.3	283200	10.2		
省级重点企业	59	98.3	2673277	96.4	1180227	44.1
现企国家百户试点企业	4	6.7	184450	6.7	152066	82.4
现企省级试点企业	14	23.3	381784	13.8	207630	54.4
国家试点企业集团母公司	1	1.7	149966	5.4	149966	100.0

续表

指　　标	集体资本		法人资本		个人资本		外商资本	
	资本额	比重(%)	资本额	比重(%)	资本额	比重(%)	资本额	比重(%)
总　　计	**45451**	**1.6**	**1086976**	**39.2**	**216939**	**7.8**	**143684**	**5.2**
按控股情况分								
国有及国有控股小计	99		996746	43.7	80879	3.5		
国有绝对控股	99		894124	43.3	17214	0.8		
国有相对控股			102622	47.9	63665	29.7		
集体控股小计	45352	80.9	1595	2.8				
其他			88635	20.3	136060	31.2	143684	32.9
按主营行业分								
工业小计	40351	1.7	1053285	44.2	160364	6.7	143684	6.0
采矿业								
制造业	40351	2.1	869085	45.9	160364	8.5	51884	2.7
电力、燃气及水的生产和供应业			184200	55.8			91800	27.8
建筑业								
信息传输、计算机服务和软件业			3578	41.0	3750	42.9		
批发和零售业	5100	4.9	30113	29.0	52825	50.9		
房地产业								
租赁和商务服务业								
按登记注册类型分								
国有企业			21436	3.8				
公司制企业小计	45451	2.1	1065540	48.3	216939	9.8	143684	6.5
国有独资企业			43902	10.1				
其他有限责任公司	11687	1.0	780270	65.9	125607	10.6	41000	3.5
股份有限公司	33764	9.1	186321	50.3	86332	23.3		
中外合资企业			10047	48.0			10884	52.0
港澳台合资企业			45000	23.0	5000	2.6	91800	46.9
按企业规模分								
大型	16787	0.8	695777	35.1	61387	3.1	91800	4.6
中型	28664	3.9	380573	52.1	143217	19.6	51884	7.1
小型			10626	36.5	12335	42.4		
其他								
按三次产业分								
第二产业	40351	1.6	1053285	42.5	160364	6.5	143684	5.8
第三产业	5100	1.7	33691	11.5	56575	19.3		
按重点企业类型分								
中央企业								
520户国家重点企业								
原512户国家重点企业			283200	100.0				
省级重点企业	45451	1.7	1086976	40.7	216939	8.1	143684	5.4
现企国家百户试点企业			23384	12.7	9000	4.9		
现企省级试点企业			114575	30.0	59579	15.6		
国家试点企业集团母公司								

陕西省优势(重点)企业主要财务指标

单位:万元

指　　标	资产总计			固定资产原价		
	2003年	2002年	增减幅度(%)	2003年	2002年	增减幅度(%)
总　　计	**21814140**	**18534729**	**17.7**	**14115205**	**12701118**	**11.1**
按控股情况分						
国有及国有控股小计	18837964	16180820	16.4	12874609	11470798	12.2
国有绝对控股	17880713	15249142	17.3	12424320	11045077	12.5
国有相对控股	957251	931678	2.7	450289	425721	5.8
集体控股小计	631706	454189	39.1	186680	156819	19.0
其他	2344470	1899720	23.4	1053916	1073501	-1.8
按主营行业分						
工业小计	18243299	15435784	18.2	13018786	11515241	13.1
采矿业	4757182	3726612	27.7	4748495	3857342	23.1
制造业	10495330	8681748	20.9	5358653	4872359	10.0
电力、燃气及水的生产和供应业	2990787	3027424	-1.2	2911638	2785540	4.5
建筑业	1263398	1202333	5.1	598387	720344	-16.9
信息传输、计算机服务和软件业	59346	49070	20.9	4119	4061	1.4
批发和零售业	856837	783756	9.3	283879	262907	8.0
房地产业	1082219	816148	32.6	69488	93848	-26.0
租赁和商务服务业	309041	247638	24.8	140546	104717	34.2
按登记注册类型分						
国有企业	3487924	2852303	22.3	1454650	1333203	9.1
公司制企业小计	18326216	15682426	16.9	12660555	11367915	11.4
国有独资企业	4558245	3871282	17.7	3195922	2833387	12.8
其他有限责任公司	7610754	6631890	14.8	4097328	3905497	4.9
股份有限公司	5575722	4609849	21.0	4781391	4051069	18.0
中外合资企业	173940	139158	25.0	34656	32709	6.0
港澳台合资企业	407555	430247	-5.3	551258	545253	1.1
按企业规模分						
大型	16266308	13202428	23.2	10716741	9409683	13.9
中型	5197426	4991141	4.1	3246384	3174855	2.3
小型	41365	93522	-55.8	11534	11863	-2.8
其他	309041	247638	24.8	140546	104717	34.2
按三次产业分						
第二产业	19506697	16638117	17.2	13617173	12235585	11.3
第三产业	2307443	1896612	21.7	498032	465533	7.0
按重点企业类型分						
中央企业	1617905	1446014	11.9	882573	860699	2.5
520户国家重点企业	1850770	1584560	16.8	1101397	977402	12.7
原512户国家重点企业	1250505	1023678	22.2	226725	184392	23.0
省级重点企业	20977278	17770384	18.0	13539679	12130220	11.6
现企国家百户试点企业	1137836	1064983	6.8	724920	715578	1.3
现企省级试点企业	1532783	1394612	9.9	810048	761155	6.4
国家试点企业集团母公司	781043	681669	14.6	307047	289801	6.0

续表

指　　标	累计折旧			本年折旧		
	2003 年	2002 年	增减幅度（%）	2003 年	2002 年	增减幅度（%）
总　　计	**4792363**	**4044397**	**18.5**	**785487**	**752114**	**4.4**
按控股情况分						
国有及国有控股小计	4349607	3673337	18.4	718579	687333	4.5
国有绝对控股	4226134	3566061	18.5	696110	668053	4.2
国有相对控股	123473	107276	15.1	22469	19280	16.5
集体控股小计	36584	30075	21.6	6856	5529	24.0
其他	406172	340985	19.1	60052	59252	1.4
按主营行业分						
工业小计	4550294	3825987	18.9	752183	604693	24.4
采矿业	1496307	1198200	24.9	349617	272877	28.1
制造业	2015490	1750996	15.1	334657	265082	26.2
电力、燃气及水的生产和供应业	1038497	876791	18.4	67909	66734	1.8
建筑业	138444	128083	8.1	10361	128083	－91.9
信息传输、计算机服务和软件业	965	773	24.8	192	150	28.0
批发和零售业	51871	41194	25.9	14472	10095	43.4
房地产业	15184	15500	－2.0	4747	6005	－20.9
租赁和商务服务业	35605	32860	8.4	3532	3088	14.4
按登记注册类型分						
国有企业	660769	591981	11.6	59567	50928	17.0
公司制企业小计	4131594	3452416	19.7	725920	701186	3.5
国有独资企业	1189207	972976	22.2	241217	280212	－13.9
其他有限责任公司	1197177	1047501	14.3	87868	87369	0.6
股份有限公司	1407667	1142075	23.3	348517	284596	22.5
中外合资企业	23988	22382	7.2	1606	2199	－27.0
港澳台合资企业	313555	267482	17.2	46712	46810	－0.2
按企业规模分						
大型	3803290	3201378	18.8	726227	696134	4.3
中型	951865	808768	17.7	55516	52892	5.0
小型	1603	1391	15.2	212		
其他	35605	32860	8.4	3532	3088	14.4
按三次产业分						
第二产业	4688738	3954070	18.6	762544	732776	4.1
第三产业	103625	90327	14.7	22943	19338	18.6
按重点企业类型分						
中央企业	431833	411065	5.1	28715	25436	12.9
520 户国家重点企业	505683	453592	11.5	35238	29131	21.0
原 512 户国家重点企业	110397	100154	10.2	13124	11805	11.2
省级重点企业	4504093	3769910	19.5	771704	739684	4.3
现企国家百户试点企业	367377	351314	4.6	18509	20549	－9.9
现企省级试点企业	247639	216256	14.5	32192	27838	15.6
国家试点企业集团母公司	143563	136578	5.1	14932	13006	14.8

续表

指　　标	无形资产			累计对外投资		
	2003年	2002年	增减幅度（%）	2003年	2002年	增减幅度（%）
总　　计	**846915**	**691467**	**22.5**	**765095**	**631828**	**21.1**
按控股情况分						
国有及国有控股小计	478183	463404	3.2	501994	440523	14.0
国有绝对控股	412734	399028	3.4	430445	385684	11.6
国有相对控股	65449	64376	1.7	71549	54839	30.5
集体控股小计	49588	29340	69.0	3967	2667	48.7
其他	319144	198723	60.6	259134	188638	37.4
按主营行业分						
工业小计	765916	632865	21.0	533232	484274	10.1
采矿业	35316	13555	160.5	17305	19122	-9.5
制造业	712030	599644	18.7	481627	430952	11.8
电力、燃气及水的生产和供应业	18570	19666	-5.6	34300	34200	0.3
建筑业	4					
信息传输、计算机服务和软件业	236	241	-2.1	31429	3699	749.7
批发和零售业	62836	42992	46.2	101405	51384	97.3
房地产业	586	9115	-93.6	67204	40677	65.2
租赁和商务服务业	17337	6254	177.2	31825	51794	-38.6
按登记注册类型分						
国有企业	165596	166742	-0.7	91688	66009	38.9
公司制企业小计	681319	524725	29.8	673407	565819	19.0
国有独资企业	39805	22402	77.7	81215	103607	-21.6
其他有限责任公司	511698	397443	28.7	413303	337842	22.3
股份有限公司	115902	89962	28.8	175442	124370	41.1
中外合资企业	906	935	-3.1			
港澳台合资企业	13008	13983	-7.0	3447		
按企业规模分						
大型	643827	498208	29.2	415095	318064	30.5
中型	185208	186457	-0.7	318175	261970	21.5
小型	543	548	-0.9			
其他	17337	6254	177.2	31825	51794	-38.6
按三次产业分						
第二产业	765920	632865	21.0	533232	484274	10.1
第三产业	80995	58602	38.2	231863	147554	57.1
按重点企业类型分						
中央企业	145693	157396	-7.4	15990	18228	-12.3
520户国家重点企业	165010	157627	4.7	19152	20270	-5.5
原512户国家重点企业	79232	81426	-2.7	130006	127617	1.9
省级重点企业	812074	647232	25.5	765095	631828	21.1
现企国家百户试点企业	39762	50360	-21.0	22612	8200	175.8
现企省级试点企业	48247	42313	14.0	46873	35907	30.5
国家试点企业集团母公司	110852	113161	-2.0	15990	18228	-12.3

续表

指标	本年对外投资			长期投资		
	2003年	2002年	增减幅度(%)	2003年	2002年	增减幅度(%)
总计	**193976**	**90949**	**113.3**	**1028409**	**951816**	**8.0**
按控股情况分						
国有及国有控股小计	129651	74524	74.0	840359	830988	1.1
国有绝对控股	100762	56989	76.8	752308	755315	-0.4
国有相对控股	28889	17535	64.8	88051	75673	16.4
集体控股小计	1300	1070	21.5	10960	14874	-26.3
其他	63025	15355	310.5	177090	105954	67.1
按主营行业分						
工业小计	112777	69997	61.1	772433	739189	4.5
采矿业	1120	672	66.7	20873	20274	3.0
制造业	77357	35125	120.2	558753	485575	15.1
电力、燃气及水的生产和供应业	34300	34200	0.3	192807	233340	-17.4
建筑业				30291	32360	-6.4
信息传输、计算机服务和软件业	15159			31448	24232	29.8
批发和零售业	59061	20952	181.9	114756	63564	80.5
房地产业	6979			47656	40677	17.2
租赁和商务服务业				31825	51794	-38.6
按登记注册类型分						
国有企业	8399	4255	97.4	138655	122833	12.9
公司制企业小计	185577	86694	114.1	889754	828983	7.3
国有独资企业	3747	3700	1.3	117776	141547	-16.8
其他有限责任公司	79270	23878	232.0	584712	517629	13.0
股份有限公司	99113	59116	67.7	185766	169807	9.4
中外合资企业						
港澳台合资企业	3447			1500		
按企业规模分						
大型	100824	40533	148.7	611914	499542	22.5
中型	93152	50416	84.8	366082	379258	-3.5
小型				18588	21222	-12.4
其他				31825	51794	-38.6
按三次产业分						
第二产业	112777	69997	61.1	802724	771549	4.0
第三产业	81199	20952	287.5	225685	180267	25.2
按重点企业类型分						
中央企业		3583		80500	74047	8.7
520户国家重点企业	1120	4255	-73.7	83662	76089	10.0
原512户国家重点企业	1137	8076	-85.9	194360	192312	1.1
省级重点企业	193976	90949	113.3	963914	896322	7.5
现企国家百户试点企业	22612	706	3102.8	93249	79517	17.3
现企省级试点企业	18816	9590	96.2	70759	63675	11.1
国家试点企业集团母公司		3583		16005	18553	-13.7

续表

指　标	短期投资			存货		
	2003年	2002年	增减幅度（%）	2003年	2002年	增减幅度（%）
总　计	**131593**	**83914**	**56.8**	**2403399**	**2070724**	**16.1**
按控股情况分						
国有及国有控股小计	108498	58274	86.2	2076763	1738440	19.5
国有绝对控股	99978	47973	108.4	1964565	1625116	20.9
国有相对控股	8520	10301	-17.3	112198	113324	-1.0
集体控股小计	30			75400	62307	21.0
其他	23065	25640	-10.0	251236	269977	-6.9
按主营行业分						
工业小计	125876	73748	70.7	1723087	1548695	11.3
采矿业	52394	23103	126.8	197988	189447	4.5
制造业	73482	50645	45.1	1514333	1352374	12.0
电力、燃气及水的生产和供应业				10766	6874	56.6
建筑业				5109	2825	80.8
信息传输、计算机服务和软件业	1	111	-99.1	120	1301	-90.8
批发和零售业	5498	9220	-40.4	117582	110827	6.1
房地产业	184	734	-74.9	546223	396510	37.8
租赁和商务服务业	34	101	-66.3	11278	10566	6.7
按登记注册类型分						
国有企业	21530	14461	48.9	974315	728948	33.7
公司制企业小计	110063	69453	58.5	1429084	1341776	6.5
国有独资企业	54428	23305	133.5	325035	289768	12.2
其他有限责任公司	23094	20024	15.3	758922	744086	2.0
股份有限公司	30594	26124	17.1	296043	267241	10.8
中外合资企业				35356	26610	32.9
港澳台合资企业	1947			13728	14071	-2.4
按企业规模分						
大型	80842	48747	65.8	2075783	1701438	22.0
中型	50717	35066	44.6	316034	351917	-10.2
小型				304	6803	-95.5
其他	34	101	-66.3	11278	10566	6.7
按三次产业分						
第二产业	125876	73748	70.7	1728196	1551520	11.4
第三产业	5717	10166	-43.8	675203	519204	30.0
按重点企业类型分						
中央企业	21346	13727	55.5	247829	188091	31.8
520户国家重点企业	21346	13727	55.5	258143	197941	30.4
原512户国家重点企业				215009	231208	-7.0
省级重点企业	129194	83442	54.8	2308784	2007028	15.0
现企国家百户试点企业	25011	8671	188.4	133282	97071	37.3
现企省级试点企业	9379	6773	38.5	202482	189884	6.6
国家试点企业集团母公司	18947	13255	42.9	153214	124395	23.2

续表

指标	流动资产年平均余额			应收账款		
	2003年	2002年	增减幅度(%)	2003年	2002年	增减幅度(%)
总计	**7982987**	**6799346**	**17.4**	**1386384**	**1287096**	**7.7**
按控股情况分						
国有及国有控股小计	6900789	5829727	18.4	1136574	1086119	4.6
国有绝对控股	6455231	5401207	19.5	1079405	1030595	4.7
国有相对控股	445558	428520	4.0	57169	55524	3.0
集体控股小计	295612	217160	36.1	29969	23941	25.2
其他	786586	752459	4.5	219841	177036	24.2
按主营行业分						
工业小计	6430378	5457327	17.8	1318710	1192669	10.6
采矿业	1081633	858542	26.0	82244	98800	-16.8
制造业	4569586	3885879	17.6	1126681	961532	17.2
电力、燃气及水的生产和供应业	779159	712906	9.3	109785	132337	-17.0
建筑业	229063	306833	-25.3		14	
信息传输、计算机服务和软件业	23781	25918	-8.2	2059	1448	42.2
批发和零售业	383555	341149	12.4	30677	41854	-26.7
房地产业	819012	587150	39.5	25742	42100	-38.9
租赁和商务服务业	97198	80969	20.0	9196	9011	2.1
按登记注册类型分						
国有企业	2086299	1636959	27.4	285964	313896	-8.9
公司制企业小计	5896688	5162387	14.2	1100420	973200	13.1
国有独资企业	1432379	1294796	10.6	170556	196574	-13.2
其他有限责任公司	2638987	2322201	13.6	735133	561343	31.0
股份有限公司	1529355	1275379	19.9	126735	133943	-5.4
中外合资企业	151363	134050	12.9	27333	23428	16.7
港澳台合资企业	144604	135961	6.4	40663	57912	-29.8
按企业规模分						
大型	5864348	4753580	23.4	1024702	925473	10.7
中型	1983847	1906072	4.1	351843	348685	0.9
小型	37594	58725	-36.0	643	3927	-83.6
其他	97198	80969	20.0	9196	9011	2.1
按三次产业分						
第二产业	6659441	5764160	15.5	1318710	1192683	10.6
第三产业	1323546	1035186	27.9	67674	94413	-28.3
按重点企业类型分						
中央企业	864347	721895	19.7	175159	187991	-6.8
520户国家重点企业	923442	770380	19.9	189596	205105	-7.6
原512户国家重点企业	618911	557985	10.9	226067	156741	44.2
省级重点企业	7539424	6444483	17.0	1339086	1209392	10.7
现企国家百户试点企业	630230	521244	20.9	68874	101567	-32.2
现企省级试点企业	711161	622785	14.2	123171	124128	-0.8
国家试点企业集团母公司	420784	367032	14.6	127861	110287	15.9

续表

指　标	负债合计			流动负债		
	2003年	2002年	增减幅度(%)	2003年	2002年	增减幅度(%)
总　计	**12449731**	**10618289**	**17.2**	**8108505**	**6319786**	**28.3**
按控股情况分						
国有及国有控股小计	11070065	9566206	15.7	6987300	5436936	28.5
国有绝对控股	10542627	9095042	15.9	6554752	5061865	29.5
国有相对控股	527438	471164	11.9	432548	375071	15.3
集体控股小计	418603	268787	55.7	341816	214427	59.4
其他	961063	783296	22.7	779389	668423	16.6
按主营行业分						
工业小计	10090982	8637216	16.8	6791569	5367602	26.5
采矿业	2139495	1826467	17.1	979756	691372	41.7
制造业	6368131	5157010	23.5	4996265	3765833	32.7
电力、燃气及水的生产和供应业	1583356	1653739	-4.3	815548	910397	-10.4
建筑业	828141	789201	4.9	132720	18163	630.7
信息传输、计算机服务和软件业	41270	34022	21.3	38270	34022	12.5
批发和零售业	469345	395216	18.8	410450	343830	19.4
房地产业	833847	630278	32.3	633376	464033	36.5
租赁和商务服务业	186146	132356	40.6	102120	92136	10.8
按登记注册类型分						
国有企业	2105353	1710385	23.1	1765168	1403392	25.8
公司制企业小计	10344378	8907904	16.1	6343337	4916394	29.0
国有独资企业	2874157	2406063	19.5	1725842	1206552	43.0
其他有限责任公司	4646178	4013166	15.8	2970543	2380479	24.8
股份有限公司	2597489	2247021	15.6	1426347	1098730	29.8
中外合资企业	85066	76420	11.3	85066	76420	11.3
港澳台合资企业	141488	165234	-14.4	135539	154213	-12.1
按企业规模分						
大型	9379105	7729098	21.3	6176878	4439688	39.1
中型	2816571	2693239	4.6	1761598	1724366	2.2
小型	67909	63596	6.8	67909	63596	6.8
其他	186146	132356	40.6	102120	92136	10.8
按三次产业分						
第二产业	10919123	9426417	15.8	6924289	5385765	28.6
第三产业	1530608	1191872	28.4	1184216	934021	26.8
按重点企业类型分						
中央企业	896223	776241	15.5	804579	682042	18.0
520户国家重点企业	965150	841987	14.6	862599	719355	19.9
原512户国家重点企业	931277	718381	29.6	757115	532840	42.1
省级重点企业	12064990	10261303	17.6	7769039	6002611	29.4
现企国家百户试点企业	516556	484435	6.6	450991	419061	7.6
现企省级试点企业	915540	752450	21.7	766695	605963	26.5
国家试点企业集团母公司	511482	419255	22.0	465113	364867	27.5

续表

指标	股东(所有者)权益合计			股本(实收资本)		
	2003年	2002年	增减幅度(%)	2003年	2002年	增减幅度(%)
总计	**9364409**	**7916440**	**18.3**	**3524798**	**3280128**	**7.5**
按控股情况分						
国有及国有控股小计	7767899	6614614	17.4	3029269	2788152	8.6
国有绝对控股	7338086	6154100	19.2	2799859	2554548	9.6
国有相对控股	429813	460514	-6.7	229410	233604	-1.8
集体控股小计	213103	185402	14.9	56065	52512	6.8
其他	1383407	1116424	23.9	439464	439464	
按主营行业分						
工业小计	8152317	6798568	19.9	3089865	2845195	8.6
采矿业	2617687	1900145	37.8	319219	157768	102.3
制造业	4127199	3524738	17.1	1953167	1869948	4.5
电力、燃气及水的生产和供应业	1407431	1373685	2.5	817479	817479	
建筑业	435257	413132	5.4	100000	100000	
信息传输、计算机服务和软件业	18076	15048	20.1	8733	8733	
批发和零售业	387492	388540	-0.3	103763	103763	
房地产业	248372	185870	33.6	150000	150000	
租赁和商务服务业	122895	115282	6.6	72437	72437	
按登记注册类型分						
国有企业	1382571	1141918	21.1	708411	589638	20.1
公司制企业小计	7981838	6774522	17.8	2816387	2690490	4.7
国有独资企业	1684088	1465219	14.9	592855	536597	10.5
其他有限责任公司	2964576	2618724	13.2	1636691	1567052	4.4
股份有限公司	2978233	2362828	26.0	370109	370109	
中外合资企业	88874	62738	41.7	20932	20932	
港澳台合资企业	266067	265013	0.4	195800	195800	
按企业规模分						
大型	6887203	5473330	25.8	2269203	2033212	11.6
中型	2380855	2297902	3.6	1154068	1145389	0.8
小型	-26544	29926		29090	29090	
其他	122895	115282	6.6	72437	72437	
按三次产业分						
第二产业	8587574	7211700	19.1	3189865	2945195	8.3
第三产业	776835	704740	10.2	334933	334933	
按重点企业类型分						
中央企业	721682	669773	7.8	249966	249966	
520户国家重点企业	885620	742573	19.3	411072	306478	34.1
原512户国家重点企业	319228	305297	4.6	283200	283200	
省级重点企业	8912288	7509081	18.7	3424798	3180128	7.7
现企国家百户试点企业	621280	580548	7.0	199458	205969	-3.2
现企省级试点企业	617243	642162	-3.9	344923	345310	-0.1
国家试点企业集团母公司	269561	262414	2.7	149966	149966	

续表

指　标	营业收入			主营业务收入		
	2003年	2002年	增减幅度（%）	2003年	2002年	增减幅度（%）
总　计	**11556418**	**8987168**	**28.6**	**11356746**	**8851567**	**28.3**
按控股情况分						
国有及国有控股小计	9550199	7593490	25.8	9354507	7465199	25.3
国有绝对控股	8962152	7010541	27.8	8793119	6904618	27.4
国有相对控股	588047	582949	0.9	561388	560581	0.1
集体控股小计	629190	324878	93.7	629085	324724	93.7
其他	1377029	1068800	28.8	1373154	1061644	29.3
按主营行业分						
工业小计	10129378	7781357	30.2	9937235	7656237	29.8
采矿业	2128465	1604109	32.7	2029785	1533781	32.3
制造业	6721335	5102816	31.7	6628292	5048687	31.3
电力、燃气及水的生产和供应业	1279578	1074432	19.1	1279158	1073769	19.1
建筑业	84093	55078	52.7	83690	53839	55.4
信息传输、计算机服务和软件业	3740	8728	-57.1	2885	4481	-35.6
批发和零售业	943747	783911	20.4	937476	778916	20.4
房地产业	344042	270354	27.3	344042	270354	27.3
租赁和商务服务业	51418	87740	-41.4	51418	87740	-41.4
按登记注册类型分						
国有企业	2196888	1845150	19.1	2149565	1828407	17.6
公司制企业小计	9359530	7142018	31.0	9207181	7023160	31.1
国有独资企业	2274492	1693648	34.3	2265765	1683418	34.6
其他有限责任公司	3795907	2779722	36.6	3771211	2761701	36.6
股份有限公司	2813476	2226239	26.4	2695891	2136921	26.2
中外合资企业	275639	249481	10.5	275639	248547	10.9
港澳台合资企业	200016	192928	3.7	198675	192573	3.2
按企业规模分						
大型	8925621	6712349	33.0	8769096	6619098	32.5
中型	2578230	2186223	17.9	2535268	2144046	18.2
小型	1149	856	34.2	964	683	41.1
其他	51418	87740	-41.4	51418	87740	-41.4
按三次产业分						
第二产业	10213471	7836435	30.3	10020925	7710076	30.0
第三产业	1342947	1150733	16.7	1335821	1141491	17.0
按重点企业类型分						
中央企业	1193099	1012816	17.8	1160023	1009990	14.9
520户国家重点企业	1260193	1070292	17.7	1217994	1058729	15.0
原512户国家重点企业	498071	352148	41.4	486216	344442	41.2
省级重点企业	10773922	8267021	30.3	10574250	8131420	30.0
现企国家百户试点企业	952774	859277	10.9	952522	859277	10.9
现企省级试点企业	683757	596047	14.7	673059	589431	14.2
国家试点企业集团母公司	410603	292669	40.3	377527	289843	30.3

续表

指标	主营业务成本			主营业务税金及附加		
	2003年	2002年	增减幅度（%）	2003年	2002年	增减幅度（%）
总计	**8337452**	**6553249**	**27.2**	**277444**	**247769**	**12.0**
按控股情况分						
国有及国有控股小计	6864972	5597603	22.6	261889	235122	11.4
国有绝对控股	6464541	5197847	24.4	251699	227126	10.8
国有相对控股	400431	399756	0.2	10190	7996	27.4
集体控股小计	559543	286182	95.5	2265	1544	46.7
其他	912937	669464	36.4	13290	11103	19.7
按主营行业分						
工业小计	7175321	5585440	28.5	258331	231736	11.5
采矿业	1022484	888861	15.0	28821	23767	21.3
制造业	4971509	3709981	34.0	223620	202720	10.3
电力、燃气及水的生产和供应业	1181328	986598	19.7	5890	5249	12.2
建筑业	52631	30416	73.0	2654	308	761.7
信息传输、计算机服务和软件业	2498	4044	-38.2	67	19	252.6
批发和零售业	801672	668889	19.9	4490	3844	16.8
房地产业	275560	212618	29.6	10960	10084	8.7
租赁和商务服务业	29770	51842	-42.6	942	1778	-47.0
按登记注册类型分						
国有企业	1654492	1381354	19.8	109541	106042	3.3
公司制企业小计	6682960	5171895	29.2	167903	141727	18.5
国有独资企业	1628411	1271781	28.0	96958	81198	19.4
其他有限责任公司	3191737	2313084	38.0	31614	27422	15.3
股份有限公司	1601007	1358897	17.8	39118	32937	18.8
中外合资企业	131007	104815	25.0			
港澳台合资企业	130798	123318	6.1	213	170	25.3
按企业规模分						
大型	6238523	4805030	29.8	240145	211427	13.6
中型	2068342	1695850	22.0	36321	34538	5.2
小型	817	527	55.0	36	26	38.5
其他	29770	51842	-42.6	942	1778	-47.0
按三次产业分						
第二产业	7227952	5615856	28.7	260985	232044	12.5
第三产业	1109500	937393	18.4	16459	15725	4.7
重点企业类型分						
中央企业	940177	820507	14.6	5258	4947	6.3
520户国家重点企业	985284	856295	15.1	5878	5486	7.1
原512户国家重点企业	408531	281489	45.1	288	447	-35.6
省级重点企业	7682323	5948986	29.1	274215	244204	12.3
现企国家百户试点企业	788484	709288	11.2	7408	4419	67.6
现企省级试点企业	469610	423975	10.8	6859	5403	26.9
国家试点企业集团母公司	285048	216244	31.8	2029	1382	46.8

续表

指　　标	其他业务收入			新产品销售收入		
	2003 年	2002 年	增减幅度（%）	2003 年	2002 年	增减幅度（%）
总　计	**199672**	**135601**	**47.2**	**924802**	**647878**	**42.7**
按控股情况分						
国有及国有控股小计	195692	128291	52.5	756149	512802	47.5
国有绝对控股	169033	105923	59.6	719050	485721	48.0
国有相对控股	26659	22368	19.2	37099	27081	37.0
集体控股小计	105	154	－31.8			
其他	3875	7156	－45.8	168653	135076	24.9
按主营行业分						
工业小计	192143	125120	53.6	923487	640291	44.2
采矿业	98680	70328	40.3	12566	13001	－3.3
制造业	93043	54129	71.9	910921	627290	45.2
电力、燃气及水的生产和供应业	420	663	－36.7			
建筑业	403	1239	－67.5			
信息传输、计算机服务和软件业	855	4247	－79.9	1200	2780	－56.8
批发和零售业	6271	4995	25.5			
房地产业				115	4807	－97.6
租赁和商务服务业						
按登记注册类型分						
国有企业	47323	16743	182.6	148839	103625	43.6
公司制企业小计	152349	118858	28.2	775963	544253	42.6
国有独资企业	8727	10230	－14.7	189629	126293	50.2
其他有限责任公司	24696	18021	37.0	378425	235254	60.9
股份有限公司	117585	89318	31.6	62131	51607	20.4
中外合资企业		934		127292	114781	10.9
港澳台合资企业	1341	355	277.7	18486	16318	13.3
按企业规模分						
大型	156525	93251	67.9	662405	435720	52.0
中型	42962	42177	1.9	262397	212158	23.7
小型	185	173	6.9			
其他						
按三次产业分						
第二产业	192546	126359	52.4	923487	640291	44.2
第三产业	7126	9242	－22.9	1315	7587	－82.7
按重点企业类型分						
中央企业	33076	2826	1070.4	87461	63075	38.7
520 户国家重点企业	42199	11563	264.9	87461	63075	38.7
原 512 户国家重点企业	11855	7706	53.8	212156	175343	21.0
省级重点企业	199672	135601	47.2	924802	647878	42.7
现企国家百户试点企业	252			39067	22476	73.8
现企省级试点企业	10698	6616	61.7	202924	135004	50.3
国家试点企业集团母公司	33076	2826	1070.4	87461	63075	38.7

续表

指　　标	出口销售总额			营业、管理、财务等费用合计		
	2003年	2002年	增减幅度（%）	2003年	2002年	增减幅度（%）
总　　计	**362692**	**282690**	**28.3**	**1420988**	**1211209**	**17.3**
按控股情况分						
国有及国有控股小计	349574	274087	27.5	1188790	988545	20.3
国有绝对控股	339922	262583	29.5	1018335	874619	16.4
国有相对控股	9652	11504	－16.1	170455	113926	49.6
集体控股小计	211			29761	15676	89.9
其他	12907	8603	50.0	202437	206988	－2.2
按主营行业分						
工业小计	353798	271154	30.5	1182281	1047488	12.9
采矿业	24317	12003	102.6	242783	191839	26.6
制造业	329481	259151	27.1	879934	797678	10.3
电力、燃气及水的生产和供应业				59564	57971	2.7
建筑业				26799	23183	15.6
信息传输、计算机服务和软件业				1674	2880	－41.9
批发和零售业	4361	6219	－29.9	137112	71813	90.9
房地产业	4533	5317	－14.7	43839	38543	13.7
租赁和商务服务业				29283	27302	7.3
按登记注册类型分						
国有企业	190305	169459	12.3	269705	245884	9.7
公司制企业小计	172387	113231	52.2	1151283	965325	19.3
国有独资企业	57852	41865	38.2	285386	236091	20.9
其他有限责任公司	75026	51632	45.3	397527	357925	11.1
股份有限公司	39028	19256	102.7	365939	272343	34.4
中外合资企业	58	135	－57.0	87007	82738	5.2
港澳台合资企业	423	343	23.3	15424	16228	－5.0
按企业规模分						
大型	316184	253639	24.7	999234	870233	14.8
中型	46508	29051	60.1	340858	306710	11.1
小型				51613	6964	641.1
其他				29283	27302	7.3
按三次产业分						
第二产业	353798	271154	30.5	1209080	1070671	12.9
第三产业	8894	11536	－22.9	211908	140538	50.8
按重点企业类型分						
中央企业	184475	163818	12.6	156001	136536	14.3
520户国家重点企业	184475	163818	12.6	171126	148500	15.2
原512户国家重点企业	3926			77977	62450	24.9
省级重点企业	253521	154610	64.0	1353117	1144373	18.2
现企国家百户试点企业	132033	141458	－6.7	93671	94945	－1.3
现企省级试点企业	40168	32359	24.1	203678	137969	47.6
国家试点企业集团母公司	75304	35738	110.7	88130	69700	26.4

续表

指　标	税　金			劳动、待业保险费		
	2003年	2002年	增减幅度(%)	2003年	2002年	增减幅度(%)
总　计	**32551**	**26518**	**22.8**	**82366**	**69149**	**19.1**
按控股情况分						
国有及国有控股小计	30758	25281	21.7	80781	67806	19.1
国有绝对控股	27885	22530	23.8	75292	64623	16.5
国有相对控股	2873	2751	4.4	5489	3183	72.4
集体控股小计	1124	636	76.7	251	246	2.0
其他	669	601	11.3	1334	1097	21.6
按主营行业分						
工业小计	29207	24146	21.0	76950	65100	18.2
采矿业	15821	11850	33.5	10391	10253	1.3
制造业	13071	11981	9.1	52272	42927	21.8
电力、燃气及水的生产和供应业	315	315		14287	11920	19.9
建筑业	397			53		
信息传输、计算机服务和软件业	29	35	－17.1	34	27	25.9
批发和零售业	2072	1951	6.2	4127	1919	115.1
房地产业	846	386	119.2	470	255	84.3
租赁和商务服务业				732	1848	－60.4
按登记注册类型分						
国有企业	4841	3797	27.5	12580	12130	3.7
公司制企业小计	27710	22721	22.0	69786	57019	22.4
国有独资企业	4628	3941	17.4	17831	21401	－16.7
其他有限责任公司	4710	4261	10.5	41218	27246	51.3
股份有限公司	18001	14173	27.0	10327	7713	33.9
中外合资企业	125	109	14.7	35	159	－78.0
港澳台合资企业	246	237	3.8	375	500	－25.0
按企业规模分						
大型	29099	23178	25.5	62889	51110	23.0
中型	3445	3337	3.2	18740	16186	15.8
小型	7	3	133.3	5	5	
其他				732	1848	－60.4
按三次产业分						
第二产业	29604	24146	22.6	77003	65100	18.3
第三产业	2947	2372	24.2	5363	4049	32.5
按重点企业类型分						
中央企业	3010	2459	22.4	2355	2179	8.1
520户国家重点企业	3283	2752	19.3	5707	4782	19.3
原512户国家重点企业	971	988	－1.7	12751	3773	238.0
省级重点企业	31386	25368	23.7	80641	67460	19.5
现企国家百户试点企业	1706	1699	0.4	4981	4614	8.0
现企省级试点企业	2266	1843	23.0	8433	9475	－11.0
国家试点企业集团母公司	1845	1309	40.9	630	490	28.6

续表

指标	职工教育费			广告费		
	2003年	2002年	增减幅度（%）	2003年	2002年	增减幅度（%）
总计	**5493**	**4529**	**21.3**	**49602**	**49186**	**0.8**
按控股情况分						
国有及国有控股小计	5035	4210	19.6	30489	24567	24.1
国有绝对控股	4605	3811	20.8	16738	13594	23.1
国有相对控股	430	399	7.8	13751	10973	25.3
集体控股小计	84	41	104.9	252	77	227.3
其他	374	278	34.5	18861	24542	－23.1
按主营行业分						
工业小计	5041	4214	19.6	39330	41622	－5.5
采矿业	718	587	22.3	32	14	128.6
制造业	3227	2884	11.9	39283	41608	－5.6
电力、燃气及水的生产和供应业	1096	743	47.5	15		
建筑业	44					
信息传输、计算机服务和软件业	4	4		54	38	42.1
批发和零售业	290	248	16.9	1008	208	384.6
房地产业	114	63	81.0	9210	7318	25.9
租赁和商务服务业						
按登记注册类型分						
国有企业	944	765	23.4	12839	10499	22.3
公司制企业小计	4549	3764	20.9	36763	38687	－5.0
国有独资企业	917	761	20.5	181	144	25.7
其他有限责任公司	2718	2024	34.3	3236	1667	94.1
股份有限公司	664	762	－12.9	15171	12484	21.5
中外合资企业	213	200	6.5	18130	24376	－25.6
港澳台合资企业	37	17	117.6	45	16	181.3
按企业规模分						
大型	3747	2942	27.4	28756	22252	29.2
中型	1744	1585	10.0	20826	26915	－22.6
小型	2	2		20	19	5.3
其他						
按三次产业分						
第二产业	5085	4214	20.7	39330	41622	－5.5
第三产业	408	315	29.5	10272	7564	35.8
按重点企业类型分						
中央企业	185	230	－19.6	152	381	－60.1
520户国家重点企业	376	355	5.9	168	395	－57.5
原512户国家重点企业	556	465	19.6	137	206	－33.5
省级重点企业	5493	4529	21.3	49602	49186	0.8
现企国家百户试点企业	77	215	－64.2	540	564	－4.3
现企省级试点企业	621	523	18.7	13636	11596	17.6
国家试点企业集团母公司	185	230	－19.6	152	381	－60.1

续表

指　标	利息支出			营业外收入		
	2003年	2002年	增减幅度（%）	2003年	2002年	增减幅度（%）
总　计	**233713**	**250365**	**-6.7**	**26220**	**13723**	**91.1**
按控股情况分						
国有及国有控股小计	210707	223911	-5.9	15609	12155	28.4
国有绝对控股	194503	208845	-6.9	14238	9657	47.4
国有相对控股	16204	15066	7.6	1371	2498	-45.1
集体控股小计	7107	7046	0.9	67	158	-57.6
其他	15899	19408	-18.1	10544	1410	647.8
按主营行业分						
工业小计	185434	210391	-11.9	25921	12113	114.0
采矿业	44262	53510	-17.3	1270	1299	-2.2
制造业	105474	118129	-10.7	23728	10465	126.7
电力、燃气及水的生产和供应业	35698	38752	-7.9	923	349	164.5
建筑业	19987	18951	5.5	322	1048	-69.3
信息传输、计算机服务和软件业	1600	1504	6.4			
批发和零售业	13795	10161	35.8	-963	84	
房地产业	6986	6366	9.7	592	206	187.4
租赁和商务服务业	5911	2992	97.6	348	272	27.9
按登记注册类型分						
国有企业	21084	20786	1.4	3137	4641	-32.4
公司制企业小计	212629	229579	-7.4	23083	9082	154.2
国有独资企业	59954	58889	1.8	6431	2573	149.9
其他有限责任公司	87603	94122	-6.9	3487	3281	6.3
股份有限公司	61711	71979	-14.3	2949	2809	5.0
中外合资企业	-1110	-1304		10169	410	2380.2
港澳台合资企业	4471	5893	-24.1	47	9	422.2
按企业规模分						
大型	161993	180130	-10.1	10595	10156	4.3
中型	61618	64928	-5.1	17962	3787	374.3
小型	4191	2315	81.0	-2685	-492	
其他	5911	2992	97.6	348	272	27.9
按三次产业分						
第二产业	205421	229342	-10.4	26243	13161	99.4
第三产业	28292	21023	34.6	-23	562	
按重点企业类型分						
中央企业	7377	6788	8.7	1941	3497	-44.5
520户国家重点企业	8116	7519	7.9	2468	4282	-42.4
原512户国家重点企业	12297	13202	-6.9	695	188	269.7
省级重点企业	233713	250365	-6.7	24964	11654	114.2
现企国家百户试点企业	2435	2958	-17.7	1406	2199	-36.1
现企省级试点企业	21926	21107	3.9	-654	223	
国家试点企业集团母公司	7377	6788	8.7	685	1428	-52.0

续表

指标	投资收益			利润总额		
	2003年	2002年	增减幅度（%）	2003年	2002年	增减幅度（%）
总计	**47437**	**40178**	**18.1**	**1334774**	**927484**	**43.9**
按控股情况分						
国有及国有控股小计	41669	36887	13.0	1100558	735489	49.6
国有绝对控股	40477	33014	22.6	1104413	694019	59.1
国有相对控股	1192	3873	-69.2	-3855	41470	
集体控股小计	259	214	21.0	21250	15056	41.1
其他	5509	3077	79.0	212966	176939	20.4
按主营行业分						
工业小计	42425	36792	15.3	1321179	876485	50.7
采矿业	1463	1667	-12.2	692499	440266	57.3
制造业	24565	17082	43.8	550859	360323	52.9
电力、燃气及水的生产和供应业	16397	18043	-9.1	77821	75896	2.5
建筑业	1285	1277	0.6	3616	2670	35.4
信息传输、计算机服务和软件业	3507	-206		2858	1234	131.6
批发和零售业	-361	2248		-1753	29039	
房地产业	581	67	767.2	16495	11155	47.9
租赁和商务服务业				-7621	6901	
按登记注册类型分						
国有企业	3107	2522	23.2	128932	102640	25.6
公司制企业小计	44330	37656	17.7	1205842	824844	46.2
国有独资企业	5865	4124	42.2	234831	100512	133.6
其他有限责任公司	23139	22297	3.8	164611	123780	33.0
股份有限公司	15446	11385	35.7	687697	485499	41.6
中外合资企业	-121	-150		66192	61836	7.0
港澳台合资企业	1			52511	53217	-1.3
按企业规模分						
大型	20932	14978	39.8	1251665	765348	63.5
中型	28972	25066	15.6	147199	162254	-9.3
小型	-2467	134		-56469	-7019	
其他				-7621	6901	
按三次产业分						
第二产业	43710	38069	14.8	1324795	879155	50.7
第三产业	3727	2109	76.7	9979	48329	-79.4
按重点企业类型分						
中央企业	2515	2462	2.2	67725	53841	25.8
520户国家重点企业	2506	2435	2.9	67749	54913	23.4
原512户国家重点企业	7366	6714	9.7	10516	10654	-1.3
省级重点企业	46691	40095	16.5	1275287	881897	44.6
现企国家百户试点企业	6006	2988	101.0	74868	56946	31.5
现企省级试点企业	-1561	-52		-8949	19433	
国家试点企业集团母公司	1769	2379	-25.6	8238	8254	-0.2

续表

指　标	应交所得税			应交增值税		
	2003年	2002年	增减幅度（%）	2003年	2002年	增减幅度（%）
总　计	229766	168347	36.5	528143	438598	20.4
按控股情况分						
国有及国有控股小计	192402	140015	37.4	436659	360307	21.2
国有绝对控股	181237	123761	46.4	411153	335762	22.5
国有相对控股	11165	16254	-31.3	25506	24545	3.9
集体控股小计	1895	1708	10.9	20620	10331	99.6
其他	35469	26624	33.2	70864	67960	4.3
按主营行业分						
工业小计	212544	154729	37.4	510999	427683	19.5
采矿业	103064	64097	60.8	124143	72260	71.8
制造业	102708	84620	21.4	293814	267198	10.0
电力、燃气及水的生产和供应业	6772	6012	12.6	93042	88225	5.5
建筑业	1479	174	750.0	82		
信息传输、计算机服务和软件业		255		403	68	492.6
批发和零售业	8918	7066	26.2	14205	10076	41.0
房地产业	6825	6123	11.5	2454	771	218.3
租赁和商务服务业						
按登记注册类型分						
国有企业	37453	29949	25.1	92171	88042	4.7
公司制企业小计	192313	138398	39.0	435972	350556	24.4
国有独资企业	38239	25830	48.0	96139	68229	40.9
其他有限责任公司	24479	16414	49.1	147860	134641	9.8
股份有限公司	112677	81083	39.0	142356	96874	46.9
中外合资企业	9947	8932	11.4	23918	25271	-5.4
港澳台合资企业	6971	6139	13.6	25699	25541	0.6
按企业规模分						
大型	198417	139228	42.5	398725	303732	31.3
中型	31349	29119	7.7	129418	134866	-4.0
小型						
其他						
按三次产业分						
第二产业	214023	154903	38.2	511081	427683	19.5
第三产业	15743	13444	17.1	17062	10915	56.3
按重点企业类型分						
中央企业	18522	12522	47.9	48386	46646	3.7
520户国家重点企业	18522	12522	47.9	53129	50470	5.3
原512户国家重点企业	310	551	-43.7	4799	4428	8.4
省级重点企业	214608	157542	36.2	495852	402950	23.1
现企国家百户试点企业	17185	12148	41.5	40353	44160	-8.6
现企省级试点企业	7162	11631	-38.4	39970	36954	8.2
国家试点企业集团母公司	3364	1717	95.9	16095	10998	46.3

续表

指　　标	税金合计			固定资产投资完成额		
	2003年	2002年	增减幅度（%）	2003年	2002年	增减幅度（%）
总　　计	**1067904**	**881232**	**21.2**	**2154811**	**1577057**	**36.6**
按控股情况分						
国有及国有控股小计	921708	760725	21.2	2047940	1482371	38.2
国有绝对控股	871974	709179	23.0	1998061	1459635	36.9
国有相对控股	49734	51546	－3.5	49879	22736	119.4
集体控股小计	25904	14219	82.2	53198	53830	－1.2
其他	120292	106288	13.2	53673	40856	31.4
按主营行业分						
工业小计	1011081	838294	20.6	1540693	1163721	32.4
采矿业	271849	171974	58.1	1045888	762580	37.2
制造业	633213	566519	11.8	375967	292268	28.6
电力、燃气及水的生产和供应业	106019	99801	6.2	118838	108873	9.2
建筑业	4612	482	856.8	576112	358387	60.8
信息传输、计算机服务和软件业	499	377	32.4	58	417	－86.1
批发和零售业	29685	22937	29.4	35483	29807	19.0
房地产业	21085	17364	21.4	2465	24725	－90.0
租赁和商务服务业	942	1778	－47.0			
按登记注册类型分						
国有企业	244006	227830	7.1	125880	98068	28.4
公司制企业小计	823898	653402	26.1	2028931	1478989	37.2
国有独资企业	235964	179198	31.7	654741	436342	50.1
其他有限责任公司	208663	182738	14.2	318124	272900	16.6
股份有限公司	312152	225067	38.7	1052369	763668	37.8
中外合资企业	33990	34312	－0.9		2847	
港澳台合资企业	33129	32087	3.2	3697	3232	14.4
按企业规模分						
大型	866386	677565	27.9	1933956	1412780	36.9
中型	200533	201860	－0.7	220855	164277	34.4
小型	43	29	48.3			
其他	942	1778	－47.0			
按三次产业分						
第二产业	1015693	838776	21.1	2116805	1522108	39.1
第三产业	52211	42456	23.0	38006	54949	－30.8
按重点企业类型分						
中央企业	75176	66574	12.9	47029	28934	62.5
520户国家重点企业	80812	71230	13.5	65678	42407	54.9
原512户国家重点企业	6368	6414	－0.7	41667	47733	－12.7
省级重点企业	1016061	830064	22.4	2124792	1566252	35.7
现企国家百户试点企业	66652	62426	6.8	37235	25298	47.2
现企省级试点企业	56257	55831	0.8	70341	39887	76.4
国家试点企业集团母公司	23333	15406	51.5	17010	18129	－6.2

续表

指　标	研究开发费用			增加值		
	2003年	2002年	增减幅度(%)	2003年	2002年	增减幅度(%)
总　计	**129780**	**101750**	**27.5**	**3600631**	**2956536**	**21.8**
按控股情况分						
国有及国有控股小计	116759	93635	24.7	3143231	2561586	22.7
国有绝对控股	107802	84597	27.4	3050568	2439607	25.0
国有相对控股	8957	9038	-0.9	92663	121979	-24.0
集体控股小计	38	62	-38.7	65013	41377	57.1
其他	12983	8053	61.2	392387	353573	11.0
按主营行业分						
工业小计	127141	99759	27.4	3474583	2696698	28.8
采矿业	15735	15108	4.2	1305847	897362	45.5
制造业	111406	84651	31.6	1845421	1505395	22.6
电力、燃气及水的生产和供应业				323315	293941	10.0
建筑业				21029	132913	-84.2
信息传输、计算机服务和软件业	220	300	-26.7	267	1936	-86.2
批发和零售业	1805	1061	70.1	57224	69259	-17.4
房地产业	614	630	-2.5	44254	36183	22.3
租赁和商务服务业				3273	19546	-83.3
按登记注册类型分						
国有企业	39478	21523	83.4	536971	483083	11.2
公司制企业小计	90302	80227	12.6	3063660	2473452	23.9
国有独资企业	15616	14468	7.9	840009	679956	23.5
其他有限责任公司	48554	40959	18.5	678267	571929	18.6
股份有限公司	19733	19901	-0.8	1309122	980380	33.5
中外合资企业	5022	3649	37.6	101054	105459	-4.2
港澳台合资企业	1377	1250	10.2	135208	135727	-0.4
按企业规模分						
大型	109401	80817	35.4	3163885	2450682	29.1
中型	20379	20933	-2.6	483938	492337	-1.7
小型				-50465	-6030	
其他				3273	19546	-83.3
按三次产业分						
第二产业	127141	99759	27.4	3495612	2829611	23.5
第三产业	2639	1991	32.5	105019	126925	-17.3
按重点企业类型分						
中央企业	37032	18732	97.7	231522	206712	12.0
520户国家重点企业	37098	18787	97.5	261853	230189	13.8
原512户国家重点企业	8966	11129	-19.4	67714	58364	16.0
省级重点企业	95366	87852	8.6	3439616	2807837	22.5
现企国家百户试点企业	39275	18491	112.4	211265	195039	8.3
现企省级试点企业	15458	14947	3.4	146884	155399	-5.5
国家试点企业集团母公司	2618	4834	-45.8	70507	58014	21.5

续表

指标	工业总产值合计			采矿业总产值		
	2003年	2002年	增减幅度(%)	2003年	2002年	增减幅度(%)
总计	**8989436**	**7077662**	**27.0**	**1746910**	**1347943**	**29.6**
按控股情况分						
国有及国有控股小计	7949912	6316700	25.9	1746910	1347943	29.6
国有绝对控股	7664142	6055458	26.6	1746910	1347943	29.6
国有相对控股	285770	261242	9.4			
集体控股小计	285437	121528	134.9			
其他	754087	639434	17.9			
按主营行业分						
工业小计	8989436	7072372	27.1	1746910	1347943	29.6
采矿业	1955557	1528653	27.9	1746910	1347943	29.6
制造业	6483613	5080880	27.6			
电力、燃气及水的生产和供应业	550266	462839	18.9			
建筑业						
信息传输、计算机服务和软件业		5290				
批发和零售业						
房地产业						
租赁和商务服务业						
按登记注册类型分						
国有企业	1791002	1544295	16.0	55637	46534	19.6
公司制企业小计	7198434	5533367	30.1	1691273	1301409	30.0
国有独资企业	2407414	1761556	36.7	173012	160345	7.9
其他有限责任公司	2221480	1653572	34.3			
股份有限公司	2059035	1633010	26.1	1518261	1141064	33.1
中外合资企业	302503	288117	5.0			
港澳台合资企业	208002	197112	5.5			
按企业规模分						
大型	7518841	5809460	29.4	1746910	1347943	29.6
中型	1470595	1268202	16.0			
小型						
其他						
按三次产业分						
第二产业	8989436	7072372	27.1	1746910	1347943	29.6
第三产业		5290				
按重点企业类型分						
中央企业	1146138	1029527	11.3			
520户国家重点企业	1201775	1076061	11.7	55637	46534	19.6
原512户国家重点企业	354674	314126	12.9			
省级重点企业	8221987	6336623	29.8	1746910	1347943	29.6
现企国家百户试点企业	924117	866262	6.7			
现企省级试点企业	642814	525116	22.4			
国家试点企业集团母公司	378689	288488	31.3			

续表

指　标	制造业总产值			电、煤、水业总产值		
	2003年	2002年	增减幅度(%)	2003年	2002年	增减幅度(%)
总　计	**6692260**	**5266880**	**27.1**	**550266**	**462839**	**18.9**
按控股情况分						
国有及国有控股小计	5826010	4674603	24.6	376992	294154	28.2
国有绝对控股	5540240	4413361	25.5	376992	294154	28.2
国有相对控股	285770	261242	9.4			
集体控股小计	285437	121528	134.9			
其他	580813	470749	23.4	173274	168685	2.7
按主营行业分						
工业小计	6692260	5261590	27.2	550266	462839	18.9
采矿业	208647	180710	15.5			
制造业	6483613	5080880	27.6			
电力、燃气及水的生产和供应业				550266	462839	18.9
建筑业						
信息传输、计算机服务和软件业		5290				
批发和零售业						
房地产业						
租赁和商务服务业						
按登记注册类型分						
国有企业	1735365	1497761	15.9			
公司制企业小计	4956895	3769119	31.5	550266	462839	18.9
国有独资企业	2234402	1601211	39.5			
其他有限责任公司	1871475	1382393	35.4	350005	271179	29.1
股份有限公司	513787	468971	9.6	26987	22975	17.5
中外合资企业	302503	288117	5.0			
港澳台合资企业	34728	28427	22.2	173274	168685	2.7
按企业规模分						
大型	5598657	4292832	30.4	173274	168685	2.7
中型	1093603	974048	12.3	376992	294154	28.2
小型						
其他						
按三次产业分						
第二产业	6692260	5261590	27.2	550266	462839	18.9
第三产业		5290				
按重点企业类型分						
中央企业	1146138	1029527	11.3			
520户国家重点企业	1146138	1029527	11.3			
原512户国家重点企业	354674	314126	12.9			
省级重点企业	5924811	4525841	30.9	550266	462839	18.9
现企国家百户试点企业	924117	866262	6.7			
现企省级试点企业	642814	525116	22.4			
国家试点企业集团母公司	378689	288488	31.3			

续表

指　　标	建筑业总产值			批发零售业商品销售总额		
	2003年	2002年	增减幅度(%)	2003年	2002年	增减幅度(%)
总　　计	**576112**	**358387**	**60.8**	**744335**	**633852**	**17.4**
按控股情况分						
国有及国有控股小计	576112	358387	60.8	289095	286439	0.9
国有绝对控股	576112	358387	60.8	13398	10470	28.0
国有相对控股				275697	275969	-0.1
集体控股小计				285227	178461	59.8
其他				170013	168952	0.6
按主营行业分						
工业小计				13398	10470	28.0
采矿业				13398	10470	28.0
制造业						
电力、燃气及水的生产和供应业						
建筑业	576112	358387	60.8			
信息传输、计算机服务和软件业						
批发和零售业				730937	623382	17.3
房地产业						
租赁和商务服务业						
按登记注册类型分						
国有企业						
公司制企业小计	576112	358387	60.8	744335	633852	17.4
国有独资企业	576112	358387	60.8	13398	10470	28.0
其他有限责任公司				170013	168952	0.6
股份有限公司				560924	454430	23.4
中外合资企业						
港澳台合资企业						
按企业规模分						
大型	576112	358387	60.8	732240	623404	17.5
中型				11131	9765	14.0
小型				964	683	41.1
其他						
按三次产业分						
第二产业	576112	358387	60.8	13398	10470	28.0
第三产业				730937	623382	17.3
按重点企业类型分						
中央企业						
520户国家重点企业						
原512户国家重点企业						
省级重点企业	576112	358387	60.8	744335	633852	17.4
现企国家百户试点企业						
现企省级试点企业				23533	52114	-54.8
国家试点企业集团母公司						

陕西省优势(重点)企业劳动工资指标

指　标	从业人员(人)			在岗职工(人)		
	2003年	2002年	增减幅度(%)	2003年	2002年	增减幅度(%)
总　计	**316847**	**310060**	**2.2**	**314009**	**308330**	**1.8**
按控股情况分						
国有及国有控股小计	290274	287788	0.9	287557	286205	0.5
国有绝对控股	270240	268345	0.7	267615	266812	0.3
国有相对控股	20034	19443	3.0	19942	19393	2.8
集体控股小计	7446	7218	3.2	7446	7218	3.2
其他	19127	15054	27.1	19006	14907	27.5
按主营行业分						
工业小计	288644	284916	1.3	286327	283219	1.1
采矿业	52179	53508	-2.5	52179	53508	-2.5
制造业	195335	191422	2.0	193180	189901	1.7
电力、燃气及水的生产和供应业	41130	39986	2.9	40968	39810	2.9
建筑业	3785	2512	50.7	3735	2512	48.7
信息传输、计算机服务和软件业	95	100	-5.0	95	100	-5.0
批发和零售业	13654	12355	10.5	13592	12355	10.0
房地产业	4950	4527	9.3	4895	4522	8.2
租赁和商务服务业	5719	5650	1.2	5365	5622	-4.6
按登记注册类型分						
国有企业	67042	67932	-1.3	66780	67675	-1.3
公司制企业小计	249805	242128	3.2	247229	240655	2.7
国有独资企业	81808	81322	0.6	81384	81281	0.1
其他有限责任公司	119009	113121	5.2	117121	111877	4.7
股份有限公司	43853	42697	2.7	43710	42656	2.5
中外合资企业	1324	1146	15.5	1324	1134	16.8
港澳台合资企业	3811	3842	-0.8	3690	3707	-0.5
按企业规模分						
大型	246969	243798	1.3	245071	242209	1.2
中型	63656	60056	6.0	63070	59943	5.2
小型	503	556	-9.5	503	556	-9.5
其他	5719	5650	1.2	5365	5622	-4.6
按三次产业分						
第二产业	292429	287428	1.7	290062	285731	1.5
第三产业	24418	22632	7.9	23947	22599	6.0
按重点企业类型分						
中央企业	34748	34711	0.1	34708	34660	0.1
520户国家重点企业	49812	50172	-0.7	49772	50121	-0.7
原512户国家重点企业	18330	18792	-2.5	18294	18758	-2.5
省级重点企业	295179	289505	2.0	292341	287815	1.6
现企国家百户试点企业	34165	32547	5.0	34135	32457	5.2
现企省级试点企业	36979	36804	0.5	36959	36792	0.5
国家试点企业集团母公司	13080	14156	-7.6	13040	14145	-7.8

续表

指　标	其他从业人员(人)			研究开发人员(人)		
	2003年	2002年	增减幅度(%)	2003年	2002年	增减幅度(%)
总　计	**2838**	**1730**	**64.0**	**15477**	**17664**	**-12.4**
按控股情况分						
国有及国有控股小计	2717	1583	71.6	14649	16903	-13.3
国有绝对控股	2625	1533	71.2	13905	16094	-13.6
国有相对控股	92	50	84.0	744	809	-8.0
集体控股小计				5	5	
其他	121	147	-17.7	823	756	8.9
按主营行业分						
工业小计	2317	1697	36.5	14916	17046	-12.5
采矿业				1230	1195	2.9
制造业	2155	1521	41.7	13686	15851	-13.7
电力、燃气及水的生产和供应业	162	176	-8.0			
建筑业	50					
信息传输、计算机服务和软件业				20	23	-13.0
批发和零售业	62			383	385	-0.5
房地产业	55	5	1000.0	158	210	-24.8
租赁和商务服务业	354	28	1164.3			
按登记注册类型分						
国有企业	262	257	1.9	2857	2690	6.2
公司制企业小计	2576	1473	74.9	12620	14974	-15.7
国有独资企业	424	41	934.1	2481	2716	-8.7
其他有限责任公司	1888	1244	51.8	8377	10571	-20.8
股份有限公司	143	41	248.8	1673	1594	5.0
中外合资企业		12		12	12	
港澳台合资企业	121	135	-10.4	77	81	-4.9
按企业规模分						
大型	1898	1589	19.4	13854	15673	-11.6
中型	586	113	418.6	1623	1991	-18.5
小型						
其他	354	28	1164.3			
按三次产业分						
第二产业	2367	1697	39.5	14916	17046	-12.5
第三产业	471	33	1327.3	561	618	-9.2
按重点企业类型分						
中央企业	40	51	-21.6	2472	2221	11.3
520户国家重点企业	40	51	-21.6	2528	2277	11.0
原512户国家重点企业	36	34	5.9	1650	1685	-2.1
省级重点企业	2838	1690	67.9	13798	16236	-15.0
现企国家百户试点企业	30	90	-66.7	2205	1885	17.0
现企省级试点企业	20	12	66.7	1815	1841	-1.4
国家试点企业集团母公司	40	11	263.6	793	793	

续表

指　标	从业人员劳动报酬(万元)			在岗职工劳动报酬(万元)		
	2003年	2002年	增减幅度(%)	2003年	2002年	增减幅度(%)
总　计	**546420**	**473302**	**15.4**	**544395**	**471891**	**15.4**
按控股情况分						
国有及国有控股小计	492748	430590	14.4	490854	429374	14.3
国有绝对控股	464676	405477	14.6	462844	404297	14.5
国有相对控股	28072	25113	11.8	28010	25077	11.7
集体控股小计	11184	7247	54.3	11184	7247	54.3
其他	42488	35465	19.8	42357	35270	20.1
按主营行业分						
工业小计	512371	444808	15.2	510680	443448	15.2
采矿业	75248	59530	26.4	75248	59530	26.4
制造业	366944	330087	11.2	365480	328899	11.1
电力、燃气及水的生产和供应业	70179	55191	27.2	69952	55019	27.1
建筑业	4724	3601	31.2	4682	3601	30.0
信息传输、计算机服务和软件业	165	170	-2.9	165	170	-2.9
批发和零售业	15770	12644	24.7	15734	12644	24.4
房地产业	8164	6728	21.3	8070	6702	20.4
租赁和商务服务业	5226	5351	-2.3	5064	5326	-4.9
按登记注册类型分						
国有企业	116923	109239	7.0	116626	108928	7.1
公司制企业小计	429497	364063	18.0	427769	362963	17.9
国有独资企业	138565	113074	22.5	138347	113040	22.4
其他有限责任公司	195867	166307	17.8	194656	165506	17.6
股份有限公司	70283	62753	12.0	70115	62683	11.9
中外合资企业	16574	13931	19.0	16574	13838	19.8
港澳台合资企业	8208	7998	2.6	8077	7896	2.3
按企业规模分						
大型	419689	366446	14.5	418584	365259	14.6
中型	120995	100990	19.8	120237	100791	19.3
小型	510	515	-1.0	510	515	-1.0
其他	5226	5351	-2.3	5064	5326	-4.9
按三次产业分						
第二产业	517095	448409	15.3	515362	447049	15.3
第三产业	29325	24893	17.8	29033	24842	16.9
按重点企业类型分						
中央企业	69428	66533	4.4	69381	66439	4.4
520户国家重点企业	82630	77058	7.2	82583	76964	7.3
原512户国家重点企业	28732	28597	0.5	28710	28585	0.4
省级重点企业	502164	429513	16.9	500139	428188	16.8
现企国家百户试点企业	61083	58499	4.4	61057	58377	4.6
现企省级试点企业	55087	47091	17.0	55069	47081	17.0
国家试点企业集团母公司	25172	22744	10.7	25125	22736	10.5

续表

指　标	其他从业员劳动报酬(万元)			研究开发人员劳动报酬(万元)		
	2003年	2002年	增减幅度(%)	2003年	2002年	增减幅度(%)
总　计	**2025**	**1411**	**43.5**	**35188**	**36180**	**-2.7**
按控股情况分						
国有及国有控股小计	1894	1216	55.8	32745	34242	-4.4
国有绝对控股	1832	1180	55.3	31031	32671	-5.0
国有相对控股	62	36	72.2	1714	1571	9.1
集体控股小计				17	16	6.3
其他	131	195	-32.8	2426	1922	26.2
按主营行业分						
工业小计	1691	1360	24.3	33756	34887	-3.2
采矿业				2196	1716	28.0
制造业	1464	1188	23.2	31560	33171	-4.9
电力、燃气及水的生产和供应业	227	172	32.0			
建筑业	42					
信息传输、计算机服务和软件业				43	45	-4.4
批发和零售业	36			931	922	1.0
房地产业	94	26	261.5	458	326	40.5
租赁和商务服务业	162	25	548.0			
按登记注册类型分						
国有企业	297	311	-4.5	6210	5153	20.5
公司制企业小计	1728	1100	57.1	28978	31027	-6.6
国有独资企业	218	34	541.2	5030	3940	27.7
其他有限责任公司	1211	801	51.2	20364	24178	-15.8
股份有限公司	168	70	140.0	3040	2478	22.7
中外合资企业		93		290	182	59.3
港澳台合资企业	131	102	28.4	254	249	2.0
按企业规模分						
大型	1105	1187	-6.9	28091	27630	1.7
中型	758	199	280.9	7097	8550	-17.0
小型						
其他	162	25	548.0			
按三次产业分						
第二产业	1733	1360	27.4	33756	34887	-3.2
第三产业	292	51	472.5	1432	1293	10.8
按重点企业类型分						
中央企业	47	94	-50.0	5317	4383	21.3
520户国家重点企业	47	94	-50.0	5366	4425	21.3
原512户国家重点企业	22	12	83.3	2898	2565	13.0
省级重点企业	2025	1325	52.8	31619	33072	-4.4
现企国家百户试点企业	26	122	-78.7	4814	4118	16.9
现企省级试点企业	18	10	80.0	4091	2958	38.3
国家试点企业集团母公司	47	8	487.5	1748	1275	37.1

陕西省优势(重点)企业经济效益指标

单位:%

指　标	净资产收益率			总资产报酬率		
	2003年	2002年	增减幅度	2003年	2002年	增减幅度
总　计	**11.80**	**9.59**	**2.21**	**7.19**	**6.35**	**0.84**
按控股情况分						
国有及国有控股小计	11.69	9.00	2.69	6.96	5.93	1.03
国有绝对控股	12.58	9.27	3.31	7.26	5.92	1.34
国有相对控股	-3.49	5.48	-8.97	1.29	6.07	-4.78
集体控股小计	9.08	7.20	1.88	4.49	4.87	-0.38
其他	12.83	13.46	-0.63	9.76	10.34	-0.58
按主营行业分						
工业小计	13.60	10.62	2.98	8.26	7.04	1.22
采矿业	22.52	19.80	2.72	15.49	13.25	2.24
制造业	10.86	7.82	3.04	6.25	5.51	0.74
电力、燃气及水的生产和供应业	5.05	5.09	-0.04	3.80	3.79	0.01
建筑业	0.49	0.60	-0.11	1.87	1.80	0.07
信息传输、计算机服务和软件业	15.81	6.51	9.30	7.51	5.58	1.93
批发和零售业	-2.75	5.66	-8.41	1.41	5.00	-3.59
房地产业	3.89	2.71	1.18	2.17	2.15	0.02
租赁和商务服务业	-6.20	5.99	-12.19	-0.55	3.99	-4.54
按登记注册类型分						
国有企业	6.62	6.37	0.25	4.30	4.33	-0.03
公司制企业小计	12.70	10.13	2.57	7.74	6.72	1.02
国有独资企业	11.67	5.10	6.57	6.47	4.12	2.35
其他有限责任公司	4.73	4.10	0.63	3.31	3.29	0.02
股份有限公司	19.31	17.12	2.19	13.44	12.09	1.35
中外合资企业	63.29	84.33	-21.04	37.42	43.50	-6.08
港澳台合资企业	17.12	17.76	-0.64	13.98	13.74	0.24
按企业规模分						
大型	15.29	11.44	3.85	8.69	7.16	1.53
中型	4.87	5.79	-0.92	4.02	4.55	-0.53
小型	212.74	-23.45	236.19	-126.38	-5.03	-121.35
其他	-6.20	5.99	-12.19	-0.55	3.99	-4.54
按三次产业分						
第二产业	12.93	10.04	2.89	7.84	6.66	1.18
第三产业	-0.74	4.95	-5.69	1.66	3.66	-2.00
按重点企业类型分						
中央企业	6.82	6.17	0.65	4.64	4.19	0.45
520户国家重点企业	5.56	5.71	-0.15	4.10	3.94	0.16
原512户国家重点企业	3.20	3.31	-0.11	1.82	2.33	-0.51
省级重点企业	11.90	9.65	2.25	7.19	6.37	0.82
现企国家百户试点企业	9.28	7.72	1.56	6.79	5.62	1.17
现企省级试点企业	-2.61	1.21	-3.82	0.85	2.91	-2.06
国家试点企业集团母公司	1.81	2.49	-0.68	2.00	2.21	-0.21

续表

指　标	销售利润率			劳动生产率(万元/人)		
	2003年	2002年	增减幅度	2003年	2002年	增减幅度
总　计	**11.55**	**10.32**	**1.23**	**36.47**	**28.99**	**7.48**
按控股情况分						
国有及国有控股小计	11.52	9.69	1.83	32.90	26.39	6.51
国有绝对控股	12.32	9.90	2.42	33.16	26.13	7.03
国有相对控股	-0.66	7.11	-7.77	29.35	29.98	-0.63
集体控股小计	3.38	4.63	-1.25	84.50	45.01	39.49
其他	15.47	16.55	-1.08	71.99	71.00	0.99
按主营行业分						
工业小计	13.04	11.26	1.78	35.09	27.31	7.78
采矿业	32.54	27.45	5.09	40.79	29.98	10.81
制造业	8.20	7.06	1.14	34.41	26.66	7.75
电力、燃气及水的生产和供应业	6.08	7.06	-0.98	31.11	26.87	4.24
建筑业	4.30	4.85	-0.55	22.22	21.93	0.29
信息传输、计算机服务和软件业	76.42	14.14	62.28	39.37	87.28	-47.91
批发和零售业	-0.19	3.70	-3.89	69.12	63.45	5.67
房地产业	4.79	4.13	0.66	69.50	59.72	9.78
租赁和商务服务业	-14.82	7.87	-22.69	8.99	15.53	-6.54
按登记注册类型分						
国有企业	5.87	5.56	0.31	32.77	27.16	5.61
公司制企业小计	12.88	11.55	1.33	37.47	29.50	7.97
国有独资企业	10.32	5.93	4.39	27.80	20.83	6.97
其他有限责任公司	4.34	4.45	-0.11	31.90	24.57	7.33
股份有限公司	24.44	21.81	2.63	64.16	52.14	12.02
中外合资企业	24.01	24.79	-0.78	208.19	217.70	-9.51
港澳台合资企业	26.25	27.58	-1.33	52.48	50.22	2.26
按企业规模分						
大型	14.02	11.40	2.62	36.14	27.53	8.61
中型	5.71	7.42	-1.71	40.50	36.40	4.10
小型	-4914.62	-819.98	-4094.64	2.28	1.54	0.74
其他	-14.82	7.87	-22.69	8.99	15.53	-6.54
按三次产业分						
第二产业	12.97	11.22	1.75	34.93	27.26	7.67
第三产业	0.74	4.20	-3.46	55.00	50.85	4.15
按重点企业类型分						
中央企业	5.68	5.32	0.36	34.34	29.18	5.16
520户国家重点企业	5.38	5.13	0.25	25.30	21.33	3.97
原512户国家重点企业	2.11	3.03	-0.92	27.17	18.74	8.43
省级重点企业	11.84	10.67	1.17	36.50	28.56	7.94
现企国家百户试点企业	7.86	6.63	1.23	27.89	26.40	1.49
现企省级试点企业	-1.31	3.26	-4.57	18.49	16.20	2.29
国家试点企业集团母公司	2.01	2.82	-0.81	31.39	20.67	10.72

续表

指　　标	成本费用利润率			资产利税率		
	2003年	2002年	增减幅度	2003年	2002年	增减幅度
总　计	**13.68**	**11.95**	**1.73**	**9.81**	**8.71**	**1.10**
按控股情况分						
国有及国有控股小计	13.67	11.17	2.50	9.55	8.23	1.32
国有绝对控股	14.76	11.43	3.33	9.88	8.24	1.64
国有相对控股	-0.68	8.07	-8.75	3.33	7.94	-4.61
集体控股小计	3.61	4.99	-1.38	6.99	5.93	1.06
其他	19.09	20.19	-1.10	12.67	13.48	-0.81
按主营行业分						
工业小计	15.81	13.21	2.60	11.46	9.95	1.51
采矿业	54.73	40.74	13.99	17.77	14.39	3.38
制造业	9.41	7.99	1.42	10.18	9.56	0.62
电力、燃气及水的生产和供应业	6.27	7.27	-1.00	5.91	5.59	0.32
建筑业	4.55	4.98	-0.43	0.50	0.25	0.25
信息传输、计算机服务和软件业	68.50	17.82	50.68	5.61	2.69	2.92
批发和零售业	-0.19	3.92	-4.11	1.98	5.48	-3.50
房地产业	5.16	4.44	0.72	2.76	2.70	0.06
租赁和商务服务业	-12.91	8.72	-21.63	-2.16	3.50	-5.66
按登记注册类型分						
国有企业	6.70	6.31	0.39	9.48	10.40	-0.92
公司制企业小计	15.39	13.44	1.95	9.88	8.40	1.48
国有独资企业	12.27	6.67	5.60	9.39	6.46	2.93
其他有限责任公司	4.59	4.63	-0.04	4.52	4.31	0.21
股份有限公司	34.96	29.76	5.20	15.59	13.35	2.24
中外合资企业	30.36	32.97	-2.61	51.81	62.60	-10.79
港澳台合资企业	35.91	38.14	-2.23	19.24	18.34	0.90
按企业规模分						
大型	17.29	13.49	3.80	11.62	9.70	1.92
中型	6.11	8.10	-1.99	6.02	6.64	-0.62
小型	-107.70	-93.70	-14.00	-136.43	-7.48	-128.95
其他	-12.91	8.72	-21.63	-2.16	3.50	-5.66
按三次产业分						
第二产业	15.70	13.15	2.55	10.75	9.25	1.50
第三产业	0.76	4.48	-3.72	1.89	3.95	-2.06
按重点企业类型分						
中央企业	6.18	5.63	0.55	7.50	7.29	0.21
520户国家重点企业	5.86	5.47	0.39	6.85	7.00	-0.15
原512户国家重点企业	2.16	3.10	-0.94	1.25	1.52	-0.27
省级重点企业	14.11	12.43	1.68	9.75	8.60	1.15
现企国家百户试点企业	8.49	7.08	1.41	10.78	9.91	0.87
现企省级试点企业	-1.33	3.46	-4.79	2.47	4.43	-1.96
国家试点企业集团母公司	2.21	2.89	-0.68	3.38	3.03	0.35

续表

指标	总资产使用率			流动资产比率		
	2003年	2002年	增减幅度	2003年	2002年	增减幅度
总计	**52.06**	**47.76**	**4.30**	**36.60**	**36.68**	**-0.08**
按控股情况分						
国有及国有控股小计	49.66	46.14	3.52	36.63	36.03	0.60
国有绝对控股	49.18	45.28	3.90	36.10	35.42	0.68
国有相对控股	58.65	60.17	-1.52	46.55	45.99	0.56
集体控股小计	99.59	71.50	28.09	46.80	47.81	-1.01
其他	58.57	55.88	2.69	33.55	39.61	-6.06
按主营行业分						
工业小计	54.47	49.60	4.87	35.25	35.36	-0.11
采矿业	42.67	41.16	1.51	22.74	23.04	-0.30
制造业	63.15	58.15	5.00	43.54	44.76	-1.22
电力、燃气及水的生产和供应业	42.77	35.47	7.30	26.05	23.55	2.50
建筑业	6.62	4.48	2.14	18.13	25.52	-7.39
信息传输、计算机服务和软件业	4.86	9.13	-4.27	40.07	52.82	-12.75
批发和零售业	109.41	99.38	10.03	44.76	43.53	1.23
房地产业	31.79	33.13	-1.34	75.68	71.94	3.74
租赁和商务服务业	16.64	35.43	-18.79	31.45	32.70	-1.25
按登记注册类型分						
国有企业	61.63	64.10	-2.47	59.81	57.39	2.42
公司制企业小计	50.24	44.78	5.46	32.18	32.92	-0.74
国有独资企业	49.71	43.48	6.23	31.42	33.45	-2.03
其他有限责任公司	49.55	41.64	7.91	34.67	35.02	-0.35
股份有限公司	48.35	46.36	1.99	27.43	27.67	-0.24
中外合资企业	158.47	178.61	-20.14	87.02	96.33	-9.31
港澳台合资企业	48.75	44.76	3.99	35.48	31.60	3.88
按企业规模分						
大型	53.91	50.14	3.77	36.05	36.01	0.04
中型	48.78	42.96	5.82	38.17	38.19	-0.02
小型	2.33	0.73	1.60	90.88	62.79	28.09
其他	16.64	35.43	-18.79	31.45	32.70	-1.25
按三次产业分						
第二产业	51.37	46.34	5.03	34.14	34.64	-0.50
第三产业	57.89	60.19	-2.30	57.36	54.58	2.78
按重点企业类型分						
中央企业	71.70	69.85	1.85	53.42	49.92	3.50
520户国家重点企业	65.81	66.82	-1.01	49.90	48.62	1.28
原512户国家重点企业	38.88	33.65	5.23	49.49	54.51	-5.02
省级重点企业	50.41	45.76	4.65	35.94	36.27	-0.33
现企国家百户试点企业	83.71	80.68	3.03	55.39	48.94	6.45
现企省级试点企业	43.91	42.26	1.65	46.40	44.66	1.74
国家试点企业集团母公司	48.34	42.52	5.82	53.87	53.84	0.03

续表

指　标	资金利润率			资产负债率		
	2003年	2002年	增减幅度	2003年	2002年	增减幅度
总　计	**7.71**	**6.00**	**1.71**	**57.07**	**57.29**	**-0.22**
按控股情况分						
国有及国有控股小计	7.13	5.40	1.73	58.76	59.12	-0.36
国有绝对控股	7.54	5.39	2.15	58.96	59.64	-0.68
国有相对控股	-0.50	5.55	-6.05	55.10	50.57	4.53
集体控股小计	4.77	4.38	0.39	66.27	59.18	7.09
其他	14.85	11.92	2.93	40.99	41.23	-0.24
按主营行业分						
工业小计	8.87	6.67	2.20	55.31	55.96	-0.65
采矿业	15.98	12.52	3.46	44.97	49.01	-4.04
制造业	6.96	5.14	1.82	60.68	59.40	1.28
电力、燃气及水的生产和供应业	2.93	2.89	0.04	52.94	54.63	-1.69
建筑业	0.52	0.30	0.22	65.55	65.64	-0.09
信息传输、计算机服务和软件业	10.61	4.23	6.38	69.54	69.33	0.21
批发和零售业	-0.28	5.16	-5.44	54.78	50.43	4.35
房地产业	1.89	1.68	0.21	77.05	77.23	-0.18
租赁和商务服务业	-3.77	4.52	-8.29	60.23	53.45	6.78
按登记注册类型分						
国有企业	4.48	4.32	0.16	60.36	59.97	0.39
公司制企业小计	8.36	6.31	2.05	56.45	56.80	-0.35
国有独资企业	6.83	3.19	3.64	63.05	62.15	0.90
其他有限责任公司	2.97	2.39	0.58	61.05	60.51	0.54
股份有限公司	14.03	11.60	2.43	46.59	48.74	-2.15
中外合资企业	40.85	42.83	-1.98	48.91	54.92	-6.01
港澳台合资企业	13.74	12.86	0.88	34.72	38.40	-3.68
按企业规模分						
大型	9.80	6.98	2.82	57.66	58.54	-0.88
中型	3.44	3.80	-0.36	54.19	53.96	0.23
小型	-118.82	-10.14	-108.68	164.17	68.00	96.17
其他	-3.77	4.52	-8.29	60.23	53.45	6.78
按三次产业分						
第二产业	8.50	6.26	2.24	55.98	56.66	-0.68
第三产业	0.58	3.43	-2.85	66.33	62.84	3.49
按重点企业类型分						
中央企业	5.15	4.60	0.55	55.39	53.68	1.71
520户国家重点企业	4.46	4.24	0.22	52.15	53.14	-0.99
原512户国家重点企业	1.43	1.66	-0.23	74.47	70.18	4.29
省级重点企业	7.69	5.96	1.73	57.51	57.74	-0.23
现企国家百户试点企业	7.58	6.43	1.15	45.40	45.49	-0.09
现企省级试点企业	-0.70	1.66	-2.36	59.73	53.95	5.78
国家试点企业集团母公司	1.41	1.59	-0.18	65.49	61.50	3.99

续表

指　标	长期负债与资产总计比率			已获利息倍数(倍)		
	2003年	2002年	增减幅度	2003年	2002年	增减幅度
总　计	**19.90**	**23.19**	**-3.29**	**6.71**	**4.70**	**2.01**
按控股情况分						
国有及国有控股小计	21.67	25.52	-3.85	6.22	4.28	1.94
国有绝对控股	22.30	26.45	-4.15	6.68	4.32	2.36
国有相对控股	9.91	10.31	-0.40	0.76	3.75	-2.99
集体控股小计	12.16	11.97	0.19	3.99	3.14	0.85
其他	7.75	6.05	1.70	14.39	10.12	4.27
按主营行业分						
工业小计	18.09	21.18	-3.09	8.12	5.17	2.95
采矿业	24.38	30.46	-6.08	16.65	9.23	7.42
制造业	13.07	16.02	-2.95	6.22	4.05	2.17
电力、燃气及水的生产和供应业	25.67	24.55	1.12	3.18	2.96	0.22
建筑业	55.04	64.13	-9.09	1.18	1.14	0.04
信息传输、计算机服务和软件业	5.06	5.06	2.79	1.82	0.97	
批发和零售业	6.87	6.56	0.31	0.87	3.86	-2.99
房地产业	18.52	20.37	-1.85	3.36	2.75	0.61
租赁和商务服务业	27.19	16.24	10.95	-0.29	3.31	-3.60
按登记注册类型分						
国有企业	9.75	10.76	-1.01	7.12	5.94	1.18
公司制企业小计	21.83	25.45	-3.62	6.67	4.59	2.08
国有独资企业	25.19	30.98	-5.79	4.92	2.71	2.21
其他有限责任公司	22.02	24.62	-2.60	2.88	2.32	0.56
股份有限公司	21.00	24.91	-3.91	12.14	7.75	4.39
中外合资企业				-58.63	-46.42	-12.21
港澳台合资企业	1.46	2.56	-1.10	12.74	10.03	2.71
按企业规模分						
大型	19.69	24.92	-5.23	8.73	5.25	3.48
中型	20.30	19.41	0.89	3.39	3.50	-0.11
小型				-12.47	-2.03	-10.44
其他	27.19	16.24	10.95	-0.29	3.31	-3.60
按三次产业分						
第二产业	20.48	24.29	-3.81	7.45	4.83	2.62
第三产业	15.01	13.60	1.41	1.35	3.30	-1.95
按重点企业类型分						
中央企业	5.66	6.51	-0.85	10.18	8.93	1.25
520户国家重点企业	5.54	7.74	-2.20	9.35	8.30	1.05
原512户国家重点企业	13.93	18.12	-4.19	1.86	1.81	0.05
省级重点企业	20.48	23.97	-3.49	6.46	4.52	1.94
现企国家百户试点企业	5.76	6.14	-0.38	31.75	20.25	11.50
现企省级试点企业	9.71	10.50	-0.79	0.59	1.92	-1.33
国家试点企业集团母公司	5.94	7.98	-2.04	2.12	2.22	-0.10

续表

指标	流动比率			速动比率		
	2003年	2002年	增减幅度	2003年	2002年	增减幅度
总计	**98.45**	**107.59**	**-9.14**	**68.81**	**74.82**	**-6.01**
按控股情况分						
国有及国有控股小计	98.76	107.22	-8.46	69.04	75.25	-6.21
国有绝对控股	98.48	106.70	-8.22	68.51	74.60	-6.09
国有相对控股	103.01	114.25	-11.24	77.07	84.04	-6.97
集体控股小计	86.48	101.27	-14.79	64.42	72.22	-7.80
其他	100.92	112.57	-11.65	68.69	72.18	-3.49
按主营行业分						
工业小计	94.68	101.67	-6.99	69.31	72.82	-3.51
采矿业	110.40	124.18	-13.78	90.19	96.78	-6.59
制造业	91.46	103.19	-11.73	61.15	67.28	-6.13
电力、燃气及水的生产和供应业	95.54	78.31	17.23	94.22	77.55	16.67
建筑业	172.59	1689.33	-1516.74	168.74	1673.78	-1505.04
信息传输、计算机服务和软件业	62.14	76.18	-14.04	61.83	72.36	-10.53
批发和零售业	93.45	99.22	-5.77	64.80	66.99	-2.19
房地产业	129.31	126.53	2.78	43.07	41.08	1.99
租赁和商务服务业	95.18	87.88	7.30	84.14	76.41	7.73
按登记注册类型分						
国有企业	118.19	116.64	1.55	63.00	64.70	-1.70
公司制企业小计	92.96	105.00	-12.04	70.43	77.71	-7.28
国有独资企业	83.00	107.31	-24.31	64.16	83.30	-19.14
其他有限责任公司	88.84	97.55	-8.71	63.29	66.29	-3.00
股份有限公司	107.22	116.08	-8.86	86.47	91.75	-5.28
中外合资企业	177.94	175.41	2.53	136.37	140.59	-4.22
港澳台合资企业	106.69	88.16	18.53	96.56	79.04	17.52
按企业规模分						
大型	94.94	107.07	-12.13	61.33	68.75	-7.42
中型	112.62	110.54	2.08	94.68	90.13	4.55
小型	55.36	92.34	-36.98	54.91	81.64	-26.73
其他	95.18	87.88	7.30	84.14	76.41	7.73
按三次产业分						
第二产业	96.18	107.03	-10.85	71.22	78.22	-7.00
第三产业	111.77	110.83	0.94	54.75	55.24	-0.49
按重点企业类型分						
中央企业	107.43	105.84	1.59	76.63	78.27	-1.64
520户国家重点企业	107.05	107.09	-0.04	77.13	79.58	-2.45
原512户国家重点企业	81.75	104.72	-22.97	53.35	61.33	-7.98
省级重点企业	97.04	107.36	-10.32	67.33	73.93	-6.60
现企国家百户试点企业	139.74	124.38	15.36	110.19	101.22	8.97
现企省级试点企业	92.76	102.78	-10.02	66.35	71.44	-5.09
国家试点企业集团母公司	90.47	100.59	-10.12	57.53	66.50	-8.97

续表

指　　标	新产品销售收入与营业收入比率			研究开发费用与营业收入比率		
	2003年	2002年	增减幅度	2003年	2002年	增减幅度
总　　计	**8.00**	**7.21**	**0.79**	**1.12**	**1.13**	**-0.01**
按控股情况分						
国有及国有控股小计	7.92	6.75	1.17	1.22	1.23	-0.01
国有绝对控股	8.02	6.93	1.09	1.20	1.21	-0.01
国有相对控股	6.31	4.65	1.66	1.52	1.55	-0.03
集体控股小计				0.01	0.02	-0.01
其他	12.25	12.64	-0.39	0.94	0.75	0.19
按主营行业分						
工业小计	9.12	8.23	0.89	1.26	1.28	-0.02
采矿业	0.59	0.81	-0.22	0.74	0.94	-0.20
制造业	13.55	12.29	1.26	1.66	1.66	
电力、燃气及水的生产和供应业						
建筑业						
信息传输、计算机服务和软件业	32.09	31.85	0.24	5.88	3.44	2.44
批发和零售业				0.19	0.14	0.05
房地产业	0.03	1.78	-1.75	0.18	0.23	-0.05
租赁和商务服务业						
按登记注册类型分						
国有企业	6.77	5.62	1.15	1.80	1.17	0.63
公司制企业小计	8.29	7.62	0.67	0.96	1.12	-0.16
国有独资企业	8.34	7.46	0.88	0.69	0.85	-0.16
其他有限责任公司	9.97	8.46	1.51	1.28	1.47	-0.19
股份有限公司	2.21	2.32	-0.11	0.70	0.89	-0.19
中外合资企业	46.18	46.01	0.17	1.82	1.46	0.36
港澳台合资企业	9.24	8.46	0.78	0.69	0.65	0.04
按企业规模分						
大型	7.42	6.49	0.93	1.23	1.20	0.03
中型	10.18	9.70	0.48	0.79	0.96	-0.17
小型						
其他						
按三次产业分						
第二产业	9.04	8.17	0.87	1.24	1.27	-0.03
第三产业	0.10	0.66	-0.56	0.20	0.17	0.03
按重点企业类型分						
中央企业	7.33	6.23	1.10	3.10	1.85	1.25
520户国家重点企业	6.94	5.89	1.05	2.94	1.76	1.18
原512户国家重点企业	42.60	49.79	-7.19	1.80	3.16	-1.36
省级重点企业	8.58	7.84	0.74	0.89	1.06	-0.17
现企国家百户试点企业	4.10	2.62	1.48	4.12	2.15	1.97
现企省级试点企业	29.68	22.65	7.03	2.26	2.51	-0.25
国家试点企业集团母公司	21.30	21.55	-0.25	0.64	1.65	-1.01

续表

指　标	研究开发费用与主营业务收入比率			资本保值增值率
	2003年	2002年	增减幅度	2003年
总　计	**1.14**	**1.15**	**-0.01**	**118.29**
按控股情况分				
国有及国有控股小计	1.25	1.25		117.44
国有绝对控股	1.23	1.23		119.24
国有相对控股	1.60	1.61	-0.01	93.33
集体控股小计	0.01	0.02	-0.01	114.94
其他	0.95	0.76	0.19	123.91
按主营行业分				
工业小计	1.28	1.30	-0.02	119.91
采矿业	0.78	0.99	-0.21	137.76
制造业	1.68	1.68		117.09
电力、燃气及水的生产和供应业				102.46
建筑业				105.36
信息传输、计算机服务和软件业	7.63	6.69	0.94	120.12
批发和零售业	0.19	0.14	0.05	99.73
房地产业	0.18	0.23	-0.05	133.63
租赁和商务服务业				106.60
按登记注册类型分				
国有企业	1.84	1.18	0.66	121.07
公司制企业小计	0.98	1.14	-0.16	117.82
国有独资企业	0.69	0.86	-0.17	114.94
其他有限责任公司	1.29	1.48	-0.19	113.21
股份有限公司	0.73	0.93	-0.20	126.05
中外合资企业	1.82	1.47	0.35	141.66
港澳台合资企业	0.69	0.65	0.04	100.40
按企业规模分				
大型	1.25	1.22	0.03	125.83
中型	0.80	0.98	-0.18	103.61
小型				-88.70
其他				106.60
按三次产业分				
第二产业	1.27	1.29	-0.02	119.08
第三产业	0.20	0.17	0.03	110.23
按重点企业类型分				
中央企业	3.19	1.85	1.34	107.75
520户国家重点企业	3.05	1.77	1.28	119.26
原512户国家重点企业	1.84	3.23	-1.39	104.56
省级重点企业	0.90	1.08	-0.18	118.69
现企国家百户试点企业	4.12	2.15	1.97	107.02
现企省级试点企业	2.30	2.54	-0.24	96.12
国家试点企业集团母公司	0.69	1.67	-0.98	102.72

陕西省优势(重点)企业分行业注册资本情况

(2003年)

单位:万元

指标	企业单位数(个)		资本合计		国家资本	
	单位数	比重(%)	资本额	比重(%)	资本额	比重(%)
总计	**60**	**100.0**	**2773277**	**100.0**	**1280227**	**46.2**
煤炭开采和洗选业	1	1.7	56535	2.0	56535	100.0
石油和天然气开采业	1	1.7				
有色金属矿采选业	1	1.7	102439	3.7	102439	100.0
农副食品加工业	1	1.7	8100	0.3	4320	53.3
饮料制造业	2	3.3	32502	1.2		
烟草制品业	1	1.7	50932	1.8	50932	100.0
纺织业	3	5.0	28848	1.0	23925	82.9
印刷业和记录媒介的复制业	1	1.7	36066	1.3	36066	100.0
石油加工、炼焦及核燃料加工业	2	3.3	42963	1.5	42963	100.0
化学原料及化学制品制造业	4	6.7	142870	5.2	130870	91.6
医药制造业	4	6.7	207021	7.5	10230	4.9
非金属矿物制品业	1	1.7	41300	1.5		
黑色金属冶炼及压延加工业	3	5.0	150050	5.4	9118	6.1
通用设备制造业	2	3.3	52849	1.9	32760	62.0
专用设备制造业	5	8.3	94577	3.4	29612	31.3
交通运输设备制造业	7	11.7	588295	21.2	73196	12.4
电气机械及器材制造业	1	1.7	149966	5.4	149966	100.0
通信设备、计算机及其他电子设备制造业	5	8.3	236804	8.5	176165	74.4
工艺品及其他制造业	1	1.7	28664	1.0		
电力、热力的生产和供应业	3	5.0	330000	11.9	54000	16.4
房屋和土木工程建筑业	1	1.7	100000	3.6	100000	100.0
计算机服务业	1	1.7	8733	0.3	1405	16.1
批发业	4	6.7	54490	2.0	6129	11.2
零售业	3	5.0	49273	1.8	9596	19.5
房地产业	1	1.7	150000	5.4	150000	100.0
商务服务业	1	1.7	30000	1.1	30000	100.0

续表

指　标	集体资本		法人资本		个人资本		外商资本	
	资本额	比重(%)	资本额	比重(%)	资本额	比重(%)	资本额	比重(%)
总　计	**45451**	**1.6**	**1086976**	**39.2**	**216939**	**7.8**	**143684**	**5.2**
煤炭开采和洗选业								
石油和天然气开采业								
有色金属矿采选业								
农副食品加工业			3780	46.7				
饮料制造业			32502	100.0				
烟草制品业								
纺织业			2873	10.0	2050	7.1		
印刷业和记录媒介的复制业								
石油加工、炼焦及核燃料加工业								
化学原料及化学制品制造业			10510	7.4	1490	1.0		
医药制造业			35907	17.3	109000	52.7	51884	25.1
非金属矿物制品业			27300	66.1	14000	33.9		
黑色金属冶炼及压延加工业	11588	7.7	116034	77.3	13310	8.9		
通用设备制造业			20089	38.0				
专用设备制造业			55848	59.1	9117	9.6		
交通运输设备制造业	99		510443	86.8	4557	0.8		
电气机械及器材制造业								
通信设备、计算机及其他电子设备制造业			53799	22.7	6840	2.9		
工艺品及其他制造业	28664	100.0						
电力、热力的生产和供应业			184200	55.8			91800	27.8
房屋和土木工程建筑业								
计算机服务业			3578	41.0	3750	42.9		
批发业	5100	9.4	19726	36.2	23535	43.2		
零售业			103787	21.1	29290	59.4		
房地产业								
商务服务业								

陕西省优势(重点)企业分行业主要财务指标

单位:万元

指标	资产总计			固定资产原价		
	2003年	2002年	增减幅度(%)	2003年	2002年	增减幅度(%)
总 计	**21814140**	**18534729**	**17.7**	**14115205**	**12701118**	**11.1**
煤炭开采和洗选业	232865	138546	68.1	218824	116703	87.5
石油和天然气开采业	3658656	2822098	29.6	3998159	3308700	20.8
有色金属矿采选业	865661	765968	13.0	531512	431939	23.1
农副食品加工业	26164	23809	9.9	10897	11173	-2.5
饮料制造业	95483	93873	1.7	49667	47655	4.2
烟草制品业	296798	252454	17.6	117161	105037	11.5
纺织业	162066	163503	-0.9	139340	129331	7.7
印刷业和记录媒介的复制业	86061	73130	17.7	70779	62732	12.8
石油加工、炼焦及核燃料加工业	1340360	973613	37.7	1496077	1151132	30.0
化学原料及化学制品制造业	640303	603938	6.0	561800	565477	-0.7
医药制造业	1522406	1136165	34.0	430682	468631	-8.1
非金属矿物制品业	156283	129559	20.6	117154	108958	7.5
黑色金属冶炼及压延加工业	509289	355990	43.1	193102	172240	12.1
通用设备制造业	376194	272933	37.8	111930	106888	4.7
专用设备制造业	545452	511740	6.6	320898	320369	0.2
交通运输设备制造业	2394410	1900826	26.0	660930	576398	14.7
电气机械及器材制造业	781043	681669	14.6	307047	289801	6.0
通信设备、计算机及其他电子设备制造业	1338284	1271037	5.3	712712	700576	1.7
工艺品及其他制造业	224734	237509	-5.4	58477	55961	4.5
电力、热力的生产和供应业	2990787	3027424	-1.2	2911638	2785540	4.5
房屋和土木工程建筑业	1263398	1202333	5.1	598387	720344	-16.9
计算机服务业	59346	49070	20.9	4119	4061	1.4
批发业	566910	512551	10.6	123299	106992	15.2
零售业	289927	271205	6.9	160580	155915	3.0
房地产业	1082219	816148	32.6	69488	93848	-26.0
商务服务业	309041	247638	24.8	140546	104717	34.2

续表

指　标	累计折旧			本年折旧		
	2003年	2002年	增减幅度（%）	2003年	2002年	增减幅度（%）
总　计	**4792363**	**4044397**	**18.5**	**785487**	**752114**	**4.4**
煤炭开采和洗选业	73850	42527	73.7	6523	3695	76.5
石油和天然气开采业	1198120	965602	24.1	308827	251125	23.0
有色金属矿采选业	224337	190071	18.0	34267	18057	89.8
农副食品加工业	2619	2047	27.9	572	253	126.1
饮料制造业	23268	20580	13.1	2689	2794	-3.8
烟草制品业	66865	58172	14.9	8643	6782	27.4
纺织业	77487	72019	7.6	3353	5956	-43.7
印刷业和记录媒介的复制业	34596	30368	13.9	5040	3672	37.3
石油加工、炼焦及核燃料加工业	631343	451245	39.9	181847	119715	51.9
化学原料及化学制品制造业	134635	116385	15.7	22208	21012	5.7
医药制造业	73176	55205	32.6	12196	10821	12.7
非金属矿物制品业	39511	33755	17.1	5757	6349	-9.3
黑色金属冶炼及压延加工业	52634	46833	12.4	6149	8363	-26.5
通用设备制造业	47302	45212	4.6	5505	3927	40.2
专用设备制造业	84841	112322	-24.5	8546	9453	-9.6
交通运输设备制造业	264272	254149	4.0	33626	32299	4.1
电气机械及器材制造业	143563	136578	5.1	14932	13006	14.8
通信设备、计算机及其他电子设备制造业	329143	307997	6.9	21488	19441	10.5
工艺品及其他制造业	10235	8129	25.9	2106	1239	70.0
电力、热力的生产和供应业	1038497	876791	18.4	67909	66734	1.8
房屋和土木工程建筑业	138444	128083	8.1	10361	128083	-91.9
计算机服务业	965	773	24.8	192	150	28.0
批发业	25248	18346	37.6	6902	3801	81.6
零售业	26623	22848	16.5	7570	6294	20.3
房地产业	15184	15500	-2.0	4747	6005	-20.9
商务服务业	35605	32860	8.4	3532	3088	14.4

续表

指　　标	无形资产			累计对外投资		
	2003年	2002年	增减幅度（%）	2003年	2002年	增减幅度（%）
总　　计	**846915**	**691467**	**22.5**	**765095**	**631828**	**21.1**
煤炭开采和洗选业	19317	231	8262.3	3162	2042	54.8
石油和天然气开采业	2891	2543	13.7			
有色金属矿采选业	13108	10781	21.6	14143	17080	－17.2
农副食品加工业	3080	3182	－3.2	600	600	
饮料制造业	3453	3536	－2.3	6214	5153	20.6
烟草制品业				2911	2941	－1.0
纺织业	6711	6884	－2.5	626	3198	－80.4
印刷业和记录媒介的复制业				1330	1330	
石油加工、炼焦及核燃料加工业				10715	8556	25.2
化学原料及化学制品制造业	29312	27380	7.1	22794	12634	80.4
医药制造业	304611	183332	66.2	165920	154288	7.5
非金属矿物制品业	15006	8556	75.4	6731	7853	－14.3
黑色金属冶炼及压延加工业	17892	19466	－8.1	6742	11843	－43.1
通用设备制造业	2149	3364	－36.1	4099	4099	
专用设备制造业	7196	5683	26.6	23584	9662	144.1
交通运输设备制造业	144874	147782	－2.0	183218	165929	10.4
电气机械及器材制造业	110852	113161	－2.0	15990	18228	－12.3
通信设备、计算机及其他电子设备制造业	55650	65297	－14.8	30153	24638	22.4
工艺品及其他制造业	11244	12021	－6.5			
电力、热力的生产和供应业	18570	19666	－5.6	34300	34200	0.3
房屋和土木工程建筑业	4					
计算机服务业	236	241	－2.1	31429	3699	749.7
批发业	45277	22663	99.8	67415	28849	133.7
零售业	17559	20329	－13.6	33990	22535	50.8
房地产业	586	9115	－93.6	67204	40677	65.2
商务服务业	17337	6254	177.2	31825	51794	－38.6

续表

指标	本年对外投资			长期投资		
	2003年	2002年	增减幅度(%)	2003年	2002年	增减幅度(%)
总计	**193976**	**90949**	**113.3**	**1028409**	**951816**	**8.0**
煤炭开采和洗选业	1120	672	66.7	3162	2042	54.8
石油和天然气开采业				678	1152	-41.1
有色金属矿采选业				17033	17080	-0.3
农副食品加工业				600	600	
饮料制造业	1061	1320	-19.6	6214	5153	20.6
烟草制品业				2911	2941	-1.0
纺织业				6252	8824	-29.1
印刷业和记录媒介的复制业				1330	1330	
石油加工、炼焦及核燃料加工业	2159	2393	-9.8	1003	6	16616.7
化学原料及化学制品制造业	10088	1307	671.8	44808	20556	118.0
医药制造业	11632	2048	468.0	83857	56240	49.1
非金属矿物制品业		2995		7069	7853	-10.0
黑色金属冶炼及压延加工业		5505		13727	11495	19.4
通用设备制造业				7474	8748	-14.6
专用设备制造业	23112	706	3173.7	20355	15831	28.6
交通运输设备制造业	21773	12808	70.0	242452	224771	7.9
电气机械及器材制造业		3583		16005	18553	-13.7
通信设备、计算机及其他电子设备制造业	7532	2460	206.2	104688	95174	10.0
工艺品及其他制造业				8	7500	-99.9
电力、热力的生产和供应业	34300	34200	0.3	192807	233340	-17.4
房屋和土木工程建筑业				30291	32360	-6.4
计算机服务业	15159			31448	24232	29.8
批发业	38566	11838	225.8	86003	50071	71.8
零售业	20495	9114	124.9	28753	13493	113.1
房地产业	6979			47656	40677	17.2
商务服务业				31825	51794	-38.6

续表

指　　标	短期投资			存货		
	2003年	2002年	增减幅度（%）	2003年	2002年	增减幅度（%）
总　　计	**131593**	**83914**	**56.8**	**2403399**	**2070724**	**16.1**
煤炭开采和洗选业				10314	9850	4.7
石油和天然气开采业				59693	56299	6.0
有色金属矿采选业	52394	23103	126.8	127981	123298	3.8
农副食品加工业				4025	5914	-31.9
饮料制造业				18566	14893	24.7
烟草制品业				131301	106823	22.9
纺织业				31815	27971	13.7
印刷业和记录媒介的复制业				8608	4629	86.0
石油加工、炼焦及核燃料加工业				97929	75785	29.2
化学原料及化学制品制造业				33768	29304	15.2
医药制造业	23040	20000	15.2	185097	222493	-16.8
非金属矿物制品业	187	117	59.8	16176	12226	32.3
黑色金属冶炼及压延加工业	30	5505	-99.5	51570	38578	33.7
通用设备制造业				55850	52087	7.2
专用设备制造业	22620	8207	175.6	68525	56740	20.8
交通运输设备制造业	1400	2000	-30.0	498270	450610	10.6
电气机械及器材制造业	18947	13255	42.9	153214	124395	23.2
通信设备、计算机及其他电子设备制造业	7258	1561	365.0	143606	111541	28.7
工艺品及其他制造业				16013	18385	-12.9
电力、热力的生产和供应业				10766	6874	56.6
房屋和土木工程建筑业				5109	2825	80.8
计算机服务业	1	111	-99.1	120	1301	-90.8
批发业	261	178	46.6	80619	70714	14.0
零售业	5237	9042	-42.1	36963	40113	-7.9
房地产业	184	734	-74.9	546223	396510	37.8
商务服务业	34	101	-66.3	11278	10566	6.7

续表

指　标	流动资产年平均余额			应收账款		
	2003年	2002年	增减幅度(%)	2003年	2002年	增减幅度(%)
总　计	**7982987**	**6799346**	**17.4**	**1386384**	**1287096**	**7.7**
煤炭开采和洗选业	59095	48485	21.9	14437	17114	-15.6
石油和天然气开采业	610367	429040	42.3	16579	17733	-6.5
有色金属矿采选业	412171	381017	8.2	51228	63953	-19.9
农副食品加工业	10706	10567	1.3	2238	2685	-16.6
饮料制造业	37922	35674	6.3	3670	5964	-38.5
烟草制品业	228560	177585	28.7	55187	52973	4.2
纺织业	75218	74955	0.4	6872	7048	-2.5
印刷业和记录媒介的复制业	45251	43912	3.0	425	185	129.7
石油加工、炼焦及核燃料加工业	305857	202177	51.3	40603	47469	-14.5
化学原料及化学制品制造业	117201	88735	32.1	16917	14923	13.4
医药制造业	431378	470986	-8.4	144695	81382	77.8
非金属矿物制品业	44610	37170	20.0	17232	14045	22.7
黑色金属冶炼及压延加工业	219537	138650	58.3	41666	29187	42.8
通用设备制造业	233970	148772	57.3	39865	34781	14.6
专用设备制造业	240724	231221	4.1	54482	68246	-20.2
交通运输设备制造业	1212118	1000256	21.2	391120	259491	50.7
电气机械及器材制造业	420784	367032	14.6	127861	110287	15.9
通信设备、计算机及其他电子设备制造业	803965	721776	11.4	169237	212204	-20.2
工艺品及其他制造业	141785	136411	3.9	14611	20662	-29.3
电力、热力的生产和供应业	779159	712906	9.3	109785	132337	-17.0
房屋和土木工程建筑业	229063	306833	-25.3		14	
计算机服务业	23781	25918	-8.2	2059	1448	42.2
批发业	286762	248682	15.3	27682	39014	-29.0
零售业	96793	92467	4.7	2995	2840	5.5
房地产业	819012	587150	39.5	25742	42100	-38.9
商务服务业	97198	80969	20.0	9196	9011	2.1

续表

指 标	负债合计			流动负债		
	2003 年	2002 年	增减幅度（%）	2003 年	2002 年	增减幅度（%）
总 计	**12449731**	**10618289**	**17.2**	**8108505**	**6319786**	**28.3**
煤炭开采和洗选业	68927	65746	4.8	58020	37313	55.5
石油和天然气开采业	1539965	1312533	17.3	582591	368361	58.2
有色金属矿采选业	530603	448188	18.4	339145	285698	18.7
农副食品加工业	15215	13482	12.9	9662	8928	8.2
饮料制造业	49819	45110	10.4	46914	37746	24.3
烟草制品业	158031	133607	18.3	158031	133607	18.3
纺织业	73608	75473	-2.5	56514	50879	11.1
印刷业和记录媒介的复制业	28822	21646	33.2	18266	12228	49.4
石油加工、炼焦及核燃料加工业	862596	659620	30.8	748397	500942	49.4
化学原料及化学制品制造业	553288	526006	5.2	126327	102950	22.7
医药制造业	628412	478284	31.4	463154	378037	22.5
非金属矿物制品业	74599	55083	35.4	59737	46448	28.6
黑色金属冶炼及压延加工业	369711	224896	64.4	279376	149935	86.3
通用设备制造业	261526	164311	59.2	250292	152345	64.3
专用设备制造业	305048	288089	5.9	229878	212323	8.3
交通运输设备制造业	1648321	1256532	31.2	1358468	933765	45.5
电气机械及器材制造业	511482	419255	22.0	465113	364867	27.5
通信设备、计算机及其他电子设备制造业	724580	694151	4.4	623236	579564	7.5
工艺品及其他制造业	103073	101465	1.6	102900	101269	1.6
电力、热力的生产和供应业	1583356	1653739	-4.3	815548	910397	-10.4
房屋和土木工程建筑业	828141	789201	4.9	132720	18163	630.7
计算机服务业	41270	34022	21.3	38270	34022	12.5
批发业	357105	294795	21.1	319250	263740	21.0
零售业	112240	100421	11.8	91200	80090	13.9
房地产业	833847	630278	32.3	633376	464033	36.5
商务服务业	186146	132356	40.6	102120	92136	10.8

续表

指　标	股东(所有者)权益合计			股本(实收资本)		
	2003 年	2002 年	增减幅度(%)	2003 年	2002 年	增减幅度(%)
总　计	**9364409**	**7916440**	**18.3**	**3524798**	**3280128**	**7.5**
煤炭开采和洗选业	163938	72800	125.2	161106	56512	185.1
石油和天然气开采业	2118691	1509565	40.4			
有色金属矿采选业	335058	317780	5.4	158113	101256	56.2
农副食品加工业	10949	10327	6.0	8100	8100	
饮料制造业	45664	48763	-6.4	32502	32502	
烟草制品业	138767	118847	16.8	69284	61284	13.1
纺织业	88458	88030	0.5	28848	31165	-7.4
印刷业和记录媒介的复制业	57239	51484	11.2	36066	34806	3.6
石油加工、炼焦及核燃料加工业	477764	313993	52.2	142210	137185	3.7
化学原料及化学制品制造业	87015	77932	11.7	152764	150566	1.5
医药制造业	893994	657881	35.9	210022	210022	
非金属矿物制品业	81684	74476	9.7	41300	41300	
黑色金属冶炼及压延加工业	139578	131094	6.5	97234	91455	6.3
通用设备制造业	114668	108622	5.6	69533	73651	-5.6
专用设备制造业	240404	223651	7.5	94123	94123	
交通运输设备制造业	746089	644294	15.8	594148	526293	12.9
电气机械及器材制造业	269561	262414	2.7	149966	149966	
通信设备、计算机及其他电子设备制造业	613704	576886	6.4	198403	198866	-0.2
工艺品及其他制造业	121661	136044	-10.6	28664	28664	
电力、热力的生产和供应业	1407431	1373685	2.5	817479	817479	
房屋和土木工程建筑业	435257	413132	5.4	100000	100000	
计算机服务业	18076	15048	20.1	8733	8733	
批发业	209805	217756	-3.7	54490	54490	
零售业	177687	170784	4.0	49273	49273	
房地产业	248372	185870	33.6	150000	150000	
商务服务业	122895	115282	6.6	72437	72437	

续表

指　标	营业收入			主营业务收入		
	2003年	2002年	增减幅度（%）	2003年	2002年	增减幅度（%）
总　计	**11556418**	**8987168**	**28.6**	**11356746**	**8851567**	**28.3**
煤炭开采和洗选业	67094	57476	16.7	57971	48739	18.9
石油和天然气开采业	1624015	1190589	36.4	1538541	1130303	36.1
有色金属矿采选业	437356	356044	22.8	433273	354739	22.1
农副食品加工业	33231	26527	25.3	33175	26511	25.1
饮料制造业	135406	100326	35.0	135406	100326	35.0
烟草制品业	224925	218175	3.1	224908	218154	3.1
纺织业	116261	104942	10.8	116261	104938	10.8
印刷业和记录媒介的复制业	68392	69302	－1.3	68392	69302	－1.3
石油加工、炼焦及核燃料加工业	1517865	1027755	47.7	1516521	1025296	47.9
化学原料及化学制品制造业	168705	153196	10.1	165980	147141	12.8
医药制造业	864106	615460	40.4	863172	613477	40.7
非金属矿物制品业	54716	50165	9.1	54716	50149	9.1
黑色金属冶炼及压延加工业	349876	149117	134.6	336082	141112	138.2
通用设备制造业	182052	106835	70.4	181800	106835	70.2
专用设备制造业	328268	250373	31.1	323779	247218	31.0
交通运输设备制造业	1266284	922826	37.2	1250401	911528	37.2
电气机械及器材制造业	410603	292669	40.3	377527	289843	30.3
通信设备、计算机及其他电子设备制造业	979237	983503	－0.4	958764	965256	－0.7
工艺品及其他制造业	21408	31645	－32.3	21408	31601	－32.3
电力、热力的生产和供应业	1279578	1074432	19.1	1279158	1073769	19.1
房屋和土木工程建筑业	84093	55078	52.7	83690	53839	55.4
计算机服务业	3740	8728	－57.1	2885	4481	－35.6
批发业	703760	541645	29.9	702616	540047	30.1
零售业	239987	242266	－0.9	234860	238869	－1.7
房地产业	344042	270354	27.3	344042	270354	27.3
商务服务业	51418	87740	－41.4	51418	87740	－41.4

续表

指 标	主营业务成本			主营业务税金及附加		
	2003年	2002年	增减幅度(%)	2003年	2002年	增减幅度(%)
总 计	**8337452**	**6553249**	**27.2**	**277444**	**247769**	**12.0**
煤炭开采和洗选业	45107	35788	26.0	620	539	15.0
石油和天然气开采业	703989	588503	19.6	26254	20813	26.1
有色金属矿采选业	273388	264570	3.3	1947	2415	-19.4
农副食品加工业	31732	24705	28.4	131	201	-34.8
饮料制造业	92291	64740	42.6	9432	8565	10.1
烟草制品业	90038	83461	7.9	88916	87099	2.1
纺织业	100581	85389	17.8	1874	600	212.3
印刷业和记录媒介的复制业	38748	42367	-8.5	644	631	2.1
石油加工、炼焦及核燃料加工业	1164703	819557	42.1	90132	75840	18.8
化学原料及化学制品制造业	134843	125740	7.2	997	801	24.5
医药制造业	513018	304251	68.6	13254	11165	18.7
非金属矿物制品业	32524	29869	8.9	524	438	19.6
黑色金属冶炼及压延加工业	292217	113579	157.3	1461	870	67.9
通用设备制造业	127332	79602	60.0	3383	757	346.9
专用设备制造业	246818	186601	32.3	1904	2893	-34.2
交通运输设备制造业	1016352	731111	39.0	1905	2601	-26.8
电气机械及器材制造业	285048	216244	31.8	2029	1382	46.8
通信设备、计算机及其他电子设备制造业	791099	782071	1.2	6586	8231	-20.0
工艺品及其他制造业	14165	20694	-31.6	448	646	-30.7
电力、热力的生产和供应业	1181328	986598	19.7	5890	5249	12.2
房屋和土木工程建筑业	52631	30416	73.0	2654	308	761.7
计算机服务业	2498	4044	-38.2	67	19	252.6
批发业	603984	463094	30.4	3163	2954	7.1
零售业	197688	205795	-3.9	1327	890	49.1
房地产业	275560	212618	29.6	10960	10084	8.7
商务服务业	29770	51842	-42.6	942	1778	-47.0

续表

指　标	其他业务收入			新产品销售收入		
	2003年	2002年	增减幅度（%）	2003年	2002年	增减幅度（%）
总　计	**199672**	**135601**	**47.2**	**924802**	**647878**	**42.7**
煤炭开采和洗选业	9123	8737	4.4			
石油和天然气开采业	85474	60286	41.8			
有色金属矿采选业	4083	1305	212.9	12566	13001	-3.3
农副食品加工业	56	16	250.0			
饮料制造业				2081	1896	9.8
烟草制品业	17	21	-19.0	17466	15984	9.3
纺织业		4		8551	7321	16.8
印刷业和记录媒介的复制业						
石油加工、炼焦及核燃料加工业	1344	2459	-45.3			
化学原料及化学制品制造业	2725	6055	-55.0			
医药制造业	934	1983	-52.9	138459	123252	12.3
非金属矿物制品业		16				
黑色金属冶炼及压延加工业	13794	8005	72.3	17628	6603	167.0
通用设备制造业	252			83714	34989	139.3
专用设备制造业	4489	3155	42.3	99164	82149	20.7
交通运输设备制造业	15883	11298	40.6	379365	234134	62.0
电气机械及器材制造业	33076	2826	1070.4	87461	63075	38.7
通信设备、计算机及其他电子设备制造业	20473	18247	12.2	77032	57887	33.1
工艺品及其他制造业		44				
电力、热力的生产和供应业	420	663	-36.7			
房屋和土木工程建筑业	403	1239	-67.5			
计算机服务业	855	4247	-79.9	1200	2780	-56.8
批发业	1144	1598	-28.4			
零售业	5127	3397	50.9			
房地产业				115	4807	-97.6
商务服务业						

续表

指　　标	出口销售总额			营业、管理、财务等费用合计		
	2003 年	2002 年	增减幅度(%)	2003 年	2002 年	增减幅度(%)
总　计	**362692**	**282690**	**28.3**	**1420988**	**1211209**	**17.3**
煤炭开采和洗选业				15125	11964	26.4
石油和天然气开采业				132498	109321	21.2
有色金属矿采选业	24317	12003	102.6	95160	70554	34.9
农副食品加工业				1386	1629	-14.9
饮料制造业	22			23758	19772	20.2
烟草制品业	1236	324	281.5	26472	30929	-14.4
纺织业	23147	27565	-16.0	12451	14588	-14.6
印刷业和记录媒介的复制业	61			10303	9276	11.1
石油加工、炼焦及核燃料加工业				69741	61744	13.0
化学原料及化学制品制造业				33178	29701	11.7
医药制造业	4162	4380	-5.0	185790	191682	-3.1
非金属矿物制品业				14794	12818	15.4
黑色金属冶炼及压延加工业	163	505	-67.7	31445	18888	66.5
通用设备制造业	1082	697	55.2	31722	24165	31.3
专用设备制造业	44537	15277	191.5	52873	48521	9.0
交通运输设备制造业	50228	31983	57.0	172924	146004	18.4
电气机械及器材制造业	75304	35738	110.7	88130	69700	26.4
通信设备、计算机及其他电子设备制造业	129539	142682	-9.2	118051	111677	5.7
工艺品及其他制造业				6916	6584	5.0
电力、热力的生产和供应业				59564	57971	2.7
房屋和土木工程建筑业				26799	23183	15.6
计算机服务业				1674	2880	-41.9
批发业	4361	6219	-29.9	107115	46833	128.7
零售业				29997	24980	20.1
房地产业	4533	5317	-14.7	43839	38543	13.7
商务服务业				29283	27302	7.3

续表

指标	税金			劳动、待业保险费		
	2003年	2002年	增减幅度（%）	2003年	2002年	增减幅度（%）
总计	**32551**	**26518**	**22.8**	**82366**	**69149**	**19.1**
煤炭开采和洗选业	273	293	-6.8	3352	2603	28.8
石油和天然气开采业	13844	10056	37.7	292	646	-54.8
有色金属矿采选业	1704	1501	13.5	6747	7004	-3.7
农副食品加工业	151	180	-16.1			
饮料制造业	122	144	-15.3	415	335	23.9
烟草制品业	338	381	-11.3	1900	2057	-7.6
纺织业	369	455	-18.9	4362	4488	-2.8
印刷业和记录媒介的复制业	157	157		121	120	0.8
石油加工、炼焦及核燃料加工业	1609	1414	13.8	3278	3554	-7.8
化学原料及化学制品制造业	1426	1219	17.0	1559	1835	-15.0
医药制造业	410	321	27.7	486	569	-14.6
非金属矿物制品业	136	199	-31.7	866	764	13.4
黑色金属冶炼及压延加工业	1020	559	82.5	1095	704	55.5
通用设备制造业	424	462	-8.2	169	1601	-89.4
专用设备制造业	684	649	5.4	7367	6581	11.9
交通运输设备制造业	1907	2124	-10.2	27132	16515	64.3
电气机械及器材制造业	1845	1309	40.9	630	490	28.6
通信设备、计算机及其他电子设备制造业	2252	2089	7.8	2878	3301	-12.8
工艺品及其他制造业	221	319	-30.7	14	13	7.7
电力、热力的生产和供应业	315	315		14287	11920	19.9
房屋和土木工程建筑业	397			53		
计算机服务业	29	35	-17.1	34	27	25.9
批发业	877	860	2.0	369	273	35.2
零售业	1195	1091	9.5	3758	1646	128.3
房地产业	846	386	119.2	470	255	84.3
商务服务业				732	1848	-60.4

续表

指　标	职工教育费			广告费		
	2003年	2002年	增减幅度（%）	2003年	2002年	增减幅度（%）
总　计	**5493**	**4529**	**21.3**	**49602**	**49186**	**0.8**
煤炭开采和洗选业	191	125	52.8	16	14	14.3
石油和天然气开采业	80	52	53.8			
有色金属矿采选业	447	410	9.0	16		
农副食品加工业	3	18	-83.3	42	64	-34.4
饮料制造业	51	47	8.5	1409	1329	6.0
烟草制品业	112	32	250.0	3346	2702	23.8
纺织业	17	13	30.8			
印刷业和记录媒介的复制业	109	100	9.0			
石油加工、炼焦及核燃料加工业	34	27	25.9	76	28	171.4
化学原料及化学制品制造业	159	133	19.5	10	33	-69.7
医药制造业	349	330	5.8	30443	34797	-12.5
非金属矿物制品业	66	5	1220.0	54	70	-22.9
黑色金属冶炼及压延加工业	93	65	43.1	207	16	1193.8
通用设备制造业	185	126	46.8	292	120	143.3
专用设备制造业	342	461	-25.8	598	597	0.2
交通运输设备制造业	1405	1139	23.4	2334	1156	101.9
电气机械及器材制造业	185	230	-19.6	152	381	-60.1
通信设备、计算机及其他电子设备制造业	111	152	-27.0	320	313	2.2
工艺品及其他制造业	6	6			2	
电力、热力的生产和供应业	1096	743	47.5	15		
房屋和土木工程建筑业	44					
计算机服务业	4	4		54	38	42.1
批发业	219	197	11.2	338	240	40.8
零售业	71	51	39.2	670	-32	-2193.8
房地产业	114	63	81.0	9210	7318	25.9
商务服务业						

续表

指　标	利息支出			营业外收入		
	2003年	2002年	增减幅度（%）	2003年	2002年	增减幅度（%）
总　计	**233713**	**250365**	**-6.7**	**26220**	**13723**	**91.1**
煤炭开采和洗选业	739	731	1.1	527	785	-32.9
石油和天然气开采业	33870	43104	-21.4	143	21	581.0
有色金属矿采选业	9653	9675	-0.2	600	493	21.7
农副食品加工业	252	368	-31.5	69		
饮料制造业	873	590	48.0	950	64	1384.4
烟草制品业	4964	5311	-6.5	17	21	-19.0
纺织业	1706	1522	12.1	39	8	387.5
印刷业和记录媒介的复制业	-432	-300		17	10	70.0
石油加工、炼焦及核燃料加工业	16705	18713	-10.7	540	247	118.6
化学原料及化学制品制造业	10614	10560	0.5	3622	233	1454.5
医药制造业	5952	8857	-32.8	10439	1246	737.8
非金属矿物制品业	2212	1876	17.9	75	33	127.3
黑色金属冶炼及压延加工业	7162	7904	-9.4	28	77	-63.6
通用设备制造业	1539	3093	-50.2	197	209	-5.7
专用设备制造业	7850	8407	-6.6	1586	658	141.0
交通运输设备制造业	26554	30031	-11.6	1795	1506	19.2
电气机械及器材制造业	7377	6788	8.7	685	1428	-52.0
通信设备、计算机及其他电子设备制造业	10493	11437	-8.3	3662	4698	-22.1
工艺品及其他制造业	1653	2972	-44.4	7	27	-74.1
电力、热力的生产和供应业	35698	38752	-7.9	923	349	164.5
房屋和土木工程建筑业	19987	18951	5.5	322	1048	-69.3
计算机服务业	1600	1504	6.4			
批发业	11143	7053	58.0	-2493	-128	
零售业	2652	3108	-14.7	1530	212	621.7
房地产业	6986	6366	9.7	592	206	187.4
商务服务业	5911	2992	97.6	348	272	27.9

续表

指　标	投资收益			利润总额		
	2003 年	2002 年	增减幅度（%）	2003 年	2002 年	增减幅度（%）
总　计	**47437**	**40178**	**18.1**	**1334774**	**927484**	**43.9**
煤炭开采和洗选业	-9	-27		24	1072	-97.8
石油和天然气开采业	-31	97		657757	418228	57.3
有色金属矿采选业	1503	1597	-5.9	34718	20966	65.6
农副食品加工业				51	48	6.3
饮料制造业	775	1324	-41.5	10286	9038	13.8
烟草制品业				19057	16887	12.9
纺织业	1585	29	5365.5	4431	4365	1.5
印刷业和记录媒介的复制业				18694	16238	15.1
石油加工、炼焦及核燃料加工业	3	59	-94.9	186535	66051	182.4
化学原料及化学制品制造业	1895	1208	56.9	993	-6951	
医药制造业	1653	2713	-39.1	117647	110563	6.4
非金属矿物制品业	-43	-37		7127	7113	0.2
黑色金属冶炼及压延加工业	583	-174		12416	7252	71.2
通用设备制造业	600	1554	-61.4	22123	6780	226.3
专用设备制造业	2906	1797	61.7	27364	14558	88.0
交通运输设备制造业	10913	5147	112.0	76442	42591	79.5
电气机械及器材制造业	1769	2379	-25.6	8238	8254	-0.2
通信设备、计算机及其他电子设备制造业	1926	1083	77.8	53146	53695	-1.0
工艺品及其他制造业				-13691	3841	
电力、热力的生产和供应业	16397	18043	-9.1	77821	75896	2.5
房屋和土木工程建筑业	1285	1277	0.6	3616	2670	35.4
计算机服务业	3507	-206		2858	1234	131.6
批发业	-1640	1543		-14722	17855	
零售业	1279	705	81.4	12969	11184	16.0
房地产业	581	67	767.2	16495	11155	47.9
商务服务业				-7621	6901	

续表

指　　标	应交所得税			应交增值税		
	2003年	2002年	增减幅度（%）	2003年	2002年	增减幅度（%）
总　　计	**229766**	**168347**	**36.5**	**528143**	**438598**	**20.4**
煤炭开采和洗选业				4743	3824	24.0
石油和天然气开采业	98664	61694	59.9	101139	53344	89.6
有色金属矿采选业	4400	2403	83.1	18261	15092	21.0
农副食品加工业	17	15	13.3	-4	108	
饮料制造业	2975	2290	29.9	8257	7638	8.1
烟草制品业	6315	5457	15.7	20640	20696	-0.3
纺织业	164	157	4.5	5980	5941	0.7
印刷业和记录媒介的复制业	5658	5658		6441	6319	1.9
石油加工、炼焦及核燃料加工业	27340	21343	28.1	66882	46047	45.2
化学原料及化学制品制造业	37			10213	11491	-11.1
医药制造业	19931	24205	-17.7	45744	44877	1.9
非金属矿物制品业	1063	2570	-58.6	4478	4968	-9.9
黑色金属冶炼及压延加工业	919	843	9.0	17191	10441	64.6
通用设备制造业	5223	1779	193.6	13479	7075	90.5
专用设备制造业	1980	1629	21.5	12348	11419	8.1
交通运输设备制造业	8746	1841	375.1	28175	28108	0.2
电气机械及器材制造业	3364	1717	95.9	16095	10998	46.3
通信设备、计算机及其他电子设备制造业	18450	14208	29.9	36263	49257	-26.4
工艺品及其他制造业	526	908	-42.1	1632	1815	-10.1
电力、热力的生产和供应业	6772	6012	12.6	93042	88225	5.5
房屋和土木工程建筑业	1479	174	750.0	82		
计算机服务业		255		403	68	492.6
批发业	4619	3734	23.7	7486	3623	106.6
零售业	4299	3332	29.0	6719	6453	4.1
房地产业	6825	6123	11.5	2454	771	218.3
商务服务业						

续表

指　　标	税金合计			固定资产投资完成额		
	2003年	2002年	增减幅度(%)	2003年	2002年	增减幅度(%)
总　　计	**1067904**	**881232**	**21.2**	**2154811**	**1577057**	**36.6**
煤炭开采和洗选业	5636	4656	21.0	18649	13473	38.4
石油和天然气开采业	239901	145907	64.4	985558	708308	39.1
有色金属矿采选业	26312	21411	22.9	41681	40799	2.2
农副食品加工业	295	504	-41.5			
饮料制造业	20786	18637	11.5	1971	1676	17.6
烟草制品业	116209	113633	2.3	4101	4747	-13.6
纺织业	8387	7153	17.3	7348	3346	119.6
印刷业和记录媒介的复制业	12900	12765	1.1	12500	17833	-29.9
石油加工、炼焦及核燃料加工业	185963	144644	28.6	38665	6271	516.6
化学原料及化学制品制造业	12673	13511	-6.2	15447	4024	283.9
医药制造业	79339	80568	-1.5	39300	29853	31.6
非金属矿物制品业	6201	8175	-24.1	11725	1000	1072.5
黑色金属冶炼及压延加工业	20591	12713	62.0	50391	31338	60.8
通用设备制造业	22509	10073	123.5	17506	13417	30.5
专用设备制造业	16916	16590	2.0	21438	35993	-40.4
交通运输设备制造业	40733	34674	17.5	94116	98893	-4.8
电气机械及器材制造业	23333	15406	51.5	17010	18129	-6.2
通信设备、计算机及其他电子设备制造业	63551	73785	-13.9	40249	23467	71.5
工艺品及其他制造业	2827	3688	-23.3	4200	2281	84.1
电力、热力的生产和供应业	106019	99801	6.2	118838	108873	9.2
房屋和土木工程建筑业	4612	482	856.8	576112	358387	60.8
计算机服务业	499	377	32.4	58	417	-86.1
批发业	16145	11171	44.5	19478	26536	-26.6
零售业	13540	11766	15.1	16005	3271	389.3
房地产业	21085	17364	21.4	2465	24725	-90.0
商务服务业	942	1778	-47.0			

续表

指　　标	研究开发费用			增加值		
	2003年	2002年	增减幅度（%）	2003年	2002年	增减幅度（%）
总　　计	**129780**	**101750**	**27.5**	**3600631**	**2956536**	**21.8**
煤炭开采和洗选业	66	55	20.0	30331	23477	29.2
石油和天然气开采业	13930	13068	6.6	1134320	775175	46.3
有色金属矿采选业	1739	1985	－12.4	141195	98710	43.0
农副食品加工业				1290	1304	－1.1
饮料制造业	18	17	5.9	32205	29749	8.3
烟草制品业	206	498	－58.6	144501	138789	4.1
纺织业	2092	2235	－6.4	39397	40998	－3.9
印刷业和记录媒介的复制业	555	759	－26.9	38610	34452	12.1
石油加工、炼焦及核燃料加工业				588324	358802	64.0
化学原料及化学制品制造业	135	189	－28.6	49211	42885	14.8
医药制造业	10291	7831	31.4	210466	203247	3.6
非金属矿物制品业	64	24	166.7	25423	24945	1.9
黑色金属冶炼及压延加工业	409	513	－20.3	52554	36683	43.3
通用设备制造业	12149	8165	48.8	60699	30431	99.5
专用设备制造业	7856	7408	6.0	88072	72792	21.0
交通运输设备制造业	30244	25460	18.8	267546	224205	19.3
电气机械及器材制造业	2618	4834	－45.8	70507	58014	21.5
通信设备、计算机及其他电子设备制造业	44731	26656	67.8	185202	199559	－7.2
工艺品及其他制造业	38	62	－38.7	－8587	8540	－200.6
电力、热力的生产和供应业				323315	293941	10.0
房屋和土木工程建筑业				21029	132913	－84.2
计算机服务业	220	300	－26.7	267	1936	－86.2
批发业	1805	1061	70.1	18348	35296	－48.0
零售业				38877	33963	14.5
房地产业	614	630	－2.5	44254	36183	22.3
商务服务业				3273	19546	－83.3

续表

指　标	工业总产值合计			采矿业总产值		
	2003年	2002年	增减幅度（%）	2003年	2002年	增减幅度（%）
总　计	**8989436**	**7077662**	**27.0**	**1746910**	**1347943**	**29.6**
煤炭开采和洗选业	55637	46534	19.6	55637	46534	19.6
石油和天然气开采业	1518261	1141064	33.1	1518261	1141064	33.1
有色金属矿采选业	381659	341055	11.9	173012	160345	7.9
农副食品加工业	33689	26145	28.9			
饮料制造业	79878	75195	6.2			
烟草制品业	230305	185704	24.0			
纺织业	114446	98645	16.0			
印刷业和记录媒介的复制业	68535	69917	-2.0			
石油加工、炼焦及核燃料加工业	1836919	1257104	46.1			
化学原料及化学制品制造业	158448	146808	7.9			
医药制造业	537622	456091	17.9			
非金属矿物制品业	50864	48455	5.0			
黑色金属冶炼及压延加工业	321961	135733	137.2			
通用设备制造业	186844	111253	67.9			
专用设备制造业	301082	247698	21.6			
交通运输设备制造业	1166818	923136	26.4			
电气机械及器材制造业	378689	288488	31.3			
通信设备、计算机及其他电子设备制造业	979341	971443	0.8			
工艺品及其他制造业	38172	39065	-2.3			
电力、热力的生产和供应业	550266	462839	18.9			
房屋和土木工程建筑业						
计算机服务业		5290				
批发业						
零售业						
房地产业						
商务服务业						

续表

指　　标	制造业总产值			批发零售业商品销售总额		
	2003年	2002年	增减幅度（%）	2003年	2002年	增减幅度（%）
总　　计	**6692260**	**5266880**	**27.1**	**744335**	**633852**	**17.4**
煤炭开采和洗选业						
石油和天然气开采业						
有色金属矿采选业	208647	180710	15.5	13398	10470	28.0
农副食品加工业	33689	26145	28.9			
饮料制造业	79878	75195	6.2			
烟草制品业	230305	185704	24.0			
纺织业	114446	98645	16.0			
印刷业和记录媒介的复制业	68535	69917	-2.0			
石油加工、炼焦及核燃料加工业	1836919	1257104	46.1			
化学原料及化学制品制造业	158448	146808	7.9			
医药制造业	537622	456091	17.9			
非金属矿物制品业	50864	48455	5.0			
黑色金属冶炼及压延加工业	321961	135733	137.2			
通用设备制造业	186844	111253	67.9			
专用设备制造业	301082	247698	21.6			
交通运输设备制造业	1166818	923136	26.4			
电气机械及器材制造业	378689	288488	31.3			
通信设备、计算机及其他电子设备制造业	979341	971443	0.8			
工艺品及其他制造业	38172	39065	-2.3			
电力、热力的生产和供应业						
房屋和土木工程建筑业						
计算机服务业		5290				
批发业				467335	357861	30.6
零售业				263602	265521	-0.7
房地产业						
商务服务业						

陕西省优势(重点)企业分行业劳动工资指标

指　标	从业人员(人)			在岗职工(人)		
	2003 年	2002 年	增减幅度(%)	2003 年	2002 年	增减幅度(%)
总　计	**316847**	**310060**	**2.2**	**314009**	**308330**	**1.8**
煤炭开采和洗选业	15064	15461	-2.6	15064	15461	-2.6
石油和天然气开采业	11506	11506		11506	11506	
有色金属矿采选业	25609	26541	-3.5	25609	26541	-3.5
农副食品加工业	784	815	-3.8	784	815	-3.8
饮料制造业	2548	2496	2.1	2548	2496	2.1
烟草制品业	2041	2346	-13.0	2041	2346	-13.0
纺织业	18030	18410	-2.1	18019	18398	-2.1
印刷业和记录媒介的复制业	2034	2014	1.0	1922	1873	2.6
石油加工、炼焦及核燃料加工业	18516	18470	0.2	18461	18410	0.3
化学原料及化学制品制造业	10300	10600	-2.8	10299	10271	0.3
医药制造业	11725	8801	33.2	11725	8789	33.4
非金属矿物制品业	4472	3467	29.0	4472	3467	29.0
黑色金属冶炼及压延加工业	6345	5924	7.1	5917	5924	-0.1
通用设备制造业	7285	7238	0.6	7255	7188	0.9
专用设备制造业	16846	16442	2.5	16670	16306	2.2
交通运输设备制造业	53577	53108	0.9	52275	52378	-0.2
电气机械及器材制造业	13080	14156	-7.6	13040	14145	-7.8
通信设备、计算机及其他电子设备制造业	27138	26518	2.3	27138	26478	2.5
工艺品及其他制造业	614	617	-0.5	614	617	-0.5
电力、热力的生产和供应业	41130	39986	2.9	40968	39810	2.9
房屋和土木工程建筑业	3785	2512	50.7	3735	2512	48.7
计算机服务业	95	100	-5.0	95	100	-5.0
批发业	8073	6586	22.6	8011	6586	21.6
零售业	5581	5769	-3.3	5581	5769	-3.3
房地产业	4950	4527	9.3	4895	4522	8.2
商务服务业	5719	5650	1.2	5365	5622	-4.6

续表

指　　标	其他从业人员(人)			研究开发人员(人)		
	2003年	2002年	增减幅度(%)	2003年	2002年	增减幅度(%)
总　　计	**2838**	**1730**	**64.0**	**15477**	**17664**	**-12.4**
煤炭开采和洗选业				56	56	
石油和天然气开采业				493	473	4.2
有色金属矿采选业				681	666	2.3
农副食品加工业				43	43	
饮料制造业				15	15	
烟草制品业				42	32	31.3
纺织业	11	12	-8.3	107	106	0.9
印刷业和记录媒介的复制业	112	141	-20.6	40	40	
石油加工、炼焦及核燃料加工业	55	60	-8.3	25	30	-16.7
化学原料及化学制品制造业	1	329	-99.7	237	233	1.7
医药制造业		12		285	153	86.3
非金属矿物制品业				8	8	
黑色金属冶炼及压延加工业	428			116	185	-37.3
通用设备制造业	30	50	-40.0	823	832	-1.1
专用设备制造业	176	136	29.4	1384	1540	-10.1
交通运输设备制造业	1302	730	78.4	7033	8943	-21.4
电气机械及器材制造业	40	11	263.6	793	793	
通信设备、计算机及其他电子设备制造业		40		2730	2893	-5.6
工艺品及其他制造业				5	5	
电力、热力的生产和供应业	162	176	-8.0			
房屋和土木工程建筑业	50					
计算机服务业				20	23	-13.0
批发业	62			383	385	-0.5
零售业						
房地产业	55	5	1000.0	158	210	-24.8
商务服务业	354	28	1164.3			

续表

指　标	从业人员劳动报酬(万元)			在岗职工劳动报酬(万元)		
	2003年	2002年	增减幅度(%)	2003年	2002年	增减幅度(%)
总　计	**546420**	**473302**	**15.4**	**544395**	**471891**	**15.4**
煤炭开采和洗选业	13202	10525	25.4	13202	10525	25.4
石油和天然气开采业	22689	18173	24.9	22689	18173	24.9
有色金属矿采选业	39357	30832	27.6	39357	30832	27.6
农副食品加工业	395	443	-10.8	395	443	-10.8
饮料制造业	2353	2261	4.1	2353	2261	4.1
烟草制品业	4331	4231	2.4	4331	4231	2.4
纺织业	17805	16579	7.4	17792	16569	7.4
印刷业和记录媒介的复制业	6508	6336	2.7	6385	6181	3.3
石油加工、炼焦及核燃料加工业	50508	40080	26.0	50475	40044	26.0
化学原料及化学制品制造业	14943	12903	15.8	14933	12601	18.5
医药制造业	28294	24918	13.5	28294	24825	14.0
非金属矿物制品业	5661	4405	28.5	5661	4405	28.5
黑色金属冶炼及压延加工业	12007	7239	65.9	11414	7239	57.7
通用设备制造业	14153	9998	41.6	14127	9962	41.8
专用设备制造业	29638	25617	15.7	29457	25480	15.6
交通运输设备制造业	95808	91959	4.2	95370	91634	4.1
电气机械及器材制造业	25172	22744	10.7	25125	22736	10.5
通信设备、计算机及其他电子设备制造业	58773	59776	-1.7	58773	59690	-1.5
工艺品及其他制造业	595	598	-0.5	595	598	-0.5
电力、热力的生产和供应业	70179	55191	27.2	69952	55019	27.1
房屋和土木工程建筑业	4724	3601	31.2	4682	3601	30.0
计算机服务业	165	170	-2.9	165	170	-2.9
批发业	8746	6332	38.1	8710	6332	37.6
零售业	7024	6312	11.3	7024	6312	11.3
房地产业	8164	6728	21.3	8070	6702	20.4
商务服务业	5226	5351	-2.3	5064	5326	-4.9

续表

指标	其他从业人员劳动报酬(万元)			研究开发人员劳动报酬(万元)		
	2003年	2002年	增减幅度(%)	2003年	2002年	增减幅度(%)
总计	**2025**	**1411**	**43.5**	**35188**	**36180**	**-2.7**
煤炭开采和洗选业				49	42	16.7
石油和天然气开采业				908	726	25.1
有色金属矿采选业				1239	948	30.7
农副食品加工业				31	28	10.7
饮料制造业				13	15	-13.3
烟草制品业				84	58	44.8
纺织业	13	10	30.0	133	117	13.7
印刷业和记录媒介的复制业	123	155	-20.6	144	128	12.5
石油加工、炼焦及核燃料加工业	33	36	-8.3	43	44	-2.3
化学原料及化学制品制造业	10	302	-96.7	307	266	15.4
医药制造业		93		962	517	86.1
非金属矿物制品业				13	12	8.3
黑色金属冶炼及压延加工业	593			211	289	-27.0
通用设备制造业	26	36	-27.8	2648	1722	53.8
专用设备制造业	181	137	32.1	2721	2445	11.3
交通运输设备制造业	438	325	34.8	13358	15721	-15.0
电气机械及器材制造业	47	8	487.5	1748	1275	37.1
通信设备、计算机及其他电子设备制造业		86		9127	10518	-13.2
工艺品及其他制造业				17	16	6.3
电力、热力的生产和供应业	227	172	32.0			
房屋和土木工程建筑业	42					
计算机服务业				43	45	-4.4
批发业	36			931	922	1.0
零售业						
房地产业	94	26	261.5	458	326	40.5
商务服务业	162	25	548.0			

陕西省优势(重点)企业分行业经济效益指标

单位:%

指　标	净资产收益率			总资产报酬率		
	2003年	2002年	增减幅度	2003年	2002年	增减幅度
总　计	**11.80**	**9.59**	**2.21**	**7.19**	**6.35**	**0.84**
煤炭开采和洗选业	0.01	1.47	-1.46	0.33	1.30	-0.97
石油和天然气开采业	26.39	23.62	2.77	18.90	16.35	2.55
有色金属矿采选业	9.05	5.84	3.21	5.13	4.00	1.13
农副食品加工业	0.31	0.32	-0.01	1.16	1.75	-0.59
饮料制造业	16.01	13.84	2.17	11.69	10.26	1.43
烟草制品业	9.18	9.62	-0.44	8.09	8.79	-0.70
纺织业	4.82	4.78	0.04	3.79	3.60	0.19
印刷业和记录媒介的复制业	22.77	20.55	2.22	21.22	21.79	-0.57
石油加工、炼焦及核燃料加工业	33.32	14.24	19.08	15.16	8.71	6.45
化学原料及化学制品制造业	1.10	-8.92	10.02	1.81	0.60	1.21
医药制造业	10.93	13.13	-2.20	8.12	10.51	-2.39
非金属矿物制品业	7.42	6.10	1.32	5.98	6.94	-0.96
黑色金属冶炼及压延加工业	8.24	4.89	3.35	3.84	4.26	-0.42
通用设备制造业	14.74	4.60	10.14	6.29	3.62	2.67
专用设备制造业	10.56	5.78	4.78	6.46	4.49	1.97
交通运输设备制造业	9.07	6.32	2.75	4.30	3.82	0.48
电气机械及器材制造业	1.81	2.49	-0.68	2.00	2.21	-0.21
通信设备、计算机及其他电子设备制造业	5.65	6.84	-1.19	4.76	5.12	-0.36
工艺品及其他制造业	-11.69	2.16	-13.85	-5.36	2.87	-8.23
电力、热力的生产和供应业	5.05	5.09	-0.04	3.80	3.79	0.01
房屋和土木工程建筑业	0.49	0.60	-0.11	1.87	1.80	0.07
计算机服务业	15.81	6.51	9.30	7.51	5.58	1.93
批发业	-9.22	6.48	-15.70	-0.63	4.86	-5.49
零售业	4.88	4.60	0.28	5.39	5.27	0.12
房地产业	3.89	2.71	1.18	2.17	2.15	0.02
商务服务业	-6.20	5.99	-12.19	-0.55	3.99	-4.54

续表

指　　标	销售利润率			劳动生产率(万元/人)		
	2003 年	2002 年	增减幅度	2003 年	2002 年	增减幅度
总　　计	**11.55**	**10.32**	**1.23**	**36.47**	**28.99**	**7.48**
煤炭开采和洗选业	0.04	1.87	-1.83	4.45	3.72	0.73
石油和天然气开采业	40.50	35.13	5.37	141.15	103.48	37.67
有色金属矿采选业	7.94	5.89	2.05	17.08	13.41	3.67
农副食品加工业	0.15	0.18	-0.03	42.39	32.55	9.84
饮料制造业	7.60	9.01	-1.41	53.14	40.19	12.95
烟草制品业	8.47	7.74	0.73	110.20	93.00	17.20
纺织业	3.81	4.16	-0.35	6.45	5.70	0.75
印刷业和记录媒介的复制业	27.33	23.43	3.90	33.62	34.41	-0.79
石油加工、炼焦及核燃料加工业	12.29	6.43	5.86	81.98	55.64	26.34
化学原料及化学制品制造业	0.59	-4.54	5.13	16.38	14.45	1.93
医药制造业	13.61	17.96	-4.35	73.70	69.93	3.77
非金属矿物制品业	13.03	14.18	-1.15	12.24	14.47	-2.23
黑色金属冶炼及压延加工业	3.55	4.86	-1.31	55.14	25.17	29.97
通用设备制造业	12.15	6.35	5.80	24.99	14.76	10.23
专用设备制造业	8.34	5.81	2.53	19.49	15.23	4.26
电气机械及器材制造业	2.01	2.82	-0.81	31.39	20.67	10.72
通信设备、计算机及其他电子设备制造业	5.43	5.46	-0.03	36.08	37.09	-1.01
工艺品及其他制造业	-63.95	12.14	-76.09	34.87	51.29	-16.42
电力、热力的生产和供应业	6.08	7.06	-0.98	31.11	26.87	4.24
房屋和土木工程建筑业	4.30	4.85	-0.55	22.22	21.93	0.29
计算机服务业	76.42	14.14	62.28	39.37	87.28	-47.91
批发业	-2.09	3.30	-5.39	87.17	82.24	4.93
零售业	5.40	4.62	0.78	43.00	41.99	1.01
房地产业	4.79	4.13	0.66	69.50	59.72	9.78
商务服务业	-14.82	7.87	-22.69	8.99	15.53	-6.54

续表

指　标	成本费用利润率			资产利税率		
	2003 年	2002 年	增减幅度	2003 年	2002 年	增减幅度
总　计	**13.68**	**11.95**	**1.73**	**9.81**	**8.71**	**1.10**
煤炭开采和洗选业	0.04	2.24	-2.20	2.31	3.92	-1.61
石油和天然气开采业	78.63	59.93	18.70	21.46	17.45	4.01
有色金属矿采选业	9.42	6.26	3.16	6.34	5.02	1.32
农副食品加工业	0.15	0.18	-0.03	0.68	1.50	-0.82
饮料制造业	8.86	10.69	-1.83	29.30	26.89	2.41
烟草制品业	16.36	14.76	1.60	43.33	49.39	-6.06
纺织业	3.92	4.37	-0.45	7.58	6.67	0.91
印刷业和记录媒介的复制业	38.11	31.44	6.67	29.95	31.71	-1.76
石油加工、炼焦及核燃料加工业	15.11	7.49	7.62	25.63	19.30	6.33
化学原料及化学制品制造业	0.59	-4.47	5.06	1.91	0.88	1.03
医药制造业	16.84	22.29	-5.45	11.60	14.66	-3.06
非金属矿物制品业	15.06	16.66	-1.60	7.76	9.66	-1.90
黑色金属冶炼及压延加工业	3.84	5.47	-1.63	6.10	5.21	0.89
通用设备制造业	13.91	6.53	7.38	10.36	5.35	5.01
专用设备制造业	9.13	6.19	2.94	7.63	5.64	1.99
交通运输设备制造业	6.43	4.86	1.57	4.45	3.86	0.59
电气机械及器材制造业	2.21	2.89	-0.68	3.38	3.03	0.35
通信设备、计算机及其他电子设备制造业	5.85	6.01	-0.16	7.17	8.75	-1.58
工艺品及其他制造业	-64.94	14.08	-79.02	-5.17	2.65	-7.82
电力、热力的生产和供应业	6.27	7.27	-1.00	5.91	5.59	0.32
房屋和土木工程建筑业	4.55	4.98	-0.43	0.50	0.25	0.25
计算机服务业	68.50	17.82	50.68	5.61	2.69	2.92
批发业	-2.07	3.50	-5.57	-0.72	4.77	-5.49
零售业	5.70	4.85	0.85	7.25	6.83	0.42
房地产业	5.16	4.44	0.72	2.76	2.70	0.06
商务服务业	-12.91	8.72	-21.63	-2.16	3.50	-5.66

续表

指　　标	总资产使用率			流动资产比率		
	2003 年	2002 年	增减幅度	2003 年	2002 年	增减幅度
总　　计	**52.06**	**47.76**	**4.30**	**36.60**	**36.68**	**-0.08**
煤炭开采和洗选业	24.89	35.18	-10.29	25.38	35.00	-9.62
石油和天然气开采业	42.05	40.05	2.00	16.68	15.20	1.48
有色金属矿采选业	50.05	46.31	3.74	47.61	49.74	-2.13
农副食品加工业	126.80	111.35	15.45	40.92	44.38	-3.46
饮料制造业	141.81	106.87	34.94	39.72	38.00	1.72
烟草制品业	75.78	86.41	-10.63	77.01	70.34	6.67
纺织业	71.74	64.18	7.56	46.41	45.84	0.57
印刷业和记录媒介的复制业	79.47	94.77	-15.30	52.58	60.05	-7.47
石油加工、炼焦及核燃料加工业	113.14	105.31	7.83	22.82	20.77	2.05
化学原料及化学制品制造业	25.92	24.36	1.56	18.30	14.69	3.61
医药制造业	56.70	54.00	2.70	28.34	41.45	-13.11
非金属矿物制品业	35.01	38.71	-3.70	28.54	28.69	-0.15
黑色金属冶炼及压延加工业	65.99	39.64	26.35	43.11	38.95	4.16
通用设备制造业	48.33	39.14	9.19	62.19	54.51	7.68
专用设备制造业	59.36	48.31	11.05	44.13	45.18	-1.05
交通运输设备制造业	52.22	47.95	4.27	50.62	52.62	-2.00
电气机械及器材制造业	48.34	42.52	5.82	53.87	53.84	0.03
通信设备、计算机及其他电子设备制造业	71.64	75.94	-4.30	60.07	56.79	3.28
工艺品及其他制造业	9.53	13.31	-3.78	63.09	57.43	5.66
电力、热力的生产和供应业	42.77	35.47	7.30	26.05	23.55	2.50
房屋和土木工程建筑业	6.62	4.48	2.14	18.13	25.52	-7.39
计算机服务业	4.86	9.13	-4.27	40.07	52.82	-12.75
批发业	123.94	105.36	18.58	50.58	48.52	2.06
零售业	81.01	88.08	-7.07	33.39	34.09	-0.70
房地产业	31.79	33.13	-1.34	75.68	71.94	3.74
商务服务业	16.64	35.43	-18.79	31.45	32.70	-1.25

续表

指　标	资金利润率			资产负债率		
	2003年	2002年	增减幅度	2003年	2002年	增减幅度
总　计	**7.71**	**6.00**	**1.71**	**57.07**	**57.29**	**-0.22**
煤炭开采和洗选业	0.01	0.87	-0.86	29.60	47.45	-17.85
石油和天然气开采业	19.29	15.09	4.20	42.09	46.51	-4.42
有色金属矿采选业	4.83	3.37	1.46	61.29	58.51	2.78
农副食品加工业	0.27	0.24	0.03	58.15	56.63	1.52
饮料制造业	15.99	14.40	1.59	52.18	48.05	4.13
烟草制品业	6.83	7.52	-0.69	53.25	52.92	0.33
纺织业	3.23	3.30	-0.07	45.42	46.16	-0.74
印刷业和记录媒介的复制业	22.96	21.29	1.67	33.49	29.60	3.89
石油加工、炼焦及核燃料加工业	15.94	7.32	8.62	64.36	67.75	-3.39
化学原料及化学制品制造业	0.18	-1.29	1.47	86.41	87.10	-0.69
医药制造业	14.91	12.50	2.41	41.28	42.10	-0.82
非金属矿物制品业	5.83	6.33	-0.50	47.73	42.52	5.21
黑色金属冶炼及压延加工业	3.45	2.75	0.70	72.59	63.17	9.42
通用设备制造业	7.41	3.22	4.19	69.52	60.20	9.32
专用设备制造业	5.74	3.31	2.43	55.93	56.30	-0.37
交通运输设备制造业	4.75	3.22	1.53	68.84	66.10	2.74
电气机械及器材制造业	1.41	1.59	-0.18	65.49	61.50	3.99
通信设备、计算机及其他电子设备制造业	4.48	4.82	-0.34	54.14	54.61	-0.47
工艺品及其他制造业	-7.20	2.08	-9.28	45.86	42.72	3.14
电力、热力的生产和供应业	2.93	2.89	0.04	52.94	54.63	-1.69
房屋和土木工程建筑业	0.52	0.30	0.22	65.55	65.64	-0.09
计算机服务业	10.61	4.23	6.38	69.54	69.33	0.21
批发业	-3.83	5.29	-9.12	62.99	57.52	5.47
零售业	5.62	4.96	0.66	38.71	37.03	1.68
房地产业	1.89	1.68	0.21	77.05	77.23	-0.18
商务服务业	-3.77	4.52	-8.29	60.23	53.45	6.78

续表

指　　标	长期负债与资产总计比率			已获利息倍数(倍)		
	2003 年	2002 年	增减幅度	2003 年	2002 年	增减幅度
总　　计	**19.90**	**23.19**	**-3.29**	**6.71**	**5.04**	**1.67**
煤炭开采和洗选业	4.68	20.52	-15.84	1.03	2.44	-1.41
石油和天然气开采业	26.17	33.46	-7.29	20.42	13.62	6.80
有色金属矿采选业	22.12	21.21	0.91	4.60	3.17	1.43
农副食品加工业	21.22	19.13	2.09	1.20	1.65	-0.45
饮料制造业	3.04	7.84	-4.80	12.78	11.03	1.75
烟草制品业				4.84	4.47	0.37
纺织业	10.55	15.04	-4.49	3.60	3.45	0.15
印刷业和记录媒介的复制业	12.27	12.88	-0.61	-42.27	-36.89	-5.38
石油加工、炼焦及核燃料加工业	8.52	16.30	-7.78	12.17	5.07	7.10
化学原料及化学制品制造业	66.68	70.05	-3.37	1.09	0.34	0.75
医药制造业	10.86	8.82	2.04	20.77	20.06	0.71
非金属矿物制品业	9.51	6.66	2.85	4.22	4.06	0.16
黑色金属冶炼及压延加工业	17.74	21.06	-3.32	2.73	2.12	0.61
通用设备制造业	2.99	4.38	-1.39	15.37	6.42	8.95
专用设备制造业	13.78	14.81	-1.03	4.49	2.93	1.56
交通运输设备制造业	12.11	16.98	-4.87	3.88	2.73	1.15
电气机械及器材制造业	5.94	7.98	-2.04	2.12	2.04	0.08
通信设备、计算机及其他电子设备制造业	7.57	9.02	-1.45	6.06	6.21	-0.15
工艺品及其他制造业	0.08	0.08		-7.28	4.12	-11.40
电力、热力的生产和供应业	25.67	24.55	1.12	3.18	3.21	-0.03
房屋和土木工程建筑业	55.04	64.13	-9.09	1.18	1.08	0.10
计算机服务业	5.06	0.00	5.06	2.79	1.71	1.08
批发业	6.68	6.06	0.62	-0.32	2.24	-2.56
零售业	7.26	7.50	-0.24	5.89	5.39	0.50
房地产业	18.52	20.37	-1.85	3.36	2.51	0.85
商务服务业	27.19	16.24	10.95	-0.29	1.67	-1.96

续表

指标	流动比率			速动比率		
	2003年	2002年	增减幅度	2003年	2002年	增减幅度
总　计	**98.45**	**107.59**	**-9.14**	**68.81**	**74.82**	**-6.01**
煤炭开采和洗选业	101.85	129.94	-28.09	84.08	103.54	-19.46
石油和天然气开采业	104.77	116.47	-11.70	94.52	101.19	-6.67
有色金属矿采选业	121.53	133.36	-11.83	83.80	90.21	-6.41
农副食品加工业	110.81	118.36	-7.55	69.15	52.12	17.03
饮料制造业	80.83	94.51	-13.68	41.26	55.05	-13.79
烟草制品业	144.63	132.92	11.71	61.54	52.96	8.58
纺织业	133.10	147.32	-14.22	76.80	92.34	-15.54
印刷业和记录媒介的复制业	247.73	359.11	-111.38	200.61	321.25	-120.64
石油加工、炼焦及核燃料加工业	40.87	40.36	0.51	27.78	25.23	2.55
化学原料及化学制品制造业	92.78	86.19	6.59	66.05	57.73	8.32
医药制造业	93.14	124.59	-31.45	53.17	65.73	-12.56
非金属矿物制品业	74.68	80.02	-5.34	47.60	53.70	-6.10
黑色金属冶炼及压延加工业	78.58	92.47	-13.89	60.12	66.74	-6.62
通用设备制造业	93.48	97.65	-4.17	71.16	63.46	7.70
专用设备制造业	104.72	108.90	-4.18	74.91	82.18	-7.27
交通运输设备制造业	89.23	107.12	-17.89	52.55	58.86	-6.31
电气机械及器材制造业	90.47	100.59	-10.12	57.53	66.50	-8.97
通信设备、计算机及其他电子设备制造业	129.00	124.54	4.46	105.96	105.29	0.67
工艺品及其他制造业	137.79	134.70	3.09	122.23	116.55	5.68
电力、热力的生产和供应业	95.54	78.31	17.23	94.22	77.55	16.67
房屋和土木工程建筑业	172.59	1689.33	-1516.74	168.74	1673.78	-1505.04
计算机服务业	62.14	76.18	-14.04	61.83	72.36	-10.53
批发业	89.82	94.29	-4.47	64.57	67.48	-2.91
零售业	106.13	115.45	-9.32	65.60	65.37	0.23
房地产业	129.31	126.53	2.78	43.07	41.08	1.99
商务服务业	95.18	87.88	7.30	84.14	76.41	7.73

续表

指 标	新产品销售收入与营业收入比率			研究开发费用与营业收入比率		
	2003年	2002年	增减幅度	2003年	2002年	增减幅度
总 计	**8.00**	**7.21**	**0.79**	**1.12**	**1.13**	**-0.01**
煤炭开采和洗选业				0.10	0.10	
石油和天然气开采业				0.86	1.10	-0.24
有色金属矿采选业	2.87	3.65	-0.78	0.40	0.56	-0.16
农副食品加工业						
饮料制造业	1.54	1.89	-0.35	0.01	0.02	-0.01
烟草制品业	7.77	7.33	0.44	0.09	0.23	-0.14
纺织业	7.36	6.98	0.38	1.80	2.13	-0.33
印刷业和记录媒介的复制业				0.81	1.10	-0.29
石油加工、炼焦及核燃料加工业						
化学原料及化学制品制造业				0.08	0.12	-0.04
医药制造业	16.02	20.03	-4.01	1.19	1.27	-0.08
非金属矿物制品业				0.12	0.05	0.07
黑色金属冶炼及压延加工业	5.04	4.43	0.61	0.12	0.34	-0.22
通用设备制造业	45.98	32.75	13.23	6.67	7.64	-0.97
专用设备制造业	30.21	32.81	-2.60	2.39	2.96	-0.57
交通运输设备制造业	29.96	25.37	4.59	2.39	2.76	-0.37
电气机械及器材制造业	21.30	21.55	-0.25	0.64	1.65	-1.01
通信设备、计算机及其他电子设备制造业	7.87	5.89	1.98	4.57	2.71	1.86
工艺品及其他制造业				0.18	0.20	-0.02
电力、热力的生产和供应业						
房屋和土木工程建筑业						
计算机服务业	32.09	31.85	0.24	5.88	3.44	2.44
批发业	0.00	0.00	0.00	0.26	0.20	0.06
零售业						
房地产业	0.03	1.78	-1.75	0.18	0.23	-0.05
商务服务业						

续表

指　标	研究开发费用与主营业务收入比率			资本保值增值率
	2003 年	2002 年	增减幅度	2003 年
总　计	**1.14**	**1.15**	**-0.01**	**118.29**
煤炭开采和洗选业	0.11	0.11		225.19
石油和天然气开采业	0.91	1.16	-0.25	140.35
有色金属矿采选业	0.40	0.56	-0.16	105.44
农副食品加工业				106.02
饮料制造业	0.01	0.02	-0.01	93.64
烟草制品业	0.09	0.23	-0.14	116.76
纺织业	1.80	2.13	-0.33	100.49
印刷业和记录媒介的复制业	0.81	1.10	-0.29	111.18
石油加工、炼焦及核燃料加工业				152.16
化学原料及化学制品制造业	0.08	0.13	-0.05	111.66
医药制造业	1.19	1.28	-0.09	135.89
非金属矿物制品业	0.12	0.05	0.07	109.68
黑色金属冶炼及压延加工业	0.12	0.36	-0.24	106.47
通用设备制造业	6.68	7.64	-0.96	105.57
专用设备制造业	2.43	3.00	-0.57	107.49
交通运输设备制造业	2.42	2.79	-0.37	115.80
电气机械及器材制造业	0.69	1.67	-0.98	102.72
通信设备、计算机及其他电子设备制造业	4.67	2.76	1.91	106.38
工艺品及其他制造业	0.18	0.20	-0.02	89.43
电力、热力的生产和供应业				102.46
房屋和土木工程建筑业				105.36
计算机服务业	7.63	6.69	0.94	120.12
批发业	0.26	0.20	0.06	96.35
零售业				104.04
房地产业	0.18	0.23	-0.05	133.63
商务服务业			106.60	

陕西省企业集团基本情况

（2003年）

企业集团基本情况

企业名称	成立时间	审批部门	主要产品
陕西黄河工程机械集团有限责任公司	1997年6月	省级政府主管部门	推土机、挖掘机、装载机
中国西安飞机工业集团	1992年7月	其他	飞机、航空零部件、豪华客车
庆安集团	1993年5月	国务院主管部门	空调器压缩机
陕西渭河煤化工集团	2000年7月	省级政府主管部门	尿素、合成氨
陕西华山化工集团	1997年7月	省级政府主管部门	尿素、磷酸二铵
陕西龙门钢铁集团	2002年12月	省级政府主管部门	钢铁、粗钢、生铁
宝鸡忠诚机床集团	1997年6月	省级政府主管部门	金属切削机床
陕西烽火通信集团有限公司	2001年9月	省级政府主管部门	通讯电台、电子元件
陕西秦明电子(集团)有限公司	1997年12月	省级人民政府	心脏起搏器、传感器及变送器
陕西省双菱化工集团有限公司	1997年12月	省级政府主管部门	磷酸钙、硫酸、磷酸一铵
陕西东岭集团	1997年9月	省级政府主管部门	钢材销售量、锌冶炼、焦炭冶炼
秦川机床集团有限公司	1995年12月	国务院主管部门	金属、塑料加工机械、铸件
陕西宝光企业集团	1997年5月	省级政府主管部门	真空开关管、真空开关、弹操机构
宝鸡北方照明电器企业集团	1995年11月	省级人民政府	电光源产品、批发,零售
宝鸡商场(集团)股份有限公司	1994年6月	省级人民政府	商品销售
西北二棉集团有限公司	2002年6月	省级人民政府	棉纱、棉布
陕西兴化企业集团	1997年8月	省级政府主管部门	合成氨、硝酸铵、编织袋
陕西金山电气集团有限公司	1998年9月	省级政府主管部门	彩偏磁芯、恒磁、电感器件
咸阳偏转集团公司	1992年12月	省级政府主管部门	偏转线圈、漆包线
陕西天王兴业集团有限公司	1995年12月	省级人民政府	棉纱、棉布
陕西宴友思集团公司	1995年8月	省级人民政府	肉制品、纸箱、秦川牛肉
陕西旅游集团	1998年12月	省级人民政府	旅游服务收入
西安解放集团股份有限公司	1996年12月	省级政府主管部门	国内贸易业、房地产开发、停车场
陕西开成集团	2001年5月	省级人民政府	服装、布类、矿产品
陕西有色金属集团	2000年10月	省级人民政府	钼精矿、钛材、电解铝
西仪集团	1993年11月	省级政府主管部门	i系列电子控制装置、1151变送器、压力仪表
陕西汽车集团	2002年1月	省级政府主管部门	重型载重汽车、中型载重汽车、大客车底盘
陕西建设企业集团	1996年11月	省级政府主管部门	翻斗车、摊铺机、稳拌机
标准工业集团	1987年1月	省级人民政府	工业缝纫机
五环集团实业有限责任公司	1988年4月	省级人民政府	纱线、坯布
陕西省物资产业集团总公司	1993年8月	省级人民政府	钢材、水泥、汽车
西安海星科技投资控股(集团)有限公司	1992年5月	省级政府主管部门	饮料、计算机、超市
利君企业集团	1998年10月	省级政府主管部门	红霉素碱、盐酸四环素、片剂
陕西金叶科教集团	2000年7月	省级政府主管部门	印刷服务、高新技术产业、房地产
西安民生集团	1994年8月	其他	百货零售业
西安高科集团	1992年1月	其他	房地产经营开发、电子元气件制造、医药制造
陕西众兴企业集团有限公司	1997年8月	省级政府主管部门	汽车贸易
长安信息产业集团	1992年10月	省级人民政府	果糖二磷酸纳粉针、果糖二磷酸纳胶囊、医疗服务
陕西鼓风机集团	1996年8月	省级人民政府	风机、风机配件
陕西华圣企业集团	1997年4月	省级人民政府	投资收入、报纸传媒、果品加工销售
陕西建工集团总公司	1989年5月	省级人民政府	建筑业、摊铺机、锅炉
陕西电力银河集团	2000年11月	省级政府主管部门	电缆、综合自动化、仪表
陕西省高速公路建设集团公司	2001年6月	省级人民政府	通行费征收
西安交通大学开元集团	1989年4月	省级政府主管部门	可视系列产品、房地产开发与管理、阳光教育
西安翠宝集团	1992年6月	其他	镶嵌首饰、宝石戒面、冰洲石
金花企业集团	1996年4	省级人民政府	转移因子口服液、转移因子胶囊、商品零售
陕西省种业集团有限责任公司	1996年3月	省级人民政府	种子、化肥
陕西煤航数码测绘集团	1992年11月	省级人民政府	商品销售
陕西秦岭水泥(集团)股份有限公司	2002年1月	省级人民政府	水泥
陕西省延长石油工业集团公司	1999年1月	省级人民政府	汽油、柴油、液化气
西安东盛集团有限公司	1996年12月	其他	白加黑、盖天力、维奥欣
陕西长岭集团	2003年8月	省级人民政府	家用电器、纺电产品、军电产品
陕西华远医药商业集团有限责任公司	2000年6月	省级政府主管部门	药品批发
宝鸡好猫实业集团有限公司	2002年9月	其他	柔性版印刷、纸箱、铝箔纸
岐山岐星企业集团	1997年2月	省级政府主管部门	水泥、电、建筑面积

续表

企 业 名 称	成立时间	审批部门	主 要 产 品
彩虹集团公司	1995年4月	国务院	彩色显像管
陕西飞机工业(集团)有限公司	2000年9月	国务院主管部门	运八飞机系列、汉江微车系列
陕西汉江建材集团有限公司	1997年6月	其他	水泥、型材、纸塑复膜袋
西安中药集团	1994年10月	其他	中成药销售
西安银桥企业集团	1995年7月	其他	奶粉、液奶
西安东方机电(集团)有限公司	2001年11月	国务院主管部门	空调压缩机、摩托车、砼砌块系列生产机械
陕西煤炭运销集团	1998年8月	省级人民政府	煤炭销售
西安西无二电子信息企业集团	2001年12月	其他	行输出变压器、压敏电阻器、安全交流电容器
陕西唐华纺织印染集团	1998年4月	省级人民政府	棉纱、棉布
陕西东隆企业集团	1997年6月	省级政府	汽车制造、汽车销售
长庆实业集团	1999年2月	其他	原油批发、原油、石油建筑安装服务
陕西广电网络传媒集团	1992年4月	其他	广告代理、有限电视、影视剧
西安秦骊置业集团	1997年8月	其他	超级市场零售、房地产开发
西安航空发动机集团	1998年8月	国务院主管部门	航空发动机零部件、铝型材、剑杆织机
西安饮食服务(集团)股份有限公司	1994年3月	其他	餐饮、住宿、零售
西安立丰企业集团	1997年11月	其他	批发及零售业、娱乐业、房地产
陕西石羊(集团)股份有限公司	1999年1月	省级政府主管部门	食用植物油加工、饲料加工
西安航天恒星集团	1996年12月	其他	微波射频部件、卫星导航接收机、卫星通讯地面天线
西安旅游集团	1999年6月	其他	旅游饭店服务收入、旅行社收入
西安鼎天科技实业集团	1998年7月	其他	移动通讯设备、双烯醇酮、腐殖酸有机液肥
西安昆仑工业集团	2001年12月	国务院主管部门	军品生产与销售
陕西省通达公路建设集团	1998年10月	省级政府主管部门	公路施工收入
中国西电集团	1991年12月	国务院	六氟化硫全封闭组合电器、变压器、高压电瓷
陕西伟志集团	1996年4月	省级政府主管部门	西服、衬衫、领带、西裤、休闲裤、T恤
渭南市白杨集团	1995年8月	其他	脂肪酸、洗衣粉
陕西毅武集团	2000年8月	省级政府主管部门	方便面、纯净水、白酒
陕西咸阳505集团公司	1997年6月	其他	505神功系列产品
咸阳西北医疗器械集团有限公司	1999年8月	其他	牙科综合治疗机、牙科手用机、牙科技工设备
陕西兴包企业集团有限责任公司	2000年10月	省级政府主管部门	生活纸、高瓦纸、蛋托盘
陕西咸阳五鑫集团有限公司	2001年1月	其他	批发及零售业、娱乐业、房地产
陕西丹尼尔企业集团	1996年10月	省级政府主管部门	房产开发
西安中富实业集团	1996年12月	省级政府主管部门	树苗销售、房地产开发
西安太阳食品集团公司	1997年6月	其他	阿香婆酱、锅巴、调味品
陕西精密金属(集团)有限责任公司	1997年1月	省级人民政府	钢锭、钢材
西安金龟寿药业集团公司	1993年11月	省级政府主管部门	咽炎片、龟鹿滋肾丸、食道平
西安糖酒副食企业集团	1997年8月	其他	糖酒副食品
陕西伟达(集团)有限公司	1996年3月	省级政府主管部门	纺织品(布)、棉纱
山海丹企业集团	1993年5月	其他	山海丹胶囊
西安友谊集团公司	1996年7月	其他	百货零售
西安华通集团	1998年11月	其他	电缆、电线、有色金属
西安三宝双喜集团	1994年4月	省级人民政府	补肾十七味膏剂、荣发胶囊、肾阳胶囊
西安福乐集团	1998年1月	其他	弹簧软床垫、沙发两用床
西安永德信企业集团	1997年10月	其他	沥青销售收入、钢材销售、床上用品
陕西老三界企业集团	1997年6月	省级政府主管部门	房地产开发
煤航集团	1997年6月	省级政府主管部门	建筑施工收入、测绘收入、商业零售
西安荣华企业集团	1998年2月	其他	房地产、硝酸锂
西安市骊山乳业集团	1997年6月	其他	奶粉、液态奶、纸箱
西安唐城百货服装企业集团	1994年1月	其他	零售
万鼎企业集团	1998年10月	其他	计算机销售
西安航通新技术产业(集团)有限公司	1997年10月	其他	仪器仪表销售
陕西怡兰企业集团	1995年5月	省级政府主管部门	出租汽车、物业管理
陕西西安新大陆集团有限公司	1997年7月	省级政府主管部门	房地产开发、建筑装饰、物业管理
西安华洋建材集团	1995年9月	其他	柴油机、陶瓷地砖
陕西省农工贸集团	1992年6月	省级人民政府	农业物资、果汁
陕西安康天宝集团有限公司	2002年4月	其他	葛根黄酮、薯芋皂素、书刊印刷
陕西荣民集团	2002年8月	其他	房地产开发

续表

企业集团母公司基本情况

企 业 名 称	母公司(核心企业)详细名称	法人单位代码
陕西黄河工程机械集团有限责任公司	陕西新黄工机械有限责任公司	29420608 – 9
中国西安飞机工业集团	西安飞机工业(集团)有限责任公司	22052116 – 6
庆安集团	庆安集团有限公司	29446052 – X
陕西渭河煤化工集团	陕西渭河煤化工集团有限责任公司	22053051 – 3
陕西华山化工集团	陕西华山化工集团有限公司	29420134 – 1
陕西龙门钢铁集团	陕西龙门钢铁(集团)有限责任公司	73537054 – 7
宝鸡忠诚机床集团	宝鸡机床厂	22130085 – 9
陕西烽火通信集团有限公司	陕西烽火通信集团有限公司	70990065 – 5
陕西秦明电子(集团)有限公司	陕西秦明电子(集团)有限公司	22132370 – 0
陕西省双菱化工集团有限公司	陕西省双菱化工集团有限公司	29420077 – 9
陕西东岭集团	陕西东岭工贸集团股份有限公司	71975059 – 0
秦川机床集团有限公司	秦川机床集团有限公司	22052483 – 4
陕西宝光企业集团	陕西宝光集团有限公司	22052411 – 3
宝鸡北方照明电器企业集团	宝鸡北方照明电器(集团)股份有限公司	29419346 – 8
宝鸡商场(集团)股份有限公司	宝鸡商场(集团)股份有限公司	22130301 – 3
西北二棉集团有限公司	西北二棉集团有限公司	22052504 – 4
陕西兴化企业集团	陕西兴化集团有限责任公司	29420816 – 4
陕西金山电气集团有限公司	陕西金山电气集团有限公司	22052383 – 1
咸阳偏转集团公司	咸阳偏转集团公司	22171460 – 5
陕西天王兴业集团有限公司	陕西天王兴业集团有限公司	22052521 – 2
陕西宴友思集团公司	陕西宴友思集团公司	22186206 – 9
陕西旅游集团	陕西旅游集团公司	22053336 – X
西安解放集团股份有限公司	西安解放集团股份有限公司	22061133 – X
陕西开成集团	陕西开成集团有限责任公司	74125570 – 5
陕西有色金属集团	陕西有色金属集团有限公司	22053202 – 5
西仪集团	西仪集团有限责任公司	22052282 – 0
陕西汽车集团	陕西汽车集团有限责任公司	22052425 – 2
陕西建设企业集团	陕西建设机械(集团)有限责任公司	22052409 – 2
标准工业集团	中国标准缝纫机集团有限公司	29446886 – 3
五环集团实业有限责任公司	五环集团实业有限责任公司	29420419 – 8
陕西省物资产业集团总公司	陕西省物资产业集团总公司	22057586 – 9
西安海星科技投资控股(集团)有限公司	西安海星科技投资控股(集团)有限公司	22063502 – 4
利君企业集团	利君集团有限责任公司	71009614 – X
陕西金叶科教集团	陕西金叶科教集团股份有限公司	22058024 – 6
西安民生集团	西安民生集团股份有限公司	22060335 – 6
西安高科集团	西安高科(集团)公司	22063004 – 7
陕西众兴企业集团有限公司	陕西众兴企业集团有限公司	29420723 – 3
长安信息产业集团	长安信息产业(集团)股份有限公司	22053756 – 3
陕西鼓风机集团	陕西鼓风机(集团)有限公司	29452049 – X
陕西华圣企业集团	陕西华圣企业(集团)股份有限公司	22052873 – 9
陕西建工集团总公司	陕西建工集团总公司	22052187 – 9
陕西电力银河集团	陕西电力银河集团有限公司	22057872 – 8
陕西省高速公路建设集团公司	陕西省高速公路建设集团公司	62311022 – 2
西安交通大学开元集团	西安交大开元科技股份有限公司	22073485 – 8
西安翠宝集团	西安达尔曼实业股份有限公司	29423953 – 4
金花企业集团	金花投资有限公司	29419075 – 0
陕西省种业集团有限责任公司	陕西省种业集团有限责任公司	29419700 – 4
陕西煤航数码测绘集团	陕西煤航数码测绘集团股份有限公司	22053452 – 2
陕西秦岭水泥(集团)股份有限公司	陕西秦岭水泥(集团)股份有限公司	29420165 – 9
陕西省延长石油工业集团公司	陕西省延长石油工业集团公司	22056857 – 0
西安东盛集团有限公司	西安东盛集团有限公司	29426184 – 6
陕西长岭集团	陕西长岭集团有限公司	29420179 – 8
陕西华远医药商业集团有限责任公司	陕西华远医药商业集团有限责任公司	71972612 – 8
宝鸡好猫实业集团有限公司	宝鸡好猫实业集团有限公司	74863156 – 6
岐山岐星企业集团	岐山岐星企业集团公司	70993717 – 5

续表

企业集团母公司基本情况

企 业 名 称	母公司(核心企业)详细名称	法人单位代码
彩虹集团公司	彩虹集团公司	10001820 - 8
陕西飞机工业(集团)有限公司	陕西飞机工业(集团)有限公司	22052138 - 5
陕西汉江建材集团有限公司	陕西汉江建材股份有限公司	70998920 - 7
西安中药集团	西安中药集团公司	22060881 - 9
西安银桥企业集团	西安银桥股份有限公司	71359586 - 8
西安东方机电(集团)有限公司	西安东方机电(集团)有限公司	22052432 - 4
陕西煤炭运销集团	陕西煤炭运销(集团)有限责任公司	71007708 - 8
西安西无二电子信息企业集团	西安西无二电子信息集团有限公司	22076809 - 7
陕西唐华纺织印染集团	陕西唐华纺织印染集团有限责任公司	70990840 - 3
陕西东隆企业集团	陕西东隆集团有限责任公司	22054799 - 9
长庆实业集团	长庆实业集团有限公司	71030086 - 8
陕西广电网络传媒集团	陕西广电网络传媒股份有限公司	22060108 - 6
西安秦骊置业集团	西安秦骊置业(集团)有限责任公司	X2392825 - 8
西安航空发动机集团	西安航空发动机(集团)有限公司	22060548 - 2
西安饮食服务(集团)股份有限公司	西安饮食服务(集团)股份有限公司	29424191 - 7
西安立丰企业集团	西安立丰企业发展投资有限公司	X2392193 - 7
陕西石羊(集团)股份有限公司	陕西石羊(集团)股份有限公司	71357931 - 5
西安航天恒星集团	西安航天恒星科技实业(集团)公司	29424244 - 2
西安旅游集团	西安旅游集团有限责任公司	62800167 - 4
西安鼎天科技实业集团	西安鼎天科技实业(集团)有限公司	63401177 - 2
西安昆仑工业集团	西安昆仑工业(集团)有限责任公司	22052623 - 1
陕西省通达公路建设集团	陕西省通达公路建设集团有限公司	22059320 - 7
中国西电集团	西安电力机械制造公司	22060853 - 6
陕西伟志集团	陕西伟志集团股份有限公司	29544513 - 7
渭南市白杨集团	渭南市白杨科工贸有限责任公司	70997061 - 0
陕西毅武集团	陕西毅武集团股份有限公司	71354768 - X
陕西咸阳505集团公司	陕西咸阳505医药保健总公司	22172035 - 1
咸阳西北医疗器械集团有限公司	咸阳西北医疗器械集团有限公司	71973686 - 0
陕西兴包企业集团有限责任公司	陕西兴包企业集团有限责任公司	22183022 - 7
陕西咸阳五鑫集团有限公司	陕西咸阳五鑫集团有限公司	29494325 - 7
陕西丹尼尔企业集团	陕西丹尼尔企业集团有限公司	29420152 - 8
西安中富实业集团	西安中富实业(集团)有限公司	70990164 - X
西安太阳食品集团公司	西安太阳食品集团公司	22060538 - 6
陕西精密金属(集团)有限责任公司	陕西精密金属(集团)有限责任公司	22059894 - 8
西安金龟寿药业集团公司	西安金龟寿制药厂	22055608 - 6
西安糖酒副食企业集团	西安糖酒副食集团公司	22060019 - 8
陕西伟达(集团)有限公司	陕西伟达(集团)有限公司	29419720 - 7
山海丹企业集团	山海丹企业集团公司	29420119 - X
西安友谊集团公司	西安友谊集团公司	22060471 - 1
西安华通集团	西安华通集团有限公司	71013003 - 7
西安三宝双喜集团	西安三宝双喜制药厂	29424975 - 9
西安福乐集团	福乐家具有限公司	62390408 - 1
西安永德信企业集团	西安永德信工贸集团有限公司	X2392417 - 7
陕西老三界企业集团	陕西老三届企业集团	29420605 - 4
煤航集团	煤航(集团)实业发展有限公司	70990289 - 6
西安荣华企业集团	西安市荣华集团有限公司	X2393627 - 4
西安市骊山乳业集团	西安临潼乳品厂	22102184 - 1
西安唐城百货服装企业集团	唐城集团股份有限公司	29424610 - 1
万鼎企业集团	西安万鼎实业(集团)有限公司	71012208 - 8
西安航通新技术产业(集团)有限公司	西安航通新技术产业(集团)有限公司	29426080 - 0
陕西怡兰企业集团	陕西怡兰企业(集团)有限公司	22059878 - 8
陕西西安新大陆集团有限公司	西安雅荷房地产开发有限公司	71012544 - 9
西安华洋建材集团	西安华洋建材集团有限责任公司	29446205 - 8
陕西省农工贸集团	陕西省农工贸(集团)总公司	22053165 - 5
陕西安康天宝集团有限公司	陕西安康天宝实业有限公司	71000907 - 7
陕西荣民集团	陕西荣民房地产集团有限公司	71353139 - 7

续表

企业名称	控股情况登记	注册类型	企业法人代表姓名	企业总经理姓名
陕西黄河工程机械集团有限责任公司	国有绝对控股	其他有限责任公司	何新民	李宝春
中国西安飞机工业集团	国有绝对控股	其他有限责任公司	杨　忠	高大成
庆安集团	国有绝对控股	其他有限责任公司	曹怀根	曹怀根
陕西渭河煤化工集团	国有绝对控股	其他有限责任公司	郭金鹏	钱嘉斌
陕西华山化工集团	国有绝对控股	国有独资公司	张根锁	张根锁
陕西龙门钢铁集团	集体绝对控股	其他有限责任公司	张丹力	张丹力
宝鸡忠诚机床集团	国有绝对控股	国有企业	金洪祥	金洪祥
陕西烽火通信集团有限公司	国有绝对控股	其他有限责任公司	王志荣	王志荣
陕西秦明电子(集团)有限公司	其他	其他有限责任公司	杜培元	张甫晶
陕西省双菱化工集团有限公司	国有绝对控股	其他有限责任公司	付培雄	张宗福
陕西东岭集团	其他	股份有限公司	李黑记	李黑记
秦川机床集团有限公司	国有相对控股	其他有限责任公司	龙兴元	刘庆云
陕西宝光企业集团	国有绝对控股	其他有限责任公司	冬绍成	李明鑫
宝鸡北方照明电器企业集团	国有绝对控股	股份有限公司	湛民生	王明哲
宝鸡商场(集团)股份有限公司	国有相对控股	股份有限公司	魏存功	蔺　茂
西北二棉集团有限公司	国有绝对控股	国有独资公司	吴礼生	杨作复
陕西兴化企业集团	国有绝对控股	国有独资公司	王兴若	王志海
陕西金山电气集团有限公司	国有绝对控股	国有独资公司	徐文义	李文学
咸阳偏转集团公司	国有绝对控股	国有企业	郑　毅	郑　毅
陕西天王兴业集团有限公司	国有绝对控股	国有独资公司	费亚丽	李景辉
陕西宴友思集团公司	国有绝对控股	国有企业	谢诚杰	谢诚杰
陕西旅游集团	国有绝对控股	国有独资公司	陈泽忠	张小可
西安解放集团股份有限公司	国有相对控股	股份有限公司	王　科	刘　利
陕西开成集团	国有绝对控股	国有独资公司	赵国强	赵国强
陕西有色金属集团	国有绝对控股	国有独资公司	宋钧炉	宋钧炉
西仪集团	国有绝对控股	国有独资公司	黄　琦	王广林
陕西汽车集团	国有绝对控股	其他有限责任公司	张玉浦	方红卫
陕西建设企业集团	国有绝对控股	国有独资公司	邱树春	高　峰
标准工业集团	国有绝对控股	国有独资公司	严　超	赵新庆
五环集团实业有限责任公司	国有绝对控股	其他有限责任公司	王树平	王树钦
陕西省物资产业集团总公司	国有绝对控股	国有企业	华　炜	华　炜
西安海星科技投资控股(集团)有限公司	其他	其他有限责任公司	荣　海	荣　海
利君企业集团	国有绝对控股	国有独资公司	吴　秦	吴　秦
陕西金叶科教集团	国有相对控股	股份有限公司	田晓康	苟继峰
西安民生集团	国有相对控股	股份有限公司	詹军道	高建平
西安高科集团	国有绝对控股	国有企业	短先念	短先念
陕西众兴企业集团有限公司	其他	其他有限责任公司	邝劲松	邝劲松
长安信息产业集团	其他	股份有限公司	蔡世杰	吴有民
陕西鼓风机集团	国有绝对控股	国有独资公司	印建安	印建安
陕西华圣企业集团	国有相对控股	股份有限公司	李大灿	王　魁
陕西建工集团总公司	国有绝对控股	国有企业	王世科	王世科
陕西电力银河集团	集体相对控股	其他有限责任公司	吕元恺	吕元恺
陕西省高速公路建设集团公司	国有绝对控股	国有独资公司	陈双全	马文义
西安交通大学开元集团	国有相对控股	股份有限公司	王太川	叶　立
西安翠宝集团	集体绝对控股	股份有限公司	许宗林	高　芳
金花企业集团	其他	其他有限责任公司	吴一坚	吴一坚
陕西省种业集团有限责任公司	国有绝对控股	国有独资公司	庄　峰	廖海泉
陕西煤航数码测绘集团	国有相对控股	股份有限公司	宋　理	刘燕谷
陕西秦岭水泥(集团)股份有限公司	国有相对控股	股份有限公司	兰建文	王振海
陕西省延长石油工业集团公司	国有绝对控股	国有独资公司	才玮辉	梁　平
西安东盛集团有限公司	其他	其他有限责任公司	郭家学	赵艳华
陕西长岭集团	国有绝对控股	国有独资公司	李　强	李　强
陕西华远医药商业集团有限责任公司	国有绝对控股	其他有限责任公司	云建中	云建中
宝鸡好猫实业集团有限公司	其他	其他有限责任公司	淮新宝	淮新宝
岐山岐星企业集团	其他	其他	王占虎	王占虎

续表

企业名称	控股情况登记	注册类型	企业法人代表姓名	企业总经理姓名
彩虹集团公司	国有绝对控股	国有企业	马金泉	马金泉
陕西飞机工业(集团)有限公司	国有绝对控股	其他有限责任公司	胡晓峰	胡晓峰
陕西汉江建材集团有限公司	国有绝对控股	股份有限公司	张克智	张克智
西安中药集团	国有绝对控股	国有独资公司	高云鹏	高云鹏
西安银桥企业集团	集体相对控股	股份有限公司	刘华国	刘华国
西安东方机电(集团)有限公司	国有绝对控股	国有独资公司	才长伟	才长伟
陕西煤炭运销集团	国有绝对控股	其他有限责任公司	沈　浩	沈　浩
西安西无二电子信息企业集团	国有绝对控股	国有独资公司	刘琳娜	邓一鸣
陕西唐华纺织印染集团	国有绝对控股	国有独资公司	顾宪祥	顾宪祥
陕西东隆企业集团	其他	其他有限责任公司	宋胜广	张　福
长庆实业集团	集体绝对控股	其他有限责任公司	滕玉林	邓火孝
陕西广电网络传媒集团	国有绝对控股	股份有限公司	韩本毅	谢林平
西安秦骊置业集团	其他	其他有限责任公司	孙志刚	孙志刚
西安航空发动机集团	国有绝对控股	其他有限责任公司	马福安	马福安
西安饮食服务(集团)股份有限公司	国有相对控股	股份有限公司	刘龙宇	王一萌
西安立丰企业集团	其他	其他有限责任公司	颜　明	颜　明
陕西石羊(集团)股份有限公司	其他	股份有限公司	魏存成	魏存成
西安航天恒星集团	国有绝对控股	国有独资公司	张洪太	杨奇斌
西安旅游集团	国有绝对控股	国有独资公司	李大有	李大有
西安鼎天科技实业集团	其他	其他有限责任公司	李　涛	李　涛
西安昆仑工业集团	国有绝对控股	其他有限责任公司	来渝生	刘长林
陕西省通达公路建设集团	国有绝对控股	其他有限责任公司	马自立	马自立
中国西电集团	国有绝对控股	国有企业	浦天祥	浦天祥
陕西伟志集团	其他	股份有限公司	向炳伟	袁志刚
渭南市白杨集团	其他	其他有限责任公司	杨解定	杨解定
陕西毅武集团	其他	股份有限公司	王录让	罗关海
陕西咸阳505集团公司	其他	其他	杜　晔	杜　晔
咸阳西北医疗器械集团有限公司	国有绝对控股	其他有限责任公司	吴光郑	李忠平
陕西兴包企业集团有限责任公司	其他	其他有限责任公司	彭晓宏	姬金社
陕西咸阳五鑫集团有限公司	国有绝对控股	国有企业	王玉民	胡永吉
陕西丹尼尔企业集团	其他	港澳台合资企业	王国庆	王国庆
西安中富实业集团	其他	其他有限责任公司	高剑平	高剑平
西安太阳食品集团公司	国有绝对控股	国有企业	王智江	王智江
陕西精密金属(集团)有限责任公司	国有绝对控股	其他有限责任公司	张　华	杨　智
西安金龟寿药业集团公司	其他	其他	余文新	余文新
西安糖酒副食企业集团	国有绝对控股	国有企业	张　军	张　军
陕西伟达(集团)有限公司	其他	其他有限责任公司	王　伟	王　伟
山海丹企业集团	国有绝对控股	国有企业	王光民	王光民
西安友谊集团公司	国有绝对控股	国有企业	常　健	常　健
西安华通集团	其他	其他有限责任公司	张　华	张　华
西安三宝双喜集团	集体绝对控股	其他	沙鹏程	沙鹏程
西安福乐集团	集体绝对控股	港澳台合资企业	靳喜凤	梁凯迪
西安永德信企业集团	其他	其他有限责任公司	刘耀辉	刘耀辉
陕西老三界企业集团	其他	其他有限责任公司	王　衍	王　衍
煤航集团	国有绝对控股	国有企业	张文若	甘　宏
西安荣华企业集团	其他	其他有限责任公司	崔荣华	问福康
西安市骊山乳业集团	国有绝对控股	国有企业	靳民生	靳风生
西安唐城百货服装企业集团	国有绝对控股	股份有限公司	刘武全	余　翔
万鼎企业集团	其他	其他有限责任公司	蔡世杰	尉青山
西安航通新技术产业(集团)有限公司	其他	其他有限责任公司	李小林	李小林
陕西怡兰企业集团	其他	其他有限责任公司	刘新荣	刘新荣
陕西西安新大陆集团有限公司	其他	其他有限责任公司	徐朿萍	徐朿萍
西安华洋建材集团	国有绝对控股	国有独资公司	王锦锋	王锦锋
陕西省农工贸集团	国有绝对控股	国有企业	陈　星	陈　星
陕西安康天宝集团有限公司	其他	其他有限责任公司	周金柱	陈　郛
陕西荣民集团	其他	其他有限责任公司	史富贵	史富贵

陕西省企业集团主要财务指标

企业名称	年末资产总计（万元）	主营业务收入（万元）	利润总额（万元）	从业人员年末数（人）
陕西黄河工程机械集团有限责任公司	123889	50258	38	5422
中国西安飞机工业集团	1242008	485669	9446	20093
庆安集团	205222	114341	3851	6854
陕西渭河煤化工集团	353653	63683	3796	2171
陕西华山化工集团	125566	50487	－4761	3820
陕西龙门钢铁集团	271774	280782	12472	5365
宝鸡忠诚机床集团	50158	42153	2175	1705
陕西烽火通信集团有限公司	62140	26959	2200	2733
陕西秦明电子(集团)有限公司	19998	11236	369	346
陕西省双菱化工集团有限公司	27176	11583	－1194	1890
陕西东岭集团	149984	344883	22552	2818
秦川机床集团有限公司	145019	60938	1724	3832
陕西宝光企业集团	74645	33377	2727	2365
宝鸡北方照明电器企业集团	20055	10560	－1142	2435
宝鸡商场(集团)股份有限公司	105499	28586	1584	1370
西北二棉集团有限公司	78419	32901	113	6143
陕西兴化企业集团	79825	40304	1956	3469
陕西金山电气集团有限公司	69773	16651	1584	2474
咸阳偏转集团公司	282904	169022	319	6412
陕西天王兴业集团有限公司	53959	37090	1092	7080
陕西宴友思集团公司	34066	33175	51	784
陕西旅游集团	309041	51418	－7621	5236
西安解放集团股份有限公司	86927	134693	7681	1094
陕西开成集团	71534	40799	－5622	244
陕西有色金属集团	865662	433273	34718	25609
西仪集团	77069	10857	－4023	3159
陕西汽车集团	378297	384960	13347	10069
陕西建设企业集团	70463	54742	3194	2051
标准工业集团	159878	88272	15125	3355
五环集团实业有限责任公司	51762	43959	846	6071
陕西省物资产业集团总公司	79986	15668	－1083	502
西安海星科技投资控股(集团)有限公司	245372	302837	12123	4100
利君企业集团	177201	130311	23418	4890
陕西金叶科教集团	88722	28528	4641	1099
西安民生集团	97501	71581	3704	3117
西安高科集团	1082219	344042	16495	4950
陕西众兴企业集团有限公司	77336	55943	1308	245
长安信息产业集团	102214	30523	4436	748
陕西鼓风机集团	231175	120862	20399	3453
陕西华圣企业集团	130189	53932	7072	652
陕西建工集团总公司	839561	460731	1465	21581
陕西电力银河集团	156803	39748	2588	1048
陕西省高速公路建设集团公司	1263398	83690	3616	3785
西安交通大学开元集团	65630	38112	7016	1118
西安翠宝集团	363167	41185	－9282	1265
金花企业集团	800000	322000	31000	4051
陕西省种业集团有限责任公司	129777	46702	1148	1842
陕西煤航数码测绘集团	56963	46039	－57301	503
陕西秦岭水泥(集团)股份有限公司	156283	54716	7127	3601
陕西省延长石油工业集团公司	1243389	1315659	180900	17285
西安东盛集团有限公司	491720	177029	6412	8089
陕西长岭集团	149695	65381	－80892	5392
陕西华远医药商业集团有限责任公司	83564	202887	－328	4482
宝鸡好猫实业集团有限公司	23928	21505	3191	987
岐山岐星企业集团	41582	27689	1286	3898

续表

企 业 名 称	年末资产总计（万元）	主营业务收入（万元）	利润总额（万元）	从业人员年末数（人）
彩虹集团公司	836862	782496	59487	21688
陕西飞机工业（集团）有限公司	275067	70986	－468	8429
陕西汉江建材集团有限公司	53931	10295	－488	1279
西安中药集团	29512	41033	42	2713
西安银桥企业集团	28272	41874	1948	1682
西安东方机电（集团）有限公司	143531	50220	－144	5087
陕西煤炭运销集团	41897	82719	100	70
西安西无二电子信息企业集团	30208	10421	131	1209
陕西唐华纺织印染集团	174712	96800	408	15556
陕西东隆企业集团	147897	125088	3803	1997
长庆实业集团	56549	29157	1642	800
陕西广电网络传媒集团	31385	21708	2204	314
西安秦骊置业集团	97135	67068	248	2400
西安航空发动机集团	503264	162698	4104	14103
西安饮食服务（集团）股份有限公司	88472	32904	3208	4056
西安立丰企业集团	47222	24450	2113	669
陕西石羊（集团）股份有限公司	42239	96367	1807	1277
西安航天恒星集团	19405	14154	1460	1023
西安旅游集团	92592	16021	－928	1598
西安鼎天科技实业集团	66557	17536	2271	718
西安昆仑工业集团	106579	16851	250	3979
陕西省通达公路建设集团	10728	17251	730	678
中国西电集团	781043	377527	8238	13080
陕西伟志集团	19656	19856	1137	1552
渭南市白杨集团	4892	6423	59	90
陕西毅武集团	32675	4263	－439	418
陕西咸阳505集团公司	924	579	－411	350
咸阳西北医疗器械集团有限公司	9744	6189	3	578
陕西兴包企业集团有限责任公司	7188	8894	427	1280
陕西咸阳五鑫集团有限公司	3586	1056	－40	747
陕西丹尼尔企业集团	148900	6288	145	367
西安中富实业集团	46825	9073	1707	224
西安太阳食品集团公司	11735	0	－4329	661
陕西精密金属（集团）有限责任公司	134107	6546	－3106	1584
西安金龟寿药业集团公司	6667	93	－78	71
西安糖酒副食企业集团	6506	3507	－630	170
陕西伟达（集团）有限公司	66568	6673	－747	841
山海丹企业集团	14214	576	26	181
西安友谊集团公司	13569	34	－315	105
西安华通集团	3201	1305	7	91
西安三宝双喜集团	7892	596	－138	169
西安福乐集团	16963	4312	150	329
西安永德信企业集团	37655	7103	249	161
陕西老三界企业集团	19178	6737	－677	94
煤航集团	54733	6385	627	1409
西安荣华企业集团	39492	9044	－22	165
西安市骊山乳业集团	2319	2338	6	374
西安唐城百货服装企业集团	18888	7612	－1153	798
万鼎企业集团	20616	2576	－1451	49
西安航通新技术产业（集团）有限公司	3906	0	－191	3
陕西怡兰企业集团	17659	3759	60	1369
陕西西安新大陆集团有限公司	43655	7476	－99	104
西安华洋建材集团	57318	1914	－1137	1028
陕西省农工贸集团	23767	1249	－2134	210
陕西安康天宝集团有限公司	7228	2609	58	371
陕西荣民集团	22872	7380	577	165

陕西省企业集团体制建设情况

企业名称	是否实行母子公司体制	是否实行会计制度合并	母公司出资人是否明确	是否有投资自主权	是否有境外融资权	是否有对外担保权	是否有自营产品进出口权
陕西黄河工程机械集团有限责任公司	是	否	是	是	是	是	是
中国西安飞机工业集团	是	是	是	是	否	是	是
庆安集团	是	是	是	是	否	是	是
陕西渭河煤化工集团	是	是	是	是	否	是	否
陕西华山化工集团	是	是	是	是	否	是	否
陕西龙门钢铁集团	是	是	是	是	否	是	是
宝鸡忠诚机床集团	是	否	否	是	否	是	是
陕西烽火通信集团有限公司	是	是	是	是	是	是	是
陕西秦明电子(集团)有限公司	是	是	是	是	是	是	是
陕西省双菱化工集团有限公司	是	是	是	是	否	是	是
陕西东岭集团	是	是	是	是	否	是	是
秦川机床集团有限公司	是	否	是	是	是	是	是
陕西宝光企业集团	是	是	是	是	否	是	是
宝鸡北方照明电器企业集团	是	否	是	是	是	是	是
宝鸡商场(集团)股份有限公司	是	是	是	是	否	是	否
西北二棉集团有限公司	是	是	是	是	否	是	是
陕西兴化企业集团	是	是	是	是	否	否	是
陕西金山电气集团有限公司	是	是	是	是	否	是	是
咸阳偏转集团公司	是	否	否	是	否	是	是
陕西天王兴业集团有限公司	是	否	是	是	否	是	是
陕西宴友思集团公司	是	是	是	是	否	是	是
陕西旅游集团	是	是	是	是	是	是	否
西安解放集团股份有限公司	是	否	是	是	否	是	是
陕西开成集团	是	否	是	是	否	是	是
陕西有色金属集团	是	是	是	是	否	是	是
西仪集团	是	否	是	否	否	是	是
陕西汽车集团	是	否	是	是	是	是	是
陕西建设企业集团	是	是	是	是	否	是	是
标准工业集团	是	是	是	是	否	是	是
五环集团实业有限责任公司	是	是	是	是	否	否	是
陕西省物资产业集团总公司	否	是	是	是	否	是	是
西安海星科技投资控股(集团)有限公司	是	是	是	是	是	是	是
利君企业集团	是	否	是	是	否	否	是
陕西金叶科教集团	是	是	是	是	否	是	是
西安民生集团	是	是	是	是	否	否	否
西安高科集团	是	是	是	是	否	是	是
陕西众兴企业集团有限公司	是	是	是	是	否	是	否
长安信息产业集团	是	是	是	是	否	是	是
陕西鼓风机集团	是	是	是	否	否	是	是
陕西华圣企业集团	是	是	是	是	否	是	是
陕西建工集团总公司	是	是	是	是	否	是	否
陕西电力银河集团	是	是	是	是	否	是	否
陕西省高速公路建设集团公司	是	否	是	是	否	否	是
西安交通大学开元集团	是	否	是	是	否	是	是
西安翠宝集团	是	否	是	是	是	是	是
金花企业集团	是	是	是	是	是	是	否
陕西省种业集团有限责任公司	是	是	是	是	否	是	否
陕西煤航数码测绘集团	是	是	是	是	否	是	是
陕西秦岭水泥(集团)股份有限公司	是	是	是	是	是	是	否
陕西省延长石油工业集团公司	是	是	是	是	否	是	否
西安东盛集团有限公司	是	是	是	是	否	是	是
陕西长岭集团	是	否	是	是	否	是	是
陕西华远医药商业集团有限责任公司	否	是	是	是	否	是	否
宝鸡好猫实业集团有限公司	是	是	是	是	是	是	否
岐山岐星企业集团	是	是	是	是	是	是	是

续表

企业名称	是否实行母子公司体制	是否实行会计制度合并	母公司出资人是否明确	是否有投资自主权	是否有境外融资权	是否有对外担保权	是否有自营产品进出口权
彩虹集团公司	是	是	是	是	否	是	是
陕西飞机工业(集团)有限公司	是	是	是	是	否	是	否
陕西汉江建材集团有限公司	是	否	是	否	否	否	否
西安中药集团	是	否	是	是	是	是	是
西安银桥企业集团	是	是	是	是	否	是	是
西安东方机电(集团)有限公司	否	否	是	是	否	是	是
陕西煤炭运销集团	是	是	是	是	是	是	是
西安西无二电子信息企业集团	是	否	是	是	否	否	是
陕西唐华纺织印染集团	是	否	是	是	是	是	是
陕西东隆企业集团	是	是	是	否	否	否	否
长庆实业集团	是	是	是	是	否	是	否
陕西广电网络传媒集团	是	否	是	是	否	是	否
西安秦骊置业集团	是	是	是	否	否	是	是
西安航空发动机集团	是	是	是	是	否	是	否
西安饮食服务(集团)股份有限公司	是	否	是	是	否	是	否
西安立丰企业集团	是	是	是	是	否	是	是
陕西石羊(集团)股份有限公司	是	是	是	是	否	是	是
西安航天恒星集团	是	是	是	是	否	是	否
西安旅游集团	是	否	是	是	否	是	是
西安鼎天科技实业集团	是	是	是	是	否	是	是
西安昆仑工业集团	否	否	是	否	否	否	否
陕西省通达公路建设集团	是	是	是	是	否	是	是
中国西电集团	是	是	是	是	否	是	是
陕西伟志集团	是	是	是	是	否	否	否
渭南市白杨集团	是	否	是	是	否	否	是
陕西毅武集团	是	否	是	是	是	是	是
陕西咸阳505集团公司	否	否	是	否	否	是	是
咸阳西北医疗器械集团有限公司	是	否	是	是	否	否	否
陕西兴包企业集团有限责任公司	否	否	否	是	否	否	否
陕西咸阳五鑫集团有限公司	是	是	是	否	否	否	否
陕西丹尼尔企业集团	是	是	是	是	否	是	是
西安中富实业集团	否	否	是	是	是	是	否
西安太阳食品集团公司	是	否	是	是	否	否	是
陕西精密金属(集团)有限责任公司	是	否	是	是	否	是	否
西安金龟寿药业集团公司	否	否	否	是	否	是	否
西安糖酒副食企业集团	是	否	是	是	是	是	是
陕西伟达(集团)有限公司	是	否	是	是	是	是	是
山海丹企业集团	是	否	是	是	否	是	否
西安友谊集团公司	是	否	是	是	否	否	否
西安华通集团	否	否	是	是	是	是	是
西安三宝双喜集团	是	否	是	是	是	否	是
西安福乐集团	否	否	是	是	是	是	是
西安永德信企业集团	是	是	是	是	否	否	否
陕西老三界企业集团	是	是	是	是	否	是	是
煤航集团	是	否	是	是	否	否	否
西安荣华企业集团	是	否	是	否	否	否	否
西安市骊山乳业集团	是	否	是	是	是	是	是
西安唐城百货服装企业集团	是	否	是	是	否	是	否
万鼎企业集团	否	否	是	是	否	否	否
西安航通新技术产业(集团)有限公司	是	否	是	是	是	是	否
陕西怡兰企业集团	否	否	是	是	否	是	否
陕西西安新大陆集团有限公司	是	是	是	是	否	是	是
西安华洋建材集团	是	是	是	是	否	否	是
陕西省农工贸集团	是	否	是	是	是	是	是
陕西安康天宝集团有限公司	否	否	是	是	否	是	否
陕西荣民集团							

续表

企业名称	是否有合并纳税权	是否有对外工程承包与劳动合作权	是否有外事审批权	是否建立了技术研究开发中心	是否已成立了财务公司
陕西黄河工程机械集团有限责任公司	是	否	否	是	否
中国西安飞机工业集团	是	是	是	是	是
庆安集团	否	是	否	是	否
陕西渭河煤化工集团	否	是	否	是	否
陕西华山化工集团	否	是	否	是	是
陕西龙门钢铁集团	否	否	否	是	否
宝鸡忠诚机床集团	否	否	否	是	否
陕西烽火通信集团有限公司	否	是	否	是	否
陕西秦明电子(集团)有限公司	是	是	否	否	否
陕西省双菱化工集团有限公司	否	是	否	否	否
陕西东岭集团	否	是	否	是	否
秦川机床集团有限公司	否	是	是	是	否
陕西宝光企业集团	是	是	否	是	否
宝鸡北方照明电器企业集团	否	是	是	否	否
宝鸡商场(集团)股份有限公司	否	是	否	否	否
西北二棉集团有限公司	是	是	否	是	否
陕西兴化企业集团	否	否	否	是	否
陕西金山电气集团有限公司	是	是	否	是	否
咸阳偏转集团公司	否	否	否	是	否
陕西天王兴业集团有限公司	是	是	否	否	是
陕西宴友思集团公司	是	否	否	是	否
陕西旅游集团	否	是	否	否	是
西安解放集团股份有限公司	否	是	否	是	否
陕西开成集团	否	是	否	否	否
陕西有色金属集团	否	否	否	否	否
西仪集团	是	是	否	是	否
陕西汽车集团	是	是	是	是	否
陕西建设企业集团	否	是	否	是	否
标准工业集团	否	是	否	是	否
五环集团实业有限责任公司	否	否	否	是	否
陕西省物资产业集团总公司	是	否	否	是	否
西安海星科技投资控股(集团)有限公司	否	是	否	是	否
利君企业集团	否	否	否	是	否
陕西金叶科教集团	否	否	否	是	否
西安民生集团	是	是	否	否	否
西安高科集团	否	否	否	是	否
陕西众兴企业集团有限公司	是	是	否	否	否
长安信息产业集团	否	是	否	是	否
陕西鼓风机集团	否	是	否	是	否
陕西华圣企业集团	否	是	否	是	否
陕西建工集团总公司	否	否	否	否	否
陕西电力银河集团	否	是	否	是	否
陕西省高速公路建设集团公司	否	否	否	否	否
西安交通大学开元集团	否	是	否	是	否
西安翠宝集团	是	是	否	否	否
金花企业集团	否	是	否	是	是
陕西省种业集团有限责任公司	否	否	否	是	否
陕西煤航数码测绘集团	是	是	否	否	是
陕西秦岭水泥(集团)股份有限公司	否	是	否	是	是
陕西省延长石油工业集团公司	否	否	否	否	否
西安东盛集团有限公司	否	否	否	是	否
陕西长岭集团	否	是	否	是	否
陕西华远医药商业集团有限责任公司	是	否	否	否	否
宝鸡好猫实业集团有限公司	否	是	否	否	否
岐山岐星企业集团	是	是	是	是	否

续表

企　业　名　称	是否有合并纳税权	是否有对外工程承包与劳动合作权	是否有外事审批权	是否建立了技术研究开发中心	是否已成立了财务公司
彩虹集团公司	是	是	否	是	否
陕西飞机工业(集团)有限公司	是	是	否	是	否
陕西汉江建材集团有限公司	否	否	否	否	否
西安中药集团	否	是	是	是	是
西安银桥企业集团	否	是	否	是	否
西安东方机电(集团)有限公司	否	否	否	否	否
陕西煤炭运销集团	否	是	否	是	否
西安西无二电子信息企业集团	否	是	否	否	否
陕西唐华纺织印染集团	否	是	是	否	否
陕西东隆企业集团	是	是	否	否	否
长庆实业集团	否	是	否	是	否
陕西广电网络传媒集团	否	否	否	否	否
西安秦骊置业集团	否	是	否	否	否
西安航空发动机集团	是	是	否	否	否
西安饮食服务(集团)股份有限公司	否	否	是	否	否
西安立丰企业集团	否	是	否	是	否
陕西石羊(集团)股份有限公司	否	是	否	是	否
西安航天恒星集团	否	是	否	否	否
西安旅游集团	否	否	否	是	否
西安鼎天科技实业集团	否	是	否	是	是
西安昆仑工业集团	是	是	否	否	否
陕西省通达公路建设集团	是	是	是	是	是
中国西电集团	否	否	否	是	否
陕西伟志集团	否	否	否	是	否
渭南市白杨集团	否	否	否	是	否
陕西毅武集团	是	是	否	是	否
陕西咸阳 505 集团公司	否	是	否	是	否
咸阳西北医疗器械集团有限公司	否	否	否	否	否
陕西兴包企业集团有限责任公司	否	是	否	否	否
陕西咸阳五鑫集团有限公司	否	否	否	否	否
陕西丹尼尔企业集团	否	否	否	是	否
西安中富实业集团	是	是	否	是	否
西安太阳食品集团公司	否	否	否	否	否
陕西精密金属(集团)有限责任公司	否	否	否	是	否
西安金龟寿药业集团公司	否	是	否	否	是
西安糖酒副食企业集团	否	是	否	否	否
陕西伟达(集团)有限公司	否	否	否	是	否
山海丹企业集团	否	否	否	否	否
西安友谊集团公司	是	否	否	是	否
西安华通集团	否	否	否	是	否
西安三宝双喜集团	否	否	否	是	否
西安福乐集团	否	是	否	是	否
西安永德信企业集团	否	是	否	否	否
陕西老三界企业集团	否	是	否	是	否
煤航集团	否	否	否	是	否
西安荣华企业集团	是	否	否	否	否
西安市骊山乳业集团	是	是	是	否	是
西安唐城百货服装企业集团	否	是	否	否	否
万鼎企业集团	否	否	否	否	否
西安航通新技术产业(集团)有限公司	否	是	否	是	否
陕西怡兰企业集团	是	是	否	是	是
陕西西安新大陆集团有限公司	否	是	否	否	否
西安华洋建材集团	是	是	否	否	否
陕西省农工贸集团	否	是	否	否	否
陕西安康天宝集团有限公司	否	是	否	否	否
陕西荣民集团	否	否	否	否	否

续表

企业名称	是否有上市公司	银行信用等级	是否有质量体系认证	是否有环境管理体系认证	是否获得其他国际认证
彩虹集团公司	否	AA	是	否	是
陕西飞机工业(集团)有限公司	否	AA	是	否	否
陕西汉江建材集团有限公司	否	AAA	否	否	否
西安中药集团	否	A	是	否	否
西安银桥企业集团	否	AAA	是	否	否
西安东方机电(集团)有限公司	否	AAA	否	否	否
陕西煤炭运销集团	否	AAA	是	否	是
西安西无二电子信息企业集团	否	AAA	是	否	否
陕西唐华纺织印染集团	否	AA	否	是	否
陕西东隆企业集团	否	无	是	否	否
长庆实业集团	是	A	否	否	否
陕西广电网络传媒集团	否	AA	是	否	否
西安秦骊置业集团	否	AA	是	否	否
西安航空发动机集团	是	AA	否	否	否
西安饮食服务(集团)股份有限公司	否	无	是	是	否
西安立丰企业集团	否	A	是	否	否
陕西石羊(集团)股份有限公司	否	AA	是	是	否
西安航天恒星集团	是	A	否	否	否
西安旅游集团	否	A	是	否	是
西安鼎天科技实业集团	否	A	是	否	否
西安昆仑工业集团	否	A	是	否	否
陕西省通达公路建设集团	否	AA	是	否	否
中国西电集团	否	AA	是	否	否
陕西伟志集团	否	A	否	否	否
渭南市白杨集团	否	AAAAA	是	否	否
陕西毅武集团	否	AAA	否	否	否
陕西咸阳505集团公司	否	AAA	是	是	是
咸阳西北医疗器械集团有限公司	否	A	是	否	否
陕西兴包企业集团有限责任公司	否	AAAA	否	否	否
陕西咸阳五鑫集团有限公司	否	AAA	否	否	否
陕西丹尼尔企业集团	否	AA	否	否	否
西安中富实业集团	否	无	否	否	否
西安太阳食品集团公司	是	无	是	否	否
陕西精密金属(集团)有限责任公司	否	无	否	否	否
西安金龟寿药业集团公司	否	AAAA	否	否	否
西安糖酒副食企业集团	否	AAA	否	否	否
陕西伟达(集团)有限公司	否	AAAAAA	否	否	否
山海丹企业集团	否	无	否	否	否
西安友谊集团公司	否	AAA	是	否	是
西安华通集团	否	无	是	否	是
西安三宝双喜集团	否	AA	是	否	否
西安福乐集团	否	A	否	否	否
西安永德信企业集团	否	AA	否	否	否
陕西老三界企业集团	否	AA	是	否	否
煤航集团	否	AA	是	否	否
西安荣华企业集团	否	A	否	否	否
西安市骊山乳业集团	否	无	否	否	否
西安唐城百货服装企业集团	否	A	否	否	否
万鼎企业集团	否	AAA	否	否	否
西安航通新技术产业(集团)有限公司	否	AA	否	否	否
陕西怡兰企业集团	否	AA	是	是	否
陕西西安新大陆集团有限公司	否	无	是	否	否
西安华洋建材集团	否	无	是	否	否
陕西省农工贸集团	否	AA	否	否	是
陕西安康天宝集团有限公司	否	A	否	否	否
陕西荣民集团	否	AAA	否	否	否

续表

企业名称	是否有上市公司	银行信用等级	是否有质量体系认证	是否有环境管理体系认证	是否获得其他国际认证
陕西黄河工程机械集团有限责任公司	否	A	是	否	否
中国西安飞机工业集团	是	A	是	否	是
庆安集团	否	AAA	是	否	否
陕西渭河煤化工集团	否	无	是	否	否
陕西华山化工集团	否	无	是	否	否
陕西龙门钢铁集团	否	A	是	否	否
宝鸡忠诚机床集团	否	AAA	是	否	否
陕西烽火通信集团有限公司	否	AAA	是	否	否
陕西秦明电子(集团)有限公司	否	AA	是	否	是
陕西省双菱化工集团有限公司	否	AAAAAA	否	否	否
陕西东岭集团	否	A	是	是	是
秦川机床集团有限公司	是	AA	是	否	否
陕西宝光企业集团	是	A	是	否	否
宝鸡北方照明电器企业集团	否	AAAAA	是	否	是
宝鸡商场(集团)股份有限公司	是	AA	否	否	否
西北二棉集团有限公司	否	AA	是	是	是
陕西兴化企业集团	否	A	是	否	否
陕西金山电气集团有限公司	否	AAAAA	是	否	否
咸阳偏转集团公司	是	A	是	是	是
陕西天王兴业集团有限公司	否	AA	是	是	是
陕西宴友思集团公司	否	AAA	是	否	否
陕西旅游集团	否	A	是	是	否
西安解放集团股份有限公司	是	A	否	否	否
陕西开成集团	否	AAAA	否	否	否
陕西有色金属集团	是	A	否	否	否
西仪集团	否	AAAA	是	否	否
陕西汽车集团	否	AA	是	否	否
陕西建设企业集团	否	AA	是	是	否
标准工业集团	是	AA	是	否	是
五环集团实业有限责任公司	否	AAA	是	否	否
陕西省物资产业集团总公司	否	无	否	否	否
西安海星科技投资控股(集团)有限公司	是	AA	是	否	是
利君企业集团	否	A	否	是	否
陕西金叶科教集团	是	AA	是	否	否
西安民生集团	是	A	是	否	否
西安高科集团	是	AA	是	是	是
陕西众兴企业集团有限公司	否	A	是	否	否
长安信息产业集团	是	AA	是	否	否
陕西鼓风机集团	否	AA	是	是	是
陕西华圣企业集团	否	AA	是	是	否
陕西建工集团总公司	否	A	是	否	否
陕西电力银河集团	否	A	是	否	否
陕西省高速公路建设集团公司	否	A	是	否	否
西安交通大学开元集团	否	AAA	是	否	否
西安翠宝集团	是	AA	是	是	否
金花企业集团	是	AA	是	否	否
陕西省种业集团有限责任公司	是	AA	否	否	否
陕西煤航数码测绘集团	是	无	是	否	否
陕西秦岭水泥(集团)股份有限公司	是	A	是	否	否
陕西省延长石油工业集团公司	否	A	是	是	否
西安东盛集团有限公司	是	A	是	否	否
陕西长岭集团	是	无	是	是	是
陕西华远医药商业集团有限责任公司	否	AAA	否	否	否
宝鸡好猫实业集团有限公司	否	AAA	是	否	否
岐山岐星企业集团	是	AA	是	是	是

陕西省企业集团按属性分组的主要财务指标

（2003 年）

单位：万元

类　别	单位数（个）		年末资产总计		
	单位数	比重（%）	本年实际	去年同期	同比（%）
总　计	111	100.0	18453897	15844861	16.5
按集团审批部门分					
国务院	2	1.8	1617905	1446014	11.9
国务院主管部门	6	5.4	1378682	1195327	15.3
省级人民政府	28	25.2	7334878	6551809	12.0
省级人民政府主管部门	38	34.2	3885021	3244898	19.7
其他	37	33.3	4237411	3406813	24.4
按母公司控股情况分					
国有及国有控股小计	71	64.0	14649536	12925707	13.3
国有绝对控股	61	55.0	13628331	11936183	14.2
国有相对控股	10	9.0	1021205	989524	3.2
集体及集团控股小计	7	6.3	901420	715780	25.9
集体绝对控股	5	4.5	716345	580814	23.3
集体相对控股	2	1.8	185075	134966	37.1
其他	33	29.7	2902941	2203374	31.7
按集团主营行业分					
第一产业合计	2	1.8	176602	162632	8.6
农、林、牧、渔业	2	1.8	176602	162632	8.6
第二产业合计	74	66.7	14999957	12940264	15.9
工业小计	70	63.1	12831537	10881274	17.9
采矿业	2	1.8	2109051	1680061	25.5
制造业	68	61.3	10722486	9201213	16.5
建筑业	4	3.6	2168420	2058990	5.3
第三产业合计	35	31.5	3277338	2741965	19.5
交通运输、仓储和邮政业	1	0.9	17659	9330	89.3
批发和零售业	21	18.9	1162880	1110835	4.7
住宿和餐饮业	2	1.8	181064	140606	28.8
房地产业	6	5.4	1356316	1023604	32.5
其他合计	5	4.5	559419	457590	22.3
租赁和商务服务业	4	3.6	517837	422776	22.5
公共管理和社会组织	1	0.9	41582	34814	19.4
按母公司登记注册类型分					
国有企业	16	14.4	4117228	3632443	13.3
公司制企业小计	91	82.0	14279604	12159757	17.4
国有独资企业	24	21.6	5703102	5020312	13.6
其他有限责任公司	45	40.5	6671987	5402358	23.5
股份有限公司	20	18.0	1738652	1614254	7.7
港澳台合资企业	2	1.8	165863	122833	35.0
其他	4	3.6	57065	52661	8.4

续表

类　别	固定资产原价			累计折旧		
	本年实际	去年同期	同比(%)	本年实际	去年同期	同比(%)
总　计	8202671	7538313	8.8	2821089	2459691	14.7
按集团审批部门分						
国务院	882573	860699	2.5	431833	411065	5.1
国务院主管部门	640259	622975	2.8	249171	245506	1.5
省级人民政府	4172441	3769520	10.7	1433115	1166628	22.8
省级人民政府主管部门	1636987	1512317	8.2	423346	392681	7.8
其他	870411	772802	12.6	283624	243811	16.3
按母公司控股情况分						
国有及国有控股小计	7179570	6625918	8.4	2651189	2340798	13.3
国有绝对控股	6722085	6179330	8.8	2528784	2236134	13.1
国有相对控股	457485	446588	2.4	122405	104664	17.0
集体及集团控股小计	253617	219988	15.3	62476	49793	25.5
集体绝对控股	218942	191268	14.5	52883	42772	23.6
集体相对控股	34675	28720	20.7	9593	7021	36.6
其他	769484	692407	11.1	107424	69100	55.5
按集团主营行业分						
第一产业合计	40653	21623	88.0	4557	3251	40.2
农、林、牧、渔业	40653	21623	88.0	4557	3251	40.2
第二产业合计	7351301	6782737	8.4	2634246	2300331	14.5
工业小计	6522890	5830742	11.9	2438310	2114712	15.3
采矿业	1985439	1538105	29.1	841848	628883	33.9
制造业	4537451	4292637	5.7	1596462	1485829	7.4
建筑业	828411	951995	-13.0	195936	185619	5.6
第三产业合计	810717	733953	10.5	182286	156109	16.8
交通运输、仓储和邮政业	7702	3094	148.9	202	981	-79.4
批发和零售业	414301	385738	7.4	88593	72462	22.3
住宿和餐饮业	58637	54116	8.4	15711	15587	0.8
房地产业	89398	111911	-20.1	17955	17875	0.4
其他合计	240679	179094	34.4	59825	49204	21.6
租赁和商务服务业	203532	147662	37.8	50931	42282	20.5
公共管理和社会组织	37147	31432	18.2	8894	6922	28.5
按母公司登记注册类型分						
国有企业	1387371	1390913	-0.3	565547	542438	4.3
公司制企业小计	6772520	6110340	10.8	2244041	1907714	17.6
国有独资企业	3787396	3362437	12.6	1419587	1194713	18.8
其他有限责任公司	2312398	2155363	7.3	667493	590579	13.0
股份有限公司	659951	579315	13.9	153864	119338	28.9
港澳台合资企业	12775	13225	-3.4	3097	3084	0.4
其他	42780	37060	15.4	11501	9539	20.6

续表

类别	本年折旧			无形资产		
	本年实际	去年同期	同比(%)	本年实际	去年同期	同比(%)
总计	432635	601064	-28.0	987281	795713	24.1
按集团审批部门分						
国务院	28715	149009	-80.7	145693	157396	-7.4
国务院主管部门	27736	27145	2.2	93506	95655	-2.2
省级人民政府	271055	319918	-15.3	255293	217519	17.4
省级人民政府主管部门	60362	67358	-10.4	172422	130792	31.8
其他	44767	37635	19.0	320367	194351	64.8
按母公司控股情况分						
国有及国有控股小计	395829	574107	-31.1	568142	569368	-0.2
国有绝对控股	371643	554422	-33.0	492507	491033	0.3
国有相对控股	24186	19685	22.9	75635	78335	-3.4
集体及集团控股小计	12046	9918	21.5	30424	34027	-10.6
集体绝对控股	9883	8100	22.0	29214	32772	-10.9
集体相对控股	2163	1818	19.0	1210	1255	-3.6
其他	24760	17039	45.3	388715	192318	102.1
按集团主营行业分						
第一产业合计	1989	1085	83.3	31271	14384	117.4
农、林、牧、渔业	1989	1085	83.3	31271	14384	117.4
第二产业合计	392875	571693	-31.3	824944	681784	21.0
工业小计	375721	436987	-14.0	824939	681783	21.0
采矿业	213118	135107	57.7	13108	10781	21.6
制造业	162603	301880	-46.1	811831	671002	21.0
建筑业	17154	134706	-87.3	5	1	400.0
第三产业合计	37771	28286	33.5	131066	99545	31.7
交通运输、仓储和邮政业	33	147	-77.6	2888	2888	0.0
批发和零售业	19091	15268	25.0	59957	39625	51.3
住宿和餐饮业	2553	2643	-3.4	6259	6168	1.5
房地产业	5572	6466	-13.8	20589	19139	7.6
其他合计	10522	3762	179.7	41373	31725	30.4
租赁和商务服务业	8550	2120	303.3	41373	31725	30.4
公共管理和社会组织	1972	1642	20.1			
按母公司登记注册类型分						
国有企业	43477	172360	-74.8	165739	180356	-8.1
公司制企业小计	387072	425924	-9.3	820050	613865	33.6
国有独资企业	262317	317954	-17.5	140922	120870	16.6
其他有限责任公司	89378	84631	5.6	541198	383946	41.0
股份有限公司	34848	23748	46.7	137828	108774	26.7
港澳台合资企业	529	591	-10.5	102	275	-62.9
其他	2086	1780	17.2	1492	1492	0.0

续表

类　别	累计对外投资			本年对外投资		
	本年实际	去年同期	同比(%)	本年实际	去年同期	同比(%)
总　计	782815	671158	16.6	157607	89262	76.6
按集团审批部门分						
国务院	14569	13614	7.0	955	3583	-73.3
国务院主管部门	33754	32211	4.8	2157	4986	-56.7
省级人民政府	319370	329042	-2.9	30931	24841	24.5
省级人民政府主管部门	256395	158428	61.8	99921	42636	134.4
其他	158727	137863	15.1	23643	13216	78.9
按母公司控股情况分						
国有及国有控股小计	489411	437410	11.9	94703	65099	45.5
国有绝对控股	399309	372970	7.1	56243	42808	31.4
国有相对控股	90102	64440	39.8	38460	22291	72.5
集体及集团控股小计	13183	17485	-24.6	2514	7287	-65.5
集体绝对控股	312	7128	-95.6	0	6816	
集体相对控股	12871	10357	24.3	2514	471	433.8
其他	280221	216263	29.6	60390	16876	257.8
按集团主营行业分						
第一产业合计	9373	9332	0.4	1909	7652	-75.1
农、林、牧、渔业	9373	9332	0.4	1909	7652	-75.1
第二产业合计	568626	488450	16.4	118984	64710	83.9
工业小计	548229	466811	17.4	118784	63613	86.7
采矿业	24858	25636	-3.0	2159	2393	-9.8
制造业	523371	441175	18.6	116625	61220	90.5
建筑业	20397	21639	-5.7	200	1097	-81.8
第三产业合计	204816	173376	18.1	36714	16900	117.2
交通运输、仓储和邮政业						
批发和零售业	88726	61698	43.8	26135	11888	119.8
住宿和餐饮业	787	6183	-87.3	0	2352	
房地产业	72410	45883	57.8	6979	-608	-1247.9
其他合计	42893	59612	-28.0	3600	3268	10.2
租赁和商务服务业	42893	59612	-28.0	3600	3268	10.2
公共管理和社会组织						
按母公司登记注册类型分						
国有企业	114732	85997	33.4	10629	5347	98.8
公司制企业小计	668083	585161	14.2	146978	83915	75.2
国有独资企业	153533	175538	-12.5	14192	17949	-20.9
其他有限责任公司	407262	328407	24.0	83519	35688	134.0
股份有限公司	102138	76066	34.3	49267	30278	62.7
港澳台合资企业	5150	5150				
其他						

续表

类　别	长期投资			短期投资		
	本年实际	去年同期	同比(%)	本年实际	去年同期	同比(%)
总　计	874339	724710	20.6	140592	97569	44.1
按集团审批部门分						
国务院	80500	74047	8.7	21346	13727	55.5
国务院主管部门	34860	30592	14.0	122	122	
省级人民政府	229216	222026	3.2	91270	54434	67.7
省级人民政府主管部门	299205	193305	54.8	16022	21576	－25.7
其他	230558	204740	12.6	11832	7710	53.5
按母公司控股情况分						
国有及国有控股小计	591217	531550	11.2	106130	66573	59.4
国有绝对控股	492596	467170	5.4	99392	56080	77.2
国有相对控股	98621	64380	53.2	6738	10493	－35.8
集体及集团控股小计	72218	71406	1.1	1513	1560	－3.0
集体绝对控股	53366	52450	1.7	30		
集体相对控股	18852	18956	－0.5	1483	1560	－4.9
其他	210904	121754	73.2	32949	29436	11.9
按集团主营行业分						
第一产业合计	12145	4160	191.9			
农、林、牧、渔业	12145	4160	191.9			
第二产业合计	673715	562130	19.9	134515	87202	54.3
工业小计	624326	509413	22.6	134460	87086	54.4
采矿业	17033	17080	－0.3	52394	23103	126.8
制造业	607293	492333	23.4	82066	63983	28.3
建筑业	49389	52717	－6.3	55	116	－52.6
第三产业合计	188479	158420	19.0	6077	10367	－41.4
交通运输、仓储和邮政业	2291	2291	0.0			
批发和零售业	82150	45575	80.3	5457	9077	－39.9
住宿和餐饮业	9220	9482	－2.8	155	291	－46.7
房地产业	51925	41460	25.2	194	744	－73.9
其他合计	42893	59612	－28.0	271	255	6.3
租赁和商务服务业	42893	59612	－28.0	271	255	6.3
公共管理和社会组织						
按母公司登记注册类型分						
国有企业	174796	155582	12.3	23737	16808	41.2
公司制企业小计	699541	569126	22.9	116814	80761	44.6
国有独资企业	195479	207048	－5.6	65954	27707	138.0
其他有限责任公司	339040	240907	40.7	44019	41278	6.6
股份有限公司	162073	118222	37.1	6841	11776	－41.9
港澳台合资企业	2949	2949				
其他	2	2		41		

续表

类　别	存　货			流动资产年平均余额		
	本年实际	去年同期	同比(%)	本年实际	去年同期	同比(%)
总　计	2820921	2540785	11.0	8598245	7654499	12.3
按集团审批部门分						
国务院	247829	188091	31.8	864347	721895	19.7
国务院主管部门	256244	220865	16.0	653045	570682	14.4
省级人民政府	729392	809261	-9.9	2947199	2835586	3.9
省级人民政府主管部门	532525	437562	21.7	1718022	1515868	13.3
其他	1054931	885006	19.2	2415632	2010468	20.2
按母公司控股情况分						
国有及国有控股小计	2287185	2021339	13.2	6975663	6182264	12.8
国有绝对控股	2182540	1909725	14.3	6505349	5736567	13.4
国有相对控股	104645	111614	-6.2	470314	445697	5.5
集体及集团控股小计	82021	79824	2.8	407122	332163	22.6
集体绝对控股	65260	56521	15.5	326624	270111	20.9
集体相对控股	16761	23303	-28.1	80498	62052	29.7
其他	451715	439622	2.8	1215460	1140072	6.6
按集团主营行业分						
第一产业合计	23907	18497	29.2	68598	73178	-6.3
农、林、牧、渔业	23907	18497	29.2	68598	73178	-6.3
第二产业合计	1930146	1824283	5.8	6613183	5967534	10.8
工业小计	1795298	1697578	5.8	5723691	5041835	13.5
采矿业	215392	190092	13.3	688550	563502	22.2
制造业	1579906	1507486	4.8	5035141	4478333	12.4
建筑业	134848	126705	6.4	889492	925699	-3.9
第三产业合计	866868	698005	24.2	1916464	1613787	18.8
交通运输、仓储和邮政业	347	147	136.1	3899	3384	15.2
批发和零售业	199263	200909	-0.8	658854	650786	1.2
住宿和餐饮业	4766	3903	22.1	66912	57615	16.1
房地产业	634598	466870	35.9	984079	732799	34.3
其他合计	27894	26176	6.6	202720	169203	19.8
租赁和商务服务业	25428	22568	12.7	195095	158899	22.8
公共管理和社会组织	2466	3608	-31.7	7625	10304	-26.0
按母公司登记注册类型分						
国有企业	976808	769206	27.0	2638653	2219226	18.9
公司制企业小计	1838702	1764916	4.2	5945817	5417247	9.8
国有独资企业	475658	436784	8.9	1950984	1839392	6.1
其他有限责任公司	1128682	1074694	5.0	3119701	2703637	15.4
股份有限公司	191789	21493	-10.7	784076	780383	0.5
港澳台合资企业	42573	38745	9.9	91056	93835	-3.0
其他	5411	6663	-18.8	13775	18026	-23.6

续表

类别	应收账款		
	本年实际	去年同期	同比(%)
总计	1681073	1494192	12.5
按集团审批部门分			
国务院	175159	187991	-6.8
国务院主管部门	158190	145341	8.8
省级人民政府	550558	499959	10.1
省级人民政府主管部门	365820	303766	20.4
其他	431346	357135	20.8
按母公司控股情况分			
国有及国有控股小计	1421698	1289090	10.3
国有绝对控股	1369615	1233158	11.1
国有相对控股	52083	55932	-6.9
集体及集团控股小计	71147	67639	5.2
集体绝对控股	54937	50396	9.0
集体相对控股	16210	17243	-6.0
其他	188228	137463	36.9
按集团主营行业分			
第一产业合计	19768	7796	153.6
农、林、牧、渔业	19768	7796	153.6
第二产业合计	1460873	1280534	14.1
工业小计	1245774	1092329	14.0
采矿业	87928	106498	-17.4
制造业	1157846	985831	17.4
建筑业	215099	188205	14.3
第三产业合计	200432	205862	-2.6
交通运输、仓储和邮政业	454	461	-1.5
批发和零售业	145022	130607	11.0
住宿和餐饮业	5421	7487	-27.6
房地产业	27942	48385	-42.3
其他合计	21593	18922	14.1
租赁和商务服务业	18940	16155	17.2
公共管理和社会组织	2653	2767	-4.1
按母公司登记注册类型分			
国有企业	486122	479015	1.5
公司制企业小计	1191587	1011706	17.8
国有独资企业	293409	309302	-5.1
其他有限责任公司	803223	602844	33.2
股份有限公司	92926	98134	-5.3
港澳台合资企业	2029	1426	42.3
其他	3364	3471	-3.1

续表

类　别	年末负债合计			流动负债		
	本年实际	去年同期	同比(%)	本年实际	去年同期	同比(%)
总　计	11945224	9990375	19.6	8913142	7034740	26.7
按集团审批部门分						
国务院	896223	776241	15.5	804579	682042	18.0
国务院主管部门	856705	695855	23.1	681234	534303	27.5
省级人民政府	4859025	4186041	16.1	3409943	2734752	24.7
省级人民政府主管部门	2596981	2175074	19.4	1786702	1375221	29.9
其他	2736290	2157164	26.8	2230684	1708422	30.6
按母公司控股情况分						
国有及国有控股小计	9957715	8533435	16.7	7326597	5884414	24.5
国有绝对控股	9386306	8026785	16.9	6851451	5466005	25.3
国有相对控股	571409	506650	12.8	475146	418409	13.6
集体及集团控股小计	575029	384961	49.4	483057	305110	58.3
集体绝对控股	447781	302520	48.0	390530	256985	52.0
集体相对控股	127248	82441	54.4	92527	48125	92.3
其他	1412480	1071979	31.8	1103488	845216	30.6
按集团主营行业分						
第一产业合计	82651	65076	27.0	70764	57068	24.0
农、林、牧、渔业	82651	65076	27.0	70764	57068	24.0
第二产业合计	9586754	8059017	19.0	7000232	5430731	28.9
工业小计	8035859	6580823	22.1	6186609	4767328	29.8
采矿业	1315656	1058849	24.3	1036026	745709	38.9
制造业	6720203	5521974	21.7	5150583	4021619	28.1
建筑业	1550895	1478194	4.9	813623	663403	22.6
第三产业合计	2275819	1866282	21.9	1842146	1546941	19.1
交通运输、仓储和邮政业	4989	4666	6.9	4989	4666	6.9
批发和零售业	845246	778866	8.5	762895	700323	8.9
住宿和餐饮业	90600	71364	27.0	66262	61299	8.1
房地产业	980198	744641	31.6	775165	572992	35.3
其他合计	354786	266745	33.0	232835	207661	12.1
租赁和商务服务业	318583	236221	34.9	216416	185195	16.9
公共管理和社会组织	36203	30524	18.6	16419	22466	-26.9
按母公司登记注册类型分						
国有企业	2881432	2506072	15.0	2498070	2143812	16.5
公司制企业小计	9021437	7447679	21.1	6392912	4862774	31.5
国有独资企业	3738715	3207954	16.5	2366150	1804901	31.1
其他有限责任公司	4229912	3321443	27.4	3162939	2307582	37.1
股份有限公司	978455	856039	14.3	791479	692369	14.3
港澳台合资企业	74355	62243	19.5	72344	57922	24.9
其他	42355	36624	15.6	22160	28154	-21.3

续表

类别	年末股东权益总计			年末少数股东权益		
	本年实际	去年同期	同比(%)	本年实际	去年同期	同比(%)
总计	6508673	5854486	11.2	1048294	979223	7.1
按集团审批部门分						
国务院	721682	669773	7.8	165046	169252	-2.5
国务院主管部门	521977	499472	4.5	33014	27496	20.1
省级人民政府	2475853	2365768	4.7	373377	367125	1.7
省级人民政府主管部门	1288040	1069824	20.4	153753	200571	-23.3
其他	1501121	1249649	20.1	323104	214779	50.4
按母公司控股情况分						
国有及国有控股小计	4691821	4392272	6.8	723657	725020	-0.2
国有绝对控股	4242025	3909398	8.5	697823	697344	0.1
国有相对控股	449796	482874	-6.9	25834	27676	-6.7
集体及集团控股小计	326391	330819	-1.3	25541	24281	5.2
集体绝对控股	268564	278294	-3.5	4680	3850	21.6
集体相对控股	57827	52525	10.1	20861	20431	2.1
其他	1490461	1131395	31.7	299096	229922	30.1
按集团主营行业分						
第一产业合计	93951	97556	-3.7	38136	42251	-9.7
农、林、牧、渔业	93951	97556	-3.7	38136	42251	-9.7
第二产业合计	5413203	4881247	10.9	863050	852107	1.3
工业小计	4795678	4300451	11.5	858889	852103	0.8
采矿业	793395	621212	27.7	58087	52908	9.8
制造业	4002283	3679239	8.8	800802	799195	0.2
建筑业	617525	580796	6.3	4161	4	103925.0
第三产业合计	1001519	875683	14.4	147108	84865	73.3
交通运输、仓储和邮政业	12670	4664	171.7			
批发和零售业	317634	331969	-4.3	30164	25190	19.7
住宿和餐饮业	90464	69242	30.6	26301	22216	18.4
房地产业	376118	278963	34.8	80324	23717	238.7
其他合计	204633	190845	7.2	10319	13742	-24.9
租赁和商务服务业	199254	186555	6.8	10319	13742	-24.9
公共管理和社会组织	5379	4290	25.4			
按母公司登记注册类型分						
国有企业	1235796	1126371	9.7	245033	192768	27.1
公司制企业小计	5258167	4712078	11.6	803261	786455	2.1
国有独资企业	1964387	1812358	8.4	226361	222836	1.6
其他有限责任公司	2442075	2080915	17.4	538114	529273	1.7
股份有限公司	760197	758215	0.3	38786	34346	12.9
港澳台合资企业	91508	60590	51.0			
其他	14710	16037	-8.3			

续表

类　别	年末股东(所有者)权益合计			股　本		
	本年实际	去年同期	同比(%)	本年实际	去年同期	同比(%)
总　计	5460379	4875263	12.0	3229138	3139192	2.9
按集团审批部门分						
国务院	556636	500521	11.2	249966	249966	0.0
国务院主管部门	488963	471976	3.6	390486	392153	-0.4
省级人民政府	2102476	1998643	5.2	1091435	1044378	4.5
省级人民政府主管部门	1134287	869253	30.5	751161	647890	15.9
其他	1178017	1034870	13.8	746090	804805	-7.3
按母公司控股情况分						
国有及国有控股小计	3968164	3667252	8.2	2600780	2453437	6.0
国有绝对控股	3544202	3212054	10.3	2367398	2226273	6.3
国有相对控股	423962	455198	-6.9	233382	227164	2.7
集体及集团控股小计	300850	306538	-1.9	112178	110103	1.9
集体绝对控股	263884	274444	-3.8	85659	83584	2.5
集体相对控股	36966	32094	15.2	26519	26519	0.0
其他	1191365	901473	32.2	516180	575652	-10.3
按集团主营行业分						
第一产业合计	55815	55305	0.9	28245	28681	-1.5
农、林、牧、渔业	55815	55305	0.9	28245	28681	-1.5
第二产业合计	4550153	4029140	12.9	2564759	2419360	6.0
工业小计	3936789	3448348	14.2	2354562	2208106	6.6
采矿业	735308	568304	29.4	285544	228580	24.9
制造业	3201481	2880044	11.2	2069018	1979526	4.5
建筑业	613364	580792	5.6	210197	211254	-0.5
第三产业合计	854411	790818	8.0	636134	691151	-8.0
交通运输、仓储和邮政业	12670	4664	171.7	6820	3680	85.3
批发和零售业	287470	306779	-6.3	261263	260670	0.2
住宿和餐饮业	64163	47026	36.4	55695	30668	81.6
房地产业	295794	255246	15.9	201597	288312	-30.1
其他合计	194314	177103	9.7	110759	107821	2.7
租赁和商务服务业	188935	172813	9.3	107979	105161	2.7
公共管理和社会组织	5379	4290	25.4	2780	2660	4.5
按母公司登记注册类型分						
国有企业	990763	933603	6.1	615496	617567	-0.3
公司制企业小计	4454906	3925623	13.5	2601822	2508600	3.7
国有独资企业	1738026	1589522	9.3	940662	865767	8.7
其他有限责任公司	1903961	1551642	22.7	1350395	1339876	0.8
股份有限公司	721411	723869	-0.3	296262	288454	2.7
港澳台合资企业	91508	60590	51.0	14503	14503	0.0
其他	14710	16037	-8.3	11820	13025	-9.3

续表

类别	营业收入			主营业务收入		
	本年实际	去年同期	同比(%)	本年实际	去年同期	同比(%)
总计	9773586	7608766	28.5	9642980	7500177	28.6
按集团审批部门分						
国务院	1193099	1012816	17.8	1160023	1009990	14.9
国务院主管部门	477659	386246	23.7	476034	386246	23.2
省级人民政府	3655784	2866270	27.5	3615082	2831851	27.7
省级人民政府主管部门	2902495	2129413	36.3	2859652	2086705	37.0
其他	1544549	1214021	27.2	1532189	1185385	29.3
按母公司控股情况分						
国有及国有控股小计	7582069	6186269	22.6	7471041	6116661	22.1
国有绝对控股	7007129	5606499	25.0	6921012	5559456	24.5
国有相对控股	574940	579770	-0.8	550029	557205	-1.3
集体及集团控股小计	445179	254703	74.8	437654	245413	78.3
集体绝对控股	356710	181897	96.1	356032	179126	98.8
集体相对控股	88469	72806	21.5	81622	66287	23.1
其他	1746338	1167794	49.5	1734285	1138103	52.4
按集团主营行业分						
第一产业合计	56397	41372	36.3	55775	41254	35.2
农、林、牧、渔业	56397	41372	36.3	55775	41254	35.2
第二产业合计	7905239	5990255	32.0	7790164	5894863	32.2
工业小计	7314328	5515561	32.6	7222107	5440979	32.7
采矿业	1753015	1253087	39.9	1748932	1251782	39.7
制造业	5561313	4262474	30.5	5473175	4189197	30.6
建筑业	590911	474694	24.5	568057	453884	25.2
第三产业合计	1811950	1577139	14.9	1797041	1564060	14.9
交通运输、仓储和邮政业	3907	227	1621.1	3759	93	3941.9
批发和零售业	1198231	1000513	19.8	1184193	988544	19.8
住宿和餐饮业	48925	51140	-4.3	48925	51140	-4.3
房地产业	381037	306234	24.4	380967	305714	24.6
其他合计	179850	219025	-17.9	179197	218569	-18.0
租赁和商务服务业	152161	197620	-23.0	151508	197164	-23.2
公共管理和社会组织	27689	21405	29.4	27689	21405	29.4
按母公司登记注册类型分						
国有企业	2296987	1910808	20.2	2239959	1887155	18.7
公司制企业小计	7447642	5674195	31.3	7374064	5589259	31.9
国有独资企业	2870926	2201071	30.4	2849962	2184938	30.4
其他有限责任公司	3420709	2454237	39.4	3395285	2415758	40.5
股份有限公司	1145356	1009201	13.5	1118217	979470	14.2
港澳台合资企业	10651	9686	10.0	10600	9093	16.6
其他	28957	23763	21.9	28957	23763	21.9

续表

类　别	主营业务成本			主营业务税金及附加		
	本年实际	去年同期	同比(%)	本年实际	去年同期	同比(%)
总　计	7507540	5654940	32.8	166391	141902	17.3
按集团审批部门分						
国务院	940177	820507	14.6	5258	4947	6.3
国务院主管部门	391108	312921	25.0	4031	3425	17.7
省级人民政府	2552196	1889270	35.1	122970	103616	18.7
省级人民政府主管部门	2430665	1730191	40.5	14820	11750	26.1
其他	1193394	902051	32.3	19312	18164	6.3
按母公司控股情况分						
国有及国有控股小计	5748794	4561278	26.0	144394	124198	16.3
国有绝对控股	5327796	4134481	28.9	133554	115507	15.6
国有相对控股	420998	426797	-1.4	10840	8691	24.7
集体及集团控股小计	361732	188852	91.5	2959	2030	45.8
集体绝对控股	305715	138900	120.1	2544	1795	41.7
集体相对控股	56017	49952	12.1	415	235	76.6
其他	1397014	904810	54.4	19038	15674	21.5
按集团主营行业分						
第一产业合计	41001	29736	37.9	245	160	53.1
农、林、牧、渔业	41001	29736	37.9	245	160	53.1
第二产业合计	5945440	4310888	37.9	143617	119511	20.2
工业小计	5617415	4230152	32.8	129327	109097	18.5
采矿业	1251766	965858	29.6	89251	75947	17.5
制造业	4365649	3264294	33.7	40076	33150	20.9
建筑业	328025	80736	306.3	14290	10414	37.2
第三产业合计	1521099	1314316	15.7	22529	22231	1.3
交通运输、仓储和邮政业	3085	70	4307.1	97	17	470.6
批发和零售业	1068208	898291	18.9	3665	3096	18.4
住宿和餐饮业	23758	28952	-17.9	1694	1767	-4.1
房地产业	304011	240150	26.6	13019	12045	8.1
其他合计	122037	146853	-16.9	4054	5306	-23.6
租赁和商务服务业	100082	129714	-22.8	3863	5159	-25.1
公共管理和社会组织	21955	17139	28.1	191	147	29.9
按母公司登记注册类型分						
国有企业	1710549	1261548	35.6	27951	25579	9.3
公司制企业小计	5774336	4374974	32.0	138215	116088	19.1
国有独资企业	2069106	1643660	25.9	100775	84951	18.6
其他有限责任公司	2802649	1937263	44.7	26129	20216	29.2
股份有限公司	896657	788222	13.8	10821	10510	3.0
港澳台合资企业	5924	5829	1.6	490	411	19.2
其他	22655	18418	23.0	225	235	-4.3

续表

类别	其他业务收入			营业外收入		
	本年实际	去年同期	同比(%)	本年实际	去年同期	同比(%)
总计	130606	108589	20.3	24697	17792	38.8
按集团审批部门分						
国务院	33076	2826	1070.4	1941	3497	-44.5
国务院主管部门	1625			2368	819	189.1
省级人民政府	40702	34419	18.3	5463	4878	12.0
省级人民政府主管部门	42843	42708	0.3	9801	6302	55.5
其他	12360	28636	-56.8	5124	2296	123.2
按母公司控股情况分						
国有及国有控股小计	111028	69608	59.5	21095	14944	41.2
国有绝对控股	86117	47043	83.1	17055	11882	43.5
国有相对控股	24911	22565	10.4	4040	3062	31.9
集体及集团控股小计	7525	9290	-19.0	2468	1707	44.6
集体绝对控股	678	2771	-75.5	123	257	-52.1
集体相对控股	6847	6519	5.0	2345	1450	61.7
其他	12053	29691	-59.4	1134	1141	-0.6
按集团主营行业分						
第一产业合计	622	118	427.1	24	5	380.0
农、林、牧、渔业	622	118	427.1	24	5	380.0
第二产业合计	115075	95392	20.6	21448	15672	36.9
工业小计	92221	74582	23.7	18885	13761	37.2
采矿业	4083	1305	212.9	1104	712	55.1
制造业	88138	73277	20.3	17781	13049	36.3
建筑业	22854	20810	9.8	2563	1911	34.1
第三产业合计	14909	13079	14.0	3225	2115	52.5
交通运输、仓储和邮政业	148	134	10.4			
批发和零售业	14038	11969	17.3	2122	1453	46.0
住宿和餐饮业				123	81	51.9
房地产业	70	520	-86.5	559	208	168.8
其他合计	653	456	43.2	421	373	12.9
租赁和商务服务业	653	456	43.2	421	373	12.9
公共管理和社会组织						
按母公司登记注册类型分						
国有企业	57028	23653	141.1	5011	5694	-12.0
公司制企业小计	73578	84936	-13.4	19685	12089	62.8
国有独资企业	20964	16133	29.9	7872	3623	117.3
其他有限责任公司	25424	38479	-33.9	6340	4702	34.8
股份有限公司	27139	29731	-8.7	5473	3763	45.4
港澳台合资企业	51	593	-91.4			
其他				1	9	-88.9

续表

类　别	新产品销售收入			出口销售总额		
	本年实际	去年同期	同比(%)	本年实际	去年同期	同比(%)
总　计	806428	595684	35.4	512830	429043	19.5
按集团审批部门分						
国务院	87461	63075	38.7	184475	163818	12.6
国务院主管部门	162275	99159	63.7	53131	32826	61.9
省级人民政府	177312	119212	48.7	149317	122982	21.4
省级人民政府主管部门	217832	179472	21.4	94374	82398	14.5
其他	161548	134766	19.9	31533	27019	16.7
按母公司控股情况分						
国有及国有控股小计	794599	586350	35.5	503774	419848	20.0
国有绝对控股	786253	583258	34.8	496151	412932	20.2
国有相对控股	8346	3092	169.9	7623	6916	10.2
集体及集团控股小计				1851	540	242.8
集体绝对控股				1851	540	242.8
集体相对控股						
其他	11829	9334	26.7	7205	8655	－16.8
按集团主营行业分						
第一产业合计				4282		
农、林、牧、渔业				4282		
第二产业合计	806313	590877	36.5	456969	379945	20.3
工业小计	806313	590877	36.5	456969	379945	20.3
采矿业	12566	13001	－3.3	24317	12003	102.6
制造业	793747	577876	37.4	432652	367942	17.6
建筑业						
第三产业合计	115	4807	－97.6	51579	49098	5.1
交通运输、仓储和邮政业						
批发和零售业				40273	35564	13.2
住宿和餐饮业						
房地产业	115	4807	－97.6	4533	5317	－14.7
其他合计				6773	8217	－17.6
租赁和商务服务业				4150	6219	－33.3
公共管理和社会组织				2623	1998	31.3
按母公司登记注册类型分						
国有企业	182748	154053	18.6	261069	222075	17.6
公司制企业小计	623680	441603	41.2	249138	204970	21.5
国有独资企业	205298	151420	35.6	147662	119207	23.9
其他有限责任公司	414353	286955	44.4	92766	76882	20.7
股份有限公司	4029	3228	24.8	8710	8881	－1.9
港澳台合资企业						
其他		28		2623	1998	31.3

续表

类　别	存货跌价损失和营业、管理、财务等费用合计			税　金		
	本年实际	去年同期	同比(%)	本年实际	去年同期	同比(%)
总　计	1467461	1153487	27.2	31254	25714	21.5
按集团审批部门分						
国务院	156001	136536	14.3	3010	2459	22.4
国务院主管部门	94898	76026	24.8	813	702	15.8
省级人民政府	615860	434927	41.6	9217	8028	14.8
省级人民政府主管部门	319380	270417	18.1	8175	6694	22.1
其他	281322	235581	19.4	10039	7831	28.2
按母公司控股情况分						
国有及国有控股小计	1206821	955898	26.2	21339	18837	13.3
国有绝对控股	1053261	856922	22.9	17985	16081	11.8
国有相对控股	153560	98976	55.1	3354	2756	21.7
集体及集团控股小计	47770	35752	33.6	6151	4671	31.7
集体绝对控股	29915	23503	27.3	5425	4168	30.2
集体相对控股	17855	12249	45.8	726	503	44.3
其他	212870	161837	31.5	3764	2206	70.6
按集团主营行业分						
第一产业合计	12544	9181	36.6	619	678	-8.7
农、林、牧、渔业	12544	9181	36.6	619	678	-8.7
第二产业合计	1170405	940574	24.4	19555	16697	17.1
工业小计	1098742	880267	24.8	18263	15913	14.8
采矿业	159676	126933	25.8	3142	2820	11.4
制造业	939066	753334	24.7	15121	13093	15.5
建筑业	71663	60307	18.8	1292	784	64.8
第三产业合计	284512	203732	39.7	11080	8339	32.9
交通运输、仓储和邮政业	631	449	40.5	106	95	11.6
批发和零售业	155698	84579	84.1	8566	6637	29.1
住宿和餐饮业	22504	22196	1.4	467	382	22.3
房地产业	50364	45151	11.5	1045	491	112.8
其他合计	55315	51357	7.7	896	734	22.1
租赁和商务服务业	51058	47912	6.6	896	734	22.1
公共管理和社会组织	4257	3445	23.6			
按母公司登记注册类型分						
国有企业	280580	243626	15.2	6454	5278	22.3
公司制企业小计	1181799	904710	30.6	24719	20414	21.1
国有独资企业	487994	372798	30.9	8096	7193	12.6
其他有限责任公司	478742	396236	20.8	12619	9973	26.5
股份有限公司	211196	131243	60.9	3884	3186	21.9
港澳台合资企业	3867	4433	-12.8	120	62	93.5
其他	5082	5151	-1.3	81	22	268.2

续表

类　别	劳动、待业保险费			职工教育费		
	本年实际	去年同期	同比(%)	本年实际	去年同期	同比(%)
总　计	72662	66155	9.8	4551	3857	18.0
按集团审批部门分						
国务院	2355	2179	8.1	185	230	-19.6
国务院主管部门	14129	11192	26.2	810	809	0.1
省级人民政府	30074	30514	-1.4	1009	958	5.3
省级人民政府主管部门	8252	8249	0.0	1057	822	28.6
其他	17852	14021	27.3	1490	1038	43.5
按母公司控股情况分						
国有及国有控股小计	70772	64783	9.2	3517	3350	5.0
国有绝对控股	64920	61396	5.7	3155	3059	3.1
国有相对控股	5852	3387	72.8	362	291	24.4
集体及集团控股小计	721	519	38.9	111	81	37.0
集体绝对控股	516	351	47.0	48	23	108.7
集体相对控股	205	168	22.0	63	58	8.6
其他	1169	853	37.0	923	426	116.7
按集团主营行业分						
第一产业合计	135	122	10.7	9		
农、林、牧、渔业	135	122	10.7	9		
第二产业合计	63808	60640	5.2	4081	3505	16.4
工业小计	57155	53904	6.0	4027	3499	15.1
采矿业	9654	10214	-5.5	477	410	16.3
制造业	47501	43690	8.7	3550	3089	14.9
建筑业	6653	6736	-1.2	54	6	800.0
第三产业合计	8719	5393	61.7	461	352	31.0
交通运输、仓储和邮政业				5	4	25.0
批发和零售业	5925	3812	55.4	177	111	59.5
住宿和餐饮业	1107	951	16.4	48	48	0.0
房地产业	509	288	76.7	118	66	78.8
其他合计	1178	342	244.4	113	123	-8.1
租赁和商务服务业	1178	342	244.4	113	123	-8.1
公共管理和社会组织						
按母公司登记注册类型分						
国有企业	10359	10499	-1.3	371	381	-2.6
公司制企业小计	62291	55638	12.0	4174	3470	20.3
国有独资企业	23398	25221	-7.2	1128	1178	-4.2
其他有限责任公司	32253	26175	23.2	2521	1947	29.5
股份有限公司	6596	4200	57.0	525	345	52.2
港澳台合资企业	44	42	4.8			
其他	12	18	-33.3	6	6	0.0

续表

类别	广告费			利息支出		
	本年实际	去年同期	同比(%)	本年实际	去年同期	同比(%)
总计	40629	33185	22.4	215666	216702	-0.5
按集团审批部门分						
国务院	152	381	-60.1	13360	15225	-12.2
国务院主管部门	429	431	-0.5	20545	20220	1.6
省级人民政府	2187	2708	-19.2	89346	82131	8.8
省级人民政府主管部门	17234	13343	29.2	51910	58028	-10.5
其他	20627	16322	26.4	40505	41098	-1.4
按母公司控股情况分						
国有及国有控股小计	26395	22243	18.7	173815	179949	-3.4
国有绝对控股	24743	21478	15.2	157648	164389	-4.1
国有相对控股	1652	765	115.9	16167	15560	3.9
集体及集团控股小计	1860	1441	29.1	7980	9539	-16.3
集体绝对控股	479	345	38.8	7225	9113	-20.7
集体相对控股	1381	1096	26.0	755	426	77.2
其他	12374	9501	30.2	33871	27214	24.5
按集团主营行业分						
第一产业合计	15			2529	1536	64.6
农、林、牧、渔业	15			2529	1536	64.6
第二产业合计	28280	24262	16.6	178320	185082	-3.7
工业小计	28248	24247	16.5	151833	159104	-4.6
采矿业	16			24976	26570	-6.0
制造业	28232	24247	16.4	126857	132534	-4.3
建筑业	32	15	113.3	26487	25978	2.0
第三产业合计	12334	8923	38.2	34817	30084	15.7
交通运输、仓储和邮政业	3	2	50.0	285	136	109.6
批发和零售业	1152	313	268.1	15147	13842	9.4
住宿和餐饮业	280	326	-14.1	1087	1185	-8.3
房地产业	10523	8120	29.6	7780	8033	-3.1
其他合计	376	162	132.1	10518	6888	52.7
租赁和商务服务业	376	162	132.1	8769	5443	61.1
公共管理和社会组织				1749	1445	21.0
按母公司登记注册类型分						
国有企业	9454	7875	20.1	37570	38538	-2.5
公司制企业小计	30984	25112	23.4	176345	176682	-0.2
国有独资企业	13271	12062	10.0	71717	71409	0.4
其他有限责任公司	13352	10020	33.3	79304	81019	-2.1
股份有限公司	4078	2771	47.2	25039	23946	4.6
港澳台合资企业	283	259	9.3	285	308	-7.5
其他	191	198	-3.5	1751	1482	18.2

续表

类 别	利润总额			投资收益		
	本年实际	去年同期	同比(%)	本年实际	去年同期	同比(%)
总 计	389363	304485	27.9	48794	23811	104.9
按集团审批部门分						
国务院	67725	53841	25.8	2515	2462	2.2
国务院主管部门	9317	5036	85.0	6708	5323	26.0
省级人民政府	152530	117133	30.2	12514	4196	198.2
省级人民政府主管部门	124518	80360	55.0	18186	9024	101.5
其他	35273	48115	-26.7	8871	2806	216.1
按母公司控股情况分						
国有及国有控股小计	286753	221861	29.2	39786	17206	131.2
国有绝对控股	300297	189632	58.4	34429	13104	162.7
国有相对控股	-13544	32229		5357	4102	30.6
集体及集团控股小计	9380	19864	-52.8	1603	2008	-20.2
集体绝对控股	4844	16438	-70.5	845	1397	-39.5
集体相对控股	4536	3426	32.4	758	611	24.1
其他	93230	62760	48.6	7405	4597	61.1
按集团主营行业分						
第一产业合计	2855	3686	-22.5	818	101	709.9
农、林、牧、渔业	2855	3686	-22.5	818	101	709.9
第二产业合计	393833	262312	50.1	43634	21476	103.2
工业小计	387395	257366	50.5	42310	18333	130.8
采矿业	215618	84821	154.2	1503	1656	-9.2
制造业	171777	172545	-0.4	40807	16677	144.7
建筑业	6438	4946	30.2	1324	3143	-57.9
第三产业合计	-7325	38487		4342	2234	94.4
交通运输、仓储和邮政业	60	-239				
批发和零售业	-31138	7607		1875	1449	29.4
住宿和餐饮业	2280	3613	-36.9	1036	242	328.1
房地产业	16419	11640	41.1	589	67	779.1
其他合计	5054	15866	-68.1	842	476	76.9
租赁和商务服务业	3768	15192	-75.2	842	476	76.9
公共管理和社会组织	1286	674	90.8			
按母公司登记注册类型分						
国有企业	80358	64575	24.4	4448	5080	-12.4
公司制企业小计	308346	239746	28.6	44346	18731	136.8
国有独资企业	184176	89800	105.1	19246	3729	416.1
其他有限责任公司	117563	95142	23.6	18812	11159	68.6
股份有限公司	6312	54500	-88.4	6288	3843	63.6
港澳台合资企业	295	304	-3.0			
其他	659	164	301.8			

续表

类　别	应交所得税			应交增值税		
	本年实际	去年同期	同比(%)	本年实际	去年同期	同比(%)
总　计	105067	90619	15.9	284101	236510	20.1
按集团审批部门分						
国务院	18522	12522	47.9	48386	46646	3.7
国务院主管部门	1070	637	68.0	7924	9156	-13.5
省级人民政府	55615	43691	27.3	123338	90900	35.7
省级人民政府主管部门	14700	17830	-17.6	71822	60751	18.2
其他	15160	15939	-4.9	32631	29057	12.3
按母公司控股情况分						
国有及国有控股小计	84815	72472	17.0	231072	199812	15.6
国有绝对控股	72185	60395	19.5	215036	184827	16.3
国有相对控股	12630	12077	4.6	16036	14985	7.0
集体及集团控股小计	3685	3628	1.6	23345	16499	41.5
集体绝对控股	3401	3199	6.3	19476	12978	50.1
集体相对控股	284	429	-33.8	3869	3521	9.9
其他	16567	14519	14.1	29684	20199	47.0
按集团主营行业分						
第一产业合计	1077	659	63.4	-385	-239	
农、林、牧、渔业	1077	659	63.4	-385	-239	
第二产业合计	86522	74981	15.4	261947	220285	18.9
工业小计	83680	73854	13.3	259885	219421	18.4
采矿业	31740	23746	33.7	78801	55823	41.2
制造业	51940	50108	3.7	181084	163598	10.7
建筑业	2842	1127	152.2	2062	864	138.7
第三产业合计	17468	14979	16.6	22539	16464	36.9
交通运输、仓储和邮政业	30					
批发和零售业	6035	4730	27.6	17997	13777	30.6
住宿和餐饮业	875	1100	-20.5	175	264	-33.7
房地产业	7088	6616	7.1	2469	773	219.4
其他合计	3440	2533	35.8	1898	1650	15.0
租赁和商务服务业	3425	2520	35.9	779	1036	-24.8
公共管理和社会组织	15	13	15.4	1119	614	82.2
按母公司登记注册类型分						
国有企业	27364	20285	34.9	55814	51898	7.5
公司制企业小计	77688	70278	10.5	226982	183679	23.6
国有独资企业	41559	34580	20.2	122509	95174	28.7
其他有限责任公司	20832	20475	1.7	76784	67058	14.5
股份有限公司	15213	15084	0.9	27368	21151	29.4
港澳台合资企业	84	139	-39.6	321	296	8.4
其他	15	56	-73.2	1305	933	39.9

续表

类　别	固定资产投资完成额			研究开发费用		
	本年实际	去年同期	同比(%)	本年实际	去年同期	同比(%)
总　计	1159231	767203	51.1	212941	154545	37.8
按集团审批部门分						
国务院	47029	28934	62.5	37032	18732	97.7
国务院主管部门	63229	71158	-11.1	39199	41512	-5.6
省级人民政府	765728	458707	66.9	21411	18636	14.9
省级人民政府主管部门	142872	102599	39.3	21686	16893	28.4
其他	140373	105805	32.7	93613	58772	59.3
按母公司控股情况分						
国有及国有控股小计	959320	681791	40.7	204348	149530	36.7
国有绝对控股	922150	654959	40.8	197532	143254	37.9
国有相对控股	37170	26832	38.5	6816	6276	8.6
集体及集团控股小计	59588	41980	41.9	1440	745	93.3
集体绝对控股	53397	39351	35.7	42	83	-49.4
集体相对控股	6191	2629	135.5	1398	662	111.2
其他	140323	43432	223.1	7153	4270	67.5
按集团主营行业分						
第一产业合计	19685	3163	522.4	182	1023	-82.2
农、林、牧、渔业	19685	3163	522.4	182	1023	-82.2
第二产业合计	1062977	716773	48.3	211979	152754	38.8
工业小计	486865	358142	35.9	211979	152754	38.8
采矿业	41681	40799	2.2	1739	1985	-12.4
制造业	445184	317343	40.3	210240	150769	39.4
建筑业	576112	358631	60.6			
第三产业合计	76569	47267	62.0	780	768	1.6
交通运输、仓储和邮政业				10		
批发和零售业	45634	15449	195.4	56	88	-36.4
住宿和餐饮业	1309					
房地产业	3240	24725	-86.9	614	630	-2.5
其他合计	26386	7093	272.0	100	50	100.0
租赁和商务服务业	11286	1728	553.1	100	50	100.0
公共管理和社会组织	15100	5365	181.5			
按母公司登记注册类型分						
国有企业	51631	59903	-13.8	39315	25229	55.8
公司制企业小计	1092500	701935	55.6	173589	129268	34.3
国有独资企业	716959	469091	52.8	20771	18893	9.9
其他有限责任公司	291951	199292	46.5	147830	106186	39.2
股份有限公司	83590	33552	149.1	4988	4189	19.1
港澳台合资企业						
其他	15100	5365	181.5	37	48	-22.9

陕西省企业集团按属性分组的劳动工资指标

（2003 年）

单位：人

类别	从业人员年末人数			在岗职工		
	本年实际	去年同期	同比(%)	本年实际	去年同期	同比(%)
总　　计	**369665**	**365810**	**1.1**	**359124**	**355305**	**1.1**
按集团审批部门分						
国务院	34768	34711	0.2	34728	34660	0.2
国务院主管部门	42284	42023	0.6	41229	40803	1.0
省级人民政府	139657	144962	-3.7	137153	142147	-3.5
省级人民政府主管部门	89578	86385	3.7	85407	82452	3.6
其他	63378	57729	9.8	60607	55243	9.7
按母公司控股情况分						
国有及国有控股小计	318899	327048	-2.5	309408	317188	-2.5
国有绝对控股	298457	306014	-2.5	289058	296204	-2.4
国有相对控股	20442	21034	-2.8	20350	20984	-3.0
集体及集团控股小计	10658	10088	5.7	10354	9591	8.0
集体绝对控股	7928	7623	4.0	7642	7141	7.0
集体相对控股	2730	2465	10.8	2712	2450	10.7
其他	40108	28674	39.9	39362	28526	38.0
按集团主营行业分						
第一产业合计	2066	1816	13.8	1934	1742	11.0
农、林、牧、渔业	2066	1816	13.8	1934	1742	11.0
第二产业合计	321361	318292	1.0	313433	310035	1.1
工业小计	293908	287829	2.1	288592	283082	1.9
采矿业	42894	43826	-2.1	42894	43826	-2.1
制造业	251014	244003	2.9	245698	239256	2.7
建筑业	27453	30463	-9.9	24841	26953	-7.8
第三产业合计	46238	45702	1.2	43757	43528	0.5
交通运输、仓储和邮政业	1369	496	176.0	691	496	39.3
批发和零售业	22601	22603	0.0	20931	20531	1.9
住宿和餐饮业	5654	6213	-9.0	5638	6117	-7.8
房地产业	5845	5243	11.5	5790	5237	10.6
其他合计	10769	11147	-3.4	10707	11147	-3.9
租赁和商务服务业	6871	7171	-4.2	6809	7171	-5.0
公共管理和社会组织	3898	3976	-2.0	3898	3976	-2.0
按母公司登记注册类型分						
国有企业	74559	76718	-2.8	71459	72661	-1.7
公司制企业小计	290618	284309	2.2	283177	277921	1.9
国有独资企业	127501	131240	-2.8	125039	129367	-3.3
其他有限责任公司	131225	121423	8.1	126313	116918	8.0
股份有限公司	31196	31035	0.5	31129	31025	0.3
港澳台合资企业	696	611	13.9	696	611	13.9
其他	4488	4783	-6.2	4488	4723	-5.0

续表

类　别	其他从业人员			研究开发人员		
	本年实际	去年同期	同比(%)	本年实际	去年同期	同比(%)
总　　计	**10541**	**10505**	**0.3**	**18814**	**20142**	**-6.6**
按集团审批部门分						
国务院	40	51	-21.6	2472	2221	11.3
国务院主管部门	1055	1220	-13.5	7415	9092	-18.4
省级人民政府	2504	2815	-11.0	2179	2421	-10.0
省级人民政府主管部门	4171	3933	6.1	4975	4633	7.4
其他	2771	2486	11.5	1773	1775	-0.1
按母公司控股情况分						
国有及国有控股小计	9491	9860	-3.7	17891	19358	-7.6
国有绝对控股	9399	9810	-4.2	17251	18626	-7.4
国有相对控股	92	50	84.0	640	732	-12.6
集体及集团控股小计	304	497	-38.8	164	69	137.7
集体绝对控股	286	482	-40.7	17	19	-10.5
集体相对控股	18	15	20.0	147	50	194.0
其他	746	148	404.1	759	715	6.2
按集团主营行业分						
第一产业合计	132	74	78.4	85	75	13.3
农、林、牧、渔业	132	74	78.4	85	75	13.3
第二产业合计	7928	8257	-4.0	18566	19850	-6.5
工业小计	5316	4747	12.0	18566	19850	-6.5
采矿业				681	666	2.3
制造业	5316	4747	12.0	17885	19184	-6.8
建筑业	2612	3510	-25.6			
第三产业合计	2481	2174	14.1	163	217	-24.9
交通运输、仓储和邮政业	678					
批发和零售业	1670	2072	-19.4			
住宿和餐饮业	16	96	-83.3			
房地产业	55	6	816.7	158	212	-25.5
其他合计	62			5	5	0.0
租赁和商务服务业	62			5	5	0.0
公共管理和社会组织						
按母公司登记注册类型分						
国有企业	3100	4057	-23.6	4384	3995	9.7
公司制企业小计	7441	6388	16.5	14394	16109	-10.6
国有独资企业	2462	1873	31.4	3395	3674	-7.6
其他有限责任公司	4912	4505	9.0	10446	11884	-12.1
股份有限公司	67	10	570.0	553	551	0.4
港澳台合资企业						
其他		60		36	38	-5.3

续表

单位:万元

类别	从业人员劳动报酬			在岗职工劳动报酬		
	本年实际	去年同期	同比(%)	本年实际	去年同期	同比(%)
总计	**508921**	**453786**	**12.2**	**501641**	**446012**	**12.5**
按集团审批部门分						
国务院	69428	66533	4.4	69381	66439	4.4
国务院主管部门	55975	52656	6.3	55335	52079	6.3
省级人民政府	201258	175064	15.0	199024	172535	15.4
省级人民政府主管部门	112720	98165	14.8	110110	95181	15.7
其他	69540	61368	13.3	67791	59778	13.4
按母公司控股情况分						
国有及国有控股小计	457011	417543	9.5	450301	410309	9.7
国有绝对控股	432155	394329	9.6	425507	387131	9.9
国有相对控股	24856	23214	7.1	24794	23178	7.0
集体及集团控股小计	14413	9931	45.1	14093	9469	48.8
集体绝对控股	11686	7742	50.9	11386	7296	56.1
集体相对控股	2727	2189	24.6	2707	2173	24.6
其他	37497	26312	42.5	37247	26234	42.0
按集团主营行业分						
第一产业合计	2696	1782	51.3	2511	1654	51.8
农、林、牧、渔业	2696	1782	51.3	2511	1654	51.8
第二产业合计	460138	410827	12.0	454251	404357	12.3
工业小计	425701	375699	13.3	422259	372462	13.4
采矿业	87671	69173	26.7	87671	69173	26.7
制造业	338030	306526	10.3	334588	303289	10.3
建筑业	34437	35128	-2.0	31992	31895	0.3
第三产业合计	46087	41177	11.9	44879	40001	12.2
交通运输、仓储和邮政业	1050	360	191.7	840	360	133.3
批发和零售业	20747	18888	9.8	19889	17749	12.1
住宿和餐饮业	5494	5438	1.0	5484	5430	1.0
房地产业	9254	7466	23.9	9160	7437	23.2
其他合计	9542	9025	5.7	9506	9025	5.3
租赁和商务服务业	7065	6900	2.4	7029	6900	1.9
公共管理和社会组织	2477	2125	16.6	2477	2125	16.6
按母公司登记注册类型分						
国有企业	117471	113526	3.5	115104	110313	4.3
公司制企业小计	388584	337602	15.1	383671	333076	15.2
国有独资企业	192174	163579	17.5	189988	161921	17.3
其他有限责任公司	161455	142141	13.6	158773	139290	14.0
股份有限公司	34243	31397	9.1	34198	31380	9.0
港澳台合资企业	712	485	46.8	712	485	46.8
其他	2866	2658	7.8	2866	2623	9.3

续表　单位:万元

类别	其他从业人员年末人数			研究开发人员劳动报酬		
	本年实际	去年同期	同比(%)	本年实际	去年同期	同比(%)
总　计	**7280**	**7774**	**-6.4**	**33355**	**32176**	**3.7**
按集团审批部门分						
国务院	47	94	-50.0	5317	4383	21.3
国务院主管部门	640	577	10.9	12339	14775	-16.5
省级人民政府	2234	2529	-11.7	4832	3999	20.8
省级人民政府主管部门	2610	2984	-12.5	7735	6489	19.2
其他	1749	1590	10.0	3132	2530	23.8
按母公司控股情况分						
国有及国有控股小计	6710	7234	-7.2	31411	30821	1.9
国有绝对控股	6648	7198	-7.6	29984	29460	1.8
国有相对控股	62	36	72.2	1427	1361	4.8
集体及集团控股小计	320	462	-30.7	531	75	608.0
集体绝对控股	300	446	-32.7	34	38	-10.5
集体相对控股	20	16	25.0	497	37	1243.2
其他	250	78	220.5	1413	1280	10.4
按集团主营行业分						
第一产业合计	185	128	44.5	136	105	29.5
农、林、牧、渔业	185	128	44.5	136	105	29.5
第二产业合计	5887	6470	-9.0	32750	31727	3.2
工业小计	3442	3237	6.3	32750	31727	3.2
采矿业				1239	948	30.7
制造业	3442	3237	6.3	31511	30779	2.4
建筑业	2445	3233	-24.4			
第三产业合计	1208	1176	2.7	469	344	36.3
交通运输、仓储和邮政业	210					
批发和零售业	858	1139	-24.7			
住宿和餐饮业	10	8	25.0			
房地产业	94	29	224.1	458	333	37.5
其他合计	36			11	11	0.0
租赁和商务服务业	36			11	11	0.0
公共管理和社会组织						
按母公司登记注册类型分						
国有企业	2367	3213	-26.3	7566	6285	20.4
公司制企业小计	4913	4526	8.6	25749	25848	-0.4
国有独资企业	2186	1658	31.8	7150	6130	16.6
其他有限责任公司	2682	2851	-5.9	17474	19013	-8.1
股份有限公司	45	17	164.7	1125	705	59.6
港澳台合资企业						
其他		35		40	43	-7.0

陕西省企业集团按属性分组的主要经济效益指标

（2003 年）

单位：%

类别	单位数(个)		资金利润率			资产负债率		
	单位数	比重(%)	本年实际	去年同期	增减幅度	本年实际	去年同期	增减幅度
总　计	**111**	**100.0**	**2.79**	**2.39**	**0.40**	**64.73**	**63.05**	**1.68**
按集团审批部门分								
国务院	2	1.8	5.15	4.60	0.55	55.39	53.68	1.71
国务院主管部门	6	5.4	0.89	0.53	0.36	62.14	58.21	3.93
省级人民政府	28	25.2	2.68	2.15	0.53	66.25	63.89	2.36
省级人民政府主管部门	38	34.2	4.25	3.05	1.20	66.85	67.03	-0.18
其他	37	33.3	1.17	1.89	-0.72	64.57	63.32	1.25
按母公司控股情况分								
国有及国有控股小计	71	64.0	2.49	2.12	0.37	67.97	66.02	1.95
国有绝对控股	61	55.0	2.81	1.96	0.85	68.87	67.25	1.62
国有相对控股	10	9.0	-1.68	4.09		55.95	51.20	4.75
集体及集团控股小计	7	6.3	1.57	3.95	-2.38	63.79	53.78	10.01
集体绝对控股	5	4.5	0.98	3.93	-2.95	62.51	52.09	10.42
集体相对控股	2	1.8	4.30	4.09	0.21	68.75	61.08	7.67
其他	33	29.7	4.97	3.56	1.41	48.66	48.65	0.01
按集团主营行业分								
第一产业合计	2	1.8	2.73	4.03	-1.30	46.80	40.01	6.79
农、林、牧、渔业	2	1.8	2.73	4.03	-1.30	46.80	40.01	6.79
第二产业合计	74	66.7	3.48	2.51	0.97	63.91	62.28	1.63
工业小计	70	63.1	3.95	2.94	1.01	62.63	60.48	2.15
采矿业	2	1.8	11.77	5.76	6.01	62.38	63.02	-0.64
制造业	68	61.3	2.15	2.37	-0.22	62.67	60.01	2.66
建筑业	4	3.6	0.42	0.29	0.13	71.52	71.79	-0.27
第三产业合计	35	31.5	-0.29	1.76		69.44	68.06	1.38
交通运输、仓储和邮政业	1	0.9	0.53	-4.35		28.25	50.01	-21.76
批发和零售业	21	18.9	-3.16	0.79		72.69	70.12	2.57
住宿和餐饮业	2	1.8	2.08	3.76	-1.68	50.04	50.75	-0.71
房地产业	6	5.4	1.56	1.41	0.15	72.27	72.75	-0.48
其他合计	5	4.5	1.32	5.30	-3.98	63.42	58.29	5.13
租赁和商务服务业	4	3.6	1.08	5.75	-4.67	61.52	55.87	5.65
公共管理和社会组织	1	0.9	3.58	1.94	1.64	87.06	87.68	-0.62
按母公司登记注册类型分								
国有企业	16	14.4	2.32	2.10	0.22	69.98	68.99	0.99
公司制企业小计	91	82.0	2.94	2.49	0.45	63.18	61.25	1.93
国有独资企业	24	21.6	4.26	2.24	2.02	65.56	63.90	1.66
其他有限责任公司	45	40.5	2.47	2.23	0.24	63.40	61.48	1.92
股份有限公司	20	18.0	0.49	4.39	-3.90	56.28	53.03	3.25
港澳台合资企业	2	1.8	0.29	0.29	0.00	44.83	50.67	-5.84
其他	4	3.6	1.46	0.36	1.10	74.22	69.55	4.67

续表

类 别	长期负债与资产总计比率			已获利息倍数(倍)		
	本年实际	去年同期	增减幅度	本年实际	去年同期	增减幅度
总 计	**16.43**	**18.65**	**-2.22**	**2.81**	**2.41**	**0.40**
按集团审批部门分						
国务院	5.66	6.51	-0.85	6.07	4.54	1.53
国务院主管部门	12.73	13.52	-0.79	1.45	1.25	0.20
省级人民政府	19.76	22.15	-2.39	2.71	2.43	0.28
省级人民政府主管部门	20.86	24.65	-3.79	3.40	2.38	1.02
其他	11.93	13.17	-1.24	1.87	2.17	-0.30
按母公司控股情况分						
国有及国有控股小计	17.96	20.49	-2.53	2.65	2.23	0.42
国有绝对控股	18.60	21.45	-2.85	2.90	2.15	0.75
国有相对控股	9.43	8.92	0.51	0.16	3.07	-2.91
集体及集团控股小计	10.20	11.16	-0.96	2.18	3.08	-0.90
集体绝对控股	7.99	7.84	0.15	1.67	2.80	-1.13
集体相对控股	18.76	25.43	-6.67	7.01	9.04	-2.03
其他	10.64	10.29	0.35	3.75	3.31	0.44
按集团主营行业分						
第一产业合计	6.73	4.92	1.81	2.13	3.40	-1.27
农、林、牧、渔业	6.73	4.92	1.81	2.13	3.40	-1.27
第二产业合计	17.24	20.31	-3.07	3.21	2.42	0.79
工业小计	14.41	16.67	-2.26	3.55	2.62	0.93
采矿业	13.26	18.64	-5.38	9.63	4.19	5.44
制造业	14.64	16.31	-1.67	2.35	2.30	0.05
建筑业	34.00	39.57	-5.57	1.24	1.19	0.05
第三产业合计	13.23	11.65	1.58	0.79	2.28	-1.49
交通运输、仓储和邮政业				1.21	-0.76	
批发和零售业	7.08	7.07	0.01	-1.06	1.55	
住宿和餐饮业	13.44	7.16	6.28	3.10	4.05	-0.95
房地产业	15.12	16.77	-1.65	3.11	2.45	0.66
其他合计	21.80	12.91	8.89	1.48	3.30	-1.82
租赁和商务服务业	19.73	12.07	7.66	1.43	3.79	-2.36
公共管理和社会组织	47.58	23.15	24.43	1.74	1.47	0.27
按母公司登记注册类型分						
国有企业	9.31	9.97	-0.66	3.14	2.68	0.46
公司制企业小计	18.41	21.26	-2.85	2.75	2.36	0.39
国有独资企业	24.07	27.95	-3.88	3.57	2.26	1.31
其他有限责任公司	15.99	18.77	-2.78	2.48	2.17	0.31
股份有限公司	10.75	10.14	0.61	1.25	3.28	-2.03
港澳台合资企业	1.21	3.52	-2.31	2.04	1.99	0.05
其他	35.39	16.08	19.31	1.38	1.11	0.27

续表

类　别	流动比率			速动比率		
	本年实际	去年同期	增减幅度	本年实际	去年同期	增减幅度
总　计	**96.47**	**108.81**	**-12.34**	**64.82**	**72.69**	**-7.87**
按集团审批部门分						
国务院	107.43	105.84	1.59	76.63	78.27	-1.64
国务院主管部门	95.86	106.81	-10.95	58.25	65.47	-7.22
省级人民政府	86.43	103.69	-17.26	65.04	74.10	-9.06
省级人民政府主管部门	96.16	110.23	-14.07	66.35	78.41	-12.06
其他	108.29	117.68	-9.39	61.00	65.88	-4.88
按母公司控股情况分						
国有及国有控股小计	95.21	105.06	-9.85	63.99	70.71	-6.72
国有绝对控股	94.95	104.95	-10.00	63.09	70.01	-6.92
国有相对控股	98.98	106.52	-7.54	76.96	79.85	-2.89
集体及集团控股小计	84.28	108.87	-24.59	67.30	82.70	-15.40
集体绝对控股	83.64	105.11	-21.47	66.93	83.11	-16.18
集体相对控股	87.00	128.94	-41.94	68.88	80.52	-11.64
其他	110.15	134.89	-24.74	69.21	82.87	-13.66
按集团主营行业分						
第一产业合计	96.94	128.23	-31.29	63.15	95.82	-32.67
农、林、牧、渔业	96.94	128.23	-31.29	63.15	95.82	-32.67
第二产业合计	94.47	109.88	-15.41	66.90	76.29	-9.39
工业小计	92.52	105.76	-13.24	63.50	70.15	-6.65
采矿业	66.46	75.57	-9.11	45.67	50.07	-4.40
制造业	97.76	111.36	-13.60	67.08	73.87	-6.79
建筑业	109.32	139.54	-30.22	92.75	120.44	-27.69
第三产业合计	104.03	104.32	-0.29	56.98	59.20	-2.22
交通运输、仓储和邮政业	78.15	72.52	5.63	71.20	69.37	1.83
批发和零售业	86.36	92.93	-6.57	60.24	64.24	-4.00
住宿和餐饮业	100.98	93.99	6.99	93.79	87.62	6.17
房地产业	126.95	127.89	-0.94	45.08	46.41	-1.33
其他合计	87.07	81.48	5.59	75.09	68.88	6.21
租赁和商务服务业	90.15	85.80	4.35	78.40	73.61	4.79
公共管理和社会组织	46.44	45.86	0.58	31.42	29.81	1.61
按母公司登记注册类型分						
国有企业	105.63	103.52	2.11	66.53	67.64	-1.11
公司制企业小计	93.01	111.40	-18.39	64.24	75.11	-10.87
国有独资企业	82.45	101.91	-19.46	62.35	77.71	-15.36
其他有限责任公司	98.63	117.16	-18.53	62.95	70.59	-7.64
股份有限公司	99.06	112.71	-13.65	74.83	81.70	-6.87
港澳台合资企业	125.87	162.00	-36.13	67.02	95.11	-28.09
其他	62.16	64.03	-1.87	37.74	40.36	-2.62

续表

类　别	新产品销售收入与营业收入比率			研究开发费用与营业收入比率		
	本年实际	去年同期	增减幅度	本年实际	去年同期	增减幅度
总　计	**8.25**	**7.83**	**0.42**	**2.18**	**2.03**	**0.15**
按集团审批部门分						
国务院	7.33	6.23	1.10	3.10	1.85	1.25
国务院主管部门	33.97	25.67	8.30	8.21	10.75	-2.54
省级人民政府	4.85	4.16	0.69	0.59	0.65	-0.06
省级人民政府主管部门	7.50	8.43	-0.93	0.75	0.79	-0.04
其他	10.46	11.10	-0.64	6.06	4.84	1.22
按母公司控股情况分						
国有及国有控股小计	10.48	9.48	1.00	2.70	2.42	0.28
国有绝对控股	11.22	10.40	0.82	2.82	2.56	0.26
国有相对控股	1.45	0.53	0.92	1.19	1.08	0.11
集体及集团控股小计				0.32	0.29	0.03
集体绝对控股				0.01	0.05	-0.04
集体相对控股				1.58	0.91	0.67
其他	0.68	0.80	-0.12	0.41	0.37	0.04
按集团主营行业分						
第一产业合计				0.32	2.47	-2.15
农、林、牧、渔业				0.32	2.47	-2.15
第二产业合计	10.20	9.86	0.34	2.68	2.55	0.13
工业小计	11.02	10.71	0.31	2.90	2.77	0.13
采矿业	0.72	1.04	-0.32	0.10	0.16	-0.06
制造业	14.27	13.56	0.71	3.78	3.54	0.24
建筑业						
第三产业合计	0.01	0.30	-0.29	0.04	0.05	-0.01
交通运输、仓储和邮政业				0.26		
批发和零售业					0.01	
住宿和餐饮业						
房地产业	0.03	1.57	-1.54	0.16	0.21	-0.05
其他合计				0.06	0.02	0.04
租赁和商务服务业				0.07	0.03	0.04
公共管理和社会组织						
按母公司登记注册类型分						
国有企业	7.96	8.06	-0.10	1.71	1.32	0.39
公司制企业小计	8.37	7.78	0.59	2.33	2.28	0.05
国有独资企业	7.15	6.88	0.27	0.72	0.86	-0.14
其他有限责任公司	12.11	11.69	0.42	4.32	4.33	-0.01
股份有限公司	0.35	0.32	0.03	0.44	0.42	0.02
港澳台合资企业						
其他		0.12		0.13	0.20	-0.07

续表

类别	成本费用利润率			资产利税率		
	本年实际	去年同期	增减幅度	本年实际	去年同期	增减幅度
总　计	**4.34**	**4.47**	**-0.13**	**4.55**	**4.31**	**0.24**
按集团审批部门分						
国务院	6.18	5.63	0.55	7.50	7.29	0.21
国务院主管部门	1.92	1.29	0.63	1.54	1.47	0.07
省级人民政府	4.81	5.04	-0.23	5.44	4.76	0.68
省级人民政府主管部门	4.53	4.02	0.51	5.44	4.71	0.73
其他	2.39	4.23	-1.84	2.06	2.80	-0.74
按母公司控股情况分						
国有及国有控股小计	4.12	4.02	0.10	4.52	4.22	0.30
国有绝对控股	4.71	3.80	0.91	4.76	4.10	0.66
国有相对控股	-2.36	6.13		1.31	5.65	-4.34
集体及集团控股小计	2.29	8.84	-6.55	3.96	5.36	-1.40
集体绝对控股	1.44	10.12	-8.68	3.75	5.37	-1.62
集体相对控股	6.14	5.51	0.63	4.77	5.32	-0.55
其他	5.79	5.88	-0.09	4.89	4.48	0.41
按集团主营行业分						
第一产业合计	5.33	9.47	-4.14	1.54	2.22	-0.68
农、林、牧、渔业	5.33	9.47	-4.14	1.54	2.22	-0.68
第二产业合计	5.53	5.00	0.53	5.33	4.65	0.68
工业小计	5.77	5.04	0.73	6.05	5.38	0.67
采矿业	15.28	7.76	7.52	18.19	12.89	5.30
制造业	3.24	4.29	-1.05	3.66	4.01	-0.35
建筑业	1.61	3.51	-1.90	1.05	0.79	0.26
第三产业合计	-0.41	2.54		1.15	2.81	-1.66
交通运输、仓储和邮政业	1.61	-46.05		0.89	-2.38	
批发和零售业	-2.54	0.77		-0.81	2.20	
住宿和餐饮业	4.93	7.06	-2.13	2.29	4.01	-1.72
房地产业	4.63	4.08	0.55	2.35	2.39	-0.04
其他合计	2.85	8.00	-5.15	1.97	4.99	-3.02
租赁和商务服务业	2.49	8.55	-6.06	1.62	5.06	-3.44
公共管理和社会组织	4.91	3.27	1.64	6.24	4.12	2.12
按母公司登记注册类型分						
国有企业	4.04	4.29	-0.25	3.99	3.91	0.08
公司制企业小计	4.43	4.54	-0.11	4.72	4.44	0.28
国有独资企业	7.20	4.45	2.75	7.14	5.38	1.76
其他有限责任公司	3.58	4.08	-0.50	3.30	3.38	-0.08
股份有限公司	0.57	5.93	-5.36	2.56	5.34	-2.78
港澳台合资企业	3.01	2.96	0.05	0.67	0.82	-0.15
其他	2.38	0.70	1.68	3.84	2.53	1.31

续表

类　别	总资产使用率			流动资产比率		
	本年实际	去年同期	增减幅度	本年实际	去年同期	增减幅度
总　计	**52.25**	**47.34**	**4.91**	**46.59**	**48.31**	**-1.72**
按集团审批部门分						
国务院	71.70	69.85	1.85	53.42	49.92	3.50
国务院主管部门	34.53	32.31	2.22	47.37	47.74	-0.37
省级人民政府	49.29	43.22	6.07	40.18	43.28	-3.10
省级人民政府主管部门	73.61	64.31	9.30	44.22	46.72	-2.50
其他	36.16	34.79	1.37	57.01	59.01	-2.00
按母公司控股情况分						
国有及国有控股小计	51.00	47.32	3.68	47.62	47.83	-0.21
国有绝对控股	50.78	46.58	4.20	47.73	48.06	-0.33
国有相对控股	53.86	56.31	-2.45	46.05	45.04	1.01
集体及集团控股小计	48.55	34.29	14.26	45.16	46.41	-1.25
集体绝对控股	49.70	30.84	18.86	45.60	46.51	-0.91
集体相对控股	44.10	49.11	-5.01	43.49	45.98	-2.49
其他	59.74	51.65	8.09	41.87	51.74	-9.87
按集团主营行业分						
第一产业合计	31.58	25.37	6.21	38.84	45.00	-6.16
农、林、牧、渔业	31.58	25.37	6.21	38.84	45.00	-6.16
第二产业合计	51.93	45.55	6.38	44.09	46.12	-2.03
工业小计	56.28	50.00	6.28	44.61	46.33	-1.72
采矿业	82.93	74.51	8.42	32.65	33.54	-0.89
制造业	51.04	45.53	5.51	46.96	48.67	-1.71
建筑业	26.20	22.04	4.16	41.02	44.96	-3.94
第三产业合计	54.83	57.04	-2.21	58.48	58.86	-0.38
交通运输、仓储和邮政业	21.29	1.00	20.29	22.08	36.27	-14.19
批发和零售业	101.83	88.99	12.84	56.66	58.59	-1.93
住宿和餐饮业	27.02	36.37	-9.35	36.95	40.98	-4.03
房地产业	28.09	29.87	-1.78	72.56	71.59	0.97
其他合计	32.03	47.77	-15.74	36.24	36.98	-0.74
租赁和商务服务业	29.26	46.64	-17.38	37.67	37.58	0.09
公共管理和社会组织	66.59	61.48	5.11	18.34	29.60	-11.26
按母公司登记注册类型分						
国有企业	54.40	51.95	2.45	64.09	61.09	3.00
公司制企业小计	51.64	45.97	5.67	41.64	44.55	-2.91
国有独资企业	49.97	43.52	6.45	34.21	36.64	-2.43
其他有限责任公司	50.89	44.72	6.17	46.76	50.05	-3.29
股份有限公司	64.32	60.68	3.64	45.10	48.34	-3.24
港澳台合资企业	6.39	7.40	-1.01	54.90	76.39	-21.49
其他	50.74	45.12	5.62	24.14	34.23	-10.09

续表

类　别	研究开发费用与主营业务收入比率		
	本年实际	去年同期	增减幅度
总　计	**2.21**	**2.06**	**0.15**
按集团审批部门分			
国务院	3.19	1.85	1.34
国务院主管部门	8.23	10.75	－2.52
省级人民政府	0.59	0.66	－0.07
省级人民政府主管部门	0.76	0.81	－0.05
其他	6.11	4.96	1.15
按母公司控股情况分			
国有及国有控股小计	2.74	2.44	0.30
国有绝对控股	2.85	2.58	0.27
国有相对控股	1.24	1.13	0.11
集体及集团控股小计	0.33	0.30	0.03
集体绝对控股	0.01	0.05	－0.04
集体相对控股	1.71	1.00	0.71
其他	0.41	0.38	0.03
按集团主营行业分			
第一产业合计	0.33	2.48	－2.15
农、林、牧、渔业	0.33	2.48	－2.15
第二产业合计	2.72	2.59	0.13
工业小计	2.94	2.81	0.13
采矿业	0.10	0.16	－0.06
制造业	3.84	3.60	0.24
建筑业			
第三产业合计	0.04	0.05	－0.01
交通运输、仓储和邮政业	0.27		
批发和零售业		0.01	
住宿和餐饮业			
房地产业	0.16	0.21	－0.05
其他合计	0.06	0.02	0.04
租赁和商务服务业	0.07	0.03	0.04
公共管理和社会组织			
按母公司登记注册类型分			
国有企业	1.76	1.34	0.42
公司制企业小计	2.35	2.31	0.04
国有独资企业	0.73	0.86	－0.13
其他有限责任公司	4.35	4.40	－0.05
股份有限公司	0.45	0.43	0.02
港澳台合资企业			
其他	0.13	0.20	－0.07

陕西省企业集团按属性分组的主要业务指标

(2003年) 单位:万元

类别	单位数(个)		农林牧渔业总产值		
	单位数	比重(%)	本年实际	去年同期	增减幅度
总计	**111**	**100.0**	**67773**	**37088**	**82.7**
按集团审批部门分					
国务院	2	1.8			
国务院主管部门	6	5.4			
省级人民政府	28	25.2	60025	33781	77.7
省级人民政府主管部门	38	34.2	7648	3198	139.1
其他	37	33.3	100	109	-8.3
按母公司控股情况分					
国有及国有控股小计	71	64.0	60115	33881	77.4
国有绝对控股	61	55.0	60115	33881	77.4
国有相对控股	10	9.0			
集体及集团控股小计	7	6.3			
集体绝对控股	5	4.5			
集体相对控股	2	1.8			
其他	33	29.7	7658	3207	138.8
按集团主营行业分					
第一产业合计	2	1.8	67673	36979	83.0
农、林、牧、渔业	2	1.8	67673	36979	83.0
第二产业合计	74	66.7	90	100	-10.0
工业小计	70	63.1	90	100	-10.0
采矿业	2	1.8			
制造业	68	61.3	90	100	-10.0
建筑业	4	3.6			
第三产业合计	35	31.5	10	9	11.1
交通运输、仓储和邮政业	1	0.9			
批发和零售业	21	18.9	10	9	11.1
住宿和餐饮业	2	1.8			
房地产业	6	5.4			
其他合计	5	4.5			
租赁和商务服务业	4	3.6			
公共管理和社会组织	1	0.9			
按母公司登记注册类型分					
国有企业	16	14.4	90	100	-10.0
公司制企业小计	91	82.0	67683	36988	83.0
国有独资企业	24	21.6	60025	33781	77.7
其他有限责任公司	45	40.5	7658	3207	138.8
股份有限公司	20	18.0			
港澳台合资企业	2	1.8			
其他	4	3.6			

续表 单位:万元

类别	工业总产值小计			采矿业总产值		
	本年实际	去年同期	同比(%)	本年实际	去年同期	同比(%)
总计	**7479193**	**5846396**	**27.9**	**689360**	**481312**	**43.2**
按集团审批部门分						
国务院	1146138	1029527	11.3			
国务院主管部门	466769	409146	14.1			
省级人民政府	3182428	2349015	35.5	632366	471199	34.2
省级人民政府主管部门	1881699	1257671	49.6	48549	701	6825.7
其他	802159	801037	0.1	8445	9412	-10.3
按母公司控股情况分						
国有及国有控股小计	6410117	5180374	23.7	632366	471199	34.2
国有绝对控股	6228963	5015341	24.2	632366	471199	34.2
国有相对控股	181154	165033	9.8			
集体及集团控股小计	499164	262394	90.2	8445	9412	-10.3
集体绝对控股	362736	179143	102.5	8445	9412	-10.3
集体相对控股	136428	83251	63.9			
其他	569912	403628	41.2	48549	701	6825.7
按集团主营行业分						
第一产业合计						
农、林、牧、渔业						
第二产业合计	7340546	5762333	27.4	632366	471199	34.2
工业小计	7267639	5699929	27.5	632366	471199	34.2
采矿业	2481109	1779293	39.4	632366	471199	34.2
制造业	4786530	3920636	22.1			
建筑业	72907	62404	16.8			
第三产业合计	138647	84063	64.9	56994	10113	463.6
交通运输、仓储和邮政业	325	290	12.1			
批发和零售业	65864	18762	251.0	56619	9412	501.6
住宿和餐饮业						
房地产业	45908	42164	8.9			
其他合计	26550	22847	16.2	375	701	-46.5
租赁和商务服务业	7	758	-99.1			
公共管理和社会组织	26543	22089	20.2	375	701	-46.5
按母公司登记注册类型分						
国有企业	1532128	1340918	14.3			
公司制企业小计	5918972	4480808	32.1	688985	480611	43.4
国有独资企业	3271650	2421619	35.1	632366	471199	34.2
其他有限责任公司	2182849	1697644	28.6	8445	9412	-10.3
股份有限公司	461625	358788	28.7	48174		
港澳台合资企业	2848	2757	3.3			
其他	28093	24670	13.9	375	701	-46.5

续表　　单位:万元

类　别	制造业总产值			电、煤、水业总产值		
	本年实际	去年同期	同比(%)	本年实际	去年同期	同比(%)
总　计	**6739670**	**5354303**	**25.9**	**50163**	**10781**	**365.3**
按集团审批部门分						
国务院	1146138	1029527	11.3			
国务院主管部门	466769	409146	14.1			
省级人民政府	2550062	1877816	35.8			
省级人民政府主管部门	1782987	1246189	43.1	50163	10781	365.3
其他	793714	791625	0.3			
按母公司控股情况分						
国有及国有控股小计	5773098	4705228	22.7	4653	3947	17.9
国有绝对控股	5591944	4540195	23.2	4653	3947	17.9
国有相对控股	181154	165033	9.8			
集体及集团控股小计	448218	248797	80.2	42501	4185	915.6
集体绝对控股	354291	169731	108.7			
集体相对控股	93927	79066	18.8	42501	4185	915.6
其他	518354	400278	29.5	3009	2649	13.6
按集团主营行业分						
第一产业合计						
农、林、牧、渔业						
第二产业合计	6661026	5283002	26.1	47154	8132	479.9
工业小计	6588119	5220598	26.2	47154	8132	479.9
采矿业	1848743	1308094	41.3			
制造业	4739376	3912504	21.1	47154	8132	479.9
建筑业	72907	62404	16.8			
第三产业合计	78644	71301	10.3	3009	2649	13.6
交通运输、仓储和邮政业	325	290	12.1			
批发和零售业	9245	9350	-1.1			
住宿和餐饮业						
房地产业	45908	42164	8.9			
其他合计	23166	19497	18.8	3009	2649	13.6
租赁和商务服务业	7	758	-99.1			
公共管理和社会组织	23159	18739	23.6	3009	2649	13.6
按母公司登记注册类型分						
国有企业	1532128	1340918	14.3			
公司制企业小计	5182833	3992065	29.8	47154	8132	479.9
国有独资企业	2634631	1946473	35.4	4653	3947	17.9
其他有限责任公司	2131903	1684047	26.6	42501	4185	915.6
股份有限公司	413451	358788	15.2			
港澳台合资企业	2848	2757	3.3			
其他	24709	21320	15.9	3009	2649	13.6

续表

类别	建筑业总产值(万元)			交通运输业货运量(万吨)		
	本年实际	去年同期	同比(%)	本年实际	去年同期	同比(%)
总计	**1122195**	**772757**	**45.2**	**421**	**51**	**725.5**
按集团审批部门分						
国务院						
国务院主管部门	1300	1346	－3.4	2	3	－33.3
省级人民政府	1051620	702442	49.7	28	33	－15.2
省级人民政府主管部门	56711	47166	20.2	362	2	18000.0
其他	12564	21803	－42.4	29	13	123.1
按母公司控股情况分						
国有及国有控股小计	1092684	750660	45.6	61	50	22.0
国有绝对控股	1092684	750660	45.6	33	18	83.3
国有相对控股				28	32	－12.5
集体及集团控股小计	9817	7337	33.8	360		
集体绝对控股	6159	2831	117.6	360		
集体相对控股	3658	4506	－18.8			
其他	19694	14760	33.4		1	
按集团主营行业分						
第一产业合计						
农、林、牧、渔业						
第二产业合计	1108851	766211	44.7	416	47	785.1
工业小计	34364	44134	－22.1	416	47	785.1
采矿业						
制造业	34364	44134	－22.1	416	47	785.1
建筑业	1074487	722077	48.8			
第三产业合计	13344	6546	103.8	5	4	25.0
交通运输、仓储和邮政业						
批发和零售业	6159	2831	117.6			
住宿和餐饮业						
房地产业	3804	106	3488.7			
其他合计	3381	3609	－6.3	5	4	25.0
租赁和商务服务业	55	106	－48.1	5	4	25.0
公共管理和社会组织	3326	3503	－5.1			
按母公司登记注册类型分						
国有企业	481124	350755	37.2			
公司制企业小计	637745	418499	52.4	421	51	725.5
国有独资企业	589799	366758	60.8	4	5	－20.0
其他有限责任公司	47946	51741	－7.3	360		
股份有限公司				57	46	23.9
港澳台合资企业						
其他	3326	3503	－5.1			

续表

类　别	交通运输业客运量(万人)			批发零售业商品销售总额(万元)		
	本年实际	去年同期	同比(%)	本年实际	去年同期	同比(%)
总　计	**37**	**42**	**－11.9**	**1860989**	**1481975**	**25.6**
按集团审批部门分						
国务院				190434	119242	59.7
国务院主管部门				12936	15536	－16.7
省级人民政府	17	26	－34.6	261425	273397	－4.4
省级人民政府主管部门				1085474	834775	30.0
其他	20	16	25.0	310720	239025	30.0
按母公司控股情况分						
国有及国有控股小计	31	37	－16.2	1048604	935198	12.1
国有绝对控股	31	37	－16.2	724647	612161	18.4
国有相对控股				323957	323037	0.3
集体及集团控股小计				12756	10254	24.4
集体绝对控股				12756	10254	24.4
集体相对控股						
其他	6	5	20.0	799629	536523	49.0
按集团主营行业分						
第一产业合计						
农、林、牧、渔业						
第二产业合计	18	14	28.6	560933	403835	38.9
工业小计	18	14	28.6	560181	403167	38.9
采矿业				13398	10470	28.0
制造业	18	14	28.6	546783	392697	39.2
建筑业				752	668	12.6
第三产业合计	19	28	－32.1	1300056	1078140	20.6
交通运输、仓储和邮政业						
批发和零售业				1223552	1008393	21.3
住宿和餐饮业	8	7	14.3			
房地产业				41803	38335	9.0
其他合计	11	21	－47.6	34701	31412	10.5
租赁和商务服务业	11	21	－47.6	34220	31114	10.0
公共管理和社会组织				481	298	61.4
按母公司登记注册类型分						
国有企业				260917	188709	38.3
公司制企业小计	37	42	－11.9	1599591	1292968	23.7
国有独资企业	19	28	－32.1	76764	74033	3.7
其他有限责任公司	18	14	28.6	834335	677618	23.1
股份有限公司				688313	541138	27.2
港澳台合资企业				179	179	0.0
其他				481	298	61.4

续表

单位:万美元

类 别	外贸进出口总额			其中:出口额		
	本年实际	去年同期	同比(%)	本年实际	去年同期	同比(%)
总 计	**38131**	**30475**	**25.1**	**26282**	**19081**	**37.7**
按集团审批部门分						
国务院	9725	7852	23.9	7616	4587	66.0
国务院主管部门	1052	1664	-36.8	635	978	-35.1
省级人民政府	9592	7649	25.4	8561	6570	30.3
省级人民政府主管部门	11605	8944	29.8	8472	6194	36.8
其他	6157	4366	41.0	998	752	32.7
按母公司控股情况分						
国有及国有控股小计	36731	29304	25.3	26282	19081	37.7
国有绝对控股	36731	29304	25.3	26282	19081	37.7
国有相对控股						
集体及集团控股小计						
集体绝对控股						
集体相对控股						
其他	1400	1171	19.6			
按集团主营行业分						
第一产业合计	507	21	2314.3	507	21	2314.3
农、林、牧、渔业	507	21	2314.3	507	21	2314.3
第二产业合计	30779	24405	26.1	20210	13727	47.2
工业小计	30779	24405	26.1	20210	13727	47.2
采矿业						
制造业	30779	24405	26.1	20210	13727	47.2
建筑业						
第三产业合计	6845	6049	13.2	5565	5333	4.4
交通运输、仓储和邮政业						
批发和零售业	4666	4759	-2.0	4635	4653	-0.4
住宿和餐饮业						
房地产业	2179	1290	68.9	930	680	36.8
其他合计						
租赁和商务服务业						
公共管理和社会组织						
按母公司登记注册类型分						
国有企业	23109	17888	29.2	17018	11461	48.5
公司制企业小计	15022	12587	19.3	9264	7620	21.6
国有独资企业	8592	6676	28.7	8561	6570	30.3
其他有限责任公司	5430	4938	10.0	703	1050	-33.0
股份有限公司	1000	973	2.8			
港澳台合资企业						
其他						

陕西省企业集团成员企业主要经济指标

（2003 年） 单位:万元

	单位数（个）	比重（%）	注册资本合计	资产总计	负债合计
总 计	**786**	**100.0**	**4716314**	**20996046**	**14046107**
按企业集团主营行业分					
第一产业合计	13	1.7	42929	201884	85141
农、林、牧、渔业	13	1.7	42929	201884	85141
第二产业合计	421	53.6	3088624	15578132	9632359
工业小计	384	48.9	2791071	13429136	8143608
采矿业	18	2.3	160232	1220345	314982
制造业	361	45.9	2615962	12123694	7763495
电子、燃气及水的生产和供应业	5	0.6	14877	85097	65131
建筑业	37	4.7	297553	2148996	1488751
第三产业合计	352	44.8	1584761	5216030	4328607
交通运输、仓储和邮政业	17	2.2	51592	247802	58845
信息传输、计算机服务和软件业	11	1.4	26828	84736	50008
批发和零售业	166	21.1	310244	1469342	1054847
住宿和餐饮业	27	3.4	82245	435466	280679
金融业	4	0.5	48000	201393	129232
房地产业	42	5.3	272314	785058	466437
其他合计	85	10.8	793538	1992233	2288559
租赁和商务服务业	41	5.2	608605	1307590	1981607
科学研究、技术服务和地质勘查业	16	2.0	62236	164061	88263
水利、环境和公共设施管理业	11	1.4	78556	277162	61953
居民服务业和其他服务业	5	0.6	10313	92050	60912
教育	2	0.3	1000	4031	511
卫生、社会保障和社会福利业	3	0.4	6260	35099	22920
文化、体育和娱乐业	5	0.6	11100	36984	25739
公共管理和社会组织	2	0.3	15468	75256	46654
按母公司登记注册类型分					
国有企业	190	24.2	1008287	4554705	2465908
公司制企业	523	66.5	3535345	15641584	11227422
国有独资企业	63	8.0	715060	3522700	3226174
其他有限责任公司	343	43.6	1691824	7325899	5526367
股份有限公司	76	9.7	899010	4171587	2091841
中外合资企业	30	3.8	138072	473510	332688
港澳台合资企业	11	1.4	91379	147888	50352
其他	73	9.3	172682	799757	352777

续表 单位:万元

	营业收入	主营业务收入	其他业务收入	利润总额	从业人员（人）
总　　计	**10953261**	**10791601**	**161660**	**457615**	**382809**
按企业集团主营行业分					
第一产业合计	55782	55162	620	3551	2214
农、林、牧、渔业	55782	55162	620	3551	2214
第二产业合计	8137987	8015250	122737	403280	322870
工业小计	7590679	7481036	109643	396911	296391
采矿业	933889	932579	1310	134992	24733
制造业	6645025	6537111	107914	261166	270748
电子、燃气及水的生产和供应业	11765	11346	419	753	910
建筑业	547308	534214	13094	6369	26479
第三产业合计	2759492	2721189	38303	50784	57725
交通运输、仓储和邮政业	146424	146289	135	14679	2021
信息传输、计算机服务和软件业	11933	10959	974	2518	774
批发和零售业	1837747	1821046	16701	-20039	24180
住宿和餐饮业	90772	89600	1172	-573	10794
金融业	5342	5342		3209	66
房地产业	312705	306403	6302	12797	2603
其他合计	354569	341550	13019	38193	17287
租赁和商务服务业	112229	108693	3536	16961	2944
科学研究、技术服务和地质勘查业	40558	39575	983	1918	4726
水利、环境和公共设施管理业	105491	105372	119	13993	2621
居民服务业和其他服务业	7761	818	6943	298	1154
教育	3670	2398	1272	1486	497
卫生、社会保障和社会福利业	7484	7484		1981	400
文化、体育和娱乐业	34797	34791	6	-644	697
公共管理和社会组织	42579	42419	160	2200	4248
按母公司登记注册类型分					
国有企业	2563133	2527092	36041	173801	88060
公司制企业	8012151	7896274	115877	246317	279034
国有独资企业	1357657	1345741	11916	106737	58930
其他有限责任公司	4142305	4089230	53075	125823	133974
股份有限公司	2247712	2200023	47689	626	77683
中外合资企业	227208	224094	3114	7300	6987
港澳台合资企业	37269	37186	83	5831	1460
其他	377977	368235	9742	37497	15715

续表　单位:%

负债合计	资产负债率	劳动生产率	销售利润	总资产使用率
总　计	**66.90**	**28.61**	**4.18**	**51.40**
按企业集团主营行业分				
第一产业合计	42.17	25.20	6.37	27.32
农、林、牧、渔业	42.17	25.20	6.37	27.32
第二产业合计	61.83	25.21	4.96	51.45
工业小计	60.64	25.61	5.23	55.71
采矿业	25.81	37.76	14.45	76.42
制造业	64.04	24.54	3.93	53.92
电子、燃气及水的生产和供应业	76.54	12.93	6.40	13.33
建筑业	69.28	20.67	1.16	24.86
第三产业合计	82.99	47.80	1.84	52.17
交通运输、仓储和邮政业	23.75	72.45	10.02	59.03
信息传输、计算机服务和软件业	59.02	15.42	21.10	12.93
批发和零售业	71.79	76.00	-1.09	123.94
住宿和餐饮业	64.45	8.41	-0.63	20.58
金融业	64.17	80.94	60.07	2.65
房地产业	59.41	120.13	4.09	39.03
其他合计	114.87	20.51	10.77	17.14
租赁和商务服务业	151.55	38.12	15.11	8.31
科学研究、技术服务和地质勘查业	53.80	8.58	4.73	24.12
水利、环境和公共设施管理业	22.35	40.25	13.26	38.02
居民服务业和其他服务业	66.17	6.73	3.84	0.89
教育	12.68	7.38	40.49	59.49
卫生、社会保障和社会福利业	65.30	18.71	26.47	21.32
文化、体育和娱乐业	69.59	49.92	-1.85	94.07
公共管理和社会组织	61.99	10.02	5.17	56.37
按母公司登记注册类型分				
国有企业	54.14	29.11	6.78	55.48
公司制企业	71.78	28.71	3.07	50.48
国有独资企业	91.58	23.04	7.86	38.20
其他有限责任公司	75.44	30.92	3.04	55.82
股份有限公司	50.14	28.93	0.03	52.74
中外合资企业	70.26	32.52	3.21	47.33
港澳台合资企业	34.05	25.53	15.65	25.14
其他	44.11	24.05	9.92	46.04

陕西省企业集团按规模分组的主要财务指标

单位:万元

类别	单位数(个)		年末资产总计			固定资产原价		
	单位数	比重(%)	本年实际	去年同期	同比(%)	本年实际	去年同期	同比(%)
总　计	**111**	**100.0**	**18453897**	**15844861**	**16.5**	**8202671**	**7538313**	**8.8**
按营业收入和资产总计分								
50亿元及以上	2	1.8	2080251	1678438	23.9	2029453	1677064	21.0
10亿元及以上	19	17.1	10775554	8610508	25.1	4720416	4151354	13.7
5亿元及以上	39	35.1	14864031	12454032	19.4	6887554	6362924	8.2
按资产总计分								
100亿—500亿元	4	3.6	4831014	3972307	21.6	2415688	2166354	11.5
50亿—100亿元	6	5.4	4626392	4148367	11.5	2183088	2105725	3.7
5亿—50亿元	58	52.3	8085346	6875379	17.6	3266126	2960362	10.3
0.5亿—5亿元	37	33.3	892317	829440	7.6	330147	298206	10.7
0.5亿元以下	6	5.4	18828	19368	-2.8	7622	7666	-0.6
按营业收入分								
100亿元及以上	1	0.9	1243389	914093	36.0	1453927	1106166	31.4
50亿—100亿元	1	0.9	836862	764345	9.5	575526	570898	0.8
5亿—50亿元	39	35.1	12867916	10842788	18.7	4878202	4704721	3.7
1亿—5亿元	38	34.2	2600288	2461626	5.6	1089577	960073	13.5
0.5亿—1亿元	14	12.6	654697	598851	9.3	105713	99884	5.8
0.1亿—0.5亿元	11	9.9	191838	196854	-2.5	78445	74841	4.8
0.1亿元以下	7	6.3	58907	66304	-11.2	21281	21730	-2.1
按利润总额分								
10亿元及以上	1	0.9	1243389	914093	36.0	1453927	1106166	31.4
5亿—10亿元	1	0.9	836862	764345	9.5	575526	570898	0.8
1亿—5亿元	10	9.0	4361562	3400830	28.2	1406130	1332544	5.5
0.5亿—1亿元	7	6.3	2953800	2324801	27.1	834976	733290	13.9
0.1亿—0.5亿元	33	29.7	5188921	4691478	10.6	2345214	2306387	1.7
0.05亿—0.1亿元	4	3.6	140095	147348	-4.9	49114	45430	8.1
0.05亿元以下	55	49.5	3729268	3601966	3.5	1537784	1443598	6.5
按从业人员分								
1万—5万人	9	8.1	6864798	5808142	18.2	3867969	3306246	17.0
0.5万—1万人	12	10.8	2436983	1914884	27.3	993604	904248	9.9
0.1万—0.5万人	48	43.2	7667127	6718445	14.1	2940459	2976719	-1.2
0.05万—0.1万人	15	13.5	718923	710860	1.1	251072	217468	15.5
0.05万人	27	24.3	766066	692530	10.6	149567	133632	11.9

续表

类　别	累计折旧			本年折旧		
	本年实际	去年同期	同比(%)	本年实际	去年同期	同比(%)
总　计	**2821089**	**2459691**	**14.7**	**432635**	**601064**	**-28.0**
按营业收入和资产总计分						
50亿元及以上	905781	713300	27.0	192634	129480	48.8
10亿元及以上	1802416	1516239	18.9	315105	360524	-12.6
5亿元及以上	2414938	2094476	15.3	379328	557350	-31.9
按资产总计分						
100亿—500亿元	905209	704250	28.5	209601	264639	-20.8
50亿—100亿元	817556	744273	9.8	86681	189240	-54.2
5亿—50亿元	1007133	931636	8.1	122028	136220	-10.4
0.5亿—5亿元	88858	77209	15.1	14113	10850	30.1
0.5亿元以下	2333	2323	0.4	212	115	84.3
按营业收入分						
100亿元及以上	617511	438813	40.7	178851	117050	52.8
50亿—100亿元	288270	274487	5.0	13783	12430	10.9
5亿—50亿元	1512230	1383360	9.3	187575	428474	-56.2
1亿—5亿元	349779	312829	11.8	46137	37617	22.6
0.5亿—1亿元	25935	23946	8.3	3876	2903	33.5
0.1亿—0.5亿元	18987	17832	6.5	2022	2151	-6.0
0.1亿元以下	8377	8424	-0.6	391	439	-10.9
按利润总额分						
10亿元及以上	617511	438813	40.7	178851	117050	52.8
5亿—10亿元	288270	274487	5.0	13783	12430	10.9
1亿—5亿元	397290	355824	11.7	67753	50598	33.9
0.5亿—1亿元	339085	304853	11.2	41639	160338	-74.0
0.1亿—0.5亿元	634530	561771	13.0	88762	194772	-54.4
0.05亿—0.1亿元	22235	19489	14.1	2736	2468	10.9
0.05亿元以下	522168	504454	3.5	39111	63408	-38.3
按从业人员分						
1万—5万人	1627394	1376516	18.2	282795	325252	-13.1
0.5万—1万人	399540	388125	2.9	26928	48632	-44.6
0.1万—0.5万人	696258	615156	13.2	104041	214850	-51.6
0.05万—0.1万人	62603	49962	25.3	12631	8176	54.5
0.05万人	35294	29932	17.9	6240	4154	50.2

续表

类　别	无形资产			累计对外投资		
	本年实际	去年同期	同比(%)	本年实际	去年同期	同比(%)
总　计	**987281**	**795713**	**24.1**	**782815**	**671158**	**16.6**
按营业收入和资产总计分						
50亿元及以上	34841	44235	-21.2	10715	8556	25.2
10亿元及以上	692822	538066	28.8	470652	371552	26.7
5亿元及以上	819364	662676	23.6	614447	509844	20.5
按资产总计分						
100亿—500亿元	59250	64236	-7.8	131148	100281	30.8
50亿—100亿元	325796	319444	2.0	200968	191961	4.7
5亿—50亿元	538208	368573	46.0	416701	343295	21.4
0.5亿—5亿元	63338	43460	45.7	33998	35621	-4.6
0.5亿元以下	689					
按营业收入分						
100亿元及以上				10715	8556	25.2
50亿—100亿元	34841	44235	-21.2			
5亿—50亿元	789926	620741	27.3	603962	501458	20.4
1亿—5亿元	109712	97426	12.6	121209	104256	16.3
0.5亿—1亿元	30541	14733	107.3	30608	37993	-19.4
0.1亿—0.5亿元	20599	16688	23.4	15654	18228	-14.1
0.1亿元以下	1662	1890	-12.1	667	667	0.0
按利润总额分						
10亿元及以上				10715	8556	25.2
5亿—10亿元	34841	44235	-21.2			
1亿—5亿元	196928	159350	23.6	363772	271208	34.1
0.5亿—1亿元	414615	290061	42.9	115608	113038	2.3
0.1亿—0.5亿元	184193	158059	16.5	150220	93215	61.2
0.05亿—0.1亿元	20490	16909	21.2	13632	14863	-8.3
0.05亿元以下	136214	127099	7.2	128868	170278	-24.3
按从业人员分						
1万—5万人	280110	291654	-4.0	124905	111045	12.5
0.5万—1万人	301907	177383	70.2	81008	95582	-15.2
0.1万—0.5万人	324700	264695	22.7	494281	400690	23.4
0.05万—0.1万人	40077	35453	13.0	25142	23596	6.6
0.05万人	40487	26528	52.6	57479	40245	42.8

续表

类别	长期投资			短期投资		
	本年实际	去年同期	同比(%)	本年实际	去年同期	同比(%)
总计	**874339**	**724710**	**20.6**	**140592**	**97569**	**44.1**
按营业收入和资产总计分						
50亿元及以上	64495	55494	16.2	2399	472	408.3
10亿元及以上	445957	347362	28.4	112635	74144	51.9
5亿元及以上	638217	536714	18.9	124259	87123	42.6
按资产总计分						
100亿—500亿元	123800	123979	-0.1	7713	7072	9.1
50亿—100亿元	153344	128226	19.6	96912	57003	70.0
5亿—50亿元	564686	445750	26.7	35590	33075	7.6
0.5亿—5亿元	32453	26699	21.6	347	419	-17.2
0.5亿元以下	56	56	0.0	30		
按营业收入分						
100亿元及以上						
50亿—100亿元	64495	55494	16.2	2399	472	408.3
5亿—50亿元	573952	481390	19.2	121872	86661	40.6
1亿—5亿元	192443	145824	32.0	15962	5033	217.1
0.5亿—1亿元	33865	33030	2.5	65	5180	-98.7
0.1亿—0.5亿元	8590	8245	4.2	30		
0.1亿元以下	994	727	36.7	264	223	18.4
按利润总额分						
10亿元及以上						
5亿—10亿元	64495	55494	16.2	2399	472	408.3
1亿—5亿元	245370	162570	50.9	85684	47461	80.5
0.5亿—1亿元	146943	142801	2.9	27852	28852	-3.5
0.1亿—0.5亿元	219404	150476	45.8	22274	13180	69.0
0.05亿—0.1亿元	13907	15155	-8.2	5	65	-92.3
0.05亿元以下	184220	198214	-7.1	2378	7539	-68.5
按从业人员分						
1万—5万人	173468	156800	10.6	81441	43341	87.9
0.5万—1万人	118848	127368	-6.7	2003	2101	-4.7
0.1万—0.5万人	504370	393321	28.2	52850	50405	4.9
0.05万—0.1万人	30956	22334	38.6	3888	1478	163.1
0.05万人	46697	24887	87.6	410	244	68.0

续表

类别	存货			流动资产年平均余额		
	本年实际	去年同期	同比(%)	本年实际	去年同期	同比(%)
总计	**2820921**	**2540785**	**11.0**	**8598245**	**7654499**	**12.3**
按营业收入和资产总计分						
50亿元及以上	182026	130490	39.5	719942	537348	34.0
10亿元及以上	1994860	1724183	15.7	5362285	4445751	20.6
5亿元及以上	2330963	2021689	15.3	6795341	5876545	15.6
按资产总计分						
100亿—500亿元	958625	785728	22.0	2079707	1760716	18.1
50亿—100亿元	762946	732282	4.2	2358257	2178683	8.2
5亿—50亿元	927813	840508	10.4	3731645	3289272	13.4
0.5亿—5亿元	166205	176411	-5.8	419262	414667	1.1
0.5亿元以下	5332	5856	-8.9	9374	11161	-16.0
按营业收入分						
100亿元及以上	87411	66794	30.9	276379	182485	51.5
50亿—100亿元	94615	63696	48.5	443563	354863	25.0
5亿—50亿元	2164559	1914613	13.1	6119418	5368835	14.0
1亿—5亿元	303012	331749	-8.7	1291950	1251163	3.3
0.5亿—1亿元	145774	130992	11.3	369690	387577	-4.6
0.1亿—0.5亿元	14710	19848	-25.9	63622	73398	-13.3
0.1亿元以下	10840	13093	-17.2	33623	36178	-7.1
按利润总额分						
10亿元及以上	87411	66794	30.9	276379	182485	51.5
5亿—10亿元	94615	63696	48.5	443563	354863	25.0
1亿—5亿元	1037018	888857	16.7	2245838	1801597	24.7
0.5亿—1亿元	513142	470435	9.1	1483516	1293809	14.7
0.1亿—0.5亿元	568588	509525	11.6	2156081	2047295	5.3
0.05亿—0.1亿元	17129	13396	27.9	80653	81939	-1.6
0.05亿元以下	503018	528082	-4.7	1912215	1892511	1.0
按从业人员分						
1万—5万人	1139970	1020062	11.8	3430202	2953548	16.1
0.5万—1万人	223384	202713	10.2	1012021	881011	14.9
0.1万—0.5万人	1228470	1066895	15.1	3330227	2983856	11.6
0.05万—0.1万人	69408	98518	-29.5	413165	426944	-3.2
0.05万人	159689	152597	4.6	412630	409140	0.9

续表

类别	应收账款			年末负债合计		
	本年实际	去年同期	同比(%)	本年实际	去年同期	同比(%)
总计	**1681073**	**1494192**	**12.5**	**11945224**	**9990375**	**19.6**
按营业收入和资产总计分						
50亿元及以上	83998	120249	-30.1	1169794	967647	20.9
10亿元及以上	1104766	936302	18.0	6835299	5341293	28.0
5亿元及以上	1321977	1144894	15.5	9684282	7925703	22.2
按资产总计分						
100亿—500亿元	313136	265167	18.1	3353787	2738470	22.5
50亿—100亿元	515421	479964	7.4	2771606	2408174	15.1
5亿—50亿元	756975	660175	14.7	5201034	4287995	21.3
0.5亿—5亿元	93548	86758	7.8	604934	541846	11.6
0.5亿元以下	1993	2128	-6.3	13863	13890	-0.2
按营业收入分						
100亿元及以上	36700	42545	-13.7	785053	610661	28.6
50亿—100亿元	47298	77704	-39.1	384741	356986	7.8
5亿—50亿元	1252900	1036805	20.8	8574226	7004114	22.4
1亿—5亿元	268163	264766	1.3	1572473	1421436	10.6
0.5亿—1亿元	52543	53899	-2.5	407251	374838	8.6
0.1亿—0.5亿元	13956	13207	5.7	170782	176393	-3.2
0.1亿元以下	9513	5266	80.6	50698	45947	10.3
按利润总额分						
10亿元及以上	36700	42545	-13.7	785053	610661	28.6
5亿—10亿元	47298	77704	-39.1	384741	356986	7.8
1亿—5亿元	286987	242207	18.5	2698149	1965783	37.3
0.5亿—1亿元	444537	331504	34.1	1889333	1459694	29.4
0.1亿—0.5亿元	444275	375343	18.4	3457879	3126714	10.6
0.05亿—0.1亿元	9604	11131	-13.7	74494	84642	-12.0
0.05亿元以下	411672	413758	-0.5	2655575	2385895	11.3
按从业人员分						
1万—5万人	842672	730829	15.3	4592135	3831068	19.9
0.5万—1万人	261531	220039	18.9	1551758	1134497	36.8
0.1万—0.5万人	400075	384447	4.1	4727301	4049598	16.7
0.05万—0.1万人	77394	72065	7.4	579750	534265	8.5
0.05万人	99401	86812	14.5	494280	440947	12.1

续表

类　别	流动负债			年末股东权益总计		
	本年实际	去年同期	同比(%)	本年实际	去年同期	同比(%)
总　计	**8913142**	**7034740**	**26.7**	**6508673**	**5854486**	**11.2**
按营业收入和资产总计分						
50亿元及以上	1036347	777186	33.3	910457	710791	28.1
10亿元及以上	5660231	4214476	34.3	3940255	3269215	20.5
5亿元及以上	7034427	5339886	31.7	5179749	4528329	14.4
按资产总计分						
100亿—500亿元	2205835	1479504	49.1	1477227	1233837	19.7
50亿—100亿元	2229337	1915091	16.4	1854786	1740193	6.6
5亿—50亿元	3961940	3171151	24.9	2884312	2587384	11.5
0.5亿—5亿元	502896	455833	10.3	287383	287594	-0.1
0.5亿元以下	13134	13161	-0.2	4965	5478	-9.4
按营业收入分						
100亿元及以上	696881	460011	51.5	458336	303432	51.1
50亿—100亿元	339466	317175	7.0	452121	407359	11.0
5亿—50亿元	6042748	4597252	31.4	4293690	3838674	11.9
1亿—5亿元	1288705	1144310	12.6	1027815	1040190	-1.2
0.5亿—1亿元	369483	336350	9.9	247446	224013	10.5
0.1亿—0.5亿元	128742	135781	-5.2	21056	20461	2.9
0.1亿元以下	47117	43861	7.4	8209	20357	-59.7
按利润总额分						
10亿元及以上	696881	460011	51.5	458336	303432	51.1
5亿—10亿元	339466	317175	7.0	452121	407359	11.0
1亿—5亿元	2028059	1449406	39.9	1663413	1435047	15.9
0.5亿—1亿元	1591381	1145004	39.0	1064467	865107	23.0
0.1亿—0.5亿元	2017267	1577551	27.9	1731042	1564764	10.6
0.05亿—0.1亿元	70247	78479	-10.5	65601	62706	4.6
0.05亿元以下	2169841	2007114	8.1	1073693	1216071	-11.7
按从业人员分						
1万—5万人	3864695	3034470	27.4	2272663	1977074	15.0
0.5万—1万人	1227461	912299	34.5	885225	780387	13.4
0.1万—0.5万人	2858442	2243887	27.4	2939826	2668847	10.2
0.05万—0.1万人	512334	459497	11.5	139173	176595	-21.2
0.05万人	450210	384587	17.1	271786	251583	8.0

续表

类　别	年末少数股东权益			年末股东(所有者)权益合计		
	本年实际	去年同期	同比(%)	本年实际	去年同期	同比(%)
总　计	**1048294**	**979223**	**7.1**	**5460379**	**4875263**	**12.0**
按营业收入和资产总计分						
50亿元及以上	103098	108471	-5.0	807359	602320	34.0
10亿元及以上	702739	637148	10.3	3237516	2632067	23.0
5亿元及以上	805888	739921	8.9	4373861	3788408	15.5
按资产总计分						
100亿—500亿元	220446	159632	38.1	1256781	1074205	17.0
50亿—100亿元	331550	329874	0.5	1523236	1410319	8.0
5亿—50亿元	481878	469976	2.5	2402434	2117408	13.5
0.5亿—5亿元	14420	19741	-27.0	272963	267853	1.9
0.5亿元以下				4965	5478	-9.4
按营业收入分						
100亿元及以上	22001	19446	13.1	436335	283986	53.6
50亿—100亿元	81097	89025	-8.9	371024	318334	16.6
5亿—50亿元	706016	633407	11.5	3587674	3205267	11.9
1亿—5亿元	170504	160620	6.2	857311	879570	-2.5
0.5亿—1亿元	68676	76725	-10.5	178770	147288	21.4
0.1亿—0.5亿元				21056	20461	2.9
0.1亿元以下				8209	20357	-59.7
按利润总额分						
10亿元及以上	22001	19446	13.1	436335	283986	53.6
5亿—10亿元	81097	89025	-8.9	371024	318334	16.6
1亿—5亿元	322391	306168	5.3	1341022	1128879	18.8
0.5亿—1亿元	302700	239550	26.4	761767	625557	21.8
0.1亿—0.5亿元	177439	152768	16.1	1553603	1411996	10.0
0.05亿—0.1亿元	205	67	206.0	65396	62639	4.4
0.05亿元以下	142461	172199	-17.3	931232	1043872	-10.8
按从业人员分						
1万—5万人	348648	399376	-12.7	1924015	1577698	22.0
0.5万—1万人	141100	101004	39.7	744125	679383	9.5
0.1万—0.5万人	512952	450618	13.8	2426874	2218229	9.4
0.05万—0.1万人	23555	12611	86.8	115618	163984	-29.5
0.05万人	22039	15614	41.1	249747	235969	5.8

续表

类别	股本			营业收入		
	本年实际	去年同期	同比(%)	本年实际	去年同期	同比(%)
总计	**3229138**	**3139192**	**2.9**	**9773586**	**7608766**	**28.5**
按营业收入和资产总计分						
50亿元及以上	227431	227324		2098155	1617190	29.7
10亿元及以上	1663718	1514769	9.8	6902356	4986791	38.4
5亿元及以上	2395089	2255506	6.2	8407012	6330913	32.8
按资产总计分						
100亿—500亿元	579114	579007		2229463	1588599	40.3
50亿—100亿元	775574	719774	7.8	2598641	2117730	22.7
5亿—50亿元	1583290	1463981	8.1	4351031	3390938	28.3
0.5亿—5亿元	285805	371075	-23.0	582750	501583	16.2
0.5亿元以下	5355	5355		11701	9916	18.0
按营业收入分						
100亿元及以上	127431	127324	0.1	1315659	897043	46.7
50亿—100亿元	100000	100000		782496	720147	8.7
5亿—50亿元	2178841	2039365	6.8	6489135	4858027	33.6
1亿—5亿元	569255	530258	7.4	1049523	1002706	4.7
0.5亿—1亿元	167013	254195	-34.3	105472	100025	5.4
0.1亿—0.5亿元	66244	63067	5.0	29373	27803	5.6
0.1亿元以下	20354	24983	-18.5	1928	3015	-36.1
按利润总额分						
10亿元及以上	127431	127324	0.1	1315659	897043	46.7
5亿—10亿元	100000	100000		782496	720147	8.7
1亿—5亿元	710450	576720	23.2	2760924	1931337	43.0
0.5亿—1亿元	438987	438987		1379518	1022154	35.0
0.1亿—0.5亿元	894549	862772	3.7	2028325	1631132	24.4
0.05亿—0.1亿元	43578	43578		74995	61766	21.4
0.05亿元以下	914143	989811	-7.6	1431669	1345187	6.4
按从业人员分						
1万—5万人	1094865	972064	12.6	4559668	3503064	30.2
0.5万—1万人	485015	488155	-0.6	1152052	795007	44.9
0.1万—0.5万人	1257320	1206173	4.2	3449649	2741811	25.8
0.05万—0.1万人	172857	163089	6.0	314344	297196	5.8
0.05万人	219081	309711	-29.3	297873	271688	9.6

续表

类别	主营业务收入			主营业务成本		
	本年实际	去年同期	同比(%)	本年实际	去年同期	同比(%)
总计	**9642980**	**7500177**	**28.6**	**7507540**	**5654940**	**32.8**
按营业收入和资产总计分						
50亿元及以上	2098155	1617190	29.7	1633507	1305551	25.1
10亿元及以上	6834210	4940027	38.3	5256034	3618230	45.3
5亿元及以上	8300017	6255838	32.7	6441919	4659032	38.3
按资产总计分						
100亿—500亿元	2229060	1585742	40.6	1704933	1234468	38.1
50亿—100亿元	2538725	2093811	21.2	1815407	1357692	33.7
5亿—50亿元	4284831	3313720	29.3	3496092	2638195	32.5
0.5亿—5亿元	578663	496988	16.4	480874	415939	15.6
0.5亿元以下	11701	9916	18.0	10234	8646	18.4
按营业收入分						
100亿元及以上	1315659	897043	46.7	978378	701288	39.5
50亿—100亿元	782496	720147	8.7	655129	604263	8.4
5亿—50亿元	6380948	4781264	33.5	4979546	3490852	42.6
1亿—5亿元	1031288	973835	5.9	790345	757937	4.3
0.5亿—1亿元	101823	97520	4.4	79326	74987	5.8
0.1亿—0.5亿元	28888	27404	5.4	23689	23963	-1.1
0.1亿元以下	1878	2964	-36.6	1127	1650	-31.7
按利润总额分						
10亿元及以上	1315659	897043	46.7	978378	701288	39.5
5亿—10亿元	782496	720147	8.7	655129	604263	8.4
1亿—5亿元	2752222	1925909	42.9	2137498	1488232	43.6
0.5亿—1亿元	1321678	981460	34.7	1023293	723665	41.4
0.1亿—0.5亿元	1980329	1579438	25.4	1426621	962951	48.2
0.05亿—0.1亿元	74975	61749	21.4	63986	51616	24.0
0.05亿元以下	1415621	1334431	6.1	1222635	1122925	8.9
按从业人员分						
1万—5万人	4499813	3476865	29.4	3399311	2499420	36.0
0.5万—1万人	1143387	775732	47.4	950063	601978	57.8
0.1万—0.5万人	3393048	2692335	26.0	2659690	2081548	27.8
0.05万—0.1万人	310766	285723	8.8	237650	232685	2.1
0.05万人	295966	269522	9.8	260826	239309	9.0

续表

类别	主营业务税金及附加			其他业务收入		
	本年实际	去年同期	同比(%)	本年实际	去年同期	同比(%)
总　计	**166391**	**141902**	**17.3**	**130606**	**108589**	**20.3**
按营业收入和资产总计分						
50亿元及以上	90533	77097	17.4			
10亿元及以上	137047	115959	18.2	68146	46764	45.7
5亿元及以上	154021	130626	17.9	106995	75075	42.5
按资产总计分						
100亿—500亿元	101564	84176	20.7	403	2857	－85.9
50亿—100亿元	29562	26790	10.3	59916	23919	150.5
5亿—50亿元	30389	26327	15.4	66200	77218	－14.3
0.5亿—5亿元	4761	4586	3.8	4087	4595	－11.1
0.5亿元以下	115	23	400.0			
按营业收入分						
100亿元及以上	87304	73532	18.7			
50亿—100亿元	3229	3565	－9.4			
5亿—50亿元	63559	53579	18.6	108187	76763	40.9
1亿—5亿元	9289	8430	10.2	18235	28871	－36.8
0.5亿—1亿元	2478	2504	－1.0	3649	2505	45.7
0.1亿—0.5亿元	493	196	151.5	485	399	21.6
0.1亿元以下	39	96	－59.4	50	51	－2.0
按利润总额分						
10亿元及以上	87304	73532	18.7			
5亿—10亿元	3229	3565	－9.4			
1亿—5亿元	29575	26197	12.9	8702	5428	60.3
0.5亿—1亿元	10109	8432	19.9	57840	40694	42.1
0.1亿—0.5亿元	26401	18039	46.4	47996	51694	－7.2
0.05亿—0.1亿元	1132	989	14.5	20	17	17.6
0.05亿元以下	8641	11148	－22.5	16048	10756	49.2
按从业人员分						
1万—5万人	107446	92484	16.2	59855	26199	128.5
0.5万—1万人	7580	7239	4.7	8665	19275	－55.0
0.1万—0.5万人	43666	34487	26.6	56601	49476	14.4
0.05万—0.1万人	4604	4975	－7.5	3578	11473	－68.8
0.05万人	3095	2717	13.9	1907	2166	－12.0

续表

类　别	新产品销售收入			出口销售总额		
	本年实际	去年同期	同比(%)	本年实际	去年同期	同比(%)
总　计	**806428**	**595684**	**35.4**	**512830**	**429043**	**19.5**
按营业收入和资产总计分						
50亿元及以上				109171	128080	-14.8
10亿元及以上	531291	381702	39.2	356087	291328	22.2
5亿元及以上	702413	509429	37.9	419069	332889	25.9
按资产总计分						
100亿—500亿元	154127	126287	22.0	21624	20281	6.6
50亿—100亿元	132751	76876	72.7	249742	207452	20.4
5亿—50亿元	504932	378729	33.3	235456	197050	19.5
0.5亿—5亿元	13712	12903	6.3	6008	4260	41.0
0.5亿元以下	906	889	1.9			
按营业收入分						
100亿元及以上				109171	128080	-14.8
50亿—100亿元	702413	509429	37.9	309898	205402	50.9
5亿—50亿元	101801	82796	23.0	92745	95092	-2.5
1亿—5亿元	1308	2542	-48.5	710	469	51.4
0.5亿—1亿元	906	889	1.9	306		
0.1亿—0.5亿元		28				
0.1亿元以下						
按利润总额分						
10亿元及以上				109171	128080	-14.8
5亿—10亿元	171292	89396	91.6	66883	42439	57.6
1亿—5亿元	241473	184555	30.8	96545	56921	69.6
0.5亿—1亿元	160251	119580	34.0	67040	59008	13.6
0.1亿—0.5亿元	8551	7321	16.8	13892	12543	10.8
0.05亿—0.1亿元	224861	194832	15.4	159299	130052	22.5
0.05亿元以下	327209	209392	56.3	289834	243922	18.8
按从业人员分						
1万—5万人	258404	237761	8.7	112393	93346	20.4
0.5万—1万人	209642	138139	51.8	61310	46517	31.8
0.1万—0.5万人	3869	4638	-16.6	9229	11220	-17.7
0.05万—0.1万人	7304	5754	26.9	40064	34038	17.7
0.05万人						

续表

类　别	跌价损失和营业、管理、财务等费用			税　金		
	本年实际	去年同期	同比(%)	本年实际	去年同期	同比(%)
总　计	**1467461**	**1153487**	**27.2**	**31254**	**25714**	**21.5**
按营业收入和资产总计分						
50 亿元及以上	132387	123215	7.4	2603	2469	5.4
10 亿元及以上	807448	657426	22.8	12089	9954	21.4
5 亿元及以上	1144915	921739	24.2	19452	15843	22.8
按资产总计分						
100 亿—500 亿元	217813	186309	16.9	3605	2751	31.0
50 亿—100 亿元	377112	312744	20.6	5876	4886	20.3
5 亿—50 亿元	785549	578773	35.7	19511	16696	16.9
0.5 亿—5 亿元	85985	74171	15.9	2187	1316	66.2
0.5 亿元以下	1002	1490	-32.8	75	65	15.4
按营业收入分						
100 亿元及以上	64516	56379	14.4	1438	1319	9.0
50 亿—100 亿元	67871	66836	1.5	1165	1150	1.3
5 亿—50 亿元	1019242	803569	26.8	16944	13458	25.9
1 亿—5 亿元	276606	188619	46.6	10648	9059	17.5
0.5 亿—1 亿元	22998	23868	-3.6	621	370	67.8
0.1 亿—0.5 亿元	9845	10130	-2.8	350	285	22.8
0.1 亿元以下	6383	4086	56.2	88	73	20.5
按利润总额分						
10 亿元及以上	64516	56379	14.4	1438	1319	9.0
5 亿—10 亿元	67871	66836	1.5	1165	1150	1.3
1 亿—5 亿元	360784	288649	25.0	5231	3932	33.0
0.5 亿—1 亿元	254027	205996	23.3	4622	4323	6.9
0.1 亿—0.5 亿元	327260	270578	20.9	11786	9601	22.8
0.05 亿—0.1 亿元	7095	7763	-8.6	90	71	26.8
0.05 亿元以下	385908	257286	50.0	6922	5318	30.2
按从业人员分						
1 万—5 万人	521138	431023	20.9	9109	8220	10.8
0.5 万—1 万人	254236	185360	37.2	2658	1812	46.7
0.1 万—0.5 万人	533524	448222	19.0	12254	10056	21.9
0.05 万—0.1 万人	120410	54692	120.2	6162	5006	23.1
0.05 万人	38153	34190	11.6	1071	620	72.7

续表

类　别	劳动、等业保险费			职工教育费		
	本年实际	去年同期	同比(%)	本年实际	去年同期	同比(%)
总　计	**72662**	**66155**	**9.8**	**4551**	**3857**	**18.0**
按营业收入和资产总计分						
50亿元及以上	4632	4899	-5.5			
10亿元及以上	44205	40170	10.0	3102	2457	26.3
5亿元及以上	58858	53303	10.4	3805	3265	16.5
按资产总计分						
100亿—500亿元	16589	13061	27.0	787	668	17.8
50亿—100亿元	21649	21205	2.1	1053	995	5.8
5亿—50亿元	31956	28988	10.2	2462	2048	20.2
0.5亿—5亿元	2431	2868	-15.2	237	138	71.7
0.5亿元以下	37	33	12.1	12	8	50.0
按营业收入分						
100亿元及以上	2907	3210	-9.4			
50亿—100亿元	1725	1689	2.1			
5亿—50亿元	54269	48438	12.0	3879	3265	18.8
1亿—5亿元	12518	11313	10.7	602	535	12.5
0.5亿—1亿元	796	778	2.3	38	23	65.2
0.1亿—0.5亿元	342	453	-24.5	12	9	33.3
0.1亿元以下	105	274	-61.7	20	25	-20.0
按利润总额分						
10亿元及以上	2907	3210	-9.4			
5亿—10亿元	1725	1689	2.1			
1亿—5亿元	11271	12187	-7.5	1194	932	28.1
0.5亿—1亿元	15918	12043	32.2	1512	1217	24.2
0.1亿—0.5亿元	24239	20388	18.9	1277	979	30.4
0.05亿—0.1亿元	1101	1495	-26.4	18	15	20.0
0.05亿元以下	15501	15143	2.4	550	714	-23.0
按从业人员分						
1万—5万人	43063	38930	10.6	1897	1695	11.9
0.5万—1万人	12027	10687	12.5	980	831	17.9
0.1万—0.5万人	15306	14297	7.1	1381	1056	30.8
0.05万—0.1万人	1726	1640	5.2	246	250	-1.6
0.05万人	540	601	-10.1	47	25	88.0

续表

类别	广告费			利息支出		
	本年实际	去年同期	同比(%)	本年实际	去年同期	同比(%)
总　计	**40629**	**33185**	**22.4**	**215666**	**216702**	**-0.5**
按营业收入和资产总计分						
50亿元及以上				21306	25332	-15.9
10亿元及以上	32699	26508	23.4	107408	110060	-2.4
5亿元及以上	35296	28944	21.9	169885	168489	0.8
按资产总计分						
100亿—500亿元	9482	7786	21.8	53022	54241	-2.2
50亿—100亿元	251	460	-45.4	44695	43854	1.9
5亿—50亿元	27101	22148	22.4	101691	104484	-2.7
0.5亿—5亿元	3781	2784	35.8	16067	13938	15.3
0.5亿元以下	14	7	100.0	191	185	3.2
按营业收入分						
100亿元及以上				15323	16895	-9.3
50亿—100亿元				5983	8437	-29.1
5亿—50亿元	35376	28959	22.2	149291	143855	3.8
1亿—5亿元	3545	3044	16.5	30911	33471	-7.6
0.5亿—1亿元	1366	839	62.8	6414	8680	-26.1
0.1亿—0.5亿元	148	142	4.2	3636	4238	-14.2
0.1亿元以下	194	201	-3.5	4108	1126	264.8
按利润总额分						
10亿元及以上				15323	16895	-9.3
5亿—10亿元				5983	8437	-29.1
1亿—5亿元	23799	19126	24.4	38487	39897	-3.5
0.5亿—1亿元	10419	8374	24.4	30743	30750	0.0
0.1亿—0.5亿元	3905	2964	31.7	71161	69239	2.8
0.05亿—0.1亿元	61	35	74.3	1917	2795	-31.4
0.05亿元以下	2445	2686	-9.0	52052	48689	6.9
按从业人员分						
1万—5万人	1904	1573	21.0	69168	76255	-9.3
0.5万—1万人	9235	7995	15.5	34734	30298	14.6
0.1万—0.5万人	26263	21249	23.6	90541	93148	-2.8
0.05万—0.1万人	1221	906	34.8	14964	9289	61.1
0.05万人	2006	1462	37.2	6259	7712	-18.8

续表

类　别	投资收益			营业外收入		
	本年实际	去年同期	同比(%)	本年实际	去年同期	同比(%)
总　计	**48794**	**23811**	**104.9**	**24697**	**17792**	**38.8**
按营业收入和资产总计分						
50亿元及以上	746	142	425.4	1760	2288	-23.1
10亿元及以上	24535	17240	42.3	9261	8170	13.4
5亿元及以上	35551	17704	100.8	16543	13290	24.5
按资产总计分						
100亿—500亿元	3345	1447	131.2	2274	1688	34.7
50亿—100亿元	4924	6490	-24.1	5690	5107	11.4
5亿—50亿元	39358	16165	143.5	16279	9945	63.7
0.5亿—5亿元	1167	-291		452	1050	-57.0
0.5亿元以下				2	2	
按营业收入分						
100亿元及以上		59		504	219	130.1
50亿—100亿元	746	83	798.8	1256	2069	-39.3
5亿—50亿元	34587	17332	99.6	14794	11009	34.4
1亿—5亿元	12761	5096	150.4	8093	4017	101.5
0.5亿—1亿元	420	1228	-65.8	46	189	-75.7
0.1亿—0.5亿元	4	1	300.0	26	52	-50.0
0.1亿元以下	276	12	2200.0	-22	237	
按利润总额分						
10亿元及以上		59		504	219	130.1
5亿—10亿元	746	83	798.8	1256	2069	-39.3
1亿—5亿元	18026	12631	42.7	1998	2172	-8.0
0.5亿—1亿元	7512	5212	44.1	4991	5064	-1.4
0.1亿—0.5亿元	17713	9609	84.3	11073	4448	148.9
0.05亿—0.1亿元	-4	1561		10	139	-92.8
0.05亿元以下	4801	-5344		4865	3681	32.2
按从业人员分						
1万—5万人	8380	4943	69.5	7593	6595	15.1
0.5万—1万人	8529	-1378		3109	1959	58.7
0.1万—0.5万人	27134	19420	39.7	13692	8011	70.9
0.05万—0.1万人	3602	213	1591.1	341	957	-64.4
0.05万人	1149	613	87.4	-38	270	

续表

类别	利润总额			应交所得税		
	本年实际	去年同期	同比(%)	本年实际	去年同期	同比(%)
总计	**389363**	**304485**	**27.9**	**105067**	**90619**	**15.9**
按营业收入和资产总计分						
50亿元及以上	240387	109442	119.6	42498	32148	32.2
10亿元及以上	464549	260852	78.1	78963	66696	18.4
5亿元及以上	432392	273466	58.1	94300	80368	17.3
按资产总计分						
100亿—500亿元	210457	88729	137.2	36067	30340	18.9
50亿—100亿元	139012	104437	33.1	33515	24696	35.7
5亿—50亿元	34439	107450	-67.9	32507	33377	-2.6
0.5亿—5亿元	6025	4296	40.2	2976	2204	35.0
0.5亿元以下	-570	-427		2	2	0.0
按营业收入分						
100亿元及以上	180900	63855	183.3	27340	21343	28.1
50亿—100亿元	59487	45587	30.5	15158	10805	40.3
5亿—50亿元	193912	165631	17.1	51833	48240	7.4
1亿—5亿元	-31940	41365		9651	8836	9.2
0.5亿—1亿元	-2010	-883		995	1298	-23.3
0.1亿—0.5亿元	-5550	-8816		89	53	67.9
0.1亿元以下	-5436	-2254		1	44	-97.7
按利润总额分						
10亿元及以上	180900	63855	183.3	27340	21343	28.1
5亿—10亿元	59487	45587	30.5	15158	10805	40.3
1亿—5亿元	201649	126675	59.2	30179	28952	4.2
0.5亿—1亿元	52992	51493	2.9	14122	14579	-3.1
0.1亿—0.5亿元	80670	59807	34.9	13530	9209	46.9
0.05亿—0.1亿元	2780	3001	-7.4	872	646	35.0
0.05亿元以下	-189115	-45933		3866	5085	-24.0
按从业人员分						
1万—5万人	312113	163181	91.3	52593	40633	29.4
0.5万—1万人	-63982	-10147		3314	2648	25.2
0.1万—0.5万人	189618	150893	25.7	42705	42144	1.3
0.05万—0.1万人	-43144	2592		5381	4059	32.6
0.05万人	-5242	-2034		1074	1135	-5.4

续表

类　别	应交增值税			固定资产投资完成额		
	本年实际	去年同期	同比(%)	本年实际	去年同期	同比(%)
总　计	**284101**	**236510**	**20.1**	**1159231**	**767203**	**51.1**
按营业收入和资产总计分						
50亿元及以上	92831	76379	21.5	30019	10805	177.8
10亿元及以上	208565	164725	26.6	335273	254831	31.6
5亿元及以上	247006	203871	21.2	1009768	696558	45.0
按资产总计分						
100亿—500亿元	70205	47792	46.9	647814	436395	48.4
50亿—100亿元	75175	68282	10.1	142199	104660	35.9
5亿—50亿元	130471	112207	16.3	331548	211919	56.5
0.5亿—5亿元	8051	8095	-0.5	37670	14229	164.7
0.5亿元以下	199	134	48.5			
按营业收入分						
100亿元及以上	60540	40731	48.6			
50亿—100亿元	32291	35648	-9.4	30019	10805	177.8
5亿—50亿元	154175	127492	20.9	979749	685753	42.9
1亿—5亿元	34993	29478	18.7	146740	67471	117.5
0.5亿—1亿元	971	1991	-51.2	2343	2691	-12.9
0.1亿—0.5亿元	284101	236510	20.1	1159231	767203	51.1
0.1亿元以下	1131	1170	-3.3	380	483	-21.3
按利润总额分						
10亿元及以上	60540	40731	48.6			
5亿—10亿元	32291	35648	-9.4	30019	10805	177.8
1亿—5亿元	81766	59434	37.6	177423	145209	22.2
0.5亿—1亿元	38999	32727	19.2	133067	84670	57.2
0.1亿—0.5亿元	45673	41306	10.6	741723	442357	67.7
0.05亿—0.1亿元	2050	1316	55.8	1416	2902	-51.2
0.05亿元以下	22782	25348	-10.1	75583	81260	-7.0
按从业人员分						
1万—5万人	153766	126507	21.5	193248	161323	19.8
0.5万—1万人	33441	30207	10.7	114545	90345	26.8
0.1万—0.5万人	86285	71508	20.7	794083	502533	58.0
0.05万—0.1万人	8415	6002	40.2	35354	6914	411.3
0.05万人	2194	2286	-4.0	22001	6088	261.4

续表

类别	本年对外投资			研究开发费用		
	本年实际	去年同期	同比(%)	本年实际	去年同期	同比(%)
总　　计	**157607**	**89262**	**76.6**	**212941**	**154545**	**37.8**
按营业收入和资产总计分						
50亿元及以上	2159	2393	-9.8	34414	13898	147.6
10亿元及以上	87281	26785	225.9	170231	112709	51.0
5亿元及以上	111727	48181	131.9	200776	142683	40.7
按资产总计分						
100亿—500亿元	11319	4020	181.6	90164	57116	57.9
50亿—100亿元	11955	5583	114.1	50154	33701	48.8
5亿—50亿元	131039	74263	76.5	70821	62335	13.6
0.5亿—5亿元	3294	5396	-39.0	1747	1342	30.2
0.5亿元以下			0	55	51	7.8
按营业收入分						
100亿元及以上	2159	2393	-9.8			
50亿—100亿元				34414	13898	147.6
5亿—50亿元	109628	45878	139.0	166362	128785	29.2
1亿—5亿元	45586	29276	55.7	12003	11562	3.8
0.5亿—1亿元	234	10312	-97.7	85	221	-61.5
0.1亿—0.5亿元		1403	-100.0	212941	154545	37.8
0.1亿元以下				77	79	-2.5
按利润总额分						
10亿元及以上	2159	2393	-9.8			
5亿—10亿元				34414	13898	147.6
1亿—5亿元	81986	16574	394.7	26499	14955	77.2
0.5亿—1亿元	13709	22263	-38.4	96728	64829	49.2
0.1亿—0.5亿元	53383	23320	128.9	27896	28084	-0.7
0.05亿—0.1亿元	200	1097	-81.8	2092	2235	-6.4
0.05亿元以下	6170	23615	-73.9	25312	30544	-17.1
按从业人员分						
1万—5万人	25331	13338	89.9	146881	89920	63.3
0.5万—1万人	2273	5079	-55.2	33513	37483	-10.6
0.1万—0.5万人	113499	60000	89.2	31470	26392	19.2
0.05万—0.1万人	10670	4723	125.9	954	568	68.0
0.05万人	5834	6122	-4.7	123	182	-32.4

陕西省企业集团按规模分组的劳动工资指标

(2003年)

单位:人

类别	从业人员年末人数			在岗职工		
	本年实际	去年同期	同比(%)	本年实际	去年同期	同比(%)
总计	**369665**	**365810**	**1.1**	**359124**	**355305**	**1.1**
按营业收入和资产总计分						
50亿元及以上	38973	37840	3.0	38973	37800	3.1
10亿元及以上	196487	187599	4.7	193381	184534	4.8
5亿元及以上	277332	271783	2.0	272734	266963	2.2
按资产总计分						
100亿—500亿元	46113	44643	3.3	45413	44287	2.5
50亿—100亿元	100112	101977	-1.8	98918	99998	-1.1
5亿—50亿元	192586	188207	2.3	186631	182062	2.5
0.5亿—5亿元	29199	29275	-0.3	27179	27950	-2.8
0.5亿元以下	1655	1708	-3.1	983	1008	-2.5
按营业收入分						
100亿元及以上	17285	17285	0.0	17285	17285	
50亿—100亿元	21688	20555	5.5	21688	20515	5.7
5亿—50亿元	239706	235055	2.0	235108	230275	2.1
1亿—5亿元	76430	78657	-2.8	73315	75248	-2.6
0.5亿—1亿元	7860	7818	0.5	6618	6350	4.2
0.1亿—0.5亿元	369665	365810	1.1	359124	355305	1.1
0.1亿元以下	6696	6440	4.0	5110	5632	-9.3
按利润总额分						
10亿元及以上	17285	17285	0.0	17285	17285	
5亿—10亿元	21688	20555	5.5	21688	20515	5.7
1亿—5亿元	68660	64284	6.8	66657	63166	5.5
0.5亿—1亿元	47727	44612	7.0	47030	44250	6.3
0.1亿—0.5亿元	102869	102222	0.6	100166	98286	1.9
0.05亿—0.1亿元	8323	10251	-18.8	6904	8657	-20.2
0.05亿元以下	103113	106601	-3.3	99394	103146	-3.6
按从业人员分						
1万—5万人	159064	163596	-2.8	156049	160570	-2.8
0.5万—1万人	75580	71516	5.7	75162	71089	5.7
0.1万—0.5万人	118875	112910	5.3	113043	107322	5.3
0.05万—0.1万人	10666	11777	-9.4	9593	10594	-9.4
0.05万人	5480	6011	-8.8	5277	5730	-7.9

续表 单位:人

类别	其他从业人员			研究开发人员		
	本年实际	去年同期	同比(%)	本年实际	去年同期	同比(%)
总 计	**10541**	**10505**	**0.3**	**18814**	**20142**	**-6.6**
按营业收入和资产总计分						
50亿元及以上		40		1679	1428	17.6
10亿元及以上	3106	3065	1.3	12433	13707	-9.3
5亿元及以上	4598	4820	-4.6	16617	17814	-6.7
按资产总计分						
100亿—500亿元	700	356	96.6	1181	1257	-6.0
50亿—100亿元	1194	1979	-39.7	7558	9266	-18.4
5亿—50亿元	5955	6145	-3.1	9350	8749	6.9
0.5亿—5亿元	2020	1325	52.5	690	839	-17.8
0.5亿元以下	672	700	-4.0	35	31	12.9
按营业收入分						
100亿元及以上						
50亿—100亿元		40		1679	1428	17.6
5亿—50亿元	4898	4780	-3.8		14938	16386
1亿—5亿元	3115	3409	-8.6	2086	2203	-5.3
0.5亿—1亿元	1242	1468	-15.4	55	63	-12.7
0.1亿—0.5亿元	10541	10505	0.3	18814	20142	-6.6
0.1亿元以下	1586	808	96.3	56	62	-9.7
按利润总额分						
10亿元及以上						
5亿—10亿元		40		1679	1428	17.6
1亿—5亿元	2003	1118	79.2	2286	2109	8.4
0.5亿—1亿元	697	362	92.5	2009	2124	-5.4
0.1亿—0.5亿元	2703	3936	-31.3	6973	8769	-20.5
0.05亿—0.1亿元	1419	1594	-11.0	102	100	2.0
0.05亿元以下	3719	3455	7.6	5765	5612	2.7
按从业人员分						
1万—5万人	3015	3026	-0.4	8845	10514	-15.9
0.5万—1万人	418	427	-2.1	5674	5252	8.0
0.1万—0.5万人	5832	5588	4.4	4089	4007	2.0
0.05万—0.1万人	1073	1183	-9.3	153	128	19.5
0.05万人	203	281	-27.8	53	241	-78.0

续表　　单位:万元

类　别	从业人员劳动报酬			在岗职工劳动报酬		
	本年实际	去年同期	同比(%)	本年实际	去年同期	同比(%)
总　计	**508921**	**453786**	**12.2**	**501641**	**446012**	**12.5**
按营业收入和资产总计分						
50亿元及以上	92570	82130	12.7	92570	82044	12.8
10亿元及以上	321124	278321	15.4	319220	275878	15.7
5亿元及以上	417517	365636	14.2	414371	361807	14.5
按资产总计分						
100亿—500亿元	86686	73678	17.7	86265	73476	17.4
50亿—100亿元	163452	151159	8.1	162329	149243	8.8
5亿—50亿元	232482	203881	14.0	228254	199503	14.4
0.5亿—5亿元	25757	24530	5.0	24281	23277	4.3
0.5亿元以下	544	538	1.1	512	513	-0.2
按营业收入分						
100亿元及以上	48314	38341	26.0	48314	38341	26.0
50亿—100亿元	44256	43789	1.1	44256	43703	1.3
5亿—50亿元	326567	284565	14.8	323421	280822	15.2
1亿—5亿元	79009	76357	3.5	76451	73838	3.5
0.5亿—1亿元	6034	6071	-0.6	4879	4798	1.7
0.1亿—0.5亿元	508921	453786	12.2	501641	446012	12.5
0.1亿元以下	4741	4663	1.7	4320	4510	-4.2
按利润总额分						
10亿元及以上	48314	38341	26.0	48314	38341	26.0
5亿—10亿元	44256	43789	1.1	44256	43703	1.3
1亿—5亿元	108572	83989	29.3	107407	83268	29.0
0.5亿—1亿元	69089	60097	15.0	68721	59913	14.7
0.1亿—0.5亿元	132774	124042	7.0	130181	120300	8.2
0.05亿—0.1亿元	8315	8916	-6.7	6975	7495	-6.9
0.05亿元以下	97601	94612	3.2	95787	92992	3.0
按从业人员分						
1万—5万人	264960	241493	9.7	263172	239088	10.1
0.5万—1万人	85314	73190	16.6	85085	72979	16.6
0.1万—0.5万人	142430	122531	16.2	137762	118071	16.7
0.05万—0.1万人	11229	11626	-3.4	10675	11000	-3.0
0.05万人	4988	4946	0.8	4947	4874	1.5

续表

类别	其他从业人员劳动报酬			研究究开发人员劳动报酬		
	本年实际	去年同期	同比(%)	本年实际	去年同期	同比(%)
总计	**7280**	**7774**	**-6.4**	**33355**	**32176**	**3.7**
按营业收入和资产总计分						
50亿元及以上		86		3569	3108	14.8
10亿元及以上	1904	2443	-22.1	23121	22852	1.2
5亿元及以上	3146	3829	-17.8	29256	28760	1.7
按资产总计分						
100亿—500亿元	421	202	108.4	1788	1637	9.2
50亿—100亿元	1123	1916	-41.4	14507	16513	-12.1
5亿—50亿元	4228	4378	-3.4	15691	12817	22.4
0.5亿—5亿元	1476	1253	17.8	1336	1177	13.5
0.5亿元以下	32	25	28.0	33	32	3.1
按营业收入分						
100亿元及以上						
50亿—100亿元		86		3569	3108	14.8
5亿—50亿元	3146	3743	-15.9	25687	25652	0.1
1亿—5亿元	2558	2519	1.5	3982	3290	21.0
0.5亿—1亿元	1155	1273	-9.3	55	59	-6.8
0.1亿—0.5亿元	7280	7774	-6.4	33355	32176	3.7
0.1亿元以下	421	153	175.2	62	67	-7.5
按利润总额分						
10亿元及以上						
5亿—10亿元		86		3569	3108	14.8
1亿—5亿元	1165	721	61.6	5754	4064	41.6
0.5亿—1亿元	368	184	100.0	3426	2939	16.6
0.1亿—0.5亿元	2593	3742	-30.7	13422	15135	-11.3
0.05亿—0.1亿元	1340	1421	-5.7	125	110	13.6
0.05亿元以下	1814	1620	12.0	7059	6820	3.5
按从业人员分						
1万—5万人	1788	2405	-25.7	16772	18460	-9.1
0.5万—1万人	229	211	8.5	7167	6306	13.7
0.1万—0.5万人	4668	4460	4.7	9129	6987	30.7
0.05万—0.1万人	554	626	-11.5	230	144	59.7
0.05万人	41	72	-43.1	57	279	-79.6

陕西省企业集团按改制情况分组的主要财务指标

（2003年）　　单位：万元

类　别	单位数(个)		年末资产总计		
	单位数	比重(%)	本年实际	去年同期	同比(%)
已建立母子公司体制	97	87.4	18048589	15476891	16.6
未建立母子公司体制	13	11.7	363726	333156	9.2
已执行合并会计报表	61	55.0	13909652	11625217	19.7
未执行合并会计报表	49	44.1	4502663	4184830	7.6
母公司出资人已明确	106	95.5	18069161	15477044	16.7
母公司出资人未明确	4	3.6	343154	333003	3.0
从事均在同一大类中的行业的企业集团	43	38.7	5247006	4335227	21.0
不处于同一大类的行业，对主业有辅助作用	32	28.8	7704564	6614881	16.5
完全在不同行业大类进行投资经营的企业集团	35	31.5	5460745	4859939	12.4
有明确的企业集团重大事项决策程序制度	98	88.3	17808759	15265769	16.7
无明确的企业集团重大事项决策程序制度	12	10.8	603556	544278	10.9
是实行企业集团经营者年薪制	49	44.1	11975118	9904281	20.9
未实行企业集团经营者年薪制	61	55.0	6437197	5905766	9.0
已获得质量体系认证	75	67.6	15878527	13616717	16.6
未获得质量体系认证	35	31.5	2533788	2193330	15.5
已通过环境管理系列认证	19	17.1	5426590	4459152	21.7
未通过环境管理系列认证	91	82.0	12985725	11350895	14.4
技术中心条件完全满足需要	6	5.4	621030	521707	19.0
技术中心条件基本满足需要	44	39.6	8032831	6898876	16.4
技术中心条件不满足需要	16	14.4	2390227	1876007	27.4
有投资自主权	101	91.0	17343055	14946937	16.0
无投资自主权	9	8.1	1069260	863110	23.9
有境外融资权	26	23.4	3890154	3364852	15.6
无境外融资权	84	75.7	14522161	12445195	16.7
有对外担保权	88	79.3	16030953	13599217	17.9
无对外担保权	22	19.8	2381362	2210830	7.7
有自营进出口权	71	64.0	13033614	11220027	16.2
无自营进出口权	39	35.1	5378701	4590020	17.2
有合并纳税权	30	27.0	5117781	4533215	12.9
无合并纳税权	80	72.1	13294534	11276832	17.9
有对外工程承包权	71	64.0	10387949	9168488	13.3
无对外工程承包权	39	35.1	8024366	6641559	20.8
有外事审批权	10	9.0	3645563	3033461	20.2
无外事审批权	100	90.1	14766752	12776586	15.6
有技术研究开发中心	66	59.5	11044088	9296590	18.8
无技术研究开发中心	44	39.6	7368227	6513457	13.1
有财务公司	14	12.6	3746422	3294152	13.7
无财务公司	96	86.5	14665893	12515895	17.2

续表

类别	固定资产原价			累计折旧		
	本年实际	去年同期	同比(%)	本年实际	去年同期	同比(%)
已建立母子公司体制体制	8094819	7433371	8.9	2791325	2433555	14.7
未建立母子公司体制	70705	73510	-3.8	20870	19214	8.6
已执行合并会计报表	6346943	5678926	11.8	2256942	1936136	16.6
未执行合并会计报表	1818581	1827955	-0.5	555253	516633	7.5
母公司出资人已明确	8021752	7368184	8.9	2769498	2411929	14.8
母公司出资人未明确	143772	138697	3.7	42697	40840	4.5
从事均在同一大类中的行业的企业集团	2074808	1848079	12.3	704865	646607	9.0
不处于同一大类的行业,对主业有辅助作用	4407820	4058318	8.6	1681975	1436477	17.1
完全在不同行业大类进行投资经营的企业集团	1682896	1600484	5.1	425355	369685	15.1
有明确的企业集团重大事项决策程序制度	8004139	7362071	8.7	2768128	2409890	14.9
无明确的企业集团重大事项决策程序制度	161385	144810	11.4	44067	42879	2.8
是实行企业集团经营者年薪制	5301416	4705114	12.7	2000893	1702042	17.6
未实行企业集团经营者年薪制	2864108	2801767	2.2	811302	750727	8.1
已获得质量体系认证	7126168	6666076	6.9	2466505	2166479	13.8
未获得质量体系认证	1039356	840805	23.6	345690	286290	20.7
已通过环境管理系列认证	2942890	2496034	17.9	1211776	980807	23.5
未通过环境管理系列认证	5222634	5010847	4.2	1600419	1471962	8.7
技术中心条件完全满足需要	221115	216253	2.2	47845	45898	4.2
技术中心条件基本满足需要	3060584	2980286	2.7	1017483	960127	6.0
技术中心条件不满足需要	868788	779464	11.5	334285	310284	7.7
有投资自主权	7785265	7154672	8.8	2667174	2324960	14.7
无投资自主权	380259	352209	8.0	145021	127809	13.5
有境外融资权	1710139	1656457	3.2	556108	520137	6.9
无境外融资权	6455385	5850424	10.3	2256087	1932632	16.7
有对外担保权	7020267	6272942	11.9	2479859	2145846	15.6
无对外担保权	1145257	1233939	-7.2	332336	306923	8.3
有自营进出口权	4964926	4720931	5.2	1850133	1717569	7.7
无自营进出口权	3200598	2785950	14.9	962062	735200	30.9
有合并纳税权	2057388	1955023	5.2	888739	842704	5.5
无合并纳税权	6108136	5551858	10.0	1923456	1610065	19.5
有对外工程承包权	4480300	4217390	6.2	1500826	1384209	8.4
无对外工程承包权	3685224	3289491	12.0	1311369	1068560	22.7
有外事审批权	1462036	1347122	8.5	639669	607967	5.2
无外事审批权	6703488	6159759	8.8	2172526	1844802	17.8
有技术研究开发中心	4150487	3976003	4.4	1399613	1316309	6.3
无技术研究开发中心	4015037	3530878	13.7	1412582	1136460	24.3
有财务公司	1473712	1424501	3.5	478828	440406	8.7
无财务公司	6691812	6082380	10.0	2333367	2012363	16.0

续表

类　别	本年折旧			无形资产		
	本年实际	去年同期	同比(%)	本年实际	去年同期	同比(%)
已建立母子公司体制	428749	597646	-28.3	964157	777020	24.1
未建立母子公司体制	1914	1776	7.8	23124	18693	23.7
已执行合并会计报表	381810	411467	-7.2	866744	679388	27.6
未执行合并会计报表	48853	187955	-74.0	120537	116325	3.6
母公司出资人已明确	428464	589564	-27.3	978747	787922	24.2
母公司出资人未明确	2199	9858	-77.7	8534	7791	9.5
从事均在同一大类中的行业的企业集团	82692	73917	11.9	331215	190650	73.7
不处于同一大类的行业,对主业有辅助作用	285801	453428	-37.0	306520	288734	6.2
完全在不同行业大类进行投资经营的企业集团	62170	72077	-13.7	349546	316329	10.5
有明确的企业集团重大事项决策程序制度	425529	594190	-28.4	972946	781620	24.5
无明确的企业集团重大事项决策程序制度	5134	5232	-1.9	14335	14093	1.7
是实行企业集团经营者年薪制	344307	377438	-8.8	825197	664521	24.2
未实行企业集团经营者年薪制	86356	221984	-61.1	162084	131192	23.5
已获得质量体系认证	375128	566282	-33.8	861722	701524	22.8
未获得质量体系认证	55535	33140	67.6	125559	94189	33.3
已通过环境管理系列认证	227097	177597	27.9	176983	156192	13.3
未通过环境管理系列认证	203566	421825	-51.7	810298	639521	26.7
技术中心条件完全满足需要	10152	11915	-14.8	47731	20819	129.3
技术中心条件基本满足需要	109903	123703	-11.2	608396	468704	29.8
技术中心条件不满足需要	34926	156531	-77.7	157872	158242	-0.2
有投资自主权	411635	581833	-29.3	927862	735810	26.1
无投资自主权	19028	17589	8.2	59419	59903	-0.8
有境外融资权	50626	41423	22.2	229018	195556	17.1
无境外融资权	380037	557999	-31.9	758263	600157	26.3
有对外担保权	398270	450244	-11.5	948273	759530	24.8
无对外担保权	32393	149178	-78.3	39008	36183	7.8
有自营进出口权	188684	425472	-55.7	752417	604089	24.6
无自营进出口权	241979	173950	39.1	234864	191624	22.6
有合并纳税权	75687	193464	-60.9	270391	286139	-5.5
无合并纳税权	354976	405958	-12.6	716890	509574	40.7
有对外工程承包权	169602	292780	-42.1	670818	616494	8.8
无对外工程承包权	261061	306642	-14.9	316463	179219	76.6
有外事审批权	57721	174150	-66.9	223883	229192	-2.3
无外事审批权	372942	425272	-12.3	763398	566521	34.8
有技术研究开发中心	154981	292149	-47.0	813999	647765	25.7
无技术研究开发中心	275682	307273	-10.3	173282	147948	17.1
有财务公司	57244	176544	-67.6	332911	302897	9.9
无财务公司	373419	422878	-11.7	654370	492816	32.8

续表

类别	累计对外投资			本年对外投资		
	本年实际	去年同期	同比(%)	本年实际	去年同期	同比(%)
已建立母子公司体制	776897	666980	16.5	155867	88329	76.5
未建立母子公司体制	5918	4178	41.6	1740	933	86.5
已执行合并会计报表	610691	501595	21.7	116282	54586	113.0
未执行合并会计报表	172124	169563	1.5	41325	34676	19.2
母公司出资人已明确	777501	666599	16.6	156852	88830	76.6
母公司出资人未明确	5314	4559	16.6	755	432	74.8
从事均在同一大类中的行业的企业集团	125777	121642	3.4	35039	27747	26.3
不处于同一大类的行业,对主业有辅助作用	156305	144083	8.5	21503	19316	11.3
完全在不同行业大类进行投资经营的企业集团	500733	405433	23.5	101065	42199	139.5
有明确的企业集团重大事项决策程序制度	762597	645487	18.1	156852	83775	87.2
无明确的企业集团重大事项决策程序制度	20218	25671	-21.2	755	5487	-86.2
是实行企业集团经营者年薪制	597995	482977	23.8	111965	63634	76.0
未实行企业集团经营者年薪制	184820	188181	-1.8	45642	25628	78.1
已获得质量体系认证	662180	551113	20.2	133458	66041	102.1
未获得质量体系认证	120635	120045	0.5	24149	23221	4.0
已通过环境管理系列认证	184317	172982	6.6	18916	17298	9.4
未通过环境管理系列认证	598498	498176	20.1	138691	71964	92.7
技术中心条件完全满足需要	61237	23486	160.7	38226	7875	385.4
技术中心条件基本满足需要	494917	412527	20.0	81656	49782	64.0
技术中心条件不满足需要	77400	68485	13.0	18729	10143	84.6
有投资自主权	766222	652078	17.5	157607	89205	76.7
无投资自主权	16593	19080	-13.0		57	
有境外融资权	291919	256291	13.9	68073	24293	180.2
无境外融资权	490896	414867	18.3	89534	64969	37.8
有对外担保权	724795	617195	17.4	142421	80700	76.5
无对外担保权	58020	53963	7.5	15186	8562	77.4
有自营进出口权	478628	385220	24.2	120022	72790	64.9
无自营进出口权	304187	285938	6.4	37585	16472	128.2
有合并纳税权	149895	105489	42.1	41888	23522	78.1
无合并纳税权	632920	565669	11.9	115719	65740	76.0
有对外工程承包权	591852	518041	14.2	121946	64419	89.3
无对外工程承包权	190963	153117	24.7	35661	24843	43.5
有外事审批权	99584	80950	23.0	23172	10450	121.7
无外事审批权	683231	590208	15.8	134435	78812	70.6
有技术研究开发中心	633554	504498	25.6	138611	67800	104.4
无技术研究开发中心	149261	166660	-10.4	18996	21462	-11.5
有财务公司	280287	288268	-2.8	16293	14093	15.6
无财务公司	502528	382890	31.2	141314	75169	88.0

续表

类　别	长期投资			短期投资		
	本年实际	去年同期	同比(%)	本年实际	去年同期	同比(%)
已建立母子公司体制	866425	723225	19.8	140542	97519	44.1
未建立母子公司体制	7914	1485	432.9	50	50	0.0
已执行合并会计报表	605843	485754	24.7	127799	73189	74.6
未执行合并会计报表	268496	238956	12.4	12793	24380	-47.5
母公司出资人已明确	853668	705369	21.0	138693	95561	45.1
母公司出资人未明确	20671	19341	6.9	1899	2008	-5.4
从事均在同一大类中的行业的企业集团	183046	134470	36.1	63037	40210	56.8
不处于同一大类的行业,对主业有辅助作用	273571	256998	6.4	32563	22005	48.0
完全在不同行业大类进行投资经营的企业集团	417722	333242	25.4	44992	35354	27.3
有明确的企业集团重大事项决策程序制度	849775	699113	21.6	140449	92483	51.9
无明确的企业集团重大事项决策程序制度	24564	25597	-4.0	143	5086	-97.2
是实行企业集团经营者年薪制	618642	483202	28.0	132096	80579	63.9
未实行企业集团经营者年薪制	255697	241508	5.9	8496	16990	-50.0
已获得质量体系认证	739599	621978	18.9	76494	56864	34.5
未获得质量体系认证	134740	102732	31.2	64098	40705	57.5
已通过环境管理系列认证	287014	282804	1.5	10828	11564	-6.4
未通过环境管理系列认证	587325	441906	32.9	129764	86005	50.9
技术中心条件完全满足需要	61636	22386	175.3	236	234	0.9
技术中心条件基本满足需要	471416	379781	24.1	43459	41299	5.2
技术中心条件不满足需要	96524	85594	12.8	32640	18128	80.1
有投资自主权	857145	705819	21.4	140389	97396	44.1
无投资自主权	17194	18891	-9.0	203	173	17.3
有境外融资权	306474	242632	26.3	31859	29022	9.8
无境外融资权	567865	482078	17.8	108733	68547	58.6
有对外担保权	780245	646313	20.7	137084	91708	49.5
无对外担保权	94094	78397	20.0	3508	5861	-40.1
有自营进出口权	683638	572986	19.3	110186	74299	48.3
无自营进出口权	190701	151724	25.7	30406	23270	30.7
有合并纳税权	265785	204754	29.8	31166	20268	53.8
无合并纳税权	608554	519956	17.0	109426	77301	41.6
有对外工程承包权	611110	515461	18.6	78593	65527	19.9
无对外工程承包权	263229	209249	25.8	61999	32042	93.5
有外事审批权	165819	145584	13.9	34890	28110	24.1
无外事审批权	708520	579126	22.3	105702	69459	52.2
有技术研究开发中心	629576	487761	29.1	76335	59661	27.9
无技术研究开发中心	244763	236949	3.3	64257	37908	69.5
有财务公司	163417	167406	-2.4	49697	39811	24.8
无财务公司	710922	557304	27.6	90895	57758	57.4

续表

类　别	存　货			流动资产年平均余额		
	本年实际	去年同期	同比(%)	本年实际	去年同期	同比(%)
已建立母子公司体制	2732157	2441990	11.9	8350505	7426215	12.4
未建立母子公司体制	86298	95187	-9.3	240115	217980	10.2
已执行合并会计报表	2341790	2074485	12.9	6552703	5704058	14.9
未执行合并会计报表	476665	462692	3.0	2037917	1940137	5.0
母公司出资人已明确	2791718	2506842	11.4	8391037	7450683	12.6
母公司出资人未明确	26737	30335	-11.9	199583	193512	3.1
从事均在同一大类中的行业的企业集团	711317	658037	8.1	2614733	2285116	14.4
不处于同一大类的行业，对主业有辅助作用	990919	863211	14.8	3127926	2757196	13.4
完全在不同行业大类进行投资经营的企业集团	1116219	1015929	9.9	2847961	2601883	9.5
有明确的企业集团重大事项决策程序制度	2687511	2420830	11.0	8210622	7288368	12.7
无明确的企业集团重大事项决策程序制度	130944	116347	12.5	379998	355827	6.8
是实行企业集团经营者年薪制	2140677	1861447	15.0	5703113	4882090	16.8
未实行企业集团经营者年薪制	677778	675730	0.3	2887507	2762105	4.5
已获得质量体系认证	2456144	2168978	13.2	7376104	6506748	13.4
未获得质量体系认证	362311	368199	-1.6	1214516	1137447	6.8
已通过环境管理系列认证	1005017	775723	29.6	2704890	2145479	26.1
未通过环境管理系列认证	1813438	1761454	3.0	5885730	5498716	7.0
技术中心条件完全满足需要	134744	94922	42.0	266689	241092	10.6
技术中心条件基本满足需要	1525651	1372278	11.2	3984098	3496438	13.9
技术中心条件不满足需要	337208	307688	9.6	1235702	997408	23.9
有投资自主权	2583927	2327385	11.0	8031248	7161136	12.2
无投资自主权	234528	209792	11.8	559372	483059	15.8
有境外融资权	524094	524966	-0.2	1783266	1575670	13.2
无境外融资权	2294361	2012211	14.0	6807354	6068525	12.2
有对外担保权	2664982	2390804	11.5	7849820	6868745	14.3
无对外担保权	153473	146373	4.9	740800	775450	-4.5
有自营进出口权	2169285	1910120	13.6	6496255	5732765	13.3
无自营进出口权	649170	627057	3.5	2094365	1911430	9.6
有合并纳税权	909769	817097	11.3	2823485	2495430	13.1
无合并纳税权	1908686	1720080	11.0	5767135	5148765	12.0
有对外工程承包权	1592968	1527588	4.3	4935967	4513656	9.4
无对外工程承包权	1225487	1009589	21.4	3654653	3130539	16.7
有外事审批权	701414	616621	13.8	2061127	1702243	21.1
无外事审批权	2117041	1920556	10.2	6529493	5941952	9.9
有技术研究开发中心	1997603	1774888	12.5	5486489	4734938	15.9
无技术研究开发中心	820852	762289	7.7	3104131	2909257	6.7
有财务公司	692061	715652	-3.3	1775887	1708105	4.0
无财务公司	2126394	1821525	16.7	6814733	5936090	14.8

续表

类　别	年末负债合计			流动负债		
	本年实际	去年同期	同比(%)	本年实际	去年同期	同比(%)
已建立母子公司体制	11594548	9681890	19.8	8593322	6741312	27.5
未建立母子公司体制	314473	277961	13.1	303401	270962	12.0
已执行合并会计报表	8941606	7286926	22.7	6939140	5408770	28.3
未执行合并会计报表	2967415	2672925	11.0	1957583	1603504	22.1
母公司出资人已明确	11684319	9746976	19.9	8699376	6831049	27.4
母公司出资人未明确	224702	212875	5.6	197347	181225	8.9
从事均在同一大类中的行业的企业集团	3670411	3006506	22.1	2971669	2400306	23.8
有不处于同一大类的行业,对主业有辅助作用	4963718	4227077	17.4	3382183	2519351	34.2
完全在不同行业大类进行投资经营的企业集团	3274892	2726268	20.1	2542871	2092617	21.5
有明确的企业集团重大事项决策程序制度	11468776	9552378	20.1	8521742	6668377	27.8
无明确的企业集团重大事项决策程序制度	440245	407473	8.0	374981	343897	9.0
是实行企业集团经营者年薪制	7225193	5721315	26.3	5787065	4371179	32.4
未实行企业集团经营者年薪制	4683828	4238536	10.5	3109658	2641095	17.7
已获得质量体系认证	10387100	8665155	19.9	7668477	5949670	28.9
未获得质量体系认证	1521921	1294696	17.6	1228246	1062604	15.6
已通过环境管理系列认证	3379344	2685493	25.8	2833184	2177933	30.1
未通过环境管理系列认证	8529677	7274358	17.3	6063539	4834341	25.4
技术中心条件完全满足需要	355247	286677	23.9	263205	209802	25.5
技术中心条件基本满足需要	5001677	4169997	19.9	3728281	2977928	25.2
技术中心条件不满足需要	1652203	1202821	37.4	1385973	982763	41.0
有投资自主权	11166765	9370308	19.2	8245954	6552846	25.8
无投资自主权	742256	589543	25.9	650769	459428	41.6
有境外融资权	1962571	1601686	22.5	1574743	1344340	17.1
无境外融资权	9946450	8358165	19.0	7321980	5667934	29.2
有对外担保权	10310618	8459760	21.9	8124163	6410262	26.7
无对外担保权	1598403	1500091	6.6	772560	602012	28.3
有自营进出口权	8505896	7063222	20.4	6391030	4955392	29.0
无自营进出口权	3403125	2896629	17.5	2505693	2056882	21.8
有合并纳税权	3362761	2804897	19.9	2870912	2324230	23.5
无合并纳税权	8546260	7154954	19.4	6025811	4688044	28.5
有对外工程承包权	6589790	5524533	19.3	5044948	4110488	22.7
无对外工程承包权	5319231	4435318	19.9	3851775	2901786	32.7
有外事审批权	2282753	1814129	25.8	1976985	1507957	31.1
无外事审批权	9626268	8145722	18.2	6919738	5504317	25.7
有技术研究开发中心	7009127	5659495	23.8	5377459	4170493	28.9
无技术研究开发中心	4899894	4300356	13.9	3519264	2841781	23.8
有财务公司	2345422	1876979	25.0	1818873	1453071	25.2
无财务公司	9563599	8082872	18.3	7077850	5559203	27.3

续表

类　别	年末股东权益总计			年末少数股东权益		
	本年实际	去年同期	同比(%)	本年实际	去年同期	同比(%)
已建立母子公司体制	6454041	5795001	11.4	1047612	978491	7.1
未建立母子公司体制	49253	55195	-10.8	682	732	-6.8
已执行合并会计报表	4968046	4338291	14.5	967591	825546	17.2
未执行合并会计报表	1535248	1511905	1.5	80703	153677	-47.5
母公司出资人已明确	6384842	5730068	11.4	1047288	977943	7.1
母公司出资人未明确	118452	120128	-1.4	1006	1280	-21.4
从事均在同一大类中的行业的企业集团	1576595	1328721	18.7	287878	278362	3.4
有不处于同一大类的行业,对主业有辅助作用	2740846	2387804	14.8	434162	415184	4.6
完全在不同行业大类进行投资经营的企业集团	2185853	2133671	2.4	326254	285677	14.2
有明确的企业集团重大事项决策程序制度	6339983	5713391	11.0	980363	898794	9.1
无明确的企业集团重大事项决策程序制度	163311	136805	19.4	67931	80429	-15.5
是实行企业集团经营者年薪制	4749925	4182966	13.6	905578	762371	18.8
未实行企业集团经营者年薪制	1753369	1667230	5.2	142716	216852	-34.2
已获得质量体系认证	5491427	4951562	10.9	935342	867939	7.8
未获得质量体系认证	1011867	898634	12.6	112952	111284	1.5
已通过环境管理系列认证	2047246	1773659	15.4	235698	198309	18.9
未通过环境管理系列认证	4456048	4076537	9.3	812596	780914	4.1
技术中心条件完全满足需要	265783	235030	13.1	60758	62457	-2.7
技术中心条件基本满足需要	3031154	2728879	11.1	661100	615925	7.3
技术中心条件不满足需要	738024	673186	9.6	130338	118035	10.4
有投资自主权	6176290	5576629	10.8	1036982	970718	6.8
无投资自主权	327004	273567	19.5	11312	8505	33.0
有境外融资权	1927583	1763166	9.3	263414	318381	-17.3
无境外融资权	4575711	4087030	12.0	784880	660842	18.8
有对外担保权	5720335	5139457	11.3	962976	899541	7.1
无对外担保权	782959	710739	10.2	85318	79682	7.1
有自营进出口权	4527718	4156805	8.9	779194	717921	8.5
无自营进出口权	1975576	1693391	16.7	269100	261302	3.0
有合并纳税权	1755020	1728318	1.5	351638	392661	-10.4
无合并纳税权	4748274	4121878	15.2	696656	586562	18.8
有对外工程承包权	3798159	3643955	4.2	696059	725769	-4.1
无对外工程承包权	2705135	2206241	22.6	352235	253454	39.0
有外事审批权	1362810	1219332	11.8	283527	340604	-16.8
无外事审批权	5140484	4630864	11.0	764767	638619	19.8
有技术研究开发中心	4034961	3637095	10.9	852196	796417	7.0
无技术研究开发中心	2468333	2213101	11.5	196098	182806	7.3
有财务公司	1401000	1417173	-1.1	330335	335620	-1.6
无财务公司	5102294	4433023	15.1	717959	643603	11.6

续表

类　别	年末股东(所有者)权益合计			股　本		
	本年实际	去年同期	同比(%)	本年实际	去年同期	同比(%)
已建立母子公司体制	5406429	4816510	12.2	3137508	3049721	2.9
未建立母子公司体制	48571	54463	-10.8	88850	86811	2.3
已执行合并会计报表	4000455	3512745	13.9	2261334	2165601	4.4
未执行合并会计报表	1454545	1358228	7.1	965024	970931	-0.6
母公司出资人已明确	5337554	4752125	12.3	3158001	3068431	2.9
母公司出资人未明确	117446	118848	-1.2	68357	68101	0.4
从事均在同一大类中的行业的企业集团	1288717	1050359	22.7	893785	767729	16.4
有不处于同一大类的行业,对主业有辅助作用	2306684	1972620	16.9	1161798	1223174	-5.0
完全在不同行业大类进行投资经营的企业集团	1859599	1847994	0.6	1170775	1145629	2.2
有明确的企业集团重大事项决策程序制度	5359620	4814597	11.3	3110594	3020207	3.0
无明确的企业集团重大事项决策程序制度	95380	56376	69.2	115764	116325	-0.5
是实行企业集团经营者年薪制	3844347	3420595	12.4	2031952	1947155	4.4
未实行企业集团经营者年薪制	1610653	1450378	11.1	1194406	1189377	0.4
已获得质量体系认证	4556085	4083623	11.6	2666799	2682007	-0.6
未获得质量体系认证	898915	787350	14.2	559559	454525	23.1
已通过环境管理系列认证	1811548	1575350	15.0	834515	820131	1.8
未通过环境管理系列认证	3643452	3295623	10.6	2391843	2316401	3.3
技术中心条件完全满足需要	205025	172573	18.8	74892	78196	-4.2
技术中心条件基本满足需要	2370054	2112954	12.2	1487771	1510101	-1.5
技术中心条件不满足需要	607686	555151	9.5	469795	449064	4.6
有投资自主权	5139308	4605911	11.6	3035395	2944257	3.1
无投资自主权	315692	265062	19.1	190963	192275	-0.7
有境外融资权	1664169	1444785	15.2	766186	685762	11.7
无境外融资权	3790831	3426188	10.6	2460172	2450770	0.4
有对外担保权	4757359	4239916	12.2	2870229	2698638	6.4
无对外担保权	697641	631057	10.6	356129	437894	-18.7
有自营进出口权	3748524	3438884	9.0	2320156	2171341	6.9
无自营进出口权	1706476	1432089	19.2	906202	965191	-6.1
有合并纳税权	1403382	1335657	5.1	954140	880674	8.3
无合并纳税权	4051618	3535316	14.6	2272218	2255858	0.7
有对外工程承包权	3102100	2918186	6.3	2106871	2006763	5.0
无对外工程承包权	2352900	1952787	20.5	1119487	1129769	-0.9
有外事审批权	1079283	878728	22.8	677929	597175	13.5
无外事审批权	4375717	3992245	9.6	2548429	2539357	0.4
有技术研究开发中心	3182765	2840678	12.0	2032458	2037361	-0.2
无技术研究开发中心	2272235	2030295	11.9	1193900	1099171	8.6
有财务公司	1070665	1081553	-1.0	760911	760171	0.1
无财务公司	4384335	3789420	15.7	2465447	2376361	3.7

续表

类　别	营业收入			主营业务收入		
	本年实际	去年同期	同比(%)	本年实际	去年同期	同比(%)
已建立母子公司体制	9392265	7267299	29.2	9263459	7160776	29.4
未建立母子公司体制	353632	320062	10.5	351832	317996	10.6
已执行合并会计报表	7797398	6044981	29.0	7706943	5969720	29.1
未执行合并会计报表	1948499	1542380	26.3	1908348	1509052	26.5
母公司出资人已明确	9528764	7413070	28.5	9399553	7305252	28.7
母公司出资人未明确	217133	174291	24.6	215738	173520	24.3
从事均在同一大类中的行业的企业集团	3062470	2297411	33.3	3019277	2249173	34.2
有不处于同一大类的行业,对主业有辅助作用	4362857	3308350	31.9	4315484	3289069	31.2
完全在不同行业大类进行投资经营的企业集团	2320570	1981600	17.1	2280530	1940530	17.5
有明确的企业集团重大事项决策程序制度	9380478	7277439	28.9	9259662	7174378	29.1
无明确的企业集团重大事项决策程序制度	365419	309922	17.9	355629	304394	16.8
是实行企业集团经营者年薪制	6955255	5368740	29.6	6871824	5302060	29.6
未实行企业集团经营者年薪制	2790642	2218621	25.8	2743467	2176712	26.0
已获得质量体系认证	8292847	6426970	29.0	8176900	6328600	29.2
未获得质量体系认证	1453050	1160391	25.2	1438391	1150172	25.1
已通过环境管理系列认证	3731778	2871713	29.9	3721281	2864694	29.9
未通过环境管理系列认证	6014119	4715648	27.5	5894010	4614078	27.7
技术中心条件完全满足需要	803714	609793	31.8	802626	608073	32.0
技术中心条件基本满足需要	3945449	3214471	22.7	3897439	3155653	23.5
技术中心条件不满足需要	1269017	818427	55.1	1230859	806162	52.7
有投资自主权	9348406	7309585	27.9	9218618	7203853	28.0
无投资自主权	397491	277776	43.1	396673	274919	44.3
有境外融资权	2337112	1928290	21.2	2332270	1922894	21.3
无境外融资权	7408785	5659071	30.9	7283021	5555878	31.1
有对外担保权	9123300	7049932	29.4	9002750	6954439	29.5
无对外担保权	622597	537429	15.8	612541	524333	16.8
有自营进出口权	6593419	5075425	29.9	6502941	5001417	30.0
无自营进出口权	3152478	2511936	25.5	3112350	2477355	25.6
有合并纳税权	2909741	2449327	18.8	2870652	2436301	17.8
无合并纳税权	6836156	5138034	33.1	6744639	5042471	33.8
有对外工程承包权	5489022	4459593	23.1	5404671	4407251	22.6
无对外工程承包权	4256875	3127768	36.1	4210620	3071521	37.1
有外事审批权	2337979	1779332	31.4	2301174	1771733	29.9
无外事审批权	7407918	5808029	27.5	7314117	5707039	28.2
有技术研究开发中心	6018180	4642691	29.6	5930924	4569888	29.8
无技术研究开发中心	3727717	2944670	26.6	3684367	2908884	26.7
有财务公司	1541479	1228018	25.5	1506025	1221265	23.3
无财务公司	8204418	6359343	29.0	8109266	6257507	29.6

续表

类别	主营业务成本			主营业务税金及附加		
	本年实际	去年同期	同比(%)	本年实际	去年同期	同比(%)
已建立母子公司体制	7155878	5342003	34.0	164516	140105	17.4
未建立母子公司体制	329707	295798	11.5	1684	1650	2.1
已执行合并会计报表	5908443	4433110	33.3	147100	128759	14.2
未执行合并会计报表	1577142	1204691	30.9	19100	12996	47.0
母公司出资人已明确	7299844	5490108	33.0	165830	141199	17.4
母公司出资人未明确	185741	147693	25.8	370	556	-33.5
从事均在同一大类中的行业的企业集团	2357675	1561882	51.0	21251	18730	13.5
有不处于同一大类的行业,对主业有辅助作用	3330538	2569310	29.6	109349	89523	22.1
完全在不同行业大类进行投资经营的企业集团	1797372	1506609	19.3	35600	33502	6.3
有明确的企业集团重大事项决策程序制度	7164275	5368518	33.4	164859	139882	17.9
无明确的企业集团重大事项决策程序制度	321310	269283	19.3	1341	1873	-28.4
是实行企业集团经营者年薪制	5345961	4138317	29.2	137426	119112	15.4
未实行企业集团经营者年薪制	2139624	1499484	42.7	28774	22643	27.1
已获得质量体系认证	6378943	4718171	35.2	156366	134596	16.2
未获得质量体系认证	1106642	919630	20.3	9834	7159	37.4
已通过环境管理系列认证	2908790	2252660	29.1	113521	97276	16.7
未通过环境管理系列认证	4576795	3385141	35.2	52679	44479	18.4
技术中心条件完全满足需要	712663	544101	31.0	1394	1266	10.1
技术中心条件基本满足需要	3118860	2465683	26.5	42512	39295	8.2
技术中心条件不满足需要	921342	591096	55.9	7465	5243	42.4
有投资自主权	7182183	5420853	32.5	163144	139539	16.9
无投资自主权	303402	216948	39.9	3056	2216	37.9
有境外融资权	1865045	1504610	24.0	22042	18464	19.4
无境外融资权	5620540	4133191	36.0	144158	123291	16.9
有对外担保权	7022889	5248441	33.8	158171	136932	15.5
无对外担保权	462696	389360	18.8	8029	4823	66.5
有自营进出口权	5219795	3975423	31.3	47042	38649	21.7
无自营进出口权	2265790	1662378	36.3	119158	103106	15.6
有合并纳税权	2392071	1997401	19.8	13669	12590	8.6
无合并纳税权	5093514	3640400	39.9	152531	129165	18.1
有对外工程承包权	4340190	3496377	24.1	44090	38173	15.5
无对外工程承包权	3145395	2141424	46.9	122110	103582	17.9
有外事审批权	1895178	1434359	32.1	10693	7455	43.4
无外事审批权	5590407	4203442	33.0	155507	134300	15.8
有技术研究开发中心	4752865	3600880	32.0	51371	45804	12.2
无技术研究开发中心	2732720	2036921	34.2	114829	95951	19.7
有财务公司	1140156	900291	26.6	17622	14708	19.8
无财务公司	6345429	4737510	33.9	148578	127047	16.9

续表

类别	其他业务收入			新产品销售收入		
	本年实际	去年同期	同比(%)	本年实际	去年同期	同比(%)
已建立母子公司体制	128806	106523	20.9	805789	593826	35.7
未建立母子公司体制	1800	2066	-12.9	639	1858	-65.6
已执行合并会计报表	90455	75261	20.2	591619	424293	39.4
未执行合并会计报表	40151	33328	20.5	214809	171391	25.3
母公司出资人已明确	129211	107818	19.8	711256	509513	39.6
母公司出资人未明确	1395	771	80.9	95172	86171	10.4
从事均在同一大类中的行业的企业集团	43193	48238	-10.5	186138	119648	55.6
有不处于同一大类的行业,对主业有辅助作用	47373	19281	145.7	427418	303755	40.7
完全在不同行业大类进行投资经营的企业集团	40040	41070	-2.5	192872	172281	12.0
有明确的企业集团重大事项决策程序制度	120816	103061	17.2	781342	581653	34.3
无明确的企业集团重大事项决策程序制度	9790	5528	77.1	25086	14031	78.8
是实行企业集团经营者年薪制	83431	66680	25.1	505975	377126	34.2
未实行企业集团经营者年薪制	47175	41909	12.6	300453	218558	37.5
已获得质量体系认证	115947	98370	17.9	783586	574984	36.3
未获得质量体系认证	14659	10219	43.4	22842	20700	10.3
已通过环境管理系列认证	10497	7019	49.6	201605	165677	21.7
未通过环境管理系列认证	120109	101570	18.3	604823	430007	40.7
技术中心条件完全满足需要	1088	1720	-36.7			
技术中心条件基本满足需要	48010	58818	-18.4	489480	425561	15.0
技术中心条件不满足需要	38158	12265	211.1	265087	151153	75.4
有投资自主权	129788	105732	22.8	697393	561161	24.3
无投资自主权	818	2857	-71.4	109035	34523	215.8
有境外融资权	4842	5396	-10.3	99551	67104	48.4
无境外融资权	125764	103193	21.9	706877	528580	33.7
有对外担保权	120550	95493	26.2	786026	579119	35.7
无对外担保权	10056	13096	-23.2	20402	16565	23.2
有自营进出口权	90478	74008	22.3	804622	593995	35.5
无自营进出口权	40128	34581	16.0	1806	1689	6.9
有合并纳税权	39089	13026	200.1	399049	278618	43.2
无合并纳税权	91517	95563	-4.2	407379	317066	28.5
有对外工程承包权	84351	52342	61.2	654518	449060	45.8
无对外工程承包权	46255	56247	-17.8	151910	146624	3.6
有外事审批权	36805	7599	384.3	291569	199931	45.8
无外事审批权	93801	100990	-7.1	514859	395753	30.1
有技术研究开发中心	87256	72803	19.9	754567	576714	30.8
无技术研究开发中心	43350	35786	21.1	51861	18970	173.4
有财务公司	35454	6753	425.0	247549	188366	31.4
无财务公司	95152	101836	-6.6	558879	407318	37.2

续表

类　别	出口销售总额			介损失和营业、管理、财务等费		
	本年实际	去年同期	同比(%)	本年实际	去年同期	同比(%)
已建立母子公司体制	509497	426576	19.4	1435903	1127478	27.4
未建立母子公司体制	710	469	51.4	27301	22564	21.0
已执行合并会计报表	356756	296581	20.3	1081988	867415	24.7
未执行合并会计报表	153451	130464	17.6	381216	282627	34.9
母公司出资人已明确	438146	374105	17.1	1438524	1127516	27.6
母公司出资人未明确	72061	52940	36.1	24680	22526	9.6
从事均在同一大类中的行业的企业集团	131748	95573	37.9	402216	334611	20.2
虽然有不处于同一大类的行业,但对主业有辅助作用	244849	229852	6.5	553597	465540	18.9
完全在不同行业大类进行投资经营的企业集团	133610	101620	31.5	507391	349891	45.0
有明确的企业集团重大事项决策程序制度	508464	425515	19.5	1417672	1107743	28.0
无明确的企业集团重大事项决策程序制度	1743	1530	13.9	45532	42299	7.6
是实行企业集团经营者年薪制	396327	330794	19.8	954917	772974	23.5
未实行企业集团经营者年薪制	113880	96251	18.3	508287	377068	34.8
已获得质量体系认证	434284	373557	16.3	1212029	952929	27.2
未获得质量体系认证	75923	53488	41.9	251175	197113	27.4
已通过环境管理系列认证	214105	228454	-6.3	454779	354013	28.5
未通过环境管理系列认证	296102	198591	49.1	1008425	796029	26.7
技术中心条件完全满足需要	211	2122	-90.1	53532	39978	33.9
技术中心条件基本满足需要	260763	257539	1.3	664240	537859	23.5
技术中心条件不满足需要	121002	65286	85.3	234639	184822	27.0
有投资自主权	468337	394654	18.7	1393451	1097666	26.9
无投资自主权	41870	32391	29.3	69753	52376	33.2
有境外融资权	120312	141927	-15.2	328092	288508	13.7
无境外融资权	389895	285118	36.7	1135112	861534	31.8
有对外担保权	468528	387252	21.0	1336667	1038417	28.7
无对外担保权	41679	39793	4.7	126537	111625	13.4
有自营进出口权	505925	427045	18.5	1112418	844073	31.8
无自营进出口权	4282			350786	305969	14.6
有合并纳税权	229946	215832	6.5	463481	377002	22.9
无合并纳税权	280261	211213	32.7	999723	773040	29.3
有对外工程承包权	374440	328810	13.9	975248	741071	31.6
无对外工程承包权	135767	98235	38.2	487956	408971	19.3
有外事审批权	205438	182685	12.5	322334	269402	19.6
无外事审批权	304769	244360	24.7	1140870	880640	29.6
有技术研究开发中心	381976	324947	17.6	952411	762659	24.9
无技术研究开发中心	128231	102098	25.6	510793	387383	31.9
有财务公司	93034	56288	65.3	374853	273313	37.2
无财务公司	417173	370757	12.5	1088351	876729	24.1

续表

类别	税金			劳动、待业保险费		
	本年实际	去年同期	同比(%)	本年实际	去年同期	同比(%)
已建立母子公司体制	30508	25005	22.0	71215	64489	10.4
未建立母子公司体制	746	709	5.2	1447	1666	-13.1
已执行合并会计报表	22562	18577	21.5	61094	54768	11.6
未执行合并会计报表	8692	7137	21.8	11568	11387	1.6
母公司出资人已明确	30061	24628	22.1	72128	65400	10.3
母公司出资人未明确	1193	1086	9.9	534	755	-29.3
从事均在同一大类中的行业的企业集团	8305	7601	9.3	29645	29936	-1.0
虽然有不处于同一大类的行业,但对主业有辅助作用	14818	12850	15.3	28346	26284	7.8
完全在不同行业大类进行投资经营的企业集团	8131	5263	54.5	14671	9935	47.7
有明确的企业集团重大事项决策程序制度	28161	23319	20.8	70650	64028	10.3
无明确的企业集团重大事项决策程序制度	3093	2395	29.1	2012	2127	-5.4
是实行企业集团经营者年薪制	16673	13782	21.0	48738	41886	16.4
未实行企业集团经营者年薪制	14581	11932	22.2	23924	24269	-1.4
已获得质量体系认证	25941	20924	24.0	58728	54094	8.6
未获得质量体系认证	5313	4790	10.9	13934	12061	15.5
已通过环境管理系列认证	7100	6215	14.2	9976	11602	-14.0
未通过环境管理系列认证	24154	19499	23.9	62686	54553	14.9
技术中心条件完全满足需要	739	545	35.6	1072	918	16.8
技术中心条件基本满足需要	11164	10367	7.7	29775	25538	16.6
技术中心条件不满足需要	4885	3530	38.4	6052	6987	-13.4
有投资自主权	26459	21623	22.4	65882	58593	12.4
无投资自主权	4795	4091	17.2	6780	7562	-10.3
有境外融资权	3508	3335	5.2	7110	6243	13.9
无境外融资权	27746	22379	24.0	65552	59912	9.4
有对外担保权	24936	20428	22.1	66417	59416	11.8
无对外担保权	6318	5286	19.5	6245	6739	-7.3
有自营进出口权	18725	15333	22.1	54271	50600	7.3
无自营进出口权	12529	10381	20.7	18391	15555	18.2
有合并纳税权	11771	10656	10.5	26637	22885	16.4
无合并纳税权	19483	15058	29.4	46025	43270	6.4
有对外工程承包权	19141	16659	14.9	51433	44063	16.7
无对外工程承包权	12113	9055	33.8	21229	22092	-3.9
有外事审批权	5273	4530	16.4	18587	14282	30.1
无外事审批权	25981	21184	22.6	54075	51873	4.2
有技术研究开发中心	16788	14442	16.2	36899	33443	10.3
无技术研究开发中心	14466	11272	28.3	35763	32712	9.3
有财务公司	4257	3406	25.0	20112	14781	36.1
无财务公司	26997	22308	21.0	52550	51374	2.3

续表

类　别	职工教育费			广告费		
	本年实际	去年同期	同比(%)	本年实际	去年同期	同比(%)
已建立母子公司体制	4525	3831	18.1	39599	32473	21.9
未建立母子公司体制	26	26	0.0	1030	712	44.7
已执行合并会计报表	3797	3138	21.0	22803	18855	20.9
未执行合并会计报表	754	719	4.9	17826	14330	24.4
母公司出资人已明确	4497	3803	18.2	40589	33080	22.7
母公司出资人未明确	54	54	0.0	40	105	-61.9
从事均在同一大类中的行业的企业集团	1623	1098	47.8	12316	9190	34.0
虽然有不处于同一大类的行业,但对主业有辅助作用	1628	1573	3.5	15975	13608	17.4
完全在不同行业大类进行投资经营的企业集团	1300	1186	9.6	12338	10387	18.8
有明确的企业集团重大事项决策程序制度	4495	3804	18.2	40193	32834	22.4
无明确的企业集团重大事项决策程序制度	56	53	5.7	436	351	24.2
是实行企业集团经营者年薪制	3514	3055	15.0	36588	29855	22.6
未实行企业集团经营者年薪制	1037	802	29.3	4041	3330	21.4
已获得质量体系认证	3821	3120	22.5	26920	22046	22.1
未获得质量体系认证	730	737	-0.9	13709	11139	23.1
已通过环境管理系列认证	674	754	-10.6	23130	19335	19.6
未通过环境管理系列认证	3877	3103	24.9	17499	13850	26.3
技术中心条件完全满足需要	225	91	147.3	945	531	78.0
技术中心条件基本满足需要	2521	2029	24.2	22145	17765	24.7
技术中心条件不满足需要	615	778	-21.0	15902	13826	15.0
有投资自主权	4024	3431	17.3	40251	32932	22.2
无投资自主权	527	426	23.7	378	253	49.4
有境外融资权	590	305	93.4	3452	2351	46.8
无境外融资权	3961	3552	11.5	37177	30834	20.6
有对外担保权	4264	3587	18.9	27568	22345	23.4
无对外担保权	287	270	6.3	13061	10840	20.5
有自营进出口权	4129	3615	14.2	38177	31625	20.7
无自营进出口权	422	242	74.4	2452	1560	57.2
有合并纳税权	1383	1296	6.7	3406	2654	28.3
无合并纳税权	3168	2561	23.7	37223	30531	21.9
有对外工程承包权	3083	2790	10.5	8380	6941	20.7
无对外工程承包权	1468	1067	37.6	32249	26244	22.9
有外事审批权	1165	1013	15.0	3391	2533	33.9
无外事审批权	3386	2844	19.1	37238	30652	21.5
有技术研究开发中心	3361	2898	16.0	38992	32122	21.4
无技术研究开发中心	1190	959	24.1	1637	1063	54.0
有财务公司	1033	935	10.5	2436	2273	7.2
无财务公司	3518	2922	20.4	38193	30912	23.6

续表

类　别	利息支出			投资收益		
	本年实际	去年同期	同比(%)	本年实际	去年同期	同比(%)
已建立母子公司体制	207365	211461	-1.9	48695	23674	105.7
未建立母子公司体制	6552	3796	72.6	99	137	-27.7
已执行合并会计报表	147756	147936	-0.1	28542	16476	73.2
未执行合并会计报表	66161	67321	-1.7	20252	7335	176.1
母公司出资人已明确	208453	208458	0.0	47775	23142	106.4
母公司出资人未明确	5464	6799	-19.6	1019	669	52.3
从事均在同一大类中的行业的企业集团	58038	62664	-7.4	11571	2503	362.3
虽然有不处于同一大类的行业,但对主业有辅助作用	84231	89175	-5.5	21031	14201	48.1
完全在不同行业大类进行投资经营的企业集团	71648	63418	13.0	16192	7107	127.8
有明确的企业集团重大事项决策程序制度	205093	205877	-0.4	47812	23447	103.9
无明确的企业集团重大事项决策程序制度	8824	9380	-5.9	982	364	169.8
是实行企业集团经营者年薪制	127988	131644	-2.8	33570	24074	39.4
未实行企业集团经营者年薪制	85929	83613	2.8	15224	-263	
已获得质量体系认证	184287	191320	-3.7	36172	15370	135.3
未获得质量体系认证	29630	23937	23.8	12622	8441	49.5
已通过环境管理系列认证	56978	57290	-0.5	14390	4300	234.7
未通过环境管理系列认证	156939	157967	-0.7	34404	19511	76.3
技术中心条件完全满足需要	8540	7733	10.4	11	-3275	
技术中心条件基本满足需要	90244	94646	-4.7	24620	10634	131.5
技术中心条件不满足需要	22064	23813	-7.3	16461	9582	71.8
有投资自主权	202674	203605	-0.5	48733	23517	107.2
无投资自主权	11243	11652	-3.5	61	294	-79.3
有境外融资权	46129	45529	1.3	6898	7066	-2.4
无境外融资权	167788	169728	-1.1	41896	16745	150.2
有对外担保权	184016	185251	-0.7	39831	18018	121.1
无对外担保权	29901	30006	-0.3	8963	5793	54.7
有自营进出口权	150880	158005	-4.5	44036	23588	86.7
无自营进出口权	63037	57252	10.1	4758	223	2033.6
有合并纳税权	52909	61983	-14.6	9660	4470	116.1
无合并纳税权	161008	153274	5.0	39134	19341	102.3
有对外工程承包权	125016	127086	-1.6	29633	14096	110.2
无对外工程承包权	88901	88171	0.8	19161	9715	97.2
有外事审批权	35178	41001	-14.2	8073	5246	53.9
无外事审批权	178739	174256	2.6	40721	18565	119.3
有技术研究开发中心	120848	126192	-4.2	41092	16941	142.6
无技术研究开发中心	93069	89065	4.5	7702	6870	12.1
有财务公司	41928	37164	12.8	7666	1540	397.8
无财务公司	171989	178093	-3.4	41128	22271	84.7

续表

类　别	营业外收入			利润总额		
	本年实际	去年同期	同比(%)	本年实际	去年同期	同比(%)
已建立母子公司体制	24288	17057	42.4	393256	304221	29.3
未建立母子公司体制	409	735	-44.4	-5179	-410	
已执行合并会计报表	20235	11496	76.0	428535	278660	53.8
未执行合并会计报表	4462	6296	-29.1	-40458	25151	
母公司出资人已明确	24533	17514	40.1	386253	301316	28.2
母公司出资人未明确	164	278	-41.0	1824	2495	-26.9
从事均在同一大类中的行业的企业集团	7110	5529	28.6	77467	54072	43.3
虽然有不处于同一大类的行业,但对主业有辅助作用	8483	7740	9.6	357087	193209	84.8
完全在不同行业大类进行投资经营的企业集团	9104	4523	101.3	-46477	56530	
有明确的企业集团重大事项决策程序制度	24451	17172	42.4	393445	307136	28.1
无明确的企业集团重大事项决策程序制度	246	620	-60.3	-5368	-3325	
是实行企业集团经营者年薪制	16698	11330	47.4	427520	305913	39.8
未实行企业集团经营者年薪制	7999	6462	23.8	-39443	-2102	
已获得质量体系认证	22924	15966	43.6	326461	253274	28.9
未获得质量体系认证	1773	1826	-2.9	61616	50537	21.9
已通过环境管理系列认证	3823	3836	-0.3	244526	155294	57.5
未通过环境管理系列认证	20874	13956	49.6	143551	148517	-3.3
技术中心条件完全满足需要	271	718	-62.3	31648	12454	154.1
技术中心条件基本满足需要	16072	10059	59.8	117116	143692	-18.5
技术中心条件不满足需要	1200	2383	-49.6	84754	40683	108.3
有投资自主权	23467	17025	37.8	365029	301041	21.3
无投资自主权	1230	767	60.4	23048	2770	732.1
有境外融资权	2556	4526	-43.5	112208	127635	-12.1
无境外融资权	22141	13266	66.9	275869	176176	56.6
有对外担保权	19533	16004	22.1	357530	277972	28.6
无对外担保权	5164	1788	188.8	30547	25839	18.2
有自营进出口权	15705	13881	13.1	160678	183857	-12.6
无自营进出口权	8992	3911	129.9	227399	119954	89.6
有合并纳税权	6698	6515	2.8	25998	85524	-69.6
无合并纳税权	17999	11277	59.6	362079	218287	65.9
有对外工程承包权	15771	12855	22.7	94669	162561	-41.8
无对外工程承包权	8926	4937	80.8	293408	141250	107.7
有外事审批权	3310	5267	-37.2	97811	80024	22.2
无外事审批权	21387	12525	70.8	290266	223787	29.7
有技术研究开发中心	17543	13160	33.3	233518	196829	18.6
无技术研究开发中心	7154	4632	54.4	154559	106982	44.5
有财务公司	2323	2464	-5.7	-12404	47049	
无财务公司	22374	15328	46.0	400481	256762	56.0

续表

类别	应交所得税			应交增值税		
	本年实际	去年同期	同比(%)	本年实际	去年同期	同比(%)
已建立母子公司体制	104345	89804	16.2	281569	234131	20.3
未建立母子公司体制	707	802	-11.8	1413	1765	-19.9
已执行合并会计报表	91590	73540	24.5	234350	185019	26.7
未执行合并会计报表	13462	17066	-21.1	48632	50877	-4.4
母公司出资人已明确	104184	89732	16.1	280239	232484	20.5
母公司出资人未明确	868	874	-0.7	2743	3412	-19.6
从事均在同一大类中的行业的企业集团	15196	13690	11.0	76504	65719	16.4
虽然有不处于同一大类的行业,但对主业有辅助作用	57405	48120	19.3	172826	140243	23.2
完全在不同行业大类进行投资经营的企业集团	32451	28796	12.7	33652	29934	12.4
有明确的企业集团重大事项决策程序制度	104386	89810	16.2	278664	231077	20.6
无明确的企业集团重大事项决策程序制度	666	796	-16.3	4318	4819	-10.4
是实行企业集团经营者年薪制	89882	81623	10.1	220557	180572	22.1
未实行企业集团经营者年薪制	15170	8983	68.9	62425	55324	12.8
已获得质量体系认证	94574	77930	21.4	248566	205467	21.0
未获得质量体系认证	10478	12676	-17.3	34416	30429	13.1
已通过环境管理系列认证	62104	52592	18.1	135182	113134	19.5
未通过环境管理系列认证	42948	38014	13.0	147800	122762	20.4
技术中心条件完全满足需要	1766	1812	-2.5	8439	3998	111.1
技术中心条件基本满足需要	49478	44930	10.1	106510	108201	-1.6
技术中心条件不满足需要	11153	11597	-3.8	61652	40853	50.9
有投资自主权	99407	88330	12.5	266830	226149	18.0
无投资自主权	5645	2276	148.0	16152	9747	65.7
有境外融资权	32312	28794	12.2	65671	68807	-4.6
无境外融资权	72740	61812	17.7	217311	167089	30.1
有对外担保权	100972	82559	22.3	255326	210094	21.5
无对外担保权	4080	8047	-49.3	27656	25802	7.2
有自营进出口权	59794	51783	15.5	189901	167182	13.6
无自营进出口权	45258	38823	16.6	93081	68714	35.5
有合并纳税权	25491	21827	16.8	86064	86871	-0.9
无合并纳税权	79561	68779	15.7	196918	149025	32.1
有对外工程承包权	57392	49044	17.0	154477	141124	9.5
无对外工程承包权	47660	41562	14.7	128505	94772	35.6
有外事审批权	21729	17417	24.8	70625	68310	3.4
无外事审批权	83323	73189	13.8	212357	167586	26.7
有技术研究开发中心	62397	58339	7.0	176601	153052	15.4
无技术研究开发中心	42655	32267	32.2	106381	82844	28.4
有财务公司	14411	16557	-13.0	35690	30219	18.1
无财务公司	90641	74049	22.4	247292	205677	20.2

续表

类　别	固定资产投资完成额			研究开发费用		
	本年实际	去年同期	同比(%)	本年实际	去年同期	同比(%)
已建立母子公司体制	1143942	760855	50.3	212879	154426	37.9
未建立母子公司体制	189	983	-80.8	62	119	-47.9
已执行合并会计报表	498606	335986	48.4	188033	134244	40.1
未执行合并会计报表	645525	425852	51.6	24908	20301	22.7
母公司出资人已明确	1141994	755838	51.1	211272	148678	42.1
母公司出资人未明确	2137	6000	-64.4	1669	5867	-71.6
从事均在同一大类中的行业的企业集团	215403	144383	49.2	31658	24143	31.1
虽然有不处于同一大类的行业,但对主业有辅助作用	766132	496652	54.3	151815	96364	57.5
完全在不同行业大类进行投资经营的企业集团	162596	120803	34.6	29468	34038	-13.4
有明确的企业集团重大事项决策程序制度	1127191	753918	49.5	211943	153358	38.2
无明确的企业集团重大事项决策程序制度	16940	7920	113.9	998	1187	-15.9
是实行企业集团经营者年薪制	457331	343784	33.0	182941	132441	38.1
未实行企业集团经营者年薪制	686800	418054	64.3	30000	22104	35.7
已获得质量体系认证	1043542	705144	48.0	210165	149977	40.1
未获得质量体系认证	100589	56694	77.4	2776	4568	-39.2
已通过环境管理系列认证	76438	73905	3.4	50017	31106	60.8
未通过环境管理系列认证	1067693	687933	55.2	162924	123439	32.0
技术中心条件完全满足需要	14906	3763	296.1	1720	1014	69.6
技术中心条件基本满足需要	284095	205532	38.2	171439	111461	53.8
技术中心条件不满足需要	151390	99270	52.5	29032	28349	2.4
有投资自主权	1103713	731914	50.8	196108	138714	41.4
无投资自主权	40418	29924	35.1	16833	15831	6.3
有境外融资权	111568	61529	81.3	56557	24729	128.7
无境外融资权	1032563	700309	47.4	156384	129816	20.5
有对外担保权	541290	372040	45.5	209736	150620	39.2
无对外担保权	602841	389798	54.7	3205	3925	-18.3
有自营进出口权	1028784	728149	41.3	209568	151040	38.8
无自营进出口权	115347	33689	242.4	3373	3505	-3.8
有合并纳税权	168097	137189	22.5	152635	94317	61.8
无合并纳税权	976034	624649	56.3	60306	60228	0.1
有对外工程承包权	390812	254629	53.5	204017	140409	45.3
无对外工程承包权	753319	507209	48.5	8924	14136	-36.9
有外事审批权	132678	100698	31.8	141608	81273	74.2
无外事审批权	1011453	661140	53.0	71333	73272	-2.6
有技术研究开发中心	450391	308565	46.0	202191	140824	43.6
无技术研究开发中心	693740	453273	53.1	10750	13721	-21.7
有财务公司	137961	92258	49.5	98288	65832	49.3
无财务公司	1006170	669580	50.3	114653	88713	29.2

续表

类　别	应收账款		
	本年实际	去年同期	同比(%)
已建立母子公司体制	1607596	1423282	12.9
未建立母子公司体制	70824	68143	3.9
已执行合并会计报表	1298804	1146857	13.2
未执行合并会计报表	379616	344568	10.2
母公司出资人已明确	1635574	1455257	12.4
母公司出资人未明确	42846	36168	18.5
从事均在同一大类中的行业的企业集团	703709	577474	21.9
有不处于同一大类的行业,对主业有辅助作用	629937	582255	8.2
完全在不同行业大类进行投资经营的企业集团	344774	331696	3.9
有明确的企业集团重大事项决策程序制度	1629867	1450190	12.4
无明确的企业集团重大事项决策程序制度	48553	41235	17.7
是实行企业集团经营者年薪制	1027483	948245	8.4
未实行企业集团经营者年薪制	650937	543180	19.8
已获得质量体系认证	1438577	1271076	13.2
未获得质量体系认证	239843	220349	8.8
已通过环境管理系列认证	275810	326470	－15.5
未通过环境管理系列认证	1402610	1164955	20.4
技术中心条件完全满足需要	22985	37602	－38.9
技术中心条件基本满足需要	787420	664441	18.5
技术中心条件不满足需要	330731	272421	21.4
有投资自主权	1565674	1399281	11.9
无投资自主权	112746	92144	22.4
有境外融资权	332081	313386	6.0
无境外融资权	1346339	1178039	14.3
有对外担保权	1608682	1419630	13.3
无对外担保权	69738	71795	－2.9
有自营进出口权	1249402	1129612	10.6
无自营进出口权	429018	361813	18.6
有合并纳税权	742735	644366	15.3
无合并纳税权	935685	847059	10.5
有对外工程承包权	1070131	939588	13.9
无对外工程承包权	608289	551837	10.2
有外事审批权	526458	424488	24.0
无外事审批权	1151962	1066937	8.0
有技术研究开发中心	1141136	974464	17.1
无技术研究开发中心	537284	516961	3.9
有财务公司	465360	357858	30.0
无财务公司	1213060	1133567	7.0

陕西省企业集团按改制情况分组的劳动工资指标

(2003 年)　　单位:人

类　别	从业人员年末人数			在岗职工		
	本年实际	去年同期	同比(%)	本年实际	去年同期	同比(%)
已建立母子公司体制	357277	351433	1.7	348013	342389	1.6
未建立母子公司体制	8490	10401	-18.4	7213	8940	-19.3
已执行合并会计报表	270248	269004	0.5	263296	260885	0.9
未执行合并会计报表	95519	92830	2.9	91930	90444	1.6
母公司出资人已明确	356733	353500	0.9	346693	343508	0.9
母公司出资人未明确	9034	8334	8.4	8533	7821	9.1
从事均在同一大类中的行业的企业集团	146088	149173	-2.1	141021	143959	-2.0
虽然有不处于同一大类的行业,但对主业有辅助作用	141790	140818	0.7	138601	137120	1.1
完全在不同行业大类进行投资经营的企业集团	77889	71843	8.4	75604	70250	7.6
有明确的企业集团重大事项决策程序制度	350024	346260	1.1	340210	336693	1.0
无明确的企业集团重大事项决策程序制度	15743	15574	1.1	15016	14636	2.6
是实行企业集团经营者年薪制	218060	210243	3.7	216097	209078	3.4
未实行企业集团经营者年薪制	147707	151591	-2.6	139129	142251	-2.2
已获得质量体系认证	305905	302598	1.1	297984	294414	1.2
未获得质量体系认证	59862	59236	1.1	57242	56915	0.6
已通过环境管理系列认证	93686	90024	4.1	92580	89064	3.9
未通过环境管理系列认证	272081	271810	0.1	262646	262265	0.1
技术中心条件完全满足需要	12300	10853	13.3	12300	10853	13.3
技术中心条件基本满足需要	152677	143931	6.1	146994	139039	5.7
技术中心条件不满足需要	50504	51125	-1.2	49731	50680	-1.9
有投资自主权	339542	334191	1.6	329968	324799	1.6
无投资自主权	26225	27643	-5.1	25258	26530	-4.8
有境外融资权	75883	68706	10.4	73903	67870	8.9
无境外融资权	289884	293128	-1.1	281323	283459	-0.8
有对外担保权	318936	312474	2.1	309952	303652	2.1
无对外担保权	46831	49360	-5.1	45274	47677	-5.0
有自营进出口权	274590	268876	2.1	268097	263341	1.8
无自营进出口权	91177	92958	-1.9	87129	87988	-1.0
有合并纳税权	120647	122991	-1.9	117204	119930	-2.3
无合并纳税权	245120	238843	2.6	238022	231399	2.9
有对外工程承包权	228852	228401	0.2	220781	221255	-0.2
无对外工程承包权	136915	133433	2.6	134445	130074	3.4
有外事审批权	76343	73046	4.5	74450	71893	3.6
无外事审批权	289424	288788	0.2	280776	279436	0.5
有技术研究开发中心	215481	205909	4.6	209025	200572	4.2
无技术研究开发中心	150286	155925	-3.6	146201	150757	-3.0
有财务公司	65566	65011	0.9	62915	63158	-0.4
无财务公司	300201	296823	1.1	292311	288171	1.4

续表

类别	其他从业人员			研究开发人员		
	本年实际	去年同期	同比(%)	本年实际	去年同期	同比(%)
已建立母子公司体制	9264	9044	2.4	18766	20097	-6.6
未建立母子公司体制	1277	1461	-12.6	48	45	6.7
已执行合并会计报表	6952	8119	-14.4	14131	15699	-10.0
未执行合并会计报表	3589	2386	50.4	4683	4443	5.4
母公司出资人已明确	10040	9992	0.5	17117	18635	-8.1
母公司出资人未明确	501	513	-2.3	1697	1507	12.6
从事均在同一大类中的行业的企业集团	5067	5214	-2.8	4716	4107	14.8
虽然有不处于同一大类的行业,但对主业有辅助作用	3189	3698	-13.8	5989	5792	3.4
完全在不同行业大类进行投资经营的企业集团	2285	1593	43.4	8109	10243	-20.8
有明确的企业集团重大事项决策程序制度	9814	9567	2.6	18531	19870	-6.7
无明确的企业集团重大事项决策程序制度	727	938	-22.5	283	272	4.0
是实行企业集团经营者年薪制	1963	1165	68.5	13617	14990	-9.2
未实行企业集团经营者年薪制	8578	9340	-8.2	5197	5152	0.9
已获得质量体系认证	7921	8184	-3.2	17722	19273	-8.0
未获得质量体系认证	2620	2321	12.9	1092	869	25.7
已通过环境管理系列认证	1106	960	15.2	4884	4477	9.1
未通过环境管理系列认证	9435	9545	-1.2	13930	15665	-11.1
技术中心条件完全满足需要				558	560	-0.4
技术中心条件基本满足需要	5683	4892	16.2	9719	9664	0.6
技术中心条件不满足需要	773	445	73.7	3214	2534	26.8
有投资自主权	9574	9392	1.9	13968	13252	5.4
无投资自主权	967	1113	-13.1	4846	6890	-29.7
有境外融资权	1980	836	136.8	4763	4433	7.4
无境外融资权	8561	9669	-11.5	14051	15709	-10.6
有对外担保权	8984	8822	1.8	18478	19861	-7.0
无对外担保权	1557	1683	-7.5	336	281	19.6
有自营进出口权	6493	5535	17.3	18369	19782	-7.1
无自营进出口权	4048	4970	-18.6	445	360	23.6
有合并纳税权	3443	3061	12.5	6577	5891	11.6
无合并纳税权	7098	7444	-4.6	12237	14251	-14.1
有对外工程承包权	8071	7146	12.9	14661	16266	-9.9
无对外工程承包权	2470	3359	-26.5	4153	3876	7.1
有外事审批权	1893	1153	64.2	4615	4085	13.0
无外事审批权	8648	9352	-7.5	14199	16057	-11.6
有技术研究开发中心	6456	5337	21.0	13491	12758	5.7
无技术研究开发中心	4085	5168	-21.0	5323	7384	-27.9
有财务公司	2651	1853	43.1	2389	2325	2.8
无财务公司	7890	8652	-8.8	16425	17817	-7.8

续表　单位:万元

类　别	从业人员劳动报酬			在岗职工劳动报酬		
	本年实际	去年同期	同比(%)	本年实际	去年同期	同比(%)
已建立母子公司体制	499035	443504	12.5	492347	436426	12.8
未建立母子公司体制	7409	8157	-9.2	6817	7461	-8.6
已执行合并会计报表	401776	355424	13.0	395769	348598	13.5
未执行合并会计报表	104668	96237	8.8	103395	95289	8.5
母公司出资人已明确	497810	443896	12.1	490530	436122	12.5
母公司出资人未明确	8634	7765	11.2	8634	7765	11.2
从事均在同一大类中的行业的企业集团	177638	156197	13.7	174320	152468	14.3
虽然有不处于同一大类的行业,但对主业有辅助作用	232905	207845	12.1	230624	205232	12.4
完全在不同行业大类进行投资经营的企业集团	95901	87619	9.5	94220	86187	9.3
有明确的企业集团重大事项决策程序制度	494897	439970	12.5	488034	432756	12.8
无明确的企业集团重大事项决策程序制度	11547	11691	-1.2	11130	11131	0.0
是实行企业集团经营者年薪制	337216	293522	14.9	335600	292492	14.7
未实行企业集团经营者年薪制	169228	158139	7.0	163564	151395	8.0
已获得质量体系认证	432734	390572	10.8	426672	383921	11.1
未获得质量体系认证	73710	61089	20.7	72492	59966	20.9
已通过环境管理系列认证	165852	145132	14.3	164823	144141	14.3
未通过环境管理系列认证	340592	306529	11.1	334341	299746	11.5
技术中心条件完全满足需要	13897	10704	29.8	13897	10704	29.8
技术中心条件基本满足需要	211666	192947	9.7	207943	189248	9.9
技术中心条件不满足需要	77646	64530	20.3	76891	64117	19.9
有投资自主权	465947	415360	12.2	459364	408384	12.5
无投资自主权	40497	36301	11.6	39800	35503	12.1
有境外融资权	106981	98997	8.1	106341	98537	7.9
无境外融资权	399463	352664	13.3	392823	345350	13.7
有对外担保权	460587	405659	13.5	454069	398700	13.9
无对外担保权	45857	46002	-0.3	45095	45187	-0.2
有自营进出口权	378948	337886	12.2	374269	333799	12.1
无自营进出口权	127496	113775	12.1	124895	110088	13.5
有合并纳税权	168076	161778	3.9	166255	159843	4.0
无合并纳税权	338368	289883	16.7	332909	284044	17.2
有对外工程承包权	310496	286604	8.3	305229	281589	8.4
无对外工程承包权	195948	165057	18.7	193935	162298	19.5
有外事审批权	122633	115454	6.2	121894	114833	6.1
无外事审批权	383811	336207	14.2	377270	329054	14.7
有技术研究开发中心	303209	268181	13.1	298731	264069	13.1
无技术研究开发中心	203235	183480	10.8	200433	179818	11.5
有财务公司	84126	77945	7.9	82816	77061	7.5
无财务公司	422318	373716	13.0	416348	366826	13.5

续表

类别	其他从业人员劳动报酬			研究开发人员劳动报酬		
	本年实际	去年同期	同比(%)	本年实际	去年同期	同比(%)
已建立母子公司体制	6688	7078	-5.5	33305	32130	3.7
未建立母子公司体制	592	696	-14.9	50	46	8.7
已执行合并会计报表	6007	6826	-12.0	25979	25876	0.4
未执行合并会计报表	1273	948	34.3	7376	6300	17.1
母公司出资人已明确	7280	7774	-6.4	31608	30641	3.2
母公司出资人未明确				1747	1535	13.8
从事均在同一大类中的行业的企业集团	3318	3729	-11.0	6652	5428	22.5
虽然有不处于同一大类的行业,但对主业有辅助作用	2281	2613	-12.7	12664	10033	26.2
完全在不同行业大类进行投资经营的企业集团	1681	1432	17.4	14039	16715	-16.0
有明确的企业集团重大事项决策程序制度	6863	7214	-4.9	33032	31884	3.6
无明确的企业集团重大事项决策程序制度	417	560	-25.5	323	292	10.6
是实行企业集团经营者年薪制	1616	1030	56.9	24419	24684	-1.1
未实行企业集团经营者年薪制	5664	6744	-16.0	8936	7492	19.3
已获得质量体系认证	6062	6651	-8.9	31450	30927	1.7
未获得质量体系认证	1218	1123	8.5	1905	1249	52.5
已通过环境管理系列认证	1029	991	3.8	9620	7804	23.3
未通过环境管理系列认证	6251	6783	-7.8	23735	24372	-2.6
技术中心条件完全满足需要				1143	1116	2.4
技术中心条件基本满足需要	3723	3699	0.6	16697	14885	12.2
技术中心条件不满足需要	755	413	82.8	5961	3650	63.3
有投资自主权	6583	6976	-5.6	23608	20030	17.9
无投资自主权	697	798	-12.7	9747	12146	-19.8
有境外融资权	640	460	39.1	9261	7979	16.1
无境外融资权	6640	7314	-9.2	24094	24197	-0.4
有对外担保权	6518	6959	-6.3	32824	31802	3.2
无对外担保权	762	815	-6.5	531	374	42.0
有自营进出口权	4679	4087	14.5	32809	31786	3.2
无自营进出口权	2601	3687	-29.5	546	390	40.0
有合并纳税权	1821	1935	-5.9	10683	8932	19.6
无合并纳税权	5459	5839	-6.5	22672	23244	-2.5
有对外工程承包权	5267	5015	5.0	27552	27454	0.4
无对外工程承包权	2013	2759	-27.0	5803	4722	22.9
有外事审批权	739	621	19.0	9195	7334	25.4
无外事审批权	6541	7153	-8.6	24160	24842	-2.7
有技术研究开发中心	4478	4112	8.9	23801	19651	21.1
无技术研究开发中心	2802	3662	-23.5	9554	12525	-23.7
有财务公司	1310	884	48.2	4143	3230	28.3
无财务公司	5970	6890	-13.4	29212	28946	0.9

陕西资产排序50强企业

(2004年)　单位：万元

企业名称	位次	资产	收入	利润	从业人员(人)
西安市					
中国石油天然气股份有限公司长庆油田分公司	1	3658656	1624015	657757	11506
陕西省电力公司	2	2477853	1081037	18080	37495
陕西省高速公路建设集团公司	4	1263398	84093	3616	3785
中国西安飞机工业集团	6	1242008	485669	9446	20093
西安高科集团	7	1082219	344042	16495	4950
长庆石油勘探局	8	904191	632808	－20146	34696
陕西有色金属集团有限责任公司	9	865662	437356	34718	25609
陕西建工集团总公司	10	839561	483162	1465	21581
金花企业集团	12	800000	322326	31000	4051
西安电力机械制造公司	13	781043	410603	8238	13080
西安航空发动机集团	15	503264	162698	4104	14103
西安东盛集团有限公司	16	491720	180209	6412	8089
陕西汽车集团有限责任公司	18	378297	385225	13347	10069
西安翠宝集团	19	363167	41190	－9282	1265
陕西旅游集团公司	23	309041	51418	－7621	5719
西安海星科技投资控股(集团)有限公司	29	245372	303195	12123	4100
陕西鼓风机(集团)有限公司	31	231175	120862	20399	3453
陕西省国际信托投资股份有限公司	32	218561	12580	360	295
庆安集团有限公司	33	205222	115714	3851	6854
西安大唐电信有限公司	34	183190	37397	－11986	921
利君企业集团	35	177201	131175	23418	4890
陕西唐华纺织印染集团	36	174712	96800	408	15556
西安杨森制药有限公司	37	173940	275639	66192	1324
国营黄河机器制造厂	38	167182	31001	130	3119
标准工业集团	39	159878	90973	15125	3355
陕西秦龙电力股份有限公司	41	155660	27407	9412	1250
西安华山机械工业有限公司	42	150631	58397	2704	5075
陕西丹尼尔企业集团	45	148900	6288	145	367
陕西东隆企业集团	46	147897	126787	3803	1997

续表

企业名称	位次	资产	收入	利润	从业人员(人)
西安市					
西安市自来水公司	47	147824	36421	1139	2813
西安西化热电化工有限责任公司	48	146614	45466	565	3419
陕西省天然气有限责任公司	50	143780	67533	9090	400
宝鸡市					
宝鸡卷烟厂	24	296798	224925	19057	2041
陕西东岭集团	43	149984	344988	22552	2818
陕西长岭集团	44	149695	68927	－80892	5392
秦川机床集团有限公司	49	145019	61190	1724	3832
咸阳市					
彩虹集团公司	11	836862	782496	59487	21688
陕西渭河发电有限公司	20	357274	171134	50329	2385
咸阳偏转集团公司	25	282904	169408	319	6412
渭南市					
陕西华电蒲城发电有限责任公司	17	436653	103804	－5059	2371
陕西渭河煤化工集团	21	353653	63804	3796	2171
陕西龙门钢铁集团	27	271774	280782	12472	5365
陕西秦岭发电有限责任公司	28	255079	77850	939	2375
韩城矿务局	30	232865	67094	24	15064
汉中市					
陕西汉江建材集团有限公司	14	539310	102949	－4883	1009
陕西飞机工业(集团)有限公司	26	275067	70986	－468	8429
延安市					
陕西省延长石油工业集团公司	5	1243389	1315659	180900	17285
榆林市					
神华神府东胜煤炭有限责任公司	3	1424278	488434	25551	10934
铜川市					
铜川矿务局	22	335399	147758	6553	24707
陕西秦岭水泥(集团)股份有限公司	40	156283	54716	7127	4472
安康市					
商州市					

注:本排序依据陕西省企业调查队对全省企业集团和重点(优势)企业调查数据排列

陕西销售收入排序 50 强企业

（2004 年）　　单位:万元

企业名称	位次	资产	收入	利润	从业人员(人)
西安市					
中国石油天然气股份有限公司长庆油田分公司	1	3658656	1624015	657757	11506
陕西省电力公司	3	2477853	1081037	18080	37495
长庆石油勘探局	5	904191	632808	-20146	34696
中国西安飞机工业集团	7	1242008	485669	9446	20093
陕西建工集团总公司	8	839561	483262	1465	21581
陕西有色金属集团有限公司	9	865661	437356	34718	25609
西安电力机械制造公司	10	781043	410603	8238	13080
陕西汽车集团有限责任公司	11	378297	385225	13347	10069
西安高科(集团)公司	13	1082219	344042	16495	4950
金花企业集团	14	800000	322326	31000	4051
西安海星科技投资控股(集团)有限公司	15	245372	303195	12123	4100
西安杨森制药有限公司	17	173940	275639	66192	1324
陕西华远医药商业集团有限责任公司	19	83564	203386	-328	4482
西安石油化工总厂	20	96971	202206	5635	1231
西安东盛集团有限公司	21	491720	180209	6412	8089
西安航空发动机集团	24	503264	162698	4104	14103
西安解放集团股份有限公司	26	86927	137131	7681	1094
利君企业集团	27	177201	131175	23418	4890
陕西东隆企业集团	28	147897	126787	3803	1997
陕西鼓风机(集团)有限公司	29	231175	120862	20399	3453
陕西法士特齿轮有限责任公司	30	123807	117036	44568	2980
庆安集团有限公司	31	205222	115714	3851	6854
青岛啤酒西安有限责任公司	32	49387	111457	9460	651
中国北车集团西安车辆厂	35	75105	97130	1302	6974
陕西唐华纺织印染集团	36	174712	96800	408	15556
陕西石羊(集团)股份有限公司	37	42239	96490	1807	1277
标准工业集团	39	159878	90973	15125	3355
陕西省高速公路建设集团公司	40	1263398	84093	3616	3785
陕西省煤炭运销(集团)有限责任公司	41	41897	83788	100	70

续表

企业名称	位次	资产	收入	利润	从业人员(人)
西安市					
西安民生集团股份有限公司	46	97501	73237	3704	3117
陕西飞机工业(集团)有限公司	48	275067	70986	-468	8429
西安印钞厂	50	86061	68392	18694	2034
宝鸡市					
陕西东岭集团	12	149984	344988	22552	2818
宝鸡卷烟厂	18	296798	224925	19057	2041
宝鸡石油机械有限责任公司	38	91899	92557	8413	2898
宝鸡石油钢管有限责任公司	44	137479	78331	62	2039
陕西长岭集团	49	149695	68927	-80892	5392
咸阳市					
彩虹集团公司	4	836862	782496	59487	21668
陕西渭河发电有限公司	22	357274	171134	50329	2385
咸阳偏转集团公司	23	282904	169408	319	6412
西安秦骊置业集团	47	97135	71741	248	2400
渭南市					
陕西龙门钢铁集团	16	271774	280782	12472	5365
陕西华电蒲城发电有限责任公司	33	436653	103804	-5059	2371
陕西秦岭发电有限责任公司	45	255079	77850	939	2375
汉中市					
陕西汉江建材集团有限公司	34	539310	102949	-4883	1009
陕西略阳钢铁有限责任公司	43	108385	79601	340	6042
延安市					
陕西省延长石油工业集团公司	2	1243389	1315659	180900	17285
延安卷烟厂	42	85963	83592	28	1237
榆林市					
神华神府东胜煤炭有限责任公司	6	1424278	488434	25551	10934
铜川市					
铜川矿务局	25	335399	147758	6553	24707
安康市					
商州市					

注:本排序依据陕西省企业调查队对全省企业集团和重点(优势)企业调查数据排列

陕西实现利润排序 50 强企业

（2004 年） 单位:万元

企业名称	位次	资产	收入	利润	从业人员(人)
西安市					
中国石油天然气股份有限公司长庆油田分公司	1	3658656	1624015	657757	11506
西安杨森制药有限公司	3	173940	275639	66192	1324
陕西法士特齿轮有限责任公司	6	123807	117036	44568	2980
陕西有色金属集团有限公司	7	865661	437356	34718	25609
金花企业集团	8	800000	322326	31000	4051
利君企业集团	10	177201	131175	23418	4890
陕西鼓风机(集团)有限公司	12	231175	120862	20399	3453
西安印钞厂	14	86061	68392	18694	2034
陕西省电力公司	15	2477853	1081037	18080	37495
西安高科(集团)公司	16	1082219	344042	16495	4950
标准工业集团	17	159878	90973	15125	3355
陕西汽车集团有限责任公司	18	378297	385225	13347	10069
西安海星科技投资控股(集团)有限公司	20	245372	303195	12123	4100
青岛啤酒西安有限责任公司	21	49387	111457	9460	651
中国西安飞机工业集团	22	1242008	485669	9446	20093
陕西秦龙电力股份有限公司	23	155660	27407	9412	1250
陕西省天然气有限责任公司	24	143780	67533	9090	400
西安电力机械制造公司	26	781043	410603	8238	13080
西安解放集团股份有限公司	27	86927	137131	7681	1094
陕西华圣企业(集团)股份有限公司	29	130189	54428	7072	652
西安交通大学开元集团	30	65630	56762	7016	1118
西安东盛集团有限公司	32	491720	180209	6412	8089
西安石油化工总厂	33	96971	202206	5635	1231
陕西金叶科教集团	34	88722	28877	4641	1099
长安信息产业集团	35	102214	13178	4436	748
西安航空发动机集团	36	503264	162698	4104	14103
西安航空动力控制工程有限责任公司	37	109443	35307	3891	7638
陕西海升果业发展股份有限公司	38	59932	21163	3858	420
庆安集团有限公司	39	205222	115714	3851	6854

续表

企业名称	位次	资产	收入	利润	从业人员(人)
西安市					
陕西东隆企业集团	40	147897	126787	3803	1997
西安民生集团股份有限公司	42	97501	73237	3704	3117
陕西省高速公路建设集团公司	43	1263398	84093	3616	3785
西安饮食服务(集团)股份有限公司	45	88472	32904	3208	2831
陕西建设企业集团	46	70463	57702	3194	2051
长安信息产业(集团)股份有限公司	48	59346	3740	2858	95
宝鸡市					
陕西东岭集团	11	149984	344988	22552	2818
宝鸡卷烟厂	13	296798	224925	19057	2041
宝鸡石油机械有限责任公司	25	91899	92557	8413	2898
陕西宝成航空仪表有限责任公司	47	45744	27683	2962	1500
中铁宝桥股份有限公司	49	115374	50625	2840	2797
陕西宝光企业集团	50	74645	34237	2727	2365
咸阳市					
彩虹集团公司	4	836862	782496	59487	21668
陕西渭河发电有限公司	5	357274	171134	50329	2385
陕西兴化化学股份有限公司	44	48990	36572	3364	1191
渭南市					
陕西龙门钢铁(集团)有限责任公司	19	256988	262794	12389	4014
陕西渭河煤化工集团	41	353653	63804	3796	2171
汉中市					
延安市					
陕西省延长石油工业集团公司	2	1243389	1315659	180900	17285
榆林市					
神华神府东胜煤炭有限责任公司	9	1424278	488434	25551	10934
铜川市					
陕西秦岭水泥(集团)股份有限公司	28	156283	54716	7127	4472
铜川矿务局	31	335399	147758	6553	24707
安康市					
商州市					

注:本排序依据陕西省企业调查队对全省企业集团和重点(优势)企业调查数据排列

陕西上市公司基本情况(排名不分先后)

企业名称	代　码	总资产(万元)		总股本(万股)		流通股股本(万股)	
		2002 年	2003 年	2002 年	2003 年	2002 年	2003 年
宝光股份	600379	48839.95	50280.68	15800.00	15800.00	5000.00	50000.00
宝商股份	000796	96459.00	105498.67	16034.20	16034.20	11277.43	11277.43
宝鸡钛业	600456	92324.10	96549.71	20008.00	20008.00	6000.00	6000.00
标准股份	600302	101719.70	110914.39	31900.98	31900.98	9000.00	9000.00
长安信息	600706	88263.00	102214.03	8733.34	8733.34	3750.00	3750.00
西安旅游	000610	47131.10	43231.11	16759.79	16759.79	5304.00	5304.00
精密股份	600092	109338.50	103717.72	26119.62	26119.62	13309.92	13309.92
秦岭水泥	600217	129558.60	156283.21	41300.00	41300.00	1400.00	1400.00
秦川发展	000837	93582.00	103082.02	23247.84	23247.84	12540.00	12540.00
陕长岭 A	000561	150620.70	70540.37	39701.26	39701.26	24208.77	24208.77
西飞国际	000768	235799.50	236193.32	39150.00	39150.00	17700.00	17700.00
西安民生	000564	93531.60	97500.69	20200.70	20200.70	13664.90	13664.90
陕解放 A	000516	81213.88	86927.22	13037.83	13037.83	4345.45	4345.45
海星科技	600185	98255.90	124537.20	21780.00	21780.00	7480.00	7480.00
彩虹股份	600707	250237.50	285205.14	42114.88	42114.88	14364.48	14364.48
偏转集团	000697	115024.70	130930.24	21746.17	21746.17	7741.17	7741.17
数码测绘	600700	105119.47	56962.94	29089.80	29089.80	15569.13	15569.13
金花股份	600080	133316.20	146402.97	23083.52	23083.52	9984.00	9984.00
秦丰农业	600248	95062.80	110561.32	12882.00	12882.00	4800.00	4800.00
陕西金叶	000812	91819.06	89024.53	19008.00	19008.00	11024.64	11019.69
达尔曼	600788	2375088.00		28663.94		10471.50	
广电网络	600831	25068.80	31385.18	11128.67	11128.67	4634.54	4634.71
陕国投 A	000563	260730.00	217872.30	21418.70	21418.70	12636.00	12636.00
西安饮食	000721	72794.00	192528.96	11441.51	11441.51	4134.12	4132.94
航空动力	600343	29933.64	54359.49	12000.00	12000.00	6500.00	6500.00
东盛科技	600771	118480.79	1391678.49	18688.69	18688.69	49500.00	49500.00
建设股份	600984						

续表

企业名称	代码	股东权益(万元)		主营业务收入(万元)		利润总额(万元)		净资产收益率	
		2002年	2003年	2002年	2003年	2002年	2003年	2002年	2003年
宝光股份	600379	26714.62	28447.27	25052.10	27540.78	1667.46	1732.65	5.35%	6.28%
宝商股份	000796	68485.50	69854.26	55797.40	28585.92	2593.65	1584.21	3.20%	1.96%
宝鸡钛业	600456	61363.98	64378.55	34641.00	38416.02	4849.80	7099.78	6.58%	9.34%
标准股份	600302	67446.50	78589.66	70759.20	88271.84	9009.26	13658.78	10.70%	15.20%
长安信息	600706	15830.80	19061.17	16467.80	30523.91	1694.68	4436.62	11.55%	17.54%
西安旅游	000610	34405.70	34534.29	9573.30	7987.71	830.60	294.83	1.66%	0.07%
精密股份	600092	67621.90	63656.92	13417.70	7279.24	549.90	－4079.26	0.47%	－6.05%
秦岭水泥	600217	73927.50	80187.45	50148.80	54716.07	7112.58	7127.26	6.14%	7.98%
秦川发展	000837	53551.20	56356.48	35063.80	41971.07	2825.80	3652.62	4.41%	5.23%
陕长岭A	000561	14310.80	－62696.67	35497.00	43582.69	－35019.900	－80366.33	－207.00%	
西飞国际	000768	193646.32	192923.52	101697.80	90572.27	6067.40	3394.47	2.34%	3.34%
西安民生	000564	55119.00	59207.53	70119.70	71581.42	2002.80	3703.98	2.37%	4.11%
陕解放A	000516	36632.98	4171.42	112952.07	134692.98	6224.10	7681.43	9.93%	10.42%
海星科技	600185	51193.40	52294.94	29188.80	62700.78	1282.26	1818.22	4.08%	2.24%
彩虹股份	600707	166020.20	188352.41	289973.00	305779.31	22282.60	28181.03	10.55%	11.55%
偏转集团	000697	75381.30	73464.08	52167.90	68003.98	855.70	－1278.59	1.20%	1.18%
数码测绘	600700	29925.50	－26543.84	54351.40	46039.23	－6904.30	－57300.71	－23.45%	
金花股份	600080	85023.60	86553.13	18202.80	52774.36	3124.30	1669.94	3.00%	1.65%
秦丰农业	600248	52216.10	53675.49	34297.40	46530.77	2370.30	1709.72	3.74%	1.17%
陕西金叶	000812	40754.33	52843.97	29744.40	28528.28	3713.80	4484.87	6.90%	7.96%
达尔曼	600788	135092.80		31601.00		3840.50		2.17%	
广电网络	600831	15087.16	16128.93	19106.60	21708.21	1882.50	2204.27	10.75%	11.81%
陕国投A.	000563	40389.40	37555.33	16620.30	8376.32	1118.60	－2704.89	0.91%	－7.59%
西安饮食	000721	27142.70	29197.58	35183.60	32904.09	2677.40	3208.22	7.48%	6.55%
航空动力	600343	14616.91	39808.58	10287.29	10574.63	2631.82	2755.95	15.07%	5.86%
东盛科技	600771	37561.41	40150.38	50430.03	55945.87	5646.92	5016.22	10.43%	9.99%
建设股份	600984								

说明:表中数据截至2003年底。

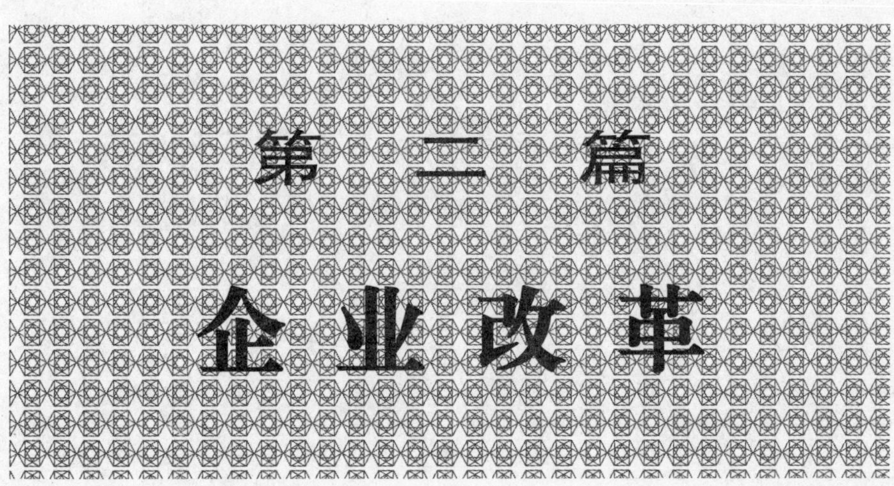

第二篇

企业改革

陕西省建立现代企业制度重点监测企业注册资本情况

(2003年)　　单位:万元

指　标	企业单位数(个)		资本合计		国家资本	
	单位数	比重(%)	资本额	比重(%)	资本额	比重(%)
总　计	**150**	**100.0**	**4503811**	**100.0**	**2434197**	**54.0**
按控股情况分						
国有及国有控股小计	120	80.0	3870214	85.9	2350463	60.7
国有绝对控股	99	66.0	3520343	78.2	2268062	64.4
国有相对控股	21	14.0	349871	7.8	82401	23.6
集体控股小计	8	5.3	73238	1.6	9518	13.0
集体绝对控股	6	4.0	68808	1.5	9118	13.3
集体相对控股	2	1.3	4430	0.1	400	9.0
其他	22	14.7	560359	12.4	74216	13.2
按主营行业分						
农、林、牧、渔业	1	0.7	12882	0.3		
工业小计	125	83.3	3951893	87.7	2043327	51.7
采矿业	6	4.0	548944	12.2	548944	100.0
制造业	111	74.0	2709345	60.2	1155477	42.6
电力、燃气及水的生产和供应业	8	5.3	693604	15.4	338906	48.9
建筑业	2	1.3	106743	2.4	106743	100.0
交通运输、仓储和邮政业	1	0.7	22000	0.5	20900	95.0
信息传输、计算机服务和软件业	2	1.3	20975	0.5	1405	6.7
批发和零售业	12	8.0	136641	3.0	47544	34.8
住宿和餐饮业	2	1.3	33922	0.8	11606	34.2
金融业	1	0.7	31419	0.7	16036	51.0
房地产业	1	0.7	150000	3.3	150000	100.0
租赁和商务服务业	2	1.3	31650	0.7	30950	97.8
科学研究、技术服务和地质勘查业	1	0.7	5686	0.1	5686	100.0
按登记注册类型分						
国有企业	29	19.3	1271476	28.2	1250040	98.3
公司制企业小计	121	80.7	3232335	71.8	1184157	36.6
国有独资企业	19	12.7	408583	9.1	332113	81.3
其他有限责任公司	52	34.7	1956453	43.4	673149	34.4
股份有限公司	46	30.7	643618	14.3	124895	19.4
中外合资企业	2	1.3	27881	0.6		
港澳台合资企业	2	1.3	195800	4.3	54000	27.6
按企业规模分						
大型	55	36.7	3020398	67.1	1975264	65.4
中型	77	51.3	1333442	29.6	381883	28.6
小型	14	9.3	74660	1.7	30064	40.3
其他	4	2.7	75311	1.7	46986	62.4
按三次产业分						
第一产业	1	0.7	12882	0.3		
第二产业	127	84.7	4058636	90.1	2150070	53.0
第三产业	22	14.7	432293	9.6	284127	65.7
按重点企业类型分						
中央企业	2	1.3	155652	3.5	155652	100.0
520户国家重点企业	4	2.7	280906	6.2	223515	79.6
原512户国家重点企业	4	2.7	609464	13.5	326264	53.5
省级重点企业	144	96.0	4167349	92.5	2154886	51.7
现企国家百户试点企业	3	2.0	84450	1.9	52066	61.7
现企省级试点企业	47	31.3	637219	14.1	326813	51.3
国家试点企业集团母公司	1	0.7	149966	3.3	149966	100.0

续表

指标	集体资本		法人资本		个人资本		外商资本	
	资本额	比重(%)	资本额	比重(%)	资本额	比重(%)	资本额	比重(%)
总计	**63215**	**1.4**	**1537254**	**34.1**	**319617**	**7.1**	**149528**	**3.3**
按控股情况分								
国有及国有控股小计	5812	0.2	1346959	34.8	164624	4.3	2356	0.1
国有绝对控股	2614	0.1	1200603	34.1	46708	1.3	2356	0.1
国有相对控股	3198	0.9	146356	41.8	117916	33.7		
集体控股小计	57113	78.0	5955	8.1	510	0.7	142	0.2
集体绝对控股	56623	82.3	2415	3.5	510	0.7	142	0.2
集体相对控股	490	11.1	3540	79.9				
其他	290	0.1	184340	32.9	154483	27.6	147030	26.2
按主营行业分								
农、林、牧、渔业			8082	62.7	4800	37.3		
工业小计	57456	1.5	1473279	37.3	228303	5.8	149528	3.8
采矿业								
制造业	57456	2.1	1215242	44.9	223442	8.2	57728	2.1
电力、燃气及水的生产和供应业			258037	37.2	4861	0.7	91800	13.2
建筑业								
交通运输、仓储和邮政业			1100	5.0				
信息传输、计算机服务和软件业			10722	51.1	8848	42.2		
批发和零售业	5759	4.2	30513	22.3	52825	38.7		
住宿和餐饮业			10811	31.9	11505	33.9		
金融业			2747	8.7	12636	40.2		
房地产业								
租赁和商务服务业					700	2.2		
科学研究、技术服务和地质勘查业								
按登记注册类型分								
国有企业			21436	1.7				
公司制企业小计	63215	2.0	1515818	46.9	319617	9.9	149528	4.6
国有独资企业			76470	18.7				
其他有限责任公司	14510	0.7	1095035	56.0	132759	6.8	41000	2.1
股份有限公司	48705	7.6	284672	44.2	181858	28.3	3488	0.5
中外合资企业			14641	52.5			13240	47.5
港澳台合资企业			45000	23.0	5000	2.6	91800	46.9
按企业规模分								
大型	23386	0.8	868108	28.7	61840	2.0	91800	3.0
中型	39043	2.9	632608	47.4	225526	16.9	54382	4.1
小型	786	1.1	26647	35.7	13817	18.5	3346	4.5
其他			9891	13.1	18434	24.5		
按三次产业分								
第一产业			8082	62.7	4800	37.3		
第二产业	57456	1.4	1473279	36.3	228303	5.6	149528	3.7
第三产业	5759	1.3	55893	12.9	86514	20.0		
按重点企业类型分								
中央企业								
520户国家重点企业			33182	11.8	24209	8.6		
原512户国家重点企业			283200	46.5				
省级重点企业	63215	1.5	1480103	35.5	319617	7.7	149528	3.6
现企国家百户试点企业			23384	27.7	9000	10.7		
现企省级试点企业	11716	1.8	226841	35.6	71849	11.3		
国家试点企业集团母公司								

陕西省建立现代企业制度重点监测企业主要财务指标

单位:万元

指　标	资产总计			固定资产原价		
	2003年	2002年	增减幅度(%)	2003年	2002年	增减幅度(%)
总　计	**28964458**	**25068290**	**15.5**	**18680781**	**16874236**	**10.7**
按控股情况分						
国有及国有控股小计	25388519	22165924	14.5	17094916	15311873	11.6
国有绝对控股	23951661	20700797	15.7	16423772	14676653	11.9
国有相对控股	1436858	1465127	-1.9	671144	635220	5.7
集体控股小计	698649	514142	35.9	223609	185239	20.7
集体绝对控股	689103	505194	36.4	220987	182968	20.8
集体相对控股	9546	8948	6.7	2622	2271	15.5
其他	2877290	2388224	20.5	1362256	1377124	-1.1
按主营行业分						
农、林、牧、渔业	110561	95063	16.3	34550	14865	132.4
工业小计	24468774	21069195	16.1	17271115	15405647	12.1
采矿业	6791561	5362943	26.6	6344298	5328628	19.1
制造业	13799079	11786485	17.1	7167423	6565222	9.2
电力、燃气及水的生产和供应业	3878134	3919767	-1.1	3759394	3511797	7.1
建筑业	1323650	1254040	5.6	620430	741740	-16.4
交通运输、仓储和邮政业	143780	110949	29.6	109048	105304	3.6
信息传输、计算机服务和软件业	90731	74139	22.4	25519	15075	69.3
批发和零售业	1041759	975439	6.8	336644	319201	5.5
住宿和餐饮业	131703	117439	12.1	50046	51160	-2.2
金融业	218561	263469	-17.0	2045	2860	-28.5
房地产业	1082219	816148	32.6	69488	93848	-26.0
租赁和商务服务业	328075	270037	21.5	154598	117578	31.5
科学研究、技术服务和地质勘查业	24645	22372	10.2	7298	6958	4.9
按登记注册类型分						
国有企业	6138584	5330878	15.2	2951156	2776299	6.3
公司制企业小计	22825874	19737412	15.6	15729625	14097937	11.6
国有独资企业	5517937	4528411	21.9	4134351	3665896	12.8
其他有限责任公司	10034085	8867733	13.2	5750110	5392307	6.6
股份有限公司	6679039	5759575	16.0	5249751	4452286	17.9
中外合资企业	187258	151446	23.6	44155	42195	4.6
港澳台合资企业	407555	430247	-5.3	551258	545253	1.1
按企业规模分						
大型	20481578	16870161	21.4	13807546	12204455	13.1
中型	7660317	7339726	4.4	4580124	4418193	3.7
小型	244542	299828	-18.4	115068	120136	-4.2
其他	578021	558575	3.5	178043	131452	35.4
按三次产业分						
第一产业	110561	95063	16.3	34550	14865	132.4
第二产业	25792424	22323235	15.5	17891545	16147387	10.8
第三产业	3061473	2649992	15.5	754686	711984	6.0
按重点企业类型分						
中央企业	805688	704041	14.4	314345	296759	5.9
520户国家重点企业	1175821	1066174	10.3	650370	533011	22.0
原512户国家重点企业	2390868	2057617	16.2	824218	748244	10.2
省级重点企业	27874215	24061762	15.8	18102571	16320078	10.9
现企国家百户试点企业	300974	300638	0.1	149394	144680	3.3
现企省级试点企业	2681319	2494579	7.5	1530459	1449966	5.6
国家试点企业集团母公司	781043	681669	14.6	307047	289801	6.0

续表

指　　标	累计折旧			本年折旧		
	2003 年	2002 年	增减幅度(%)	2003 年	2002 年	增减幅度(%)
总　　计	**6127598**	**5203615**	**17.8**	**1022809**	**957987**	**6.8**
按控股情况分						
国有及国有控股小计	5571786	4742733	17.5	937775	881439	6.4
国有绝对控股	5374098	4564321	17.7	909517	841470	8.1
国有相对控股	197688	178412	10.8	28258	39969	-29.3
集体控股小计	51593	42691	20.9	9440	6546	44.2
集体绝对控股	50780	42054	20.7	9262	6394	44.9
集体相对控股	813	637	27.6	178	152	17.1
其他	504219	418191	20.6	75594	70002	8.0
按主营行业分						
农、林、牧、渔业	3066	2004	53.0	1745		
工业小计	5789676	4900932	18.1	970533	797151	21.8
采矿业	1783685	1433309	24.4	454394	348017	30.6
制造业	2708577	2377659	13.9	400141	337805	18.5
电力、燃气及水的生产和供应业	1297414	1089964	19.0	115998	111329	4.2
建筑业	148161	139523	6.2	12541	129274	-90.3
交通运输、仓储和邮政业	36860	29100	26.7	7760	5467	41.9
信息传输、计算机服务和软件业	6292	3553	77.1	2739	909	201.3
批发和零售业	67044	55328	21.2	15503	11385	36.2
住宿和餐饮业	14729	14204	3.7	1918	2195	-12.6
金融业	1272	1181	7.7	91	1158	-92.1
房地产业	15184	15500	-2.0	4747	6005	-20.9
租赁和商务服务业	42886	40036	7.1	5023	4225	18.9
科学研究、技术服务和地质勘查业	2428	2254	7.7	209	218	-4.1
按登记注册类型分						
国有企业	1217937	1110191	9.7	119021	111500	6.7
公司制企业小计	4909661	4093424	19.9	903788	846487	6.8
国有独资企业	1290344	1032336	25.0	322106	328277	-1.9
其他有限责任公司	1727599	1499368	15.2	165474	153180	8.0
股份有限公司	1549853	1268226	22.2	367197	315389	16.4
中外合资企业	28310	26012	8.8	2299	2831	-18.8
港澳台合资企业	313555	267482	17.2	46712	46810	-0.2
按企业规模分						
大型	4626251	3904214	18.5	896346	836958	7.1
中型	1411850	1218212	15.9	115982	112091	3.5
小型	40012	37192	7.6	2820	2796	0.9
其他	49485	43997	12.5	7661	6142	24.7
按三次产业分						
第一产业	3066	2004	53.0	1745		
第二产业	5937837	5040455	17.8	983074	926425	6.1
第三产业	186695	161156	15.8	37990	31562	20.4
按重点企业类型分						
中央企业	145991	138832	5.2	15141	13224	14.5
520 户国家重点企业	262040	222602	17.7	22585	35113	-35.7
原 512 户国家重点企业	294613	269413	9.4	33678	36731	-8.3
省级重点企业	5967723	5068750	17.7	997451	933951	6.8
现企国家百户试点企业	79107	76827	3.0	4726	8119	-41.8
现企省级试点企业	532041	464922	14.4	63945	51917	23.2
国家试点企业集团母公司	143563	136578	5.1	14932	13006	14.8

续表

指　　标	无形资产			累计对外投资		
	2003年	2002年	增减幅度(%)	2003年	2002年	增减幅度(%)
总　　计	**1023387**	**834137**	**22.7**	**1025766**	**846150**	**21.2**
按控股情况分						
国有及国有控股小计	615926	585628	5.2	737574	630449	17.0
国有绝对控股	515168	488376	5.5	590753	516455	14.4
国有相对控股	100758	97252	3.6	146821	113994	28.8
集体控股小计	51940	31824	63.2	6660	4774	39.5
集体绝对控股	50813	30613	66.0	4012	2677	49.9
集体相对控股	1127	1211	-6.9	2648	2097	26.3
其他	355521	216685	64.1	281532	210927	33.5
按主营行业分						
农、林、牧、渔业	15123	14384	5.1	5179	3304	56.7
工业小计	913297	747358	22.2	730448	632454	15.5
采矿业	61036	28520	114.0	44228	23808	85.8
制造业	815126	682243	19.5	648367	569548	13.8
电力、燃气及水的生产和供应业	37135	36595	1.5	37853	39098	-3.2
建筑业	4					
交通运输、仓储和邮政业	2889	2864	0.9			
信息传输、计算机服务和软件业	5109	5111		34629	4049	755.2
批发和零售业	66069	46226	42.9	118620	67034	77.0
住宿和餐饮业	1866	2051	-9.0	986	4588	-78.5
金融业	75			36332	38218	-4.9
房地产业	586	9115	-93.6	67204	40677	65.2
租赁和商务服务业	17337	6254	177.2	31861	51922	-38.6
科学研究、技术服务和地质勘查业	1032	774	33.3	507	3904	-87.0
按登记注册类型分						
国有企业	217162	203838	6.5	179427	134547	33.4
公司制企业小计	806225	630299	27.9	846339	711603	18.9
国有独资企业	49855	34779	43.3	88692	101675	-12.8
其他有限责任公司	560014	432275	29.6	457058	379145	20.5
股份有限公司	181777	147646	23.1	297142	230783	28.8
中外合资企业	1571	1616	-2.8			
港澳台合资企业	13008	13983	-7.0	3447		
按企业规模分						
大型	724115	559335	29.5	478543	363954	31.5
中型	267693	254290	5.3	472087	387421	21.9
小型	9294	9388	-1.0	3743	4285	-12.6
其他	22285	11124	100.3	71393	90490	-21.1
按三次产业分						
第一产业	15123	14384	5.1	5179	3304	56.7
第二产业	913301	747358	22.2	730448	632454	15.5
第三产业	94963	72395	31.2	290139	210392	37.9
按重点企业类型分						
中央企业	111884	113935	-1.8	16497	22132	-25.5
520户国家重点企业	141030	123314	14.4	44892	41867	7.2
原512户国家重点企业	96557	99452	-2.9	171072	149383	14.5
省级重点企业	1000623	815555	22.7	984673	821438	19.9
现企国家百户试点企业	4921	6125	-19.7	22612	8200	175.8
现企省级试点企业	116005	95434	21.6	84511	68652	23.1
国家试点企业集团母公司	110852	113161	-2.0	15990	18228	-12.3

续表

指　标	本年对外投资			长期投资		
	2003 年	2002 年	增减幅度(%)	2003 年	2002 年	增减幅度(%)
总　计	**260536**	**154905**	**68.2**	**1276435**	**1175729**	**8.6**
按控股情况分						
国有及国有控股小计	178527	120808	47.8	1068212	1038825	2.8
国有绝对控股	132897	81405	63.3	924621	921954	0.3
国有相对控股	45630	39403	15.8	143591	116871	22.9
集体控股小计	1886	1920	－1.8	13653	16981	－19.6
集体绝对控股	1335	1070	24.8	11005	14884	－26.1
集体相对控股	551	850	－35.2	2648	2097	26.3
其他	80123	32177	149.0	194570	119923	62.2
按主营行业分						
农、林、牧、渔业	1875			1875		
工业小计	172271	110848	55.4	947281	895386	5.8
采矿业	21036	695	2926.8	51711	66627	－22.4
制造业	116935	75908	54.0	672232	570174	17.9
电力、燃气及水的生产和供应业	34300	34245	0.2	223338	258585	－13.6
建筑业				30291	32360	－6.4
交通运输、仓储和邮政业						
信息传输、计算机服务和软件业	18359	350	5145.4	34648	24582	40.9
批发和零售业	60857	22440	171.2	131971	79214	66.6
住宿和餐饮业		979		9419	9466	－0.5
金融业	100	19950	－99.5	36332	38218	－4.9
房地产业	6979			47656	40677	17.2
租赁和商务服务业				31861	51922	－38.6
科学研究、技术服务和地质勘查业	95	338	－71.9	5101	3904	30.7
按登记注册类型分						
国有企业	32760	5991	446.8	253879	235902	7.6
公司制企业小计	227776	148914	53.0	1022556	939827	8.8
国有独资企业	6188	5221	18.5	111221	133373	－16.6
其他有限责任公司	98890	42364	133.4	616366	544345	
股份有限公司	119251	101329	17.7	293469	262109	12.0
中外合资企业						
港澳台合资企业	3447			1500		
按企业规模分						
大型	120930	41039	194.7	698724	588295	18.8
中型	136300	93466	45.8	479929	468618	2.4
小型	6	100	－94.0	26389	28326	－6.8
其他	3300	20300	－83.7	7[illegible]93	90490	－21.1
按三次产业分						
第一产业	1875			1875		
第二产业	172271	110848	55.4	977572	927746	5.4
第三产业	86390	44057	96.1	296988	247983	19.8
按重点企业类型分						
中央企业	95	3921	－97.6	21106	22457	－6.0
520 户国家重点企业	2364	6305	－62.5	21569	22645	－4.8
原 512 户国家重点企业	21053	8099	159.9	235426	214078	10.0
省级重点企业	240521	154449	55.7	1230748	1151184	6.9
现企国家百户试点企业	22612	706	3102.8	28754	24023	19.7
现企省级试点企业	23832	15899	49.9	112111	97722	14.7
国家试点企业集团母公司		3583		16005	18553	－13.7

续表

指 标	短期投资			存 货		
	2003年	2002年	增减幅度(%)	2003年	2002年	增减幅度(%)
总 计	**176440**	**157692**	**11.9**	**3263159**	**2881537**	**13.2**
按控股情况分						
国有及国有控股小计	136266	115220	18.3	2814790	2451928	14.8
国有绝对控股	127091	104128	22.1	2658288	2284178	16.4
国有相对控股	9175	11092	-17.3	156502	167750	-6.7
集体控股小计	30			92792	76318	21.6
集体绝对控股	30			91167	74882	21.7
集体相对控股				1625	1436	13.2
其他	40144	42472	-5.5	355577	353291	0.6
按主营行业分						
农、林、牧、渔业	500	500	0.0	11337	6172	83.7
工业小计	146311	91016	60.8	2499146	2273811	9.9
采矿业	36488	6300	479.2	360127	315547	14.1
制造业	109811	84716	29.6	2122199	1937551	9.5
电力、燃气及水的生产和供应业	12			16820	20713	-18.8
建筑业				17836	14238	25.3
交通运输、仓储和邮政业				3014	1068	182.2
信息传输、计算机服务和软件业	1	111	-99.1	300	1407	-78.7
批发和零售业	5498	9220	-40.4	139351	133495	4.4
住宿和餐饮业	155	291	-46.7	2234	2678	-16.6
金融业	23757	55719	-57.4	30484	40308	-24.4
房地产业	184	734	-74.9	546223	396510	37.8
租赁和商务服务业	34	101	-66.3	11578	10910	6.1
科学研究、技术服务和地质勘查业				1656	940	76.2
按登记注册类型分						
国有企业	73773	37376	97.4	1332355	1103625	20.7
公司制企业小计	102667	120316	-14.7	1930804	1777912	8.6
国有独资企业	2034	202	906.9	395355	309362	27.8
其他有限责任公司	40191	36915	8.9	1031994	1007305	2.5
股份有限公司	58495	83199	-29.7	454207	420406	8.0
中外合资企业				35520	26768	32.7
港澳台合资企业	1947			13728	14071	-2.4
按企业规模分						
大型	80691	48551	66.2	2481458	2070195	19.9
中型	71958	53321	35.0	696784	707171	-1.5
小型				42675	52847	-19.2
其他	23791	55820	-57.4	42242	51324	-17.7
按三次产业分						
第一产业	500	500		11337	6172	83.7
第二产业	146311	91016	60.8	2516982	2288049	10.0
第三产业	29629	66176	-55.2	734840	587316	25.1
按重点企业类型分						
中央企业	18947	13255	42.9	154870	125335	23.6
520户国家重点企业	18947	13255	42.9	194103	178716	8.6
原512户国家重点企业	36488	6300	479.2	337373	360448	-6.4
省级重点企业	176411	157692	11.9	3146347	2766519	13.7
现企国家百户试点企业	22612	8199	175.8	38667	33375	15.9
现企省级试点企业	9389	6781	38.5	362320	353022	2.6
国家试点企业集团母公司	18947	13255	42.9	153214	124395	23.2

续表

指　标	流动资产年平均余额			应收账款		
	2003年	2002年	增减幅度(%)	2003年	2002年	增减幅度(%)
总　计	**10752177**	**9351679**	**15.0**	**2101677**	**1912337**	**9.9**
按控股情况分						
国有及国有控股小计	9407244	8156459	15.3	1802762	1664955	8.3
国有绝对控股	8740505	7513040	16.3	1718481	1570166	9.4
国有相对控股	666739	643419	3.6	84281	94789	-11.1
集体控股小计	333158	251391	32.5	33242	27792	19.6
集体绝对控股	329330	247763	32.9	32955	27377	20.4
集体相对控股	3828	3628	5.5	287	415	-30.8
其他	1011775	943829	7.2	265673	219590	21.0
按主营行业分						
农、林、牧、渔业	53611			11027	2802	293.5
工业小计	8700069	7496751	16.1	1941386	1731258	12.1
采矿业	1584371	1224932	29.3	295657	239171	23.6
制造业	6209955	5435970	14.2	1480624	1313714	12.7
电力、燃气及水的生产和供应业	905743	835849	8.4	165105	178373	-7.4
建筑业	270838	346258	-21.8	17094	16320	4.7
交通运输、仓储和邮政业	30203	19289	56.6	5478	6622	-17.3
信息传输、计算机服务和软件业	24466	27129	-9.8	3005	1566	91.9
批发和零售业	500952	465700	7.6	80805	90998	-11.2
住宿和餐饮业	49184	46534	5.7	843	1003	-16.0
金融业	180014	253411	-29.0	1816	1762	3.1
房地产业	819012	587150	39.5	25742	42100	-38.9
租赁和商务服务业	110860	97920	13.2	12671	15991	-20.8
科学研究、技术服务和地质勘查业	12968	11537	12.4	1810	1915	-5.5
按登记注册类型分						
国有企业	3419543	2870643	19.1	672262	643780	4.4
公司制企业小计	7332634	6481036	13.1	1429415	1268557	12.7
国有独资企业	1409610	1185745	18.9	172182	175598	-1.9
其他有限责任公司	3501144	3133465	11.7	995336	811922	22.6
股份有限公司	2118464	1885694	12.3	189003	195714	-3.4
中外合资企业	158812	140171	13.3	32231	27411	17.6
港澳台合资企业	144604	135961	6.4	40663	57912	-29.8
按企业规模分						
大型	7161219	5860417	22.2	1435886	1248149	15.0
中型	3167391	2990642	5.9	630807	622493	1.3
小型	132008	148078	-10.9	19551	23824	-17.9
其他	291559	352542	-17.3	15433	17871	-13.6
按三次产业分						
第一产业	53611			11027	2802	293.5
第二产业	8970907	7843009	14.4	1958480	1747578	12.1
第三产业	1727659	1508670	14.5	132170	161957	-18.4
按重点企业类型分						
中央企业	433752	378569	14.6	129671	112202	15.6
520户国家重点企业	582954	568358	2.6	159052	148834	6.9
原512户国家重点企业	1212997	1080591	12.3	433803	307029	41.3
省级重点企业	10200972	8868782	15.0	1887158	1766321	6.8
现企国家百户试点企业	186667	166381	12.2	21576	23863	-9.6
现企省级试点企业	1201748	1075418	11.7	218757	224013	-2.3
国家试点企业集团母公司	420784	367032	14.6	127861	110287	15.9

续表

指　标	负债合计			流动负债		
	2003年	2002年	增减幅度(%)	2003年	2002年	增减幅度(%)
总　计	**17798157**	**15465077**	**15.1**	**11057987**	**9011342**	**22.7**
按控股情况分						
国有及国有控股小计	15993229	14039397	13.9	9627976	7879709	22.2
国有绝对控股	15132223	13235595	14.3	8920387	7211632	23.7
国有相对控股	861006	803802	7.1	707589	668077	5.9
集体控股小计	456722	302073	51.2	375237	243794	53.9
集体绝对控股	452918	298267	51.8	371436	240021	54.8
集体相对控股	3804	3806	－0.1	3801	3773	0.7
其他	1348206	1123607	20.0	1054774	887839	18.8
按主营行业分						
农、林、牧、渔业	56886	42847	32.8	49931	36886	35.4
工业小计	14691656	12758753	15.1	9137625	7466815	22.4
采矿业	3473593	2947629	17.8	1457419	1139186	27.9
制造业	8838433	7367145	20.0	6693190	5290666	26.5
电力、燃气及水的生产和供应业	2379630	2443979	－2.6	987016	1036963	－4.8
建筑业	880333	834842	5.4	177054	57379	208.6
交通运输、仓储和邮政业	127912	105206	21.6	27920	24239	15.2
信息传输、计算机服务和软件业	54072	40401	33.8	51072	40401	26.4
批发和零售业	697077	617707	12.8	625729	554398	12.9
住宿和餐饮业	65355	53148	23.0	53963	51141	5.5
金融业	177857	222027	－19.9	177808	203239	－12.5
房地产业	833847	630278	32.3	633376	464033	36.5
租赁和商务服务业	203197	149982	35.5	113544	102925	10.3
科学研究、技术服务和地质勘查业	9965	9886	0.8	9965	9886	0.8
按登记注册类型分						
国有企业	3762678	3377354	11.4	3048523	2630846	15.9
公司制企业小计	14035479	12087723	16.1	8009464	6380496	25.5
国有独资企业	3834004	3068248	25.0	1764525	1231070	43.3
其他有限责任公司	6622076	5774985	14.7	3966564	3189861	24.3
股份有限公司	3348966	2999557	11.6	2053891	1725653	19.0
中外合资企业	88945	79699	11.6	88945	79699	11.6
港澳台合资企业	141488	165234	－14.4	135539	154213	－12.1
按企业规模分						
大型	12405292	10373827	19.6	7448234	5533875	34.6
中型	4675035	4396625	6.3	3055775	2924020	4.5
小型	323974	316237	2.4	249824	240904	3.7
其他	393856	378388	4.1	304154	312543	－2.7
按三次产业分						
第一产业	56886	42847	32.8	49931	36886	35.4
第二产业	15571989	13593595	14.6	9314679	7524194	23.8
第三产业	2169282	1828635	18.6	1693377	1450262	16.8
按重点企业类型分						
中央企业	521447	429141	21.5	475078	374753	26.8
520户国家重点企业	787490	689864	14.2	689374	570026	20.9
原512户国家重点企业	1527067	1280543	19.3	1296143	1034316	25.3
省级重点企业	17158901	14885703	15.3	10489325	8504795	23.3
现企国家百户试点企业	131815	127449	3.4	111525	101886	9.5
现企省级试点企业	1906966	1663744	14.6	1448728	1217257	19.0
国家试点企业集团母公司	511482	419255	22.0	465113	364867	27.5

续表

指　标	股东(所有者)权益合计			股本(实收资本)		
	2003年	2002年	增减幅度(%)	2003年	2002年	增减幅度(%)
总　计	**11166301**	**9603213**	**16.3**	**4977983**	**4595261**	**8.3**
按控股情况分						
国有及国有控股小计	9395290	8126527	15.6	4321271	3952580	9.3
国有绝对控股	8819438	7465202	18.1	3957442	3594107	10.1
国有相对控股	575852	661325	-12.9	363829	358473	1.5
集体控股小计	241927	212069	14.1	73238	69685	5.1
集体绝对控股	236185	206927	14.1	68808	65255	5.4
集体相对控股	5742	5142	11.7	4430	4430	
其他	1529084	1264617	20.9	583474	572996	1.8
按主营行业分						
农、林、牧、渔业	53675	52216	2.8	12882	12882	
工业小计	9777118	8310442	17.6	4374108	4001254	9.3
采矿业	3317968	2415314	37.4	569345	320607	77.6
制造业	4960646	4419340	12.2	2806464	2682348	4.6
电力、燃气及水的生产和供应业	1498504	1475788	1.5	998299	998299	
建筑业	443317	419198	5.8	106743	106743	
交通运输、仓储和邮政业	15868	5743	176.3	25810	24810	4.0
信息传输、计算机服务和软件业	36659	33738	8.7	20975	19862	5.6
批发和零售业	344682	357732	-3.6	142351	140316	1.5
住宿和餐饮业	66348	64291	3.2	33922	28202	20.3
金融业	40704	41442	-1.8	31419	31419	
房地产业	248372	185870	33.6	150000	150000	
租赁和商务服务业	124878	120055	4.0	74087	74087	
科学研究、技术服务和地质勘查业	14680	12486	17.6	5686	5686	
按登记注册类型分						
国有企业	2375906	1953524	21.6	1268450	1006969	26.0
公司制企业小计	8790395	7649689	14.9	3709533	3588292	3.4
国有独资企业	1683933	1460163	15.3	589905	570031	3.5
其他有限责任公司	3412009	3092748	10.3	2252816	2162974	4.2
股份有限公司	3330073	2760018	20.7	643130	631605	1.8
中外合资企业	98313	71747	37.0	27882	27882	
港澳台合资企业	266067	265013	0.4	195800	195800	
按企业规模分						
大型	8076286	6496334	24.3	3011882	2665862	13.0
中型	2985282	2943101	1.4	1772860	1737267	2.0
小型	-79432	-16409	384.1	75493	75497	
其他	184165	180187	2.2	117748	116635	1.0
按三次产业分						
第一产业	53675	52216	2.8	12882	12882	
第二产业	10220435	8729640	17.1	4480851	4107997	9.1
第三产业	892191	821357	8.6	484250	474382	2.1
按重点企业类型分						
中央企业	284241	274900	3.4	155652	155652	
520户国家重点企业	388331	376310	3.2	385477	280883	37.2
原512户国家重点企业	863801	777074	11.2	444542	398536	11.5
省级重点企业	10715314	9176059	16.8	4772447	4434554	7.6
现企国家百户试点企业	169159	173189	-2.3	99458	105969	-6.1
现企省级试点企业	774353	830835	-6.8	611963	599384	2.1
国家试点企业集团母公司	269561	262414	2.7	149966	149966	

续表

指标	营业收入			主营业务收入		
	2003年	2002年	增减幅度(%)	2003年	2002年	增减幅度(%)
总计	**14618506**	**11561218**	**26.4**	**14334872**	**11298615**	**26.9**
按控股情况分						
国有及国有控股小计	12156547	9791255	24.2	11878234	9537760	24.5
国有绝对控股	11372920	9049559	25.7	11127124	8821225	26.1
国有相对控股	783627	741696	5.7	751110	716535	4.8
集体控股小计	707393	396553	78.4	707089	396391	78.4
集体绝对控股	698079	390186	78.9	697775	390024	78.9
集体相对控股	9314	6367	46.3	9314	6367	46.3
其他	1754566	1373410	27.8	1749549	1364464	28.2
按主营行业分						
农、林、牧、渔业	47121	34406	37.0	46531	34297	35.7
工业小计	12867425	10044930	28.1	12592878	9794107	28.6
采矿业	3096766	2434533	27.2	2938543	2253566	30.4
制造业	8264089	6359705	29.9	8148581	6290917	29.5
电力、燃气及水的生产和供应业	1506570	1250692	20.5	1505754	1249624	20.5
建筑业	127674	106337	20.1	126829	104853	21.0
交通运输、仓储和邮政业	67533	51038	32.3	67533	51038	32.3
信息传输、计算机服务和软件业	25454	27853	-8.6	24593	23588	4.3
批发和零售业	1009450	844699	19.5	1002807	838984	19.5
住宿和餐饮业	40892	33853	20.8	40892	33853	20.8
金融业	12580	15383	-18.2	12580	15383	-18.2
房地产业	344042	270354	27.3	344042	270354	27.3
租赁和商务服务业	64331	119012	-45.9	64331	119012	-45.9
科学研究、技术服务和地质勘查业	12004	13353	-10.1	11856	13146	-9.8
按登记注册类型分						
国有企业	3557130	3073506	15.7	3442329	2938206	17.2
公司制企业小计	11061376	8487712	30.3	10892543	8360409	30.3
国有独资企业	2457196	1794262	36.9	2451660	1784587	37.4
其他有限责任公司	4768545	3573113	33.5	4731886	3550787	33.3
股份有限公司	3348221	2674721	25.2	3223144	2580708	24.9
中外合资企业	287398	252688	13.7	287178	251754	14.1
港澳台合资企业	200016	192928	3.7	198675	192573	3.2
按企业规模分						
大型	10640077	8174461	30.2	10419333	7965324	30.8
中型	3819501	3179466	20.1	3758738	3127600	20.2
小型	60303	53771	12.1	58182	52189	11.5
其他	98625	153520	-35.8	98619	153502	-35.8
按三次产业分						
第一产业	47121	34406	37.0	46531	34297	35.7
第二产业	12995099	10151267	28.0	12719707	9898960	28.5
第三产业	1576286	1375545	14.6	1568634	1365358	14.9
按重点企业类型分						
中央企业	422607	306022	38.1	389383	302989	28.5
520户国家重点企业	544706	407454	33.7	499058	394374	26.5
原512户国家重点企业	1267536	1064220	19.1	1233446	988862	24.7
省级重点企业	13863928	10845509	27.8	13603600	10651180	27.7
现企国家百户试点企业	170278	139130	22.4	170026	139130	22.2
现企省级试点企业	1202509	1071350	12.2	1181034	1060709	11.3
国家试点企业集团母公司	410603	292669	40.3	377527	289843	30.3

续表

指　　标	主营业务成本			主营业务税金及附加		
	2003年	2002年	增减幅度(%)	2003年	2002年	增减幅度(%)
总　　计	**10813623**	**8559672**	**26.3**	**345864**	**294778**	**17.3**
按控股情况分						
国有及国有控股小计	8967394	7289923	23.0	324465	278952	16.3
国有绝对控股	8430789	6774288	24.5	311710	268588	16.1
国有相对控股	536605	515635	4.1	12755	10364	23.1
集体控股小计	614783	341154	80.2	2324	1651	40.8
集体绝对控股	607064	336160	80.6	2302	1634	40.9
集体相对控股	7719	4994	54.6	22	17	29.4
其他	1231446	928595	32.6	19075	14175	34.6
按主营行业分						
农、林、牧、渔业	35476	25191	40.8	84	73	15.1
工业小计	9398318	7348905	27.9	321351	272894	17.8
采矿业	1864513	1514377	23.1	47414	36069	31.5
制造业	6169896	4705228	31.1	266071	230067	15.6
电力、燃气及水的生产和供应业	1363909	1129300	20.8	7866	6758	16.4
建筑业	92201	78973	16.8	3949	1825	116.4
交通运输、仓储和邮政业	52465	39057	34.3	925	687	34.6
信息传输、计算机服务和软件业	19430	18577	4.6	389	243	60.1
批发和零售业	863189	724543	19.1	4585	3962	15.7
住宿和餐饮业	16503	12860	28.3	1634	1697	-3.7
金融业	11644	13237	-12.0	564	815	-30.8
房地产业	275560	212618	29.6	10960	10084	8.7
租赁和商务服务业	40800	76698	-46.8	1078	2245	-52.0
科学研究、技术服务和地质勘查业	8037	9013	-10.8	345	253	36.4
按登记注册类型分						
国有企业	2712463	2326492	16.6	152320	135850	12.1
公司制企业小计	8101160	6233180	30.0	193544	158928	21.8
国有独资企业	1825088	1323266	37.9	108525	87828	23.6
其他有限责任公司	3990707	2970163	34.4	41769	34049	22.7
股份有限公司	2012992	1708734	17.8	43037	36881	16.7
中外合资企业	141575	107699	31.5			
港澳台合资企业	130798	123318	6.1	213	170	25.3
按企业规模分						
大型	7696997	5954836	29.3	266068	227078	17.2
中型	2994220	2453079	22.1	77414	64218	20.5
小型	53030	47289	12.1	418	198	111.1
其他	69376	104468	-33.6	1964	3284	-40.2
按三次产业分						
第一产业	35476	25191	40.8	84	73	15.1
第二产业	9490519	7427878	27.8	325300	274719	18.4
第三产业	1287628	1106603	16.4	20480	19986	2.5
按重点企业类型分						
中央企业	293085	225257	30.1	2374	1635	45.2
520户国家重点企业	386541	301751	28.1	3071	2312	32.8
原512户国家重点企业	1071877	872178	22.9	6584	5653	16.5
省级重点企业	10115665	7943139	27.4	338865	287739	17.8
现企国家百户试点企业	133355	105025	27.0	4179	854	389.3
现企省级试点企业	897683	822071	9.2	14040	9982	40.7
国家试点企业集团母公司	285048	216244	31.8	2029	1382	46.8

续表

指　标	其他业务收入			新产品销售收入		
	2003年	2002年	增减幅度(%)	2003年	2002年	增减幅度(%)
总　计	**283634**	**262603**	**8.0**	**1248115**	**929017**	**34.3**
按控股情况分						
国有及国有控股小计	278313	253495	9.8	1000228	724534	38.1
国有绝对控股	245796	228334	7.6	942265	677177	39.1
国有相对控股	32517	25161	29.2	57963	47357	22.4
集体控股小计	304	162	87.7			
集体绝对控股	304	162	87.7			
集体相对控股						
其他	5017	8946	-43.9	247887	204483	21.2
按主营行业分						
农、林、牧、渔业	590	109	441.3			
工业小计	274547	250823	9.5	1246800	921430	35.3
采矿业	158223	180967	-12.6	20074	60744	-67.0
制造业	115508	68788	67.9	1226726	860686	42.5
电力、燃气及水的生产和供应业	816	1068	-23.6			
建筑业	845	1484	-43.1			
交通运输、仓储和邮政业						
信息传输、计算机服务和软件业	861	4265	-79.8	1200	2780	-56.8
批发和零售业	6643	5715	16.2			
住宿和餐饮业						
金融业						
房地产业				115	4807	-97.6
租赁和商务服务业						
科学研究、技术服务和地质勘查业	148	207	-28.5			
按登记注册类型分						
国有企业	114801	135300	-15.2	243133	215673	12.7
公司制企业小计	168833	127303	32.6	1004982	713344	40.9
国有独资企业	5536	9675	-42.8	207704	144029	44.2
其他有限责任公司	36659	22326	64.2	553673	355967	55.5
股份有限公司	125077	94013	33.0	97827	82249	18.9
中外合资企业	220	934	-76.4	127292	114781	10.9
港澳台合资企业	1341	355	277.7	18486	16318	13.3
按企业规模分						
大型	220744	209137	5.5	746030	533466	39.8
中型	60763	51866	17.2	487817	384815	26.8
小型	2121	1582	34.1	14268	10736	32.9
其他	6	18	-66.7			
按三次产业分						
第一产业	590	109	441.3			
第二产业	275392	252307	9.1	1246800	921430	35.3
第三产业	7652	10187	-24.9	1315	7587	-82.7
按重点企业类型分						
中央企业	33224	3033	995.4	87461	63075	38.7
520户国家重点企业	45648	13080	249.0	114464	79574	43.8
原512户国家重点企业	34090	75358	-54.8	232230	236087	-1.6
省级重点企业	260328	194329	34.0	1159719	805872	43.9
现企国家百户试点企业	252			39067	22476	73.8
现企省级试点企业	21475	10641	101.8	313379	234334	33.7
国家试点企业集团母公司	33076	2826	1070.4	87461	63075	38.7

续表

指标	出口销售总额			营业、管理、财务等费用合计		
	2003年	2002年	增减幅度(%)	2003年	2002年	增减幅度(%)
总计	**603689**	**493226**	**22.4**	**1971830**	**1656714**	**19.0**
按控股情况分						
国有及国有控股小计	552434	452405	22.1	1659772	1372257	21.0
国有绝对控股	530338	430822	23.1	1369090	1189313	15.1
国有相对控股	22096	21583	2.4	290682	182944	58.9
集体控股小计	16321	18599	-12.2	48722	28323	72.0
集体绝对控股	16321	18599	-12.2	47234	27067	74.5
集体相对控股				1488	1256	18.5
其他	34934	22222	57.2	263336	256134	2.8
按主营行业分						
农、林、牧、渔业	4282	180	2278.9	9997	4846	106.3
工业小计	550182	447293	23.0	1672363	1435985	16.5
采矿业	104309	77705	34.2	316676	272663	16.1
制造业	445873	369588	20.6	1252150	1064232	17.7
电力、燃气及水的生产和供应业				103537	99090	4.5
建筑业				27252	24083	13.2
交通运输、仓储和邮政业				4962	6371	-22.1
信息传输、计算机服务和软件业				3929	4854	-19.1
批发和零售业	44423	40254	10.4	149997	80768	85.7
住宿和餐饮业				19986	21216	-5.8
金融业				3078	5378	-42.8
房地产业	4533	5317	-14.7	43839	38543	13.7
租赁和商务服务业				33342	32045	4.0
科学研究、技术服务和地质勘查业	269	182	47.8	3085	2625	17.5
按登记注册类型分						
国有企业	302054	255572	18.2	457602	386592	18.4
公司制企业小计	301635	237654	26.9	1514228	1270122	19.2
国有独资企业	62231	63826	-2.5	293948	276967	6.1
其他有限责任公司	148224	109634	35.2	569038	502465	13.2
股份有限公司	90699	63716	42.3	547608	391114	40.0
中外合资企业	58	135	-57.0	88210	83348	5.8
港澳台合资企业	423	343	23.3	15424	16228	-5.0
按企业规模分						
大型	478100	399009	19.8	1202422	1052321	14.3
中型	123894	93073	33.1	662430	541021	22.4
小型	1695	1144	48.2	68303	23975	184.9
其他				38675	39397	-1.8
按三次产业分						
第一产业	4282	180	2278.9	9997	4846	106.3
第二产业	550182	447293	23.0	1699615	1460068	16.4
第三产业	49225	45753	7.6	262218	191800	36.7
按重点企业类型分						
中央企业	75573	35920	110.4	91215	72325	26.1
520户国家重点企业	77962	37168	109.8	191440	122858	55.8
原512户国家重点企业	108235	77705	39.3	144689	105863	36.7
省级重点企业	601985	491982	22.4	1934111	1630026	18.7
现企国家百户试点企业	22862	13378	70.9	25800	28109	-8.2
现企省级试点企业	84435	87086	-3.0	299878	228931	31.0
国家试点企业集团母公司	75304	35738	110.7	88130	69700	26.4

续表

指　标	税　金			劳动、待业保险费		
	2003年	2002年	增减幅度(%)	2003年	2002年	增减幅度(%)
总　计	**42265**	**35101**	**20.4**	**117236**	**105261**	**11.4**
按控股情况分						
国有及国有控股小计	38317	32496	17.9	113680	101082	12.5
国有绝对控股	33836	28895	17.1	106424	96477	10.3
国有相对控股	4481	3601	24.4	7256	4605	57.6
集体控股小计	1733	1277	35.7	1355	826	64.0
集体绝对控股	1733	1277	35.7	1355	826	64.0
集体相对控股						
其他	2215	1328	66.8	2201	3353	-34.4
按主营行业分						
农、林、牧、渔业	375					
工业小计	37346	31594	18.2	109584	98864	10.8
采矿业	15856	11359	39.6	19599	18083	8.4
制造业	20272	18985	6.8	73137	66261	10.4
电力、燃气及水的生产和供应业	1218	1250	-2.6	16848	14520	16.0
建筑业	411	14	2835.7	213	160	33.1
交通运输、仓储和邮政业	157	98	60.2	127	237	-46.4
信息传输、计算机服务和软件业	35	39	-10.3	36	29	24.1
批发和零售业	2531	2398	5.5	4550	2340	94.4
住宿和餐饮业	467	420	11.2	1063	909	16.9
金融业	31	52	-40.4			
房地产业	846	386	119.2	470	255	84.3
租赁和商务服务业		50		796	2048	-61.1
科学研究、技术服务和地质勘查业	66	50	32.0	397	419	-5.3
按登记注册类型分						
国有企业	8412	7327	14.8	36280	34425	5.4
公司制企业小计	33853	27774	21.9	80956	70836	14.3
国有独资企业	4415	3148	40.2	15334	19070	-19.6
其他有限责任公司	7821	7636	2.4	51339	40373	27.2
股份有限公司	21225	16071	32.1	13856	10722	29.2
中外合资企业	146	682	-78.6	52	171	-69.6
港澳台合资企业	246	237	3.8	375	500	-25.0
按企业规模分						
大型	32489	26371	23.2	84621	73158	15.7
中型	9071	8093	12.1	31213	29111	7.2
小型	668	531	25.8	604	942	-35.9
其他	37	106	-65.1	798	2050	-61.1
按三次产业分						
第一产业	375					
第二产业	37757	31608	19.5	109797	99024	10.9
第三产业	4133	3493	18.3	7439	6237	19.3
按重点企业类型分						
中央企业	1911	1359	40.6	1027	909	13.0
520户国家重点企业	2516	2082	20.8	4096	3807	7.6
原512户国家重点企业	1587	1609	-1.4	16468	7415	122.1
省级重点企业	41789	34819	20.0	115209	103520	11.3
现企国家百户试点企业	541	549	-1.5	3256	2925	11.3
现企省级试点企业	6178	5282	17.0	14709	17900	-17.8
国家试点企业集团母公司	1845	1309	40.9	630	490	28.6

续表

指标	职工教育费			广告费		
	2003年	2002年	增减幅度(%)	2003年	2002年	增减幅度(%)
总计	**7520**	**10168**	**-26.0**	**56481**	**55641**	**1.5**
按控股情况分						
国有及国有控股小计	6805	8851	-23.1	33485	27508	21.7
国有绝对控股	6288	8355	-24.7	19332	15234	26.9
国有相对控股	517	496	4.2	14153	12274	15.3
集体控股小计	92	50	84.0	1419	1110	27.8
集体绝对控股	89	46	93.5	1358	968	40.3
集体相对控股	3	4	-25.0	61	142	-57.0
其他	623	1267	-50.8	21577	27023	-20.2
按主营行业分						
农、林、牧、渔业						
工业小计	6967	9732	-28.4	45844	47729	-3.9
采矿业	1327	1248	6.3	139	100	39.0
制造业	4443	7652	-41.9	45689	47629	-4.1
电力、燃气及水的生产和供应业	1197	832	43.9	16		
建筑业	60	4	1400.0			
交通运输、仓储和邮政业	3	8	-62.5			
信息传输、计算机服务和软件业	8	4	100.0	54	38	42.1
批发和零售业	291	249	16.9	1009	209	382.8
住宿和餐饮业	45	45		251	291	-13.7
金融业						
房地产业	114	63	81.0	9210	7318	25.9
租赁和商务服务业	4	12	-66.7	69	56	23.2
科学研究、技术服务和地质勘查业	28	51	-45.1	44		
按登记注册类型分						
国有企业	2331	2140	8.9	14765	11242	31.3
公司制企业小计	5189	8028	-35.4	41716	44399	-6.0
国有独资企业	730	3426	-78.7	218	151	44.4
其他有限责任公司	3300	3457	-4.5	5434	3341	62.6
股份有限公司	896	915	-2.1	17889	16515	8.3
中外合资企业	226	213	6.1	18130	24376	-25.6
港澳台合资企业	37	17	117.6	45	16	181.3
按企业规模分						
大型	4917	5044	-2.5	29039	22561	28.7
中型	2561	5078	-49.6	27269	32933	-17.2
小型	34	34		104	91	14.3
其他	8	12	-33.3	69	56	23.2
按三次产业分						
第一产业						
第二产业	7027	9736	-27.8	45844	47729	-3.9
第三产业	493	432	14.1	10637	7912	34.4
按重点企业类型分						
中央企业	213	281	-24.2	196	381	-48.6
520户国家重点企业	387	362	6.9	215	1063	-79.8
原512户国家重点企业	1122	1017	10.3	221	280	-21.1
省级重点企业	7113	9726	-26.9	55132	54947	0.3
现企国家百户试点企业	77	215	-64.2	540	564	-4.3
现企省级试点企业	1001	4579	-78.1	15440	13049	18.3
国家试点企业集团母公司	185	230	-19.6	152	381	-60.1

续表

指　　标	利息支出			营业外收入		
	2003 年	2002 年	增减幅度(%)	2003 年	2002 年	增减幅度(%)
总　计	**373237**	**407479**	**-8.4**	**38152**	**24879**	**53.4**
按控股情况分						
国有及国有控股小计	335509	366909	-8.6	22700	22703	
国有绝对控股	310157	345478	-10.2	21061	18735	12.4
国有相对控股	25352	21431	18.3	1639	3968	-58.7
集体控股小计	8315	8263	0.6	66	150	-56.0
集体绝对控股	8205	8158	0.6	66	150	-56.0
集体相对控股	110	105	4.8			
其他	29413	32307	-9.0	15386	2026	659.4
按主营行业分						
农、林、牧、渔业	2013	1115	80.5	24	22	9.1
工业小计	315011	355208	-11.3	37905	22465	68.7
采矿业	86479	113501	-23.8	4583	6949	-34.0
制造业	163799	176371	-7.1	32240	15108	113.4
电力、燃气及水的生产和供应业	64733	65336	-0.9	1082	408	165.2
建筑业	20211	18955	6.6	341	1085	-68.6
交通运输、仓储和邮政业	3775	4704	-19.7	-351	1	
信息传输、计算机服务和软件业	1735	1699	2.1		5	
批发和零售业	15476	12413	24.7	-927	723	
住宿和餐饮业	1052	1280	-17.8	46	63	-27.0
金融业	746	2276	-67.2	4	15	-73.3
房地产业	6986	6366	9.7	592	206	187.4
租赁和商务服务业	6203	3451	79.7	513	293	75.1
科学研究、技术服务和地质勘查业	29	12	141.7	5	1	400.0
按登记注册类型分						
国有企业	42114	42715	-1.4	9609	9282	3.5
公司制企业小计	331123	364764	-9.2	28543	15597	83.0
国有独资企业	103730	121812	-14.8	6244	5656	10.4
其他有限责任公司	143856	149625	-3.9	8658	5596	54.7
股份有限公司	80162	88726	-9.7	3425	3926	-12.8
中外合资企业	-1096	-1292	-15.2	10169	410	2380.2
港澳台合资企业	4471	5893	-24.1	47	9	422.2
按企业规模分						
大型	252297	281894	-10.5	16176	16420	-1.5
中型	104327	111448	-6.4	23955	8352	186.8
小型	9529	8215	16.0	-2496	-206	
其他	7084	5922	19.6	517	313	65.2
按三次产业分						
第一产业	2013	1115	80.5	24	22	9.1
第二产业	335222	374163	-10.4	38246	23550	62.4
第三产业	36002	32201	11.8	-118	1307	
按重点企业类型分						
中央企业	7406	6800	8.9	690	1429	-51.7
520 户国家重点企业	11354	12017	-5.5	1384	2303	-39.9
原 512 户国家重点企业	12595	14786	-14.8	4099	3475	18.0
省级重点企业	369053	404140	-8.7	29992	21518	39.4
现企国家百户试点企业	2435	2958	-17.7	150	130	15.4
现企省级试点企业	44310	45688	-3.0	4910	2366	107.5
国家试点企业集团母公司	7377	6788	8.7	685	1428	-52.0

续表

指标	投资收益			利润总额		
	2003年	2002年	增减幅度(%)	2003年	2002年	增减幅度(%)
总计	**59934**	**40584**	**47.7**	**1271944**	**913713**	**39.2**
按控股情况分						
国有及国有控股小计	54320	37498	44.9	1023947	718270	42.6
国有绝对控股	47442	34750	36.5	1098365	702383	56.4
国有相对控股	6878	2748	150.3	-74418	15887	
集体控股小计	259	214	21.0	25220	18983	32.9
集体绝对控股	259	214	21.0	24645	18888	30.5
集体相对控股				575	95	505.3
其他	5355	2872	86.5	222777	176460	26.2
按主营行业分						
农、林、牧、渔业	147	118	24.6	1710	2370	-27.8
工业小计	49631	36036	37.7	1249363	850465	46.9
采矿业	-79	880		686869	451610	52.1
制造业	33206	17093	94.3	487320	332263	46.7
电力、燃气及水的生产和供应业	16504	18063	-8.6	75174	66592	12.9
建筑业	1285	1277	0.6	5600	2707	106.9
交通运输、仓储和邮政业	260	160	62.5	9090	5018	81.1
信息传输、计算机服务和软件业	3507	-177		5062	3117	62.4
批发和零售业	-414	2668		-10811	25260	
住宿和餐饮业	534	-101		3503	3508	-0.1
金融业	3754	470	698.7	360	1307	-72.5
房地产业	581	67	767.2	16495	11155	47.9
租赁和商务服务业	354			-9458	8132	
科学研究、技术服务和地质勘查业	295	66	347.0	1030	674	52.8
按登记注册类型分						
国有企业	7014	5016	39.8	135407	110794	22.2
公司制企业小计	52920	35568	48.8	1136537	802919	41.6
国有独资企业	4656	2643	76.2	227037	100616	125.6
其他有限责任公司	23437	22894	2.4	156102	112182	39.2
股份有限公司	24947	10181	145.0	633906	474689	33.5
中外合资企业	-121	-150		66981	62215	7.7
港澳台合资企业	1			52511	53217	-1.3
按企业规模分						
大型	21577	15630	38.0	1242332	773742	60.6
中型	36630	24124	51.8	102014	144511	-29.4
小型	-2381	331		-65508	-15862	
其他	4108	499	723.2	-6894	11322	
按三次产业分						
第一产业	147	118	24.6	1710	2370	-27.8
第二产业	50916	37313	36.5	1254963	853172	47.1
第三产业	8871	3153	181.4	15271	58171	-73.7
按重点企业类型分						
中央企业	2064	2445	-15.6	9268	8928	3.8
520户国家重点企业	1995	-3207		-79307	-30423	
原512户国家重点企业	7590	7350	3.3	7500	14528	-48.4
省级重点企业	58275	40336	44.5	1290351	919533	40.3
现企国家百户试点企业	5260	2905	81.1	15381	11359	35.4
现企省级试点企业	1605	2545	-36.9	-19960	7461	
国家试点企业集团母公司	1769	2379	-25.6	8238	8254	-0.2

续表

指　　标	应交所得税			应交增值税		
	2003 年	2002 年	增减幅度(%)	2003 年	2002 年	增减幅度(%)
总　　计	**240077**	**176709**	**35.9**	**702297**	**572373**	**22.7**
按控股情况分						
国有及国有控股小计	202145	147564	37.0	595109	480545	23.8
国有绝对控股	188899	129200	46.2	564686	451035	25.2
国有相对控股	13246	18364	-27.9	30423	29510	3.1
集体控股小计	1932	1920	0.6	22180	11714	89.3
集体绝对控股	1932	1920	0.6	21804	11398	91.3
集体相对控股				376	316	19.0
其他	36000	27225	32.2	85008	80114	6.1
按主营行业分						
农、林、牧、渔业	833	525	58.7	-385	-286	
工业小计	220617	160539	37.4	685100	561386	22.0
采矿业	105953	65743	61.2	210263	135259	55.5
制造业	107827	88675	21.6	356991	318857	12.0
电力、燃气及水的生产和供应业	6837	6121	11.7	117846	107270	9.9
建筑业	1479	174	750.0	82		
交通运输、仓储和邮政业						
信息传输、计算机服务和软件业	85	273	-68.9	406	68	497.1
批发和零售业	8927	7078	26.1	14227	10020	42.0
住宿和餐饮业	875	1079	-18.9	175	264	-33.7
金融业	195	497	-60.8			
房地产业	6825	6123	11.5	2454	771	218.3
租赁和商务服务业	12	419	-97.1			
科学研究、技术服务和地质勘查业	229	2	11350.0	238	150	58.7
按登记注册类型分						
国有企业	41011	31943	28.4	176261	160761	9.6
公司制企业小计	199066	144766	37.5	526036	411612	27.8
国有独资企业	39966	27069	47.6	126200	80499	56.8
其他有限责任公司	26172	17917	46.1	196588	172504	14.0
股份有限公司	115810	84646	36.8	152941	107287	42.6
中外合资企业	10147	8995	12.8	24608	25781	-4.5
港澳台合资企业	6971	6139	13.6	25699	25541	0.6
按企业规模分						
大型	202952	142013	42.9	524775	400995	30.9
中型	36667	33719	8.7	175326	169800	3.3
小型	166	43	286.0	2193	1578	39.0
其他	292	934	-68.7	3		
按三次产业分						
第一产业	833	525	58.7	-385	-286	
第二产业	222096	160713	38.2	685182	561386	22.1
第三产业	17148	15471	10.8	17500	11273	55.2
按重点企业类型分						
中央企业	3593	1719	109.0	16333	11148	46.5
520 户国家重点企业	3382	1762	91.9	23295	17774	31.1
原 512 户国家重点企业	1971	1454	35.6	54911	50466	8.8
省级重点企业	239231	176403	35.6	652636	528179	23.6
现企国家百户试点企业	2027	1343	50.9	8062	8512	-5.3
现企省级试点企业	7724	12371	-37.6	65555	58212	12.6
国家试点企业集团母公司	3364	1717	95.9	16095	10998	46.3

续表

指 标	税金合计			固定资产投资完成额		
	2003年	2002年	增减幅度(%)	2003年	2002年	增减幅度(%)
总 计	**1330503**	**1078961**	**23.3**	**2595922**	**1943306**	**33.6**
按控股情况分						
国有及国有控股小计	1160036	939557	23.5	2466106	1828689	34.9
国有绝对控股	1099131	877718	25.2	2391751	1802006	32.7
国有相对控股	60905	61839	-1.5	74355	26683	178.7
集体控股小计	28169	16562	70.1	53596	54231	-1.2
集体绝对控股	27771	16229	71.1	53245	53834	-1.1
集体相对控股	398	333	19.5	351	397	-11.6
其他	142298	122842	15.8	76220	60386	26.2
按主营行业分						
农、林、牧、渔业	907	312	190.7	19685		
工业小计	1264414	1026413	23.2	1913644	1515327	26.3
采矿业	379486	248430	52.8	1219328	919883	32.6
制造业	751161	656584	14.4	521560	421308	23.8
电力、燃气及水的生产和供应业	133767	121399	10.2	172756	174136	-0.8
建筑业	5921	2013	194.1	576644	360867	59.8
交通运输、仓储和邮政业	1082	785	37.8	31724	8039	294.6
信息传输、计算机服务和软件业	915	623	46.9	10444	855	1121.5
批发和零售业	30270	23458	29.0	39376	31728	24.1
住宿和餐饮业	3151	3460	-8.9	1309	1765	-25.8
金融业	790	1364	-42.1			
房地产业	21085	17364	21.4	2465	24725	-90.0
租赁和商务服务业	1090	2714	-59.8			
科学研究、技术服务和地质勘查业	878	455	93.0	631		
按登记注册类型分						
国有企业	378004	335881	12.5	229198	208629	9.9
公司制企业小计	952499	743080	28.2	2366724	1734677	36.4
国有独资企业	279106	198544	40.6	781705	530145	47.5
其他有限责任公司	272350	232106	17.3	472253	413799	14.1
股份有限公司	333013	244885	36.0	1109031	784654	41.3
中外合资企业	34901	35458	-1.6	38	2847	-98.7
港澳台合资企业	33129	32087	3.2	3697	3232	14.4
按企业规模分						
大型	1026284	796457	28.9	2226106	1690961	31.6
中型	298478	275830	8.2	358386	250725	42.9
小型	3445	2350	46.6	1044	1182	-11.7
其他	2296	4324	-46.9	10386	438	2271.2
按三次产业分						
第一产业	907	312	190.7	19685		
第二产业	1270335	1028426	23.5	2490288	1876194	32.7
第三产业	59261	50223	18.0	85949	67112	28.1
按重点企业类型分						
中央企业	24211	15861	52.6	17641	18129	-2.7
520户国家重点企业	32264	23930	34.8	36312	31862	14.0
原512户国家重点企业	65053	59182	9.9	106429	122486	-13.1
省级重点企业	1272521	1027140	23.9	2535448	1871075	35.5
现企国家百户试点企业	14809	11258	31.5	7216	14493	-50.2
现企省级试点企业	93497	85847	8.9	114207	80909	41.2
国家试点企业集团母公司	23333	15406	51.5	17010	18129	-6.2

续表

指　标	研究开发费用			增加值		
	2003 年	2002 年	增减幅度(%)	2003 年	2002 年	增减幅度(%)
总　计	**166826**	**141472**	**17.9**	**4348815**	**3652017**	**19.1**
按控股情况分						
国有及国有控股小计	152052	128595	18.2	3810259	3197260	19.2
国有绝对控股	142093	119300	19.1	3761000	3055147	23.1
国有相对控股	9959	9295	7.1	49258	142113	-65.3
集体控股小计	727	497	46.3	83160	56721	46.6
集体绝对控股	727	497	46.3	81603	55807	46.2
集体相对控股				1557	914	70.4
其他	14047	12380	13.5	455396	398036	14.4
按主营行业分						
农、林、牧、渔业	182			5586	3692	51.3
工业小计	163900	139369	17.6	4172819	3342780	24.8
采矿业	16198	15642	3.6	1636596	1174268	39.4
制造业	147702	123727	19.4	2119647	1798623	17.8
电力、燃气及水的生产和供应业				416576	369889	12.6
建筑业				29310	138398	-78.8
交通运输、仓储和邮政业				19090	12040	58.6
信息传输、计算机服务和软件业	220	300	-26.7	5719	5032	13.7
批发和零售业	1805	1061	70.1	51939	68555	-24.2
住宿和餐饮业				12862	13668	-5.9
金融业				-1059	4799	
房地产业	614	630	-2.5	44254	36183	22.3
租赁和商务服务业				3145	23210	-86.4
科学研究、技术服务和地质勘查业	105	112	-6.3	5150	3660	40.7
按登记注册类型分						
国有企业	52222	35571	46.8	920801	834746	10.3
公司制企业小计	114604	105901	8.2	3428014	2817271	21.7
国有独资企业	15628	15027	4.0	975408	762556	27.9
其他有限责任公司	69255	63809	8.5	890159	755383	17.8
股份有限公司	23212	22013	5.4	1322989	1055066	25.4
中外合资企业	5132	3802	35.0	104250	108537	-3.9
港澳台合资企业	1377	1250	10.2	135208	135727	-0.4
按企业规模分						
大型	132711	106610	24.5	3694095	2916532	26.7
中型	33126	34329	-3.5	694824	707952	-1.9
小型	989	533	85.6	-47643	-3572	
其他				7538	31105	-75.8
按三次产业分						
第一产业	182			5586	3692	51.3
第二产业	163900	139369	17.6	4202129	3481179	20.7
第三产业	2744	2103	30.5	141100	167146	-15.6
按重点企业类型分						
中央企业	2723	4946	-44.9	75657	61674	22.7
520 户国家重点企业	4146	5369	-22.8	25049	77304	-67.6
原 512 户国家重点企业	11168	13648	-18.2	232552	220869	5.3
省级重点企业	165419	135958	21.7	4210126	3507717	20.0
现企国家百户试点企业	4861	4593	5.8	50250	46341	8.4
现企省级试点企业	16643	20353	-18.2	257260	252675	1.8
国家试点企业集团母公司	2618	4834	-45.8	70507	58014	21.5

续表

指　　标	农林牧渔业总产值			工业总产值合计		
	2003年	2002年	增减幅度(%)	2003年	2002年	增减幅度(%)
总　　计	**57867**	**40469**	**43.0**	**11717519**	**9275663**	**26.3**
按控股情况分						
国有及国有控股小计	57867	40469	43.0	10168859	8114839	25.3
国有绝对控股				9776381	7778673	25.7
国有相对控股	·57867	40469	43.0	392478	336166	16.8
集体控股小计				372399	199502	86.7
集体绝对控股				364904	193038	89.0
集体相对控股				7495	6464	15.9
其他				1176261	961322	22.4
按主营行业分						
农、林、牧、渔业	57867	40469	43.0			
工业小计				11717519	9270373	26.4
采矿业				2673667	2089190	28.0
制造业				8264185	6539220	26.4
电力、燃气及水的生产和供应业				779667	641963	21.5
建筑业						
交通运输、仓储和邮政业						
信息传输、计算机服务和软件业					5290	
批发和零售业						
住宿和餐饮业						
金融业						
房地产业						
租赁和商务服务业						
科学研究、技术服务和地质勘查业						
按登记注册类型分						
国有企业				2772988	2413097	14.9
公司制企业小计	57867	40469	43.0	8944531	6862566	30.3
国有独资企业				2655308	1889392	40.5
其他有限责任公司				3096503	2348442	31.9
股份有限公司	57867	40469	43.0	2522122	1994718	26.4
中外合资企业				462596	432902	6.9
港澳台合资企业				208002	197112	5.5
按企业规模分						
大型				8938431	6972383	28.2
中型	57867	40469	43.0	2720391	2249118	21.0
小型				58697	54162	8.4
其他						
按三次产业分						
第一产业	57867	40469	43.0			
第二产业				11717519	9270373	26.4
第三产业					5290	
按重点企业类型分						
中央企业				378689	288488	31.3
520户国家重点企业				501848	384436	30.5
原512户国家重点企业				849130	784777	8.2
省级重点企业	57867	40469	43.0	11223062	8811010	27.4
现企国家百户试点企业				156668	125223	25.1
现企省级试点企业				1153429	965572	19.5
国家试点企业集团母公司				378689	288488	31.3

续表

指　标	采矿业总产值			制造业总产值		
	2003年	2002年	增减幅度(%)	2003年	2002年	增减幅度(%)
总　计	**2673667**	**2089190**	**28.0**	**8264185**	**6544510**	**26.3**
按控股情况分						
国有及国有控股小计	2673667	2089190	28.0	6895849	5559544	24.0
国有绝对控股	2673667	2089190	28.0	6503371	5223378	24.5
国有相对控股				392478	336166	16.8
集体控股小计				372399	199502	86.7
集体绝对控股				364904	193038	89.0
集体相对控股				7495	6464	15.9
其他				995937	785464	26.8
按主营行业分						
农、林、牧、渔业						
工业小计	2673667	2089190	28.0	8264185	6539220	26.4
采矿业	2673667	2089190	28.0			
制造业				8264185	6539220	26.4
电力、燃气及水的生产和供应业						
建筑业						
交通运输、仓储和邮政业						
信息传输、计算机服务和软件业					5290	
批发和零售业						
住宿和餐饮业						
金融业						
房地产业						
租赁和商务服务业						
科学研究、技术服务和地质勘查业						
按登记注册类型分						
国有企业	652927	592230	10.2	2083640	1790288	16.4
公司制企业小计	2020740	1496960	35.0	6180545	4754222	30.0
国有独资企业	502479	355896	41.2	2152829	1533496	40.4
其他有限责任公司				2565236	1940533	32.2
股份有限公司	1518261	1141064	33.1	965156	818864	17.9
中外合资企业				462596	432902	6.9
港澳台合资企业				34728	28427	22.2
按企业规模分						
大型	2673667	2089190	28.0	5873807	4547199	29.2
中型				2331681	1943149	20.0
小型				58697	54162	8.4
其他						
按三次产业分						
第一产业						
第二产业	2673667	2089190	28.0	8264185	6539220	26.4
第三产业					5290	
按重点企业类型分						
中央企业				378689	288488	31.3
520户国家重点企业	55637	46534	19.6	446211	337902	32.1
原512户国家重点企业	494456	470651	5.1	354674	314126	12.9
省级重点企业	2291878	1722103	33.1	8151517	6446944	26.4
现企国家百户试点企业				156668	125223	25.1
现企省级试点企业				1146379	958399	19.6
国家试点企业集团母公司				378689	288488	31.3

续表

指标	电、煤、水业总产值			建筑业总产值		
	2003年	2002年	增减幅度(%)	2003年	2002年	增减幅度(%)
总计	**779667**	**641963**	**21.5**	**617308**	**409169**	**50.9**
按控股情况分						
国有及国有控股小计	599343	466105	28.6	617308	409169	50.9
国有绝对控股	599343	466105	28.6	617308	409169	50.9
国有相对控股						
集体控股小计						
集体绝对控股						
集体相对控股						
其他	180324	175858	2.5			
按主营行业分						
农、林、牧、渔业						
工业小计	779667	641963	21.5			
采矿业						
制造业						
电力、燃气及水的生产和供应业	779667	641963	21.5			
建筑业				617308	409169	50.9
交通运输、仓储和邮政业						
信息传输、计算机服务和软件业						
批发和零售业						
住宿和餐饮业						
金融业						
房地产业						
租赁和商务服务业						
科学研究、技术服务和地质勘查业						
按登记注册类型分						
国有企业	36421	30579	19.1	41196	50782	-18.9
公司制企业小计	743246	611384	21.6	576112	358387	60.8
国有独资企业				576112	358387	60.8
其他有限责任公司	531267	407909	30.2			
股份有限公司	38705	34790	11.3			
中外合资企业						
港澳台合资企业	173274	168685	2.7			
按企业规模分						
大型	390957	335994	16.4	576112	358387	60.8
中型	388710	305969	27.0	41196	50782	-18.9
小型						
其他						
按三次产业分						
第一产业						
第二产业	779667	641963	21.5	617308	409169	50.9
第三产业						
按重点企业类型分						
中央企业						
520户国家重点企业						
原512户国家重点企业						
省级重点企业	779667	641963	21.5	617308	409169	50.9
现企国家百户试点企业						
现企省级试点企业	7050	7173	-1.7			
国家试点企业集团母公司						

续表

指 标	批发零售业商品销售总额			外贸进出口总额(万美元)		
	2003年	2002年	增减幅度(%)	2003年	2002年	增减幅度(%)
总 计	**795833**	**683726**	**16.4**	**5173**	**4780**	**8.2**
按控股情况分						
国有及国有控股小计	337385	335224	0.6	5173	4780	8.2
国有绝对控股	61688	59255	4.1	4666	4759	-2.0
国有相对控股	275697	275969	-0.1	507	21	2314.3
集体控股小计	288435	179550	60.6			
集体绝对控股	285227	178461	59.8			
集体相对控股	3208	1089	194.6			
其他	170013	168952	0.6			
按主营行业分						
农、林、牧、渔业				507	21	2314.3
工业小计						
采矿业						
制造业						
电力、燃气及水的生产和供应业						
建筑业						
交通运输、仓储和邮政业						
信息传输、计算机服务和软件业						
批发和零售业	795833	683726	16.4	4666	4759	-2.0
住宿和餐饮业						
金融业						
房地产业						
租赁和商务服务业						
科学研究、技术服务和地质勘查业						
按登记注册类型分						
国有企业	20545	23153	-11.3			
公司制企业小计	775288	660573	17.4	5173	4780	8.2
国有独资企业						
其他有限责任公司	214364	206143	4.0	4666	4759	-2.0
股份有限公司	560924	454430	23.4	507	21	2314.3
中外合资企业						
港澳台合资企业						
按企业规模分						
大型	759985	649036	17.1	4666	4759	-2.0
中型	30007	26372	13.8	507	21	2314.3
小型	5841	8318	-29.8			
其他						
按三次产业分						
第一产业				507	21	2314.3
第二产业						
第三产业	795833	683726	16.4	4666	4759	-2.0
按重点企业类型分						
中央企业						
520户国家重点企业						
原512户国家重点企业						
省级重点企业	795833	683726	16.4	5173	4780	8.2
现企国家百户试点企业						
现企省级试点企业	47286	76356	-38.1			
国家试点企业集团母公司						

续表

指标	其中:出口额(万美元)		
	2003年	2002年	增减幅度(%)
总计	**5142**	**4674**	**10.0**
按控股情况分			
国有及国有控股小计	5142	4674	10.0
国有绝对控股	4635	4653	-0.4
国有相对控股	507	21	2314.3
集体控股小计			
集体绝对控股			
集体相对控股			
其他			
按主营行业分			
农、林、牧、渔业	507	21	2314.3
工业小计			
采矿业			
制造业			
电力、燃气及水的生产和供应业			
建筑业			
交通运输、仓储和邮政业			
信息传输、计算机服务和软件业			
批发和零售业	4635	4653	-0.4
住宿和餐饮业			
金融业			
房地产业			
租赁和商务服务业			
科学研究、技术服务和地质勘查业			
按登记注册类型分			
国有企业			
公司制企业小计	5142	4674	10.0
国有独资企业			
其他有限责任公司	4635	4653	-0.4
股份有限公司	507	21	2314.3
中外合资企业			
港澳台合资企业			
按企业规模分			
大型	4635	4653	-0.4
中型	507	21	2314.3
小型			
其他			
按三次产业分			
第一产业	507	21	2314.3
第二产业			
第三产业	4635	4653	-0.4
按重点企业类型分			
中央企业			
520户国家重点企业			
原512户国家重点企业			
省级重点企业	5142	4674	10.0
现企国家百户试点企业			
现企省级试点企业			
国家试点企业集团母公司			

陕西省建立现代企业制度重点监测企业劳动工资指标

指　标	从业人员(人)			在岗职工(人)		
	2003年	2002年	增减幅度(%)	2003年	2002年	增减幅度(%)
总　计	**513239**	**516877**	**-0.7**	**507757**	**512381**	**-0.9**
按控股情况分						
国有及国有控股小计	462910	469930	-1.5	457637	466019	-1.8
国有绝对控股	429022	435928	-1.6	423849	432071	-1.9
国有相对控股	33888	34002	-0.3	33788	33948	-0.5
集体控股小计	15221	14729	3.3	15221	14729	3.3
集体绝对控股	14610	14253	2.5	14610	14253	2.5
集体相对控股	611	476	28.4	611	476	28.4
其他	35108	32218	9.0	34899	31633	10.3
按主营行业分						
农、林、牧、渔业	1746	1312	33.1	1746	1312	33.1
工业小计	472994	479055	-1.3	468582	475049	-1.4
采矿业	104004	112009	-7.1	103012	111258	-7.4
制造业	319366	318649	0.2	316108	315570	0.2
电力、燃气及水的生产和供应业	49624	48397	2.5	49462	48221	2.6
建筑业	6325	5146	22.9	6275	5146	21.9
交通运输、仓储和邮政业	400	344	16.3	400	344	16.3
信息传输、计算机服务和软件业	403	332	21.4	403	332	21.4
批发和零售业	14806	13825	7.1	14715	13796	6.7
住宿和餐饮业	4067	4624	-12.0	4067	4624	-12.0
金融业	295	279	5.7	295	279	5.7
房地产业	4950	4527	9.3	4895	4522	8.2
租赁和商务服务业	6308	6210	1.6	5800	6032	-3.8
科学研究、技术服务和地质勘查业	945	1223	-22.7	579	945	-38.7
按登记注册类型分						
国有企业	165652	175069	-5.4	164697	174102	-5.4
公司制企业小计	347587	341808	1.7	343060	338279	1.4
国有独资企业	89772	88555	1.4	87782	87191	0.7
其他有限责任公司	177028	173824	1.8	174854	171948	1.7
股份有限公司	74282	73331	1.3	74105	73256	1.2
中外合资企业	2694	2256	19.4	2629	2177	20.8
港澳台合资企业	3811	3842	-0.8	3690	3707	-0.5
按企业规模分						
大型	353020	357420	-1.2	349764	354802	-1.4
中型	146739	145995	0.5	145086	144361	0.5
小型	6569	6741	-2.6	6504	6675	-2.6
其他	6911	6721	2.8	6403	6543	-2.1
按三次产业分						
第一产业	1746	1312	33.1	1746	1312	33.1
第二产业	479319	484201	-1.0	474857	480195	-1.1
第三产业	32174	31364	2.6	31154	30874	0.9
按重点企业类型分						
中央企业	14025	15379	-8.8	13619	15090	-9.7
520户国家重点企业	33018	34664	-4.7	32978	34653	-4.8
原512户国家重点企业	60123	63612	-5.5	60087	63578	-5.5
省级重点企业	472578	473002	-0.1	467722	469136	-0.3
现企国家百户试点企业	12497	11992	4.2	12467	11942	4.4
现企省级试点企业	83947	85478	-1.8	82899	84336	-1.7
国家试点企业集团母公司	13080	14156	-7.6	13040	14145	-7.8

续表

指　标	其他从业人员(人)			研究开发人员(人)		
	2003年	2002年	增减幅度(%)	2003年	2002年	增减幅度(%)
总　计	**5482**	**4496**	**21.9**	**25125**	**26426**	**-4.9**
按控股情况分						
国有及国有控股小计	5273	3911	34.8	23958	25128	-4.7
国有绝对控股	5173	3857	34.1	22870	23882	-4.2
国有相对控股	100	54	85.2	1088	1246	-12.7
集体控股小计				53	30	76.7
集体绝对控股				53	30	76.7
集体相对控股						
其他	209	585	-64.3	1114	1268	-12.1
按主营行业分						
农、林、牧、渔业				45	35	28.6
工业小计	4412	4006	10.1	24250	25628	-5.4
采矿业	992	751	32.1	1121	1039	7.9
制造业	3258	3079	5.8	23129	24589	-5.9
电力、燃气及水的生产和供应业	162	176	-8.0			
建筑业	50					
交通运输、仓储和邮政业						
信息传输、计算机服务和软件业				20	23	-13.0
批发和零售业	91	29	213.8	383	385	-0.5
住宿和餐饮业						
金融业						
房地产业	55	5	1000.0	158	210	-24.8
租赁和商务服务业	508	178	185.4			
科学研究、技术服务和地质勘查业	366	278	31.7	269	145	85.5
按登记注册类型分						
国有企业	955	967	-1.2	6127	6210	-1.3
公司制企业小计	4527	3529	28.3	18998	20216	-6.0
国有独资企业	1990	1364	45.9	5147	4393	17.2
其他有限责任公司	2174	1876	15.9	11343	13323	-14.9
股份有限公司	177	75	136.0	2404	2392	0.5
中外合资企业	65	79	-17.7	27	27	
港澳台合资企业	121	135	-10.4	77	81	-4.9
按企业规模分						
大型	3256	2618	24.4	16816	18493	-9.1
中型	1653	1634	1.2	8172	7784	5.0
小型	65	66	-1.5	137	149	-8.1
其他	508	178	185.4			
按三次产业分						
第一产业				45	35	28.6
第二产业	4462	4006	11.4	24250	25628	-5.4
第三产业	1020	490	108.2	830	763	8.8
按重点企业类型分						
中央企业	406	289	40.5	1062	938	13.2
520户国家重点企业	40	11	263.6	1356	1466	-7.5
原512户国家重点企业	36	34	5.9	2222	2195	1.2
省级重点企业	4856	3866	25.6	24189	25647	-5.7
现企国家百户试点企业	30	50	-40.0	526	457	15.1
现企省级试点企业	1048	1142	-8.2	2719	2986	-8.9
国家试点企业集团母公司	40	11	263.6	793	793	

续表

指 标	从业人员劳动报酬(万元)			在岗职工劳动报酬(万元)		
	2003年	2002年	增减幅度(%)	2003年	2002年	增减幅度(%)
总 计	**814807**	**723060**	**12.7**	**810492**	**720043**	**12.6**
按控股情况分						
国有及国有控股小计	736760	659575	11.7	732660	656886	11.5
国有绝对控股	694492	620869	11.9	690459	618219	11.7
国有相对控股	42268	38706	9.2	42201	38667	9.1
集体控股小计	18304	13869	32.0	18304	13869	32.0
集体绝对控股	17954	13581	32.2	17954	13581	32.2
集体相对控股	350	288	21.5	350	288	21.5
其他	59743	49616	20.4	59528	49288	20.8
按主营行业分						
农、林、牧、渔业	1921	1444	33.0	1921	1444	33.0
工业小计	765185	680475	12.4	761830	677827	12.4
采矿业	178349	156743	13.8	177224	155979	13.6
制造业	501277	454190	10.4	499274	452478	10.3
电力、燃气及水的生产和供应业	85559	69542	23.0	85332	69370	23.0
建筑业	7023	5845	20.2	6981	5845	19.4
交通运输、仓储和邮政业	810	598	35.5	810	598	35.5
信息传输、计算机服务和软件业	482	392	23.0	482	392	23.0
批发和零售业	17261	14297	20.7	17200	14272	20.5
住宿和餐饮业	4036	3997	1.0	4036	3997	1.0
金融业	1425	1683	-15.3	1425	1683	-15.3
房地产业	8164	6728	21.3	8070	6702	20.4
租赁和商务服务业	5696	5874	-3.0	5483	5806	-5.6
科学研究、技术服务和地质勘查业	2804	1727	62.4	2254	1477	52.6
按登记注册类型分						
国有企业	267140	248702	7.4	266142	248033	7.3
公司制企业小计	547667	474358	15.5	544350	472010	15.3
国有独资企业	157705	130668	20.7	156164	129684	20.4
其他有限责任公司	261532	227677	14.9	260180	226701	14.8
股份有限公司	102786	93234	10.2	102580	93127	10.2
中外合资企业	17436	14781	18.0	17349	14602	18.8
港澳台合资企业	8208	7998	2.6	8077	7896	2.3
按企业规模分						
大型	591088	526407	12.3	588308	524206	12.2
中型	210856	183376	15.0	209584	182678	14.7
小型	5425	5498	-1.3	5375	5448	-1.3
其他	7438	7779	-4.4	7225	7711	-6.3
按三次产业分						
第一产业	1921	1444	33.0	1921	1444	33.0
第二产业	772208	686320	12.5	768811	683672	12.5
第三产业	40678	35296	15.2	39760	34927	13.8
按重点企业类型分						
中央企业	27976	24471	14.3	27379	24213	13.1
520户国家重点企业	44982	39428	14.1	44935	39420	14.0
原512户国家重点企业	106480	99391	7.1	106458	99379	7.1
省级重点企业	743688	657121	13.2	740026	654429	13.1
现企国家百户试点企业	16827	14710	14.4	16801	14674	14.5
现企省级试点企业	102904	92143	11.7	102527	91809	11.7
国家试点企业集团母公司	25172	22744	10.7	25125	22736	10.5

续表

指　标	其他从业人员劳动报酬(万元)			研究开发人员劳动报酬(万元)		
	2003年	2002年	增减幅度(%)	2003年	2002年	增减幅度(%)
总　计	**4315**	**3017**	**43.0**	**50599**	**49231**	**2.8**
按控股情况分						
国有及国有控股小计	4100	2689	52.5	47526	46576	2.0
国有绝对控股	4033	2650	52.2	45229	44313	2.1
国有相对控股	67	39	71.8	2297	2263	1.5
集体控股小计				173	95	82.1
集体绝对控股				173	95	82.1
集体相对控股						
其他	215	328	-34.5	2900	2560	13.3
按主营行业分						
农、林、牧、渔业				74	58	27.6
工业小计	3355	2648	26.7	48283	47445	1.8
采矿业	1125	764	47.3	2134	1493	42.9
制造业	2003	1712	17.0	46149	45952	0.4
电力、燃气及水的生产和供应业	227	172	32.0			
建筑业	42					
交通运输、仓储和邮政业						
信息传输、计算机服务和软件业				43	45	-4.4
批发和零售业	61	25	144.0	931	922	1.0
住宿和餐饮业						
金融业						
房地产业	94	26	261.5	458	326	40.5
租赁和商务服务业	213	68	213.2			
科学研究、技术服务和地质勘查业	550	250	120.0	810	435	86.2
按登记注册类型分						
国有企业	998	669	49.2	12684	11117	14.1
公司制企业小计	3317	2348	41.3	37915	38114	-0.5
国有独资企业	1541	984	56.6	9119	6617	37.8
其他有限责任公司	1352	976	38.5	24030	27384	-12.2
股份有限公司	206	107	92.5	4202	3663	14.7
中外合资企业	87	179	-51.4	310	201	54.2
港澳台合资企业	131	102	28.4	254	249	2.0
按企业规模分						
大型	2780	2201	26.3	32836	32082	2.4
中型	1272	698	82.2	17564	16953	3.6
小型	50	50		199	196	1.5
其他	213	68	213.2			
按三次产业分						
第一产业				74	58	27.6
第二产业	3397	2648	28.3	48283	47445	1.8
第三产业	918	369	148.8	2242	1728	29.7
按重点企业类型分						
中央企业	597	258	131.4	2558	1710	49.6
520户国家重点企业	47	8	487.5	2691	2178	23.6
原512户国家重点企业	22	12	83.3	4075	3290	23.9
省级重点企业	3662	2692	36.0	48561	47985	1.2
现企国家百户试点企业	26	36	-27.8	1245	1010	23.3
现企省级试点企业	377	334	12.9	5543	4440	24.8
国家试点企业集团母公司	47	8	487.5	1748	1275	37.1

陕西省建立现代企业制度重点监测企业经济效益指标

单位：%

指　　标	净资产收益率			总资产报酬率		
	2003年	2002年	增减幅度	2003年	2002年	增减幅度
总　　计	**9.24**	**7.67**	**1.57**	**5.68**	**5.27**	**0.41**
按控股情况分						
国有及国有控股小计	8.75	7.02	1.73	5.35	4.90	0.45
国有绝对控股	10.31	7.68	2.63	5.88	5.06	0.82
国有相对控股	-15.22	-0.37	-14.85	-3.41	2.55	-5.96
集体控股小计	9.63	8.05	1.58	4.80	5.30	-0.50
集体绝对控股	9.62	8.20	1.42	4.77	5.35	-0.58
集体相对控股	10.01	1.85	8.16	7.18	2.24	4.94
其他	12.21	11.80	0.41	8.76	8.74	0.02
按主营行业分						
农、林、牧、渔业	1.63	3.53	-1.90	3.37	3.67	-0.30
工业小计	10.52	8.30	2.22	6.39	5.72	0.67
采矿业	17.51	15.98	1.53	11.39	10.54	0.85
制造业	7.65	5.51	2.14	4.72	4.32	0.40
电力、燃气及水的生产和供应业	4.56	4.10	0.46	3.61	3.37	0.24
建筑业	0.93	0.60	0.33	1.95	1.73	0.22
交通运输、仓储和邮政业	57.29	87.38	-30.09	8.95	8.76	0.19
信息传输、计算机服务和软件业	13.58	8.43	5.15	7.49	6.50	0.99
批发和零售业	-5.73	5.08	-10.81	0.45	3.86	-3.41
住宿和餐饮业	3.96	3.78	0.18	3.46	4.08	-0.62
金融业	0.41	1.95	-1.54	0.51	1.36	-0.85
房地产业	3.89	2.71	1.18	2.17	2.15	0.02
租赁和商务服务业	-7.58	6.42	-14.00	-0.99	4.29	-5.28
科学研究、技术服务和地质勘查业	5.46	5.38	0.08	4.30	3.07	1.23
按登记注册类型分						
国有企业	3.97	4.04	-0.07	2.89	2.88	0.01
公司制企业小计	10.66	8.60	2.06	6.43	5.92	0.51
国有独资企业	11.11	5.04	6.07	5.99	4.91	1.08
其他有限责任公司	3.81	3.05	0.76	2.99	2.95	0.04
股份有限公司	15.56	14.13	1.43	10.69	9.78	0.91
中外合资企业	57.81	74.18	-16.37	35.18	40.23	-5.05
港澳台合资企业	17.12	17.76	-0.64	13.98	13.74	0.24
按企业规模分						
大型	12.87	9.72	3.15	7.30	6.26	1.04
中型	2.19	3.76	-1.57	2.69	3.49	-0.80
小型	82.68	96.93	-14.25	-22.89	-2.55	-20.34
其他	-3.90	5.77	-9.67	0.03	3.09	-3.06
按三次产业分						
第一产业	1.63	3.53	-1.90	3.37	3.67	-0.30
第二产业	10.11	7.93	2.18	6.17	5.50	0.67
第三产业	-0.21	5.20	-5.41	1.67	3.41	-1.74
按重点企业类型分						
中央企业	2.00	2.62	-0.62	2.07	2.23	-0.16
520户国家重点企业	-21.29	-8.55	-12.74	-5.78	-1.73	-4.05
原512户国家重点企业	0.64	1.68	-1.04	0.84	1.42	-0.58
省级重点企业	9.81	8.10	1.71	5.95	5.50	0.45
现企国家百户试点企业	7.89	5.78	2.11	5.92	4.76	1.16
现企省级试点企业	-3.58	-0.59	-2.99	0.91	2.13	-1.22
国家试点企业集团母公司	1.81	2.49	-0.68	2.00	2.21	-0.21

续表

指　　标	销售利润率			劳动生产率(万元/人)		
	2003年	2002年	增减幅度	2003年	2002年	增减幅度
总　　计	**8.70**	**7.90**	**0.80**	**28.48**	**22.37**	**6.11**
按控股情况分						
国有及国有控股小计	8.42	7.34	1.08	26.26	20.84	5.42
国有绝对控股	9.66	7.76	1.90	26.51	20.76	5.75
国有相对控股	-9.50	2.14	-11.64	23.12	21.81	1.31
集体控股小计	3.57	4.79	-1.22	46.47	26.92	19.55
集体绝对控股	3.53	4.84	-1.31	47.78	27.38	20.40
集体相对控股	6.17	1.49	4.68	15.24	13.38	1.86
其他	12.70	12.85	-0.15	49.98	42.63	7.35
按主营行业分						
农、林、牧、渔业	3.63	6.89	-3.26	26.99	26.22	0.77
工业小计	9.71	8.47	1.24	27.20	20.97	6.23
采矿业	22.18	18.55	3.63	29.78	21.74	8.04
制造业	5.90	5.22	0.68	25.88	19.96	5.92
电力、燃气及水的生产和供应业	4.99	5.32	-0.33	30.36	25.84	4.52
建筑业	4.39	2.55	1.84	20.19	20.66	-0.47
交通运输、仓储和邮政业	13.46	9.83	3.63	168.83	148.37	20.46
信息传输、计算机服务和软件业	19.89	11.19	8.70	63.16	83.89	-20.73
批发和零售业	-1.07	2.99	-4.06	68.18	61.10	7.08
住宿和餐饮业	8.57	10.36	-1.79	10.05	7.32	2.73
金融业	2.86	8.50	-5.64	42.64	55.14	-12.50
房地产业	4.79	4.13	0.66	69.50	59.72	9.78
租赁和商务服务业	-14.70	6.83	-21.53	10.20	19.16	-8.96
科学研究、技术服务和地质勘查业	8.58	5.05	3.53	12.70	10.92	1.78
按登记注册类型分						
国有企业	3.81	3.60	0.21	21.47	17.56	3.91
公司制企业小计	10.27	9.46	0.81	31.82	24.83	6.99
国有独资企业	9.24	5.61	3.63	27.37	20.26	7.11
其他有限责任公司	3.27	3.14	0.13	26.94	20.56	6.38
股份有限公司	18.93	17.75	1.18	45.07	36.47	8.60
中外合资企业	23.31	24.62	-1.31	106.68	112.01	-5.33
港澳台合资企业	26.25	27.58	-1.33	52.48	50.22	2.26
按企业规模分						
大型	11.68	9.47	2.21	30.14	22.87	7.27
中型	2.67	4.55	-1.88	26.03	21.78	4.25
小型	-108.63	-29.50	-79.13	9.18	7.98	1.20
其他	-6.99	7.37	-14.36	14.27	22.84	-8.57
按三次产业分						
第一产业	3.63	6.89	-3.26	26.99	26.22	0.77
第二产业	9.66	8.40	1.26	27.11	20.96	6.15
第三产业	0.97	4.23	-3.26	48.99	43.86	5.13
按重点企业类型分						
中央企业	2.19	2.92	-0.73	30.13	19.90	10.23
520户国家重点企业	-14.56	-7.47	-7.09	16.50	11.75	4.75
原512户国家重点企业	0.59	1.37	-0.78	21.08	16.73	4.35
省级重点企业	9.31	8.48	0.83	29.34	22.93	6.41
现企国家百户试点企业	9.03	8.16	0.87	13.63	11.60	2.03
现企省级试点企业	-1.66	0.70	-2.36	14.32	12.53	1.79
国家试点企业集团母公司	2.01	2.82	-0.81	31.39	20.67	10.72

续表

指　　标	成本费用利润率			资产利税率		
	2003 年	2002 年	增减幅度	2003 年	2002 年	增减幅度
总　计	**9.95**	**8.94**	**1.01**	**8.01**	**7.10**	**0.91**
按控股情况分						
国有及国有控股小计	9.64	8.29	1.35	7.66	6.67	0.99
国有绝对控股	11.21	8.82	2.39	8.24	6.87	1.37
国有相对控股	-9.00	2.27	-11.27	-2.17	3.81	-5.98
集体控股小计	3.80	5.14	-1.34	7.12	6.29	0.83
集体绝对控股	3.77	5.20	-1.43	7.07	6.32	0.75
集体相对控股	6.25	1.52	4.73	10.19	4.78	5.41
其他	14.90	14.89	0.01	11.36	11.34	0.02
按主营行业分						
农、林、牧、渔业	3.76	7.89	-4.13	1.27	2.27	-1.00
工业小计	11.29	9.68	1.61	9.22	8.00	1.22
采矿业	31.49	25.27	6.22	13.91	11.62	2.29
制造业	6.57	5.76	0.81	8.05	7.48	0.57
电力、燃气及水的生产和供应业	5.12	5.42	-0.30	5.18	4.61	0.57
建筑业	4.69	2.63	2.06	0.73	0.36	0.37
交通运输、仓储和邮政业	15.83	11.05	4.78	6.97	5.14	1.83
信息传输、计算机服务和软件业	21.67	13.30	8.37	6.46	4.62	1.84
批发和零售业	-1.07	3.14	-4.21	0.77	4.02	-3.25
住宿和餐饮业	9.60	10.29	-0.69	4.03	4.66	-0.63
金融业	2.45	7.02	-4.57	0.42	0.81	-0.39
房地产业	5.16	4.44	0.72	2.76	2.70	0.06
租赁和商务服务业	-12.76	7.48	-20.24	-2.55	3.84	-6.39
科学研究、技术服务和地质勘查业	9.26	5.79	3.47	6.54	4.81	1.73
按登记注册类型分						
国有企业	4.27	4.08	0.19	7.56	7.64	-0.08
公司制企业小计	11.82	10.70	1.12	8.13	6.96	1.17
国有独资企业	10.71	6.29	4.42	8.37	5.94	2.43
其他有限责任公司	3.42	3.23	0.19	3.93	3.59	0.34
股份有限公司	24.76	22.61	2.15	12.43	10.74	1.69
中外合资企业	29.15	32.57	-3.42	48.91	58.10	-9.19
港澳台合资企业	35.91	38.14	-2.23	19.24	18.34	0.90
按企业规模分						
大型	13.96	11.04	2.92	9.93	8.31	1.62
中型	2.79	4.83	-2.04	4.63	5.16	-0.53
小型	-53.99	-22.26	-31.73	-25.72	-4.70	-21.02
其他	-6.38	7.87	-14.25	-0.85	2.61	-3.46
按三次产业分						
第一产业	3.76	7.89	-4.13	1.27	2.27	-1.00
第二产业	11.21	9.60	1.61	8.78	7.57	1.21
第三产业	0.99	4.48	-3.49	1.74	3.37	-1.63
按重点企业类型分						
中央企业	2.41	3.00	-0.59	3.47	3.08	0.39
520 户国家重点企业	-13.72	-7.16	-6.56	-4.50	-0.97	-3.53
原 512 户国家重点企业	0.62	1.49	-0.87	2.89	3.43	-0.54
省级重点企业	10.71	9.61	1.10	8.19	7.21	0.98
现企国家百户试点企业	9.66	8.53	1.13	9.18	6.89	2.29
现企省级试点企业	-1.67	0.71	-2.38	2.22	3.03	-0.81
国家试点企业集团母公司	2.21	2.89	-0.68	3.38	3.03	0.35

续表

指　标	总资产使用率			流动资产比率		
	2003年	2002年	增减幅度	2003年	2002年	增减幅度
总　计	**49.49**	**45.07**	**4.42**	**37.12**	**37.30**	**-0.18**
按控股情况分						
国有及国有控股小计	46.79	43.03	3.76	37.05	36.80	0.25
国有绝对控股	46.46	42.61	3.85	36.49	36.29	0.20
国有相对控股	52.27	48.91	3.36	46.40	43.92	2.48
集体控股小计	101.21	77.10	24.11	47.69	48.90	-1.21
集体绝对控股	101.26	77.20	24.06	47.79	49.04	-1.25
集体相对控股	97.57	71.16	26.41	40.10	40.55	-0.45
其他	60.81	57.13	3.68	35.16	39.52	-4.36
按主营行业分						
农、林、牧、渔业	42.09	36.08	6.01	48.49		48.49
工业小计	51.47	46.49	4.98	35.56	35.58	-0.02
采矿业	43.27	42.02	1.25	23.33	22.84	0.49
制造业	59.05	53.37	5.68	45.00	46.12	-1.12
电力、燃气及水的生产和供应业	38.83	31.88	6.95	23.36	21.32	2.04
建筑业	9.58	8.36	1.22	20.46	27.61	-7.15
交通运输、仓储和邮政业	46.97	46.00	0.97	21.01	17.39	3.62
信息传输、计算机服务和软件业	27.11	31.82	-4.71	26.97	36.59	-9.62
批发和零售业	96.26	86.01	10.25	48.09	47.74	0.35
住宿和餐饮业	31.05	28.83	2.22	37.34	39.62	-2.28
金融业	5.76	5.84	-0.08	82.36	96.18	-13.82
房地产业	31.79	33.13	-1.34	75.68	71.94	3.74
租赁和商务服务业	19.61	44.07	-24.46	33.79	36.26	-2.47
科学研究、技术服务和地质勘查业	48.11	58.76	-10.65	52.62	51.57	1.05
按登记注册类型分						
国有企业	56.08	55.12	0.96	55.71	53.85	1.86
公司制企业小计	47.72	42.36	5.36	32.12	32.84	-0.72
国有独资企业	44.43	39.41	5.02	25.55	26.18	-0.63
其他有限责任公司	47.16	40.04	7.12	34.89	35.34	-0.45
股份有限公司	48.26	44.81	3.45	31.72	32.74	-1.02
中外合资企业	153.36	166.23	-12.87	84.81	92.56	-7.75
港澳台合资企业	48.75	44.76	3.99	35.48	31.60	3.88
按企业规模分						
大型	50.87	47.22	3.65	34.96	34.74	0.22
中型	49.07	42.61	6.46	41.35	40.75	0.60
小型	23.79	17.41	6.38	53.98	49.39	4.59
其他	17.06	27.48	-10.42	50.44	63.11	-12.67
按三次产业分						
第一产业	42.09	36.08	6.01	48.49		48.49
第二产业	49.32	44.34	4.98	34.78	35.13	-0.35
第三产业	51.24	51.52	-0.28	56.43	56.93	-0.50
按重点企业类型分						
中央企业	48.33	43.04	5.29	53.84	53.77	0.07
520户国家重点企业	42.44	36.99	5.45	49.58	53.31	-3.73
原512户国家重点企业	51.59	48.06	3.53	50.73	52.52	-1.79
省级重点企业	48.80	44.27	4.53	36.60	36.86	-0.26
现企国家百户试点企业	56.49	46.28	10.21	62.02	55.34	6.68
现企省级试点企业	44.05	42.52	1.53	44.82	43.11	1.71
国家试点企业集团母公司	48.34	42.52	5.82	53.87	53.84	0.03

续表

指　　标	资金利润率			资产负债率		
	2003年	2002年	增减幅度	2003年	2002年	增减幅度
总　计	**5.46**	**4.35**	**1.11**	**61.45**	**61.69**	**-0.24**
按控股情况分						
国有及国有控股小计	4.89	3.84	1.05	62.99	63.34	-0.35
国有绝对控股	5.55	3.99	1.56	63.18	63.94	-0.76
国有相对控股	-6.53	1.44	-7.97	59.92	54.86	5.06
集体控股小计	4.99	4.82	0.17	65.37	58.75	6.62
集体绝对控股	4.93	4.86	0.07	65.73	59.04	6.69
集体相对控股	10.20	1.81	8.39	39.85	42.53	-2.68
其他	11.91	9.27	2.64	46.86	47.05	-0.19
按主营行业分						
农、林、牧、渔业	2.01	18.43	-16.42	51.45	45.07	6.38
工业小计	6.19	4.72	1.47	60.04	60.56	-0.52
采矿业	11.18	8.82	2.36	51.15	54.96	-3.81
制造业	4.57	3.45	1.12	64.05	62.51	1.54
电力、燃气及水的生产和供应业	2.23	2.04	0.19	61.36	62.35	-0.99
建筑业	0.75	0.29	0.46	66.51	66.57	-0.06
交通运输、仓储和邮政业	8.88	5.25	3.63	88.96	94.82	-5.86
信息传输、计算机服务和软件业	11.59	8.06	3.53	59.60	54.49	5.11
批发和零售业	-1.40	3.46	-4.86	66.91	63.33	3.58
住宿和餐饮业	4.15	4.20	-0.05	49.62	45.26	4.36
金融业	0.20	0.51	-0.31	81.38	84.27	-2.89
房地产业	1.89	1.68	0.21	77.05	77.23	-0.18
租赁和商务服务业	-4.25	4.63	-8.88	61.94	55.54	6.40
科学研究、技术服务和地质勘查业	5.77	4.15	1.62	40.43	44.19	-3.76
按登记注册类型分						
国有企业	2.63	2.44	0.19	61.30	63.35	-2.05
公司制企业小计	6.26	4.87	1.39	61.49	61.24	0.25
国有独资企业	5.34	2.63	2.71	69.48	67.76	1.72
其他有限责任公司	2.07	1.60	0.47	66.00	65.12	0.88
股份有限公司	10.89	9.36	1.53	50.14	52.08	-1.94
中外合资企业	38.35	39.79	-1.44	47.50	52.63	-5.13
港澳台合资企业	13.74	12.86	0.88	34.72	38.40	-3.68
按企业规模分						
大型	7.60	5.46	2.14	60.57	61.49	-0.92
中型	1.61	2.33	-0.72	61.03	59.90	1.13
小型	-31.64	-6.87	-24.77	132.48	105.47	27.01
其他	-1.64	2.57	-4.21	68.14	67.74	0.40
按三次产业分						
第一产业	2.01	18.43	-16.42	51.45	45.07	6.38
第二产业	6.00	4.50	1.50	60.37	60.89	-0.52
第三产业	0.67	2.82	-2.15	70.86	69.01	1.85
按重点企业类型分						
中央企业	1.54	1.66	-0.12	64.72	60.95	3.77
520户国家重点企业	-8.17	-3.46	-4.71	66.97	64.70	2.27
原512户国家重点企业	0.43	0.93	-0.50	63.87	62.23	1.64
省级重点企业	5.78	4.57	1.21	61.56	61.86	-0.30
现企国家百户试点企业	5.99	4.85	1.14	43.80	42.39	1.41
现企省级试点企业	-0.91	0.36	-1.27	71.12	66.69	4.43
国家试点企业集团母公司	1.41	1.59	-0.18	65.49	61.50	3.99

续表

指　标	长期负债与资产总计比率			已获利息倍数(倍)		
	2003年	2002年	增减幅度	2003年	2002年	增减幅度
总　计	**23.27**	**25.74**	**-2.47**	**4.41**	**3.24**	**1.17**
按控股情况分						
国有及国有控股小计	25.07	27.79	-2.72	4.05	2.96	1.09
国有绝对控股	25.93	29.10	-3.17	4.54	3.03	1.51
国有相对控股	10.68	9.26	1.42	-1.94	1.74	-3.68
集体控股小计	11.66	11.34	0.32	4.03	3.30	0.73
集体绝对控股	11.82	11.53	0.29	4.00	3.32	0.68
集体相对控股	0.03	0.37	-0.34	6.23	1.90	4.33
其他	10.20	9.87	0.33	8.57	6.46	2.11
按主营行业分						
农、林、牧、渔业	6.29	6.27	0.02	1.85	3.13	-1.28
工业小计	22.70	25.12	-2.42	4.97	3.39	1.58
采矿业	29.69	33.72	-4.03	8.94	4.98	3.96
制造业	15.55	17.62	-2.07	3.98	2.88	1.10
电力、燃气及水的生产和供应业	35.91	35.90	0.01	2.16	2.02	0.14
建筑业	53.13	62.00	-8.87	1.28	1.14	0.14
交通运输、仓储和邮政业	69.55	72.98	-3.43	3.41	2.07	1.34
信息传输、计算机服务和软件业	3.31	0.00	3.31	3.92	2.83	1.09
批发和零售业	6.85	6.49	0.36	0.30	3.03	-2.73
住宿和餐饮业	8.65	1.71	6.94	4.33	3.74	0.59
金融业	0.02	7.13	-7.11	1.48	1.57	-0.09
房地产业	18.52	20.37	-1.85	3.36	2.75	0.61
租赁和商务服务业	27.33	17.43	9.90	-0.52	3.36	-3.88
科学研究、技术服务和地质勘查业				36.52	57.17	-20.65
按登记注册类型分						
国有企业	11.63	14.00	-2.37	4.22	3.59	0.63
公司制企业小计	26.40	28.92	-2.52	4.43	3.20	1.23
国有独资企业	37.50	40.57	-3.07	3.19	1.83	1.36
其他有限责任公司	26.46	29.15	-2.69	2.09	1.75	0.34
股份有限公司	19.39	22.12	-2.73	8.91	6.35	2.56
中外合资企业				-60.11	-47.15	-12.96
港澳台合资企业	1.46	2.56	-1.10	12.74	10.03	2.71
按企业规模分						
大型	24.20	28.69	-4.49	5.92	3.74	2.18
中型	21.14	20.06	1.08	1.98	2.30	-0.32
小型	30.32	25.13	5.19	-5.87	-0.93	-4.94
其他	15.52	11.79	3.73	0.03	2.91	-2.88
按三次产业分						
第一产业	6.29	6.27	0.02	1.85	3.13	-1.28
第二产业	24.26	27.19	-2.93	4.74	3.28	1.46
第三产业	15.54	14.28	1.26	1.42	2.81	-1.39
按重点企业类型分						
中央企业	5.76	7.73	-1.97	2.25	2.31	-0.06
520户国家重点企业	8.34	11.24	-2.90	-5.98	-1.53	-4.45
原512户国家重点企业	9.66	11.97	-2.31	1.60	1.98	-0.38
省级重点企业	23.93	26.52	-2.59	4.50	3.28	1.22
现企国家百户试点企业	6.74	8.50	-1.76	7.32	4.84	2.48
现企省级试点企业	17.09	17.90	-0.81	0.55	1.16	-0.61
国家试点企业集团母公司	5.94	7.98	-2.04	2.12	2.22	-0.10

续表

指　　标	流动比率			速动比率		
	2003年	2002年	增减幅度	2003年	2002年	增减幅度
总　　计	**97.23**	**103.78**	**-6.55**	**67.72**	**71.80**	**-4.08**
按控股情况分						
国有及国有控股小计	97.71	103.51	-5.80	68.47	72.40	-3.92
国有绝对控股	97.98	104.18	-6.20	68.18	72.51	-4.33
国有相对控股	94.23	96.31	-2.08	72.11	71.20	0.91
集体控股小计	88.79	103.12	-14.33	64.06	71.81	-7.75
集体绝对控股	88.66	103.23	-14.57	64.12	72.03	-7.91
集体相对控股	100.71	96.16	4.55	57.96	58.10	-0.14
其他	95.92	106.31	-10.39	62.21	66.51	-4.30
按主营行业分						
农、林、牧、渔业	107.37	0.00	107.37	84.66	-16.73	101.39
工业小计	95.21	100.40	-5.19	67.86	69.95	-2.09
采矿业	108.71	107.53	1.18	84.00	79.83	4.17
制造业	92.78	102.75	-9.97	61.07	66.12	-5.05
电力、燃气及水的生产和供应业	91.77	80.61	11.16	90.06	78.61	11.45
建筑业	152.97	603.46	-450.49	142.90	578.64	-435.74
交通运输、仓储和邮政业	108.18	79.58	28.60	97.38	75.17	22.21
信息传输、计算机服务和软件业	47.90	67.15	-19.25	47.32	63.67	-16.35
批发和零售业	80.06	84.00	-3.94	57.79	59.92	-2.13
住宿和餐饮业	91.14	90.99	0.15	87.00	85.76	1.24
金融业	101.24	124.69	-23.45	84.10	104.85	-20.75
房地产业	129.31	126.53	2.78	43.07	41.08	1.99
租赁和商务服务业	97.64	95.14	2.50	87.44	84.54	2.90
科学研究、技术服务和地质勘查业	130.14	116.70	13.44	113.52	107.19	6.33
按登记注册类型分						
国有企业	112.17	109.11	3.06	68.47	67.17	1.30
公司制企业小计	91.55	101.58	-10.03	67.44	73.71	-6.27
国有独资企业	79.89	96.32	-16.43	57.48	71.19	-13.71
其他有限责任公司	88.27	98.23	-9.96	62.25	66.65	-4.40
股份有限公司	103.14	109.27	-6.13	81.03	84.91	-3.88
中外合资企业	178.55	175.88	2.67	138.62	142.29	-3.67
港澳台合资企业	106.69	88.16	18.53	96.56	79.04	17.52
按企业规模分						
大型	96.15	105.90	-9.75	62.83	68.49	-5.66
中型	103.65	102.28	1.37	80.85	78.09	2.76
小型	52.84	61.47	-8.63	35.76	39.53	-3.77
其他	95.86	112.80	-16.94	81.97	96.38	-14.41
按三次产业分						
第一产业	107.37	0.00	107.37	84.66	-16.73	101.39
第二产业	96.31	104.24	-7.93	69.29	73.83	-4.54
第三产业	102.02	104.03	-2.01	58.63	63.53	-4.90
按重点企业类型分						
中央企业	91.30	101.02	-9.72	58.70	67.57	-8.87
520户国家重点企业	84.56	99.71	-15.15	56.41	68.36	-11.95
原512户国家重点企业	93.59	104.47	-10.88	67.56	69.63	-2.07
省级重点企业	97.25	104.28	-7.03	67.26	71.75	-4.49
现企国家百户试点企业	167.38	163.30	4.08	132.71	130.54	2.17
现企省级试点企业	82.95	88.35	-5.40	57.94	59.35	-1.41
国家试点企业集团母公司	90.47	100.59	-10.12	57.53	66.50	-8.97

续表

指　　标	新产品销售收入与销售收入比率			研究开发费用与营业收入比率		
	2003年	2002年	增减幅度	2003年	2002年	增减幅度
总　计	**8.54**	**8.04**	**0.50**	**1.14**	**1.22**	**-0.08**
按控股情况分						
国有及国有控股小计	8.23	7.40	0.83	1.25	1.31	-0.06
国有绝对控股	8.29	7.48	0.81	1.25	1.32	-0.07
国有相对控股	7.40	6.38	1.02	1.27	1.25	0.02
集体控股小计				0.10	0.13	-0.03
集体绝对控股				0.10	0.13	-0.03
集体相对控股						
其他	14.13	14.89	-0.76	0.80	0.90	-0.10
按主营行业分						
农、林、牧、渔业				0.39		0.39
工业小计	9.69	9.17	0.52	1.27	1.39	-0.12
采矿业	0.65	2.50	-1.85	0.52	0.64	-0.12
制造业	14.84	13.53	1.31	1.79	1.95	-0.16
电力、燃气及水的生产和供应业						
建筑业						
交通运输、仓储和邮政业						
信息传输、计算机服务和软件业	4.71	9.98	-5.27	0.86	1.08	-0.22
批发和零售业				0.18	0.13	0.05
住宿和餐饮业						
金融业						
房地产业	0.03	1.78	-1.75	0.18	0.23	-0.05
租赁和商务服务业						
科学研究、技术服务和地质勘查业				0.87	0.84	0.03
按登记注册类型分						
国有企业	6.84	7.02	-0.18	1.47	1.16	0.31
公司制企业小计	9.09	8.40	0.69	1.04	1.25	-0.21
国有独资企业	8.45	8.03	0.42	0.64	0.84	-0.20
其他有限责任公司	11.61	9.96	1.65	1.45	1.79	-0.34
股份有限公司	2.92	3.08	-0.16	0.69	0.82	-0.13
中外合资企业	44.29	45.42	-1.13	1.79	1.50	0.29
港澳台合资企业	9.24	8.46	0.78	0.69	0.65	0.04
按企业规模分						
大型	7.01	6.53	0.48	1.25	1.30	-0.05
中型	12.77	12.10	0.67	0.87	1.08	-0.21
小型	23.66	19.97	3.69	1.64	0.99	0.65
其他						
按三次产业分						
第一产业				0.39		0.39
第二产业	9.59	9.08	0.51	1.26	1.37	-0.11
第三产业	0.08	0.55	-0.47	0.17	0.15	0.02
按重点企业类型分						
中央企业	20.70	20.61	0.09	0.64	1.62	-0.98
520户国家重点企业	21.01	19.53	1.48	0.76	1.32	-0.56
原512户国家重点企业	18.32	22.18	-3.86	0.88	1.28	-0.40
省级重点企业	8.37	7.43	0.94	1.19	1.25	-0.06
现企国家百户试点企业	22.94	16.15	6.79	2.85	3.30	-0.45
现企省级试点企业	26.06	21.87	4.19	1.38	1.90	-0.52
国家试点企业集团母公司	21.30	21.55	-0.25	0.64	1.65	-1.01

续表

指　　标	研究开发费用与主营业务收入比率			资本保值增值率
	2003年	2002年	增减幅度	2003年
总　　计	**1.16**	**1.25**	**-0.09**	**116.28**
按控股情况分				
国有及国有控股小计	1.28	1.35	-0.07	115.61
国有绝对控股	1.28	1.35	-0.07	118.14
国有相对控股	1.33	1.30	0.03	87.08
集体控股小计	0.10	0.13	-0.03	114.08
集体绝对控股	0.10	0.13	-0.03	114.14
集体相对控股				111.67
其他	0.80	0.91	-0.11	120.91
按主营行业分				
农、林、牧、渔业	0.39		0.39	102.79
工业小计	1.30	1.42	-0.12	117.65
采矿业	0.55	0.69	-0.14	137.37
制造业	1.81	1.97	-0.16	112.25
电力、燃气及水的生产和供应业				101.54
建筑业				105.75
交通运输、仓储和邮政业				276.30
信息传输、计算机服务和软件业	0.89	1.27	-0.38	108.66
批发和零售业	0.18	0.13	0.05	96.35
住宿和餐饮业				103.20
金融业				98.22
房地产业	0.18	0.23	-0.05	133.63
租赁和商务服务业				104.02
科学研究、技术服务和地质勘查业	0.89	0.85	0.04	117.57
按登记注册类型分				
国有企业	1.52	1.21	0.31	121.62
公司制企业小计	1.05	1.27	-0.22	114.91
国有独资企业	0.64	0.84	-0.20	115.33
其他有限责任公司	1.46	1.80	-0.34	110.32
股份有限公司	0.72	0.85	-0.13	120.65
中外合资企业	1.79	1.51	0.28	137.03
港澳台合资企业	0.69	0.65	0.04	100.40
按企业规模分				
大型	1.27	1.34	-0.07	124.32
中型	0.88	1.10	-0.22	101.43
小型	1.70	1.02	0.68	484.08
其他				102.21
按三次产业分				
第一产业	0.39		0.39	102.79
第二产业	1.29	1.41	-0.12	117.08
第三产业	0.17	0.15	0.02	108.62
按重点企业类型分				
中央企业	0.70	1.63	-0.93	103.40
520户国家重点企业	0.83	1.36	-0.53	103.19
原512户国家重点企业	0.91	1.38	-0.47	111.16
省级重点企业	1.22	1.28	-0.06	116.77
现企国家百户试点企业	2.86	3.30	-0.44	97.67
现企省级试点企业	1.41	1.92	-0.51	93.20
国家试点企业集团母公司	0.69	1.67	-0.98	102.72

陕西省建立现代企业制度重点监测企业分行业注册资本情况

（2003 年）

单位:万元

指标	企业单位数(个)		资本合计		国家资本	
	单位数	比重(%)	资本额	比重(%)	资本额	比重(%)
总计	**150**	**100.0**	**4503811**	**100.0**	**2434197**	**54.0**
农业	1	0.7	12882	0.3		
煤炭开采和洗选业	3	2.0	222680	4.9	222680	100.0
石油和天然气开采业	2	1.3	262264	5.8	262264	100.0
有色金属矿采选业	1	0.7	64000	1.4	64000	100.0
农副食品加工业	2	1.3	14100	0.3	4320	30.6
食品制造业	3	2.0	13930	0.3		
饮料制造业	4	2.7	51102	1.1		
烟草制品业	2	1.3	59308	1.3	59308	100.0
纺织业	9	6.0	136704	3.0	39995	29.3
皮革、毛皮、羽毛(绒)及其制品业	1	0.7	6560	0.1		
印刷业和记录媒介的复制业	2	1.3	59766	1.3	36066	60.3
石油加工、炼焦及核燃料加工业	4	2.7	46569	1.0	43706	93.9
化学原料及化学制品制造业	11	7.3	179993	4.0	141579	78.7
医药制造业	6	4.0	219221	4.9	14820	6.8
非金属矿物制品业	3	2.0	43405	1.0	435	1.0
黑色金属冶炼及压延加工业	4	2.7	163446	3.6	14929	9.1
有色金属冶炼及压延加工业	4	2.7	61701	1.4	45286	73.4
金属制品业	2	1.3	11961	0.3	9381	78.4
通用设备制造业	6	4.0	83902	1.9	54661	65.1
专用设备制造业	14	9.3	218943	4.9	97563	44.6
交通运输设备制造业	12	8.0	739135	16.4	153036	20.7
电气机械及器材制造业	8	5.3	222875	4.9	170997	76.7
通信设备、计算机及其他电子设备制造业	10	6.7	327023	7.3	248991	76.1
仪器仪表及文化、办公用机械制造业	3	2.0	21037	0.5	20404	97.0
工艺品及其他制造业	1	0.7	28664	0.6		
电力、热力的生产和供应业	7	4.7	652410	14.5	297712	45.6
水的生产和供应业	1	0.7	41194	0.9	41194	100.0
房屋和土木工程建筑业	2	1.3	106743	2.4	106743	100.0
管道运输业	1	0.7	22000	0.5	20900	95.0
电信和其他信息传输服务业	1	0.7	12242	0.3		
计算机服务业	1	0.7	8733	0.2	1405	16.1
批发业	9	6.0	87368	1.9	37948	43.4
零售业	3	2.0	49273	1.1	9596	19.5
住宿业	1	0.7	16760	0.4	6356	37.9
餐饮业	1	0.7	17162	0.4	5250	30.6
金融活动业	1	0.7	31419	0.7	16036	51.0
房地产业	1	0.7	150000	3.3	150000	100.0
商务服务业	2	1.3	31650	0.7	30950	97.8
专业技术服务业	1	0.7	5686	0.1	5686	100.0

续表

指　标	集体资本		法人资本		个人资本		外商资本	
	资本额	比重(%)	资本额	比重(%)	资本额	比重(%)	资本额	比重(%)
总　计	**63215**	**1.4**	**1537254**	**34.1**	**319617**	**7.1**	**149528**	**3.3**
农业			8082	62.7	4800	37.3		
煤炭开采和洗选业								
石油和天然气开采业								
有色金属矿采选业								
农副食品加工业			6982	49.5	2798	19.8		
食品制造业	4348	31.2	4180	30.0	5260	37.8	142	1.0
饮料制造业			45852	89.7	5250	10.3		
烟草制品业								
纺织业	6430	4.7	88229	64.5	2050	1.5		
皮革、毛皮、羽毛(绒)及其制品业			3214	49.0			3346	51.0
印刷业和记录媒介的复制业			12676	21.2	11024	18.4		
石油加工、炼焦及核燃料加工业	728	1.6	791	1.7	1344	2.9		
化学原料及化学制品制造业	633	0.4	29664	16.5	8117	4.5		
医药制造业	2470	1.1	38012	17.3	112035	51.1	51884	23.7
非金属矿物制品业			28970	66.7	14000	32.3		
黑色金属冶炼及压延加工业	11588	7.1	123166	75.4	13763	8.4		
有色金属冶炼及压延加工业	500	0.8	15915	25.8				
金属制品业			2197	18.4	383	3.2		
通用设备制造业			29241	34.9				
专用设备制造业			112263	51.3	9117	4.2		
交通运输设备制造业	832	0.1	578970	78.3	6297	0.9		
电气机械及器材制造业	1263	0.6	25735	11.5	24880	11.2		
通信设备、计算机及其他电子设备制造业			68836	21.0	6840	2.1	2356	0.7
仪器仪表及文化、办公用机械制造业			349	1.7	284	1.4		
工艺品及其他制造业	28664	100.0						
电力、热力的生产和供应业			258037	39.6	4861	0.7	91800	14.1
水的生产和供应业								
房屋和土木工程建筑业								
管道运输业			1100	5.0				
电信和其他信息传输服务业			7144	58.4	5098	41.6		
计算机服务业			3578	41.0	3750	42.9		
批发业	5759	6.6	20126	23.0	23535	26.9		
零售业			10387	21.1	29290	59.4		
住宿业			5100	30.4	5304	31.6		
餐饮业			5711	33.3	6201	36.1		
金融活动业			2747	8.7	12636	40.2		
房地产业								
商务服务业					700	2.2		
专业技术服务业								

陕西省建立现代企业制度重点监测企业分行业主要财务指标

单位:万元

指标	资产总计			固定资产原价		
	2003年	2002年	增减幅度(%)	2003年	2002年	增减幅度(%)
总计	**28964458**	**25068290**	**15.5**	**18680781**	**16874236**	**10.7**
农业	110561	95063	16.3	34550	14865	132.4
煤炭开采和洗选业	1992542	1506906	32.2	1748646	1456076	20.1
石油和天然气开采业	4562847	3633286	25.6	4452717	3729660	19.4
有色金属矿采选业	236172	222751	6.0	142935	142892	
农副食品加工业	68403	55350	23.6	28992	28099	3.2
食品制造业	44204	38610	14.5	14321	12951	10.6
饮料制造业	212656	161041	32.1	107676	78903	36.5
烟草制品业	382761	335990	13.9	147711	132582	11.4
纺织业	473702	483644	-2.1	377204	359948	4.8
皮革、毛皮、羽毛(绒)及其制品业	22413	23136	-3.1	12115	12121	
印刷业和记录媒介的复制业	155727	141957	9.7	85949	76799	11.9
石油加工、炼焦及核燃料加工业	1378500	1021285	35.0	1509793	1176164	28.4
化学原料及化学制品制造业	815994	774393	5.4	695062	670948	3.6
医药制造业	1557202	1170606	33.0	451670	489542	-7.7
非金属矿物制品业	178213	152598	16.8	137676	129373	6.4
黑色金属冶炼及压延加工业	617674	440218	40.3	259459	240990	7.7
有色金属冶炼及压延加工业	443702	407035	9.0	265413	216674	22.5
金属制品业	36537	38069	-4.0	23352	23000	1.5
通用设备制造业	472025	366118	28.9	171269	164429	4.2
专用设备制造业	906966	863718	5.0	524494	515804	1.7
交通运输设备制造业	2986414	2387540	25.1	916383	835898	9.6
电气机械及器材制造业	1040713	1009305	3.1	474984	456890	4.0
通信设备、计算机及其他电子设备制造业	1680905	1583309	6.2	851337	836760	1.7
仪器仪表及文化、办公用机械制造业	99634	95054	4.8	54086	51386	5.3
工艺品及其他制造业	224734	237509	-5.4	58477	55961	4.5
电力、热力的生产和供应业	3730310	3783150	-1.4	3612086	3371803	7.1
水的生产和供应业	147824	136617	8.2	147308	139994	5.2
房屋和土木工程建筑业	1323650	1254040	5.6	620430	741740	-16.4
管道运输业	143780	110949	29.6	109048	105304	3.6
电信和其他信息传输服务业	31385	25069	25.2	21400	11014	94.3
计算机服务业	59346	49070	20.9	4119	4061	1.4
批发业	751832	704234	6.8	176064	163286	7.8
零售业	289927	271205	6.9	160580	155915	3.0
住宿业	43231	47131	-8.3	25207	26542	-5.0
餐饮业	88472	70308	25.8	24839	24618	0.9
金融活动业	218561	263469	-17.0	2045	2860	-28.5
房地产业	1082219	816148	32.6	69488	93848	-26.0
商务服务业	328075	270037	21.5	154598	117578	31.5
专业技术服务业	24645	22372	10.2	7298	6958	4.9

续表

指 标	累计折旧			本年折旧		
	2003 年	2002 年	增减幅度(%)	2003 年	2002 年	增减幅度(%)
总 计	**6127598**	**5203615**	**17.8**	**1022809**	**957987**	**6.8**
农业	3066	2004	53.0	1745		
煤炭开采和洗选业	401349	298448	34.5	125013	71966	73.7
石油和天然气开采业	1320723	1072992	23.1	324040	271915	19.2
有色金属矿采选业	61613	61869	-0.4	5341	4136	29.1
农副食品加工业	5183	3823	35.6	1360	798	70.4
食品制造业	4050	3070	31.9	980	921	6.4
饮料制造业	30981	25838	19.9	5144	4031	27.6
烟草制品业	79192	68830	15.1	10360	8475	22.2
纺织业	156090	144551	8.0	9488	10725	-11.5
皮革、毛皮、羽毛(绒)及其制品业	7890	7130	10.7	760	740	2.7
印刷业和记录媒介的复制业	40039	35042	14.3	5809	4392	32.3
石油加工、炼焦及核燃料加工业	641454	462099	38.8	182621	120281	51.8
化学原料及化学制品制造业	183032	155573	17.7	31595	27583	14.5
医药制造业	80910	61942	30.6	13193	12035	9.6
非金属矿物制品业	50342	43713	15.2	6693	7364	-9.1
黑色金属冶炼及压延加工业	83624	72007	16.1	5521	11307	-51.2
有色金属冶炼及压延加工业	118568	108042	9.7	11237	8725	28.8
金属制品业	13255	12281	7.9	972	1077	-9.7
通用设备制造业	74571	71946	3.6	7050	5532	27.4
专用设备制造业	169999	191477	-11.2	14403	15594	-7.6
交通运输设备制造业	363109	336794	7.8	49708	41018	21.2
电气机械及器材制造业	200113	193038	3.7	15930	30964	-48.6
通信设备、计算机及其他电子设备制造业	374611	352937	6.1	22458	23782	-5.6
仪器仪表及文化、办公用机械制造业	21329	19397	10.0	2753	1222	125.3
工艺品及其他制造业	10235	8129	25.9	2106	1239	70.0
电力、热力的生产和供应业	1224818	1026705	19.3	106661	102460	4.1
水的生产和供应业	72596	63259	14.8	9337	8869	5.3
房屋和土木工程建筑业	148161	139523	6.2	12541	129274	-90.3
管道运输业	36860	29100	26.7	7760	5467	41.9
电信和其他信息传输服务业	5327	2780	91.6	2547	759	235.6
计算机服务业	965	773	24.8	192	150	28.0
批发业	40421	32480	24.4	7933	5091	55.8
零售业	26623	22848	16.5	7570	6294	20.3
住宿业	7179	7621	-5.8	951	1154	-17.6
餐饮业	7550	6583	14.7	967	1041	-7.1
金融活动业	1272	1181	7.7	91	1158	-92.1
房地产业	15184	15500	-2.0	4747	6005	-20.9
商务服务业	42886	40036	7.1	5023	4225	18.9
专业技术服务业	2428	2254	7.7	209	218	-4.1

续表

指　　标	无形资产			累计对外投资		
	2003年	2002年	增减幅度(%)	2003年	2002年	增减幅度(%)
总　　计	**1023387**	**834137**	**22.7**	**1025766**	**846150**	**21.2**
农业	15123	14384	5.1	5179	3304	56.7
煤炭开采和洗选业	40820	7951	413.4	3162	2042	54.8
石油和天然气开采业	19905	20061	-0.8	35489	15573	127.9
有色金属矿采选业	311	508	-38.8	5577	6193	-9.9
农副食品加工业	8483	5482	54.7	660	600	10.0
食品制造业	2697	2826	-4.6	3258	2757	18.2
饮料制造业	8936	7851	13.8	6814	5153	32.2
烟草制品业				4763	3590	32.7
纺织业	27305	26447	3.2	906	3443	-73.7
皮革、毛皮、羽毛(绒)及其制品业						
印刷业和记录媒介的复制业	4014	1521	163.9	40066	26459	51.4
石油加工、炼焦及核燃料加工业	755	803	-6.0	10715	8556	25.2
化学原料及化学制品制造业	31463	29719	5.9	27573	17483	57.7
医药制造业	308443	187214	64.8	170551	158825	7.4
非金属矿物制品业	15015	8556	75.5	6732	7854	-14.3
黑色金属冶炼及压延加工业	25596	19466	31.5	6742	11843	-43.1
有色金属冶炼及压延加工业	9149	9047	1.1	19203	20269	-5.3
金属制品业	2232	2232				
通用设备制造业	5079	6591	-22.9	14175	13240	7.1
专用设备制造业	12801	9777	30.9	32692	18620	75.6
交通运输设备制造业	155102	153693	0.9	191603	169575	13.0
电气机械及器材制造业	122697	125314	-2.1	64784	61473	5.4
通信设备、计算机及其他电子设备制造业	63417	73260	-13.4	37465	30127	24.4
仪器仪表及文化、办公用机械制造业	698	423	65.0	9665	9681	-0.2
工艺品及其他制造业	11244	12021	-6.5			
电力、热力的生产和供应业	37135	36595	1.5	37853	39098	-3.2
水的生产和供应业						
房屋和土木工程建筑业	4					
管道运输业	2889	2864	0.9			
电信和其他信息传输服务业	4873	4870	0.1	3200	350	814.3
计算机服务业	236	241	-2.1	31429	3699	749.7
批发业	48510	25897	87.3	84630	44499	90.2
零售业	17559	20329	-13.6	33990	22535	50.8
住宿业				986	4588	-78.5
餐饮业	1866	2051	-9.0			
金融活动业	75			36332	38218	-4.9
房地产业	586	9115	-93.6	67204	40677	65.2
商务服务业	17337	6254	177.2	31861	51922	-38.6
专业技术服务业	1032	774	33.3	507	3904	-87.0

续表

指　标	本年对外投资			长期投资		
	2003年	2002年	增减幅度(%)	2003年	2002年	增减幅度(%)
总　计	**260536**	**154905**	**68.2**	**1276435**	**1175729**	**8.6**
农业	1875			1875		
煤炭开采和洗选业	1120	672	66.7	9967	43709	-77.2
石油和天然气开采业	19916	23	86491.3	36167	16725	116.2
有色金属矿采选业				5577	6193	-9.9
农副食品加工业	60			660	600	10.0
食品制造业	501	450	11.3	3258	2757	18.2
饮料制造业	1661	1320	25.8	6816	5153	32.3
烟草制品业	1216			4779	3589	33.2
纺织业	35			9078	10915	-16.8
皮革、毛皮、羽毛(绒)及其制品业						
印刷业和记录媒介的复制业	13607	16330	-16.7	39684	26459	50.0
石油加工、炼焦及核燃料加工业	2159	2393	-9.8	1010	12	8316.7
化学原料及化学制品制造业	10090	1307	672.0	51507	25405	102.7
医药制造业	11647	4557	155.6	89588	61531	45.6
非金属矿物制品业		2995		7070	7854	-10.0
黑色金属冶炼及压延加工业		5505		18996	15580	21.9
有色金属冶炼及压延加工业	60			3912	4474	-12.6
金属制品业				189	226	-16.4
通用设备制造业	1411	936	50.7	17550	17889	-1.9
专用设备制造业	23268	871	2571.4	30695	24825	23.6
交通运输设备制造业	22515	12808	75.8	245752	228063	7.8
电气机械及器材制造业	19474	22455	-13.3	23430	25429	-7.9
通信设备、计算机及其他电子设备制造业	9231	3981	131.9	117626	101309	16.1
仪器仪表及文化、办公用机械制造业				624	604	3.3
工艺品及其他制造业				8	7500	-99.9
电力、热力的生产和供应业	34300	34245	0.2	200175	242065	-17.3
水的生产和供应业				23163	16520	40.2
房屋和土木工程建筑业				30291	32360	-6.4
管道运输业						
电信和其他信息传输服务业	3200	350	814.3	3200	350	814.3
计算机服务业	15159			31448	24232	29.8
批发业	40362	13326	202.9	103218	65721	57.1
零售业	20495	9114	124.9	28753	13493	113.1
住宿业		979		986	4489	-78.0
餐饮业				8433	4977	69.4
金融活动业	100	19950	-99.5	36332	38218	-4.9
房地产业	6979			47656	40677	17.2
商务服务业				31861	51922	-38.6
专业技术服务业	95	338	-71.9	5101	3904	30.7

续表

指标	短期投资			存货		
	2003年	2002年	增减幅度(%)	2003年	2002年	增减幅度(%)
总计	**176440**	**157692**	**11.9**	**3263159**	**2881537**	**13.2**
农业	500	500		11337	6172	83.7
煤炭开采和洗选业				178070	130008	37.0
石油和天然气开采业				156068	149611	4.3
有色金属矿采选业	36488	6300	479.2	25989	35928	-27.7
农副食品加工业	12	10	20.0	19437	12513	55.3
食品制造业				6966	6154	13.2
饮料制造业				50007	29892	67.3
烟草制品业				158791	136232	16.6
纺织业				73892	75284	-1.8
皮革、毛皮、羽毛(绒)及其制品业				15327	15276	0.3
印刷业和记录媒介的复制业				13196	9219	43.1
石油加工、炼焦及核燃料加工业				103802	83476	24.3
化学原料及化学制品制造业	3465	555	524.3	42015	38173	10.1
医药制造业	23040	20000	15.2	189322	227996	-17.0
非金属矿物制品业	187	117	59.8	22950	18859	21.7
黑色金属冶炼及压延加工业	30	5505	-99.5	73522	55914	31.5
有色金属冶炼及压延加工业	15770	16602	-5.0	86893	81815	6.2
金属制品业				8560	8726	-1.9
通用设备制造业	10	8	25.0	77654	76855	1.0
专用设备制造业	22649	8276	173.7	151192	135883	11.3
交通运输设备制造业	1405	2005	-29.9	577789	532431	8.5
电气机械及器材制造业	35985	30077	19.6	207006	187503	10.4
通信设备、计算机及其他电子设备制造业	7258	1561	365.0	209898	170235	23.3
仪器仪表及文化、办公用机械制造业				17967	16730	7.4
工艺品及其他制造业				16013	18385	-12.9
电力、热力的生产和供应业	12			15665	18901	-17.1
水的生产和供应业				1155	1812	-36.3
房屋和土木工程建筑业				17836	14238	25.3
管道运输业				3014	1068	182.2
电信和其他信息传输服务业				180	106	69.8
计算机服务业	1	111	-99.1	120	1301	-90.8
批发业	261	178	46.6	102388	93382	9.6
零售业	5237	9042	-42.1	36963	40113	-7.9
住宿业		99		886	907	-2.3
餐饮业	155	192	-19.3	1348	1771	-23.9
金融活动业	23757	55719	-57.4	30484	40308	-24.4
房地产业	184	734	-74.9	546223	396510	37.8
商务服务业	34	101	-66.3	11578	10910	6.1
专业技术服务业				1656	940	76.2

续表

指　标	流动资产年平均余额			应收账款		
	2003 年	2002 年	增减幅度(%)	2003 年	2002 年	增减幅度(%)
总　计	**10752177**	**9351679**	**15.0**	**2101677**	**1912337**	**9.9**
农业	53611			11027	2802	293.5
煤炭开采和洗选业	379918	273286	39.0	71342	71150	0.3
石油和天然气开采业	1091945	846191	29.0	213513	149373	42.9
有色金属矿采选业	112508	105455	6.7	10802	18648	-42.1
农副食品加工业	27400	23390	17.1	2677	3334	-19.7
食品制造业	24036	18181	32.2	3638	3166	14.9
饮料制造业	91869	68241	34.6	15953	11489	38.9
烟草制品业	299938	243644	23.1	77654	69780	11.3
纺织业	176837	185167	-4.5	24413	28513	-14.4
皮革、毛皮、羽毛(绒)及其制品业	18520	18245	1.5	1537	2396	-35.9
印刷业和记录媒介的复制业	71548	72780	-1.7	5050	7882	-35.9
石油加工、炼焦及核燃料加工业	320223	233532	37.1	47011	67825	-30.7
化学原料及化学制品制造业	191619	145927	31.3	33978	32852	3.4
医药制造业	443154	481525	-8.0	147248	82882	77.7
非金属矿物制品业	56533	49003	15.4	19168	16281	17.7
黑色金属冶炼及压延加工业	262934	168163	56.4	42739	31199	37.0
有色金属冶炼及压延加工业	211041	205748	2.6	25100	29221	-14.1
金属制品业	18845	16935	11.3	5529	5692	-2.9
通用设备制造业	279705	195267	43.2	46796	41694	12.2
专用设备制造业	452918	448208	1.1	112888	130805	-13.7
交通运输设备制造业	1514939	1237414	22.4	485249	338659	43.3
电气机械及器材制造业	558288	534557	4.4	152387	136616	11.5
通信设备、计算机及其他电子设备制造业	998406	906082	10.2	197495	235855	-16.3
仪器仪表及文化、办公用机械制造业	49417	47550	3.9	19503	16911	15.3
工艺品及其他制造业	141785	136411	3.9	14611	20662	-29.3
电力、热力的生产和供应业	879937	812664	8.3	159018	171932	-7.5
水的生产和供应业	25806	23185	11.3	6087	6441	-5.5
房屋和土木工程建筑业	270838	346258	-21.8	17094	16320	4.7
管道运输业	30203	19289	56.6	5478	6622	-17.3
电信和其他信息传输服务业	685	1211	-43.4	946	118	701.7
计算机服务业	23781	25918	-8.2	2059	1448	42.2
批发业	404159	373233	8.3	77810	88158	-11.7
零售业	96793	92467	4.7	2995	2840	5.5
住宿业	20292	20799	-2.4	673	728	-7.6
餐饮业	28892	25735	12.3	170	275	-38.2
金融活动业	180014	253411	-29.0	1816	1762	3.1
房地产业	819012	587150	39.5	25742	42100	-38.9
商务服务业	110860	97920	13.2	12671	15991	-20.8
专业技术服务业	12968	11537	12.4	1810	1915	-5.5

续表

指　标	负债合计			流动负债		
	2003年	2002年	增减幅度(%)	2003年	2002年	增减幅度(%)
总　计	**17798157**	**15465077**	**15.1**	**11057987**	**9011342**	**22.7**
农业	56886	42847	32.8	49931	36886	35.4
煤炭开采和洗选业	1337838	1072934	24.7	335800	269349	24.7
石油和天然气开采业	2049933	1771545	15.7	1059445	813302	30.3
有色金属矿采选业	85822	103150	-16.8	62174	56535	10.0
农副食品加工业	40027	30542	31.1	19404	14482	34.0
食品制造业	22556	18347	22.9	17448	14033	24.3
饮料制造业	134771	93819	43.7	110173	77952	41.3
烟草制品业	220019	199093	10.5	211519	190593	11.0
纺织业	283861	285371	-0.5	189134	183922	2.8
皮革、毛皮、羽毛(绒)及其制品业	15782	16281	-3.1	15782	16281	-3.1
印刷业和记录媒介的复制业	45644	51602	-11.5	35088	42184	-16.8
石油加工、炼焦及核燃料加工业	897684	717177	25.2	767340	544635	40.9
化学原料及化学制品制造业	703087	672951	4.5	210451	176725	19.1
医药制造业	647082	497061	30.2	475198	391370	21.4
非金属矿物制品业	96439	81679	18.1	75907	65107	16.6
黑色金属冶炼及压延加工业	459720	295947	55.3	355097	206840	71.7
有色金属冶炼及压延加工业	305567	248560	22.9	195639	157228	24.4
金属制品业	24525	25196	-2.7	19940	20362	-2.1
通用设备制造业	318316	220906	44.1	289089	190289	51.9
专用设备制造业	545653	515520	5.8	410771	386749	6.2
交通运输设备制造业	2074342	1560011	33.0	1660576	1157815	43.4
电气机械及器材制造业	843719	726543	16.1	716097	607864	17.8
通信设备、计算机及其他电子设备制造业	974575	933315	4.4	744769	683763	8.9
仪器仪表及文化、办公用机械制造业	81991	75759	8.2	70868	61203	15.8
工艺品及其他制造业	103073	101465	1.6	102900	101269	1.6
电力、热力的生产和供应业	2309033	2382515	-3.1	965559	1017882	-5.1
水的生产和供应业	70597	61464	14.9	21457	19081	12.5
房屋和土木工程建筑业	880333	834842	5.4	177054	57379	208.6
管道运输业	127912	105206	21.6	27920	24239	15.2
电信和其他信息传输服务业	12802	6379	100.7	12802	6379	100.7
计算机服务业	41270	34022	21.3	38270	34022	12.5
批发业	584837	517286	13.1	534529	474308	12.7
零售业	112240	100421	11.8	91200	80090	13.9
住宿业	5781	9805	-41.0	5781	9805	-41.0
餐饮业	59574	43343	37.4	48182	41336	16.6
金融活动业	177857	222027	-19.9	177808	203239	-12.5
房地产业	833847	630278	32.3	633376	464033	36.5
商务服务业	203197	149982	35.5	113544	102925	10.3
专业技术服务业	9965	9886	0.8	9965	9886	0.8

续表

指　　标	股东(所有者)权益合计			股本(实收资本)		
	2003年	2002年	增减幅度(%)	2003年	2002年	增减幅度(%)
总　　计	**11166301**	**9603213**	**16.3**	**4977983**	**4595261**	**8.3**
农业	53675	52216	2.8	12882	12882	
煤炭开采和洗选业	654704	433972	50.9	408003	205271	98.8
石油和天然气开采业	2512914	1861741	35.0	128597	83768	53.5
有色金属矿采选业	150350	119601	25.7	32745	31568	3.7
农副食品加工业	28376	24808	14.4	14100	14100	
食品制造业	21648	20263	6.8	13930	13930	
饮料制造业	77885	67222	15.9	51102	45902	11.3
烟草制品业	162742	136897	18.9	88134	75098	17.4
纺织业	189841	198273	-4.3	129688	131295	-1.2
皮革、毛皮、羽毛(绒)及其制品业	6631	6855	-3.3	6560	6560	
印刷业和记录媒介的复制业	110083	90355	21.8	59766	53814	11.1
石油加工、炼焦及核燃料加工业	480816	304108	58.1	145816	141653	2.9
化学原料及化学制品制造业	112907	101442	11.3	189068	186870	1.2
医药制造业	910120	673545	35.1	222222	222222	
非金属矿物制品业	81774	70919	15.3	43405	43405	
黑色金属冶炼及压延加工业	157954	144271	9.5	123456	108777	13.5
有色金属冶炼及压延加工业	138135	158475	-12.8	68045	68045	
金属制品业	12012	12873	-6.7	11961	11961	
通用设备制造业	153709	145212	5.9	100837	104415	-3.4
专用设备制造业	361313	348198	3.8	212416	212546	-0.1
交通运输设备制造业	912072	827529	10.2	746902	676120	10.5
电气机械及器材制造业	196994	282762	-30.3	229842	227314	1.1
通信设备、计算机及其他电子设备制造业	706330	649994	8.7	300086	289315	3.7
仪器仪表及文化、办公用机械制造业	17643	19295	-8.6	20464	20342	0.6
工艺品及其他制造业	121661	136044	-10.6	28664	28664	
电力、热力的生产和供应业	1421277	1400635	1.5	957105	957105	
水的生产和供应业	77227	75153	2.8	41194	41194	
房屋和土木工程建筑业	443317	419198	5.8	106743	106743	
管道运输业	15868	5743	176.3	25810	24810	4.0
电信和其他信息传输服务业	18583	18690	-0.6	12242	11129	10.0
计算机服务业	18076	15048	20.1	8733	8733	
批发业	166995	186948	-10.7	93078	91043	2.2
零售业	177687	170784	4.0	49273	49273	
住宿业	37450	37326	0.3	16760	16760	
餐饮业	28898	26965	7.2	17162	11442	50.0
金融活动业	40704	41442	-1.8	31419	31419	
房地产业	248372	185870	33.6	150000	150000	
商务服务业	124878	120055	4.0	74087	74087	
专业技术服务业	14680	12486	17.6	5686	5686	

续表

指　标	营业收入			主营业务收入		
	2003年	2002年	增减幅度(%)	2003年	2002年	增减幅度(%)
总　计	**14618506**	**11561218**	**26.4**	**14334872**	**11298615**	**26.9**
农业	47121	34406	37.0	46531	34297	35.7
煤炭开采和洗选业	703286	531872	32.2	652772	478843	36.3
石油和天然气开采业	2256823	1796580	25.6	2149114	1668642	28.8
有色金属矿采选业	136657	106081	28.8	136657	106081	28.8
农副食品加工业	129721	97841	32.6	129542	97151	33.3
食品制造业	46637	40889	14.1	46635	40888	14.1
饮料制造业	177217	126355	40.3	175956	126355	39.3
烟草制品业	308517	271976	13.4	308500	270687	14.0
纺织业	230611	213531	8.0	229142	211970	8.1
皮革、毛皮、羽毛(绒)及其制品业	8300	9442	-12.1	8074	8997	-10.3
印刷业和记录媒介的复制业	82471	83795	-1.6	82382	83337	-1.1
石油加工、炼焦及核燃料加工业	1553025	1051354	47.7	1551681	1048895	47.9
化学原料及化学制品制造业	278432	240457	15.8	273913	233418	17.3
医药制造业	876389	627635	39.6	875104	625563	39.9
非金属矿物制品业	62437	58509	6.7	62069	58113	6.8
黑色金属冶炼及压延加工业	429477	210655	103.9	415486	202454	105.2
有色金属冶炼及压延加工业	208629	162269	28.6	205126	158652	29.3
金属制品业	9753	10478	-6.9	9497	10266	-7.5
通用设备制造业	250707	148464	68.9	245197	148061	65.6
专用设备制造业	486536	386851	25.8	480274	382698	25.5
交通运输设备制造业	1479399	1109629	33.3	1462592	1097670	33.2
电气机械及器材制造业	512953	377206	36.0	475907	372482	27.8
通信设备、计算机及其他电子设备制造业	1076699	1076259	0.0	1055335	1057203	-0.2
仪器仪表及文化、办公用机械制造业	34771	24465	42.1	34761	24456	42.1
工艺品及其他制造业	21408	31645	-32.3	21408	31601	-32.3
电力、热力的生产和供应业	1470149	1220113	20.5	1469333	1219045	20.5
水的生产和供应业	36421	30579	19.1	36421	30579	19.1
房屋和土木工程建筑业	127674	106337	20.1	126829	104853	21.0
管道运输业	67533	51038	32.3	67533	51038	32.3
电信和其他信息传输服务业	21714	19125	13.5	21708	19107	13.6
计算机服务业	3740	8728	-57.1	2885	4481	-35.6
批发业	769463	602433	27.7	767947	600115	28.0
零售业	239987	242266	-0.9	234860	238869	-1.7
住宿业	7988	9573	-16.6	7988	9573	-16.6
餐饮业	32904	24280	35.5	32904	24280	35.5
金融活动业	12580	15383	-18.2	12580	15383	-18.2
房地产业	344042	270354	27.3	344042	270354	27.3
商务服务业	64331	119012	-45.9	64331	119012	-45.9
专业技术服务业	12004	13353	-10.1	11856	13146	-9.8

续表

指　标	主营业务成本			主营业务税金及附加		
	2003年	2002年	增减幅度(%)	2003年	2002年	增减幅度(%)
总　计	**10813623**	**8559672**	**26.3**	**345864**	**294778**	**17.3**
农业	35476	25191	40.8	84	73	15.1
煤炭开采和洗选业	497178	335185	48.3	14864	10050	47.9
石油和天然气开采业	1299962	1112107	16.9	31469	25270	24.5
有色金属矿采选业	67373	67085	0.4	1081	749	44.3
农副食品加工业	122189	90394	35.2	133	201	-33.8
食品制造业	30912	28893	7.0	21	16	31.3
饮料制造业	121065	85163	42.2	9526	8627	10.4
烟草制品业	123817	108457	14.2	121269	107789	12.5
纺织业	204625	181018	13.0	2121	884	139.9
皮革、毛皮、羽毛(绒)及其制品业	7499	8665	-13.5			
印刷业和记录媒介的复制业	48871	53481	-8.6	730	725	0.7
石油加工、炼焦及核燃料加工业	1189949	841214	41.5	90437	76064	18.9
化学原料及化学制品制造业	216919	190654	13.8	1602	1336	19.9
医药制造业	523306	314867	66.2	13282	11192	18.7
非金属矿物制品业	39309	37025	6.2	571	490	16.5
黑色金属冶炼及压延加工业	361464	168055	115.1	5433	1255	332.9
有色金属冶炼及压延加工业	171975	132377	29.9	956	724	32.0
金属制品业	6427	7325	-12.3	64	63	1.6
通用设备制造业	181109	112966	60.3	3657	910	301.9
专用设备制造业	368835	292454	26.1	2756	3458	-20.3
交通运输设备制造业	1193931	885711	34.8	3507	5298	-33.8
电气机械及器材制造业	365404	282056	29.6	2620	1891	38.6
通信设备、计算机及其他电子设备制造业	852229	846665	0.7	6806	8402	-19.0
仪器仪表及文化、办公用机械制造业	25896	17094	51.5	132	96	37.5
工艺品及其他制造业	14165	20694	-31.6	448	646	-30.7
电力、热力的生产和供应业	1334497	1104971	20.8	7647	6575	16.3
水的生产和供应业	29412	24329	20.9	219	183	19.7
房屋和土木工程建筑业	92201	78973	16.8	3949	1825	116.4
管道运输业	52465	39057	34.3	925	687	34.6
电信和其他信息传输服务业	16932	14533	16.5	322	224	43.8
计算机服务业	2498	4044	-38.2	67	19	252.6
批发业	665501	518748	28.3	3258	3072	6.1
零售业	197688	205795	-3.9	1327	890	49.1
住宿业	2057	2295	-10.4	344	481	-28.5
餐饮业	14446	10565	36.7	1290	1216	6.1
金融活动业	11644	13237	-12.0	564	815	-30.8
房地产业	275560	212618	29.6	10960	10084	8.7
商务服务业	40800	76698	-46.8	1078	2245	-52.0
专业技术服务业	8037	9013	-10.8	345	253	36.4

续表

指　　标	其他业务收入			新产品销售收入		
	2003年	2002年	增减幅度(%)	2003年	2002年	增减幅度(%)
总　　计	**283634**	**262603**	**8.0**	**1248115**	**929017**	**34.3**
农业	590	109	441.3			
煤炭开采和洗选业	50514	53029	-4.7			
石油和天然气开采业	107709	127938	-15.8	20074	60744	-67.0
有色金属矿采选业						
农副食品加工业	179	690	-74.1			
食品制造业	2	1	100.0	2300	1000	130.0
饮料制造业	1261			2081	1896	9.8
烟草制品业	17	1289	-98.7	50954	23918	113.0
纺织业	1469	1561	-5.9	14469	13487	7.3
皮革、毛皮、羽毛(绒)及其制品业	226	445	-49.2			
印刷业和记录媒介的复制业	89	458	-80.6			
石油加工、炼焦及核燃料加工业	1344	2459	-45.3			
化学原料及化学制品制造业	4519	7039	-35.8			
医药制造业	1285	2072	-38.0	138824	125943	10.2
非金属矿物制品业	368	396	-7.1			
黑色金属冶炼及压延加工业	13991	8201	70.6	17628	6603	167.0
有色金属冶炼及压延加工业	3503	3617	-3.2	12566	17853	-29.6
金属制品业	256	212	20.8	756	843	-10.3
通用设备制造业	5510	403	1267.2	111109	51704	114.9
专用设备制造业	6262	4153	50.8	131392	105482	24.6
交通运输设备制造业	16807	11959	40.5	515868	332757	55.0
电气机械及器材制造业	37046	4724	684.2	117971	87864	34.3
通信设备、计算机及其他电子设备制造业	21364	19056	12.1	102732	85392	20.3
仪器仪表及文化、办公用机械制造业	10	9	11.1	8076	5944	35.9
工艺品及其他制造业		44				
电力、热力的生产和供应业	816	1068	-23.6			
水的生产和供应业						
房屋和土木工程建筑业	845	1484	-43.1			
管道运输业						
电信和其他信息传输服务业	6	18	-66.7			
计算机服务业	855	4247	-79.9	1200	2780	-56.8
批发业	1516	2318	-34.6			
零售业	5127	3397	50.9			
住宿业						
餐饮业						
金融活动业						
房地产业				115	4807	-97.6
商务服务业						
专业技术服务业	148	207	-28.5			

续表

指标	出口销售总额			营业、管理、财务等费用合计		
	2003年	2002年	增减幅度(%)	2003年	2002年	增减幅度(%)
总计	**603689**	**493226**	**22.4**	**1971830**	**1656714**	**19.0**
农业	4282	180	2278.9	9997	4846	106.3
煤炭开采和洗选业				117466	119929	-2.1
石油和天然气开采业				153240	123571	24.0
有色金属矿采选业	104309	77705	34.2	45970	29163	57.6
农副食品加工业	76	593	-87.2	5158	5408	-4.6
食品制造业				13367	9823	36.1
饮料制造业	39312	24929	57.7	31276	24229	29.1
烟草制品业	1236	324	281.5	41195	36745	12.1
纺织业	56978	68153	-16.4	38901	34357	13.2
皮革、毛皮、羽毛(绒)及其制品业				726	950	-23.6
印刷业和记录媒介的复制业	61	1665	-96.3	12687	11445	10.9
石油加工、炼焦及核燃料加工业				90035	71955	25.1
化学原料及化学制品制造业	421	1500	-71.9	56802	47998	18.3
医药制造业	12034	12045	-0.1	188499	194443	-3.1
非金属矿物制品业				16347	14508	12.7
黑色金属冶炼及压延加工业	163	505	-67.7	40715	27941	45.7
有色金属冶炼及压延加工业	3534	4505	-21.6	28544	22273	28.2
金属制品业	802	937	-14.4	3574	3122	14.5
通用设备制造业	3590	3349	7.2	40044	30947	29.4
专用设备制造业	48554	18110	168.1	92431	80593	14.7
交通运输设备制造业	65617	40314	62.8	202750	172847	17.3
电气机械及器材制造业	76185	36739	107.4	184155	121962	51.0
通信设备、计算机及其他电子设备制造业	134896	154083	-12.5	146006	136006	7.4
仪器仪表及文化、办公用机械制造业	2414	1837	31.4	12022	10096	19.1
工艺品及其他制造业				6916	6584	5.0
电力、热力的生产和供应业				97232	93838	3.6
水的生产和供应业				6305	5252	20.0
房屋和土木工程建筑业				27252	24083	13.2
管道运输业				4962	6371	-22.1
电信和其他信息传输服务业				2255	1974	14.2
计算机服务业				1674	2880	-41.9
批发业	44423	40254	10.4	120000	55788	115.1
零售业				29997	24980	20.1
住宿业				5427	6001	-9.6
餐饮业				14559	15215	-4.3
金融活动业				3078	5378	-42.8
房地产业	4533	5317	-14.7	43839	38543	13.7
商务服务业				33342	32045	4.0
专业技术服务业	269	182	47.8	3085	2625	17.5

续表

指　　标	税　金			劳动、待业保险费		
	2003年	2002年	增减幅度(%)	2003年	2002年	增减幅度(%)
总　计	**42265**	**35101**	**20.4**	**117236**	**105261**	**11.4**
农业	375					
煤炭开采和洗选业	1396	682	104.7	15590	13795	13.0
石油和天然气开采业	13946	10100	38.1	846	1083	-21.9
有色金属矿采选业	514	577	-10.9	3163	3205	-1.3
农副食品加工业	159	186	-14.5	5		
食品制造业	82	24	241.7			
饮料制造业	674	182	270.3	417	344	21.2
烟草制品业	414	457	-9.4	2528	2685	-5.8
纺织业	1786	2020	-11.6	7062	8019	-11.9
皮革、毛皮、羽毛(绒)及其制品业				36	36	
印刷业和记录媒介的复制业	229	184	24.5	121	120	0.8
石油加工、炼焦及核燃料加工业	1703	1507	13.0	3456	3691	-6.4
化学原料及化学制品制造业	1781	1489	19.6	2406	2538	-5.2
医药制造业	507	400	26.8	801	676	18.5
非金属矿物制品业	196	220	-10.9	1016	924	10.0
黑色金属冶炼及压延加工业	1411	744	89.7	1198	2074	-42.2
有色金属冶炼及压延加工业	1003	1299	-22.8	3223	3285	-1.9
金属制品业	90	46	95.7	354	505	-29.9
通用设备制造业	586	615	-4.7	1529	2753	-44.5
专用设备制造业	1454	1605	-9.4	8728	8887	-1.8
交通运输设备制造业	2156	2360	-8.6	32406	21131	53.4
电气机械及器材制造业	2729	2045	33.4	2536	2605	-2.6
通信设备、计算机及其他电子设备制造业	2891	3177	-9.0	4506	5416	-16.8
仪器仪表及文化、办公用机械制造业	200	106	88.7	795	559	42.2
工艺品及其他制造业	221	319	-30.7	14	13	7.7
电力、热力的生产和供应业	896	1068	-16.1	15762	13538	16.4
水的生产和供应业	322	182	76.9	1086	982	10.6
房屋和土木工程建筑业	411	14	2835.7	213	160	33.1
管道运输业	157	98	60.2	127	237	-46.4
电信和其他信息传输服务业	6	4	50.0	2	2	
计算机服务业	29	35	-17.1	34	27	25.9
批发业	1336	1307	2.2	792	694	14.1
零售业	1195	1091	9.5	3758	1646	128.3
住宿业	199	237	-16.0	329	288	14.2
餐饮业	268	183	46.4	734	621	18.2
金融活动业	31	52	-40.4			
房地产业	846	386	119.2	470	255	84.3
商务服务业		50		796	2048	-61.1
专业技术服务业	66	50	32.0	397	419	-5.3

续表

指　　标	职工教育费			广告费		
	2003 年	2002 年	增减幅度(%)	2003 年	2002 年	增减幅度(%)
总　计	**7520**	**10168**	**-26.0**	**56481**	**55641**	**1.5**
农业						
煤炭开采和洗选业	681	644	5.7	55	26	111.5
石油和天然气开采业	418	416	0.5			
有色金属矿采选业	228	188	21.3	84	74	13.5
农副食品加工业	77	18	327.8	122	79	54.4
食品制造业	3	4	-25.0	1527	1443	5.8
饮料制造业	54	50	8.0	1439	1379	4.4
烟草制品业	142	57	149.1	4978	3247	53.3
纺织业	21	25	-16.0		5	
皮革、毛皮、羽毛(绒)及其制品业						
印刷业和记录媒介的复制业	120	111	8.1	37		
石油加工、炼焦及核燃料加工业	52	44	18.2	104	28	271.4
化学原料及化学制品制造业	244	3063	-92.0	827	1228	-32.7
医药制造业	352	347	1.4	30471	35135	-13.3
非金属矿物制品业	72	12	500.0	65	70	-7.1
黑色金属冶炼及压延加工业	215	1001	-78.5	207	16	1193.8
有色金属冶炼及压延加工业	191	132	44.7	15	37	-59.5
金属制品业	2	1	100.0	2	2	
通用设备制造业	218	165	32.1	343	165	107.9
专用设备制造业	446	570	-21.8	894	901	-0.8
交通运输设备制造业	1637	1407	16.3	3728	2027	83.9
电气机械及器材制造业	327	362	-9.7	418	1409	-70.3
通信设备、计算机及其他电子设备制造业	217	244	-11.1	376	354	6.2
仪器仪表及文化、办公用机械制造业	47	33	42.4	136	102	33.3
工艺品及其他制造业	6	6			2	
电力、热力的生产和供应业	1197	832	43.9	16		
水的生产和供应业						
房屋和土木工程建筑业	60	4	1400.0			
管道运输业	3	8	-62.5			
电信和其他信息传输服务业	4					
计算机服务业	4	4		54	38	42.1
批发业	220	198	11.1	339	241	40.7
零售业	71	51	39.2	670	-32	
住宿业	23	23		9	43	-79.1
餐饮业	22	22		242	248	-2.4
金融活动业						
房地产业	114	63	81.0	9210	7318	25.9
商务服务业	4	12	-66.7	69	56	23.2
专业技术服务业	28	51	-45.1	44		

续表

指　　标	利息支出			营业外收入		
	2003 年	2002 年	增减幅度(%)	2003 年	2002 年	增减幅度(%)
总　　计	**373237**	**407479**	**-8.4**	**38152**	**24879**	**53.4**
农业	2013	1115	80.5	24	22	9.1
煤炭开采和洗选业	52311	68813	-24.0	1036	3641	-71.5
石油和天然气开采业	34290	43664	-21.5	3492	3280	6.5
有色金属矿采选业	-122	1024		55	28	96.4
农副食品加工业	1066	1099	-3.0	80	7	1042.9
食品制造业	609	555	9.7	9	-5	
饮料制造业	3382	2721	24.3	989	66	1398.5
烟草制品业	6481	7285	-11.0	35	31	12.9
纺织业	6325	5175	22.2	373	268	39.2
皮革、毛皮、羽毛(绒)及其制品业	401	565	-29.0		235	
印刷业和记录媒介的复制业	393	608	-35.4	22	12	83.3
石油加工、炼焦及核燃料加工业	18121	19472	-6.9	570	1605	-64.5
化学原料及化学制品制造业	15328	14341	6.9	3713	817	354.5
医药制造业	6755	9655	-30.0	10440	1271	721.4
非金属矿物制品业	2580	2297	12.3	75	38	97.4
黑色金属冶炼及压延加工业	10341	11563	-10.6	38	220	-82.7
有色金属冶炼及压延加工业	8248	6661	23.8	480	162	196.3
金属制品业	823	766	7.4	49	49	
通用设备制造业	2894	4554	-36.5	332	287	15.7
专用设备制造业	11851	15156	-21.8	1964	1138	72.6
交通运输设备制造业	33155	36492	-9.1	6704	1762	280.5
电气机械及器材制造业	15946	14683	8.6	940	2044	-54.0
通信设备、计算机及其他电子设备制造业	15206	17388	-12.5	5164	4896	5.5
仪器仪表及文化、办公用机械制造业	2241	2363	-5.2	256	178	43.8
工艺品及其他制造业	1653	2972	-44.4	7	27	-74.1
电力、热力的生产和供应业	64787	65375	-0.9	1064	393	170.7
水的生产和供应业	-54	-39		18	15	20.0
房屋和土木工程建筑业	20211	18955	6.6	341	1085	-68.6
管道运输业	3775	4704	-19.7	-351	1	
电信和其他信息传输服务业	135	195	-30.8		5	
计算机服务业	1600	1504	6.4			
批发业	12824	9305	37.8	-2457	511	
零售业	2652	3108	-14.7	1530	212	621.7
住宿业	165	182	-9.3	31	20	55.0
餐饮业	887	1098	-19.2	15	43	-65.1
金融活动业	746	2276	-67.2	4	15	-73.3
房地产业	6986	6366	9.7	592	206	187.4
商务服务业	6203	3451	79.7	513	293	75.1
专业技术服务业	29	12	141.7	5	1	400.0

续表

指　标	投资收益			利润总额		
	2003 年	2002 年	增减幅度(%)	2003 年	2002 年	增减幅度(%)
总　计	**59934**	**40584**	**47.7**	**1271944**	**913713**	**39.2**
农业	147	118	24.6	1710	2370	－27.8
煤炭开采和洗选业	－272	147		32128	29508	8.9
石油和天然气开采业	1329	277	379.8	637611	413009	54.4
有色金属矿采选业	－1136	456		17130	9093	88.4
农副食品加工业	－218	－305		1858	1587	17.1
食品制造业	10			2821	2104	34.1
饮料制造业	778	1322	－41.1	15613	10269	52.0
烟草制品业	49	26	88.5	19085	16892	13.0
纺织业	1479	29	5000.0	－7880	685	
皮革、毛皮、羽毛(绒)及其制品业				97	62	56.5
印刷业和记录媒介的复制业	2659	2073	28.3	22757	19323	17.8
石油加工、炼焦及核燃料加工业	3	59	－94.9	187803	65471	186.8
化学原料及化学制品制造业	1959	956	104.9	2915	－6541	－144.6
医药制造业	3737	4601	－18.8	118817	111479	6.6
非金属矿物制品业	－43	－37		6105	6273	－2.7
黑色金属冶炼及压延加工业	583	－74		12756	4533	181.4
有色金属冶炼及压延加工业	1605	1076	49.2	8043	4504	78.6
金属制品业				－152	32	
通用设备制造业	1432	2108	－32.1	24255	8172	196.8
专用设备制造业	3112	1692	83.9	25028	12916	93.8
交通运输设备制造业	11873	5141	130.9	82853	47142	75.8
电气机械及器材制造业	1878	－2520		－76881	－31142	
通信设备、计算机及其他电子设备制造业	1822	908	100.7	57980	57267	1.2
仪器仪表及文化、办公用机械制造业	488	38	1184.2	－2862	－2606	
工艺品及其他制造业				－13691	3841	
电力、热力的生产和供应业	16504	18063	－8.6	74035	65546	13.0
水的生产和供应业				1139	1046	8.9
房屋和土木工程建筑业	1285	1277	0.6	5600	2707	106.9
管道运输业	260	160	62.5	9090	5018	81.1
电信和其他信息传输服务业		29		2204	1883	17.0
计算机服务业	3507	－206		2858	1234	131.6
批发业	－1693	1963		－23780	14076	
零售业	1279	705	81.4	12969	11184	16.0
住宿业	570			295	831	－64.5
餐饮业	－36	－101		3208	2677	19.8
金融活动业	3754	470	698.7	360	1307	－72.5
房地产业	581	67	767.2	16495	11155	47.9
商务服务业	354			－9458	8132	
专业技术服务业	295	66	347.0	1030	674	52.8

续表

指　标	应交所得税			应交增值税		
	2003年	2002年	增减幅度(%)	2003年	2002年	增减幅度(%)
总　计	**240077**	**176709**	**35.9**	**702297**	**572373**	**22.7**
农业	833	525	58.7	-385	-286	
煤炭开采和洗选业	5628	3146	78.9	59012	35877	64.5
石油和天然气开采业	99066	61694	60.6	145911	93979	55.3
有色金属矿采选业	1259	903	39.4	5340	5403	-1.2
农副食品加工业	17	15	13.3	-4	108	
食品制造业	24	199	-87.9	943	824	14.4
饮料制造业	2977	2354	26.5	6873	7350	-6.5
烟草制品业	6315	5457	15.7	30577	26222	16.6
纺织业	221	283	-21.9	10283	10909	-5.7
皮革、毛皮、羽毛(绒)及其制品业				314	257	22.2
印刷业和记录媒介的复制业	5923	6070	-2.4	7328	7027	4.3
石油加工、炼焦及核燃料加工业	27468	21343	28.7	70350	48605	44.7
化学原料及化学制品制造业	701	547	28.2	16629	16740	-0.7
医药制造业	19911	24221	-17.8	45639	45056	1.3
非金属矿物制品业	1063	2570	-58.6	5003	5595	-10.6
黑色金属冶炼及压延加工业	932	843	10.6	22098	15248	44.9
有色金属冶炼及压延加工业	1423	928	53.3	9499	6644	43.0
金属制品业	9	7	28.6	842	930	-9.5
通用设备制造业	5392	1799	199.7	16518	8829	87.1
专用设备制造业	2833	2083	36.0	19523	17584	11.0
交通运输设备制造业	9481	2444	287.9	33207	32265	2.9
电气机械及器材制造业	3581	1776	101.6	19636	14721	33.4
通信设备、计算机及其他电子设备制造业	18973	14791	28.3	39163	51500	-24.0
仪器仪表及文化、办公用机械制造业	57	37	54.1	938	628	49.4
工艺品及其他制造业	526	908	-42.1	1632	1815	-10.1
电力、热力的生产和供应业	6837	6121	11.7	115343	104844	10.0
水的生产和供应业				2503	2426	3.2
房屋和土木工程建筑业	1479	174	750.0	82		
管道运输业						
电信和其他信息传输服务业	85	18	372.2	3		
计算机服务业		255		403	68	492.6
批发业	4628	3746	23.5	7508	3567	110.5
零售业	4299	3332	29.0	6719	6453	4.1
住宿业	171	255	-32.9	119	208	-42.8
餐饮业	704	824	-14.6	56	56	0.0
金融活动业	195	497	-60.8			
房地产业	6825	6123	11.5	2454	771	218.3
商务服务业	12	419	-97.1			
专业技术服务业	229	2	11350.0	238	150	58.7

续表

指　　标	税金合计			固定资产投资完成额		
	2003年	2002年	增减幅度(%)	2003年	2002年	增减幅度(%)
总　　计	**1330503**	**1078961**	**23.3**	**2595922**	**1943306**	**33.6**
农业	907	312	190.7	19685		
煤炭开采和洗选业	80900	49755	62.6	169008	136822	23.5
石油和天然气开采业	290392	191043	52.0	1043158	773133	34.9
有色金属矿采选业	8194	7632	7.4	7162	9928	-27.9
农副食品加工业	305	510	-40.2			
食品制造业	1070	1063	0.7	607	397	52.9
饮料制造业	20050	18513	8.3	17187	9107	88.7
烟草制品业	158575	139925	13.3	4638	4747	-2.3
纺织业	14411	14096	2.2	24524	18360	33.6
皮革、毛皮、羽毛(绒)及其制品业	314	257	22.2			
印刷业和记录媒介的复制业	14210	14006	1.5	13672	19328	-29.3
石油加工、炼焦及核燃料加工业	189958	147519	28.8	39907	6271	536.4
化学原料及化学制品制造业	20713	20112	3.0	24105	13430	79.5
医药制造业	79339	80869	-1.9	40095	30736	30.4
非金属矿物制品业	6833	8875	-23.0	11725	1000	1072.5
黑色金属冶炼及压延加工业	29874	18090	65.1	55482	33459	65.8
有色金属冶炼及压延加工业	12881	9595	34.2	25023	15733	59.0
金属制品业	1005	1046	-3.9	686	414	65.7
通用设备制造业	26153	12153	115.2	21028	15837	32.8
专用设备制造业	26566	24730	7.4	32686	45160	-27.6
交通运输设备制造业	48351	42367	14.1	127426	143991	-11.5
电气机械及器材制造业	28566	20433	39.8	20241	19778	2.3
通信设备、计算机及其他电子设备制造业	67833	77870	-12.9	54469	35653	52.8
仪器仪表及文化、办公用机械制造业	1327	867	53.1	3859	5626	-31.4
工艺品及其他制造业	2827	3688	-23.3	4200	2281	84.1
电力、热力的生产和供应业	130723	118608	10.2	165345	166806	-0.9
水的生产和供应业	3044	2791	9.1	7411	7330	1.1
房屋和土木工程建筑业	5921	2013	194.1	576644	360867	59.8
管道运输业	1082	785	37.8	31724	8039	294.6
电信和其他信息传输服务业	416	246	69.1	10386	438	2271.2
计算机服务业	499	377	32.4	58	417	-86.1
批发业	16730	11692	43.1	23371	28457	-17.9
零售业	13540	11766	15.1	16005	3271	389.3
住宿业	833	1181	-29.5	1309	1765	-25.8
餐饮业	2318	2279	1.7			
金融活动业	790	1364	-42.1			
房地产业	21085	17364	21.4	2465	24725	-90.0
商务服务业	1090	2714	-59.8			
专业技术服务业	878	455	93.0	631		

续表

指　　标	研究开发费用			增加值		
	2003年	2002年	增减幅度(%)	2003年	2002年	增减幅度(%)
总　　计	**166826**	**141472**	**17.9**	**4348815**	**3652017**	**19.1**
农业	182			5586	3692	51.3
煤炭开采和洗选业	66	55	20.0	337437	236588	42.6
石油和天然气开采业	15111	14960	1.0	1249610	902643	38.4
有色金属矿采选业	1021	627	62.8	49549	35036	41.4
农副食品加工业				5904	4855	21.6
食品制造业	697	441	58.0	6308	4924	28.1
饮料制造业	818	497	64.6	40843	32936	24.0
烟草制品业	272	564	－51.8	192517	170196	13.1
纺织业	2092	2821	－25.8	62423	72230	－13.6
皮革、毛皮、羽毛(绒)及其制品业				1412	1057	33.6
印刷业和记录媒介的复制	555	759	－26.9	42660	37924	12.5
石油加工、炼焦及核燃料加工业				596436	362183	64.7
化学原料及化学制品制造业	260	337	－22.8	78364	64365	21.7
医药制造业	10389	7944	30.8	212665	205567	3.5
非金属矿物制品业	64	24	166.7	27436	27322	0.4
黑色金属冶炼及压延加工业	409	513	－20.3	70223	49792	41.0
有色金属冶炼及压延加工业	275	266	3.4	47550	38528	23.4
金属制品业	249	235	6.0	4268	5115	－16.6
通用设备制造业	13630	8965	52.0	73962	41179	79.6
专用设备制造业	10239	8930	14.7	124429	106852	16.4
交通运输设备制造业	50755	50767		317972	271231	17.2
电气机械及器材制造业	5060	7019	－27.9	6171	61307	－89.9
通信设备、计算机及其他电子设备制造业	50997	32761	55.7	210631	228220	－7.7
仪器仪表及文化、办公用机械制造业	903	822	9.9	6059	4302	40.8
工艺品及其他制造业	38	62	－38.7	－8587	8540	
电力、热力的生产和供应业				395907	350856	12.8
水的生产和供应业				20669	19033	8.6
房屋和土木工程建筑业				29310	138398	－78.8
管道运输业				19090	12040	58.6
电信和其他信息传输服务业				5452	3096	76.1
计算机服务业	220	300	－26.7	267	1936	－86.2
批发业	1805	1061	70.1	13062	34592	－62.2
零售业				38877	33963	14.5
住宿业				3067	4682	－34.5
餐饮业				9794	8985	9.0
金融活动业				－1059	4799	
房地产业	614	630	－2.5	44254	36183	22.3
商务服务业				3145	23210	－86.4
专业技术服务业	105	112	－6.3	5150	3660	40.7

续表

指 标	农林牧渔业总产值			工业总产值合计		
	2003 年	2002 年	增减幅度(%)	2003 年	2002 年	增减幅度(%)
总 计	**57867**	**40469**	**43.0**	**11717519**	**9275663**	**26.3**
农业	57867	40469	43.0			
煤炭开采和洗选业				660950	477475	38.4
石油和天然气开采业				1900050	1508151	26.0
有色金属矿采选业				112667	103564	8.8
农副食品加工业				139558	96103	45.2
食品制造业				55300	47179	17.2
饮料制造业				143742	114745	25.3
烟草制品业				313680	240078	30.7
纺织业				229728	204769	12.2
皮革、毛皮、羽毛(绒)及其制品业				9309	10671	-12.8
印刷业和记录媒介的复制业				81625	80483	1.4
石油加工、炼焦及核燃料加工业				1873234	1274763	46.9
化学原料及化学制品制造业				276756	235870	17.3
医药制造业				552284	469657	17.6
非金属矿物制品业				57921	55352	4.6
黑色金属冶炼及压延加工业				401975	193830	107.4
有色金属冶炼及压延加工业				210297	167092	25.9
金属制品业				11461	13384	-14.4
通用设备制造业				264348	166528	58.7
专用设备制造业				476781	396486	20.3
交通运输设备制造业				1390678	1128213	23.3
电气机械及器材制造业				480099	367069	30.8
通信设备、计算机及其他电子设备制造业				1225816	1210309	1.3
仪器仪表及文化、办公用机械制造业				31421	27574	14.0
工艺品及其他制造业				38172	39065	-2.3
电力、热力的生产和供应业				743246	611384	21.6
水的生产和供应业				36421	30579	19.1
房屋和土木工程建筑业						
管道运输业						
电信和其他信息传输服务业						
计算机服务业					5290	
批发业						
零售业						
住宿业						
餐饮业						
金融活动业						
房地产业						
商务服务业						
专业技术服务业						

续表

指　标	采矿业总产值			制造业总产值		
	2003年	2002年	增减幅度(%)	2003年	2002年	增减幅度(%)
总　计	**2673667**	**2089190**	**28.0**	**8264185**	**6544510**	**26.3**
农业						
煤炭开采和洗选业	660950	477475	38.4			
石油和天然气开采业	1900050	1508151	26.0			
有色金属矿采选业	112667	103564	8.8			
农副食品加工业				139558	96103	45.2
食品制造业				55300	47179	17.2
饮料制造业				143742	114745	25.3
烟草制品业				313680	240078	30.7
纺织业				229728	204769	12.2
皮革、毛皮、羽毛(绒)及其制品业				9309	10671	－12.8
印刷业和记录媒介的复制业				81625	80483	1.4
石油加工、炼焦及核燃料加工业				1873234	1274763	46.9
化学原料及化学制品制造业				276756	235870	17.3
医药制造业				552284	469657	17.6
非金属矿物制品业				57921	55352	4.6
黑色金属冶炼及压延加工业				401975	193830	107.4
有色金属冶炼及压延加工业				210297	167092	25.9
金属制品业				11461	13384	－14.4
通用设备制造业				264348	166528	58.7
专用设备制造业				476781	396486	20.3
交通运输设备制造业				1390678	1128213	23.3
电气机械及器材制造业				480099	367069	30.8
通信设备、计算机及其他电子设备制造业				1225816	1210309	1.3
仪器仪表及文化、办公用机械制造业				31421	27574	14.0
工艺品及其他制造业				38172	39065	－2.3
电力、热力的生产和供应业						
水的生产和供应业						
房屋和土木工程建筑业						
管道运输业						
电信和其他信息传输服务业						
计算机服务业					5290	
批发业						
零售业						
住宿业						
餐饮业						
金融活动业						
房地产业						
商务服务业						
专业技术服务业						

续表

指　标	电、煤、水业总产值			建筑业总产值		
	2003年	2002年	增减幅度(%)	2003年	2002年	增减幅度(%)
总　计	**779667**	**641963**	**21.5**	**617308**	**409169**	**50.9**
农业						
煤炭开采和洗选业						
石油和天然气开采业						
有色金属矿采选业						
农副食品加工业						
食品制造业						
饮料制造业						
烟草制品业						
纺织业						
皮革、毛皮、羽毛(绒)及其制品业						
印刷业和记录媒介的复制业						
石油加工、炼焦及核燃料加工业						
化学原料及化学制品制造业						
医药制造业						
非金属矿物制品业						
黑色金属冶炼及压延加工业						
有色金属冶炼及压延加工业						
金属制品业						
通用设备制造业						
专用设备制造业						
交通运输设备制造业						
电气机械及器材制造业						
通信设备、计算机及其他电子设备制造业						
仪器仪表及文化、办公用机械制造业						
工艺品及其他制造业						
电力、热力的生产和供应业	743246	611384	21.6			
水的生产和供应业	36421	30579	19.1			
房屋和土木工程建筑业				617308	409169	50.9
管道运输业						
电信和其他信息传输服务业						
计算机服务业						
批发业						
零售业						
住宿业						
餐饮业						
金融活动业						
房地产业						
商务服务业						
专业技术服务业						

续表

指标	批发零售业商品销售总额			外贸进出口总额(万美元)			其中:出口额(万美元)		
	2003年	2002年	增减幅度(%)	2003年	2002年	增减幅度(%)	2003年	2002年	增减幅度(%)
总计	**795833**	**683726**	**16.4**	**5173**	**4780**	**8.2**	**5142**	**4674**	**10.0**
农业				507	21	2314.3	507	21	2314.3
煤炭开采和洗选业									
石油和天然气开采业									
有色金属矿采选业									
农副食品加工业									
食品制造业									
饮料制造业									
烟草制品业									
纺织业									
皮革、毛皮、羽毛(绒)及其制品业									
印刷业和记录媒介的复制业									
石油加工、炼焦及核燃料加工业									
化学原料及化学制品制造业									
医药制造业									
非金属矿物制品业									
黑色金属冶炼及压延加工业									
有色金属冶炼及压延加工业									
金属制品业									
通用设备制造业									
专用设备制造业									
交通运输设备制造业									
电气机械及器材制造业									
通信设备、计算机及其他电子设备制造业									
仪器仪表及文化、办公用机械制造业									
工艺品及其他制造业									
电力、热力的生产和供应业									
水的生产和供应业									
房屋和土木工程建筑业									
管道运输业									
电信和其他信息传输服务业									
计算机服务业									
批发业	532231	418205	27.3	4666	4759	-2.0	4635	4653	-0.4
零售业	263602	265521	-0.7						
住宿业									
餐饮业									
金融活动业									
房地产业									
商务服务业									
专业技术服务业									

陕西省建立现代企业制度重点监测企业分行业劳动工资指标

指　　标	从业人员(人)			在岗职工(人)		
	2003年	2002年	增减幅度(%)	2003年	2002年	增减幅度(%)
总　　计	**513239**	**516877**	**-0.7**	**507757**	**512381**	**-0.9**
农业	1746	1312	33.1	1746	1312	33.1
煤炭开采和洗选业	50705	55683	-8.9	49713	54932	-9.5
石油和天然气开采业	46202	49170	-6.0	46202	49170	-6.0
有色金属矿采选业	7097	7156	-0.8	7097	7156	-0.8
农副食品加工业	2061	1857	11.0	2061	1857	11.0
食品制造业	2046	1720	19.0	2046	1720	19.0
饮料制造业	3449	3069	12.4	3449	3069	12.4
烟草制品业	3278	3569	-8.2	3278	3569	-8.2
纺织业	37050	37639	-1.6	37039	37627	-1.6
皮革、毛皮、羽毛(绒)及其制品业	173	120	44.2	169	116	45.7
印刷业和记录媒介的复制业	2485	2450	1.4	2373	2309	2.8
石油加工、炼焦及核燃料加工业	20711	20952	-1.2	20648	20888	-1.1
化学原料及化学制品制造业	17639	18029	-2.2	17348	17320	0.2
医药制造业	13335	10504	27.0	13303	10459	27.2
非金属矿物制品业	6474	5527	17.1	6473	5527	17.1
黑色金属冶炼及压延加工业	12387	12281	0.9	11959	12281	-2.6
有色金属冶炼及压延加工业	10410	10735	-3.0	10410	10735	-3.0
金属制品业	1730	2300	-24.8	1730	2300	-24.8
通用设备制造业	11005	11365	-3.2	10975	11315	-3.0
专用设备制造业	32764	32422	1.1	32073	31762	1.0
交通运输设备制造业	74961	74585	0.5	73608	73817	-0.3
电气机械及器材制造业	23975	26476	-9.4	23844	26022	-8.4
通信设备计算机及其他电子设备制造业	38043	37265	2.1	37970	37146	2.2
仪器仪表及文化、办公用机械制造业	4776	5167	-7.6	4738	5114	-7.4
工艺品及其他制造业	614	617	-0.5	614	617	-0.5
电力、热力的生产和供应业	46811	45655	2.5	46649	45479	2.6
水的生产和供应业	2813	2742	2.6	2813	2742	2.6
房屋和土木工程建筑业	6325	5146	22.9	6275	5146	21.9
管道运输业	400	344	16.3	400	344	16.3
电信和其他信息传输服务业	308	232	32.8	308	232	32.8
计算机服务业	95	100	-5.0	95	100	-5.0
批发业	9225	8056	14.5	9134	8027	13.8
零售业	5581	5769	-3.3	5581	5769	-3.3
住宿业	1236	1343	-8.0	1236	1343	-8.0
餐饮业	2831	3281	-13.7	2831	3281	-13.7
金融活动业	295	279	5.7	295	279	5.7
房地产业	4950	4527	9.3	4895	4522	8.2
商务服务业	6308	6210	1.6	5800	6032	-3.8
专业技术服务业	945	1223	-22.7	579	945	-38.7

续表

指　　标	其他从业人员(人)			研究开发人员(人)		
	2003年	2002年	增减幅度(%)	2003年	2002年	增减幅度(%)
总　　计	**5482**	**4496**	**21.9**	**25125**	**26426**	**-4.9**
农业				45	35	28.6
煤炭开采和洗选业	992	751	32.1	56	56	
石油和天然气开采业				937	900	4.1
有色金属矿采选业				128	83	54.2
农副食品加工业				43	43	
食品制造业				86	63	36.5
饮料制造业				36	26	38.5
烟草制品业				95	81	17.3
纺织业	11	12	-8.3	110	109	0.9
皮革、毛皮、羽毛(绒)及其制品业	4	4				
印刷业和记录媒介的复制业	112	141	-20.6	48	40	20.0
石油加工、炼焦及核燃料加工业	63	64	-1.6	25	30	-16.7
化学原料及化学制品制造业	291	709	-59.0	322	324	-0.6
医药制造业	32	45	-28.9	327	194	68.6
非金属矿物制品业	1			32	47	-31.9
黑色金属冶炼及压延加工业	428			116	185	-37.3
有色金属冶炼及压延加工业				553	583	-5.1
金属制品业				97	96	1.0
通用设备制造业	30	50	-40.0	1097	1096	0.1
专用设备制造业	691	660	4.7	2315	2581	-10.3
交通运输设备制造业	1353	768	76.2	11983	12853	-6.8
电气机械及器材制造业	131	454	-71.1	1710	1836	-6.9
通信设备计算机及其他电子设备制造业	73	119	-38.7	3681	3917	-6.0
仪器仪表及文化、办公用机械制造业	38	53	-28.3	448	480	-6.7
工艺品及其他制造业				5	5	
电力、热力的生产和供应业	162	176	-8.0			
水的生产和供应业						
房屋和土木工程建筑业	50					
管道运输业						
电信和其他信息传输服务业						
计算机服务业				20	23	-13.0
批发业	91	29	213.8	383	385	-0.5
零售业						
住宿业						
餐饮业						
金融活动业						
房地产业	55	5	1000.0	158	210	-24.8
商务服务业	508	178	185.4			
专业技术服务业	366	278	31.7	269	145	85.5

续表

指　　标	从业人员劳动报酬(万元)			在岗职工劳动报酬(万元)		
	2003年	2002年	增减幅度(%)	2003年	2002年	增减幅度(%)
总　　计	**814807**	**723060**	**12.7**	**810492**	**720043**	**12.6**
农业	1921	1444	33.0	1921	1444	33.0
煤炭开采和洗选业	77912	67776	15.0	76787	67012	14.6
石油和天然气开采业	86731	78314	10.7	86731	78314	10.7
有色金属矿采选业	13706	10653	28.7	13706	10653	28.7
农副食品加工业	1944	1446	34.4	1944	1446	34.4
食品制造业	1276	888	43.7	1276	888	43.7
饮料制造业	3761	3035	23.9	3761	3035	23.9
烟草制品业	7214	6666	8.2	7214	6666	8.2
纺织业	35704	33868	5.4	35691	33858	5.4
皮革、毛皮、羽毛(绒)及其制品业	179	172	4.1	163	156	4.5
印刷业和记录媒介的复制业	7230	7123	1.5	7107	6968	2.0
石油加工、炼焦及核燃料加工业	52280	41581	25.7	52242	41542	25.8
化学原料及化学制品制造业	23388	19876	17.7	23253	19481	19.4
医药制造业	29831	26394	13.0	29822	26292	13.4
非金属矿物制品业	6797	5566	22.1	6796	5566	22.1
黑色金属冶炼及压延加工业	19415	12739	52.4	18822	12739	47.8
有色金属冶炼及压延加工业	13512	12573	7.5	13512	12573	7.5
金属制品业	1851	2165	-14.5	1851	2165	-14.5
通用设备制造业	19082	14456	32.0	19056	14420	32.1
专用设备制造业	49711	42830	16.1	49390	42550	16.1
交通运输设备制造业	114474	111188	3.0	113987	110825	2.9
电气机械及器材制造业	36585	34282	6.7	36463	34157	6.8
通信设备计算机及其他电子设备制造业	72266	72852	-0.8	72170	72672	-0.7
仪器仪表及文化、办公用机械制造业	4182	3892	7.5	4159	3881	7.2
工艺品及其他制造业	595	598	-0.5	595	598	-0.5
电力、热力的生产和供应业	80317	64921	23.7	80090	64749	23.7
水的生产和供应业	5242	4621	13.4	5242	4621	13.4
房屋和土木工程建筑业	7023	5845	20.2	6981	5845	19.4
管道运输业	810	598	35.5	810	598	35.5
电信和其他信息传输服务业	317	222	42.8	317	222	42.8
计算机服务业	165	170	-2.9	165	170	-2.9
批发业	10237	7985	28.2	10176	7960	27.8
零售业	7024	6312	11.3	7024	6312	11.3
住宿业	1234	1296	-4.8	1234	1296	-4.8
餐饮业	2802	2701	3.7	2802	2701	3.7
金融活动业	1425	1683	-15.3	1425	1683	-15.3
房地产业	8164	6728	21.3	8070	6702	20.4
商务服务业	5696	5874	-3.0	5483	5806	-5.6
专业技术服务业	2804	1727	62.4	2254	1477	52.6

续表

指　　标	其他从业人员劳动报酬(万元)			研究开发人员劳动报酬(万元)		
	2003年	2002年	增减幅度(%)	2003年	2002年	增减幅度(%)
总　　计	**4315**	**3017**	**43.0**	**50599**	**49231**	**2.8**
农业				74	58	27.6
煤炭开采和洗选业	1125	764	47.3	49	42	16.7
石油和天然气开采业				1806	1353	33.5
有色金属矿采选业				279	98	184.7
农副食品加工业				31	28	10.7
食品制造业				236	159	48.4
饮料制造业				81	49	65.3
烟草制品业				209	156	34.0
纺织业	13	10	30.0	136	120	13.3
皮革、毛皮、羽毛(绒)及其制品业	16	16				
印刷业和记录媒介的复制业	123	155	-20.6	165	128	28.9
石油加工、炼焦及核燃料加工业	38	39	-2.6	43	44	-2.3
化学原料及化学制品制造业	135	395	-65.8	428	388	10.3
医药制造业	9	102	-91.2	1022	561	82.2
非金属矿物制品业	1			27	34	-20.6
黑色金属冶炼及压延加工业	593			211	289	-27.0
有色金属冶炼及压延加工业				960	850	12.9
金属制品业				101	102	-1.0
通用设备制造业	26	36	-27.8	3156	2160	46.1
专用设备制造业	321	280	14.6	4091	3770	8.5
交通运输设备制造业	487	363	34.2	20443	21476	-4.8
电气机械及器材制造业	122	125	-2.4	2862	2651	8.0
通信设备计算机及其他电子设备制造业	96	180	-46.7	11081	12352	-10.3
仪器仪表及文化、办公用机械制造业	23	11	109.1	849	619	37.2
工艺品及其他制造业				17	16	6.3
电力、热力的生产和供应业	227	172	32.0			
水的生产和供应业						
房屋和土木工程建筑业	42					
管道运输业						
电信和其他信息传输服务业						
计算机服务业				43	45	-4.4
批发业	61	25	144.0	931	922	1.0
零售业						
住宿业						
餐饮业						
金融活动业						
房地产业	94	26	261.5	458	326	40.5
商务服务业	213	68	213.2			
专业技术服务业	550	250	120.0	810	435	86.2

陕西省建立现代企业制度重点监测企业分行业经济效益指标

单位:%

指　标	净资产收益率			总资产报酬率		
	2003 年	2002 年	增减幅度	2003 年	2002 年	增减幅度
总　计	**9.24**	**7.67**	**1.57**	**5.68**	**5.27**	**0.41**
农业	1.63	3.53	-1.90	3.37	3.67	-0.30
煤炭开采和洗选业	4.05	6.07	-2.02	4.24	6.52	-2.28
石油和天然气开采业	21.43	18.87	2.56	14.73	12.57	2.16
有色金属矿采选业	10.56	6.85	3.71	7.20	4.54	2.66
农副食品加工业	6.49	6.34	0.15	4.27	4.85	-0.58
食品制造业	12.92	9.40	3.52	7.76	6.89	0.87
饮料制造业	16.22	11.77	4.45	8.93	8.07	0.86
烟草制品业	7.85	8.35	-0.50	6.68	7.20	-0.52
纺织业	-4.27	0.20	-4.47	-0.33	1.21	-1.54
皮革、毛皮、羽毛(绒)及其制品业	1.46	0.90	0.56	2.22	2.71	-0.49
印刷业和记录媒介的复制业	15.29	14.67	0.62	14.87	14.04	0.83
石油加工、炼焦及核燃料加工业	33.35	14.51	18.84	14.94	8.32	6.62
化学原料及化学制品制造业	1.96	-6.99	8.95	2.24	1.01	1.23
医药制造业	10.87	12.96	-2.09	8.06	10.35	-2.29
非金属矿物制品业	6.17	5.22	0.95	4.87	5.62	-0.75
黑色金属冶炼及压延加工业	7.49	2.56	4.93	3.74	3.66	0.08
有色金属冶炼及压延加工业	4.79	2.26	2.53	3.67	2.74	0.93
金属制品业	-1.34	0.19	-1.53	1.84	2.10	-0.26
通用设备制造业	12.27	4.39	7.88	5.75	3.48	2.27
专用设备制造业	6.14	3.11	3.03	4.07	3.25	0.82
交通运输设备制造业	8.04	5.40	2.64	3.88	3.50	0.38
电气机械及器材制造业	-40.84	-11.64	-29.20	-5.86	-1.63	-4.23
通信设备计算机及其他电子设备制造业	5.52	6.53	-1.01	4.35	4.72	-0.37
仪器仪表及文化、办公用机械制造业	-16.54	-13.70	-2.84	-0.62	-0.26	-0.36
工艺品及其他制造业	-11.69	2.16	-13.85	-5.36	2.87	-8.23
电力、热力的生产和供应业	4.73	4.24	0.49	3.72	3.46	0.26
水的生产和供应业	1.47	1.39	0.08	0.73	0.74	-0.01
房屋和土木工程建筑业	0.93	0.60	0.33	1.95	1.73	0.22
管道运输业	57.29	87.38	-30.09	8.95	8.76	0.19
电信和其他信息传输服务业	11.40	9.98	1.42	7.45	8.29	-0.84
计算机服务业	15.81	6.51	9.30	7.51	5.58	1.93
批发业	-17.01	5.53	-22.54	-1.46	3.32	-4.78
零售业	4.88	4.60	0.28	5.39	5.27	0.12
住宿业	0.33	1.54	-1.21	1.06	2.15	-1.09
餐饮业	8.66	6.87	1.79	4.63	5.37	-0.74
金融活动业	0.41	1.95	-1.54	0.51	1.36	-0.85
房地产业	3.89	2.71	1.18	2.17	2.15	0.02
商务服务业	-7.58	6.42	-14.00	-0.99	4.29	-5.28
专业技术服务业	5.46	5.38	0.08	4.30	3.07	1.23

续表

指　　标	销售利润率			劳动生产率(万元/人)		
	2003年	2002年	增减幅度	2003年	2002年	增减幅度
总　　计	**8.70**	**7.90**	**0.80**	**28.48**	**22.37**	**6.11**
农业	3.63	6.89	-3.26	26.99	26.22	0.77
煤炭开采和洗选业	4.57	5.55	-0.98	13.87	9.55	4.32
石油和天然气开采业	28.25	22.99	5.26	48.85	36.54	12.31
有色金属矿采选业	12.54	8.57	3.97	19.26	14.82	4.44
农副食品加工业	1.43	1.62	-0.19	62.94	52.69	10.25
食品制造业	6.05	5.15	0.90	22.79	23.77	-0.98
饮料制造业	8.81	8.13	0.68	51.38	41.17	10.21
烟草制品业	6.19	6.21	-0.02	94.12	76.21	17.91
纺织业	-3.42	0.32	-3.74	6.22	5.67	0.55
皮革、毛皮、羽毛(绒)及其制品业	1.17	0.66	0.51	47.98	78.68	-30.70
印刷业和记录媒介的复制业	27.59	23.06	4.53	33.19	34.20	-1.01
石油加工、炼焦及核燃料加工业	12.09	6.23	5.86	74.99	50.18	24.81
化学原料及化学制品制造业	1.05	-2.72	3.77	15.79	13.34	2.45
医药制造业	13.56	17.76	-4.20	65.72	59.75	5.97
非金属矿物制品业	9.78	10.72	-0.94	9.64	10.59	-0.95
黑色金属冶炼及压延加工业	2.97	2.15	0.82	34.67	17.15	17.52
有色金属冶炼及压延加工业	3.86	2.78	1.08	20.04	15.12	4.92
金属制品业	-1.56	0.31	-1.87	5.64	4.56	1.08
通用设备制造业	9.67	5.50	4.17	22.78	13.06	9.72
专用设备制造业	5.14	3.34	1.80	14.85	11.93	2.92
交通运输设备制造业	5.60	4.25	1.35	19.74	14.88	4.86
电气机械及器材制造业	-14.99	-8.26	-6.73	21.40	14.25	7.15
通信设备计算机及其他电子设备制造业	5.38	5.32	0.06	28.30	28.88	-0.58
仪器仪表及文化、办公用机械制造业	-8.23	-10.65	2.42	7.28	4.73	2.55
工艺品及其他制造业	-63.95	12.14	-76.09	34.87	51.29	-16.42
电力、热力的生产和供应业	5.04	5.37	-0.33	31.41	26.72	4.69
水的生产和供应业	3.13	3.42	-0.29	12.95	11.15	1.80
房屋和土木工程建筑业	4.39	2.55	1.84	20.19	20.66	-0.47
管道运输业	13.46	9.83	3.63	168.83	148.37	20.46
电信和其他信息传输服务业	10.15	9.85	0.30	70.50	82.44	-11.94
计算机服务业	76.42	14.14	62.28	39.37	87.28	-47.91
批发业	-3.09	2.34	-5.43	83.41	74.78	8.63
零售业	5.40	4.62	0.78	43.00	41.99	1.01
住宿业	3.69	8.68	-4.99	6.46	7.13	-0.67
餐饮业	9.75	11.03	-1.28	11.62	7.40	4.22
金融活动业	2.86	8.50	-5.64	42.64	55.14	-12.50
房地产业	4.79	4.13	0.66	69.50	59.72	9.78
商务服务业	-14.70	6.83	-21.53	10.20	19.16	-8.96
专业技术服务业	8.58	5.05	3.53	12.70	10.92	1.78

续表

指　标	成本费用利润率			资产利税率		
	2003年	2002年	增减幅度	2003年	2002年	增减幅度
总　计	**9.95**	**8.94**	**1.01**	**8.01**	**7.10**	**0.91**
农业	3.76	7.89	-4.13	1.27	2.27	-1.00
煤炭开采和洗选业	5.23	6.48	-1.25	5.32	5.01	0.31
石油和天然气开采业	43.88	33.42	10.46	17.86	14.65	3.21
有色金属矿采选业	15.11	9.45	5.66	9.97	6.84	3.13
农副食品加工业	1.46	1.66	-0.20	2.90	3.43	-0.53
食品制造业	6.37	5.43	0.94	8.56	7.62	0.94
饮料制造业	10.25	9.39	0.86	15.05	16.30	-1.25
烟草制品业	11.57	11.63	-0.06	44.66	44.91	-0.25
纺织业	-3.24	0.32	-3.56	0.96	2.58	-1.62
皮革、毛皮、羽毛(绒)及其制品业	1.18	0.64	0.54	1.83	1.38	0.45
印刷业和记录媒介的复制业	36.97	29.76	7.21	19.79	19.07	0.72
石油加工、炼焦及核燃料加工业	14.67	7.17	7.50	25.29	18.62	6.67
化学原料及化学制品制造业	1.06	-2.74	3.80	2.59	1.49	1.10
医药制造业	16.69	21.89	-5.20	11.41	14.33	-2.92
非金属矿物制品业	10.97	12.17	-1.20	6.55	8.10	-1.55
黑色金属冶炼及压延加工业	3.17	2.31	0.86	6.52	4.78	1.74
有色金属冶炼及压延加工业	4.01	2.91	1.10	4.17	2.92	1.25
金属制品业	-1.52	0.31	-1.83	2.06	2.69	-0.63
通用设备制造业	10.97	5.68	5.29	9.41	4.89	4.52
专用设备制造业	5.43	3.46	1.97	5.22	3.93	1.29
交通运输设备制造业	5.93	4.45	1.48	4.00	3.55	0.45
电气机械及器材制造业	-13.99	-7.71	-6.28	-5.25	-1.44	-3.81
通信设备计算机及其他电子设备制造业	5.81	5.83	-0.02	6.18	7.40	-1.22
仪器仪表及文化、办公用机械制造业	-7.55	-9.58	2.03	-1.80	-1.98	0.18
工艺品及其他制造业	-64.94	14.08	-79.02	-5.17	2.65	-7.82
电力、热力的生产和供应业	5.17	5.47	-0.30	5.28	4.68	0.60
水的生产和供应业	3.19	3.54	-0.35	2.61	2.68	-0.07
房屋和土木工程建筑业	4.69	2.63	2.06	0.73	0.36	0.37
管道运输业	15.83	11.05	4.78	6.97	5.14	1.83
电信和其他信息传输服务业	11.49	11.41	0.08	8.06	8.40	-0.34
计算机服务业	68.50	17.82	50.68	5.61	2.69	2.92
批发业	-3.03	2.45	-5.48	-1.73	2.94	-4.67
零售业	5.70	4.85	0.85	7.25	6.83	0.42
住宿业	3.94	10.02	-6.08	1.75	3.23	-1.48
餐饮业	11.06	10.38	0.68	5.15	5.62	-0.47
金融活动业	2.45	7.02	-4.57	0.42	0.81	-0.39
房地产业	5.16	4.44	0.72	2.76	2.70	0.06
商务服务业	-12.76	7.48	-20.24	-2.55	3.84	-6.39
专业技术服务业	9.26	5.79	3.47	6.54	4.81	1.73

续表

指标	总资产使用率			流动资产比率		
	2003年	2002年	增减幅度	2003年	2002年	增减幅度
总计	**49.49**	**45.07**	**4.42**	**37.12**	**37.30**	**-0.18**
农业	42.09	36.08	6.01	48.49	0.00	48.49
煤炭开采和洗选业	32.76	31.78	0.98	19.07	18.14	0.93
石油和天然气开采业	47.10	45.93	1.17	23.93	23.29	0.64
有色金属矿采选业	57.86	47.62	10.24	47.64	47.34	0.30
农副食品加工业	189.38	175.52	13.86	40.06	42.26	-2.20
食品制造业	105.50	105.90	-0.40	54.38	47.09	7.29
饮料制造业	82.74	78.46	4.28	43.20	42.37	0.83
烟草制品业	80.60	80.56	0.04	78.36	72.52	5.84
纺织业	48.37	43.83	4.54	37.33	38.29	-0.96
皮革、毛皮、羽毛(绒)及其制品业	36.02	38.89	-2.87	82.63	78.86	3.77
印刷业和记录媒介的复制业	52.90	58.71	-5.81	45.94	51.27	-5.33
石油加工、炼焦及核燃料加工业	112.56	102.70	9.86	23.23	22.87	0.36
化学原料及化学制品制造业	33.57	30.14	3.43	23.48	18.84	4.64
医药制造业	56.20	53.44	2.76	28.46	41.13	-12.67
非金属矿物制品业	34.83	38.08	-3.25	31.72	32.11	-0.39
黑色金属冶炼及压延加工业	67.27	45.99	21.28	42.57	38.20	4.37
有色金属冶炼及压延加工业	46.23	38.98	7.25	47.56	50.55	-2.99
金属制品业	25.99	26.97	-0.98	51.58	44.49	7.09
通用设备制造业	51.95	40.44	11.51	59.26	53.33	5.93
专用设备制造业	52.95	44.31	8.64	49.94	51.89	-1.95
交通运输设备制造业	48.97	45.97	3.00	50.73	51.83	-1.10
电气机械及器材制造业	45.73	36.90	8.83	53.64	52.96	0.68
通信设备计算机及其他电子设备制造业	62.78	66.77	-3.99	59.40	57.23	2.17
仪器仪表及文化、办公用机械制造业	34.89	25.73	9.16	49.60	50.02	-0.42
工艺品及其他制造业	9.53	13.31	-3.78	63.09	57.43	5.66
电力、热力的生产和供应业	39.39	32.22	7.17	23.59	21.48	2.11
水的生产和供应业	24.64	22.38	2.26	17.46	16.97	0.49
房屋和土木工程建筑业	9.58	8.36	1.22	20.46	27.61	-7.15
管道运输业	46.97	46.00	0.97	21.01	17.39	3.62
电信和其他信息传输服务业	69.17	76.22	-7.05	2.18	4.83	-2.65
计算机服务业	4.86	9.13	-4.27	40.07	52.82	-12.75
批发业	102.14	85.22	16.92	53.76	53.00	0.76
零售业	81.01	88.08	-7.07	33.39	34.09	-0.70
住宿业	18.48	20.31	-1.83	46.94	44.13	2.81
餐饮业	37.19	34.53	2.66	32.66	36.60	-3.94
金融活动业	5.76	5.84	-0.08	82.36	96.18	-13.82
房地产业	31.79	33.13	-1.34	75.68	71.94	3.74
商务服务业	19.61	44.07	-24.46	33.79	36.26	-2.47
专业技术服务业	48.11	58.76	-10.65	52.62	51.57	1.05

续表

指　　标	资金利润率			资产负债率		
	2003年	2002年	增减幅度	2003年	2002年	增减幅度
总　　计	**5.46**	**4.35**	**1.11**	**61.45**	**61.69**	**-0.24**
农业	2.01	18.43	-16.42	51.45	45.07	6.38
煤炭开采和洗选业	1.86	2.06	-0.20	67.14	71.20	-4.06
石油和天然气开采业	15.10	11.79	3.31	44.93	48.76	-3.83
有色金属矿采选业	8.84	4.88	3.96	36.34	46.31	-9.97
农副食品加工业	3.63	3.33	0.30	58.52	55.18	3.34
食品制造业	8.22	7.50	0.72	51.03	47.52	3.51
饮料制造业	9.26	8.47	0.79	63.38	58.26	5.12
烟草制品业	5.18	5.50	-0.32	57.48	59.26	-1.78
纺织业	-1.98	0.17	-2.15	59.92	59.00	0.92
皮革、毛皮、羽毛(绒)及其制品业	0.43	0.27	0.16	70.41	70.37	0.04
印刷业和记录媒介的复制业	19.37	16.87	2.50	29.31	36.35	-7.04
石油加工、炼焦及核燃料加工业	15.80	6.91	8.89	65.12	70.22	-5.10
化学原料及化学制品制造业	0.41	-0.99	1.40	86.16	86.90	-0.74
医药制造业	14.60	12.26	2.34	41.55	42.46	-0.91
非金属矿物制品业	4.24	4.66	-0.42	54.11	53.53	0.58
黑色金属冶炼及压延加工业	2.91	1.34	1.57	74.43	67.23	7.20
有色金属冶炼及压延加工业	2.25	1.43	0.82	68.87	61.07	7.80
金属制品业	-0.53	0.12	-0.65	67.12	66.19	0.93
通用设备制造业	6.44	2.84	3.60	67.44	60.34	7.10
专用设备制造业	3.10	1.67	1.43	60.16	59.69	0.47
交通运输设备制造业	4.01	2.71	1.30	69.46	65.34	4.12
电气机械及器材制造业	-9.23	-3.90	-5.33	81.07	71.98	9.09
通信设备计算机及其他电子设备制造业	3.93	4.12	-0.19	57.98	58.95	-0.97
仪器仪表及文化、办公用机械制造业	-3.48	-3.28	-0.20	82.29	79.70	2.59
工艺品及其他制造业	-7.20	2.08	-9.28	45.86	42.72	3.14
电力、热力的生产和供应业	2.27	2.08	0.19	61.90	62.98	-1.08
水的生产和供应业	1.13	1.05	0.08	47.76	44.99	2.77
房屋和土木工程建筑业	0.75	0.29	0.46	66.51	66.57	-0.06
管道运输业	8.88	5.25	3.63	88.96	94.82	-5.86
电信和其他信息传输服务业	13.15	19.94	-6.79	40.79	25.45	15.34
计算机服务业	10.61	4.23	6.38	69.54	69.33	0.21
批发业	-4.41	2.79	-7.20	77.79	73.45	4.34
零售业	5.62	4.96	0.66	38.71	37.03	1.68
住宿业	0.77	2.09	-1.32	13.37	20.80	-7.43
餐饮业	6.95	6.12	0.83	67.34	61.65	5.69
金融活动业	0.20	0.51	-0.31	81.38	84.27	-2.89
房地产业	1.89	1.68	0.21	77.05	77.23	-0.18
商务服务业	-4.25	4.63	-8.88	61.94	55.54	6.40
专业技术服务业	5.77	4.15	1.62	40.43	44.19	-3.76

续表

指　　标	长期负债与资产总计比率			已获利息倍数(倍)		
	2003年	2002年	增减幅度	2003年	2002年	增减幅度
总　　计	**23.27**	**25.74**	**-2.47**	**4.41**	**3.54**	**0.87**
农业	6.29	6.27	0.02	1.85	1.73	0.12
煤炭开采和洗选业	50.29	53.33	-3.04	1.61	1.88	-0.27
石油和天然气开采业	21.71	26.37	-4.66	19.59	13.32	6.27
有色金属矿采选业	10.01	20.93	-10.92	-139.41	-82.93	-56.48
农副食品加工业	30.15	29.02	1.13	2.74	2.52	0.22
食品制造业	11.56	11.17	0.39	5.63	4.37	1.26
饮料制造业	11.57	9.85	1.72	5.62	3.84	1.78
烟草制品业	2.22	2.53	-0.31	3.94	3.73	0.21
纺织业	20.00	20.98	-0.98	-0.25	0.93	-1.18
皮革、毛皮、羽毛(绒)及其制品业				1.24	1.56	-0.32
印刷业和记录媒介的复制业	6.78	6.63	0.15	58.91	50.72	8.19
石油加工、炼焦及核燃料加工业	9.46	16.89	-7.43	11.36	4.69	6.67
化学原料及化学制品制造业	60.37	64.08	-3.71	1.19	0.51	0.68
医药制造业	11.04	9.03	2.01	18.59	17.93	0.66
非金属矿物制品业	11.52	10.86	0.66	3.37	3.32	0.05
黑色金属冶炼及压延加工业	16.94	20.24	-3.30	2.23	1.56	0.67
有色金属冶炼及压延加工业	24.78	22.44	2.34	1.98	1.35	0.63
金属制品业	12.55	12.70	-0.15	0.82	0.97	-0.15
通用设备制造业	6.19	8.36	-2.17	9.38	4.40	4.98
专用设备制造业	14.87	14.91	-0.04	3.11	2.37	0.74
交通运输设备制造业	13.85	16.85	-3.00	3.50	2.52	0.98
电气机械及器材制造业	12.26	11.76	0.50	-3.82	-1.03	-2.79
通信设备计算机及其他电子设备制造业	13.67	15.76	-2.09	4.81	4.91	-0.10
仪器仪表及文化、办公用机械制造业	11.16	15.31	-4.15	-0.28	-0.11	-0.17
工艺品及其他制造业	0.08	0.08		-7.28	4.12	-11.40
电力、热力的生产和供应业	36.02	36.07	-0.05	2.14	2.02	0.12
水的生产和供应业	33.24	31.02	2.22	-20.09	-18.65	-1.44
房屋和土木工程建筑业	53.13	62.00	-8.87	1.28	1.07	0.21
管道运输业	69.55	72.98	-3.43	3.41	2.58	0.83
电信和其他信息传输服务业				17.33	15.39	1.94
计算机服务业	5.06	0.00	5.06	2.79	1.71	1.08
批发业	6.69	6.10	0.59	-0.85	1.82	-2.67
零售业	7.26	7.50	-0.24	5.89	5.39	0.50
住宿业				2.79	6.14	-3.35
餐饮业	12.88	2.85	10.03	4.62	4.26	0.36
金融活动业	0.02	7.13	-7.11	1.48	4.80	-3.32
房地产业	18.52	20.37	-1.85	3.36	2.51	0.85
商务服务业	27.33	17.43	9.90	-0.52	1.87	-2.39
专业技术服务业				36.52	23.66	12.86

续表

指　标	流动比率			速动比率		
	2003年	2002年	增减幅度	2003年	2002年	增减幅度
总　计	**97.23**	**103.78**	**-6.55**	**67.72**	**71.80**	**-4.08**
农业	107.37	0.00	107.37	84.66	-16.73	101.39
煤炭开采和洗选业	113.14	101.46	11.68	60.11	53.19	6.92
石油和天然气开采业	103.07	104.04	-0.97	88.34	85.65	2.69
有色金属矿采选业	180.96	186.53	-5.57	139.16	122.98	16.18
农副食品加工业	141.21	161.51	-20.30	41.04	75.11	-34.07
食品制造业	137.76	129.56	8.20	97.83	85.71	12.12
饮料制造业	83.39	87.54	-4.15	38.00	49.20	-11.20
烟草制品业	141.80	127.83	13.97	66.73	56.36	10.37
纺织业	93.50	100.68	-7.18	54.43	59.74	-5.31
皮革、毛皮、羽毛(绒)及其制品业	117.35	112.06	5.29	20.23	18.24	1.99
印刷业和记录媒介的复制业	203.91	172.53	31.38	166.30	150.68	15.62
石油加工、炼焦及核燃料加工业	41.73	42.88	-1.15	28.20	27.55	0.65
化学原料及化学制品制造业	91.05	82.57	8.48	71.09	60.97	10.12
医药制造业	93.26	123.04	-29.78	53.42	64.78	-11.36
非金属矿物制品业	74.48	75.27	-0.79	44.24	46.30	-2.06
黑色金属冶炼及压延加工业	74.05	81.30	-7.25	53.34	54.27	-0.93
有色金属冶炼及压延加工业	107.87	130.86	-22.99	63.46	78.82	-15.36
金属制品业	94.51	83.17	11.34	51.58	40.32	11.26
通用设备制造业	96.75	102.62	-5.87	69.89	62.23	7.66
专用设备制造业	110.26	115.89	-5.63	73.45	80.76	-7.31
交通运输设备制造业	91.23	106.87	-15.64	56.44	60.89	-4.45
电气机械及器材制造业	77.96	87.94	-9.98	49.06	57.09	-8.03
通信设备计算机及其他电子设备制造业	134.06	132.51	1.55	105.87	107.62	-1.75
仪器仪表及文化、办公用机械制造业	69.73	77.69	-7.96	44.38	50.36	-5.98
工艺品及其他制造业	137.79	134.70	3.09	122.23	116.55	5.68
电力、热力的生产和供应业	91.13	79.84	11.29	89.51	77.98	11.53
水的生产和供应业	120.27	121.51	-1.24	114.89	112.01	2.88
房屋和土木工程建筑业	152.97	603.46	-450.49	142.90	578.64	-435.74
管道运输业	108.18	79.58	28.60	97.38	75.17	22.21
电信和其他信息传输服务业	5.35	18.98	-13.63	3.94	17.32	-13.38
计算机服务业	62.14	76.18	-14.04	61.83	72.36	-10.53
批发业	75.61	78.69	-3.08	56.46	59.00	-2.54
零售业	106.13	115.45	-9.32	65.60	65.37	0.23
住宿业	351.01	212.13	138.88	335.69	202.88	132.81
餐饮业	59.96	62.26	-2.30	57.17	57.97	-0.80
金融活动业	101.24	124.69	-23.45	84.10	104.85	-20.75
房地产业	129.31	126.53	2.78	43.07	41.08	1.99
商务服务业	97.64	95.14	2.50	87.44	84.54	2.90
专业技术服务业	130.14	116.70	13.44	113.52	107.19	6.33

续表

指　　标	新产品销售收入与营业收入比率			研究开发费用与营业收入比率		
	2003年	2002年	增减幅度	2003年	2002年	增减幅度
总　　计	**8.54**	**8.04**	**0.50**	**1.14**	**1.22**	**-0.08**
农业				0.39		0.39
煤炭开采和洗选业				0.01	0.01	
石油和天然气开采业	0.89	3.38	-2.49	0.67	0.83	-0.16
有色金属矿采选业				0.75	0.59	0.16
农副食品加工业						
食品制造业	4.93	2.45	2.48	1.49	1.08	0.41
饮料制造业	1.17	1.50	-0.33	0.46	0.39	0.07
烟草制品业	16.52	8.79	7.73	0.09	0.21	-0.12
纺织业	6.27	6.32	-0.05	0.91	1.32	-0.41
皮革、毛皮、羽毛(绒)及其制品业						
印刷业和记录媒介的复制业				0.67	0.91	-0.24
石油加工、炼焦及核燃料加工业						
化学原料及化学制品制造业				0.09	0.14	-0.05
医药制造业	15.84	20.07	-4.23	1.19	1.27	-0.08
非金属矿物制品业				0.10	0.04	0.06
黑色金属冶炼及压延加工业	4.10	3.13	0.97	0.10	0.24	-0.14
有色金属冶炼及压延加工业	6.02	11.00	-4.98	0.13	0.16	-0.03
金属制品业	7.75	8.05	-0.30	2.55	2.24	0.31
通用设备制造业	44.32	34.83	9.49	5.44	6.04	-0.60
专用设备制造业	27.01	27.27	-0.26	2.10	2.31	-0.21
交通运输设备制造业	34.87	29.99	4.88	3.43	4.58	-1.15
电气机械及器材制造业	23.00	23.29	-0.29	0.99	1.86	-0.87
通信设备计算机及其他电子设备制造业	9.54	7.93	1.61	4.74	3.04	1.70
仪器仪表及文化、办公用机械制造业	23.23	24.30	-1.07	2.60	3.36	-0.76
工艺品及其他制造业				0.18	0.20	-0.02
电力、热力的生产和供应业						
水的生产和供应业						
房屋和土木工程建筑业						
管道运输业						
电信和其他信息传输服务业						
计算机服务业	32.09	31.85	0.24	5.88	3.44	2.44
批发业				0.23	0.18	0.05
零售业						
住宿业						
餐饮业						
金融活动业						
房地产业	0.03	1.78	-1.75	0.18	0.23	-0.05
商务服务业						
专业技术服务业				0.87	0.84	0.03

续表

指　　标	研究开发费用与主营业务收入比率			资本保值增值率
	2003 年	2002 年	增减幅度	2003 年
总　　计	**1.16**	**1.25**	**-0.09**	**116.28**
农业	0.39		0.39	102.79
煤炭开采和洗选业	0.01	0.01		150.86
石油和天然气开采业	0.70	0.90	-0.20	134.98
有色金属矿采选业	0.75	0.59	0.16	125.71
农副食品加工业				114.38
食品制造业	1.49	1.08	0.41	106.84
饮料制造业	0.46	0.39	0.07	115.86
烟草制品业	0.09	0.21	-0.12	118.88
纺织业	0.91	1.33	-0.42	95.75
皮革、毛皮、羽毛(绒)及其制品业				96.73
印刷业和记录媒介的复制业	0.67	0.91	-0.24	121.83
石油加工、炼焦及核燃料加工业				158.11
化学原料及化学制品制造业	0.09	0.14	-0.05	111.30
医药制造业	1.19	1.27	-0.08	135.12
非金属矿物制品业	0.10	0.04	0.06	115.31
黑色金属冶炼及压延加工业	0.10	0.25	-0.15	109.48
有色金属冶炼及压延加工业	0.13	0.17	-0.04	87.17
金属制品业	2.62	2.29	0.33	93.31
通用设备制造业	5.56	6.05	-0.49	105.85
专用设备制造业	2.13	2.33	-0.20	103.77
交通运输设备制造业	3.47	4.62	-1.15	110.22
电气机械及器材制造业	1.06	1.88	-0.82	69.67
通信设备计算机及其他电子设备制造业	4.83	3.10	1.73	108.67
仪器仪表及文化、办公用机械制造业	2.60	3.36	-0.76	91.44
工艺品及其他制造业	0.18	0.20	-0.02	89.43
电力、热力的生产和供应业				101.47
水的生产和供应业				102.76
房屋和土木工程建筑业				105.75
管道运输业				276.30
电信和其他信息传输服务业				99.43
计算机服务业	7.63	6.69	0.94	120.12
批发业	0.24	0.18	0.06	89.33
零售业				104.04
住宿业				100.33
餐饮业				107.17
金融活动业				98.22
房地产业	0.18	0.23	-0.05	133.63
商务服务业				104.02
专业技术服务业	0.89	0.85	0.04	117.57

国有企业资产重组经典案例

案例之一：

海尔集团并购调查报告

前　言

海尔集团是在1984年引进德国利勃海尔电冰箱生产技术成立的青岛电冰箱总厂基础上发展起来的集科研、生产，贸易及金融各领域于一体的综合性国有特大型企业。在公司总裁张瑞敏提出的“名牌战略”思想指导下，通过技术开发，精细化管理，资本运营，兼并控股及国际化等手段，使一个亏空147万元的企业迅速成长为1994年在全国500强中名列第107位，成为中国家电集团中产品品种最多、规格最全、技术最高、出口量最大的企业，1996年销售收入达62亿元，1997年实现销售收入108亿元。目前集团产品有电冰箱、冰柜、空调、洗衣机、微波炉等13个门类，500余个规格品种，批量出口到欧美、日本等发达国家和地区。1996年出口创汇达5700万美元。集团内年销售收入过亿元的企业有11个，员工13000人。从1991年起海尔就在实施资产扩张战略，先后兼并了原青岛空调器厂、冰柜厂、武汉希岛、红星电器公司等十多家大中型企业，盘活存量资产达15亿元之多，集团资产已从10年前的几千万元膨胀至39亿元，成为中国第一家家电特大型企业。1997年3月13日，海尔集团以控股投资的方式，与广东爱德集团公司合资建起顺德海尔电器有限公司。1997年9月海尔与拥有资产近17亿元的大型企业集团西湖电子共同出资，在杭州经济技术开发区组建杭州海尔电器有限公司，合作开发生产大屏幕数字电视。1997年底海尔又相继兼并了安徽黄山电子有限公司，控股贵州电冰箱厂和青岛第三制药厂。至此，海尔13年来兼并国内企业16家，组成国内家电行业规模最大的一只“联合舰队”。在这16家中，海尔认为对红星电器的兼并是最成功的一次，因为在这次兼并中海尔没有投入一分钱，只是用自己的品牌和管理等无形资产入股，在短时间内就使红星扭亏为赢并且成为海尔洗衣机的重要组成部分。顺德海尔则是海尔按照市场经济原则操作较为规范的一次并购，虽然其中当地政府的作用不小，但不像红星是由青岛市政府直接划归海尔的。海尔大多数的并购都没有跨行业（白色家电业），但杭州海尔电器有限公司的成立标志着海尔并购的脚步越迈越大，这次并购无疑具有里程碑的意义。

整体兼并—红星电器公司

一、背景

1991年由青岛电冰箱总厂、青岛电冰柜总厂和青岛空调器厂组建而成的琴岛海尔集团公司，1993年9月更名为海尔集团，产品以制冷设备为主。1993年7月集团与意大利梅洛尼设计股份有限公司合资创办琴岛海尔梅洛尼有限公司，开始生产滚筒洗衣机。1994年集团实现销售收入25.65亿元，利润2.1亿元，生产洗衣机71.3万台。1995年5月海尔洗衣机“玛格丽特”被评为“1995年中国市场十大畅销洗衣机”。青岛红星电器公司曾是我国三大洗衣机生产企业之一，拥有3500多名员工，年产洗衣机达70万台，年销售收入5亿多元。但从1995年上半年开始，其经营每况愈下，出现多年未有的大滑坡现象，而且资产负债率高达143.65%，资不抵债1.33亿元，前景堪忧。为了盘活国有资产和3500多名职工的生计，1995年7月4日，青岛市政府决定将红星电器股份有限公司整体划归海尔集团。这是一次引人注目的旨在盘活国有资产而在政府牵线搭桥下进行的产权交易，其成败扣人心弦。

二、并购目的

中国家用洗衣机行业快速发展始于70年代末，1995年总产量达到约950万台。一般而言，家用洗衣机可分为单桶、双桶半自动洗衣机及全自动洗衣机，而全自动又可分为波轮、滚筒及搅拌式。单桶洗衣机为原始类型，1995年时大多数厂商已不再生产。双桶半自动较全自动便宜，是当时中国市场的主流，而滚筒在欧洲较为普遍，但在亚洲以波轮更为常见。对于当时总容量达900多万台的洗衣机市场，海尔70多万台显然只是一个不大数目。而且海尔洗衣机当时以滚筒为主，产品系列比较单一，要想扩大自己的市场份额，它必须扩大生产能力，提高产品线的长度。红星作为一个老牌的洗衣机生产厂，其设备、技术以及工人的熟练程度在当时都应是相当好的，它所缺乏的主要是科学的管理和市场导向的生产经营模式，而海尔正是以管理和出色的市场观念而著称，因此它们的结合有着极大的合理性。市政府的出面使得这一并购进行的十分的顺利，而且由于是由市政府将红星整体划归海尔，不需海尔出资，这大大降低了并购成本，这恐怕也是海尔认为红星并购案例是它所进行的最成功的并购的原因之一。通过这一并购，新成立的海尔洗衣机有限公司不仅将原有的生产能力提高了一倍，产生了规模经济效益，并且极大地丰富了自己的产品线，大大增强了自己在洗衣机市场上的竞争能力。

三、并购经过

（一）组织结构的变化

1995年7月4日青岛红星电器股份有限公司整体划归海尔集团后，更名为青岛海尔洗衣机有限总公司，从而使它成为海尔梅洛尼洗衣机有限公司之后海尔集团下属的第二个洗衣机子公司。

（二）接管过程

1. 文化先行。1995年7月4日，海尔电冰箱股份有限公司副总经理柴永森奉命来到由红星电器公司更名的海尔洗衣机有限总公司，就任党委书记兼总经理。划归之初，海尔集团总裁张瑞敏便确定一个思路，海尔的最大优势是无形资产，注入海尔的企业文化，以此来统一企业思想，重铸企业灵魂，以无形资产去盘活有形资产，是最重要的一着。海尔集团副总裁杨绵绵首先率海尔企业文化、资产管理、规划发展、资金调度和咨询认证五大中心的人员，在划归的第二天便来到红星电器公司，开始贯彻和实施“企业文化先行”的战略。“敬业报国，追求卓越”的海尔精神，开始植入并同化着“红星”的员工们。随后，张瑞敏又亲自到“红星”，向中层干部们讲述他的经营心得，解释“80/20管理原则”，灌输“关键的少数决定非关键的多数”这个“人和责任”的理念。“企业最活跃的因素就是人，而在人的因素中，中层以上管理干部虽是少数，却在企业发展中负有80%的责任。”令“红星”中层干部们耳目一新的“80/20原则”。关于解决例行问题和例外问题要用不同方法的“法约尔跳板原则”，以及引用的中华民族的古训：“德，才之帅也；才，德之资也”，唤起了“红星”广大中层干部的进取心，鼓起了他们奋发向上争一流的风帆。张瑞敏进而从分析企业亏损引申出海尔OEC管理，要求大家从我做起，从现在做起，从我出成果，从今天出成果，全方位地对每天、每人、每件事进行清理、控制，日事日毕，日清日高。他提出，当前要群策群力，从三方面做起：一是以市场为中心，卖信誉，不是卖产品，一切工作都要围绕顾客需要和市场满意来做；二是降低成本，增加盈利能力，用最小投入得到最大产出；三是从现在起，每天作出计划，目标量化分解到人，抓紧抓死，要在2—3年内争创中国洗衣机第一名牌，最终在国际上创名牌。

2. “范萍事件”。应该说3500多名红星电器公司员工，对企业划归“海尔”表示了欢迎和拥护的态度，但由于企业文化、企业管理、员工素质等方面的差异，人们对海尔的管理方法，在理念上存在着认识偏差。海尔的管理指导思想立足“以人为本”。对此，以柴永森为首的新领导班子，没有简单地采用单纯说教的方式，而是抓住发生在员工身边的典型事例来引导人们自觉地进行观念上的转变。一天，洗衣机生产车间发生了这样一件事，质检员范萍由于责任心不强，造成选择开关插头差错和漏检，被罚款50元。这本是一件小事，因为过去企业发生质量问题从来都是罚一线工人，但若是用海尔的管理观念来看这件事，则不应该如此简单处理，当事者周围的干部们更应当逐级承担责任，针对这件事，他们利用集团主办的《海尔报》，开展了《范萍的上级负什么责任》的大讨论，并配发了评论《动真格的，从干部开始》。以此为出发点，柴永森督促下级部门迅速处理企业数年来的洗衣机存库返修问题，但拖拉惯了的下级部门认为此事无关紧要，并没有按期照办，柴永森据此引咎自罚了500元。全新的海尔管理，使原红星人受到震撼，尤其是广大干部，开始认识到管理的差距与不足了。干部红黄榜迅速设立，先后有10位干部对自己工作的失误进行了自罚，许多长期难以根除的质量、供货、干部作风等问题由此得到解决。抓住员工观念已有所转变的时机，柴永森组织全体员工分批参观海尔电冰箱等企业，使他们亲眼目睹海尔科学有序的管理现场，集团OEC管理，寻找自身差距。海尔现场管理的精髓是“责任到人”、“人人都管事，事事有人管”，除去生产环节，哪怕是车间里一扇窗户的玻璃，其卫生清洁也有指定员工负责。而该公司现场管理最大的弊病就是责任不清，出了问题谁也不负责任。参观回来后，该公司各分厂都把严抓现场管理，落实每人、每事、每天的责任，作为开展工作、上水平的突破口，各分厂领导每天至少有6小时靠在现场，抓薄弱环节，解决实质问题，促使现场管理水平每天都有提高。过去现场管理较差，各种物品乱堆乱放的总装分厂，现场面貌从此变得整洁而有条理，崭新的《现场管理区域图》挂在车间大门处；最优、最差车间主任、员工及评比缘由，提醒大家注意的当日工作重点，工整地书写在黑板报上；日清栏内质量、生产、物耗管理、设备、文明生产、工艺、劳动纪律等条目标注清晰，一目了然；车间地面上新画的区域黄线，将各种物品的设置，界定了归位明确的界限。现在，该公司各分厂均改变了过去那种从投入到产出的无序状态，形成了系统管理。

3. 市场理念的导入。“我们一切工作的效果，最终是通过市场来反映的。”海尔集团这个经营理念，在海尔洗衣机有限总公司得到再次印证。在新理念的导向下，该公司一切工作都围绕市场展开；——建立健全了质保体系，建立了行之有效的奖罚制度，使产品走向市场有了可靠保证。——建立高效运作机制，全面调整内部机构。撤销34个处室，成立销售部、财务部、制造部、技术质量部、综合部和科研所，实行5部1所管理。按照“公开竞争、择优上岗”原则，中层干部105人减至45人。——改革干部制度，变“相马”式的干部提拔制度为“赛马”式的竞争制度。公开招聘、选拔一流人才，充实各部门干部岗位，仅销售部门即招聘了50多位大专学历以上的营销人员。崭新的用人观念，调动了干部的积极性，给企业人才市场注入了活力，也使洗衣机营销系统寻找到新的启动点。——调整销售战略，重塑市场信誉。根据国内市场和消费者需求，克服种种困难，加大产量，将过去单纯面向国际市场的全自动洗衣机，在出口的同时投放国内市场，并冠以朗朗上口的“小神童”新品牌；新开发了一种适销对路、大容量的气泡双桶洗衣机，起名为“小神泡”。两种新品牌产品投放全国各地市场后，一炮打响，供不应求，使失去的洗衣机市场重回“怀抱”。海尔集团还有条营销理念是：“只有淡季思想，没有淡季市场，越是淡季越应该做工作，越是淡季做工作越能收到效果”。过去，该公司营销人员在夏季前后的洗衣机销售淡季，常常是呆在企业里轧帐囤积。为改变营销人员的旧观念、旧习惯，该公司临时筹措出差资金，发动营销人员在淡季走向全国各地市场，强大的“淡季攻势”，果然使沉寂的洗衣机市场红火起来了。95年底，该公司又根据争创中国洗衣机第一名牌这个目标要求，进行了力度较大的产品结构调整，下马了一批商场滞销产品，同时确立了加速开发市场畅销的“小神童”、“小神泡”系列洗衣机目标，保证每月开发一种新产品。

（三）整合的成效

企业却在划归后不久，通过引进海尔竞价模式，使每台海尔5公斤洗衣机的配套成本降低15.3元，按每年60万台产量计算，一年可降低成本近1000万元。在划归后的第三个月里，公司实现扭亏为盈；9月盈利2万元，10月盈利7.6万元，11月盈利10多万元，12月一个月盈利150多万元，企业出现了越来越好的发展态势。据国家权威部门最近统计，该公司洗衣机销量，已从1995年7月份的全国第7位上升为1995年底的第5位；全国市场占有率增长3.7%。截至12月底，该公司1995年出口洗衣机8.2万台，创汇1230万美元，位居全国洗衣机行业首位。1996年海尔洗衣机发展势头更猛，一次性顺利通过了 ISO9001 国际质量认证，并囊括了洗衣机行业几乎所有的最高荣誉：荣获中国洗衣机“十佳品牌”第一名；出口量全国第一，仅一个品种出口日本就占日本进出总量的 61%，占中国出口日本的 91%，中国每出口两台全自动洗衣机就有一台是海尔出口的；国家质量抽检连续两年荣登榜首，其中全自动洗衣机无故障运行突破了 7000 次大关，达到国际新水准；荣获全国消费者欢迎产品第一名、九七购物首选品牌第一名，在刚刚结束的中国消费者协会投诉率调查活动中，海尔洗衣机成为惟一一家投诉率为零的企业。目前，海尔洗衣机已拥有八大系列 50 多种规格洗衣机产品，成为中国同时也是世界唯一一家可同时规模生产欧、亚、美三种风格洗衣机的企业。

投资控股—顺德爱德集团

一、背景介绍

顺德，是创造了中国家电工业奇迹的城市。只要看看下面这些产品的名字，你就不会怀疑顺德为什么会被誉为“家电王国”了。科龙华宝和美的空调，容声冰箱，爱德电饭锅，格兰仕微波炉，希贵抽油烟机。这些人人皆知的名牌家电产品，都诞生在顺德。其中，爱德集团生产的爱德牌电饭锅的产量规模和市场覆盖率在同行中多年一直占据第一。1996 年市场占有率高达 26.2%。1993 年 1 月，李鹏总理和乔石委员长曾先后到爱德集团视察。1991 年，爱德集团开始实施“小家电”向“大家电”转移的结构调整战略，当年便投资上了年产 20 万台的广东第一家，中国第一代大容量全自动洗衣机，借助爱德这块名牌，产品曾风行一时。但随着竞争的加剧，尤其是“洋名牌”的冲击，爱德洗衣机日益力不从心，两年来一直处于停产或半停产状态，企业债务缠身，于 1996 年 7 月正式宣布停产。公司高层决定寻求一家有实力的家电厂商合作重振山河。此时的海尔在国内外已经有了相当的影响力，1995 年海尔集团实现销售收入 43.3 亿元，利润 2.4 亿元，1996 年销售收入 61.6 亿元，利润 3.1 亿元，整个企业呈现出一种良好的上升势头。1996 年海尔洗衣机的产量达到了 103.81 万台，“海尔”商标被评为最有价值的家电品牌。

二、并购目的

在顺德周边，早已有威力、万宝、高路华和凤凰等 5 家全国名牌洗衣机企业“盯”上了爱德，但爱德又为何“舍近求远”地寻求与海尔合作呢？关键还是海尔的品牌、质量、发展打动了爱德。爱德集团总经理李文坚说，爱德早就注意到，这几年，由于家电产品需求过剩，所有家电同行都被迫降价，引起效益下滑，惟独海尔不但不降价，反而供不应求，多年一直处于超常规增长态势，商标价值评估达 77 亿多元，高居家电同行榜首。尤其是海尔洗衣机的发展更令人惊讶，推向市场不到两年，便一举夺得同类产品质量、产品占有率、消费者购物品牌等八项全部第一，能和中国家电的“领头羊”合作，爱德未来的发展也一定能呈现“超常规”。这就是爱德加盟海尔的初衷。从全国来看 1996 年中国城镇家庭洗衣机拥有率达到了 90.06%，但仍低于发达国家水平。同时，许多家庭拥有的洗衣机使在八十年代中期购买的，现已需要更换，加之城镇居民收入的增加使得他们对洗衣机的需求进一步增大，尤其是全自动洗衣机。而人口数 2.5 倍于城镇的农村家庭在 1996 年洗衣机的拥有率仅 20.54%，洗衣机的需求仍有较大的增长空间。正是鉴于这些原因，享有中国家电第一集团之称的海尔自然想在洗衣机市场上更有作为。爱德集团本身有着较强的实力，而且地处临近港澳、东南亚市场的广东顺德，对于想通过并购快速扩张的海尔有着较大吸引力。而且，顺德作为中国改革的前沿地区，其优越的政策环境和人文环境也是其他地方难以比拟的。另外，顺德地方政府在这次并购中也起到了极为重要的作用，下面我将把这一点作为此次并购的特点加以介绍。

三、并购过程

1997 年 3 月 13 日，海尔集团跨过长江，南下挺进中国改革开放的最前沿阵地广东顺德市，以控股投资的方式，与赫赫有名的广东爱德集团公司合资组建顺德海尔电器有限公司。总结接管红星等企业的经验，这次海尔依然是以文化导入为主要手段，派出了企业文化中心主任苏芳雯和海尔洗衣机公司总经理柴永森一行前往顺德。他们的使命有两项，一是向爱德集团员工传播海尔企业文化，实施“观念先投入”；二是切身感受、交流并吸收南国重镇改革开放的新信息，新观念，进行南北企业观念上的优势互补，使海尔企业文化的内涵更丰富，更深厚。海尔人常常自豪地说，海尔最大的优势，最有价值的资产是海尔的企业文化，海尔的报国精神。在此之前，海尔就以观念和企业文化等作为最大的投入，在不注入资金的情况下将红星电器公司从负债累累的破产边缘救活过来，一年半时间便创出了中国洗衣机第一名牌的奇迹。用企业文化盘活存量资产，已成为海尔规模扩张中一种不可替代的模式。在爱德洗衣机公司全体中层以上干部会上，苏芳雯详细讲述了海尔怎样从12年前的一家亏损小厂跃变为年销售额超过60亿元、利润超5亿元的中国第一名牌家电企业的辉煌历程，讲述了海尔为什么能用十年时间便走完国际同行需用50年才能走完的路，讲述了什么叫“星级服务”，什么叫“真诚到永远”，讲述了海尔人与爱德人将怎样携手并肩，共创美好明天。爱德大多数干部听了海尔的文化介绍后，都从内心感受到鼓舞，感受到踏实、充实，打消了许多顾虑，坚定了与海尔合作的信心，都一致认为“加盟”海尔的选择是正确的、超前的，并说，跟着海尔干，顺德海尔也一定能创出名牌，企业也一定大有前途。海尔洗衣机公司派出赵振中任顺德海尔公司总经理后，他不住爱德集团安排好的“贵宾楼”，而住进企业设施简陋的招待所里，他每天和职工们一同下车间，一同加班，一同在职工食堂就餐。这位海尔老板无私奉献、敬业报国的行为，就是海尔文化价值的体现，深深打动了爱德员工的心。赵振中却说，因为我所做的一切不仅代表着海尔形象，也代表着青岛企业形象。在公司上下一心奋战十多天后，原已停产半年之久的洗衣机总装线已全面恢复运转，在家待业的爱德员工已全部回厂上班，原定5月中旬正式出产品，提前到4月中旬，以海尔命名的新一代电脑控制全自动洗衣机从顺德走向市场，走向世界。

四、并购特点

与红星案例不同，这一次并购是跨地区进行的，当地政府的态度对于并购能否顺利进行有着至关重要的影响。务实精明的顺德人此时展现出了他们的远见，顺德市以及爱德集团所在的桂洲镇对此次并购都表示了支持，桂洲镇是顺德家电工业的主要发源地之一，尤其是小家电，在市场上一直处于“霸主地位”，镇政府支持爱德选择海尔这个中国大家电第一名牌合作，他们认为得益的不仅仅是爱德，对全镇所有企业的技术水平，管理水平和营销服务水平等，都将得到极大的提高和促进。镇政府官员甚至认为，海尔的到来，可使桂洲的小家电继续保持全国的“霸主地位”。顺德经济的高速发展是从1992年撤县建市后开始的。有人说顺德的崛起90%以上是靠政策，顺德市人大常委会主任黄锦秋曾说，这是因为顺德抓住了90%以上的发展机遇，体现在4个字上：务实，快速。务实主要体现在政府对企业采取“让利发展”政策上。为此，提倡政府利益向企业分配，每年都要从市政收入中拿出20%来支持企业发展，水、电、用地、用工和税收上都实行减免。正是宽松的政策环境，使企业获得高速发展，然后又以丰厚的效益回报政府和社会。目前，顺德基本上已消灭了城乡差别，家家户户都已提前10年进入了“小康”阶段。从经济发展程度看，顺德已完成了“资本积累”，正进入以投资为主的第二次创业阶段。顺德第二次创业的总目标是：在本世纪末和下世纪初达到发达国家中等工业水平。其思路是，加快经济结构调整步伐，尽快淘汰劳动力密集型、污染型产业，上高科技含量、高附加值高效益产业。具体做法是，进一步加大改革开放力度，将国内外大集团、大财团和名企业都吸引到顺德来。此次爱德集团与国内最有名，实力最强的海尔集团合作，就是顺德实施第二次创业的突破口，在全市震动和反响都很大，为顺德企业如何吸引名牌大企业提供了现实可行的经验，市委市府对此非常重视和支持。对于顺德海尔公司，市委市府和桂洲镇都已决定，要在两级政府的权力范围内全力支持，首先市在信贷方面倾斜，其次是实行税收优惠政策，政府税收留成部分全部返还给企业，增值税也将返还一部分，在就是水、电、土地、用工等都将实行最优惠的政策。由此可见，在这次并购中，顺德地方政府起到了极大的促进和推动作用，这至少表现在下面两个方面：一是他们的支持直接促成了爱德与海尔的合作；其次，地方的支持使得并购方对被并购方的整合与重组得以顺利进行，在很短的时间里就走上了生产经营的正轨。从这一个案例我们可以发现，在目前的中国企业并购中地方政府是一个极为重要的角色，如能取得他们的支持并购成功的可能性将大大提高。

强强联手—西湖电子

一、背景及并购目的

有关数字显示，我国彩电生产能力已达3000万台，而市场年需求只有2000万台。彩电生产行业被称为“黑色家电”，商标品牌价值被评估为77.36亿元的“海尔”选在此时“下海”——进入黑色家电业，多少有些令人惊讶。1997年9月海尔与浙江省最大的电视机定点生产企业西湖电子集团共同出资，在杭州经济技术开发区组建杭州海尔电器有限公司合作生产大屏幕彩电。海尔为什么要在彩电市场竞争异常残酷时“自投落网”呢？海尔总裁张瑞敏十分肯定的认为：中国彩电市场蕴藏着巨大的潜力。他说，海尔通过长时间的反复观察与调查，认为中国彩电企业最大的弱点之一是技术开发能力低且雷同，而以电脑、电视、电信一体化为标志的数字技术时代正悄然来临。用数字技术代替以模拟技术为主的电子产品有着巨大的发展市场。因此，拥有雄厚资本和技术力量的海尔有能力在未来的彩电市场占据一席之地。同时，集团副总裁杨绵绵认为，上彩电也是海尔事业发展的要求。海尔早在几年前就提出进入世界500强的目标，而她认为要跻身500强就必须实行“多元化”，海尔从白色家电转向黑色家电就十分自然了。而作为拥有资产近17亿元的国家一级企业西湖电子集团，主导产品为彩电、彩色显示器、VCD、电子琴及电子元器件等。公司建有国家级的企业技术中心，拥有电视设计、综合电子电器产品设计、数字技术应用、工艺技术、专用集成电路等五个研究所和一个计算机软件开发应用中心，具有年生产120万台彩电的生产能力。公司连续八年进入全国500家最大经营规模工业企业前列，并进入全国科技开发实力百强企业行列。近年来在满足自己品牌生产的基础上，为日本的三菱、韩国的大宇、国内的牡丹公司进行定牌生产，但几年的合作并没有给“西湖”自己带来太多的的实惠，而西湖在品牌培育和市场开拓方面的弱点却一天天暴露出来。由于西湖拥有一支近200人的科研队伍，具备多项国内一流世界领先的成熟技术，在这几年彩电市场竞争异常激烈的情况下，西湖仍能站住脚，但已经缺乏后劲。西湖是一家有雄心的企业，因此寻求一家有实力和强大市场开拓的企业与之合作成为它明智的选择。

二、并购经过

1997年9月海尔推出了其自有品名的中国数字丽音彩电“探路者”和VCD、电话及电脑等信息产品。调研中据海尔员工介绍，根据西单商场销售额统计估计海尔彩电在北京市场占有率达到了30%，但由于客观原因无法对此数据加以证实。对此次并购的具体操作过程由于无法深入了解，因此不知道双方各自的出资比例。从媒体的报道来看也不尽一致，有的说海尔不曾投入一分钱只是利用其自身的无形资产入股，但有的媒体却称是双方共同出资。

三、并购特点

毫无疑问本次并购是海尔若干次并购中最具战略意义的一次，它标志着海尔集团向着具有国际竞争能力的企业集团迈进了重要的一大步。就兼并方式而言，海尔也认为这是其品牌运作的一种高级形式，超过了其所谓“吃休克鱼”的模式，是强强联合，优势互补，新造了一条活鱼。

案例之二：

康佳并购案例

与内地企业联合、优势互补，走共同发展之路，在康佳集团实践较早，并已取得了可喜的成就。康佳集团的规模能够在几年之内迅速高效地发展，成为我国第二大彩电生产企业，也取决于这一战略目标的顺利实施，早在1993年2月康佳就有目标有选择地与牡丹江电视机厂合资组建了牡丹江康佳实业有限公司；1995年7月与陕西如意电器总公司合资组建了陕西康佳电子有限公司；1997年5月又与安徽滁洲电视机厂合资组建了安徽康佳电子有限公司，从而最终形成了东（安康）、南（集团）、西（陕康）、北（牡丹）"四方联合"的战略格局，奠定了大企业集团的基础，通过联合，康佳集团扩大了生产规模，提高了市场占有率，加快了集团公司自身的发展。到1997年底，全集团公司拥有员工8000余名，下控60多个子公司、分公司，总资产49亿元，净资产20亿元。1997年实现工业总产值72亿元，销售收入72亿元，利税5.6亿元。集团目前在全国电子行业排名第四，在全国综合实力百强企业排名32位，在"全国500家最大规模工业企业"排名92位。

通过并购，康佳集团盘活了国有资产的存量，加快了产业结构的调整，不仅使被联合的内地企业扭亏为盈，更带动了地方经济的发展，增加了地方财政收入和社会就业机会，实现了经济效益和社会效益的双丰收，被誉为"康佳模式"。"康佳模式"表明：将沿海企业对外开放中孕育的先进的管理机制、运行机制及技术、信息优势与内地国有企业的人才、资源、成本优势及资本存量优势相结合，通过合理的资产重组，优势互补，对盘活国有存量资产，加快产业结构调整具有指导意义。

一、公司背景简介

康佳集团股份有限公司成立于1979年12月，是全国首家中外合资的电子企业，由深圳特区华侨城经济发展总公司与香港港华电子集团有限公司合资经营。

1979年，国务院侨办为了解决大批越南难侨的生活，决定和港资合作办厂，1979年12月，当双方合作期满后，决定合资兴办康佳集团的前身——"广东省光明华侨电子工业有限公司"。中方为"广东华侨企业公司"占51%的股份，港方为"香港港华电子有限公司"，占49%的股份，双方首期投资4300万港元，公司产品70%外销，30%内销，当时公司以生产收录机为主。

1984年1月，康佳生产的第一批35CM（14"）7710A彩电，7710D遥控彩电整机各500台从流水线上走下来，从此开始了康佳彩电的历史。

1987年12月30日，当时的"光明华侨电子公司"被确定为国家内销彩电定点厂家，同年，公司进行组织机构大调整，从而使这个当时小作坊般的企业显露出了现代化大企业的风采。

1989年3月，国家机电部公布1988年度全国最大百家电子企业名单，康佳名列第19位，位于广东省之首。

1989年8月，国家机电部批准康佳公司为1988年度国家一级企业（这是首家拿到国家认可的二级企业证书的合资电子企业）。

1990年，康佳公司提出了康佳公司90年代的发展战略：股份化、集团化、多元化、国际化。其中股份化是其他三化的基础。

1990年8月，康佳董事局一致同意发行股票，并开始了发行前的准备工作。

1991年11月，深圳市政府批准康佳从原先的中港有限责任公司，变更为公众股份公司，1991年12月，康佳公司改名为"深圳康佳电子（集团）股份有限公司"。

1991年12月16日，公司新增发行A股3015万股，B股1000万股。

1992年3月21日，康佳电子（集团）股份有限公司召开第一届股东大会。

1992年3月27日，康佳电子（集团）股份有限公司A、B股股票同时在深圳证券交易所上市。从此，康佳从原来的中港合资企业变为现在的社会众股份有限公司，其股权结构发生了变化。

发起人深圳华侨城经济发展总公司持有5034.67万股股份，股权比例由51%变为36.26%。

发起人香港港华集团公司持有4837.7万股，股权比例由49%，变为34.83%.

境内公众持2650万股，占总股19.085%，内部职工持股301.5万股，占2.17%，境外投资者持B股

1000 万股占 7.2%。这样中方合计持股 57.97%港方股东持股 42.03%。

1997 年底为进一步确定国有控股地位，康佳集团完成了 B 股股权转让，原由香港港华电子集团有限公司持有的本公司的非流通 B 股法人股 100330682 股，转让给香港中旅（集团）有限公司和香港华侨城有限公司，本次股权转让后，华侨城经济发展总公司直接和间接持有康佳集团的非流通法人股比例达 51.69%，使康佳集团成为国家绝对控股的股份制企业。

二、并购动因

经过十多年的发展，康佳集团深刻地认识到：中国的企业要发展，一定要根据外部宏观环境及自身内部条件，走优化资源配置，集约经营的道路。这一道路是企业适应新经济增长方式发展的必然之举。经济增长方式由粗放型向集约型转变，对企业生产经营的各方面提出了更高要求，企业如何根据自身情况，及所处的经济环境找出适合企业自身的集约型发展道路是关键所在。

康佳集团所从事的彩电制造业，是具有典型“诸侯经济”色彩的行业。由于此行业对发展地方经济，增加财政收入作用明显，故各地在 80 年代纷纷引进产线，一大批技术落后，规模偏小，市场适应能力差的彩电企业应运而生，在经济增长较快的时期，这些企业尚能维持，一遇紧缩便不少避免地出现亏损，面临破产或被兼并的命运。同时，在竞争中，也成就了一批素质较高，规模较大，管理先进，市场适应能力强的企业。根据市场经济的一般规律，优势企业对其产品市场将在更广阔的领域里进行强占，而弱势企业将逐步丧失其原有的市场，直到被淘汰。不管是从政府为减少社会经济成本的角度，还是从集约化所带来效率的提高等角度，中央政府的产业政策将偏向限制、取消、改造低水平、小规模、重复建设的弱势企业，而鼓励支持优势企业通过企业联合、兼并、股份化等行为扩张，成为具有规模经济效益、跨地区、跨行业的大集团化公司，在这个过程中，尽管存在地方保护主义，但一些地方政府出于地方经济发展、职工就业压力等内在原因而客观上支持上述并购行为。

分析 90 年代初的情况，康佳集团自身面临着两方面的挑战：

(1) 国内市场占有率不够，只有 7%左右；

(2) 海外名牌彩电厂家大举进入我国市场，与国内厂家合作生产它们的产品，这些的国产的外国品牌与国产产品抢占市场，彩电大战随时可能拉开帷幕。当时康佳集团清醒地认识到只有迅速扩大生产规模，使产量尽快达到 400 万台的水平，在现有市场的基础上不断扩展，提高效益，才能在竞争中立于不败之地。

那么是关起门来在特区内自我发展，重复过去的办法扩大生产经营规模？还是在国内寻找好的合作伙伴，通过提高生产要素的综合效率，实行集约经营，在更广阔的领域内进行拓展呢？康佳集团的决策者必须在两条道路上进行选择。前者清车熟路，征地、建厂房、添置设备、招收员工，过去都积累了大量经验，决策风险小，操作上难度也不大，但是发展速度慢，资金投入大，无法解决资源不足，成本高，远离销地等问题。后者则可通过自我挖潜并对合作者的存量资产进行调整，填平补齐关键设备仪器，提高生产技术水平和劳动效率，以较小的投入在较短的时间内形成效益，与国家提倡的经济政策思路也相吻合，但要解决良好合作伙伴的选择等问题。

康佳经过充分的调查研究后，形成了“资本扩张”的战略构想。这个战略构想主要包括两个方面：

一是充分发挥自身的内部潜力。主要是使存量资产升值，产生更大的效益。到 1992 年底，康佳集团的资产存量已达到 5.5 亿元，其中上市筹得资金 1.55 亿元。这笔资产如果不根据市场经济发展的需要，作出调整和重组，是难以最大限度地升值，产生很好效益的。特别是在深圳经济特区，企业生产成本不断上扬，资产升值的潜力相对有限。为此，康佳低成本扩张战略构想的一个重要内容，就是要使存量资产通过调整和重组，使其最大限度地增值增效。二是通过与内地企业实行联合，充分发挥自身优势。经过十多年的发展，康佳集团已经在技术、产品、资金、市场、机制等方面形成了自己独特的优势，这是与存量资产一样具有较高的潜在价值。然而这种潜在价值只有通过与内地企业实行联合，让这些潜在价值向内地扩散，才能产生更大的效益。

围绕上述这两个方面的战略构想，康佳集团做出了“北上抢滩”的战略决策，并且明确在华东、东北、西北建立生产基地，形成三足鼎立的格局，以全面拓展国内市场并向独联体、中亚、东欧等市场进行渗透，走大规模集约经营的道路。总之，使康佳在90年代出现较大规模的并购行为的原因，一方面是由于康佳自我发展的需要和自我投资周期长、见效慢之间的冲突；另一方面是由于当时国内的彩电行业由于供需情况的变动使厂家出现严重的两极分化局面，落后的厂家出于各方面的压力也有急于被合资、并购。

三、并购目标的选择

回顾康佳所走过的并购之路，可以清楚地看出其对并购目标选择的精心。在确定并购发展的战略后，康佳首先对并购目标的地理位置进行初步的选择，本着“生产地靠近消费地”的原则，最大限度地实现辐射全国的功能。东北地区距康佳的生产基地遥远，运输成本高，售后服务也因此受到限制，而康佳彩电在东北地区知名度很高，产品颇受欢迎，供求矛盾明显；同时东北地区人口众多，工业化、城市化水平较高，很适合进行合作发展。这样东北地区就成为康佳在并购过程中最先涉足的地区。同样陕西也具有辐射西北地区，工业基础好的优势；安徽则被视为康佳在巨大的华东市场的生产基地（现已建成康佳最大的生产基地）。

在地理位置标准的基础上，康佳对并购目标还确定了几个基本条件：

1. 当地干部、群众认识统一，有真诚的合作愿望，对改革有较强的思想承受能力和准备。

2. 有一定的技术力量，生产设备和仪器基本完备，存量资产能有效利用，适当添置部分关键设备后，即能提高技术水平，增加生产能力；

3. 当地政府关心和支持并购行为，能为新组建的合资企业提供尽可能宽松的外部条件。

在上述条件确定后，康佳集团即派员赴东北地区进行实地考察，当时沈阳、佳木斯、抚顺等地包括牡丹江的电视机厂和政府了解到康佳的意向，纷纷主动联系，寻求合作。当时牡丹江电视机厂的硬件条件相对而言并不太好，但是在其他软件条件方面诸如政府的支持等方面却是康佳更为看重的。经过几个月考察，康佳最终选定了牡丹江电视机厂作为首家合作伙伴。牡丹江电视机厂是牡丹江市电子局的直属厂，拥有职工900余人，1970年建厂，1986年从日本引进技术及生产线，1988年建成投产。尽管该厂管理水平、技术队伍、生产队伍较好，但由于当未形成规模，因而境况一直不佳，这种情况正好可以和康佳形成优势互补，于是双方鉴订了合资协议，联合组建牡丹江康佳实业公司，并于1993年3月正式开业。

随后，根据上述标准和做法，康佳集团于1995年10月和1997年5月，分别又与陕西如意电视机厂合资，创建了陕西康佳电子有限公司；与安徽滁州电视机厂合资，创建了安徽康佳电子有限公司，使康佳集团形成“东（安康）—南（深康）—西（陕康）—北（杜康）”四方合力，全面出击的战略态势，在中国彩电工业布局中独树一帜。

四、并购操作与整合

并购过程中最核心的内容就是产权的明晰与重组。康佳在最初也不是没有产生整体并购的想法。但是整体并购，康佳作为一个外来者，必将临许多头痛的问题，诸如应收账款的质量，职工的具体情况等，这些额外的工作，是只想建立生产基地的康佳所不愿承担的。而另一方面，牡丹江电视机厂重组前有5000多万元的债务，每年利息就要400多万元，其本身也要对现有资产进行重组。

经过协商，新成立的牡康公司注册资本3000万元，康佳集团以现金1800万元投入，占60%的股权，牡丹江电视机厂以生产电视机的厂房，设备等优质资产作价投入1200万元，占40%的股权。电视机厂原来的债权、债务仍然由其承担，并计划通过新企业的发展所创造的利润逐年偿还债务。这样，就使牡康公司产权简明清晰，优质资产的增值能力迅速得到发挥。陕康与安康亦照此办理。

这里需要特别提到的是资产评估问题。当时双方关于一些技术落后的设备的价值有一些争议。因为康佳从行业生产能力角度出发，认为技术折旧是很重要的因素，而牡丹江电视机厂则以历史成本和固定资产折旧为基础，认为设备仍有较高的价值。经过协商，康佳本着长期合作，双方受益的原则，同意以牡丹江资产评估事务所的评估为基础合资，这样牡丹江电视机厂的出资约折合1700多万元，其中1200万元作为股权投资，另外500多万元则作为债权卖给新组建的牡康公司。在组建陕康、安康时，康佳均以当地资产评估公司的评估结果为基础，基本没有什么争议。

明晰了资本结构，接下来的就是各方面的整合。康佳认为整合的关键是要找到能够实现优势互补的切入点，而切入点的关键是经营机制的重塑。

1. 建立权责明确的领导机制。

合资双方根据出资的比例分派董事组成董事会，实行公司董事会领导下的总经理负责制，重大经营决策由董事会研究决定，总经理执行董事会决议，并拥有生产经营指挥权。在牡康，陕康、安康等三家公司中，董事长均为合资对方，而总经理场由康佳派人出任。同时康佳本着经营本地化的原则，除个别重要岗位由总公司派人出任外，其余均由当地经理人员出任。

2. 建立优胜劣汰的用人机制

首先实行“消肿”，大刀阔斧地精简机构。原牡丹江电视机厂管理人员有159人，新公司精简到95人。康佳在用人制度上坚持“能者上，庸者下”的原则，实行“双轨制”：一是聘用制，总经理由董事会聘任，部门经理由总经理聘用，一般管理人是由各部门经理聘用，聘用中打破论资排辈的陋习，真正做到能上能下；二是招聘制，首先在厂内公开招聘营销人员，经考评，原营销部落聘4人，重新招聘9人，同时还在社会上公开招聘了8名管理、技术、公关等方面人才。在用工制度上，实行全员劳动合同制，员工与企业签订了劳动合同，建立了员工与企业新的劳动关系，在陕康与安康的组建中，也采取了同样的办法，使企业具备了实施现代企业管理制度的基础。

3. 建立效能为主的分配机制。

分配机制以效能为主，把分配同企业效益挂钩。公司以岗位标准、岗位内容和工作量为依据，定员、定编，制定22个薪级标准，全员实行岗位工资和浮动工资制。职工的收入主要以经济效益为依据，根据岗位档次，制订上、中、下三类浮动系数，由部门经理视岗位人员工作成绩确定。在效能为主前提下，考虑员工的积累贡献和专业文化知识，实行了年功工资和学历补贴。

4. 实行严格有序的管理机制。

各分公司成立后，从建章建制入手，本着因地制宜、可行实用的原则，以康佳为模式，建立了90项管理制度，做到了事事有章可循。同时结合实际情况，对康佳公司《员工手册》进行修改，作为员工的工作行为规范。在管理制度上突出质量管理，采用ISO9002国际质量保证体系，完成了与新的质量保证体系的的对接工作，在此基础上，建立严密的执行网络和严格的考核奖惩办法。

5. 培育健康向上的企业文化。

资产纽带与文化纽带，是母子公司之间不可缺少的维系机制。康佳集团的企业文化，对各分公司有着强烈的影响力和辐射力，各分公司在追求企业经济效益的同时，党、政、工、团齐抓共管，努力建设有特色的康佳企业文化。通过培育无私和奉献的企业精神，使得在深圳形成的“我为你、你为他，人人为康佳，康佳为国家”的“康佳风格”，同样熏陶着分康人。母子公司虽然相隔天南地北，但大家目标一致，信念一致，感情相通，大大提高了企业的凝聚力和向心力，强化了员工的康佳意识和荣誉感。

先进的观念，科学的管理，一流的技术，高新的机制，使康佳的合资子公司充满了生机，创造了当地的经济奇迹。从而也促使集团公司的经济规模迅速扩大，经济效益不断提高，迅速向大规模集团化方向迈进。

但是，合资的整合过程也不是没有问题。在陕康的组建过程中，康佳派去接管厂房设备的人员被一些工人堵在厂门口不让进，有的还喊出“砸烂康佳牌子”的口号。在原来的合作之中，由于陕康的效益较好，许多陕西如意电视机厂的老职工十分不平衡，出现了堵截合资厂工人上班的事件，使陕康的生产直接受到影响。直到当地政府出面调解，事情才得以处理。当然，在合资了一段时间后，双方的磨合进入了顺利发展的阶段。然而合资之初出现的问题也说明了并购后整合的重要性和困难性，反映了由计划经济向市场经济转变过程中人们观念的冲突。

这种冲突即使在整合中波动较小的牡康公司也有所反映。首先在观念上，牡康人认为自己是企业的主人，为何主人反而被雇佣？许多职工想不明白，有的人虽勉强同意接受康佳的员工管理办法，但却死活不肯只签 1 年合同，要求签 10 年、8 年，认为只有这样，生活“才有保障”。另外，牡康公司规定员工上下班要打卡，每天四次，提前 10 分钟到岗，工厂厂区不准吸烟，上班不准闲聊，不准打瞌睡，不准吃东西，这些要求在深圳康佳总部是极为平常的事，而在这里却遭到员工心理上的抵触：“康佳怎么这样只讲工作绩效和原则而没人情味?”由于对康佳的管理不适应，“牡康”第一批员工中不少人悄悄离开了，当时康佳总部在人才、资金、市场等方面，帮助牡康渡过暂时的困难——随着合资公司的运转，实践证明，牡康人对于康佳管理的暂时不适应只是牡康这个合资产物在分娩中的“阵痛”。

随着康佳管理标准在牡康的逐步推行，他们体会到了康佳能者上，平者让，庸者下的人事制度的优势性。在分配上制定了 22 个薪级标准，浮动工资占总工资的 60%以上，还有年功工资和学历补贴。一些埋头苦干的员工月工资超过总经理的事情并不鲜见。多劳多得，公平竞争的环境使牡康人的生活呈现出了很大的活力。合资前，牡丹江电视机厂年产电视 10000 台多一点，最好年景也没超过 30000 台，而新生的牡康在第一年的 10 个月内就生产了 76000 台，严格、科学的管理给牡康带来了巨大的生产效益。更重要的是“牡康模式”在黑龙江省产生了轰动效应，成为通过嫁接、改造国有大中型企业管理机制的范例。

五、并购的影响和经验

由于康佳管理模式的引入，康佳的几个子公司都创造出当地经济的奇迹，真正达到了“双方受益”的目标——康佳通过合资迅速扩大了规模，并牢牢地拓展了自己的市场份额；而合资方企业则有效地盘活了资产，解决了职工就业问题，取得了很好的经济效益；而对合资方的当地政府则不但可从中获得大量税收，而且也可获得很大的社会效益，带动当地相关产业的发展。

下面首先让我们看一下牡康公司的发展轨迹：

年　份	彩电产量（万电）	销售收入（亿元）	利税（万元）	其中利润
1993	7.63	1.35	2503	1825
1994	19.90	2.52	3226	2106
1995	35.03	4.20	2491	1601
1996	60.02	3.72	3339	1457
合　计	122.58	11.79	11559	6987

这些数据充分说明了牡康是一个资产重组成功的公司。

牡康公司从 93 年 2 月创立时的一条整机生产线、430 名员工、15 万台年生产能力的小企业发展到 97 年底的三条整机生产线、1240 名员工、70 万台年生产能力的中型企业仅用了短短的四年。在这四年中，合资双方为企业的长远发展，均将应分得的利润悉数进行再投资，将原来 3000 万元的注册资本增加到现在的6000万元，充分说明了合资双方对事业的认同。

1995年6月，中共中央总书记江泽民在视察了牡丹江康佳实业有限公司后，欣然挥笔题词“沿海内地优势互补，开拓创新携手发展”。

陕康公司在合资后50天即投入运营，当年即生产7种型号9.22万台的彩电，实现产值2.14亿元，利润408万元，当年投资，当年获得盈利。到1996年迅速达产，生产彩电40.28万台，到1997年底则达到年生产60万台的生产能力。

安康于1997年5月组建，当年即建立四条整机生产线，年生产能力达到100万台，成为康佳集团最大的生产基地。

经过几家合资企业的建立以及对上市公司各种优势的充分利用，康佳集团的生产规模迅速扩大，各项经济指标均大幅度提高（见表）。

通过对康佳并购重组的了解，可以得出以下经验：

1. 在进行合资并购过程中，事前的准备是十分重要和不可缺少的。精细的考察是以后合作成功的必备因素。

2. 观念转变是企业联合的重要前提。这一点在组建牡康、陕康、安康时多多少少都有些反映。实践表明，提高职工对改革的思想承受能力非常重要。

着重在以下三个方面转变观念：

一要在发展思路上转变观念，克服“重外延、轻内涵”的倾向，树立内涵发展思路，从追求量的扩张转变为注重质的提高。着力于盘活存量资产和优化要素配置；

二是在国有企业解困问题上转变观念，克服等、靠、要思想，实现从“找市长”到“找市场”的转变，用市场经济的观点和方法，去认识和挖掘困难企业的优势与潜力，寻找困难企业的新出路；

三是在如何创办新企业上转变观念，从注重于安置人员转变为注重塑造机制，注重企业的竞争力，敢于在改变传统管理体制上动真格。

3. 优势互补是推进联合的关键环节。进行优势互补，将上市公司的现代企业管理制度输入到合资企业中，通过激活合资方的优质资产，使名牌规模效应扩大。同时，随着合资公司的发展，带动旧企业（合资方）的发展和当地配套产业的发展。

4. 互惠互利是推进联合的基本原则。企业联合是企业法人之间通过资产重组在新的企业载体上实现共同发展的经济活动。整个过程必须坚持互惠互利原则，尤其是处于主导地位的一方，更应理解和体谅对方的困难，立足向前看，不能提出损害对方利益的先决条件。康佳在牡康投资四年多，都没有分红，而是悉数用于有投资扩大规模。坚持互惠互利的原则，不仅能使合作顺利进行，而且为进一步合作打下了坚实的基础。

5. 横向一体化是扩充市场的有效手段。康佳模式给人的启示是：在企业面临市场份额竞争激烈的时候。资本的自我积累并不是最有效的方式，企业要善于运用资本经营的观念，以企业的品牌、技术、管理、质量等优势地位作依托，采用兼并、控股、参股等手段，不但能尽快提高市场占有率，而且可使企业获得生产、技术、管理、营销等方面资源共享，同时也有利于资源在企业集团内部的合理配置，降低产品的成本，增强产品的竞争力。

6. 政府是推进联合的重要保证。企业联合是一项复杂的系统工程，许多关键问题和深层次矛盾，单靠企业自身的努力是无法解决的，必须靠政府的支持和帮助。康佳在组建牡康公司时，面临着牡丹江电视机厂5000万元债务的处理和100名退休人员的安置两大难题。牡丹江市委书记、市长都明确表示、决不把债务推给合资企业。继研究决定，原有的债权、债务、离休人员由原电视机厂承揽，保证用最先进的设备，优秀的人才和高素质的员工参与牡康公司的组建。正是这些开明的政策，使合作顺利进行，牡康公司很快正常运行。

案例之三：

争夺战略资源东盛集团并购潜江制药

6月19日，业界关注已久的潜江制药（600568）股权之争终于有了结果，东盛集团击退丽珠药业，联手西安风华医科以6.44元/股（2002年12月31日经审计的每股净资产值6.1元/股）的价格“接管”潜江制药所有国有法人股。湖北省潜江市制药厂将其所持有公司国有法人股2150万股、283.75万股分别转让给西安东盛集团有限公司、西安风华医药科技投资有限公司；潜江市医用塑料包装厂、潜江市医药经营开发公司分别将523.77万股、133.68万股转让给西安风华医药科技投资有限公司。转让后，西安东盛持有2150万股成为第一大股东，西安风华持有941.2万股次之，而潜江制药厂仍持有600万股，退居三席。此次东盛集团以1.3亿元人民币收购了潜江制药29.50%的股份，控股了被业界看好的潜江制药。继2001年收购国家惟一的麻醉药基地的青海制药后，又收购了国内惟一的眼药基地的潜江制药。拥有2个国家药业基地的东盛集团，离打造OTC药品老大地位的战略构想又迈进了一步。

转让前后的股权结构

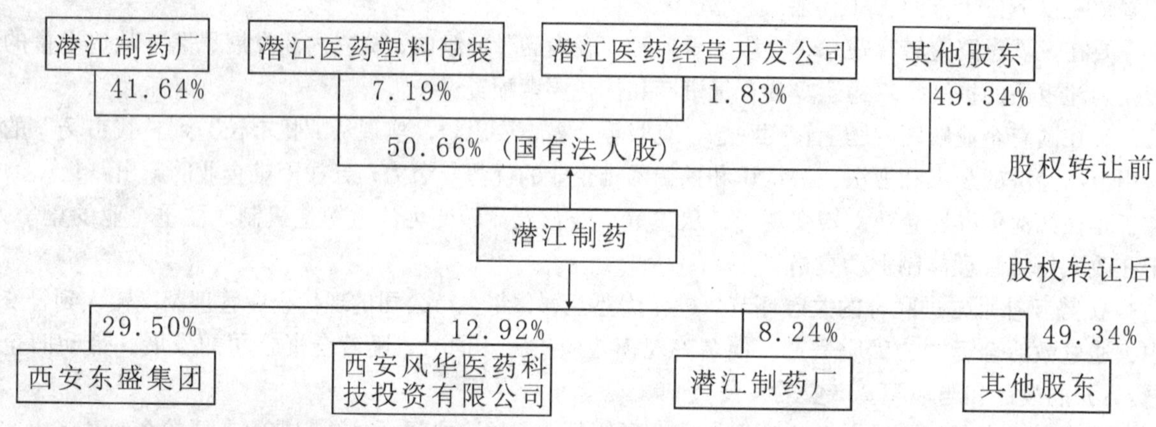

理性的市场化选择

潜江制药（600568）主要从事滴眼剂、针剂、片剂、胶囊剂、冻干针粉针剂等医药产品的生产、销售、进出口业务。作为2001年4月发行上市的次新股，上市第一年就已失去再融资资格；2002年该公司业绩继续下滑近20%。虽然潜江制药的业绩不太理想，但是手中却拿着大量现金。潜江制药上市募集资金为3.2亿元，截至2003年一季度公告，累计实际投资金额为1.87亿元。按此推算，潜江制药账上现金尚有1.33亿元。而收购该公司29%的相对控股权只需要大约1.3亿元，是一桩很划得来的买卖。而且该公司是国家惟一的眼科用药生产基地，对于有意进入这一领域的投资方而言，也是个难得的资源。为了迅速做大潜江制药，潜江市委市政府决定对其实行改制，减持国有股份，引进有实力的企业。

潜江制药的股权之争一直是业界焦点。2002年年初以来，就陆续有中介机构受企业之托，到潜江制药登门拜访，表达收购部分国有股份的意向。最高峰时，一度达到近60家企业，除了丽珠集团、东盛集团之外，还包括陕西步长集团等诸多医药企业和投资公司。经过多轮谈判和筛选，最后焦点集中在丽珠和东盛两家身上。潜江制药作为当地是效益较好的企业，且资产比较干净，在国有股转让上，当地政府非常慎重，作了三四轮筛选后最终还派人对剩存的竞争者上门实地考察，对争购各方进行综合评估，结果认定东盛对企业未来的发展更有帮助，而没有选择资本实力雄厚的丽珠药业。东盛的民营背景也被潜江所看好，由于“国退民进”是大势所趋，潜江和当地政府希望东盛的“民营效率”可以彻底改善潜江制药在多年国有体制下所存在的积弊。在潜江制药的并购中，确实不乏报价高于东盛的制药企业。潜江市政府钟情于东盛，主要看好东盛对企业的重组能力和在国内具有优势的OTC药品销售渠道，后者恰恰能够弥补目前潜江制药的软肋，使其实现快速发展。而2000年以来，东盛集团及其控股的东盛科技对盖天力、白加黑、双黄胶囊等知名产品的成功并购和运作方式也是潜江市政府考虑到重要指标。更加注重协同效应和并购后的企业发展成长，体现了当地政府理性的市场化选择和作为国资管理人的责任心。从长期来看，企业业绩上升，当地政府留存的8%股权回报、企业对当地税收、就业的贡献远大于高价卖壳的收获，也体现了“国退民进”时双赢的重组思想，在退出过程中权衡和实现短期和长期的双赢。

有效的产业整合策略的继续

东盛集团独特的产业整合思想使其快速发展。一直奉行低价收购国有制药企业最好是受行业保护和垄断的企业，被收购的企业可以经营不善，但一定要拥有核心产品或者技术。这样的公司进行重组后，可以很快获得高回报。依据这一产业整合思想，1996年底，东盛集团通过收购陕西卫东制药厂进入医药行业；1998年兼并西安化工医药供销总公司万年经营部，并控股中美合资陕西济生制药有限公司；1999年11月成功受让青海同仁铝业股份有限公司国家股股权而成为该上市公司的第一大股东，后更名为“东盛科技”。2000年8月，东盛科技控股青海制药集团有限公司。同年11月，受让盖天力制药厂80%的国有股股权。2002年，参与丽珠股权之争，成为该公司第二大股东，奠定了公司在医药行业的强势地位。青海制药是国家麻醉药基地，潜江制药是国家眼药基地，前者同时还是国家管制领域，两者自然能比其他企业赢得更多的政策优惠。收购青海制药集团，使企业获得了进军管制药品的资格；收购江苏启东制药，又使其获得了较好的利润增长点，此次收购潜江制药后，拥有了两个国家级的生产基地，为未来发展积累了又一优势的战略资源。

从双方拥有的资源来看，协同效应明显，这也是东盛最后胜出的关键。潜江制药主要产品有滴眼剂、针剂、片剂、胶囊剂、冻干针粉针剂等，是国家惟一的眼药基地，“眼药水市场是一座尚未开挖的金矿。”这已经形成制药行业的共识。潜江制药共有30多个眼药产品，此外在抗病毒药物领域，也有一定的市场。潜江制药上市募集资金至今账上现金尚有1.33亿元。对于对资金需求比较迫切的东盛来说，无疑是雪中送炭。而东盛在经营管理、销售渠道、并购整合方面的优势弥补了潜江制药的软肋。特别是东盛收购后的企业产品品牌整合经营经验丰富。作为一家通过资本手段借壳上市的企业，东盛集团近几年资本运作一直都比较成功，收购青海制药集团，使企业获得了进军管制药品的资格；收购江苏启东制药，又使其获得了较好的利润增长点，而且将启东的白加黑和盖天力两个主要产品培育成了公司的拳头产品。短短几年内，东盛集团在医药产业领域内迅速建立起“白加黑”、“盖天力”、“‘东盛牌’四季三黄软胶囊”、“维奥欣”、“小白”、“‘青海牌’麻醉药”、“宝鉴堂国药”、“济生大输液”等知名品牌。通过品牌整合经营，东盛药品的销售毛利率在国内同行中一直居于前列，平均达到了80.5%以上，其中如“白加黑”、“盖天力”和“维奥欣”的市场毛利率分别高达81.97%、85.88%和91.67%。2001年，仅盖天力主推的一个非处方药“白加黑”销售额达到了2.39亿元。实现了企业重组后的多品牌的整合经营和投资的高回报。此次收购潜江制药，在拥有国家眼药基地资源的基础上，其对潜江制药包括眼药在内的产品品牌的整合空间巨大。将为企业的快速增长培养新的利润增长点。

国资集中退出民资借时发力

在“国退民进”政策指导下，国有资本的集中急促退出，要在国企退出中拔得头筹，资本成为首当其冲的要素。2002年，在“国退民进”政策指导下，中国医药业也掀起了第三次浪潮。而2003年，贵州神奇收购永生数据，西安步长入主红河光明，东盛与太太对决潜江制药……这一次轮到羽翼初丰的民营资本大显身手。整个中国医药行业市场集中度的严重低，意味着中国医药行业蕴藏着无限的并购潜能。近几年，整个世界医药市场形势正在发生着巨大的变化，中国医药企业当然面临着前所未有的压力，洗牌不可避免，以资本为动力的产业整合开始出现，外资由于种种原因暂时还难以大规模进入中国药业，这就为民营资本跃上并购舞台提供了很好的机会。医药行业大部分都属于竞争性行业，国有资本存在很大的退出空间，这无疑给民营资本获得了绝佳的投资机会。中医药、保健品、生物工程、化学制剂、医疗服务等领域近几年相继成为国内民营资本的投资热点。在新一轮医药产业的调整中，民营企业有机会以资本对医药行业优势企业、资源的整合，提升了其在行业竞争中的地位。

并购后企业之间整合、发挥协同效应成为实现有效快速扩张的关键。并购重组向来是东盛集团的擅长之道，并被其称为实现战略目标的“三架马车”之一。作为国家惟一的麻醉药基地的青海制药，东盛集团总并购成本是7000万元人民币。自2001年并购以来，公司2002年的纯利润增加了1000万元。通过一系列的并购重组，目前，整个东盛集团合并总收入达到了30亿元人民币。同时在构筑医药产业的发展战略时，公司的产业布局开始转向和集中到：生物工程药物、麻醉精神类药品、中药西制品种、OTC产品和软包装输液及医药电子商务六个方面。在关系到并购成败的后期整合方面，东盛集团几个成功的以产品品牌塑造为突破口整合运作，不仅解决了重组的协同效应，而在国有资源以市场为纽带的越来越理性化的转让中，也为其以较少的资本获得优质的战略资源奠定了良好的基础。

案例之四：

宝啤公司和青啤公司重组案例

宝鸡啤酒股份的重组工作经过先租赁后重组，历经二年多时间，于2004年9月8日，通过股权转让的方式，青啤宝鸡公司控股了宝啤公司。2004年1－9月底，青啤宝鸡公司产销啤酒13.2万千升，实现销售收入2.69亿元，实现税金4933万元。预计今年全年产量将达到14万千升，实现销售收入2.85亿元，实现税金5500万元。

一、企业基本情况

1.宝鸡啤酒股份有限公司是由陕西宝鸡酒精厂以啤酒主要生产设备折价入股作为主发起人，联合香港新长安有限公司、宝鸡酒精厂劳动服务公司、宝鸡商场（集团）股份有限公司、宝鸡市信托投资公司、陕西省国际信托投资股份有限公司、南方证券有限公司、陕西渭河玻璃厂有限责任公司、西方集团三原麦芽有限责任公司、宝鸡发亮食品包装有限责任公司、岐山县五兴印刷厂等十家法人共同发起设立的股份有限公司等十家法人共同发起设立的股份有限公司。公司于1997年9月30日注册成立，注册资本8000万元，总股本8000万股，其中国有法人股4000万股，占50%公司；职工股1180万股，占14.8%；其他法人股2820万股，占35.2%。在册职工3015人。

2.青岛啤酒股份有限公司是国家特大型企业，也是我国历史最悠久的啤酒生产企业。其生产的啤酒是国际市场上最具知名度的中国品牌之一。1993年6月16日注册成立后，在香港发行了H股股票，并于同年8月27日在上海证券交易所上市。公司主要从事啤酒制造以及与之相关的业务。目前在国内拥有46个啤酒厂和3个麦芽生产厂，分布于全国17个省市，规模和市场份额居国内啤酒行业之首。现年啤酒生产能力超过300万吨，其产销量、销售收入、利税总额、市场占有率、出口量等多项指标均居国内同行业首位。

3.青岛啤酒宝鸡有限责任公司是由青岛啤酒股份有限公司与青岛啤酒西安有限责任公司共同投资为租赁宝啤公司设立的。该公司注册地为宝鸡市陈仓区，注册资本1200万元，青岛啤酒股份有限公司出资 360 万元，占公司总股本 30%，青岛啤酒西安有限责任公司出资 840 万元，占公司总股本 70%。

二、重组情况

宝啤公司昔日曾是宝鸡地方企业的骄傲，在最辉煌的时期，年盈利 4000 万元，然而，随着市场竞争的日趋激烈，企业经营体制、管理机制不能适应市场经济的变化，从 1999 年开始亏损，生产经营每况愈下，到 2001 年底，宝啤公司账面总资产为 4.1 亿元，总负债为 3.3 亿元，资产负债率为 80%，当年亏损达 4000 多元，企业陷入了资金枯竭、举步维艰的境地。宝啤公司的发展引起了市委、市政府的高度重视，也引起了市委、市政府主要领导的关注，为了使宝啤摆脱困境，市委、市政府决定对该企业实施改革改制，并成立了以市经贸委主要领导为组长、各有关部门分管领导为成员的宝啤改制重组工作小组，进驻企业，帮助企业统一思想，寻求出路。工作组入驻企业后，深入调查研究，以“稳定是前提，职工安置是关键，发展是根本”为指导思想，以“靠大联强、寻求战略合作伙伴”为目标，把职工安置和企业长远发展需要作为根本的出发点，坚持积极稳妥的原则，和企业班子一起，研究制定改制方案。先后和青啤、燕京、华润、蓝剑等国内大型啤酒集团进行了接触，但由于诸多原因未达成合作的意向。从 2002 年开始，我们主要和青啤集团进行密切的接触和谈判，在省市有关领导的大力支持下，通过工作组同志和企业班子的不懈努力，历时两年多时间，宝啤公司通过股权转让实现了重组。宝啤公司和青啤公司的重组，大致可分为三个阶段。

1. 增资扩股阶段。由于宝啤公司在省内影响较大，宝啤和青啤的合作如何进行，意见不一致。2002 年 4 月巩德顺副省长在西安召集宝鸡市政府主要领导、青啤公司和宝啤公司的有关领导召开专门会议，就青啤和宝啤的重组进行了研究讨论，达成了通过增资扩股实现宝啤和青啤重组的共识。具体做法是宝啤公司增资扩股 8500 万股，由青啤公司定向认购，增资扩股后青啤公司在宝啤公司中占有 51.5% 的股份，处控股地位。宝鸡酒精厂待宝啤公司增资扩股完结之后，依法进入破产，由新啤酒公司优先收购，以保持生产系统的完整性，使企业做大做强。

随后双方就增资扩股具体事项进行了多次磋商，在省经贸委邱世杰主任和时任宝鸡市政府市长吴登昌的关心支持下，2002 年 11 月 8 日宝啤公司与青啤公司达成了八条合作框架协议。其核心是宝啤公司实现正资产，尔后以增资扩股、青啤持有 51% 股权的形式实现青啤公司控股宝啤公司，宝啤公司名称变更为青岛啤酒宝鸡有限公司，新公司接受宝啤在册职工 2000 人，其余 1000 人有政府纳入失业保障范围。这种方法既保留了 4000 万元国有股，又引进了战略投资者。随后，按照这个方案，各方积极开展工作，但是，经评估截至 2002 年 11 月宝啤公司的总资产为 3.21 亿元，总负债为 3.75 亿元，资产负债率为 118%，净资产负为 5400 万元，账面累计亏损达 1.25 亿元。由于宝啤公司净资产为负数，使得增资扩股方案暂时无法实行。

2. “零租赁”与努力实现增资扩股并行阶段。由于宝啤公司净资产为负数，增资扩股无法实现，而企业实际亏损已近 2 亿多元，企业面临全面停产可能。在此情况下，2003 年 1 月 14 日，省经贸委主任邱世杰主任召集时任宝鸡市政府市长吴登昌以及宝鸡市经贸委主要负责同志和青啤公司总裁等同志在西安召开了专题会议，为了解决 3000 多名职工的工作和生活问题，维护社会稳定，同意青啤宝鸡公司以零租金、接收安置宝啤公司全部在册职工的形式整体租赁宝啤公司，青啤租赁宝啤作为一种过渡办法，迈开了宝啤公司资产重组的第一步，待条件成熟之后实施重组。省经贸委邱世杰主任表示支持 1000 万元，补充宝啤公司资本金，宝鸡市也承诺在给予 3000 万元的政策优惠支持。但是，职工对企业的实际困难根本不了解，加上企业班子和职工思想认识上还存在一定的差距，对和青啤公司合作不太理解，出现了职工闹时，甚至围攻工作组成员的情况。为此，工作组根据实际情况，进一步加大工作力度，深入车间、班组采取召开座谈会、个别谈话的方法，宣传政策，做职工的思想工作，对厂级领导、中干、职工代表百分之百进行了谈话，谈话人数达 800 多人次，通过大量细致的工作，取得了职工理解和支持。

为了加快企业重组步伐，我们又及时对宝啤公司的领导班子进行了调整（原宝啤班子18人中有16人下课），成立了新的领导班子。同时，我们积极和银行协商债务处置，制定债务分割方案，以降低企业债务负担，使企业露出净资产，实现增资扩股。一是将宝啤公司债务进行分割，以宝啤公司的全部资产带部分债务和青啤进行合作，其他债务留宝啤公司。二是对企业欠银行的债务打包处理。由于银行方面的政策限制，债务重组一直无法实现，而每拖一年宝啤公司就要亏损4000多万元，也就是说宝啤公司晚重组一年资产就要损失4000多万元。到2004年6月底，经评估宝啤公司的总资产为2.9亿元，总负债为4.1亿元，净资产为负1.2亿元，每股净资产为负1.55元。和2001年比资产损失了1.2亿元，而债务增加了近8000万元。

3. 股权转让阶段。面对债务重组困难较大、增资扩股方案短期内无法实现、“零租赁”非长久之计的严峻形势，工作组及时调整思路，通过研究分析，提出了以股权转让实现宝啤公司重组的方案，并很快得到了市委、市政府的批准。股权转让并不是一帆风顺，与青啤的谈判进行的异常艰难，因为按照市场化原则，股权交易价格一般以每股净资产为参考，而宝啤公司每股净资产为负1.55元，青啤公司在转让价格和职工安置上提出了诸多要求，我们坚持以全部安置职工作为前提，和青啤公司进行了多次艰苦谈判，最终达成了一致意见。2004年9月8日，宝鸡酒精厂和青啤宝鸡公司正式签订了股权转让合同，酒精厂将所持有的宝啤公司4000万国有法人股以每股0.1元的价格转让给了青啤宝鸡公司，青啤宝鸡公司以持有宝啤公司50%的股权控股了宝啤公司。至此，经过二年多时间的艰苦努力，青啤公司和宝啤公司的重组方案适时调整，从增资扩股、债务分割露出净资产到股权转让，三易方案，最终实现了青啤宝鸡公司控股宝啤公司。

青啤公司控股宝啤公司后，将引入青啤经营体制、管理理念和用人机制，进行市场、管理、技术的整合，将宝啤公司打造成青啤集团在西北地区重要的产品基地和战略基地。青啤宝鸡公司控股宝啤公司可谓是实现了政府、股东、职工的“三赢”。一是为企业发展壮大奠定了基础，为国家培植了税源，二是保持了企业存续发展，保护了股东的权益，三是为职工提供了就业岗位，维护了职工的利益，保持了社会的稳定。

案例之五：

以改制为契机完善现代企业制度　全面推进企业管理机制升级

——陕西建设机械股份有限公司改制纪实

一、基本情况

陕西建设机械股份有限公司（以简称陕建机）前身原陕西建设机械厂（陕西省金属结构厂）创建于1954年，是我国“一五”期间156项重点工程的配套企业及国家工程机械创业时期八个主要制造厂家之一，全国五大金属结构厂之一。1996年11月，经陕西省人民政府批准，陕建机之前身原陕西建设机械厂改制为“陕西建设机械（集团）有限责任公司”，2001年11月，为适应企业发展需要，改善企业资本结构，全面推进企业管理机制升级，在实施债转股的同时，以陕西建设机械（集团）有限责任公司为主发起人，联合中国华融资产管理公司、中国信达资产管理公司、北京新建设机械设备有限责任公司及两位自然人，采用发起设立方式设立了股份制企业。2004年7月7日公司已在上交所挂牌交易、成为上市公司。公司以建筑机械、路面机械、金属钢结构为三大主导产品，在全国道路机械行业排名第二，全国工程机械行业综合排名名列前茅，是陕西省100家重点企业和60家优势企业，以及陕西省扶持的六大支柱产业的重点企业，2002、2003年度公司分别进入中国机械500强排行榜第235位、第219位。

二、改制背景

为适应国家优先发展能源、原材料、交通运输业的国策，企业在“八五”期间紧紧地抓住国家产业发展战略，并以其为发展目标，对产品结构进行了大规模地调整。经过几年艰苦努力，研制出性能卓越的 WBZ21 型全液压稳定土拌和机。该产品的研制成功，标志着企业进行产品结构调整目标的初步实现，也标志着企业进行产品结构调整的技术素质和管理素质所具有的能力。九十年代初又以技贸结合的形式从世界著名品牌德国 ABG 公司，引进了具当代国际先进水平的沥青混凝土摊铺机的生产制造技术，奠定了“三高”产品结构调整战略目标的实现。

在进行产品结构调整的同时，公司进行了较大规模的技术改造。“八五”和“九五”期间进行的四次技术改造总投资额为 1.18 亿元，使企业拥有一批具有国际先进水平的工艺装备，产品加工工艺水平达到国际同行业 90 年代先进水平。

成功的产品结构调整和技术改造，为企业提供了较大的发展空间和前景。公司的产值和销售收入每年以近 20% 的速度递增，并跃居全国同行业前列，企业先后荣获全国用户满意企业和用户满意度评比的先进企业、建设部质量管理奖和陕西省重合同守信用单位，并通过了 ISO9002 质量体系认证。2000 年通过了陕西省科学技术厅的高新技术企业认定。

公司是以生产建筑机械和路面机械为主的机械类产品企业，其产品大部分处于生命周期的成长阶段，市场需求量大，且成长率高，主要产品供不应求，所开发的产品均处于国际国内领先水平。尤其是其主导产品 TITAN 系列沥青混凝土摊铺机为国内独家引进德国 ABG 公司的生产技术，并通过技贸结合的形式与德国 ABG 公司保持了同步的技术进步，达到当代国际领先水平。

作为陕西省首批 24 家现代企业制度试点单位之一，企业虽然在 1996 年改制为国有独资的“陕西建设机械（集团）有限责任公司”。但是，改制后的公司所有权、经营权未得到分离，投资主体单一，董事会、监事会成员全部由企业内部人组成，法人治理结构不健全，并未达到改制的真正目的——建立现代企业制度；同时，由于公司巨额举债技改，财务费用负担较重，负债率较高，困扰着企业的发展。

实施“债转股”是党中央、国务院为防范和化解金融风险、实现国有大中型企业扭亏脱困的重大举措。公司极具发展潜力的产品优势、技术优势，较好的管理基础，优秀的领导班子等都符合“债转股”政策。公司千方百计争取到了“债转股”政策，高峰董事长要求以此为契机进行改制，完善现代企业制度，全面推进企业管理机制升级。

三、改制概况

公司依据国经贸产业［2001］131 号文批准实施债转股。债转股总额度 9005 万元，其中，华融公司转股额度 4600 万元、建行委托信达公司转股额度 4405 万元，华融公司为陕建机债转股牵头公司。

2000 年 10 月，华融资产管理公司投资银行部将陕建机列为改制试点企业，并进行了实地考察。根据考察结果，华融公司认为陕建机基本条件良好，具有运作上市的可能性，并以签报形式经相关领导批准后，于 2000 年底正式开始了陕建机结合债转股设立股份公司的运作工作。

2001 年 1 月制定出股份公司设立方案，其后的股份公司设立工作均依据该方案实施。至 2001 年 11 月，陕建机取得了与设立股份公司相关的全部批文，包括名称预核准、资产评估确认、国有股权确认、土地评估确认、土地处置方案确认和省经贸委、省政府关于设立股份公司的批文。2001 年 11 月 28 日召开了股份公司创立大会、正式挂牌运作。2002 年 12 月底通过了西安证管的辅导验收，2003 年 3 月申报上市材料，2003 年 10 月通过中国证监会发行审核，2004 年 7 月 7 日在上交所挂牌交易，成为上市公司，股票名称“建设机械”，股票代码：600984。

四、改制工作的实施

陕建机作为主发起人，联合中国华融资产管理公司、中国信达资产管理公司、北京新建设机械设备有限公司及两位自然人共同发起设立了陕西建设机械股份有限公司。其中陕建机以经营性净资产出资、中国华融资产管理公司及中国信达资产管理公司依据国家经贸委国经贸产业［2001］131号文批准以债权转股权形式出资，其他发起人以现金出资。

陕建机作为主发起人，以其现有的三块主要业务——路面机械、翻斗车及钢结构及相关的生产经营性资产出资，包括货币资金、实物、专有技术及商标等。重组后股份公司的主导产品是以具有高科技含量的大型路面机械。股份公司所涉及的相关部门包括八个主要生产车间、生产管理系统、技术开发系统、营销管理系统、质量管理系统等。

（一）对于无形资产处置

凡与路面机械、翻斗车及钢结构生产相关的陕建机自有的商标、专利及专有技术等均无偿投入股份公司，原由陕建机使用的与路面机械、翻斗车及钢结构生产相关的非陕建机自有的商标、专利、专有技术等，由股份公司取得授权并继续使用。

（二）对于土地的处置

因考虑到存续部份生存问题，故对股份公司的用地，采用向存续公司租赁的方式，但受房、地不能分家的限制，故采用先授权经营，再租赁使用的方式，即由陕建总公司（国有资产授权经营主体）先以授权经营方式，取得陕建机占地的土地使用权，再由陕建总公司将授权经营土地使用权注资入陕建机。股份公司设立后向陕建机存续公司租赁使用土地。

（三）对于人员处置

由陕建机进入股份公司的人员为1452人，其中管理及工程技术人员391人，具有本科及本科以上学历的人员152人，具有中级及中级以上职称的人员191人。由陕建机进入股份公司的人员实行全员劳动合同制，享有养老、工伤、待业等保险。

（四）剥离分流情况

陕建机存续部分分流人员833人，包括陕建机现有的全部非生产经营单位及三产经营单位在职员工和全部离退休人员。为保证平稳过渡，并使股份公司与存续部分严格实行三分开，依靠关联交易（土地租赁、综合服务）、分红、存续部分的创收来解决存续部分的生存。凡属通过关联交易由股份公司支付的费用，均已计入盈利预测的管理费用中并留有余地。

（五）资产管理公司的出资形式

在我国现行公司法中，并未对债权出资及债转股出资的合法性做出明确规范，但依据证监会相关规定，股份公司发起人可采用债权出资或债转股出资方式，故在股份公司设立中，华融及信达两家发起人的出资方式为债转股出资。

五、改制的规范运作

在争取到国家“债转股”政策后，陕建机领导班子认识到，“债转股”政策是国有企业进行股份制改造，完善现代企业制度，全面推进企业管理机制升级的一个难得的机遇，一定要紧紧抓住这个机遇，夯实改制的基础，为奠定规范的股份公司运作创造条件。为此，公司成立了改制领导小组，严格依据法律法规和现代企业的要求进行改制，使国有企业形成高效的组织和运行机制，建立规范的投资主体（股权结构合理）和法人治理结构，成为适应市场的法人实体和竞争主体。

（一）建立起符合上市公司要求的公司治理结构和法人治理结构

公司于2001年11月28日召开创立大会暨第一次股东大会，审议通过了《公司章程》，选举了本公司第一届董事会、监事会成员。第一届董事会第一次会议随即选举产生了公司董事长、副董事长，聘任了公司总经理、副总经理、董事会秘书等高管人员，通过了《公司机构设置方案》。随后，《股东大会议事规则》、《董事会议事规则》、《总经理工作细则》、《监事会议事规则》、《董事会议事规则（修正案）》、《董事会战略委员会工作细则》、《董事会审计委员会工作细则》、《董事会提名委员会工作细则》、《董事会薪酬与考核委员会工作细则》等相继审议通过；同时，为有效保护中小股东利益，公司还建立了独立董事制度，在董事会中设了三名独立董事。公司股东大会、董事会、监事会、经理层之间依据《公司章程》及各自的议事规则规范运作，严格遵守《公司法》、《证券法》、《股票发行与交易管理暂行条例》等法律法规，建立规范的组织制度和运行机制，确保改制后的股份公司在新制度下有序的运行，促进公司转换经营机制，建立了符合上市公司要求的公司治理结构和法人治理结构。

(二) 建立对公司高管人员的选择、考评、激励和约束机制

公司基于业务特点和发展战略需要，建立了高管人员的选择、考评、激励和约束机制。

公司高管人员的选择任用按照公平、公开、公正、择优的原则，选择德才兼备、懂经营、精管理、善于组织、具有为履行职责所必需的专业知识和工作经验、并掌握相关法律、法规、政策的人才。公司总经理、董事会秘书由董事长提名，由董事会聘任或解聘；公司副总经理、财务负责人等高级管理人员由总经理提名，由董事会聘任或解聘。

建立了公正、透明的董事、监事、经理人员的绩效评价标准和程序；董事和经理人员的绩效评价由董事会和其下设的薪酬与考核委员会负责组织。独立董事、监事的评价采取自我评价与相互评价相结合的方式进行；董事薪酬的数额和方式由董事会提出方案报请股东大会决定。在董事会或薪酬与考核委员会对董事个人进行评价或讨论其报酬时，该董事应当回避；董事会、监事会应当向股东大会报告董事、监事履行职责的情况、绩效评价结果及其薪酬情况，并予以披露。

建立了经理人员的薪酬与公司绩效和个人业绩相联系的激励机制，以吸引人才，保持经理人员的稳定。公司对经理人员的绩效评价成为确定经理人员薪酬以及其它激励方式的依据。

公司在《公司章程修正案》、《董事会议事规则》、《监事会议事规则》及《总经理工作细则》中对高管人员的权限、职责及义务作了明确的规定。同时，公司也建立较为完善的财务管理制度、内部控制制度及重大生产经营决策规则和程序，对高管人员的经营行为进行约束，以确保公司的经营管理规范化、科学化。

(三) 其他内部控制制度建设

公司对原有的部门责任制、岗位工作标准及各项管理制度进行了全面的修订和完善，在产品质量控制、财务管理、人事管理以及研发、生产管理等方面建立了比较健全、有效的内部控制制度体系。

(四) 引入内部竞争机制 全面推行三项制度改革

在股份公司的人员实行全员劳动合同制后，公司又建立起“分层管理、上下结合、各尽职责、相互考核”的绩效管理考核体系，全员竞聘上岗的内部竞争机制，以市场为中心、以销售为龙头、以绩效决定收入的分配制度为内容的三项制度改革，增强了全员的市场意识、成本意识和竞争意识，对公司转换经营机制、适应市场竞争奠定了良好的基础。

六、改制的效果

公司顺利、平稳地完成“债转股”及股份公司设立，资产结构得到有效改善，为再次技术进步创造了良好条件；公司转换经营机制的方案符合现代企业制度的要求，建立了具有科学组织形式的新管理制度，提高了企业运营效率。

(一) 公司的资产结构得到有效改善

陕建机历年进行的更新改造投资的资金大部分均来自银行贷款，在实施债转股前（1999年），公司资产负债率高达78.5%，年利息支出1560万元，财务负担沉重，已严重影响企业的运营及发展。2000年陕建机享受债转股停息政策后，年减少利息支出460万元，大大改善了企业的资金周转状况，减轻了企业财务负担，增强了企业资金运营的灵活性，为企业的进一步发展奠定了良好的基础。

2002—2003年，完成改制后的股份公司，建立起法人治理结构，新的营销理念和市场管理机制，已取得了显著的经济效益和社会效益。尽管面临入关后及关税调整压力，主导产品价格不断下调近，但也同时提高

了公司的市场竞争能力。2002、2003年度各项经济技术指标连创历史新高，主营业务收入、利润总额、利税总额均有大幅增长，资产负债率由71.84%下降到60.83%（2004年上市后资产负债率下降到48.62%）。

（二）推动企业生产经营再上新台阶

改制以来，陕建机先后被中国质协建机分会授予“优秀质量管理企业”、“用户满意先进企业”和“质量效益型先进企业”；被陕西省政府授予“重合同守信用企业”；被国家工商管理总局授予全国520家“重合同守信誉企业”之一；获2003年全国质量管理奖鼓励奖，全国企业职工培训先进单位等荣誉称号。公司生产的“三捷”牌稳定土拌和机，“建设”牌翻斗车，TITAN423沥青混凝土摊铺机被中国质协推荐为“满意产品”，企业被推荐为“售后服务满意单位”。

改制后由于资金环境的宽松，公司加快了对TITAN423沥青混凝土摊铺机、WBZ21型稳定土拌和机等产品的二次开发工作。如研制开发适用于高原作业的摊铺机，推广摊铺机在铁路道渣铺设和机场停机坪干硬性砼施工的应用；完善稳拌机大功率、大滚筒和再生铣拌两用转子的开发。以TITAN423、TITAN325、TITAN473、TITAN273、LTL60摊铺机产品形成纵向成系列、横向多品种，在国内处于领先地位的产品格局。研制开发的HTH90水泥混凝土摊铺被列入中国企业新纪录，填补了国内空白，CM2000路面铣刨机、WB400稳拌机相继研制成功并投放市场。陕建机股份已成为建设机械、筑路机械多品种、系列化、高起点的专业化生产企业，与此同时，公司在2001年实施的“双高一优”项目总投资为4600万元，目前进展顺利，将为我国高等级公路施工，不断提供技术水平高的产品而建功立业。

（三）为企业的可持续、快速发展奠定了基础

公司以实施债转股为契机，改制重组为陕西建设机械股份有限公司，并实现了A股公募上市，为企业的可持续、快速发展奠定了基础。

为实现公司经营目标提供了充足的资金，满足了技改项目实施、生产规模扩大、产品结构优化的资金需求。公司将实现现有产品和生产技术的升级换贷，并迅速提高产品生产能力；

将加强公司新技术、新产品的开发能力，对巩固并提升公司现有技术优势起到了关键作用。通过新技术、新产品的研究开发和运用，公司将保持和发展沥青混凝土摊铺机、全液压稳定土拌和机和翻斗车国内第一品牌优势，并打造路面铣刨机国内第一品牌；

为公司今后通过资本市场融资建立了通道，使公司由非公众公司变成公众公司，将进一步推动公司治理结构的完善，继而有利地促进公司的快速发展和经营目标的实现；

将提高公司的社会知名度和市场影响力，有利于公司对优秀人才的吸引与保持，提高公司的人才竞争优势，对实现经营目标具有积极的促进作用。

七、改制的几点体会

（一）领导班子的高度重视与正确决策是改制工作成功的关键

公司能够顺利完成改制与产品有市场竞争力，企业具有较高管理水平，工艺装备先进，债权债务清晰，财务行为规范等有利条件分不开，更与企业领导班子强，董事长、总经理善于经营管理，高度重视改制工作并正确决策制定符合现代企业制度要求的改制方案分不开。

（二）企业与资产管理公司加强合作十分重要

企业要把资产管理公司作为实实在在的股东，并注意协调，共同调研论证，在制定企业改制方案的过程中，在审计、评估、法人治理结构等重大问题上都要加强合作，形成共识，夯实改制的基础，为奠定规范的股份公司运作创造条件。华融公司指导和参与陕建机改制的全过程，积极参与公司重大事项的决策，及时收集情报，掌握信息，为公司正确决策和生产经营工作的正常开展提出合理化建议，切实维护股东的合法权益，使股份公司的设立得到了规范运作指导。

（三）在改制过程中严格依据有关法律、法规进行，做到“三分开”“五独立”

为确保改制后的股份公司在新制度下有序的运行，严格依据法律法规建立新的运行体制，公司严格

遵守《公司法》、《证券法》、《股票发行与交易管理暂行条例》等法律法规，建立规范的组织制度和运行机制，促进公司转换经营机制；按照《股份公司人事管理制度》进行劳动合同重新签订工作，完成职工身份转换；严格按《股份公司财务管理制度》进行财务管理成本控制，有效地降低公司管理费用。依据建账审计报告及关联交易协议，切实完成集团公司与股份公司的独立经营，做到业务、资产、人员、财务、机构独立完整，主营业务突出，形成核心竞争力，为公司成功上市打下坚实的基础。

陕西建设机械股份有限公司在短短三年时间里，完成了股份制改造并成功上市，完善了现代企业制度，全面推进了企业管理机制升级，使建厂五十年的老国企焕发了青春，也为国有企业的改制提供了成功的经验。

案例之六：

转机建制　多元发展
不断寻求企业改革突破点

——西北橡胶总厂改革发展纪实

一、基本情况

地处古都咸阳，占地面积41万平方米的西北橡胶总厂，是国家“二五”期间布局在西北地区为国防工业配套和民品相结合的大型橡胶制品综合加工企业，下属11个生产分厂，主要产品有飞机油箱、救生筏、胶船、高压钢丝编织胶管、普通胶管、密封零件、胶板型材、胶液、宽幅环形印花胶带、混炼胶、轮胎及橡胶机械等，计13大类，100多个品种、万余种规格。几十年来，企业历经风雨，尝尽酸甜，先是在计划经济体制中游刃有余，为国防工业及社会经济做出了突出的贡献，后是在市场经济大潮中难以适应。特别是进入90年代以后，企业经济一步步陷入困境，效益持续下滑，亏损难以遏制，到1997年几乎到了崩溃的边缘，当年亏损达4700万元，职工工资难以发出，曾连续两次获得国家优质奖的主导产品高压钢丝编织胶管及陕西省名牌轮胎产品相继停产。

二、改制的动因

1997年底，省石化局党组调整了该厂领导班子，新班子不仅承担起一付沉甸甸的负债担子，也接过了一个五千之众、设备陈旧、工艺落后、产品没规模、无竞争优势的烂摊子。一班人在认真汲取以往经验教训的基础上，研究制定出了如何使企业摆脱困境，进而走上持续健康发展之路的办法和思路。认为企业技术和装备落后，多年欠帐较多，一时又筹不来改造资金，而企业又大而全，冗员过多，“钱从哪里来，人往何处去”是要解决的首要问题。于是，果断提出，要适应不断变化的新形势，必须以机制强厂，靠产品立业。即结合企业产品杂，条块多的特点，通过灵活的机制招商引资来打靠企业，打造产品。具体思路是：群体经济，个性发展，做强主业，激励搞活 。具体方法是：自下而上，多元并进，融通互惠，共同发展。

三、改制实施

（一）调整产品结构，着力主业发展

原胶料加工分厂、橡胶制品分厂、胶布制品分厂承担着为国防工业配套的任务，其技术力量、人员素质、设备工艺优势较强，主要生产飞机油箱、空投油罐、航空薄膜等，技术要求高，质量要求精，利润也可观，就将三个分厂进行优良资产整合，注册成立了“西北凯迪航空航天橡胶制品有限公司”，改制后，公司的生产经营业绩不断提高，使国有企业的优良资产得到较好的回报。之后，又先后两次对该

公司扩资变更，使注册资本金由当初的1100万元，增加到4630万元。接着，又因其承担着为国防配套，急需技术改造，抓紧立项引资，多次跑国家计委、经贸委、国防科工委争取技改资金，终于拿到了由中央财政无偿拨付的专项资金1710万元，对关键设备进行了更新和填平补齐，使生产能力大为提高，公司年盈利上千万元，既做强了国防产品这一块，又保证了企业主业产品，国有资产的保值增值。

（二）勇于改革实践，旨在推动发展

宽幅环形印花胶带是填补国内空白的专利产品，但生产该产品的原分厂由于管理、成本、市场等多种因素，效益一直不好，还出现亏损，职工工资难以保证。1999年底把民营机制引入国企，由管理理念新，又能带来大量资金的浙江人实施承包，第一年就上缴管理费用110万元，以后逐年递增，并且人员全包、“五金”全交。之后又注册成立了陕西华迪特种胶带有限公司，公司产品不断更新，市场越做越大，每年以30%以上的速度递增，职工的收入也逐年增长，而且更重要的是通过这一举措，改变了国有企业职工旧有的思想观念。

同样的办法，企业又先后将扣压分厂、包装车间承包给了具有战略眼光，能带来资金的民营企业家。

（三）引进民间资本，谋求多元发展

十六大明确提出：“必须毫不动摇地鼓励支持和引导非公有经济的发展”，为国退民进，多元化经济结构的体制走向指明了方向。企业班子成员认为，根据现代市场经济发展的态势，未来非公有制经济将会作为一种新生力量登上历史舞台。为与时俱进，应毫不犹豫地探索实践。为此，及时出台了《关于进一步加快非公有制经济发展的意见》，对非公有制经济发展放宽准入条件、扩大范围，鼓励和引进民间资本和民营企业家以独资、合作、联营、参股、控股、租赁等方式参与生产经营。一石激起千层浪，引来鲜花朵朵开。

广泛用于油田钻井、地质勘探、工程、煤矿、矿山等机械系统的石油钻探管和钢丝缠绕管市场前景广阔，利润较高，但该产品在企业胶管系列中还是空白。2001年5月份，厂里果断决策上该产品，并决定以吸收非公有资本进入，两个月就吸引民间资金300余万元，接着仅用了四个月时间，一座1200平方米的现代化钢架厂房及设备就建设安装调试完毕，2002年3月1日新设立的特种胶管公司正式投产。截至今年9月，累计完成工业总产值1755.7万元，实现销售产值1923万元，利润356万元，为今后发展积累了资金，股东也得到了丰厚的回报。新机制让这个只有40多名职工、筹建两年多的非公有控股公司插上了腾飞的翅膀。

2003年6月份，企业获得一条重要信息，重庆中南橡胶有限公司欲出售其进口不久的高压胶管生产设备，即一边派人实地考察，一边招商引资寻找出资人。当该设备以440万元成交后，也找到了韩城市个体经营者任土生等自然人的800万元投资。在之后的具体运作中，企业将既有的部分设备作为投资，联合任土生等自然人于10月份注册新设立了“陕西双西胶管有限公司”，公司注册资金达到1006万元。用800万元主要用于购买设备，扩大生产规模。目前，一个以非公有制控股、专门生产经营高压钢丝编织胶管的公司又诞生了，仅此一改，就可使高压胶管产品年产值由2500万元提升到4000万元。

在陕西省将汽车工业作为支柱产业的时候，汽车专用胶管等橡胶产品市场需求也在不断扩大。于是企业在充分分析调研的基础上，利用自有的厂房、设施、品牌等，引进民营资本金500万元，很快注册成立了非国有控股的“陕西金迪汽车专用橡胶制品有限公司”，公司吸纳企业职工150余人，生产经营发展势头非常迅猛。

轮胎 生产投资大，属规模型效益。企业先是在调整产品结构中将严重亏损的轮胎生产停下来，后又在招商引资中引进民间资金、技术和人才，注册成立了“陕西都邦轮胎科技发展有限公司”，使停产几年的轮胎产品得以恢复生产。

橡胶密封件产品是个长线产品。但因其技术含量相对较低，易生产，近年来，企业周边的个体、集体企业蜂涌而至，加剧了竞争，且大有游击队打败正规军之势。密封件分厂的订单逐年减少，却在养活一百多名职工，若不尽快对其改制推向市场，最终会被其它厂吞食。对此，经过慎重考虑，于2001年2月份进行公开招标，经三家答辩，公平、公正地确定了参股承包人，成立了“密封件模拟有限公司”，新的参股承包者个人注入资金30万元，并全身心地投入市场开拓，很快站稳脚根，生产经营成果连年稳中有升。2002年初，正式注册了密封件有限公司，使一个最没优势的分厂也具备了竞争力。

2004年，企业又以国退民进的方式，对密封件公司作了重组，即国有厂房部分退出，租赁给经营者，只用设备出资，国有股由原来的70%退到只占30%的股份，投标经营者个人由原来的30%股份追加到投资占到70%的股份，让非公有投资者控股经营，增强其责任心，使公司做大做强，达到提高效益和职工收入的目的。事实上，密封件公司的经营活了，效益也增长很快。

（四）加压改造后勤，实现主辅共同发展

西北橡胶总厂地处城乡结合部，计划经济的产物是企业大而全，用职工的话讲，除了没有火化场，其它什么都有。因此，近几年来，为轻装上阵做强主业，从1998年开始，企业陆续对稍有自理能力的子弟学校、职工医院、幼儿园以及实业公司、建安公司、储运公司、供应处、电仪分厂、运输队、食堂科等辅助部门的工资逐步剥离，每年从15%到35%，最快的三年剥完。从2001年开始筹划调研，到目前为止，在省内率先对职工医院、幼儿园和子校高中部进行了股份制改造。这几个单位改制的共同特点是，大量吸收以职工为主的非公有资金，使其达到控股经营。

职工医院原来只是为职工服务，设施极其简陋，工资费用吃大锅饭，注册成立股份制“咸阳西橡医院”后，用吸收的资金300余万元，新建一座3000多平方米的五层住院大楼，床位由不足40张扩大到150张，更换先进的医疗设施，引进人才，面向社会开放，门诊、住院 人数成倍增加，营业收入步步攀升，不仅一座档次较高的具有现代化标准的国家二甲医院初具规模，而且使分离出的80余名职工信心大增，确保有丰厚的收入和较高的投资回报。

子弟学校凭借其咸阳市西郊惟一一所高中生源充足的地位优势，积极改变校舍紧张的局面，通过对高中部的股份制改造，吸纳非国有资金近400万元，建设一座4500平方米的新高中教学楼，使高中学生由800人扩大到1200人，把本来就有声誉的高中部办成咸阳市知名度更高的学校。不仅提高了社会效益和经济效益，而且极大地调动了广大教职员工的积极性。

幼儿园最初只有几十个小孩，十多个阿姨，经逐步剥离到现在的股份制改造，小孩发展到十几个班，400多人，用吸纳的个人投资进行内部设施添置，扩大规模，上了档次，先后升为市级和省级示范园。

据统计，几年来，企业剥离和改制的三产、后勤及辅助部门达到近20个，600多人，年剥离工资费用在500万元以上。

四、改制的效果

西北橡胶总厂在逐步改制的过程中，始终把“发展才是硬道理”，把“三个有利于”的标准作为转机建制的主轴，不求形式多元发展，看准一块，改一块，成熟一块，激活一块。几年来，先后设立的国有控股公司、非国有控股公司、模拟公司等共计14个，其吸收非公有资金3000余万元，全部用于设备改造和提高技术等级，使企业的群体经济大为发展。销售产值由1998年的5000万元增长到2001年的超亿元，2000—2002年，销售利润平均增长幅度为37.64%，销售产值因此增长23.02%，2003年工业总产值同比增长11.5%，截至10月底，工业产值因此增长22.4%，销售产值同比增长26%。职工住房不断改善，收入不断增加。企业先后被省委、省政府评为“先进企业”、“安全生产先进单位”、“高新技术企业”等。企业领导班子被省委评为“好班子”。

1998—2000年，是西北橡胶总厂第一步战略目标——摆脱困境，结果两年来就扭亏为盈；

2001—2005年，是西北橡胶总厂第二步战略目标——销售产值在第一步基础上再翻两番，结果2004年11月份提前13个月就实现了。

从2005年开始，在未来的10年内，西北橡胶总厂将全面实施第三步战略目标，即挤进国内同行业前三名；销售产值在第二步基础上再翻两番达到5个亿；创建国内一流、国际先进的集团化橡胶航母企业。

五、几点体会

西北橡胶总厂几年来的改革发展实践，主要体会有三点：

1. 分块突破，多元并进，看准一块，激活一块。改制的十几个单位，无一失败，且发展势头良好。

2. 从简单入手。总厂多为用少许设备折资入股，股东小，便于吸引资金。

3. 凡改制单位对职工均实行整体接转安置，身份过渡式转变。且要求收入最低不能少于现水平，职工人心稳定，无上访事件，妥善地处理了改革、发展、稳定的关系。

现在，西北橡胶总厂正以较高的标准寻找战略合作伙伴后，再行企业的整体改制，将企业做大做强。

案例之七：

求实创新　积极进取

——陕西龙门钢铁（集团）有限责任公司改革发展纪实

一、基本情况

陕西龙门钢铁（集团）有限责任公司于2002年3月28日由原陕西龙门钢铁总厂改制而成。公司总股本为18447万元。其中：陕西省省经贸持有国有股12727万元，占注册资本的68.99%；陕西省技术进步投资公司出资700万元，占注册资本的3.79%；职工持股会出资5020万元，占注册资本的27.21%。

短短两年多，龙钢由一个名不见经传的中型企业发展成为陕西省最大的钢铁联合企业，西北三大钢铁集团之一。企业产钢能力由2001年底的30万吨发展到300万吨；总资产由2001年底的9亿元增长到38亿元；销售收入由2001年的5.8亿元增长到近40亿元（2004年预计）；利税由2001年的6000万元增长到2.5亿元，企业各项管理、各项指标、环境面貌、企业文化建设等均有了显著进步，据2003年国家统计局1948家大型工业企业统计资料，龙钢列全国大型工业企业第458位，陕西省大型工业企业第9位。预计2004年产钢130万吨、销售收入40亿、利税2.5亿元。

二、改制动因

陕西龙门钢铁（集团）有限责任公司位于关中东北部的韩城市，东临黄河、北依龙门，交通便捷，资源丰富。韩城市是陕西省重要的煤电工业基地，年产原煤600万吨，焦炭400万吨，石灰石、铁矿资源丰富，水电充足，发展钢铁工业条件优越。

2002年3月28日，原陕西龙门钢铁总厂经改制组建成立了陕西龙门钢铁有限责任公司，完成了由“工厂制”到“公司制”的历史转变。改制前的陕西龙门钢铁总厂当时也是举步维艰、勉强度日。想发展没有资金，想与别人合作，合作对象一听企业还是工厂制模式就退避三舍。企业在体制、机制、产品结构等方面，都还存在着许多深层次的矛盾与障碍，企业的生命力很脆弱，限制企业进一步发展的因素和矛盾很突出，若维持现状，前景不容乐观，已经到了不改革就难以发展，甚至难以生存的重要关头。

三、改制概况

公司成立后，董事会一班人认真研究分析了钢铁工业面临的机遇和挑战，统一思想，坚定了发展的信心。班子成员普遍认为我国正处在工业化发展时期，基础设施建设仍滞后于经济发展，经济的稳定增长必然要带动钢铁产品的需求，特别是位于西部的陕西省更是有着发展钢铁工业的市场条件和有利因素。企业必须乘改制东风，抓住难得的历史机遇，大胆改革，尽快把企业做大做强。省政府提出的“重整冶金，打造支柱”的战略部署更加鼓舞和坚定了龙钢加快发展的信心。而要发展，底子薄，没有资金，怎么办？经过反复学习研究，借鉴省内外企业一些成功的做法，结合企业自身现实，龙钢提出了“资本股份化、融资社会化、产业规模化、效益最佳化”的发展思路。2004年4月，与江苏省江阴市西城钢铁公司以补贸的形式，吸引资金5000万元启动了百万吨炼钢工程，与韩城市海燕焦化公司合作投资近亿元建设了450立方米高炉，与韩城同兴冶金公司合作建设6000立方米/时制氧机组，当年便形成了100万吨炼钢能力，跨上了企业发展上一个新的台阶。

四、改制进程

（一）以产业链为依托，广泛与省内外企业合作，把企业进一步做大。

100万吨炼钢能力形成后，2003年初很快显现出了巨大的效益，使龙钢尝到了改革带来的甜处，这就更加鼓舞和激励了龙钢实施改革的决心。为了在发展上使龙钢有限的资金用在刀刃上，避免全面开花可能带来的风险，企业以产业链为依托，突出发展炼钢这个中心，针对不同的建设项目，以项目为载体，吸引投资者、合作者，用单项建设完成整体组合，达到规模的提升。在单项工程建设上，采取了不同的融资方式、运作方式，达到了吸引资金快、建设速度快、达产达效快、效益产能增长快的特点。

2003年，企业自筹资金建设了2×50吨转炉及四机四流、五机五流连铸机，当年基本完成了300万吨钢建设，达到了一定的经济规模。与此同时，企业把与之相配套的许多相关项目推出去，广泛与省内外企业合作：

——引入湖南盈德气体公司资金1.4亿元，由对方独资建设22000立方米/时制氧机组，为300万吨炼钢能力提供配套。已于今年5月份建成投产。

——引入韩城市海燕焦化公司资金1亿元，由其独资建设40万吨炼铁及其烧结项目，为300万吨炼钢能力提供铁水。已于今年上半年全面投产。

——引入河南省新密市康华耐材公司资金3000万元，共同投资组建了龙钢控股的华龙耐材公司，建成耐火材料散装生产线，年产值5000多万元，使吨钢耐材消耗降低20%左右。

——与四家民营企业合作，采取独资或参股的形式吸引资金近亿元相继建成了同兴轧钢、龙丰轧钢、龙泉轧钢、富平轧钢四条轧钢生产线，为龙钢代委加工钢材，扩大了“禹龙”牌钢材的规格、品种，提高了市场竞争力。

——与陕西方信冶金材料有限公司共同出资组建成立了龙钢集团环保产业开发有限公司，投资对公司现有废水、废碴等进行集中处理、回收利用。

——与同兴公司及陕西圣子龙实业有限公司共同出资5000万元，成立陕西大西沟矿业有限公司（龙钢控股），拟对储量达3.02亿吨的大西沟铁矿进行规模开采。

——与社会自然人共同出资组建成立了龙钢集团宝鸡轧钢有限公司（龙钢控股），投资亿元在宝鸡建成年产40万吨的带钢生产线。

——出资控股了宝鸡红光钢铁公司，拟将其建成与宝鸡轧钢相配套，龙钢又一生产基地。

——成立了龙钢集团华山设备公司，租赁、启动了已经停产的华山冶金车辆的机修闲置设备。

——成立了北京华天禹龙国际有限公司，进一步拓展进出口业务。

这些项目的建成和投产大大增强了龙钢集团的整体实力和市场应变能力，使龙钢初步完成了以韩城300万吨钢和宝鸡50万吨钢为两翼，以西安钢材销售为中心的战略布局。

龙钢集团现在已经成为以龙钢集团公司为母公司，以宝鸡红光等10个控股子公司，拥有16家省内外协作单位，有一定经济规模的大型集团。

（二）初步实现股权多元化，增强了企业的生机和活力。

完成公司改制以后，为了不至于出现穿新鞋走老路现象，在省经贸委和省有关部门的大力支持下，龙钢不断加大改革力度，使企业更具活力。

——完成了剥离辅助和辅业改制，组建成立了龙钢综合服务有限责任公司，使龙钢集团公司轻装上阵，集中力量抓生产、抓效益，既保证了企业改革中职工无一人下岗，又使辅业改制后的公司充满了活力。

——在保证国有资产保值增值的前提下，为了提高注册资本金数量，龙钢采取作加法的办法，通过增加职工持股，引进新股东等办法，改善了公司的股本结构，进一步提高了董事会的决策水平。其中韩城市海燕焦化有限公司和西安市平和钢铁炉料公司各参股4000万元。新股东的加盟，不仅增强了企业的活力，更为企业今后的进一步发展奠定了体制上的基础。

（三）加快企业技术进步，加强企业各项管理，实施低成本战略，把企业不断做强。

在企业快速发展的同时，为了实现效益的最大化，龙钢适时地完成了一些技术进步项目和降低成本项目，充分地挖掘企业内部潜力。企业投资3000万元，建成了炼铁高炉喷煤项目，并使炼铁生产用上了富氧，大大提高了炼铁高炉利用系数，降低了焦比，仅此就可使生铁成本每吨降低100元，年创效益1亿元以上。投资3000多万元建成5万平方米煤气柜一座，对过去放散的高炉煤气全部回收利用，既改善了空气质量又使宝贵的煤气资源得以利用。

在通过ISO9001质量体系认证的基础上，2004年龙钢又开始进行ISO14000环境体系和职业健康安全体系的认证，用规范、现代化的管理标准推动企业各项管理的进步。企业生产的“禹龙”牌系列钢材先后荣获陕西省名牌产品称号，全国用户满意产品和国家免检产品称号，产品畅销省内外并打入国际市场，出口韩国、日本、越南及台湾省，得到了广大用户的青睐。

（四）发展循环经济，走全面、协调、可持续发展之路，创建具有龙钢特色的企业文化。

在经济发展上，龙钢在节能降耗、综合利用上大做文章，充分利用生产过程中的废物，走循环经济之路。废水实现了零排放；废渣得到了全部回收利用；焦炉煤气、高炉煤气全部得到了回收利用，并决定回收转炉煤气，建设自备发电厂。在抓好现有环保设施的正常运行的同时，投资进行了高炉噪音治理和环境绿化、美化工作，使企业的环境面貌发生了较大变化，为打造“绿色龙钢”打下了一定的基础。

在企业文化建设中，龙钢以“每一年，每一天，我们都要进步”的企业精神为核心，以人为本，着力使每一个员工都能进入最佳的工作状态，树立新一代龙钢人的新精神、新面貌。在10月份全国冶金系统企业文化展评中，龙钢的企业文化建设得到了与会人员的普遍好评，并获优秀奖（第四名）。

炼钢厂创建的安全文化走廊，炼铁厂建成的院落文化站，集团公司建成和装修一新的阅览图书室、舞厅、台球厅、健身房、憩园广场等都成为了企业文化建设的亮点。《龙钢之歌》演唱活动的举行和“龙钢之夜·王菲演唱会”的成功举办，提高了龙钢的知名度，有力地促进了销售工作。如今“禹龙”牌钢材不仅享誉三秦大地，而且得到了省内外用户的好评。企业文化建设与生产经营活动的有机融合，使企业“内提素质，外树形象”的目标得以实现。

五、改革前景展望

经过两年多的改革与发展，龙钢取得了一定的成绩，收到了明显的效果，但企业仍然面临相当艰巨的改革、发展任务，龙钢将在2005年继续深化改革，主要设想是：

（1）继续坚持“资本股份化、融资社会化、产业规模化、效益最佳化”的发展思路，结合企业实际，创造性地开展工作，使企业的竞争力不断提高。

（2）继续实施一个战略（低成本战略）三条主线（改革改制、生产经营、企业文化），突出抓好大西沟开发、提升指标、营销工作、管理达标和安全环保认证等五个重点工作，力争产钢200万吨、销售收入60亿—70亿元。

（3）继续完成企业股权结构的调整，积极组建股份公司，为企业发展开拓新的融资渠道。

（4）树立全面、协调、可持续的科学发展观，节能降耗，调整企业产业结构，为把企业建设成建材精品基地而努力。

（5）积极筹集资金，积累资本，为提升企业装备水平做好前期准备工作。

（6）力争在二三年内，完成大西沟铁矿300万—500万吨/年的采矿建设，使企业铁矿自给率达到50%以上。

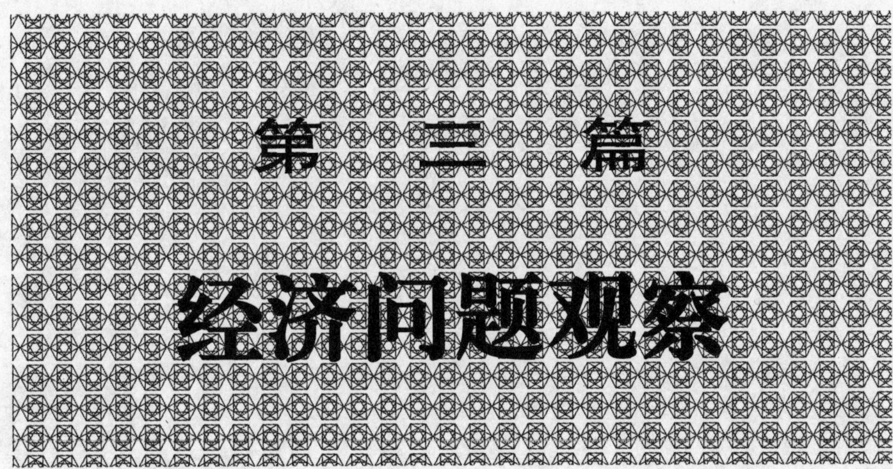

第　三　篇

经济问题观察

国资委主任李荣融在聚焦并购重组国际高峰论坛上作主旨发言——

积极稳妥推进国有企业改组重组

力争用5年时间，使符合关闭破产的企业和资源枯竭的矿山退出市场，基本消化历史遗留问题

国务院国有资产监督管理委员会与联合国工业发展组织联合举办的“并购重组国际高峰论坛”日前在北京召开。

并购重组国际高峰论坛主席、国务院国有资产监督管理委员会主任李荣融在论坛上作了主旨发言。

国有经济布局取得积极进展

近年来，通过收购兼并、重组上市、关闭破产等多种形式，我国国有经济布局和结构调整取得了积极进展，成效已经显现。国内涌现出一批具有较强竞争力的大公司大集团。1997年至2002年，我国进入世界500强的内地企业由3家上升到11家，全部是国有及国有控股企业。

国有企业股份制改革步伐正在加快。到2002年，15.9万户国有控股企业中的一半实行了公司制改革。从1998年到2002年底，国有及国有控股企业重组上市的有442家，累计筹集资金7436亿元，其中境外筹资352亿美元。

一批长期亏损、资不抵债的企业和资源枯竭的矿山退出了市场。从1994年到2002年，全国实施政策性关闭破产项目3080个，涉及核销银行呆坏账准备金1995.4亿元，安置职工约530万人。

放开搞活了一大批国有中小企业。1997年以来，各地通过改组、联合、兼并、租赁、承包经营、股份合作、出售等多种形式加大了国有小企业改革的力度，改制面达到85%左右。

李荣融说，国有经济布局和结构的调整，促使国有经济质量和效益不断提高。1995年到2002年，国有及国有控股工业企业户数从7.76万户减少到4.19万户，下降了46%，而实现利润却从838.1亿元提高到2209.3亿元，上升了163.6%。

结构不合理状况未根本改变

李荣融指出，虽然国有经济布局和结构的调整取得了积极进展，但从总体上看，国有经济布局和结构不合理的状况尚未根本改变。

在行业分布上，除必须由国有控股的涉及国家安全和国民经济命脉的重要行业和关键领域外，国有经济还广泛分布在其他行业和领域，在一些市场化程度比较高、竞争比较激烈的加工工业和一般竞争性服务行业，国有经济的比重仍然偏高。

在股权比重上，国有经济在许多有限责任公司和股份公司包括上市公司中比重过大，这既不利于法人治理结构的建立和完善，也不利于很好地实现同股同权、同股同利。

在企业规模上，截至2002年底，国有及国有控股大型企业9436户，平均每户企业净资产5.58亿元，销售收入6.03亿元，规模偏小。

此外，还有一大批需要破产关闭的企业没有退出市场。据初步调查，全国符合破产关闭条件的资源枯竭矿山和国有大中型企业还有2500多户，涉及职工近510万人，涉及金融债权2400多亿元。受核销

银行呆坏账准备金额度、政府财力及社会保障体制不健全等因素的制约，这些企业一时难以退出市场。

促进国有资产合理流动

李荣融说，要加强对国有经济布局和结构调整的指导，进一步明确国有经济战略性调整的方向和重点，推动企业间的兼并、联合、重组，推进企业股份制改造，鼓励国有大型企业引入国内外战略投资者，鼓励有条件的国有大型企业境内外上市，实现投资主体多元化，促进国有资产合理流动。

李荣融强调，中央企业是参与并购重组的重要力量。目前国资委直接监管的189家中央企业资产总额7.13万亿元，其中所有者权益2.59万亿元。我们将在中央企业中积极培育和发展一批具有国际竞争力的大公司和企业集团，支持具备条件的国有大中型企业通过重组上市、中外合资等多种途径加快发展主业，扩大影响力和带动力。与此同时要加快劣势企业退出市场的步伐。建立健全国有资本的退出机制和企业优胜劣汰机制，加大国有企业政策性破产力度。力争用5年时间，使符合关闭破产的企业和资源枯竭的矿山退出市场，基本消化历史遗留问题。

支持引导国有企业“走出去”

李荣融指出，近几年来，中央企业开始较多地进入国际市场，形式日趋多样，步伐明显加快，规模逐步扩大。我们将继续鼓励中央企业走出去，到境外投资、境外办厂和跨国并购，进一步健全境外投资咨询、法律保障和国际协调体系。此外，还要进一步配合有关部门制定完善外资并购相关法律法规，为外资并购提供更为完善的法律保障。进一步推进现代产权制度和产权市场的建设。循序渐进地建立健全多层次、多形式的产权交易市场，制定统一规范的产权交易法规规章，整顿产权交易秩序，规范产权交易行为，促进产权有序流动。

贾治邦省长在全省深化国有企业改革座谈会上的讲话

（2003年10月21日）

同志们：

在党的十六届三中全会刚刚结束之际，我们大家一道座谈，目的是要以《中共中央关于完善社会主义市场经济体制若干问题的决定》为指导，统一思想，坚定信心，全面贯彻实施好省委、省政府前不久出台的《关于进一步深化我省国有企业改革的意见》，加快我省国有企业改革步伐。动员企业和企业法人代表深刻认识深化改革的重要性和紧迫性，深刻认识自己既是改革的对象，又是改革的主体和组织实施者，增强整个企业团队对企业生存、发展和改革的紧迫感、危机感，增强他们的自觉性和主动性。刚才，几位企业代表分别发了言，介绍了他们在股份制改革和建立现代企业制度等方面的经验和做法，很值得我们学习和借鉴。下面，我讲几点意见。

一、用十六届三中全会精神统一思想，增强国有企业改革的紧迫感和自觉性

十六届三中全会通过的关于完善社会主义市场经济体制若干问题的决定，是进一步深化经济体制改革，促进经济和社会发展的纲领性文件。深入贯彻落实十六届三中全会精神，对于进一步深化我省国有企业改革具有十分重要的意义。

第一，从完善社会主义市场经济体制的高度，充分认识国有企业改革的重要性。十六届三中全会提出，完善社会主义经济体制的首要任务，就是“完善公有制为主体、多种所有制经济共同发展的基本经济制度”。完善这一基本经济制度，就必须坚定不移地深化经济体制改革，加大国有企业改革力度。国有企业是国民经济的支柱和财政收入的主要来源。深化国有企业改革，是增强国有经济主导作用和竞争能力的迫切需要，是深化经济体制改革的中心环节，是完善社会主义市场经济体制的内在要求，对实现建设西部经济强省和全面建设小康社会的战略目标至关重要。不对国有企业进行以产权为核心的整合重组，就难以形成一批具有核心竞争力的大企业，就难以发挥国有经济在建设西部经济强省中的支柱作用，就难以在日趋激烈的国内国际竞争中生存和发展。

第二，正视我省与东部发达地区的差距，充分认识我省国企改革的紧迫性。近20年来，我国国有企业改革虽取得一定成绩，但仍然是经济体制改革中最薄弱的环节。我省与东部发达地区省份的差距，主要表现在所有制结构上，表现在对国有经济进行战略性调整的不到位。我省国有经济比例大、战线长，但主导力、控制力并不强。目前，以公有制为主导、多种所有制经济共同发展的格局已在东部地区基本形成，多元化的所有制结构符合社会主义初级阶段生产力发展的内在要求，显现出旺盛的生命力。以浙江为例，目前这个省95%的国有大中型企业已经完成改制，国有股比例已降到30%以内，转换身份和解除劳动合同的职工已占90%。虽然他们的国有股比例小，但主导力、控制力很强。而截至2002年末，我省地方4589户国有企业中，国有独资公司和没有进行公司制改造的国有企业占总数的77%；在已改制的558户股份制企业中，国有股份占50%以上的达到82%。除在产权结构上，推进股份制的步伐不快，混合所有制经济发展得不够外，我省的国有经济还存在着许多困难和问题。在经济布局上，力量分散，战线过长，涵盖13大类40多个行业，85%的企业处于国有经济没有优势或不需要控制的竞争性行业；在监管体制上，多头管理，出资人不到位，管资产、管人、管事相互脱节，难以形成整体合力；在企业内部治理上，多数企业尚不够规范，法人治理结构不完善、；在经营业绩上，相当一部分企业效益不高，2002年末全省地方国有企业净资产利润率仅为0.7%，企业亏损面为55.1%。十六届三中全会为国企改革带来了难得的历史机遇，只有抢抓机遇，增强紧迫感，加快国有企业改革，增强国有经济的主导作用和竞争力，才能加快建设西部经济强省的步伐，才能逐步缩小与东部地区的差距。

第三，企业是改革的主体，企业的法人代表是企业改革的组织者和实施者。在我国改革开放初期，企业的市场主体地位尚未完全确立时，国企改革主要依靠政府推动是必要的。而在社会主义市场经济体制初步建立的今天，企业日益成为合主经营、自负盈亏的法人实体和市场主体，这就决定了企业既是改革的对象，又是改革的主体。当然，企业的改革要求政府必须制定国企改革的方针、政策，提供宽松的环境，但这些只是改革的外部因素和条件，而改革的内因和根据是企业，企业改革的主体地位是任何人不能代替的。因此，国企改革必须更多地依靠企业的自觉行动。只有企业才是深化改革的内因和核心动力，如果缺乏这种内在的核心动力，外在的大量即使再强大，也只能是事倍功半。多年来的实践证明，不确立企业的改革主体地位，改革就难以到位，即使改了也可能出现“穿新鞋走老路”。

企业的主体地位决定了企业法人代表是改革的组织者和实施者，在国企改革中发挥着举足轻重的作用。我们必须认真学习十六届三中全会文件，自觉实践“三个代表”重要思想，充分认识国企改革的重要性和紧迫性，解放思想，开拓创新，顺应建立更具活力、更加开放的经济体系的需要，积极地而不是消极地、自觉地而不是被动地推进国企改革，做改革的促进派。要大力提高企业法人及其经营者自身素质，这是强化企业改革主体地位的当务之急。要以强烈的使命感和责任感，加强学习，努力把自已塑造成具有世界眼光和战略思维的企业家，带领企业干部职工，群策群力、聚集智慧，走在国企改革的前列。企业的党组织要发挥政治核心作用，并适应国企改革的公司法人治理结构的需要，进一步改进发挥作用的方式，支持企业的法人代表带领企业职工参与和推进国企改革。各级政府要充分尊重企业的市场主体地位，避免行政命令式的“拉郎配”，实现国有资产出资人“到位”和参与企业经营活动方面的“退位”，为企业提供一流的环境和服务，最大限度地发挥好企业干部职工的积极性、主动性和创造性。

二、以股份制改革为重点，加快不同类型国有企业的改革步伐

国外成熟市场经济国家和我国改革开放20多年的实践都证明，股份制特别是规范的公司制是现代企业制度的一种有效组织形式，是实现公有制与市场经济结合的有效途径。

（一）大力推行股份制是国企改革的方向，是公有制的主要实现形式。近些年来，股份制在经济生活中发挥着越来越突出的作用，成为搞活国有企业的重要途径。党的十六届三中全会指出，要适应经济市场化不断发展的趋势，进一步增强公有制经济的活力，大力发展国有资本、集体资本和非公有资本等参股的混合所有制经济，实现投资主体多元化。这是对改革实践经验的总结，是探索公有制和市场经济相结合有效形式的成果，是我们在认识上的深化。省委、省政府研究决定，除极少数重要的国有企业实行国有独资或国家控股外，其余企业的国有股权逐步降低为相对控股或参股，大量引进民资、外资、沿海资本，使国有企业的改制面达到90%以上，混合所有制经济得到充分发展。

积极推行股份制，必须建立现代企业制度，实现产权清晰、权责明确、政企分开、管理科学，使企业成为自主经营自负盈亏的法人实体和市场主体。其根本要求是产权清晰。随着改革的深化和多种所有制经济的发展，国有和集体资本不断壮大，个体、私营、外资等非公有资本和城乡居民私有财产也迅速增加，各种资本流动、重组和融合日益频繁，各类财产权都要求有健全的产权制度加以保护。建立“归属清晰、权责明确、保护严格、流转顺畅”的现代产权制度，有利于维护公有财产权，巩固公有制经济的主体地位；有利于保护私有财产权，促进非公有制经济发展；有利于各类资本的流动和重组，推动混合所有制经济发展；有利于增强企业和公众创业创新的动力，形成良好的信用基础和市场秩序。这是完善基本经济制度的内在要求，是构建现代企业制度的重要基础。国有企业改制为股份制和公司制企业，一定要依法保护各类产权，健全产权交易规则和监管制度，推动各类产权有序流转。

（二）实行股份制和公司制改革，必须建立完善的法人治理结构。建立完善的法人治理结构，是建立现代企业制度的关键。国有企业改制为股份制和公司制企业，必须以《公司法》为依据，规范股东会、董事会、监事会和经理层的权责，完善企业领导人员的聘任制度。股东会决定董事会和监事会成员，董事会选择经营管理者，经营管理者行使用人权，并形成权力机构、决策机构、监督机构和经营管理者之间的制衡机制，努力做到“四个确保”，即确保股东大会对企业拥有最终控制权，使之真正成为公司的最高权力机构；确保董事会对企业重大问题的决策权，使之切实维护出资人的合法权益；确保监事会对企业董事及经营者行为的监督权，使之有效履行自己的工作职能；确保经理层对企业生产经营的指挥权，使之认真执行和落实好董事会的决议。要深化企业内部制度改革，大力推进国有企业的体制创新、机制创新、技术创新、管理创新，建立起有效的激励机制和约束机制。积极探索实行经营管理者收入与企业的经营业绩挂钩的新途径，推行年薪制、期权制、管理要素入股等多种分配方式，激励经营管理者的积极性和创造性，增强责任感和成就感；深化分配制度改革，提倡和鼓励劳动、资本、技术和管理等生产要素按贡献参与分配，保护一切合法的劳动收入和合法的非劳动收入；深化劳动和人事制度改革，促进人才合理流动，使各方面优秀人才向企业聚集，增强企业的发展活力。

（三）分类推进国有企业改革。深化国有企业改革，既要促进企业体制和机制的转换，又要促进国有经济的整体调整，达到有进有退，优化结构，彻底改变我省国有经济战线过长、分布过宽、整体质量不高的状况，增强国有企业在国民经济中的控制力和竞争力。省委、省政府确定，统一部署，分类指导，重点突破，逐步推进，抓好国有企业的改革工作。一是推出一批具有规模优势、资源优势和品牌优势的国有大中型企业，运用多种形式实施国有资产重组，面向国内外招引战略合作伙伴，出让部分或大部分国有股权，降低国有资本所占比重，真正实现投资主体多元化，以优引优，以强联强，加快发展，使其在建设西部经济强省中发挥支柱作用。二是推出一批困难企业，采取整体出售、分割转让、分拆重组、承债兼并、零资产出售、破产关闭等办法，实施产权并购转换，盘活企业有效资产，妥善安置企业职工，促使企业尽快摆脱困境。三是推出一批尚未进行股份制改造的企业，积极创造条件，通过吸引多

种经济成分参股、员工和社会自然人入股、法人交叉持股、与外商合资合作等多种方式，明晰产权，建章立制，改制为具有多元投资主体的公司制企业。今天与会的企业法人代表，都要按照省委、省政府的总体部署和要求，组织广大干部职工认真学习讨论，尽快拿出本企业的改革方案，报经批准后抓紧组织实施，限期完成改制任务。

省上确定先期重点抓好“三个一批”70户企业改革，决不意味者其他企业可以缓改或者不改。全省所有的工业、商贸、农业、文化、体育等各个行业的国有个业，都要按照《意见》精神，抢抓机遇而不坐失良机，迅速行动而不徘徊观望，积极主动地进行资产重组和股份制改革，确保三年内都要完成改制任务。

三、加强领导，密切配合，确保国企改革顺利进行

党的十六届三中全会通过的《关于完善社会主义市场经济体制若干问题的决定》，为我们深化国有企业改革指明了方向，省委、省政府《关于进一步深化我省国有企业改革的意见》，明确了我省国有企业改革的指导思想、目标任务和政策措施。现在各级党委、政府和有关部门、企业的主要工作就是以党的十六大和十六届三中全会精神为指针，进一步解放思想，更新观念，转变作风，真抓实干，以不等不靠的主人翁姿态、敢闯敢冒的改革精神，主动地改、大胆地改，切实把国有企业改革这项工作抓紧抓好，取得突破、取得进展、取得实效。

（一）健全机构，切实加强对国有企业改革的领导。在省委统一领导下，成立省国有企业改革领导小组，组长由常务副省长陈德铭同志担任，副组长由分管副省长巩德顺、省政府秘书长李堂堂同志担任。负责具体领导、组织和协调。领导小组下设办公室，办公室主任由李堂堂同志兼任，办公室副主任由省政府副秘书长王斌、省经贸委主任邱世杰、省体改办主任赵伯祥、省财政厅副厅长姜峰担任。各市也要成立相应的领导机构，实施有力的组织领导。省市国有企业改革领导小组及其办公室，要切实担负起国有企业改革的具体领导、组织、协调和督促的职责，按照《意见》的规定，明确任务和政策，省、市分级实施。要全面、精心地组织好全省国有企业改革工作，对改革中出现的新情况、新问题要及时研究解决，对有关重大事项要向省政府提出建设性意见。企业主管部门要切实负起指导、督促所属企业改制重组的直接责任，主要领导要亲自抓落实，要摸清底子，积极主动地组织、指导企业制定改革方案，报经批准后要认真组织实施，限期完成。企业党组织要发挥政治核心作用，保证省委、省政府的重大部署在本企业的贯彻落实，支持企业法人依法行使职权，引导广大职工积极支持和参与企业改革。

（二）严把政策，稳妥处理改革中的难点问题。职工安置和债务处置是国有企业改革面临的两大难题，是确保国有企业改革顺利进行的基本前提，也是我们推进国有企业改革必须攻克的难关。各级党委和政府要从立党为公、执政为民的高度，从打造诚信政府、建立市场经济秩序、维护社会稳定的高度，重视做好职工安置和债务处置工作。国有企业的改革，必须安置好职工，必须严防逃废银行债务。职工的安置工作，要因地制宜、因企施策。各地、各个企业要制定具体的符合当地实际的安置方案，切实把职工安置好。要注意处理好提供就业岗位与经济补偿的关系，以提供就业岗位为主，经济补偿为辅。要充分利用好国家的政策，做好企业动产和不动产尤其是土地资源的变现工作，积极筹措补偿经费。债务处置工作，要用足用好国家制定的各项支持国有企业改革的政策，最大限度地发挥政策效应，最大限度地减轻企业债务负担。要加强与企业债权人的沟通，取得他们的理解和支持，达到银企双赢的目的。要按照分类处置的原则，对那些产品有市场，发展有潜力，但又有巨大债务包袱的企业，引入增量资金，降低企业负债率。要积极争取国家国资委在西北设立产权交易中心，进一步规范西安地区产权交易中心，促进国有资产的顺畅流通，促进国有企业的重组。国有企业改制和重组要把好“五道关口”，即清产核资关、资产评估和资产报损关、财务审计关、民主决策关及方案审批关。同时，对一些地处各市的省属企业，省国资领导小组要拿出下放给市级的方案，以利于土地资源的整合与城市规划的统一。

（三）密切配合，为国有企业改革创造良好的环境。国有企业改革涉及方方面面，必须要有一个良

好的外部环境。财税、金融、工商、劳动、土地等部门要根据国家有关规定，结合我省实际，抓紧制定支持深化国有企业改革的具体政策措施，为企业改革创造良好的政策环境。各有关部门必须通力合作，相互配合，破除某些政府部门存在的办事拖拉、相互推诿、不负责任的官僚主义作风，提高行政效率，为国有企业改革开绿灯、服好务。要加强宣传舆论工作和思想政治工作，切实把广大干部群众的思想统一到中央精神上来。一定要把改革的必要性和重要性向群众说清楚，一定要把涉及群众利益的有关政策给群众讲明白，以得到广大群众的理解和支持，动员广大群众齐心协力地支持改革、投身改革、推进改革。要正确处理改革发展稳定的关系，把握好改革方案出台的时机和推进力度，把改革的力度、发展的速度和社会可承受的程度统一起来，确保社会稳定和工作的有序进行。要旗帜鲜明地支持改革者，鼓励创业者，教育失误者，惩治腐败者，追究诬告者，让真正干事的人没有后顾之忧。

同志们，国有企业改革是历史赋予给我们一项神圣而艰巨的使命，要深刻认识到这项改革的紧迫性、长期性，同时也要认识到国有企业是我省经济发展一个重要的增长点。当前，改革已经具备了以往任何时候都不曾有的现实有利条件。随着我国社会主义初级阶段基本经济制度的确立，社会主义市场经济已基本形成了产权多元化的微观基础，市场配置资源的基础性作用日趋增强。通过20多年的改革实践，我们已经积累了国有企业改革的许多成功经验，出现了一批通过股份制改革焕发生机和迅速壮大的企业典型，为我们提供了有益的启示和借鉴。加之广大职工中蕴藏着图强求变的极大积极性，使改革拥有广泛的群众基础。因此，无论企业的内在需要，还是外部环境，国有企业改革的条件比以往任何时候都更加有利，只要我们坚定信心，锐意改革，勇于突破，就一定能够打胜国有企业改革的攻坚战。

巩德顺副省长在全省中小企业工作会议上的讲话

深入贯彻《中小企业促进法》，加快全省中小企业改革和发展

□ 陕西省副省长 巩德顺

党的十五大以来，我省加大放开搞活国有中小企业的力度，大力发展非公有制经济，使全省的中小企业有了突飞猛进地发展，在促进市场竞争、增加就业机会、方便群众生活、推进技术创新、推动经济发展和维护社会稳定等方面发挥了重要的作用。但是，中小企业在其发展过程中，自身也面临着许多困难和问题，尤其是在获得资金、技术、人才和信息等方面处于弱势地位。如何解决这些问题，更加有效地推动中小企业的健康发展，这是摆在各级政府面前的一项重要任务。

一、大力推进中小企业产业结构调整，围绕优势产业积极培育新的经济增长点

党的十六大做出了推进产业结构优化升级的部署，明确提出要形成以高新技术产业为先导、基础产业和制造业为支撑、服务业全面发展的产业格局。当前，我省中小企业普遍存在专业化水平低、区域布局不合理等诸多弊端，要想取得长足发展，必须大力推进产业结构优化升级。按照国家的产业政策和我省实际，抓紧制定全省中小企业产业结构调整规划，明确调整的方向、目标、重点、实施步骤和具体措施；依据国家制定的中小企业发展产业指导目录，提出全省重点支持、限制发展和严格禁止发展的产业和产品，加大淘汰过剩和落后生产能力的力度；充分发挥高新技术、旅游、果业、国防科技的主导力量，着重扶持那些科技型、就业型、资源综合利用型、农副产品加工型、出口创汇型、社区服务型的中小企业。对那些技术落后、质量低劣、污染环境、浪费资源以及不符合安全生产条件的中小企业，依据

国家法律法规和有关政策，采取有力措施，坚决予以关闭。

各地要结合自身实际，围绕发展优势产业这个重点，调整中小企业布局，培植新的经济增长点。分布在县域内的中小企业，要以县城和有条件的建制镇为基础，科学规划，合理布局，扩大集聚生产要素效应，使城镇化成为加快中小企业发展和县域经济发展的加速器。要积极引导中小企业加强企业战略研究，客观分析市场环境和自身的比较优势，制定符合实际的发展战略，有计划地调整发展方向和产品结构，要选择一批符合国家产业政策、产品有销路、回报率较高、发展潜力大的高成长型中小企业给予重点扶持，使之成为新的经济增长点，更有力地带动区域经济发展。

二、大力加强对中小企业的资金支持，积极构建多渠道的融资体系

中小企业融资难，这是一种普遍现象，也是制约中小企业发展的关键所在。各级政府必须下大力气解决中小企业当前存在的融资渠道不畅、手段不多的问题，切实加大对中小企业资金支持的力度，为中小企业发展提供稳定可靠的资金来源。在这方面，我们一定要把眼界放宽，不能只盯着银行，而要着眼于构建有效的、立体式的、多层次的融资体系。要通过试点的办法逐渐推动产权市场的发展，充分发挥其为中小企业融资的作用。要引导中小企业通过风险投资筹措资金，通过市场化运作，建立多元化的风险投资渠道，实现风险投资家和创业者相互制衡、共担风险、共同发展的新格局。各级政府和有关部门要引导中小企业找准自身的战略定位，找准在同行业竞争中的相对优势，找准企业的赢利模式，组建一流的优秀管理团队，构筑牢固的信用体系，以适应多渠道融资的要求。要进一步加强中小企业信用担保体系建设，落实对担保机构的相关政策，逐步扩大担保业务，为中小企业融资创造条件，有效解决融资难题。

三、大力改善中小企业的创业环境，积极开展企业创业的扶持工作

我省中小企业的创业环境这几年来有明显改善，但仍存在不少问题，我们一定要按照《中小企业促进法》的要求，积极做好企业创立的扶持工作，充分发挥中小企业在扩大城乡就业方面的重要作用。要在全省范围内营造保护中小企业合法权益的社会氛围，切实保护中小企业出资人的合法投资及其取得的合法收益。要加强对行政执法部门的教育、管理和监督，坚决杜绝非法摊派、收费和罚款的行为，真正为中小企业的发展创造良好的政策环境、市场环境和法制环境。各有关部门要结合自己的工作职责，制定和完善中小企业创立和发展的政策法规；各级各类生产力促进中心、创业服务中心和中小企业服务中心，要积极做好中小企业创立的辅导和服务工作。要采用多种渠道、多种形式公布企业在统计、市场准入及产业政策调整等方面的信息，为中小企业提供投资创业导向，帮助投资人做出合理的决策，避免和防止投资的盲目性和随意性。要制定企业登记操作规程，规范办事程序，健全服务体系，强化服务功能，适应加人世贸组织要求，进一步规范咨询、审批、年检、收费等行为，建立优化投资环境责任制，为企业提供高效、快捷的服务。同时，各级行政主管部门要把鼓励、支持中小企业发展与促进下岗失业人员再就业紧密结合起来。重视发展有比较优势的劳动密集型产业，特别是发展就业容量大的服务业，努力增加就业岗位，拓宽就业渠道，积极支持中小企业吸纳下岗人员和大中专毕业生就业。并要积极引导下岗失业人员更新择业观念，创办中小企业，实现自谋职业。

四、大力扶持中小企业技术创新，引导企业向“专、精、特、新”方向发展

近几年来，我省的中小企业数量增多，但技术水平相对还比较落后。许多企业都存在产品质量差、技术设备陈旧等问题。企业是技术创新的主体，中小企业要想在激烈的市场竞争中生存和发展，必须走技术创新之路。要运用先进技术、加速提升和改造传统产业，提高中小企业的技术配置能力和产品技术档次。支持和引导中小型科技企业向高新技术产业方向发展，制定和完善技术创新战略规划，建立企业技术研发中心，加大自身研发、技术改造、技术创新的投入，增加自主知识产权的产品，提高技术创新

对企业经济效益的贡献率。要确保我省重大科技产业化项目的顺利实施，扶持中小企业实施科技成果转化，实现产业化，全面提高核心竞争力。建立和完善经济信息网络，加强信息交流；建立以综合孵化器、专业孵化器、大学科技园为骨干的全省孵化体系，提高孵化能力。引导和支持科研院所、高等学校通过转制、共建等形式整体或部分进入企业，或通过合作成立技术创新中心、技术转换中心、技术咨询组织，为中小企业提供技术支持和服务。要充分发挥人力资本的作用，鼓励和支持科技人员通过多种途径和方式进入中小企业。建立包括大中专毕业生、高等学校、科研院所的科技人员、省外科技人员、留学人员以及高层次的专家人才组成的多层次人力资源库，为中小企业提供人才服务。有计划地对中小企业的经营管理人才进行培训，提高中小企业经营管理者水平。要建立有利于调动科技人员积极性的分配制度，吸引和留住人才。依靠科技人才创立发展一大批小而精、小而专、小而特的新型中小企业，推动我省经济持续快速发展。

五、大力扶持中小企业开拓国内国际市场，不断增强经济效益和社会效益

在国际国内市场的激烈竞争中，中小企业开拓市场的风险大、困难多。如何扶持中小企业开拓国际国内市场，这是促进中小企业发展的又一个关键所在。各级政府一方面要引导中小企业适应市场需求，调整产品结构，开发和生产适销对路的产品；研究营销战略，建立多层次的营销网络，加大市场开拓力度。另一方面就是要对中小企业的市场开拓给予扶持。要坚持发展大企业与扶持中小企业并举的方针，鼓励和支持大企业与中小企业建立以市场配置资源为基础的、稳定的原材料供应、生产、销售、技术开发等方面的协作关系，形成大企业与中小企业分工协作、专业互补的关联产业群体，达到促进大、中、小企业共同发展的目的。要尽快建立中小企业信息网，充分利用现代信息手段，收集、储存、分析、处理企业及市场状况的信息，建立企业购销信息数据库。帮助中小企业最大限度地了解市场信息，防止市场开拓的盲目性。各级政府要积极帮助企业了解国际市场情况，协调处理各类纠纷，运用世贸规则维护中小企业的合法权益，并设法为中小企业在海外投资经营创造条件。引导中小企业抓住西部大开发的有利时机，把实施名牌战略与推进企业科技进步、加强企业管理和提高企业整体素质结合起来，走以质量创品牌，以品牌促发展的成功之路。

六、大力扶持中小企业社会服务体系建设，全方位推进中小企业健康发展

我省中小企业大多数规模比较小，竞争力差，受市场各种因素制约较大，要想在激烈的市场竞争中生存并求得发展，就需要社会为其提供必要的服务。因此，各级政府一定要把建立中小企业社会服务体系，作为其扶持发展的一项重要措施，切实转变政府职能，逐步强化指导服务功能。建立和完善法律、政策体系，规范和监控市场秩序，降低各种交易成本，依法保证市场竞争的公平性和有效性。政府各有关部门和协会要为中小企业的创立和发展提供多层次、多渠道、多功能、全方位服务的社会化服务网络。要加强综合服务机构的建设。结合本地实际扶持建立中小企业服务机构，为中小企业提供公益性、扶持性综合服务。以其良好的思想素质、一丝不苟的服务精神，服务于企业，并在服务中谋求发展。

2003年是全面贯彻落实党的十六大精神，开创中国特色社会主义事业新局面的重要一年，也是我省全面建设小康社会的启动之年。让我们在十六大精神指引下，全面贯彻“三个代表”的重要思想，按照“发展要有新思路，改革要有新突破，开放要有新局面，工作要有新举措”的要求，振奋精神，坚定信心，脚踏实地，创造性地开展工作，为实现我省经济的跨越式发展而奋斗！

（摘自《在全省中小企业工作会议上的讲话》）

抓结构调整主线，走新型工业化道路，为实现西部工业强省目标而努力奋斗

□ 陕西省经贸委主任 邱世杰

2003年是全面贯彻十六大精神的第一年，也是实现省委“小三步”战略规划的起步年。根据中央经济工作会议、省委十届二次全会、省人大十届一次会议和全国经贸工作会议的总体部署，今年全省经贸工作的总体要求是：**以邓小平理论和“三个代表”重要思想为指导，解放思想，实事求是，与时俱进，开拓创新，大力推进新型工业化。突出项目带动，扩大招商引资；加快结构调整，培育支柱产业；深化国企改革，推动资产重组；发展现代流通，规范市场秩序；搞好综合协调，实现速度、质量和效益的统一；加强安全生产，保持企业稳定，搞好党的建设，迈出全面建设工业强省的新步伐。**

2003年全省工业经济调控目标是：工业增加值增长12%以上，社会消费品零售总额增长10%以上，机电产品出口增长15%以上，完成技改投资155亿元，经济效益继续提高。

实现上述总体要求和调控目标，重点抓好七个方面的工作。

一、加强经济运行综合协调，发挥政策、信息导向作用

搞好运行分析和综合协调。建立省、市经贸委、各行业和重点企业经济运行信息网络，准确把握和分析综合经济信息、行业经济信息和重点企业运行信息，做好宏观经济运行、重点产品市场供求状况的监测分析，健全完善的经济运行分析和预测预警机制。加强经济运行中重大问题跟踪研究，及时提出政策建议并采取相应措施。加强对主要生产要素、运行关键环节和突出问题的重点协调，特别是加强对石油、煤炭、钢铁等的总量调控，密切关注煤炭供求形势的发展和变化，做好煤电运的综合协调，增强协调工作的针对性和有效性。继续淘汰落后生产能力，防止重复建设和死灰复燃。重视信息导向作用，通过信息发布会、网站、公告等形式，及时发布运行动态和政策信息，发挥服务和引导职能。

构建银企合作平台。组织开展对各类企业的调研，了解流动资金和技改投资需求，选择好的项目向银行推荐。上半年与省人行再共同组织召开一次全省银企项目推介会，并使之规范化、制度化。同时，加强信用担保体系建设，支持担保公司大力拓展业务。建立对重点项目实施贷款贴息的机制。加强信贷风险预测和防范，通过公示的形式，对用得好、还得快、守信用的企业给予鼓励，对违约企业进行通报，不断强化企业信用意识。

发挥产业政策导向作用。认真贯彻落实国家鼓励发展软件、集成电路、生物技术的政策，促进我省高新技术的发展。落实淘汰落后、制止重复建设的政策，组织实施好造纸、水泥等行业的调整和淘汰落后工作。根据《国家当前鼓励发展的产业、产品和技术目录》和西部大开发政策，确认享受15%所得税优惠的企业名单。发挥经贸部门在行业规划、投资规划、技术进步、企业改革、资源综合利用等方面的综合优势，紧紧围绕经贸中心工作，研究制定相关政策措施，加大协调和实施力度。积极运用产业政策引导经济运行，指导投资方向，促进经济结构的战略性调整。

二、实施项目带动战略，促进产业优化升级

打造现代制造业基地。按照“一线两带”的战略决策，加快在关中建设陕西现代制造业基地。一是

支持开发区建设，优先筛选可以和国内外先进技术接轨的项目，壮大高新技术产业，发展富有活力的新兴工业成长区；二是筹划特色产业园建设，引导国际资本、技术和国内大型企业重组我省有特色、有潜力的企业乃至行业，在行业整合中形成产业群，把优势资源集聚起来，构建新的产业高地；三是改造、嫁接、提升传统产业。通过改组、改造、破产、兼并等途径，对机械、纺织、冶金、建材等传统产业进行整合，实现结构优化升级。坚持以信息化带动工业化，以工业化促进信息化，形成以高新技术为先导、基础产业和制造业为支撑、服务业全面发展的产业格局。

*建设陕北能源重化工基地。*以煤、油、气、盐四大资源开发为重点，启动实施煤电、煤气化、20万吨甲醇、15万吨醋酸、10万吨聚氯乙烯、20万吨电解铝、8万吨真空盐等龙头项目，围绕煤向电转化，煤电向载能工业品转化，煤、油、气、盐向化工产品转化，开展合资合作开发，使能源重化工发展尽快驶入快车道。同时，引进有实力的投资主体，加快长庆油田、长庆石油化工厂、延长集团的发展。

同时，积极支持培育陕南特色经济。重点发展食品加工业、蚕桑加工业、装备制造业和以中药为主的天然药物加工业。

*着力培育八大支柱产业。*包括以数字化家电、电子元器件、移动通信及网络设备、计算机软件、军工电子为主的电子信息产业；以石油天然气和食盐开采及加工利用、煤炭采选、煤电转化及煤液化为主的能源化工产业；以重型汽车及零部件、高压输变电设备、工程机械、机床工具、缝制设备、航空航天为主的装备制造产业；以创新药物、天然药物、生物药物为主的现代医药产业；以果品、畜产品、蔬菜、粮食深加工和烟草、酿酒为主的食品加工产业；以棉纺织品为主的纺织服装产业；以新型干法水泥、石材、新型建材为主的建筑材料产业；以钢材、铝冶炼、钼精矿、钛材及合金材料深加工为主的有色冶金产业。要集中各种政策、资源和工作措施，向八大产业倾斜，促进快速发展，带动全省产业和产品结构的优化升级。

*加大重点技术改造项目实施力度。*按照规划论证一批、前期准备一批、建设实施一批、投产达产一批的原则，形成全省重大项目梯次推进的格局。首先组织实施好今年131个重点技术改造项目和191个技改招商引资项目，着重抓好彩虹彩色显像管总厂大屏幕彩管生产线项目，渭河化肥厂13万吨甲醇、5万吨二甲醚项目，陕汽集团1.5万台重型车项目，陕西法士特齿轮公司10万台变速箱项目，西电公司直流输变电项目，华圣企业（集团）股份公司苹果出口基地冷库项目，唐华纺织印染集团多纤维混合纺提花服装装饰面料生产线项目，秦岭水泥股份公司铜川及千阳日产4000吨新型干法水泥生产线项目，铜川鑫光铝业公司电解铝环保节能降耗项目等36个在建的重大技术改造项目。同时，按照“一线两带”发展战略和国家重点行业标志性目标，围绕八大支柱产业，要积极准备今后两三年的建设项目，建立、充实项目储备库，精心筛选一批高新技术产业化和重大装备制造、能源重化工、节油节水等方面高质量的项目，争取列入国债和“双高一优”计划。筹划项目一定要立足于争。只有看得准、抓得早，才能上得快、搞得好。要加强部门协调，提高工作效率，促进计划项目尽早开工建设。加强在建项目管理，落实责任制，确保按期竣工投产。用足用好国家优惠政策，降低技术改造成本，调动企业技术改造的积极性。做好项目的包装策划和市场推介，主动向银行、投资公司推介项目、招商引资，为技术改造筹措更多的资金。落实项目的责任制，确保完成技改投资计划。

*推进企业技术创新。*加快企业技术中心的建设步伐，形成有利于技术创新体系的运行机制，加大技术创新研发的投入，大力发展对传统产业有重大带动作用的关键技术和共性技术，大幅度提高产品开发和创新能力，努力打造国内外知名品牌。今年力争再认定10—20个省级企业技术中心，1—2个国家级技术中心。完成新产品开发1000项，国家技术创新研制项目15个，国家级重大技术装备创新研制项目5个。继续抓好产学研联合开发，建立5个产学研联合示范点、10个产学研联合体，开发10个重大产学研联合项目，促进科技成果转化。组织力量推进高新技术和关键技术创新及系统集成，提高重大装备配套能力和工程总承包能力。做强做优汽车及零部件、支线飞机、输变电设备、数控机床、制冷压缩机、彩色显示器、生物医药、计算机软件、通讯设备等10类优势产品。

搞好资源节约综合利用。继续做好以节油节水为重点的资源节约，加强工业用水定额管理，完善节能节水体系，开展创建节水型工业企业活动，全省工业用水重复利用率提高到50%。全面贯彻《清洁生产促进法》，开展创建清洁生产先进企业活动。发展有竞争力的环保骨干企业，培育环保产业市场。落实资源综合利用鼓励政策，推进废旧家电及报废汽车回收利用，提高水泥散装率，推广新型墙体材料和混凝土搅拌配送，加强再生资源回收管理，使工业经济发展与资源节约综合利用和环境相协调。

三、进一步深化国有企业改革，切实加强企业管理

推进50户企业的国有资本有序退出。加大产权制度改革和资产重组力度，有计划地推出20—50户资产优良、效益较好的企业，走开放式重组的路子，减持国有股，实现投资主体多元化，形成“产权清晰、权责明确、政企分开、管理科学”的企业运行机制。实现资产重组的新突破。加大关闭破产力度，力争10户企业列入国家破产计划，核销呆坏账10亿元。8户企业破产终结，核销呆坏账25亿元。推动资不抵债、扭亏无望的企业依法破产，实现劣势企业退出的新突破。按照成熟一户、操作一户的原则，精心组织实施，把规范操作贯穿于从立项到实施的全过程。对涉及职工切身利益的问题，一定要坚持公开、公正、公平的原则，依法妥善处理。

加快大公司和企业集团的组建步伐。以优强企业为龙头，以资产为纽带，有计划、有重点地组建企业集团。并在投资决策、全资（控股）企业的资产和股权处置、分离办社会职能、分流富余人员等方面给予支持，为大企业提高竞争力创造良好环境。积极支持大企业重组上市，推动大企业与国外公司、尤其是跨国公司进行合资合作，鼓励大企业、优强企业通过联合、收购、兼并等方式重组劣势企业。在省委、省政府领导下，积极参与国有资产管理体制改革，加快建立管资产和管人、管事相结合的国有资产管理体制。各级经贸部门要把大企业重组作为经济工作的大事来抓，针对企业的不同情况，一户一户地推动。从省上讲，初步确定100户优势企业加大扶持力度。

扶持100户成长性中小企业发展。认真贯彻实施《中小企业促进法》，结合实际，制订相关配套政策，支持创办各类为大企业协作配套、科工贸一体化的中小企业以及农业产业化龙头企业。大力推进中小企业信用担保体系建设，重点在市、县两级建立担保机构。扶持业绩突出、管理规范的担保机构的发展。为中小企业发展提供融资担保。结合中小企业发展专项资金，研究担保机构风险控制和补偿机制政策。发挥典当业在中小企业融资中的作用。推进中小企业社会化服务体系建设，培育、引导各类中介组织为中小企业提供信息、咨询、人力资源开发服务。对100户有市场、有效益、有信用的成长性中小企业，继续落实省政府确定的各项扶持政策，加快发展步伐。同时，把促进非公有制经济发展放在重要位置，采取措施，大力发展民营经济和混合所有制经济，形成公有制和非公有制经济相互促进、共同发展的良好局面。

规范建立现代企业制度。继续做好24户上市公司建立现代企业制度检查工作，落实有关整改措施，通过市场整合壳资源，提高在资本市场上的融资能力。继续推进国有大中型企业实行规范的公司制改革，改制面达到80%。进一步完善企业法人治理结构，建立董事会领导下的决策咨询、薪酬和考核等专门委员会，逐步推进企业高级管理人员的市场化配置，建立和完善高级管理人员的激励和约束机制，形成企业自我发展的内在机制和动力。继续推荐符合条件的企业实施债转股，加快债转股企业建立现代企业制度步伐，落实债转股新的政策，争取折价处置各类企业剥离到资产管理公司的不良债权。

切实加强企业管理。强化企业战略策划，增强工作的前瞻性。学习推进企业管理信息化的经验，继续学习许继集团劳动、人事、分配制度改革的经验，以推进管理信息化为重点，争取示范企业重点突破，推动面上企业信息技术及应用的逐步升级。进一步提高企业管理水平。继续搞好企业经营管理人员的工商管理培训工作，建设职业经理人队伍，探索建立培训、资格认证、使用相结合的新型用人机制。加强企业法律顾问工作，推进重点企业总法律顾问试点，促进企业依法经营管理。

推动主辅分离、改制分流工作。认真落实国家八部委《关于国有大中型企业主辅分离、辅业改制、

分离安置富余人员的实施办法》，积极协调地方政府接收企业所办的中小学校、托儿所、医院等机构，分离企业办社会职能。分离出去的辅业，要利用政策机遇，加快改制，成为产权多元化的经济实体。分流人员要理顺劳动关系，多渠道妥善安置。以主辅分离、改制分流为突破口，推动国有企业内部产权关系、劳动关系等深层次问题的解决。真正实现精干主体、集约经营、提高效益和竞争力。

四、全方位实施开放带动战略，扩大产品出口

加大招商引资力度。招商引资的目标和视线要重点放在已经落户东部地区的跨国公司、已完成改制的国有大型企业集团和大型民营企业，重点区域是珠江三角洲、长江三角洲、环渤海经济圈。要做好招商项目准备，抓住外商和国内投资者兴奋点，组织企业到沿海三大区域招商，同时根据产业特色直接到国外招商。初步安排一季度组团到美国、三季度到德国进行招商引资。充分利用西部大开发优惠政策、开发区（示范区）优惠政策，利用优势资源、特色产业和良好的发展机会、利益前景，吸引外商直接投资。探索通过收购、兼并、投资基金、出让股权、转让特许经营权等方式，争取中长期国外投资和国际金融组织、外国政府贷款。进行商业领域利用外资试点，争取国家批准3—4家商业利用外资项目。支持现有外资企业发展扩张，做强做大，形成示范，产生“以外引外”的积极连锁效应。

发挥出口对工业经济的拉动作用。实施科技兴贸和以质取胜战略，调整优化出口产品结构，着力培育机电产品、纺织品和高新技术三大出口支柱，提高出口产品的档次和技术含量，增强出口品牌和服务的竞争力，实现由创汇型向占市场、创品牌方向的转变。组织企业参加跨国公司的全球采购会，拓宽产品出口的国际渠道。调动各类企业出口积极性，实现出口主体多元化。在巩固扩大传统市场的同时，拓展俄罗斯、非洲、拉美和东南亚等新兴市场，开辟澳洲、中亚、西亚等发展中市场。加强对境外加工贸易的指导协调，研究制订“走出去”发展战略，推动3—5家企业有序进入重点出口国家和地区，开展加工装配业务。支持有竞争力的企业到境外开发资源，发展对外工程承包和劳务合作。落实出口企业退税政策，扶持私营进出口企业扩大出口。同时，努力做好反倾销、反补贴及保障措施工作，建立我省产业损害报告制度。

加强东西经济合作与交流。在盯住国际资本的同时，也要盯住国内东部资本。坚持市场导向，建立双赢利益机制，吸引东部企业、资金、智力西进。特别是吸引东部企业来陕投资，扩大与广东、江苏、上海等省市的合作与交流。继续办好中国东西部合作与投资贸易洽谈会。做到政策、服务、诚信、措施四到位，为项目建设创造良好的投资环境。

五、推进流通现代化，开拓城乡消费品市场

发展现代流通方式。认真落实国务院关于促进连锁经营发展若干意见提出的多项政策，进一步拓宽连锁经营的行业范围，推动烟草、医药、加油站、装饰装修材料、汽车配件及维修等行业和新兴服务业发展连锁经营。提高连锁行业统一采购、集中配送的比重，促进生产资料加工配送和第三方物流的发展，加快流通信息化建设和电子商务的发展。培育发展重点流通企业集团，带动流通行业的结构调整和优化。加强大中城市商业网点规划，优化城市大型流通设施布局。吸引东中部地区和外资及大型流通企业集团在我省发展，整合中小零售网点，改造传统商业。

培育和扩大消费。推动餐饮服务业持续快速发展，清理、取消各种限制消费的政策和规定，引导与消费结构升级相关的住房、汽车、电信、旅游等行业的健康发展，提高消费在全省国内生产总值中的比重。开拓农村市场，培育与农村经济发展相适应的现代农村商品流通体系，促进农产品加工企业与农户、农村各种经济组织结合，大力推进农业产业化，为增加农民收入、扩大农村消费创造条件。

强化企业市场营销。把研究市场、开拓市场、巩固和扩大市场占有率当作企业工作的首要任务，努力寻找和把握市场需求，搞好市场定位，调整产品结构，抓好产销衔接，以需定产，扩大有效供给。把投资决策、市场调研、产品开发、营销策略、网络建设、广告宣传等活动与市场开发、产品销售、货款

回收、售后服务、信息反馈有机结合起来，建立完善的营销体系。搞好企业内部的物流配送，降低产品成本，提高参与市场竞争的能力。加强营销人员的培养和营销队伍的建设，研究制定营销人员奖励机制，最大限度地调动营销人员的积极性。

六、整顿市场秩序，加强安全生产，维护企业稳定

继续开展集中专项整治。依法严厉打击制售假冒伪劣商品、走私贩私、非法传销等违法犯罪活动，继续做好文化、建筑、烟草、集贸和旅游市场及危险化学品等专项整治工作，加强对拍卖业、展览业、旧货流通业等特殊行业和酒类等特殊产品的整顿和管理。加强法制、法规建设，加大治本力度，增强企业信用，加快形成公平竞争、诚实守信、依法经营的市场环境。

进一步做好治乱减负工作。按时完成治理向机动车乱收费和整顿道路站点的工作。深入开展企业治乱减负“三查”工作，治理向非公有制企业乱收费、乱罚款和各种摊派。

加强安全生产。认真贯彻《安全生产法》，加强地方性安全生产法规建设，把安全生产纳入制度化、法制化轨道。坚决执行“安全第一，预防为主”的方针，切实做好安全生产的预防工作和基础工作。继续抓好安全生产专项整治工作，建立严格的安全生产责任制，加大工作力度，加强重大事故查处，坚决遏制重特大事故的发生。

搞好企业稳定。坚持“谁主管、谁负责”原则，进一步落实维护稳定的领导责任制和部门责任制。善于抓苗头、抓倾向性问题，认真排查，及早处理，把问题解决在基层，消除在萌芽状态。高度重视困难企业、困难职工的生产生活问题，做到“两个确保”、建立“三条保障线”。落实中央、省委关于促进再就业的各项政策措施，使有劳动能力和就业愿望的下岗职工尽快实现再就业。在推进资产重组、实施兼并破产及其它涉及职工切身利益的改革措施时，把握节奏和力度，充分考虑企业和职工的承受能力。花大力气妥善安置破产企业职工，把工作做深、做细，防止和减少出现群体性上访事件。

七、学习贯彻十六大精神，加强改进党的建设

把学习贯彻十六大精神作为首要政治任务。按照中央、省委要求，围绕主题、把握灵魂、抓住精髓，全面准确地理解十六大的基本精神，用“三个代表”重要思想武装党员干部。各级领导班子要带头学好文件，领会精神，增强驾驭经贸工作的能力和水平。通过辅导、宣讲、培训等形式，组织好广大党员的学习。紧密联系经贸工作实际，深入研究本地区、本部门、本企业经济发展中的重大战略性问题，进一步明确发展方向和奋斗目标，提出走新型工业化道路、深化国企改革、扩大对外开放、加快经济结构调整、提高经济运行质量和效率的总体思路和具体措施，扎扎实实把十六大精神特别是把发展作为第一要务落到实处。

加强基层党组织和领导班子建设。加强对企业、事业、非公有制经济组织、社会团体、中介组织党的建设的调查研究和分类指导。重视并切实做好停产、关闭、破产企业和企业分流人员中的党建工作。坚持全心全意依靠工作阶级。发挥党组织的政治核心作用。加强企事业领导班子建设，把各级领导班子建设成为贯彻“三个代表”重要思想、推动企业改革发展的坚强领导集体。加大培养选拔优秀年青干部力度，加强企业经营管理人才和专业技术人才队伍建设。

深入开展党风廉政建设和反腐败斗争。认真落实党风廉政建设责任制。加强廉政宣传教育，增强各级经贸干部执纪执法意识。健全重大事项报告、质询和民主评议制度。进一步抓好领导干部廉洁自律、查处大案要案、纠正部门和行业不正之风三项重点工作，加强监督检查、效能监察，注重从源头上预防和治理腐败。

倡导“服务至上、企业第一”。加快经济发展，必须把企业放在优先位置，通过企业发展带动生产力的发展。继续在全省经贸部门、特别是省经贸委机关，倡导“企业第一、服务至上”，增强公仆意识，实践“三个代表”，搞好为基层、为企业的服务。坚持依法行政，简化行政审批，压缩会议和文件，改

进工作作风。坚持求真务实，把抓落实作为第一职责，分解任务，跟踪检查，督办到位，提高效率。强化配合意识，提倡协同作战，主动加强与各级计划、体改、外经贸、劳动和社会保障及财政、金融等部门的联系和配合，共同为企业改革和发展做出贡献。

今年是实现“三步走”目标的开局之年，工作任务十分繁重，责任十分重大。我们要在省委、省政府的正确领导下，认真贯彻落实党的十六大精神，以“三个代表”重要思想为指导，解放思想，与时俱进，开拓创新，艰苦奋斗，全面完成各项经贸工作任务，在建设新型工业化道路上迈出坚实步伐，在全面建设西部经济强省中做出积极贡献。

（摘自《在全省经贸工作会议上的报告》）

省经贸委主任邱世杰在全省中小企业工作会议上的讲话

与时俱进　真抓实干
努力开创陕西中小企业工作新局面

□ 陕西省推动中小企业改革发展领导小组组长
陕西省经济贸易委员会主任　邱世杰

在举国上下认真学习贯彻党的第十六次全国代表大会精神之中，在2003年1月1日《中华人民共和国中小企业促进法》正式实施之际，我们今天隆重召开全省中小企业工作大会，纪念省委、省政府颁布《关于放开搞活国有小企业的决定》和《关于大力发展非公有制经济的决定》五周年，对于进一步解放思想，总结经验，理清思路，与时俱进，开拓创新，推动全省中小企业改革和发展具有极其重要的意义。

五年来，陕西中小企业改革和发展取得巨大成绩

贯彻两个《决定》五年来，我省中小企业改革和发展尤其是非公有制经济发展，发生了根本性的变化。1997年，全省非公有制经济创造的国内生产总值不足200亿元，到2001年猛增到640亿元。2002年将突破700亿元，是1997年的3.5倍，平均每年拉动全省经济增长三个百分点以上。回顾五年来的工作历程，我们对邓小平理论和“三个代表”的重要思想，有了更深刻的认识，并积累了成功的经验，这就是：必须高举邓小平理论的伟大旗帜，坚持“三个代表”的重要思想，牢牢把握“三个有利于”的根本标准，始终保持改革开放的连续性和持久性；必须始终尊重群众的首创精神，坚持以稳定为前提的原则，对改革的每一举措、每一方案，都要首先由职工群众讨论通过；必须正确理解增强国有经济的控制力，坚持“不求所有，但求所在”，以产权制度改革为突破口，加大资产重组和国有资本有序退出的力度；必须以维护广大职工的根本利益为出发点和落脚点，坚持实事求是的思想路线，积极稳妥地解决国有资产处置、职工安置和债务处理等一系列历史遗留问题；必须与时俱进，开拓创新，坚持“不争论”和“多干少说”的原则，求真务实，注重实效，先改后规范，边改边完善；必须把改制与建制结合起来，坚持“三改一加强”，力求制度创新、管理创新和技术创新，不断完善社会保障体系，巩固和发展改革成果。

五年来的实践充分证明，省委省政府当初制定的两个《决定》是非常正确的，完全符合十五大精神，符合省情、民情，代表了我省广大人民的根本利益，使陕西中小企业改革和发展从此走向了一个新

阶段。这一勿庸置疑的事实和功绩，将永远载入陕西人民改革开放事业的光辉史册。

与时俱进，真抓实干，努力开创我省中小企业工作新局面

今后五年是我国进人全面建设小康社会，加快推进社会主义现代化的重要发展阶段。这一阶段我省中小企业改革与发展工作的指导思想是：以党的十六大精神为指导，坚持邓小平理论和“三个代表”重要思想，认真贯彻落实《中华人民共和国中小企业促进法》，围绕建设西部经济强省目标和加快“一线两带”建设任务，把发展作为各项工作的第一要务，加快体制创新和科技创新，规范企业改革，完善信用制度，拓宽融资渠道，加强企业管理，推进中小企业社会化服务体系建设，改善投资环境和条件，不断增强中小企业核心竞争能力，为把我省建设成西部经济强省做出积极贡献。

按照这一指导思想，到“十五”末，我省中小企业改革与发展的总体目标是：国有、集体中小企业通过改制，基本建立现代企业制度；全省中小企业在优化结构和提高效益的基础上，工业总产值比2001年翻一番，实现的增加值占全省国内生产总值的比重达到65%；非公有制经济所占比重提高到60%；实现的销售收人和利税，分别占全省总量的60%和50%；安置就业人员占全省劳动力总数的80%以上。上述目标，是在对近几年来我省中小企业发展状况进行客观分析的基础上确定的。实现这一目标虽然有较大难度，但经过努力是完全可以达到的。为此，围绕这一目标，我们必须按照党中央关于“发展要有新思路，改革要有新突破，开放要有新局面，各项工作要有新举措”的方针，重点抓好以下几方面的工作：

（一）认真贯彻十六大精神，全面落实《中小企业促进法》。

为了把党的十六大精神和《中小企业促进法》的内容真正落到实处，省经贸委牵头组织有关部门联合起草了《陕西省中小企业促进法实施条例（讨论稿）》，提交本次大会讨论修改，然后找省人大批准实施。各地要结合实际，按照“狠抓重点、逐步推进、注重实效”的要求，采取切实措施，尽快抓好落实。各级政府都要按《中小企业促进法》建立扶持中小企业发展专项资金，重点用于中小企业信用担保、创业辅导和服务体系建设。要有针对性地提出本地区减轻中小企业负担，制止“五乱”的具体措施，坚决取消不合理的收费项目，改善中小企业经营环境。

宣传部门和各新闻媒体要加大《中小企业促进法》的宣传力度，全面反映我省中小企业改革发展的现状和需求，营造全社会都来关心和支持中小企业发展的良好氛围，进一步解放思想，转变观念，积极主动地抓好中小企业工作，推动全省经济持续快速健康发展。

（二）继续贯彻两个《决定》，积极推进中小企业改革发展工作。

实践证明，省委、省政府作出的两个《决定》不仅符合十五大精神，也符合十六大精神。因此，要坚持在学习贯彻党的十六大精神中，进一步贯彻落实两个《决定》，继续采取改组、联合、兼并、租赁、承包经营和股份合作制、出售等多种形式，加快国有资本有序退出。目前，全省还有10%左右的国有中小企业尚未改制，这些企业多数是难啃的硬骨头，一定要加大工作力度，按照先易后难的原则，找准突破口，加快推进改革。特别是国有中型企业，是2003年放开搞活的重点，集体企业包括乡镇企业，要参照有关政策规定，认真解决资产处置、职工安置和债务处理问题，严格维护所有者权益，不得造成新的资产流失和悬空逃废银行债务。要继续大力发展非公有制经济，对各类所有制中小企业平等相待，充分享受各项优惠政策，鼓励私营企业以多种形式参与国有企业改革，发展混合所有制经济。要依法保护非公有制企业的合法权益，为非公有制经济创造良好的社会环境，力争到“十五”末，使非公有制经济成为全省经济发展的主力军。

（三）加大结构调整力度，培育新的经济增长点。

要以走新型工业化道路为目标，按照国家产业政策的总体要求，重点扶持科技含量高、吸纳劳动力多以及出口创汇型、社区服务型中小企业。坚决淘汰落后的工艺和装备，对质量低劣、污染环境、浪费资源以及不符合基本安全生产条件的中小企业彻底予以关闭。

要用高新技术和先进适用技术改造传统产业，努力提高中小企业的技术水平。鼓励中小企业与大专院校、科研机构相互联合，加快技术创新步伐，促进“产、学、研”全面发展。要发挥大企业技术研发中心的作用，开发一批适合中小企业的技术成果，提高中小企业产品的技术含量。

要加大对劳动密集型中小企业的扶持力度。特别在当前我省生产力水平还不高的情况下，解决就业和保持社会稳定仍然是我们的基本国策，也是贯彻“三个代表”重要思想的具体体现。因此，必须在加快经济结构调整中，大力扶持劳动密集型中小企业，使大批下岗职工能够安居乐业。

要加快实施“小巨人”工程，鼓励中小企业向“专、精、特、新”方向发展，形成与大企业分工协作、专业互补的关联产业群体，使大企业能够从中小企业获得低成本、高质量的上游产品，中小企业能够从大企业得到资金、技术、信息、管理方面的支持，达到优势互补，使中小企业在某一专业产品领域内能够发展成为“小巨人”。

要积极扶持培育优强中小企业，以省级100户成长型中小企业为重点，加大扶持力度，促其做大做强，力争在3—5年内使这些企业的各项经济指标达到或者超过全国同行业先进水平。各地也要重点扶持一批产品市场占有率高、经济效益好、管理有基础、重合同守信用的优强中小企业，以点带面，整体推进，使更多的中小企业技术上水平、产品上档次、管理上台阶。到“十五”末，争取全省培育规模以上的中小企业3000户，形成带动经济发展、品牌效应好、示范作用强的中小企业群体。

围绕我省“一线两带”建设，加大中小企业布局调整力度。一是在关中地区围绕省委、省政府提出的六大支柱产业，重点发展电子信息、生物工程、新型材料等新兴产业，把中小企业布局结构调整与构建综合性、特色性和示范性工业园区相结合，实现有限资源的合理配置，发挥企业集聚效应，促进集约化经营。二是在陕南重点扶持生物制药、水资源利用和林特产品开发，把中小企业布局调整与资源综合利用结合起来，推动山区县域经济发展。三是在陕北重点扶持能源、化工生产和山川秀美工程，把中小企业布局调整与黄土高原开发建设结合起来，发挥中小企业的辐射带动作用，促进老区经济发展。

（四）加大扶持力度，推进中小企业科技创新工作。

科学技术是第一生产力，是现阶段影响和制约企业核心竞争力的首要因素。各地政府和有关部门要进一步加大对科技创新工作的扶持力度，在现有基础上，从政策和资金方面给予更大支持，加快建立各类科技服务机构，特别是建立生产力促进中心和科技企业孵化基地。要结合实际，依托高新技术产业开发区，建立相应的配套机构，为中小企业产品研制、技术开发提供服务，促进科技成果转化。要加大科技人才的培养力度，充分利用我省教育资源雄厚的优势，多渠道、多层次、多形式开展培训教育，解决我省中小企业高级管理人才和高级技术人才奇缺的问题。

要建立中小企业科技创新激励机制。省上每年将拿出一定的资金，对中小企业技术创新、科技成果转化给予扶持，对为大企业产品配套和代表国内国际先进水平的技术改造项目，省上每年拿出不低于30亿元的贴息贷款予以扶持。各级政府也要拿出一定数量的资金支持中小企业科技创新工作，积极引导和扶持企业增加科技投人，采用先进技术、生产工艺和设备，开发新产品，实现技术进步；要联合各种科技力量，加快形成独立开发与联合开发、应用开发与长期研究相结合的科技创新体系，促进科技成果产业化；要以信息技术为核心，依托陕西省中小企业信息网，逐步建立健全我省中小企业信息服务体系，为中小企业提供技术信息、技术咨询和技术转让服务；要把企业科技创新与可持续发展结合起来，推行清洁生产、安全生产，倡导绿色文明。

（五）采取多种形式，拓宽中小企业融资渠道。

加强政府、银行、企业三方的协作关系，促成多赢局面。各金融机构要加大对中小企业支持力度，转变服务作风，增强服务意识，提高服务质量。逐步拓宽中小企业融资渠道。省上将建立中小企业发展基金，支持中小企业发展。同时，发挥政府对风险投资的导向作用，放宽风险投资的市场准入，规范风险投资的市场行为，建立和完善中小企业风险投资撤出机制，鼓励风险投资、信托投资等加大对中小企业的直接融资服务。认真抓好国家经贸委在我省进行的中小企业法人产权交易试点工作，通过资产置换，股权转让，优化资源配置，吸引外资参与中小企业资产重组，做大做强我省中小企业。鼓励有条件的优强中小企业直接上市融资，加大招商引资力度，吸引省外、境外资金直接投资我省中小企业。

要把解决中小企业融资和加强信用管理结合起来，为市场经济全面发展提供良好的信用条件。要大力表彰重合同、守信用的中小企业，积极开展信用普及教育，加快建立我省中小企业信用管理体系。

（六）注重服务，加大中小企业服务体系建设力度。

随着市场经济的发展，政府对企业的管理将实行“三个转变”，即从微观管理转为宏观管理。从直接管理转为间接管理；从单纯面向国有企业转为面向城乡各类所有制企业。根据这一要求，我省将加快建立中小企业服务体系，内容主要包括信用担保、创业辅导、策划咨询、信息服务、人才培训。信用管理、产权交易、达标认证、市场开发、法律援助、技术支持、国际合作交流等12个方面。近期的工作重点是抓好信用担保、信用管理、信息服务、产权交易和策划咨询等服务工作，并在总结经验的基础上向面上推广。

（七）适应加入世贸组织的新形势，积极帮助中小企业开拓国际国内两个市场。

面对我国加人世贸组织和经济全球一体化的新趋势，中小企业应当充分发挥自己的特长和优势，内强素质，外塑形象，找准产品定位，通过灵活的营销方式和竞争艺术，努力开拓国际国内市场。要加大产品宣传力度，提高企业知名度；打造名牌产品，发挥品牌效应；开展电子商务和网上销售，降低成本，占领市场。各级政府采购要优先采购中小企业的产品，充分利用中小企业国际市场开拓资金，鼓励中小企业走出国门，到境外推销产品。要加强国际合作与交流，为中小企业走向国际市场提供便利条件。目前，我省已与美国、日本、加拿大、比利时、德国、韩国等国家的中小企业管理部门、商会及联合国工业发展组织等国际组织建立了合作关系，通过技术引进、人员培训、信息交流和商品展销等方式，帮助中小企业开拓国际市场，提高管理水平。今后，我们还要加大国际合作力度，让更多的中小企业走出国门。

（八）加强组织领导，搞好协调服务。

各地经贸部门要充分认识到中小企业工作的艰巨性和长期性，在地方党委、政府的领导下，真正负起责任，主动加强与科技、工商、乡企、外经贸和银行等部门的协调配合，共同做好中小企业改革与发展工作。各级协会、商会及其它中小企业服务机构，要按照全省的统一规划和安排，在自己的业务范围内，为中小企业提供良好的服务。

今后几年内，是认真落实十六大精神、全面实现小康目标的时期，也是中小企业与时俱进、蓬勃发展的重要阶段，我们要围绕确定的奋斗目标，坚定信心，团结协作，大胆实践，勇于探索，切实抓好各项落实工作，积极为开创我省中小企业改革发展的新局面而努力奋斗！

（摘自《在全省中小企业工作会议上的讲话》）

国有企业改革与产权重组问题探索

党的十六届三中全会通过的《中共中央关于完善社会主义市场经济体制若干问题的决定》（以下简称《决定》）指出，完善国有资产管理体制，深化国有企业改革，并强调进一步推动国有资本更多的投向关系国家安全和国家经济命脉的重要行业和关键领域，增强国有经济的控制力。是对深化国有企业改革认识的又一重要发展，标志着国有企业改革进入了一个新的阶段。认真学习和贯彻这一决策，对推进国有企业改革与产权重组，具有十分重要的现实意义。

一、国有资产及国有资产管理的范围

党的十六大和十六届三中全会提出了关于进一步推动国有资本更多的投向关系国家安全和国民经济命脉的重要行业和关键领域，增强国有经济控制力的指导方针，为我们研究确定国有资产及国有资产管理的范围指明了方向。国家安全涉及范围较广，包括政治安全、经济安全、军事安全、社会安全、科技安全、国际关系安全等领域。经济安全是国家安全的一部分，它与关系国民经济命脉的重要行业和领域构成了国有资产及国有资产管理的范围是：

（一）属于国民经济命脉的重要行业和领域。

（二）属于国民经济安全的重要行业和领域。

属于国民经济命脉的重要行业和领域主要是关系国民经济重大的行业和领域，就像生命和血脉的关系那样重要。比如水利，水利是农业的命脉；最近又有人提出芯片也是国家的命脉，芯片对国家的金融、电力、运输、人们的日常生活及国家安全等都有着重要的影响。以芯片为基础的信息化社会出现故障，将可能导致交通瘫痪等恶果，影响国民经济正常运行。现代战争已经发展成为以芯片为基础的电子战和信息战，海湾战争、伊拉克战争、阿富汗等战争都充分说明了以芯片为核心的电子装备在战争中的作用非常重要。因此，谁拥有先进的芯片，谁就能掌握战争主动权，它关系着国家的命脉和经济的核心。

属于国民经济安全的重要行业和领域包括战略性资源领域和经济安全领域。

战略性资源领域主要包括6个方面：（1）关键前沿技术。特别是排他性的关键前沿技术，谁掌握了这些技术，谁就能在整个国际经济竞争中左右天下。上世纪90年代中期以来，美国学术界认为21世纪还是美国的世纪，其中一个重要的依据就是因为美国在20多项关键前沿技术领域遥遥领先，温家宝总理在访美时也谈到我国在某些方面技术落后美国；（2）高级专门人才。美国能在20多项关键前沿技术领域遥遥领先，其中一个重要原因是他广揽天下人才，如在美国从事前沿科技研究开发的高级专门人才中，非本土出生的科学家和工程师约占一半以上，来自发展中国家的科学家和工程师占了至少五分之一，美国把这些高级专门人才当做关系国家经济安全的战略资源来看待；（3）有效耕地。民以食为天，粮食生产是国家经济安全和发展的基础，粮食生产关键是要维系有效耕地的保有量。据统计，1996年我国有效耕地为19.51亿亩，2000年减少到18.89亿亩，平均每年减少1027万亩，人口每年却增加1000多万人，今后相当长的一个时期人增地减的趋势难以逆转，如果不把耕地占用的势头遏制住，我国人口与资源的矛盾将更加尖锐。今年全国已砍掉开发区、工业园区等4700余个，退耕还林步伐放缓，以维持保护必要的可耕土地保有量和再耕土地保有量；（4）石油。石油是国家现代经济发展不可缺少的血液，是西方经济的命脉，美国每天要消耗石油和石油产品1900万桶，其中一半以上要依赖进口，石油一旦不能安全供应，美国经济和世界经济将会陷入衰退。我国石油储量仅占世界石油储量的2.3%，我国自1993年首次成为石油的进口国以来，进口石油不断增加，2002年上升为6941万吨，同比增长15.2%，2003年接近1亿吨，2004年将超过1亿吨。预计到2010年，我国石油消费将超过3亿吨，2020年为3.9亿吨，而2020年前后，我国石油的高峰产量约为2亿吨，缺口接近2亿吨，必须通过海外进口获得，对外依存度接近50%。如果以2000年我国石油实际供应量为基数测算，如果供应量减少1%，GDP的增长率将下降5.83个百分点，如果减少5%，GDP将负增长。可见，石油、煤炭、天然气等一次性能源的充分供给更为重要，是维护国家经济安全和发展必不可少的有限资源；（5）水资源。据世界银行等1995年发表的有关数据，占全球人口40%的80个国家水资源严重不足，有12亿人严重缺水，美国《时代杂志》曾刊认为水是下次战争的根源，我国的水资源人均占有水平不足世界平均水平的1/4，且因地势、地形不同有很大差异，分布极不平衡，南涝北旱，淡水资源也非常缺乏，全国600多个城市中，有400多个城市供水不足，缺水比较严重的城市有110个，全国城市缺水年总量达60亿立方米。据测算，我国人口在2030年将达到16亿，届时，人均水资源量仅有1750立方米，成为严重缺水的国家。

另外，我国现已开工的南水北调工程投资5000亿元人民币计划在2050年建成，主要是把南部丰富的长江水输送到水资源短缺的北部，解决北方缺水问题。一些专家还认为缺水将可能导致像“石油危机”那样的“水危机”。所以说，水资源特别是淡水资源是一种战略资源；（6）外汇储备。它决定着一国的对外支付能力和投资能力，决定该国应付国际重大经营事件的能力。从目前外汇储备来看，日本外汇储备超过了8000亿美元，至今年3月份，达到8265亿美元，居世界各国第二位，我国为4157亿美元，居第三位，台湾2256亿美元，居第四位，韩国1627.13亿美元，居第五位，香港为1246.11亿美元。一些国家的实力外交政策实际上就是强大的外汇储备，可见一个国家外汇储备的多少也反映了一个国家在当今世界中的竞争能力。

属于国民经济安全的经济领域包括5个方面：（1）制造业。主要反映该国的生存和竞争能力，当今世界的竞争主要表现为工业竞争或以工业竞争为背景和依托的竞争。工业竞争力的强弱，直接决定着一个国家的经济实力，决定着一个国家在国际经济中的地位，也决定着应付国内、国际各种挑战的能力，日本2003年的实际出口额为54万亿日元，超过了日本国内生产总值（约500万亿日元）的10%，买主主要是企业。在日本出口产品中，80%都是以机械制品为主的生产资料及其零部件。包括汽车在内的面向个人的消费品，在日本出口制品中，所占比例不到20%。我国特需的一些产品，比如，高层建筑所需要的一些特殊钢材，全世界只有日本能够生产，必须从日本进口，这种钢材的进口价比日本国内价格高出25%，再比如，国际间铺设石油运输管道，也需要日本制造的高精度建筑机械等等。日本制造业的一个最主要特点是充分运用电脑进行技术管理，这样就提高了它的产品质量和品味，使得全世界的企业都不得不购买它的制品，尽管出口一直受到日元升值的影响，但是日本的出口并未因此而减少，反而有所上升，这表明日本制品具有压倒性的优势，因此制造业竞争相当程度上决定着一国的国际地位。（2）金融。金融具有国家经济中的命脉作用，安全直接关系到国家整体安全，比如1997年发生的亚洲金融风暴，给全世界投资者造成的损失达7000亿美元，一些东南亚国家发生了金融机构倒闭，外汇储备抽空，资本市场大跌等严重问题，说明了保证金融安全的重要性。（3）财政。财政与金融安全紧密相连，它是一国经济最高层次的安全问题之一，关系着国内的稳定和发展。（4）经济信息安全。（5）粮食安全。

在国民经济安全领域内，还有一些垄断行业，比如电信、电力、铁路、民航及公用事业等。垄断大致可以分为三种情况，一是自然垄断，是指对关系公众利益的有限资源的独占和国有独资经营导致的垄断。比如一个地区设置的烟草系统自然形成了对烟草供应的垄断，其它烟草很难进入该地区，还有我们过去讲的某一个地区设置的电力，群众称作“电霸”等，都是典型的自然垄断；二是市场垄断或经济垄断。它是指在竞争性领域中，少数市场主体通过合谋行为或市场兼并控制行为形成的垄断，比如有几个具有竞争关系的企业以合同、协议等方式，确定、维持或变更商品的价格，搞价格同盟，限制商品的市场供应量等，共同阻止新的竞争者进入市场或排挤其他竞争对手；三是行政性垄断。它是指政府及其所属部门利用行政权力直接从事基础设施建设和经营形成的垄断。比如信息产业部所从事电信的建设和经营，铁道部从事铁路的建设和经营等。垄断领域经过20多年的改革，目前主要是行业性的行政性垄断，这些领域借助于本行业的管理特权和实际控制能力，掌握着市场资源与销售份额，建设快，市场规模较大，增长前景看好，面临着改革和国际大公司的强势竞争，是实现政企分开的主要领域。

上述重要行业和领域的资产都属于国有资产，对于这部分国有资产，按照党的十六大和十六届三中全会《决定》的要求，一是对国有资本一般要保持控股。需要由国有资本控股的企业可以区别不同情况实行绝对控股或相对控股。二是完善国有资本有进有退，合理流动的机制。三是进一步推动国有资本更多的流向关系国民经济安全和国民经济命脉的重要行业和关键领域。四是建立健全现代产权制度，加快推进国有资产管理体制改革。坚持政企分开、坚持政府公共管理职能和国有资产出资人职能分开，国有资产管理机构（国资委）对授权监管的国有资本依法履行出资人职责，维护所有者权益（国家），维护企业作为市场主体依法享有各项权利，国家督促企业实现国有资本保值增值，防止国有资产流失。

二、国有资产的改革原则

我国的国有资产据统计截至2002年底，全国国有资产（净产值，不包括资源性国有资产）总量共计11.83万亿元，其中经营性国有资产为7.69万亿元，占65%，非经营性国有资产为4.14万亿元，占35%，主要包括行政、事业单位占用的全部国有资产，这些资产一般不投入或不直接投入生产经营活动，主要用于保证国家各项管理活动的正常进行和各项事业计划的有效实施，但也有一些地方和部门把部分非经营性国有资产用于生产经营活动，这是不合法的。我省拥有国有资产2882亿元，占全国地方拥国有资产6.17万亿元的4.7%。管好用好国有资产，关系到我国基本经济制度的坚持和完善，关系到全面建设小康社会目标的实现。按照党的十六大和十六届三中全会精神，这些国有资产除非经营性国有资产外，原则上要按照“有进有退，有所为，有所不为”的方针，逐渐退出国有资产管理范围。在有进有退中，推动国有资本更多地布局在关系国家经济安全和国家经济命脉的重要行业和关键领域，增强国有经济的控制力。其他行业和领域的国有企业，主要通过资产重组、产权转让、结构调整，在市场公平竞争中优胜劣汰，实现有进有退，最终使这部分国有资产朝着两个方面发展：

（一）国有资产非国有化。

（二）国有资产股份化。

党的十五大提出，股份制是现代企业的一种资本组织形式，资本主义可以用，社会主义也可以用，国家和集体控股的股份制具有明显的公有性。党的十五届四中全会指出，国有大中型企业尤其是优势企业，宜于实行股份制的要通过规范上市、中外合资和企业互相参股的形式，改为股份制企业，发展混合所有制经济。党的十六大提出，除极少数必须由国家独资经营的企业外，积极推行股份制，发展混合所有制经济，对国有企业进行改造，改造后的企业由国家单一产权变为国有产权与非国有产权并存的产权主体多元化。由于产权主体多元化，企业的主人就是企业的投资者，谁没有投资，谁就不能当家作主，并且每个投资者在企业当家作主的权力取决于他在企业总投资中所投资的份额，投资者就是股东，股东就是主人，股东会聘任董事会，董事会为股东“打工”；董事会聘任经理层，经理层为董事会“打工”；经理层聘任一般员工，一般员工为经理层“打工”，最终大家都为股东“打工”。这些年来，在主人明晰的情况下，混合所有制经济迅速发展，股份制在经济生活中发挥着越来越突出的作用，成为搞活国有企业的重要途径。

三、非国有化企业资产处置办法

党的十六届三中全会指出，一是继续搞好国有企业政策性破产，使需要关闭破产的企业和资源枯竭的矿山退出市场，采用多种有效形式放开搞活国有中小企业。二是参与市场交易。今年国家批准在西安成立了西部产权交易中心，这是国家实施西部大开发的又一重要举措，对于完善国有资本进退机制和合理流动，具有重要的现实意义。

四、国有资产参与市场交易面临的主要问题

十六届三中全会明确指出建立归属清晰、权责明确、保护严格、流转顺畅的现代产权制度，是完善基本经济制度的内在要求，是构建现代企业制度的重要基础，是一个系统工程，需要进行一系列改革。国有资产在参与市场交易中应着重解决好面临的四个问题：

一是解决好按什么价格交易问题。交易中正确把握国有资产的价值量非常重要，按原值、净值就不行，因为价值是动态的，不断变化的，还有一个无形损耗问题，它的中心是如何利用现有的国有资产经营和增值，实物形态的完好，很难准确的反映出资产价值的实际情况。陈旧的老设备再完好，也可能因为技术落后而变得一文不值。我国工业企业社会中，属于国际先进水平的占13%，国内先进水平的占22%，国内一般水平的占47%，属于陈旧落后水平的占18%。一般和陈旧设备占很大比重，这些陈旧

设备在历任厂长、经理中，都不愿淘汰，在账面上存在着这些资产，有些实际上已成废铁，几乎不存在了，如果把这些都看做资本，在交易中就很难实现它的价值。应该看市场变化，把它放在市场中去，也许高于净值，也许低于净值，价格高低都由市场决定，卖出的是实物，收回的是资金，原则上是等量的，并不损失。这样既防止了企业的暗箱操作，又增加了市场交易的透明度，企业也增加了重组的机会，企业法人甩掉了包袱，也符合国际惯例。

二是解决好企业原有的债务问题。债务是盘活国企的突出问题，国家先后通过清理企业三角债和债转股等办法，解决企业的债务负担问题，但收效甚微。在产权转让中，国家规定，债务跟着产权走，这种规定虽然解决了原有企业的债务负担问题，但在市场交易中，难度却很大，比如，当企业的债务比资产大时，就很难找到“婆家”。通过注入资本解决债务跟着产权走的办法，也有很多局限性，比如，一些合资公司拿走了国家的注入资本，债务却留给了企业。

三是解决好企业办社会问题。企业办社会是计划经济时期的产物，据我们对陕西210户国有企业调查，目前每年要支付办社会的费用高达5.25亿元，平均每户企业支付250.18万元。西安市就有厂办幼儿园、中小学100多所，医护人员2万多人，每年需要支付的费用高达3亿元以上，这种现象无疑加大了企业的负担，也为移交地方增加了困难。

四是解决好国有企业员工身份问题。改制后，企业员工进入市场实行双向选择，员工思想障碍和职工障碍较大，一些企业干部和职工都不愿意退出。职工主要考虑身份如何置换，补偿金和安置费怎么解决，安置不好，在双向选择中就把饭碗砸了，不如抱着铁饭碗不放，认为他们是国有职工，无论企业亏成什么样，国家总得管他们，国有企业非国有化后就不同了，风险太大；一些厂长、经理“官本位”思想严重，从个人既得利益出发，死死的维护着旧体制，维持着国有企业管理漏洞中的巨大利益，无论是盈利还是亏损，是明亏还是暗亏，大家都有利益可得，所以不愿意退出改变身份。

这些问题都给推进国有经济布局和结构的战略性调整带来了困难。党的十六届三中全会提出了为适应完善社会主义市场经济体制的要求，用三年或更多一点的时间构建起中央政府和地方政府分别代表国家履行出资人职责、享有所有者权益、权利、义务和责任相统一，管资产和管人、管事相结合的国有资产管理体制的基本框架，初步建立现代企业制度，实现国有资产保值增值，在此基础上，争取到2010年，建立起适应社会主义市场经济体制要求的、比较完善的国有资产管理、监督、运营体制和机制。

五、国有企业进入产权交易市场应解决的几个问题

产权交易是一个复杂的问题，受思想观念、体制环境、技术手段、产权清晰状态等主观因素的制约，产权还不能完全实现自由顺畅的流动。例如，个体、私营资本在产业准入上还面临诸多限制，还不能无障碍地从事投资或收购活动；上市国有企业的相当一部分资本无法在市场上流通，股份合作制企业的产权因其资本与带动联合的特点，而难以有效流转等等。因此，国有资产在进行产权交易时，应解决好以下几个问题：

首先要解决认识问题。国有企业进入产权交易市场进行交易是国有企业改制的需要，是探索公有制经济和市场经济相结合的有效形式，有利于各类资本的合理流动和重组，有利于推动混合制经济的发展。政府作为推动国有资本进入产权交易市场的最终主体，还没有准确的认识到国有企业产权交易问题，更没有足够地重视国有企业的产权交易问题。国有企业进行产权交易，不单是国有资本与市场的问题，而且是企业改制、企业自身发展、建立现代产权制度、构建法人治理结构和发展多层次资本市场的需要，政府要毫不动摇地鼓励、支持和引导国有企业参与产权交易。

第二，规范发展产权交易市场，健全产权交易规则和监管制度，推动产权有序流转。产权流动是市场经济发展的必然要求，政府作为维护国家经济安全的最终主体，既要把国有资本更多的投向关系国家安全和国家经济命脉的重要行业和关键领域，增强国有经济的控制力，又要通过拍卖、收购、兼并、租赁、投资参股、债转股等多种形式进行产权交易和流转，实现资源的优化配置。近些年来，随着国有经

济布局战略性调整和国有企业战略性改组的加快，产权交易的形式日益多样，规模不断扩大，相应带动了产权交易市场的发展，许多地方成立了产权交易机构，但其中一些机构缺乏必要的人才与技术基础，操作很不规范，在面上又缺乏统一、严密、规范的法律法规约束和强有力的监管，严重制约了交易的公正性，在一些地方甚至造成了国有资产的大量流失。因此，要着眼于克服产权交易中的薄弱环节，由买卖双方一对一谈判转向竞价交易。因为一对一谈判中，国有资产的交易谈判代表，有可能为了个人的私利，人为低估国有资产的价值。比如，一家改制饭店，自己请评估公司评估的净资产为46万元，而国资委请评估公司评估的结果仅土地资产一项就高达2500万元，去掉负资产，这家饭店净资产高达1400万元，如不注意，大量的国有资产就会在改制中流失，如果竞价交易就不会存在这些问题。因而，在国有资产交易中，立足于增强公开性、公正性、市场性和统一性，推进产权的健康有序流动，是当前国有资产参与产权交易的主要任务。

第三，建立高效化服务原则。目前我国已初步建立社会主义市场经济体制，要健全现代市场体系，进一步完善社会主义市场经济体制，必须以建立高效服务体系为前提，这是现代市场体系发展的一般规律决定的，也是我国市场经济发展的客观实际所要求的，特别是在经济全球化和我国加入世贸组织的新形势下，加快建立产权交易中高效化服务原则，显得尤为重要和紧迫。一方面产权交易以全球、全国统一的信息市场体系为支撑，高效运作环境对国有资产的产权交易影响越来越大。另一方面我国加入世贸组织后，国内企业参与国际竞争的范围将更大，领域将更广，与国内外企业之间的产权交易活动将越来越频繁，低效率运作和行政干预等，将造成十分严重的影响；再一方面在产权交易中要清除产权流动中由思想观念、政企关系、所有制性质、地域位置等诸多因素形成的体制和政策障碍，促进各类产权在更广领域，以更高的效率流动。

第四，建立信息服务原则。信息流动和信息的真实性是国有资产参与产权交易的重要组成部分之一，该领域的真实性直接影响到国有资产参与市场交易的安全态势，国有资产需要交易的信息一定要让企业及时、完备的知道，否则会伤害国有资产交易的利益。国有资产交易如果没有信息的可靠性，将无法就交易的重大问题做出适时适当的决策，企业也就很难在市场中交易。据调查，在产权交易中，由于信息不完备，卖家与买家的比例在20:1到50:1之间，投资人的参与度很低，这样找一个买家很不容易，配对撮合的可能性很小，何谈竞价交易。因此，要利用信息传递通道的人工网络和计算机网络建立起国有资产在全国交易的信息网络，实行商业化运作，对竞价交易的国有资产挂牌上市，让成千上万的购买者了解情况，大家根据企业国有资产的实有价值，竞价购买市场最终的出售价，这样，就有效的杜绝了卖家与买家私下交易所产生的漏洞和“僧多粥少”的现象，进而从根本上减少和避免信息失真和信息缺位的情况，逐步形成公平竞争，规范有序的产权交易环境。

改革国有资产，涉及多个领域，也面临着许多困难。按照党的十六届三中全会《决定》指出的建立归属清晰，债权明确，保护严格，流转顺畅的现代产权制度，必须严格界定“关系国家安全和国民经济命脉的重要行业和关键领域”的范围。除此之外，其它行业和领域均应向非国有化方面开放和发展，积极引入非公有制资本参与传统垄断行业的改革，促进公有制经济和其它成分经济相互融合，平等竞争，共同发展。只有这样，才能有利于维护公有财产权，巩固公有制经济的主体地位，有利于各类资本的流动和重组，推动混合所有制经济、股份制经济、非公有制经济的发展，有利于增强企业和公众创业创新的动力，形成良好的信用基础和市场持续，从而促进全面建设小康社会目标的实现。（李忠义）

陕西工业品市场占有率研究

“市场占有率”是反映企业产品在某一特定地域范围内市场地位高低的重要指标。它是企业竞争力的重要体现，是企业产品竞争力、企业营销能力和企业形象力的综合反映。同样，在市场经济中一个地区国民经济竞争力的强弱，同样表现在其地区产品在整个国民经济中市场地位的高低，其产品“市场占有率”的大小及其进一步扩张的潜力，是该地区经济竞争力及其发展潜力的综合反映。地区市场占有率的大小取决于该地区生产要素投入量、生产率、增加值和产品销量四大因素，可用以下公式表示：

市场占有率 = 生产率因子 × 产品销售率因子 × 增加值因子 × 生产要素占用率因子

其中，生产率因子 = 地区全要素生产率/全国全要素生产率；产品销售率因子 = 地区产销率/全国产销率；增加值因子 = 全国增加值率/地区增加值率；生产要素占用率因子 = 地区生产要素投入量/全国生产要素投入量，显示该地区生产规模的大小。

上式也可以表示为：市场占有率 = 竞争力优势系数 × 生产要素占用率

其中：竞争力优势系数 = 生产率因子 × 产品销售率因子 × 增加值因子

以上分析模型，将市场占有率与产品销售量、生产率、增加值和生产要素占用等指标有机地衔接了起来，我们力图通过这一分析方法对我省工业产品在全国的市场占有率及其竞争力进行简要分析。

一、全国各省工业品市场占有率状况

各省区工业品市场占有率的大小，除其产品自身的竞争力外，与其经济规模的大小有直接关系。由于我国各省间经济发展水平不同，经济规模相差较大，因此，各省之间工业品市场占有率存在较大差异，并且这种差异有逐年扩大的趋势。

1. 中国工业品市场占有率持续向东部集中

通过对2003年、2002年和1998年各省工业品市场占有率的测算表明（见表1），近几年来，虽然中部和西部经济得到了快速发展，但是中国经济仍然继续向东部集中，并且这种趋势还在进一步加剧。表现在工业品市场占有率上，东部广东、江苏、山东、浙江、上海五省区工业品在全国的市场占有率超过50%。其中，2003年东部五省区工业品市场占有率达到54.82%，分别比2002年、1998年上升了1.45和3.37个百分点。

表1　各省区工业品全国市场占有率（%）

序号	省　区	2003年	2002年	省　区	1998年
	全国总计	100.00	100.00	全国总计	100.00
1	广　东	15.01	14.76	广　东	14.38
2	江　苏	12.66	12.46	江　苏	11.82
3	山　东	10.80	10.35	山　东	9.45
4	浙　江	9.01	8.75	上　海	7.79
5	上　海	7.34	7.06	浙　江	6.86
6	辽　宁	4.30	4.42	辽　宁	4.67

续表

序号	省 区	2003年	2002年	省 区	1998年
7	河 北	4.03	3.90	河 南	4.51
8	河 南	3.79	3.90	河 北	4.06
9	福 建	3.47	3.30	湖 北	4.03
10	天 津	2.87	3.03	天 津	3.09
11	湖 北	2.85	3.24	福 建	2.98
12	北 京	2.67	2.87	四 川	2.78
13	四 川	2.40	2.50	北 京	2.72
14	黑龙江	2.05	2.24	黑龙江	2.55
15	湖 南	1.87	1.93	安 徽	2.17
16	吉 林	1.86	1.96	湖 南	1.91
17	安 徽	1.84	1.92	吉 林	1.78
18	山 西	1.71	1.54	山 西	1.63
19	陕 西	1.32	1.36	云 南	1.52
20	重 庆	1.11	1.11	广 西	1.37
21	云 南	1.11	1.20	陕 西	1.36
22	江 西	1.03	1.07	江 西	1.21
23	广 西	1.01	1.06	重 庆	1.14
24	内蒙古	0.96	0.90	甘 肃	0.97
25	甘 肃	0.81	0.93	新 疆	0.90
26	新 疆	0.78	0.84	内蒙古	0.85
27	贵 州	0.68	0.70	贵 州	0.73
28	宁 夏	0.24	0.24	海 南	0.27
29	海 南	0.23	0.24	宁 夏	0.27
30	青 海	0.17	0.19	青 海	0.22
31	西 藏	0.01	0.02	西 藏	0.02

资料来源：《中国统计年鉴》、《陕西统计年鉴》全部国有及规模以上非国有企业。

除了东部广东、江苏、山东、浙江、上海五省工业品全国市场占有率一直处于上升状态外，全国其余26个省市区1998年到2003年工业品市场占有率均有不同程度的下降。其中，西部十二省2003年的工业品市场占有率为10.61%，分别比2002年和1998年下降了0.43和1.5个百分点。表明中国东西部经济差距没有缩小，反而有进一步扩大的趋势。另一方面，在中国经济向东部集中的同时，东部各省区之间经济发展的不平衡也在进一步加大。广东、江苏、山东、浙江、上海五省已成为东部经济发展的核心，东部经济的竞争优势有进一步向这五省集中的趋势。

2. 陕西工业品市场占有率居全国第19位

2003年陕西工业品在全国的市场占有率为1.32%，低于全国3.23%的平均水平（以全国为100，31个省市的平均数），并呈现出逐年微降的趋势。其中，2003年较2002年微降0.02个百分点，较1998年则下降了0.04个百分点。随着西部大开发的深入发展，陕西经济近几年有了较大的提高，经济增长在绝对量上增加较快，但相对指标并没大的改善，从陕西工业品市场占有率的变化中可以看到，陕西产品的市场竞争力有缓慢下降的趋势。但从陕西工业品市场占有率在全国的排位来看，1998年以来陕西工业产品市场占有率排位有所上升，从1998年的第21位，上升到2002年和2003年的第19位。表明陕西工业品在全国省际竞争中的竞争地位有所增强。

表2　西部十二省工业品全国市场占有率（%）

	2003年	2002年	1998年
西部总计	**10.61**	**11.04**	**12.11**
四　川	2.40	2.50	2.78
陕　西	1.32	1.35	1.36
重　庆	1.11	1.11	1.14
云　南	1.11	1.20	1.52
广　西	1.01	1.06	1.36
内蒙古	0.96	0.90	0.85
甘　肃	0.81	0.93	0.97
新　疆	0.78	0.84	0.90
贵　州	0.68	0.70	0.73
宁　夏	0.24	0.24	0.27
青　海	0.17	0.19	0.22
西　藏	0.01	0.02	0.02

3.陕西工业品市场占有率在西部十二省中排名第二

从表2中可以看到，1998年以来，西部及其十二省的工业品市场占有率均呈现逐年下降的趋势，仅内蒙古一省市场占有率处于上升状态。西部总体工业品市场占有率下降1.5个百分点，下降幅度达12.38%，陕西产品市场占有率下降了0.04个百分点，下降幅度为2.9%。2003年陕西工业品市场占有率在西部十二省中排位仅次于四川，居西部第二。比1998年向前提高了两位，表明在西部经济发展中，陕西工业品在西部的市场竞争力有所提高的。

二、分行业的陕西工业产品市场占有率

1.重工业市场占有率高于轻工业

分行业的陕西工业品市场占有率测算结果显示（见表3），陕西重工业产品市场竞争力高于轻工业产品。2003年陕西重工业产品市场占有率为1.57%，轻工业产品市场占有率为0.85%。均低于全国3.23%的平均水平。其中，轻工业市场占有率呈现持续下趋势，2003年分别比2002年和1998年下降了0.05和0.26个百分点，下降幅度分别为5.6%和23.4%。重工业市场占有率呈现波动上升状态，2003年比1998年上升了0.03个百分点。显示陕西重工业产品市场竞争力强于轻工业。

2.石油与天然气开采业、有色金属矿采选业和医药制造业产品市场占有率高于全国平均水平

分行业工业产品市场占有率显示，陕西工业中与全国具有可比性的36个行业大类的产品市场占有率普遍较低。83%的行业产品市场占有率低于全国平均水平。仅有石油与天然气开采业、有色金属矿采

选业和医药制造业三个行业的市场占有率高于全国平均水平，分别为8.67％、5.90％和3.39％。石油与天然气开采业的市场占有率近年来增长最快，比1998年的1.44%增加了7.23个百分点，市场占有率增长了五倍。这三个行业在国内市场竞争中有比较明显的优势和潜力。

3．十二个行业的市场占有率大于1%，但低于全国平均数

测算显示，陕西工业中有12个行业的产品市场占有率大于1%，但小于全国平均数，占工业行业的33.3%（见表3）。其中，煤炭采选业、烟草加工业、石油加工及炼焦业和专用设备制造业的市场占有率分别为2.79％、2.20% 2.17%和2.04%，具有一定的市场竞争潜力。其中：煤炭采选业、石油加工及炼焦业和专用设备制造业近年来市场占有率一直处于上升状态。同1998年相比，其市场占有率分别上升了1.09、0.89和0.4个百分点，分别增长了63.92%、70.21%和24.65%，市场竞争力明显增强。此外，饮料制造业、有色金属冶炼及压延加工业、水的生产和供应业三个行业的市场占有率也处于上升状态，2003年其市场占有率比1998年分别上升了0.38、0.24和0.25个百分点。分别增长31.82%、22.16%和18.07%。市场竞争力上升较快。

表3 陕西工业分行业产品市场占有率（%）

	2003年	2002年	1998年
总　计	**1.32**	**1.35**	**1.36**
按轻重工业分			
轻工业	0.85	0.90	1.11
重工业	1.57	1.64	1.54
按行业分			
石油和天然气开采业	8.67	8.12	1.44
有色金属矿采选业	5.90	5.62	5.69
医药制造业	3.39	3.44	3.54
煤炭开采和洗选业	2.79	2.68	1.70
烟草制品业	2.20	2.18	2.61
石油加工、炼焦及核燃料加工业	2.17	1.67	1.28
专用设备制造业	2.04	1.96	1.64
印刷业和记录媒介的复制	1.99	2.35	2.73
电力、热力的生产和供应业	1.81	1.54	1.81
交通运输设备制造业	1.75	1.94	1.91
水的生产和供应业	1.65	1.60	1.40
饮料制造业	1.57	1.63	1.19
有色金属冶炼及压延加工业	1.33	1.15	1.09
食品制造业	1.21	1.42	1.75
通用设备制造业	1.03	1.16	1.08

4. 二十一个行业的市场占有率小于1%，在国内市场中的影响力甚微

有21个行业的市场占有率小于1%，占行业数的58%，其产品在国内市场中的影响力甚微。其中，农副食品加工业、电气机械及器材制造业、非金属矿物制品业市场占有率接近1%，分别为0.99%、0.99%和0.90%。一些行业产品在全国的影响微乎其微，如：皮革皮毛（绒）及其制品业、化学纤维制造业、文教体育用品制造业的产品市场占有率不足0.1%。随着国内市场竞争的日益加剧，陕西工业品市场占有率低于1%的行业在不断增加，2003年较2002年增加3个行业，较1998年则增加了7个行业。其中，一些曾经在国内市场有一定影响力的行业其市场占有率大幅下降，如通信计算机及其他电子设备制造业、仪器仪表及文化办公用机械制造业、家具制造业，分别下降了2.04、1.03和0.98个百分点，下降幅度分别为71.91%、53.74%和80.56%。

表4 陕西工业分行业产品市场占有率（续）（%）

行 业	2003年	2002年	1998年
农副食品加工业	0.99	0.83	1.03
电气机械及器材制造业	0.99	0.97	1.35
非金属矿物制品业	0.90	1.03	0.98
仪器仪表及文化、办公用机械制造业	0.88	1.56	1.91
燃气生产和供应业	0.88	0.79	0.56
化学原料及化学制品制造业	0.86	0.91	0.98
通信设备、计算机及其他电子设备制造业	0.79	1.15	2.83
纺织业	0.68	0.77	1.04
黑色金属矿采选业	0.67	0.39	0.37
造纸及纸制品业	0.66	0.61	1.01
黑色金属冶炼及压延加工业	0.62	0.48	0.62
金属制品业	0.28	0.40	0.63
非金属矿采选业	0.24	0.30	0.33
家具制造业	0.21	0.27	1.10
橡胶制品业	0.18	0.26	0.34
塑料制品业	0.16	0.14	0.23
木材加工及木、竹、藤、棕、草制品业	0.16	0.17	0.21
纺织服装、鞋、帽制造业	0.13	0.12	0.27
皮革、毛皮、羽毛（绒）及其制品业	0.08	0.12	0.41
化学纤维制造业	0.02	0.25	0.40
文教体育用品制造业	0.01	0.02	0.02

5. 各行业市场占有率增长变动情况

与1998年相比，2003年有10个行业的市场占有率较1998年上升（见表5），占工业行业数的27.8%。上升幅度量大的是石油和天然气开采业，其次为黑色金属矿采选业、煤炭开采和洗选业、天燃气生产及供应业和石油加工及炼焦业，市场占有率增长幅度均在80%—50%之间，市场占有率增长幅度较大的还有饮料制造业、专用设备制造业等。从行业属性来看，在10个市场占有率增长行业中，属于本地自然资源开采与加工的行业占80%，制造行业仅占20%。

有23个行业的市场占有率较1998年下降，均为制造行业，占工业行业数的63.9%。陕西多数行业市场占有率本身较低，虽然下降的百分点不多，但实际上多数行业市场占有率下降幅度较大，如化学纤维制造业、家具制造业、通信计算机及其他电子设备制造业、金属制品业、仪器仪表及文化办公用机械制造业、文教体育用品制造业、纺织服装鞋帽制造业等行业市场占有率下幅度者在95%—50%之间。表明近年来陕西工业中制造业的市场占有率下降较大，虽然陕西国民经济年均增长率在10%以上，但从全国角度来看，陕西工业品的市场竞争力在逐渐下降。表面看陕西工业产品市场占有率总的下降幅度不大，实际上以石油、煤炭开采与加工为主的资源优势型行业的市场占有率上升，掩盖了制造行业市场占有率大幅下降情况。陕西石油天然气开采业、煤炭开采和洗选业、石油加工及炼焦业三大行业产值占全省工业增加值的32%，因而使得陕西工业品市场占有率1998年至2003年仅下降了0.04个百分点，降幅为2.9%。

表5　2003年与1998年相比各行业市场占有率变化情况（%）

上升	石油和天然气开采业（501.54%）、黑色金属矿采选业（82.12%）、油石加工炼焦及核燃料加工业（70.21%）、煤炭开采和洗选业（63.92%）、燃气生产和供应业（58.14%）、饮料制造业（31.82%）、专用设备制造业（24.65%）、有色金属冶炼及压延加工业（22.16%）、水的生产和供应业（18.07%）、有色金属矿采选业（3.67%）
不变	电力热力的生产和供应业　　黑色金属冶炼及压延加工业
下降	化学纤维制造业（-95.07%）、家具制造业（-80.56%）、皮革毛皮羽毛及其制品业（-80.50%）、通信设备计算机及其他电子设备制造业（-71.91%）、金属制品业（-55.40%）、仪器仪表及文化办公用机械制造业（-53.74%）、文教体育用品制造业（-53.74%）、纺织服装、鞋、帽制造业（-52.68%）、橡胶制品业（-47.43%）、纺织业（-35.05%）、造纸及纸制品业（-34.95%）、食品制造业（-30.88%）、塑料制品业（-30.22%）、非金属矿采选业（-27.71%）、印刷业和记录媒介的复制（-27.10%）、电气机械及器材制造业（-26.86%）、木材加工及木竹藤棕草制品业（-22.62%）、烟草制品业（-15.84%）、化学原料及化学制品制造业（-12.07%）、交通运输设备制造业（-8.31%）、非金属矿物制品业（-7.69%）、通用设备制造业（-4.83%）、医药制造业（-4.07%）、农副食品加工业（-4.04%）

6. 部分行业中类的市场占有率较高

由于数据限制，我们仅对部分行业中类的市场占有率进行了测算了（见表6），数据显示，部分行业中类的产品市场占有率较高，市场竞争力较强。如：医药制造业中的化学药品制剂制造业的市场占有率为6.21%。交通运输设备制造业中的铁路运输设备业和航空航天器制造业的市场占有率分别为5.53%和18.82%，特别是航空航天器制造业具有较高的行业竞争优势。这些行业中类都属于工业装备制造业范畴，如电子和电工机械专用设备制造业、输变电及控制设备制造业、电子器件制造业、冶金矿山建筑专用设备业、金属加工机械制造业等的市场占有率均超过或接近全国市场占有率平均水平，在国内同行业竞争中有较强的竞争力，属于陕西装备工业中的优势产业，具有较好的产业基础和市场竞争潜力。从这里我们也可看出，由于陕西工业各行业内部发展不均衡，在研究市场占有率时，一些行业大类的市场占有率较低，使其中一些具有较强市场竞争力和优势的中小类行业的竞争优势难以显现出来。

表 6　部分行业中类的产品市场占有率（%）

行　　业	2003 年	2002 年	1998 年
医药制造业	3.39	3.44	3.54
其中：化学药品制剂制造业	6.21	7.11	6.90
中成药制造业	2.65	2.24	2.52
通用设备制造业	1.03	1.16	1.08
其中：金属加工机械制造业	2.90	3.11	2.45
专用设备制造业	2.04	1.96	1.64
其中：冶金、矿山、建筑专用设备制造业	3.13	3.52	2.63
纺织、服装、皮革工业专用设备制造业	2.52	2.49	2.10
电子和电工机械专用设备制造业	5.16		
交通运输设备制造业	1.75	1.94	1.91
其中：铁路运输设备制造业	5.53	7.43	8.85
航空航天器制造业	18.82	20.82	17.29
电气机械及器材制造业	0.99	0.97	1.35
其中：输变电及控制设备	3.26	3.23	3.83
通信设备、计算机及其他电子设备制造业	0.79	1.15	2.83
其中：电子器件制造业	3.64	2.04	11.80
电子元件制造业	1.04	3.32	4.95

表 6 所示，与 1998 年相比，2003 年有 6 个行业中类的市场占有率上升。其中，航空航天器制造业、冶金矿山建筑专用设备制造、金属加工机械制造业和纺织服装皮革工业专用设备制造业，分别上升 1.53、0.5、0.45 和 0.42 个百分点，上升幅度分别为 9%、19%、18.4%。表明这些行业的市场竞争力在逐步增强。有 5 个行业的市场占有率下降，其中下降较多的有：电子器件制造业、电子元件制造业、铁路运输设备业，分别下降了 8.16、3.91 和 3.32 个百分点，下降幅度分别为 69%、79%、37%，特别是电子器件制造业、电子元件制造业等陕西传统优势行业的原有优势已经逐渐丧失。

三、陕西工业竞争力分析

按照市场占有率测算模型：市场占有率 = 竞争力优势系数 × 生产要素占用率，我们可以清楚地看到，市场占有率是竞争力系数与生产规模（生产要素占用率）的函数。因此，陕西工业产品市场占有率低与陕西本身工业生产规模有着极大的关系。陕西较小的工业生产规模是其产品市场占有率低的一个主要因素，但别一方面，工业竞争力优势系数的高低，也决定着其产品市场竞争潜力的大小。因此，通过陕西与各省区工业竞争力优势系数的测算对比，我们能够对陕西工业竞争力有一个清楚的认识。

1. 省际工业竞争力分析

如表7所示，陕西工业竞争力优势系数1998年以来，一直处于上升状态。2003年陕西工业竞争优势系数为0.67，分别比2002年和1998年上升0.01和0.08个百分点。2003年陕西工业竞争力优势系数居全国率25位，较1998年上升两位，但低于2002年（第24位）。在全国排位中，陕西工业竞争力优势系数排位低于市场占有率。说明陕西工业生产规模对工业品市场占有率的影响要高于陕西的工业竞争力，提高陕西工业竞争力对提高陕西工业品市场占有率具有十分重要的意义。

表7　各省区工业竞争力优势系数

地　区	2003	2002年	1998年	地　区	2003年	2002年	1998年
全　国	1.00	1.00	1.00	河　南	0.69	0.67	0.73
北　京	1.52	1.49	1.34	湖　北	0.82	0.87	0.91
天　津	1.43	1.38	1.36	湖　南	0.68	0.70	0.63
河　北	0.86	0.82	0.86	广　东	1.16	1.26	1.62
山　西	0.54	0.47	0.49	广　西	0.70	0.71	0.79
内蒙古	0.76	0.63	0.54	海　南	1.10	1.00	1.27
辽　宁	1.02	0.97	0.82	重　庆	0.76	0.75	0.61
吉　林	1.06	0.95	0.65	四　川	0.68	0.72	0.68
黑龙江	0.88	0.73	0.62	贵　州	0.60	0.60	0.62
上　海	1.92	1.86	2.01	云　南	0.96	0.97	1.05
江　苏	1.28	1.29	1.27	西　藏	0.30	0.33	0.40
浙　江	1.07	1.17	1.35	陕　西	0.67	0.66	0.59
安　徽	0.71	0.71	0.73	甘　肃	0.59	0.63	0.63
福　建	0.90	1.02	1.17	青　海	0.70	0.78	0.70
江　西	0.62	0.62	0.56	宁　夏	0.62	0.63	0.63
山　东	1.04	1.03	1.07	新　疆	1.14	1.12	0.82

2003年陕西工业竞争力优势系数较全国平均水平低33%。陕西工业竞争力优势系数低的主要原因是全员劳动生产率比较低，2003年陕西工业全员劳动生产率仅相当于全国平均水平的82%。从陕西工业企业主要效益指标分析来看，陕西工业负债率高、资金周转率低也是造成陕西工业竞争力低的重要因素。2003年陕西工业企业负债率比全国平均水平高8%，资金周转率则比全国平均水平低33%。

2. 轻重工业竞争力对比

按轻重工业分的竞争力优势系数来看，1998年至2003年陕西轻工业竞争力优势系数均高于重工业，但轻工业竞争力优势系数1998年以来一直处于下降状态，2003年陕西轻工业竞争力优势系数为0.66，较1998年下降了0.08个百分点，下降幅度为10.8%。轻工业竞争力优势系数比全国平均水平低34%。

重工业竞争力优势系数处于上升状态，2003年陕西重工业竞争力优势系数为0.62，较1998年上升了0.09个百分点，上升幅度为17%。表明陕西重工业竞争力正在逐步增强，轻工业的竞争力正在逐渐削弱。这与轻重工业品市场占有率的变化趋势相一致。

表8 陕西各行业竞争力优势系数

行　　业	2003年	1998年	行　　业	2003年	1998年
全省总计	0.67	0.59	黑色金属冶炼及压延加工业	0.57	0.55
其中：轻工业	0.66	0.74	普通机械制造业	0.56	0.47
重工业	0.62	0.53	水的生产和供应业	0.56	0.36
按行业分			有色金属冶炼及压延加工业	0.56	0.73
石油和天然气开采业	1.48	0.40	文教体育用品制造业	0.55	0.47
煤炭采选业	1.12	0.38	服装及其他纤维制品制造	0.53	0.56
医药制造业	1.08	1.10	专用设备制造业	0.53	0.52
有色金属矿采选业	0.95	0.92	非金属矿物制品业	0.50	0.54
印刷业记录媒介的复制	0.89	0.92	黑色金属矿采选业	0.48	0.60
饮料制造业	0.77	0.50	电子及通信设备制造业	0.43	0.90
石油加工及炼焦业	0.74	0.94	仪器仪表文化办公用机械	0.43	0.50
食品加工业	0.70	1.00	塑料制品业	0.42	0.47
电力、热力的生产和供应业	0.69	0.33	金属制品业	0.41	0.57
燃气生产和供应业	0.65	0.75	交通运输设备制造业	0.39	0.42
食品制造业	0.63	0.88	木材加工及竹藤棕草制品业	0.38	0.29
非金属矿采选业	0.62	0.48	化学原料及制品制造业	0.37	0.57
皮革毛皮羽绒及其制品业	0.61	1.06	纺织业	0.35	0.52
电气机械及器材制造业	0.60	0.61	造纸及纸制品业	0.33	0.59
化学纤维制造业	0.58	7.58	家具制造业	0.30	0.81
烟草加工业	0.57	0.25	橡胶制品业	0.24	0.26

3. 分行业竞争力分析

分行业来看，2003年陕西竞争力优势系数高于全国平均水平的行业仅有石油和天然气开采业、煤炭采选业、医药制造业三个行业，占行业数的8.33%。竞争力优势系数在0.95—0.7的有五个行业，占行业数的14%，其中有色金属矿采选业竞争力优势系数为0.95，接近全国水平。竞争力优势系数在0.69—0.5的有16个行业，占行业数的44.4%。竞争力优势系数在0.5以下的有12个行业，占行业数的33.3%，其中橡胶制品业、家具制造业竞争力优势系数仅为0.24和0.30，是陕西在全国同行业竞争中竞争力最弱的行业。

表9 2003年与1998年相比各行业竞争力优势系数升降幅度

上升	石油和天然气开采业（268.97%）、煤炭采选业（192.71%）、烟草加工业（129.07%）电力、热力的生产和供应业（109.00%）、饮料制造业（53.93%）、水的生产和供应业（52.63%）、木材加工及竹藤棕草制品业（31.80%）、非金属矿采选业（28.25%）、普通机械制造业（18.63%）、文教体育用品制造业（16.98%）、有色金属矿采选业（3.94%）、黑色金属冶炼及压延加工业（3.00%）、专用设备制造业（1.67%）
下降	医药制造业（-2.12%）、印刷业记录媒介的复制（-2.37%）、电气机械及器材制造业（-2.41%）、服装及其他纤维制品制造(-5.22%)、非金属矿物制品业(-8.18%)、交通运输设备制造业(-8.38%)、橡胶制品业(-8.96%)、塑料制品业(-11.43%)、燃气生产和供应业(-14.17%)、仪器仪表文化办公用机械(-15.05%)、黑色金属矿采选业(-19.67%)、石油加工及炼焦业(-21.95%)、有色金属冶炼及压延加工业(-23.27%)、金属制品业(-27.54%)、食品制造业(-27.90%)、食品加工业(-29.99%)、纺织业(-32.90%)、化学原料及制品制造业(-35.05%)、皮革毛皮羽绒及其制品业(-42.01%)、造纸及纸制品业(-44.74%)、电子及通信设备制造业(-52.23%)、家具制造业(-63.12%) 化学纤维制造业(-92.37%)

在竞争力优势系数变化方面，与1998年相比有13个行业的竞争力优势系数上升，占行业数的36%，其中竞争系数上升显著的依次为：石油和天然气开采业（268.97%）、煤炭采选业（192.71%）、烟草加工业（129.07%）、电力热力的生产和供应业（109.00%），饮料制造业（53.93%）、水的生产和供应业（52.63%）。表明这些行业的竞争优势在迅速增强，其中，石油和天然气开采业和煤炭采选业竞争力优势系数超过全国平均水平。

竞争力优势系数下降的有23个行业，占行业总数的64%，下降幅度较大的行业有：化学纤维制造业（-92.37%）、家具制造业（-63.12%）、电子及通信设备制造业（-52.23%）、造纸及纸制品业（-44.74%）、皮革毛皮羽绒及其制品业（-42.01%）、化学原料及制品制造业（-35.05%）、纺织业（-32.90%）、食品加工业（-29.99%）、食品制造业（-27.90%）、金属制品业（-27.54%），其中，一些原竞争力优势系数高于或接近全国平均水平的行业，如化学纤维制造业、皮革毛皮羽绒及其制品业、食品加工业、电子及通信设备制造业、家具制造业、食品制造业、石油加工及炼焦业等，竞争力优势系数大幅下降，与全国平均水平的差距迅速扩大。

4. 行业竞争优势分类比较

根据分行业的市场占有率和竞争力优势系高低和近几年的上升下降情况，我们可以将陕西工业分为四个梯队（见表10）。

第一梯队：市场占有率或竞争力优势系数高于全国平均水平，包括石油与天然气开采业、有色金属矿采选业、医药制造业和煤炭开采与洗选业四个行业，这此行业在国内同行业竞争中具有较强的市场竞争力和内在的竞争优势。作为陕西优势产业和工业支柱产业应得到进一步的政策与资金支持，使其更好地发展，进一步扩大产业规模，提高设备与技术水平，成为陕西的龙头产业。在这一梯队中，医药制造业的竞争力优势系数较1998年有所下降，有色金属矿采选业市场占有率高于全国平均水平，但竞争力优势系数与全国水平有些差距，需要从提高生产率入手，进一步增强竞争力。

表 10　陕西工业各行业竞争优势状况

	行　业	2003 年场占有率	比 1998 年增加	2003 年竞争力优势系数	比 1998 年增加
第一梯队	石油和天然气开采业	8.67	501.54%	1.48	268.97%
	有色金属矿采选业	5.90	3.67%	0.65	-14.17%
	医药制造业	3.39	-4.07%	0.53	-5.22%
	煤炭开采和洗选业	2.79	63.92%	1.12	192.71%
第二梯队	烟草制品业	2.20	-15.84%	0.38	31.80%
	石油加工、炼焦及核燃料加工业	2.17	70.21%	1.08	-2.12%
	专用设备制造业	2.04	24.65%	0.95	3.94%
	交通运输设备制造业	1.75	-8.31%	0.53	1.67%
	饮料制造业	1.57	31.82%	0.89	-2.37%
	有色金属冶炼及压延加工业	1.33	22.16%	0.69	109.00%
	黑色金属冶炼及压延加工业	0.62	-0.38%	0.62	28.25%
	通用设备制造业	1.03	-4.83%	0.57	129.07%
	非金属矿物制品业	0.90	-7.69%	0.56	18.63%
	燃气生产和供应业	0.88	58.14%	0.77	53.93%
	电力、热力的生产和供应业	1.81	0.12%	0.63	-27.90%
	水的生产和供应业	1.65	18.07%	0.70	-29.99%
	黑色金属矿采选业	0.67	82.12%	0.74	-21.95%

第二梯队：为烟草制造品业、石油加工及炼焦业、专用设备制造业等 13 个行业，包括了能源生产、原材料加工业、装备制造业和烟草、饮料制造等行业，是陕西工业核心部分，其特点是具有一定的市场优势，并且近几年市场占有率或竞争力优势系数上升较大，具有较好的上升发展势头，是陕西工业中具有较强竞争优势的行业。但以上行业在市场占有率和竞争力优势上基本上都没有达到全国平均水平，需要在产业规模和企业生产效率上进一步扩大和提高。重点是调整产业结构和产品结构，提高生产设备与生产工艺的水平，开发技术含量高、适销售对路的新产品和优质名牌产品，提高产品竞争力。同时，加强企业管理，炼好内功，提高劳动生产率，降低产品成本，提高产业竞争力优势。在销售方面应积极吸收引进发达地区先进的销售经验和人才，加大营销力度，努力开拓市场，提高占市场占有率。

表 11 陕西工业各行业竞争优势状况（续）

	行业	2003 年场占有率	比 1998 年增加	2003 年竞争力优势系数	比 1998 年增加
第三梯队	印刷业和记录媒介的复制	1.99	-27.10%	0.35	-32.90%
	食品制造业	1.21	-30.88%	0.37	-35.05%
	农副食品加工业	0.99	-4.04%	0.60	-2.41%
	电气机械及器材制造业	0.99	-26.86%	0.42	-11.43%
	化学原料及化学制品制造业	0.86	-12.07%	0.56	-23.27%
	通信设备、计算机及其他电子设备制造业	0.79	-71.91%	0.24	-8.96%
	纺织业	0.68	-35.05%	0.41	-27.54%
	造纸及纸制品业	0.66	-34.95%	0.43	-15.05%
	仪器仪表及文化、办公用机械制造业	0.88	-53.74%	0.30	-63.12%
第四梯队	非金属矿采选业	0.24	-27.71%	0.56	52.63%
	塑料制品业	0.16	-30.22%	0.57	3.00%
	纺织服装、鞋、帽制造业	0.13	-52.68%	0.55	16.98%
	金属制品业	0.28	-55.40%	0.43	-52.23%
	家具制造业	0.21	-80.56%	0.33	-44.74%
	橡胶制品业	0.18	-47.43%	0.50	-8.18%
	木材加工及木、竹、藤、棕、草制品业	0.16	-22.62%	0.58	-92.37%
	皮革、毛皮、羽毛（绒）及其制品业	0.08	-80.50%	0.48	-19.67%
	化学纤维制造业	0.02	-95.07%	0.39	-8.38%
	文教体育用品制造业	0.01	-53.74%	0.61	-42.01%

第三梯队：为印刷业和记录媒介的复制业、食品制造业、农副食品加工业、电气机械及器材制造业、通信设备计算机及其他电子设备制造业、仪器仪表及文化办公用机械制造业等 9 个行业，其特点是近几年市场占有率和竞争力优势系数均处于下降状态，降幅多在 20%以上，但多数行业在省内、甚至国内都有或曾经有一定影响和优势。如电气机械及器材制造业从整个行业大类来看在国内的竞争力较弱，但其中的输变电及控制设备制造业在国内具有很强的市场竞争力。通信设备计算机及其他电子设备制造业、仪器仪表及文化办公用机械制造业、纺织业都曾经是国内有影响力的行业，因此，对于第三梯队的行业来说，重点是进行产业结构、产品结构的调整和行业内优质资产的重组改造。通过行业内的优势龙头企业带动全行业的发展，提高产品质量与科技含量，大力开发适销对路的新产品。加快企业改革与重组步伐、加强企业管理，提高企业生产效率。

第四梯队：包括非金属矿采选业、塑料制品业、纺织服装鞋帽制造业、家具制造业等 10 个行业，其特点是市场占有率很小，且多数行业市场占有率与竞争力优势系数处于较大幅度的下降状态。是我省工业中的弱势行业，产业规模小，基础薄弱，轻工业居多，与人民日常生活消费必需品密切相关的行业居多。也是行业进入技术壁垒低，市场竞争最为激烈的一部分行业。这些行业需要的是优质、名牌与价格竞争优势，应当吸收引进东部发达地区先进的企业经营经验、资金、技术及品牌、先进的市场营销观念，结合当地劳动力与资源优势对这些行业进行改造，提高其竞争力和市场占有率。

我们在进行统计数据分析的同时，针对陕西产品市场占有率问题对省内部分企业进行了走访调研，企业认为陕西工业品市场占有率低的主要原因在于：产业结构不合理，整体技术水平不高，生产效率低下，经营效益差；在产品结构方面，缺少名优产品，拳头产品，产品价格高、档次低、质量差的弱点没有大的改观；在销售方面，陕西企业在市场营销观念上与沿海发达省份存在较大差距，对市场的培育重视不够，营销手段不灵活，广告的投入不足，售后服务不到位，企业不仅需要技术优势和产品优势，更需要以市场为导向的应变能力，需要善于开拓与培育市场的优秀的销售队伍和完善的营销网络。

结 论

省际市场占有率是一个地区产业竞争力的综合反映，它是当地工业产业结构、技术水平、经营管理水平、营销能力的综合体现。

综上所述，在市场占有率方面：陕西工业产品市场占有率不高，整体低于全国平均水平，并呈现逐年降低走势；分行业看，市场占有率下降的行业多于上升的行业，一些行业的市场占有率下降幅度在50%以上，说明陕西工业进步跟不上全国工业发展的步伐，市场竞争力不强；在竞争力优势系数方面，陕西整体工业竞争力优势系数在逐年提高，但提高幅度不大，与全国的工业竞争力平均水平还有较大差距。在全国工业品市场占有率继续向东部集中的过程中，陕西市场占有率在全国及西部十二省的排位有所上升，石油与天然气开采、煤炭开采和洗选业、专用设备制造业等部分行业市场占有率与竞争力有所提高。但多数行业的市场占有率与竞争优势系数处于下降状态，与全国平均水平的差距拉大，调整产业与产品结构、提高生产技术水平和企业管理水平，从而提高企业生产效率是提高陕西工业产品市场占有率和竞争力的核心。

陕西省统计局2004年重点研究课题

课题组负责人：李忠义

课题组成员：俞跃波、陈兴锋、刘梅、薛亚莉

技术进步促陕西装备工业腾飞

装备工业是为国民经济和国防建设提供各类技术装备的制造业，在国民经济中具有举足轻重的作用。陕西省企业调查队近期对我省西安、宝鸡两市部分行业固定资产投资状况调查显示，经过近几年的更新改造投资，我省装备工业生产设备与技术水平有了巨大的提高，为我省装备工业发展增添强劲的动力，成为我省制造业中的一个重要支柱产业，为提升我省工业实力，提高我省工业在全国经济中的地位提供了有力的基础。

一、更新改造使我省装备工业企业焕发青春

在此次固定资产投资情况调查中，装备工业项目有37个，占被调查项目的39.8%，计划投资总额43.56亿元，92%的项目由企业投资。其中，改建、扩建、迁建项目占83.8%，新建项目占16.2%。投资项目的设备技术87.5%达到了国内外先进水平。其中，达到世界领先的占22.62%，处于国内领先的占64.86%。89.2%的产品在省内没有同类产品，填补省内空白。

通过固定资产投资，特别更新改造投资，使我省装备工业生产设备与制造技术水平显著提高，一大批大中型国有老装备工业企业重新焕发了勃勃生机，成为我省工业生产领域的龙头企业，为国内大型设备、重大工程建设做出了积极的贡献。

国有大中型老企业陕西压延设备厂和西安冶金机械有限公司通过更新改造与技术引进，提升产品质量，使企业走出困境，一跃成为国内冶金装备制造业中的姣姣者。陕西压延设备厂在企业还处于低谷时期，即以超前的意识，狠抓技术改造，引进国内外一流先进设备，以一流设备、一流加工精度、生产一流产品，迅速打开国内市场，企业扭亏为盈，并一跃成为国内冶金设备行业的一匹黑马。已为国内85%以上大中型冶金企业提供了生产设备。主导产品黑色金属轧制及配套设备的装机水平达到当代国际领先水平，有色金属加工设备铝轧机的国内市场占有率在80%以上，主要产品还（成套）出口到日本、德国、美国、俄罗斯等12个国家和地区。

西安冶金机械有限公司1999年以前还是个困难企业，2001年实施了“债转股”，企业通过加大技术改造力度，面向国内大型钢铁企业调整产品结构，近年来国内95%的大型高炉设备由该企业提供，企业实现了持续高速发展。高炉无料钟炉顶设备、炉前设备、炼钢和炉外精炼设备、连铸设备、高精度轧机等产品具有世界先进水平，主导产品炉顶设备、炉前设备在国内居垄断地位。

二、产生了一批国内装备工业中的龙头企业

近几年来我省国有大中型装备工业企业通过深化国有企业体制改革，狠抓固定资产更新改造和技术引进，使企业生产设备与技术水平得到了大幅度提高，促进了企业产品结构的调整和升级换代，使产品的技术水平和科技含量大为提高，在国内新一轮经济增长中显示了自身的实力，实现了企业的快速发展，成为国内装备工业领域的龙头企业。

西安电力机械制造公司，国内最大的高压、超高压交直流输变电成套设备等电力机械产品科研、开发与生产企业。下属九个大型生产企业，资产总值66亿元。为葛洲坝、黄河小浪底、长江三峡等一大批国家重点项目提供了先进的设备及产品，并出口80多个国家和地区。

陕西鼓风机（集团）有限公司是生产透平鼓风机、压缩机、能量回收透平机和通风机的国有大型骨干企业。公司的轴流压缩机国内市场占有率达95%以上，国外同类产品根本打不进我国市场，2004年订货量达40亿元。2003年在全国通用机械行业规模以上企业中，陕鼓风机（集团）有限公司完成工业总产值、销售收入、利润总额居全行业第二。

宝鸡石油机械有限公司是全国最大的石油钻机制造公司之一，产品销售收入居国内同行业之首。生产的石油钻机设备达到国际同类产品先进水平。

西安飞机工业（集团）有限责任公司是国内最大的民用飞机科研、设计、制造企业、与陕西飞机工业（集团）有限公司、陕西航空发动机有限公司等大中型航空工业企业组成了国内重要的航空工业集群，成为国内航空工业最密集的地区，在大中型飞机、航空发动机、机载设备和民用产品方面形成雄厚的科研、生产能力。在飞机设计、飞行控制、惯性导航、强度试验、飞行试验定型、机载计算机和航空发动机燃油调节系统等领域属国内领先地位。

目前我省已有陕西汽车集团有限公司、西安电力机械制造公司、陕西法士特齿轮有限公司等12个企业进入了全国机械行业500强企业。

三、我省已经形成十大装备制造业优势

据统计，2002年陕西省规模以上装备制造业企业550户，占全省规模以上工业企业总数的22.35%。企业资产总计838亿元，占全省规模以上工业的26%。装备制造业总产值379.12亿元，占全省规模以上工业总产值的25.19%。销售收入占全省规模以上工业的23.9%，仅次于能源化工工业（39.33%），在我省确定的八大工业支柱产业中居第二位。利税总额占全省规模以上工业的9.97%，居八大支柱产业

第三位。从业人员占全省规模以上工业的31%，居全省八大支柱产业首位。以一大批国内行业龙头企业为代表，我省在普通机械、专用设备、交通运输设备制造业、电气机械及器材制造业、电子及通信设备方面，已经形成十大装备制造业优势：

1. 以陕西压延设备有限公司、西安冶金机械有限公司为代表的冶金设备制造业优势。

2. 以西安电力机械制造公司为主的电力机械制造优势。

3. 以西安飞机工业（集团）有限责任公司、陕西飞机工业（集团）有限公司为代表的航空工业优势。

4. 以西安建设机械（集团）公司、黄河工程机械（集团）公司为主的建筑工程机械制造优势。

5. 以陕西汽车集团有限公司、陕西法士特齿轮有限公司、宝鸡华山工程车辆有限公司为代表的运输机械制造优势。

6. 以秦川机床（集团）、宝鸡机床厂为代表的机床制造优势。其中，秦川机床的主导产品齿轮磨床、专机系列，占据国内市场80%以上份额。

7. 以宝鸡石油机械制有限公司为代表的石油机械制造优势。

8. 以陕西鼓风机（集团）有限公司为代表的通用机械制造优势。

9. 以西安大唐电信为代表的电子及通信设备制造优势。

10. 秦川机床（集团）塑料机械公司的塑料中空成型机械制造优势。秦川机床（集团）塑料机械公司的塑料中空成型机械在国内处于领先地位，是国内大型塑料中空成型机械的重要生产基地。

四、加大支持力度，促进我省装备工业腾飞

装备工业在国民经济中具有举足轻重的作用，强大的装备制造业是国家经济与科技实力的体现。目前我国正处于新的经济发展时期，随着中国加入世贸组织，国际制造业向中国聚集的趋势正在逐步加强，中国正在向“世界工厂”迈进。国内制造业的快速发展，使我国成为世界最大的工业装备市场，为我国装备制造业带来了难得的发展机遇。

同时，国家经贸委为加快企业技术进步，促进产业结构优化升级，制定实施了《国家产业技术政策》和国家重点技术改造“双高一优”（高新技术产业化、高新技术和先进适用技术改造传统产业、优化重点产品和技术结构）计划。用以大力发展高新技术及利用高新技术改造传统产业，淘汰工艺落后、能耗高、污染环境、浪费资源的落后生产技术与能力，加大对钢铁、水泥、煤炭、石油化工等重点行业、重点企业的技术改造。强化重大技术装备开发和技术创新，提高开发能力。重点支持发展新型发电和输变电装备、冶金连铸连轧设备、炉外精炼设备、大型轧辊、大型石油化工装备配套机械、特殊泵、阀类、换热器、特殊工程机械和高等级路面维修机械、大型环保水处理设备、水净化设备等。所有这些都为我国装备工业的发展提供了难得的机遇和巨大的市场需求，同时也提出了更高的要求。我省是国内冶金、机械、电子、航天、航空装备工业的重要生产和科研基地，在上述重点支持发展的大型装备制造方面具备雄厚的生产与科研优势。我们应紧紧抓住这一历史机遇，大力发展我省的装备工业，使我省装备工业成为推动我省经济实现腾飞的火车头。为此我们应该制定必要的政策和措施加快我省装备工业的发展。

1. 进一步加快国有装备工业企业的改革步伐

我省装备工业是以“一五”时期国家重建设项目为基础发展起来的，国有大中型工业企业占有绝对比重。因此，发展装备工业必须与国有企业的改组、改造相结合，走政府推动与市场引导相结合的道路。进一步加快国有装备工业企业的改革步伐，加快建立现代企业制度的步伐，完善法人治理结构，实现投资主体多元化。加快企业内部改革步伐，转换经营机制，充分调动经营者、生产者、科研开发与营销人员的积极性。实施主辅分离，减轻企业社会负担，做强做大主业，提高国有装备企业资产的质量和效益。

2. 促进装备工业企业的资产重组，实现产、学、研强强联合

我省是国内装备工业的重要生产和科研基地，生产与科研力量雄厚，拥有大批科研院所和科研人才。但由于我省多数装备工业企业规模小，自身经济实力弱，技术改造与科研投资能力小，全省装备工业技术进步与产业、产品升级步伐缓慢，使我省装备工业生产与科研优势和对我省经济发展的促进作用没有充分发挥出来。应当加大装备工业资产重组力度，实现全省装备工业资源合理配置，培育发展优势、龙头企业和企业集团。增强企业生产与开发的投资能力。加强产、学、研的强强联合，充分利用我省的科研优势，加快科研成果转化，加速高新技术对装备工业的改造，促进装备工业产品结构的调整和产业升级。

3. 加大财税支持力度，加快装备工业自身技术设备的更新改造

我省装备工业企业多属大中型国有老企业，自身装备与生产技术的更新改造任务艰巨，已成为制约我省装备工业发展的一个重要因素，但很多企业在固定资产更新改造投资上能力不足，阻碍了我省装备工业优势的发挥与进一步发展壮大。因此，建议对我省优势装备工业企业加大财税支持力度。在财政上积极给予资金支持的同时，在税收上提供优惠政策：(1) 对于利用税后利润进行固定资产更新改造或用于高新技术改造传统工业项目的投资，按实际投资额退还所得税。(2) 用于更新改造、引进先进技术、进行产品升级换代的固定资产投资项目，建成投产后可在三年内免征产品所得税，或减半征收所得税。以提高进装备工业企业进行生产设备与技术的更新改造的能力与积极性。

4. 发挥产业聚集效应，发展相关产业群

装备工业属于组装式工业，相关配套的企业链比较长，前后关联度较高，容易形成相关产业集群，带动其它工业的发展。目前世界装备工业正向集群化发展，相同与相关制造企业与科研力量的有机集聚，通过相互竞争与合作，实现产业的不断创新与升级从而形成地区性的竞争优势。目前我省在航空、电力机械、冶金机械、建筑机械等装备工业已经初步形成或正在形成产业集群化。因此，应根据我省装备工业的分布特点，在西安、宝鸡等地区培育发展各具特色的产业集群，发挥产业聚集效应，带动其相关工业的发展。

装备工业不仅是技术密集和资本密集工业，同时也是劳动密集产业，发展装备工业不仅能够提高我省的经济与科技实力，还可以吸纳大量劳动力，扩大社会就业率。因此，在新时期发展大力装备工业，加大投资力度，促进陕西装备工业腾飞，对加快我省经济发展与提高科技实力具的重要意义。(俞跃波)

西方国家管理国有资产的启示

国有资产管理是世界性的难题，西方国家管理国有资产已有300多年的历史，在这漫长的历程中，不同国家为了加强国有资产的管理，逐步形成了形形色色的多样性地管理模式。作为西方国家国有企业的管理模式，是在西方国家垄断资本主义发展中建立而完善的，是为资产阶级利益服务的，是为了赚钱发财，但是也应该看做是资本主义市场经济运行的改革的结果，是西方国家管理国有资产先进经验的一部分，对我们正在推动着的国有企业改革也有参考价值，有些经验值得我们研究和借鉴。

一、国有企业的现状

1. 美国。美国的国有经济不算发达，联邦政府管理的企业只有80多个，产值在美国经济中仅占1%，但美国在科学技术研究、基础设施和公用事业方面，国家却发挥着重要的作用。国家用于科学技术研究的投资占到GDP的2.7%—3%，其中，尖端科学技术研究的投资占科学技术费用的80%—90%。

因此，美国的科学技术一直处于世界的领先地位，并导致一些新兴产业部门崛起，对产业结构不断升级和优化起到了推动作用。另外，企业作为科技投入的主体，为了培育和维持自己的市场竞争优势，也不断增加研究开发投入。

2. 法国。法国的国有企业有2268家，产值占国内生产总值的18%，投资额占全国总投资的27.5%，在西方发达国家中，国有化程度最高。

3. 英国。英国国有企业的营业额占英国国内生产总值的11.5%，投资额占英国投资总额的20%。

4. 意大利。国家参与制企业在意大利具有历史悠久、规模巨大、垄断程度高、涉及部门广、对经济和社会影响大的特点。意大利先后成立了多家政府控股公司，以逐级参股的方式，实现对国家经济的影响和控制，到80年代中期，在全国100多个最大工业公司增加值中，国家参与制企业占50%，这在西方国家中是独一无二的。

5. 新加坡。新加坡在刚刚获得独立时，集中全国的财力和人力创办了一批国有企业。其指导思想认为国有企业完全可以被纳入市场经济的体系之中，按照市场经济的规律运行，甚至在某种特殊情况下，比如在市场经济发展的初期，国有企业能够更快地参与国际竞争和促进经济发展。在这种指导思想下，新加坡国有企业取得了迅速发展，并藉次实现了国家振兴。1989年新加坡国力大学三位教授对新加坡500家最大企业调查发现，国有企业、外国跨国公司和本地私有企业的平均利润率分别为28.8%、7.3%和2%，国有企业的效益明显高于私有企业，这为新加坡国有企业的发展奠定了坚实的基础。

二、管理国有资产的方式

（一）在行使出资人所有权代表方式方面，有两种做法，一是国家设立专门主管部门行使出资者所有权。比如，联邦德国和法国。在联邦德国，由财政部代表国家对国有企业行使所有权，职能还包括：(1) 成立国有企业的审批和资金供给；(2) 对监事会和董事会成员的聘任和任免；(3) 通过监事会收集企业经营状况资料。法国是由财政经济和预算部代表国家拥有国有资产，对国有企业管理拥有较大权利。职能还包括：(1) 制订和实施与经济有关的法律和宏观经济政策；(2) 任免董事长或决定董事长的人选提名；(3) 派代表参与董事会和参与公司发展政策的制定；(4) 与企业谈判，签订项目合同；(5) 向国有企业派遣长驻代表和调查组；(6) 对国有企业经营活动情况进行审计和监督。它们的目标是把握国有企业运作的进程，建立一个高效的董事会，协调政府各部门的政策，避免政府对董事会决策的过多干预，监督国有企业的实际经营状况，保证国有资产的安全和增值。二是建立国家控股公司代行出资者所有权。比如，意大利、新加坡等国家都是以国家控股公司的形式代行出资者所有权。意大利国家控股公司的形式就像一座金字塔，塔尖是控股公司的总部，中间是二级控股公司或行业性牵头业务公司，底层是众多企业。新加坡是通过政府控股公司和法定机构这一层割断了国家与企业间的直接联系，使企业免受不必要的政治干预，实现政企分开。国家控股公司负责管理国家拥有的股份，代行国家所有权，是法人管理机构，其主要职责是充当隔离层和保护层，对所有权进行专业化管理，协调政府管理国有企业的有关政策，督促下属运行公司或企业执行上级的指示和决定，保护其利益不受侵害。

（二）股份制作为股权经营中的一种普通方式，在大多数西方资本主义国家中被广泛采用。美国政府对大部分经营性国有资产的管理采取了租赁制经营和系统承包制经营的方式。国有资产的租赁制经营，不改变国有资产的所有权，将所有权和经营权分离。以国家授权单位为出租方，将国有企业有期限的交给承租方经营，承租方向出租方交付租金并依照合同规定由企业自主经营，这种方式一直延续至今，较好的发挥了国有资产的使用效率。

（三）监督方式各具特色。法国政府通过向国有企业派驻稽查特派员制度监督企业。稽查员拥有调查、参加管理部门会议并发表意见和调阅企业文件的权利，尤其在原材料采购、工资和价格管理等方面拥有较大的发言权。新加坡政府设立了专事监督机构，由国有大企业董事长和高级公务员兼任的董事长组成，负责对国有企业进行监督，另外还利用社会公共监督作用监督国有企业，任何机构和个人只需交纳很少费用，都可以在注册局调阅任何一家企业资料，在这一点上政府对国有企业监督与对私有企业监督完全一样。韩国是通过经营评价委员会每年的评估实现对国有企业的监督，根据评估结果，可向企业提出纠正事项，也可罢免有关人员，评估委员会是来自各领域的专家，企业对任何事情不能自圆其说的解释都难逃专家之手。德国实行董事会和监事会双重体制对国有企业监督。董事会负责企业的日常经营和管理，对企业重大问题所作的决策需得到监事会的批准。政府对国有企业的监督和控制主要是通过监事会来实现。瑞典在20世纪80年代初规定，议员有权出席国有控股企业股东大会发表意见，其本质是通过提高透明度来实现国有资产的有效经营目标。

三、国有资产管理改革的途径

世界各国都在积极探索国有资产管理改革的途径和方法，但各国所选择的方向和改革重点却不尽相同，概括起来有两种思路：一是着眼于改变所有制，向私有化方向发展；二是原则上不改革所有制，而是着眼于经营机制和经营方式的变革。

20世纪70年代，英国国有企业效率低、效益差，缺乏竞争力，每年财政要拿出40亿英镑补贴才能维持生活。1979年，撒切尔政府开始了以股份制改造为手段的私有化运动，其目的首先是通过股份制改造，实现政企分开，所有权与经营权分离，切断政府对企业过多的干预和控制，让企业拥有充分的经营自主权，包括融资和投资权，政府主要从事宏观调控和社会性管理方面的工作；第二，引入市场竞争机制，打破国有企业的垄断地位，使企业感到市场的压力，促使其转换经营机制；第三，最大限度地吸引投资人，使股权分散，避免股权集中在少数人手中，防止少数人操纵或控制企业；第四，鼓励职工购买和持有国有企业的股份，使企业员工关心企业的经营，提高企业员工工作的积极性；第五，通过发行股票，提高企业融资能力，以偿还贷款，使资产负债率趋于合理。同时政府停止对国企的补贴，减轻国家的财政负担；另外通过出售国家股权，获得一大笔财政收入，改善政府的财政状况。英国的私有化改造成功后，实现了（1）经济持续稳定增长，从1983年初走出衰退开始，实现了二战后持续时间最长的稳定增长；（2）通胀率和失业率大幅度下降；（3）企业劳动生产力提高，利润大幅度增加，竞争力提高；（4）公用事业企业的价格降低，服务改善；（5）职工收入增长，生活水平提高。

意大利采取了将企业推向市场为目的的调整。1993年撤销了国家参与制企业的主管部门，其职能化转直属总理府的不管部，这实际上是减少了国家对国家参与制企业的干预，扩大了企业的经营管理自主权。在这一调整过程中，为偿还债务，政府出售了大量国家参与制企业的股份。通过市场化，意大利国有经济走出了困境，并在国民经济中继续发挥着重要作用。

新加坡的国民经济重要部门，几乎所有方面国有企业都占有优势，然而随着市场经济的完善和全球经济化的不断深入，有两个问题在新加坡国有企业管理中暴露了出来。一是国家最初强制性的集中了大量资金，投资到国民经济的重要部门，因此国有企业在这些领域往往具有垄断地位，致使私有企业的发展空间和发展条件均比不上国有企业。同时，由于国有企业的董事长、董事或经理均由公务员担任，他们与政府上层有着天然联系，所以，在同等条件下，国有企业比私有企业占有更多优势的资源和政府优势。因此，尽管在法律上和政策上，新加坡的国有企业与私有企业是完全平等的，但是它们之间确实存在着事实上的不平等。二是市场经济基础是自由企业制度，在出口导向型经济发展的推动下，国有企业在进行结构调整和市场接轨方面不如私有企业灵活，即遇到了“船大不好调头”的问题。基于这些原因，新加坡政府在国有企业经营状况相当不错的情况下，也进行了私有化改造。

四、各国经验的启示

1. 改革一定要从本国的国情出发，没有唯一正确的普遍实用的道路可走，任何操之过急或似是而非的作法均将导致失败，要结合我国国有资产管理体制改革和现代企业制度建设的要求，循序渐进地、因地制宜地推行国有企业改革，俄罗斯国有企业改革方案就是一个深刻的教训。

2. 将国有企业真正推向市场，实现政企分开以及所有权与经营权分离，是国有资产管理体制改革的首要目标。党的十六届三中全会决定指出，国有资本将更多的投向关系国家安全和国家经济命脉的重要行业和关键领域，这就决定着国有企业的数量不可能太多，在严格界定的基础上，其他行业和领域的企业均应通过发展股份制和混合所有制经济向非国有化方面开放，积极引入非国有制资本参与传统垄断行业的改造，促进国有制经济和其他成分经济相互融合，平等竞争，共同发展。这样，有利于各类资本的流动和重组，有利于推动混合所有制经济、股份制经济、非公有制经济的发展。

3. 有效监督。为了防止由于信息不对称可能导致的内部人控制问题，应提高媒体和中介机构的监督作用。

4. 重视培养和吸纳高层次、国际化经营人才。随着经济全球化的发展，跨国公司日益壮大，巨型企业的跨国兼并层出不穷，表明了跨国的生产要素组合和市场的扩大为公司资本利润的迅速增长创造了极为有利的条件，由于跨区域经营所遇到的不同观念、不同经济环境，甚至是不同文化、不同法律等多方面的问题，企业现有人才的储备很难在市场上运作，因此，重视培养和吸纳高层次、国际化经营人才和企业家是国有企业改革的一项重要任务。

5. 规范发展产权交易市场，健全产权交易规则和监管制度，推动产权有序流转。产权流动是市场经济发展的必然要求，是现代产权制度的重要内容，产权交易无论是通过拍卖、收购、兼并、租赁、投资参股等形式，都要在公平、公开下进行自由交易，防止一些企业暗箱操作。

另外，要优化社会环境。在市场经济条件下，企业是市场的主体，是创新的主体，也是快速发展的主体，但企业不是孤立存在的，是社会经济组织的一部分，企业之外的社会组织，包括立法机构、司法机构、政府部门、金融、社会中介、新闻媒体等，都要为企业这个主体服务，创造良好的市场环境。这样才能更好地深化国有企业改革，推进国有经济发展壮大，保证国有资产保值增值。(李忠义)

产权结构优化推动陕西重点企业快速发展

伴随全国经济体制改革的深入发展，陕西省国有企业改革又迈出重要步伐，以产权置换和资产重组为重点的改革举措有力地推动了全省企业改革向纵深发展。2003年，包括12户国家重点企业、60户全省重点(优势)企业、25户上市公司、9户国家重点农业龙头企业在内的全省150户重点企业，以产权变革促动体制改革，以资产重组加快结构调整，强化机制运作，突出发展效益，取得显著成效。全省国有企业产权结构明显改善，国有独资企业逐步减少；企业法人治理机制进一步完善，股东会、董事会、监事会“新三会”相互配合有效制衡机制逐步发挥效力；企业经济效益显著提高，为社会贡献能力进一步增强。产权改革为实现企业产权明晰、改善企业经营管理机制、减缓资金紧缺的矛盾创造了有利条件。

以国有企业改革为重点　从宏观上调整产业结构
从微观上调整产权结构　以优势带动促全面发展

一、以优势企业和企业集团为发展龙头的产业结构调整取得显著成效

陕西曾是全国重工业基地，资源丰富，国企集聚，石油、煤炭、钢铁、机械是全省的支柱产业。2003年，根据陕西省经济发展现状和企业深化体制改革需要，省委省政府提出了一系列优化国有资源配置、提高全省经济实力的措施，即在改造和提升传统产业、做大做强现有支柱产业同时，根据我省地方优势着力培育医药、果业、畜牧业等新的经济增长点，同时大力发展能源、国防、高科技和旅游等特色

经济。围绕发展壮大八个支柱产业的宏伟规划，我省在原国有企业基础上以企业为主体先后组建了延长石油工业集团、陕西汽车集团、陕西有色金属集团、利君集团等20户大公司、大集团，创建了长岭、标准、利君、秦丰等四个全国驰名商标。在做大做强方针指导下，通过行业整合和资产重组，目前我省具有较大规模的大公司、大企业集团已发展到110余户，其中资产规模和年销售收入均突破50亿元的达到6户。

1998年，为集中优势资源，以优势企业带动全省经济协调发展，省委省政府确定了60户重点优势企业，并制订了扶持发展政策。几年来优势企业资产规模已由1999年的1087.6亿元增长到现今的2181.4亿元，年均增长40%，其资源优势、规模优势和品牌优势在全省经济发展中特别是产业结构调整中发挥了极好的带动作用（参看表一）。2003年，60户优势企业完成增加值占全省国民生产总值的15%，其中50户二产企业完成增加值占全省第二产业总增加值的30.8%，拉动全省第二产业生产总值增长3.5个百分点。目前，七成优势企业组建了企业集团或参与了集团化运作，其中13户企业主要产品（服务）国内市场占有率达到50%以上。近三年，60户优势企业获得国内专利申请授权达252项，应用专利达198项，分别占全省重点企业的70%和67%。

全省优势企业产业分布表（2003年）

表一：

产　业	企业户数		资产总计		年销售收入		年利润	
	户	比重%	亿元	比重%	亿元	比重%	亿元	比重%
总　计	60	100.0	2181.4	100.0	1155.6	100.0	133.5	100.0
电子信息	7	11.7	217.9	10.0	139.4	12.1	6.4	4.8
能源化工	11	18.3	886.3	40.6	465.7	40.3	92.3	69.2
装备制造	14	23.3	331.6	15.2	177.7	15.4	12.6	9.4
现代医药	4	6.7	152.2	7.0	86.4	7.5	11.8	8.8
食品加工	4	6.7	41.8	1.9	39.4	3.4	2.9	2.2
纺织服装	3	5.0	16.2	0.7	11.6	1.0	0.4	0.3
建筑材料	1	1.6	15.6	0.7	5.5	0.5	0.7	0.5
有色冶金	4	6.7	137.5	6.3	78.7	6.8	4.7	3.5
商业及其他	12	20.0	382.3	17.6	151.2	13.0	1.7	1.3

2003年，为推动农业产业化经营，省委省政府再次确定了9户国家农业龙头企业和32户省级农业龙头企业加以扶持发展。9户国家农业龙头企业中有3户乳品加工生产企业，4户果品加工生产企业，1户油脂生产和饲料加工企业，1户种业企业，分布在西安、宝鸡和咸阳。陕西神果股份有限公司和陕西海升果业发展股份有限公司分别获得8项和2项国内专利申请授权，并全部应用。西安银桥股份公司产品“秦俑奶粉”被评为省内首家“中国名牌产品”，杨凌秦丰农业科技股份有限公司“秦丰牌”获得“全国驰名商标”称号。9户企业生产经营蒸蒸日上，其中5户企业建立了商业网站，“公司+基地+农户”的经营方式有效的带动了全省果业、畜牧业、种植业生产数十万户农民增收，同时有力地带动了地方运输、包装、彩印和商贸等其他配套产业的生产。

二、以实现国有资本有序退出为重点的产权结构调整推动企业改革向纵深发展

为解决国有经济分布面宽、整体素质不高、资源配置不合理现象，省委省政府在做大做强支柱产业同时，坚持产业导向原则积极引导国有资本有序退出，采取了因企制宜分类推进的措施，着力解决企业资金紧缺问题。首先是对陕西钢厂、西安钢厂等资不抵债、产品无市场、扭亏无望的42户国有企业和

军工企业实施了关闭破产。随后是采取租赁、出售、股份制、股份合作制等多种方式，对一部分企业或实行分块改制，或实行分阶段改制，逐步推进企业改革进程。如宝鸡啤酒厂先是实行了股份制改造，后是租赁给青岛啤酒；汉江制药厂先是进行有限责任公司改制，后是改制为股份有限公司等等。紧接着实行了“靓女先嫁”策略，对经济效益较好、产品有市场的企业，加大引资重组力度，采取转让、出售、合资、合作等办法搞活企业。如陕西法士特齿轮有限责任公司和陕西汽车集团分别引进湘火炬2.5亿元资金，香港华润重组陕西天王，民营企业东岭集团控股略阳钢铁，比亚迪兼并福莱尔等等。同时积极引导和鼓励部分优势企业包括上市公司通过减持国有股和转让国有股权降低国有股比重。这一系列措施的落实，有效地实现了股权结构的合理改善。目前，全省150户重点企业国家资本的比重已下降到54%，其中公司制企业国家资本的比重下降到36.6%。

产权改革是推动国有企业改革向纵深发展的关键所在。国有企业改制为公司制企业是企业内部的一次体制改革，通过产权招商运用企业外部动力实现企业产权明晰，则是企业体制改革的又一次飞跃。在大型企业中实现产权多元化、在中型企业中通过产权改革实施国有资本有序退出，是2003年我省企业改革的重要内容。为此，陕西省委省政府在历届中国东西部投资与贸易洽谈会上积极与上海等地产权交易机构进行协商，为我省企业进行产权交易牵桥搭线，寻求合作伙伴，实施了产权整体招商、分块招商、增资扩股和租赁、兼并等一系列新举措。通过产权招商，全省150户重点企业中62%实现了股权多元化，30%的企业出资人达到5人以上，国有独资企业由上年的24户下降到19户，拟进行国有资本重组和退出的28户中型企业有3户国有资本已完全退出，陕汽、陕汽齿、略阳钢铁等一批大型企业实现了招商引资、强强联合，完成了国有企业的先进技术和经济实力与民营经济的先进机制和雄厚资金的有机结合，韩焦股份、比亚迪等一批中型企业成功实现“脱胎换骨”，成为产权制度改革的成功典范。

截止2003年底，全省150户重点企业改制面已达到80.7%，其中国有独资企业占12.7%，其他有限责任公司占34.7%，股份有限公司占30.7%，港澳台外合资企业占2.6%，基本达到了国有企业低于20%的比例构成。在改制企业中，设立独立董事的企业增加到50户，“新三会”行使基本职权的效力较上年有较大提高。公司制企业运营能力显著好于未改制企业（参看表二）。2003年，全省150户重点企业实现利润127.2亿元，同比增长四成，其中公司制企业销售收入增长率、纯收益增长率和劳动生产率分别达到30.3%、41.6%和31.8%，高出未改制国有企业14.6、19.4和10.3个百分点。

全省重点企业主要经济指标构成表（2003年）

表二：

产 业	企业户数		资产总计		年销售收入		年利润	
	户	比重%	亿元	比重%	亿元	比重%	亿元	比重%
总 计	150	100.0	2896.4	100.0	1461.9	100.0	127.2	100.0
国有企业	29	19.3	613.9	21.2	355.7	24.3	13.5	10.6
国有独资公司	19	12.7	551.8	19.1	245.7	16.8	22.7	17.9
其他有限公司	52	34.7	1003.4	34.6	476.9	32.6	15.6	12.3
股份有限公司	46	30.7	667.9	23.1	334.8	22.9	63.4	49.8
港澳台外合资	4	2.6	59.5	2.0	48.7	3.4	12.0	9.4

三、以多项措施加快企业结构调整，以产权嬗变带动全省经济发展

产权制度改革是国有企业改革的突破口。回顾我省八年的国企改革历程，从建立现代企业制度到国有资本有序退出，国企改革始终围绕着明晰产权而努力。1996年，省委省政府确定了50户国有企业开

展现代企业制度省级试点工作，目前50户企业中1户已宣布破产，1户进入破产程序，1户被租赁，39户改制为公司制企业，4户进行了部分改制。截止2003年底，已有20户企业成功实现了产权置换，其中，6户企业为民营控股，3户企业为集体控股，8户企业变为国有相对控股。调查资料显示，2003年省级试点企业实现销售收入和利润同比分别增长两成以上，企业总体上实现了资产保值。

1998年省委省政府再次确定了100户推行现代企业制度重点企业，拉开全省国有企业内部体制改革帷幕。百户企业涉及一产企业1户，二产企业86户，三产企业13户，改革重点为广泛建立“适应市场经济要求、产权清晰、权责明确、政企分开、管理科学的现代企业制度。”2003年百户企业实现销售收入和利润同比分别增长24.2%和70.1%，资产保值增值率达到110.9%，充分体现了企业体制改革的优越性。

1999年，针对企业改制中国有企业负债过高、利息负担沉重现象，省委省政府根据国家政策决定在一部分企业中实施“债转股”。在国家已批准的陕西省29户债转股企业中，有22户企业成功实施债转股，协议债转股总额158.3亿元，减轻企业利息负担2.6亿元，债转股企业平均资产负债率由76.5%下降到64.7%。2003年债转股企业实现销售收入和利润同比分别增长25.8%和22.1%，资产保值增值率达到122.7%，企业盈利能力和发展能力显著增强。

2003年，以资产重组为主题的产权制度改革再次掀起国有企业改革热潮。通过产权交易和资产重组，全省150户重点企业22户实现民营控股，8户成为集体控股，21户由国有绝对控股变为国有相对控股。2003年全省重点企业销售收入增长率、利润增长率和资产保值增值率分别达到26.4%、39.2%和116.3%，主要经济指标增长总量均为历史最好水平，对全省经济增长起到了积极的带动作用。这说明，我省国有企业改革卓有成效。

四、产权优化促动企业经济实力快速提高，企业社会贡献能力显著增强

2003年，陕西省重点企业实现利润增长速度高出全国平均水平5个百分点，在全国32个省市地区中排名第15位。全省150户重点企业实现销售收入1462亿元，为社会提供各种税金133亿元，完成增加值434.9亿元，对全省经济增长的贡献率达到18.1%。在全省国民生产总值增长的10.9%中，150户重点企业拉动全省GDP提升1.4个百分点。从衡量企业盈利能力和发展能力的经济指标来看，全省重点企业经济实力显著增强，竞争能力进一步提高（参看表三）。

全省重点企业经营能力一览表

表三：

	指　　标	2003年（%）	2002年（%）	增幅（百分点）
盈利能力	净资产收益率	9.24	7.67	1.57
	总资产报酬率	5.68	5.27	0.41
	销售利润率	8.70	7.90	0.8
	劳动生产率	28.48	22.37	6.11
发展能力	资产保值增值率	116.28	109.25	7.03
	销售收入增长率	26.44	13.78	12.66
	利润增长率	39.21	32.17	7.04
发展潜力	固定资产投资增长率	33.58	12.57	21.01
	投资收益增长率	47.68	－29.36	
	新产品销售增长率	34.35	16.34	18.01
	研究开发费用增长率	17.92	4.92	13.00

五、产权改革为企业经营带来活力，企业科技创新踊跃，职工队伍稳定，人事、分配、用工制度逐步规范

2003年是我省实现“三步走”目标的第一年，也是我省企业改革由建立现代企业制度到建立现代产权制度的创新年。随着企业改革的深入发展，企业运营的效率机制充分发挥作用。2003年，全省重点企业中近六成企业进行了科研活动，投入研究开发费用16.7亿元，同比增长17.9%，研究开发并投入市场64个系列新产品，创造新产品销售收入124.8亿元，同比增长34.3%，新产品收入占销售收入的比重达到8.5%，较上年同比继续增加。全省重点企业半数以上建立了商业网站，55%拥有自己的技术中心，拥有研究开发人员2.5万人，研究开发人员占在岗职工人数的5%。企业获取新产品新技术的主要途径是引进技术和自主开发。近三年，150户企业中40户企业获得了专利申请授权，其中获得国内专利申请授权361件，已应用专利297件。78.4%的企业通过了ISO9000质量体系认证，16.2%的企业取得了“国际绿卡”ISO14000环境管理系列标准认证。

在改革中妥善安排职工、缓解社会保障压力成为企业改革新的关注点。2003年，全省重点企业拥有在岗职工50.8万人，同比下降不到1%，在岗职工年劳动报酬达到81亿元，同比增长12.6%，首次出现企业不减员也增效的良好局面。企业安排富余人员的主要途径是内部消化、辅业安置和提前退休。85.3%的企业实行了全员竞争上岗制度，82.7%的企业内部管理人员实行了公开竞聘，86.7%的企业实行了岗位工资，58.7%的企业实行了科技人员收入分配激励机制，45.3%的企业实行了经营者年薪制，效率优先原则体现的分配方式充分调动了企业各生产要素的活力，使劳动者得到了实惠。

企业偿债能力下降　科研开发投入欠缺
上市公司业绩下滑需引起有关部门高度重视

一、资金紧缺、负债增加再次考验企业抵御风险的能力

资金紧缺是我省企业近年存在的老问题。调查显示，全省重点企业中六成企业认为资金紧缺影响了企业的生产经营与发展，比率较上年有所提高。2003年，全省重点企业净资产占总资产的比重不足四成，产品（或业务活动）成本和财务、管理费用（广告、利息、劳动待业保险以及职工教育等）的支出占销售收入的比重高达90%。由于资金缺口较大，企业职工教育费用支出较上年下降26%。在企业流动资产年平均余额1075.2亿元中，应收账款和存货占用了近50%，使一半的流动资金无法正常运转。资金紧缺造成企业相互拖欠货款，近三成企业因客户拖欠资金生产经营受到严重影响。

以银行贷款缓解资金紧缺矛盾是我省重点企业普遍采取的方式。全省重点企业77.3%具有A级以上的资信度，其中三成企业具有3A级资信度。2003年全省重点企业年末负债1779.8亿元，同比增长15.1%，增长速度较上年提高6.3个百分点；企业全年支付利息37.3亿元，利息支出占到利润总额的28.8%；企业平均资产负债率为61.5%，与上年基本持平。一成企业资不抵债。从衡量企业偿债能力指标来看，2003年全省重点企业流动比率为97.2%，同比下降6.6个百分点，速动比率为67.7%，同比下降4.1个百分点，均低于国际上认可的100%和70%的基本偿债能力标准。资产流动比率和速动比率下降，表明我省企业对负债的支付偿还能力受到阻碍。

二、科研开发投入不足继续制约企业长足发展

2003年全省重点企业投入研究开发费用占销售收入的比率仅为1.1%，科技投入力度与上年相比下降0.1个百分点，研究开发人员同比减少1300人。研究开发费用主要投向装备制造、石油开采、医药生产等行业。其中通用设备制造业的科技投入力度为5.4%，通讯设备和计算机制造业为4.7%，汽车制造业为3.4%，专用设备制造业为2.1%，医药业为1.2%，石油开采业为0.7%。除通讯设备和计算机制造业的科技投入力度有所提高外，其他各行业投入力度均呈下降趋势，且均未达到高成长企业所应具

备的发展要求。以国际上认可的标准来衡量，全省重点企业中科研投入力度超过8%、有足够的竞争能力和发展能力的企业仅有4户，介于5%—8%、具备基本市场竞争基础的企业有10户，介于2%—5%、能够维持发展基本需要的企业有17户。部分企业研究开发活动只是为了应市场之急，急功近利的短期经营思想较为严重。低投入必然影响企业的核心竞争力，制约企业的发展空间，特别是对企业进入国际市场参与国际竞争非常不利。

三、运营机制的不规范首次造成上市公司盈利能力下降

2003年陕西省25户上市公司整体经营业绩下滑，实现利润由上年盈利7.3亿元成为亏损2.6亿元，主要经济指标增长速度普遍低于全省重点企业平均发展水平。长岭股份、数码测绘、达尔曼等5户企业巨额亏损，宝商集团、西安旅游、西飞国际等5户企业面临风险，仅有标准股份等5户企业盈利在40%（全省重点企业平均水平）以上。德隆系崩盘造成陕国投、宝钛股份面临投资国债的巨额资金难回收；达尔曼未经正常决策程序出现重大违规担保；金密股份企业内部管理问题重重，营运能力直线下滑；长安信息长期投资累计过高，影响企业整体资产周转；西安旅游业务缺乏持续拓展，未能实现资源的合理利用和核心竞争力的形成，等等。种种迹象表明，我省上市公司多数已呈现“亚健康”甚至“病态”状况，上市公司强化管理监督机制、提高风险防范意识已刻不容缓。

以制度建设推动国有企业改革深入发展

一、以多种形式有序推进和规范国有企业产权制度改革

我国国有企业改革已由政策调整为主转向制度建设为主，产权制度改革和产权结构改造是当前企业深化改革的重要内容。国有企业改造为公司制仅仅是为企业实现产权多元化构筑了平台，真正建立归属清晰、权责明确、保护严格、流转顺畅的现代产权制度，还必须以混合所有制经济为载体，引入法人资本、个人资本、外商资本等多元化股权，推进国有企业股份制改造。2003年省委省政府确定了全省77户国有资本重组退出名单，其中28户属于全省重点企业。调查资料显示，28户企业至今仍有21户企业存在股权结构单一现象，其中10户企业仍为国有或国有独资企业，仅有3户企业实现了国有资本的完全退出。优化产权结构是建立产权体制和强化运营机制的基础，让资本发言，让股权说话，是实现产权制度改革的根本目的。结合我省现状，要加快产权制度改革步伐，必须有序推进和规范企业产权制度改革。首先以重点企业和优势企业为切入点寻求战略合作伙伴，通过产权多元化构造混合所有制企业，把优势转化为强势，逐步建立起以重点企业为支撑、行业其他企业协作配套的新型组织结构，全面提升企业竞争实力；其次对危困企业实施产权并购置换，盘活有效资产，通过与优势企业联合和资产重组，焕发其新的生机；第三是进一步加快实施混合所有制经济的股份制改造，明晰产权，建章立制，完善建立现代产权制度。

二、以产权制度改革为核心建立相匹配的产权激励和约束机制

产权制度改革的真实目的在于创新新的运营机制。当国企改革完成由建立现代企业制度到建立现代产权制度的飞跃，建立并完善与产权制度改革相匹配的产权激励和约束机制则成为企业制度创新的首要环节。调查资料显示，全省重点企业管理人员劳动报酬占工资总额比重不足20%的企业超过七成，多半数企业仍未实行企业经营者年薪制，即使是已经实行年薪制的企业，多数高管获得的薪酬与其创造的价值不对称、不匹配，而实现股权激励机制的企业仅有22户，所占比例不足15%。四成以上的企业老总认为在深化体制改革的进程中，由于缺乏激励和约束机制，企业经营管理人员的积极性没有充分调动起来，而企业经营者在管理操作上也是顾虑重重，丧失热情。企业的产权结构涉及企业的出资人、债权人、经理、职工等各有关方面权利和责任的分配关系，随着产权制度改革的逐步深化，建立并强化以产权利益激励为核心的激励机制，硬化以权责监督为核心的约束机制，把经营管理者的个人收入与企业的长远发展紧密结合起来，构建报酬与风险相对称的新型激励和约束机制，显得尤为重要。因此，只有快

速推行经营者年薪制、期权制、管理要素入股等分配方法，才能最大限度地调动企业经营管理者和劳动者的积极性，发挥其能力，同时又能保证其行为目标与所有者相一致，避免和消除经理人员利用职权或信息优势牟取私利和侵害与企业利益相关者的利益，确保国有资产的保值增值。

三、以名牌产品为依托借助产权改革打造“陕西制造”

国企改革，产权制度的改革是突破口，完善法人治理结构和内部机制改革是根本，强化市场对资源配置的基础性作用是关键。目前我省已拥有2个国家级名牌、220个省级名牌和4个全国驰名品牌，这些名牌产品在全省经济的快速发展中功不可没，是我省优势企业塑造优势的重要资源和宝贵财富。2003年，全省重点企业中72个企业的111个名牌产品实现销售收入和利润分别达到693.5亿元和44亿元，创造税金68.8亿元，同比分别增长29.4%、56.6%和18.5 %，带动全省经济保持了较高的增长速度。名牌产品为财政收入增长作出了重要贡献，是实现陕西经济超常规发展的基础条件之一。要使名牌产品永远具有市场魅力，我们仍需借助产权优化为名牌输送营养和动力，通过名牌产品的资源优势，在推动企业产权结构、产品结构和产业结构的调整中，以产权重组为手段，以规模经济为目标，把名牌产品做大做强，以“陕西名牌”塑造“陕西制造”，从而提升陕西产品和陕西企业的竞争实力，带动陕西经济全面、快速、协调、健康发展。(谭静池)

——陕西省固定资产投资项目情况调查报告

生产领域投资并未过热，投资力度尚待加强

针对目前部分行业固定资产投资过热情况，根据国家统计局统一部署，省企业调查队对西安、宝鸡两市部分行业2001年以来省内批准立项的，新建投资规模5000万元以上，改扩建投资规模3000万元以上的固定资产投资项目进行了问卷调查，经筛选共调查93个项目，涉及采掘业、制造业、电力供应、城市公共交通及教育、卫生等门类，32个大类。计划总投资额210.07亿元，项目平均投资规模2.26亿元。其中制造业项目占70.6%，电力供应占21.5%，采掘业占1.7%，教育、卫生等行业占6.2%。调查集中反映了生产领域大中型固定资产投资项目的基本情况。西安、宝鸡两市固定资产投资额约占我省固定资产投资额的45 %。因此，通过这次调查可以对全省近年来生产领域固定资产投资状况有一个比较清晰的认识。调查表明，目前国内部分行业投资过热的现象在我省表现不明显，近年来我省生产领域固定资产投资结构基本合理，投资力度尚待加强。

一、调查基本情况

调查显示，在93个项目中，2001年及其以前批准立项的占47.3%，2002年批准立项的占24.7%，2003年批准立项的占22.6%，2004年1—5月批准的占5.4%。其中，省政府及其职能部门批准的占44.1%，市政府及其职能部门批准的占23.6%，县政府以下批准的占2.2%，其他占30.1%。

1. 企业改扩建项目占七成，多数项目是省、市级重点

从项目投资性质来看，改扩建项目占到被调查项目的七成，其中，扩建项目占44.1 %，改建项目19.4%，迁建项目6.4 %，新建项目占30.1%。从项目级别来看，省、市级重点项目占到了六成以上。其中，省级项目占33.3%，市级项目30.1%，县级项目4.3%，其他项目32.3%。

2. 企业是最主要的投资主体，资金来源以企业自筹为主

调查显示，企业是我省当前生产领域最主要的投资主体。在93个投资项目中，企业投资占91.4%，政府投资仅占8.6%。企业投资中，国有企业投资占44.1 %，集体企业投资占1.1%，其他内资企业投资占23.7 %，港澳台外商企业投资占7.5 %，其他企业投资占15 %。国有企业在投资中占有重要地位。

资金来源方面，企业自筹资金占到了54%，其次是国内贷款占26.6%，利用外资占3.8%，国家预算内资金占1.5%，债券占0.4%，其他资金占13.7%。93个项目计划总投资额210.1亿元，追加投资3.5亿元，累计完成投资额91.6亿元，占43.6%。

3. 钢铁、水泥项目占有一定比重，机械设备制造业投资较多

调查表明，这次调查中，国家主要控制的钢铁、水泥项目分别占2.2%和3.2%，没有电解铝项目。此外电力项目占4.3%，交通运输设备占17.2%，设备制造类占14%，石油冶炼及化学工业占5.4%，食品饮料类占8.6%，医药制造占12.9%，电器机械占6.5%，通信仪表占5.4%，其他类占20.3%。

在生产能力方面，钢铁项目年设计生产能力炼钢50万吨、热轧带钢40万吨，水泥年设计生产能力240万吨，电力42万千瓦，煤炭90万吨，载重汽车13万辆，农用车3万辆。

4. 固定资产投资项目完成情况较好，半数以上投资项目已经投产或部分投产，多数已投产项目效益较好

调查显示，目前39.8%的项目固定资产投资已全部完成，32.4%的项目已完成投资额的50%以上，投资完成额在50%以下的占27.8%，固定资产投资完成情况总体较好。

截止目前有37.6%的固定资产投资项目已全部投产，20.4%的项目实现了部分投资产。已投产项目效益较好的占57.8%，效益一般的占37.8%，4.4%的已投产项目效益较差。

在已投产的项目中，49% 的项目完全达到或超过设计生产能力，25.6%的投资项目达到设计生产能力的70%—99%，达到设计生产能力50%—70%和50%以下的已投资项目分别占12.8%和12.7%。未能达到设计生产能力的主要原因是“市场需求因素”占63.36%，其次是“原材料因素”占22.7%，“能源因素”占13.6%。

5. 多数投资项目技术设备起点高，产品填补省内空白

调查显示，八成以上固定资产投资项目技术设备起点高。其中，技术设备达到世界领先水平的占12.9%，在国内处于领先水平的占68.8%，在本地处于领先水平的占9.7%。多数项目在省或市内没有类似项目，其中61.3%的项目在省内没有类似项目，77.4%的项目在本市内没有类似项目。

半数以上产品填补省、市空白，其中，57%的项目生产的主要产品在省内没有企业生产，66.7%的项目生产的主要产品在本市内没有企业生产。

项目投产后生产所需主要原材料方面，7.53%来自国外，47.31%自外省，30.11%来自省内，11.83%来自本地市。

能源和水的消耗方面，耗能较高的项目仅占5.38%，38.7%的项目耗能较低，55.9%的项目耗能一般；耗水较高的项目仅占3.2%，52.7%的项目耗水较低，44.1%的项目耗水一般。

二、企业对本地固定资产投资规模的评价

问卷调查显示，对于当前固定资产投资过热现象，70%的企业认为本地区固定资产投资规模适中，14%的企业认为本地区投资规模偏小，认为本地区固定资产投资规模偏大或过大的分别为12%和2%。

对于本地区固定资产投资规模是否合理的认识方面，54.8%的企业认为合理，43%的企业表示不清楚，仅有2.2%的企业认为本地区固定资产投资规模不合理。

固定资产投资规模过大，直接的表现是导致运输、能源供应的紧张，从企业对本地运输、能源供应状况的判断上也可以看出，目前我省固定资产投资规模并未出现过热现象。

企业对本地运输、能源供应的判断

	紧张	比较紧张	一般	不紧张
运　输	5.4%	21.5%	51.6%	21.5%
能　源	4.3%	18.3%	57%	20.4%

三、当前宏观调控的影响与机遇

此次国家针对国内部分行业固定资产投资过热进行的宏观调控对我省来讲既有影响也存在一定机遇。

影响方面，我省一些与控制钢铁、水泥、电解铝等过度投资行业有关企业的生产经营将会受到较大影响，许多与停缓建项目已有直接供货关系的企业将有可能受到波及而陷入订单萎缩、资金拖欠、效益下滑的困境中。如我省的大型冶金、电力设备企业是全国大型钢铁、电力设备的主要生产企业。虽然全国大型钢铁企业、国家重点电力建设不在这次调控之列，但随着停缓建项目的实施，钢铁、铝等原材料价格的下降对这些企业的影响会日益明显，金融系统收缩信贷也可能殃及一些无辜企业，有关企业和当地政府应当采取措施有所防范。

机遇方面，因宏观调控的影响部分社会资金、金融资金将从一些投资过热的地区和行业中逐步撤出，为我省企业扩大招商引资提供了新的机遇，各级政府应进一步改善投资环境，支持我省企业，特别是高新技术企业，有技术产品优势的企业以此为契机，吸引东部资金投入，加快我省经济的发展。

四、几点看法与建议

1. 国内部分行业投资过热现象在我省表现不明显。从国家明令限制的项目来看，此次调查主要过热行业我省仅有钢铁与水泥。水泥是我省的一个重要行业，产量较大，扩大水泥投资有过热投资之嫌。钢铁项目从全国来说属于过热行业，但仅从陕西本省角度讲，陕西原有钢铁企业大多陷入破产停产状态，本地钢铁资源有限。因此，就陕西而言上钢铁项目有其一定的合理性。此次调查的另一项投资热点汽车行业，主要是陕西重型汽车制造厂的扩建项目，重型载重汽车属国家支持发展项目。调查中投资较多的机械制造、医药、设备制造业、电器机械、通信仪表和电力供应，多是我省支柱行业或重点发展行业，对于提高我省产业竞争力是一个积极的推动。因此，国内部分行业投资过热现象在我省并明显。

2. 我省工业生产领域投资的主流是健康的。表现在多数投资项目是省、市级的重点项目或重点工程，技术设备起点较高，多数产品填补省内空白。因此，我省工业生产领域的投资的主流是健康、积极和必要的。是陕西实现经济跨越式发展，缩小东西部差距的一种积极的投资措施。但调查也显示，在投资项目中省内已有类似项目的占 38.7%，主要产品在省内已有企业生产的项目占 34.43%。4.3%的项目设备技术水平偏低。因此，仍然存在一定的低水平重复建设问题。

3. 省内固定资产投资冷热不均，制造业投资偏冷，投资力度尚待加强。近几年我省固定资产投资连续保持快速增长的势头，年均增长 18.1%。但从投资结构上看基础设施建设与房地产占比重很大，其中能源、交通运输、邮电通信等基础设施建设投资占 30%左右，房地产投资占 12%左右。而决定全省经济竞争实力的制造业固定资产投资仅占全省固定资产投资的 10%左右，投资明显不足。因此，从这方面来讲，我省投资增速较快，但并未过热，某些方面还存在着的“投资过冷”现象。其结果是一方面多数企业自身经济实力弱，融资渠道狭窄，科技开发与更新改造投资不足，使我省工业企业技术与产品优势难以发挥，企业难以壮大。另一方面，制造业“投资偏冷”影响我省社会风险投资发展，省内企业风险投资意识低。例如，第四军大学一项目国家一类新药科研成果，需要 300 万元风险投资进行中试生产，学校出面多方努力，也没在陕西争取到一家企业愿意出这 300 万元风险投资，最终被上海企业拿走。诸如此类，大量科研成果难以在当地获得投资，在当地转化成实际生产力，只能远嫁沿海他乡，使我省科技与科研优势对当地经济的推动作用受到严重影响。

4. 宏观调控应避免“东部发热，西部吃药”现象。目前我国固定资产投资东西部地区发展不平衡，冷热不均现象较为严重。主要是西部地区投资偏冷（包括陕西省）、与基本建设无关的行业偏冷、多数中小企业投资偏冷。投资的重点仍然偏重沿海、沿江和经济发达地区，东西部发展的差异还在进一步扩大。因此，宏观调控应切忌一刀切，避免“东部发热，西部吃药”，对西部开发造成负面影响。

5. 我省应根据当前国家政策及本地实际，关停并转那些规模小、效益差、技术含量低、重复建设的企业和项目，充分发挥科技强省、装备工业大省的优势，积极扶持引进高新高技术企业，积极支持工业，特别是装备制造业优势企业进行技术更新改造，进一步提高技术优势和科技含量，提高全省整体经济科技实力。

6. 各级政府应在经济和产业布局上高瞻远瞩，从国家宏观经济角度，对当地经济与产业布局进行科学规划、合理布局，避免重复引进、重复建设。加大市场调控的力度，合理配置资源，严格市场准入，支持高新技术，淘汰落后生产力。引导企业走新型工业化道路，树立科学的发展观，按照国家产业政策制定企业中长期发展规划，坚持先立项评估，做好投资项目的可行性论证，增强风险意识，坚决避免低水平重复建设，使企业在瞬息万变的市场经济中能抓住机遇，加快的发展。（俞跃波）

陕西建设机械(集团)有限责任公司总经理
陕西建设机械股份有限公司董事长　　高峰

高峰，1951年出生，硕士，高级经济师，中共党员，现任中国企业联合会、中国企业家协会副会长，中国工程机械协会副理事长，陕西省高级专家协会副会长，陕西省建筑工程总公司副总经理，陕西建设机械股份有限公司董事长。

高峰同志在20余年的企业家生涯中，以一个现代化企业家的远见卓识和独到的经营思想，带领企业快速成长，取得了令人瞩目的成就。他独创的营销工作的“四法销售”、“一动双灵”、“四定一挂承包制”，在质量管理上推行的“零缺陷工程”、“第一责任人制度”，在技术创新上推行的“新产品开发项目承包制”和“三快五落实考核措施”，以及在目标成本管理上推行的“一枝笔管理”、“比价采购、倒逼成本、联动考核”等管理方法，都对企业的发展起到积极的促进作用，使企业跃上了一个新的经济发展平台。

为此，高峰同志荣获了“全国劳动模范”、“国家有突出贡献的专家”、“全国优秀企业家”等诸多称号。

陕西建设机械股份有限公司

位于中国西安的陕西建设机械股份有限公司是致力于筑路机械、建筑机械、桥梁机械和各类金属结构产品的研究、开发、生产、销售和维修服务的上市公司。

建设机械前身始建于1954年，是我国“一五”期间156项重点工程的配套企业之一，工程机械创业时期八个主要制造厂家之一，全国五大金属结构厂之一。

走过半个世纪历史的陕西建设机械股份有限公司以其高功能、高精度、高自动化的精良设备和训练有素的企业员工，成为高效率、高质量的根本保证，为中国和世界的建设事业做出了突出的贡献。

引进德国技术、中德联合生产的SCMC—ABG423沥青混凝土摊铺机被评为“全国用户满意产品”，并以其在全国的首位市场占有率而载入中国企业新记录，“三捷”牌稳定土拌和机和“建设”牌翻斗车均被中质协用户委员会评为“全国用户满意产品”。金属结构产品以高、大、精、难的特点蜚声海内外。

公司还推出滑模式混凝土摊铺机、轮式摊铺机、改性沥青设备、路面铣刨机、压路机和集装箱移动式沥青混凝土搅拌站等高科技产品。大型沥青混凝土摊铺机系列产品凭借先进的技术和可靠的质量，参与成渝、沪宁、京广、太旧、西宝、呼包、杭甬、郑洛、广湛等数十条高速公路以及北京国际机场、上海虹桥机场、广州白云机场等重大项目的施工建设。

公司获得GB/TI9001-2000质量管理体系认证、GB/T24001-1996环境管理体系和GB/T28001-2001职业健康安全管理体系认证，被评为“全国用户满意企业”、“全国质量管理先进企业”和“全国先进基层党组织”，在连续三年获得全国质量效益型先进企业之后，又获全国质量效益先进型企业特别奖的殊荣。获“中国企业管理杰出贡献奖”、“全国技术改造先进企业”、“全国职工教育先进企业”等荣誉称号。

全国劳动模范、国家有突出贡献的专家、全国优秀企业家高峰董事长率股份公司全体员工向社会郑重承诺：我们将秉承公司理念：“用我们的真诚和勤奋与用户和各方贤达合作共事、同筑未来。”我们将发扬企业精神：“锲而不舍，创造卓越。”

作为中国建设机械制造业的先驱者，我们正在拓展更新更广阔的发展空间。

Shaanxi Construction Machinery Company Ltd.

Located in Xi' an, Shaanxi Construction Machinery Compang Ltd.(SCMC) specializes in development,production and marketing of road machinery, construction machinery and bridge machinery. Founded in 1954, SCMC was one of the biggest five metal structure producer in China. Since half century passed, SCMC contributes greatly to both internal and external construction relaying on advanced equipments, qualified products and experienced workers.

Sino-German joint product SCMC-ABG Titan423 paver finisher, Brand 'San Jie' soil stabilizer and 'Jian She' dumper is awarded "National Customer Satisfactory Product" prized by China Quality Association against its first china marker share.

SCMC' s produces slip-form concrete paver,wheeled paver,and modifief bitumen equipment, cold milling machine and rollerruns in many famous construction sites, especially paver finishers, such as Beijing International Airport, Shanghai Hongqiao Airport, Guangzhou Baiyun Airport and expressway projects all over China, Huning highway, Jingguang highway, Chengyu highway Guangzhan highway etc.

SCMC awards:

National customet satisfactory enterprise,

National advanced enterprise of quality management,

National advanced enterprise of technology innovation,

National advanced enterprise of worker education

SCMC has obtaines the cerificate ISO19001:2000, ISO14001:1996 and OHSAS18001:1999.

President of SCMC Mr. Gao Feng, who is a national excellent enterpriset, and all staff of SCMC promise: 'we would build a bright future with our own efforts to provide qualified products and perfect service to customers.'

SCMC will stick to its company philosophy of'never stop to reach up the outstanding achievements' .

吴起石油钻采公司简介

团结奋进的领导班子在现场研究工作

吴起石油钻采公司是经延长油矿管理局批准，于1993年3月份依法登记并取得石油资源勘探开采权的县办全民所有制工业企业。公司现有职工1600余人，其中专业技术人员150人，油井900余口，公司总资产20亿元，累计实现利税102785万元，原油商品量165.88万吨。公司管委会下设办公室、财务科、企管科、勘探科、技术科、开发科、总务科、供应科、销售科、动力科、保卫科、钻前工程管理科、基建科、选油站、劳动服务公司、信息中心、项目办、外事办、外协办、科技示范园。公司党、工、青、妇组织健全，是一个集科研、勘探、井下、采油、运销、机修、测、固、射、压于一体，生产工艺较为完备的中型工业企业。

组建以来，公司始终坚持"立足基础，科技引路，稳扎稳打，全面突破"的经营理念，努力在勘探开发、经营管理、科技进步等方面向"精、细、深"领域迈进，走油田开发内涵、外延同步扩张与可持续发展之路，勘探开发并举，利用保护并重，注重科技投入，强化内部管理。在勘探开发等方面取得了一系列重大成就，并在科研上形成了《陕西省吴旗地区中生界油气聚集与勘探前景研究成果报告》与《陕西省吴旗地区卫星遥感影像图》等科研成果，基本掌握了吴旗地区的油藏走向及展布规律，采油程度达9.47%，采油速度达4.96%。

目前公司自己的作业队伍已经能够独立承担钻井地质设计、工程设计、井下作业设计和油井安装试油、修井检泵、事故打捞、出水封串、酸化解堵、堵水采油等作业和工程措施。并在勘探、钻井、测、固、射、压、安装、试油、输、存、选油、运销等方面已形成了一整套作业程序，并在底水油帽、综合解堵工艺技术上取得了突破，还取得了油田地质认识、压裂工艺等六个方面的技术进步，另外，资料室、化验室以及局域网的组建，也极大地促进了公司的科技进步与发展，高标准的农业科技示范园的建成也为公司多种产业共同发展之路积累了宝贵的经验。长官庙原油集输站的建成，也为公司的规模发展奠定了坚实的设备基础。与此同时，公司的进一步发展也极大地带动了我县机械加工业、农村产业的发展，同时加快 了全县经济结构调整的进程，促进了县乡基础设施的建设，增加了财政反哺农业的能力，为全县的安定、稳定和经济发展做出了突出贡献。公司先后被市委、市政府评为深化内部改革先进企业和文明单位，并晋升为中型企业。1999年被市委、市政府评为市明星企业，在全市国有企业"创建好班子、争当模范带头人"活动中被市组织部、市国企办评为"好班子"。2000年、2001年分别被延安市人民政府评为技术进步先进企业和石油生产先进企业。

"十五"期间，公司将把发展作为第一要务，依托资源基础，科技上产，管理增效，实现年产40万吨原油建设目标，实行原油的管道运输，完成新区勘探面积350平方公里，并开发利用伴生气。

修井作业现场

新建的长宫庙集输站

延长油矿管理局青平川钻采公司

延长油矿管理局青平川钻采公司，抓住80年代末国家扶持陕北老区的优惠政策，按照原延安地区行署开发陕北浅油层统一规划，于1987年3月成立。成立之初，面临一无场地、二无技术、三无设备、四无人才的“四无”穷境，靠延长油矿管理局划拨的16口旧井、无偿支援的两部400型旧钻机，加之甘谷驿油矿也给予人力和物力上的大力支持，“八九个人十来条枪”从几孔旧窑洞“分摊立灶”，并制订了“旧井垫底、贷款起步、以油养油、滚动发展”的十六字方针艰难起步。

延川位于世界陆地最早的石油盆沿之域，浅油层、低渗透、低气温，属于残油层地区。这种资源上的先天不足，使开采工作难上加难，单口油井产量上不去，只能靠数量来取胜。经过两年在拓家川4平方公里面积内艰苦创业，回报和付出的反差太大，公司发展一度陷入“鸣锣收营”的境地，但全体职工和领导没有因资源的缺陷气馁，而是拿出一种在青石板上也要抠出二两油的决心没明没黑地干。到了1989年，组建了以李来存为公司经理的新一届领导班子，他审时度势，通过翻阅大量资料，将开采范围由拓家川转向青平川，80年代初，曾在青平川插过队的北京知青史铁生以一篇《遥远的青平湾》的小说而饮誉文坛，我们在这里开始了延川石油开发史上的战略大转移和真正意义上的大开发，到1992年，公司原油产量突破万吨大关。1994年，公司为了适应市场经济新形势的需要，兼并了县汽车运输公司，合并了石油协调办公室，组建了延川县石油开发总公司，这才从根本上完成了初创到开发的过渡，走上了滚动发展的新路。这一年，原油生产又突破两万吨大关，税利积累到800多万元，一跃成为我县的龙头企业和税利大户。

1996年，在“九五”开局之年，新的一届领导班子组成，原公司总经理刘抗美接任总经理职务。他确定“发展才是硬道理”的方向，仅“九五”期间，累计产原油188784吨，实现税利7358万元，上缴财政4420万元，顺利完成了“九五”计划初提出的“前一年打基础、中间两年稳步走，最后两年上台阶”的“三步走”战略目标，将“发扬创业精神，实现二次飞跃”的规划变成现实，使公司真正在县域经济的发展中起到了不可替代的作用。

青平川钻采公司现下辖青平川、永坪两个油田指挥部和一个勘探指挥部，公司党政工武团妇组织机构健全，有职工929名，其中女职工120名，党员98名，团员386名，工程技术人员86名，管理人员58名，设备100台(件)，油井1400余口，固定资产达4亿元。经过十几年的勘探开发，公司已控制储油面积133.76km^{2}控制地质储量5280 × 10^{4}T，探明储油面积60平方公里，探明地质储量2291 × 10^{4}T。目前，公司技术队伍和作业队伍除电测外，能够独立承担地质设计、工程设计等十四道工序施工，现已形成集科研、勘探、钻采、固井、压裂、运销为一体的较为完备的中型石油生产企业。连续十年受到县委、县政府的重奖，先后两次被市委、市政府授予“陕西百杰”荣誉称号，同年底跨入省级文明单位行列。

今后，我们在延长油矿管理局和县委、县政府的正确领导下，继续坚持以“三个代表”重要思想统揽工作全局，始终保持“两个务必”的工作作风，弘扬“严谨、求实、拼搏、奉献”的企业精神，确立以“勘探突破，科技先行，提高产能、细化管理、保护环境、争创省级文明单位标兵为目标”的工作指导思想，一如既往地按照“向科技要产量、向管理要效益”的发展战略，结合企业的实际，确立两个文明建设的新框架，以人为本，加快总公司机关、家属区、青平川油田指挥部机关、永坪油田指挥部机关四个文明小区建设步伐，营造石油企业文化氛围，力争在2005年跨入省级文明单位标兵行列，赶2007年原油产能形成15万吨的生产规模，为带动地方经济繁荣和社会全面进步做出积极的贡献。

公司办公楼

压裂队凯旋归来

延长油矿管理局简介

毛泽东1944年5月为当时石油厂厂长陈振夏亲笔题词

延长油矿管理局（以下简称延长油矿）位于延安市北部72公里处的延川县永坪镇，是中国陆上发现和开发最早的油田。始建于1905年，现已发展成为一个集石油勘探、开发、炼制、机械制造及辅助生产为一体的国有大（Ⅰ）型综合企业，下辖七里村油矿、甘谷驿油矿、青化砭油矿、子长油矿、川口采油厂、子北试采指挥部、西区勘探开发指挥部、永坪炼油厂、勘探部等10个主要生产勘探单位，以及机修、运输、油田工程开发、、供应、销售、综合服务、研究院、医院、学校等15个辅助生产和后勤服务单位。业务上管理10个钻采公司。主要产品有汽油、煤油、柴油、溶剂油、液化石油气等。

抗日战争和解放战争中，延长油矿为中国革命做出了重要贡献，被誉为“功臣油矿”。1944年5月，毛泽东同志为当时石油厂厂长、边区特等劳模陈振夏同志亲笔题词“埋头苦干”，予以勉励。建国后，延长油矿不断发展壮大，各项成绩显著。1992年至1994年连续三年被评为陕西省经济明星企业。1994年李鹏总理为延长油矿题词“埋头苦干，再立新功”。1995年跻身全国500强企业之列。1997年被授予陕西省“学邯钢、抓管理”先进单位。1998年荣获陕西省企业管理先进单位。“九五”以来，延长油矿得到了突飞猛进的发展。2000年突破“双百万吨”大关（原油产量100万吨，炼油加工量100万吨）；2003年生产原油230.13万吨，加工原油231万吨，实现销售收入53.69亿元（含税）。业已跨入全国百万吨级油田行列，是陕西石油工业的一个重要支柱企业。

丛式井采油

位于七里村油矿的中国大陆第一口油井

炼塔夜景

延长油矿管理局杏子川钻采公司
简　　介

延长油矿管理局杏子川钻采公司成立于1987年10月，是一个以钻井、采油为主的地方性国有企业。十几年来，公司在一无资金、二无设备、三无技术的情况下，认真贯彻执行“旧井垫底，贷款起步，以油养油，滚动发展”的方针，坚持“珍惜资源，科学开采，有序利用，实现可持续发展”的原则，发扬“团结、创业、求实、奉献”的企业精神。目前，公司已发展成为拥有固定资产10.32亿元的市级中型企业，市级明星企业，省级AA级资信企业，市级“重合同、守信用”单位，成为安塞县经济发展的支柱企业之一。

截至2003年底，公司拥有职工1883人，其中专业技术人员48人，拥有生产油井1368口，已建成40万吨产能基地，年生产原油37万吨。公司党、政、工、团组织健全，下设11个科室，4个采油区，45个采油队，两个钻井队，一个井下作业大队，拥有各类大、中型设备108（台）件。

公司累计生产交售原油138.3万吨，累计实现销售收入16.31亿元，累创税利7.74亿元，累计上交财政5.11亿元。公司已基本形成了钻井、压裂、安装、采油、选油、运输、销售等系列化生产体系，成为一个组织健全、体系完善、职工思想素质和业务技术水平不断提高的综合性石油开发企业。

公司经理思玉琥（右一）向省委常委、延安市委书记王侠汇报公司勘探开发工作

丛式油井

正在施工的修井现场

正在作业的钻井队

腾飞在开发前沿的榆林移动通信

分公司总经理　丁永洛

省公司霍志诚总经理莅临分公司视察指导

陕西移动通信有限责任公司榆林分公司成立于1999年7月，隶属于中国移动通信集团公司，受陕西移动通信有限责任公司直接领导，为全市唯一的、最大的外商投资企业。

几年来，分公司以“三个代表”重要思想为指导，以创建一流通信运营企业为标杆，坚持以市场为导向，以客户为中心的经营理念，遵循沟通从心开始服务理念，以改革、发展、服务、效益为主线，认真贯彻“服务业务双领先”战略，客户规模、网络规模、服务质量都取得了长足的进步和发展，公司组建以来，连年被市委、市政府授予为地方经济建设做出显著成绩单位。2003年分公司被评为省级文明单位。移动通信的快速发展之势，成为全市经济的亮点。

分公司董晓兵副总经理(右一)、丁永洛总经理、钟平副总经理(左一)

目前公司已开通了60万户HLR，40万户关口局和57.5万户交换局，传输网络达3000多公里，正在运营的基站直放站600多个，实现了全市主要交通干线的无缝隙覆盖和广大农村地区的覆盖。同时分公司支撑网、智能网的建设方面也取得了突破性进展。分公司主要经营移动通信网络语音服务，同时还提供随e行、172拨号上网、全球通GPRS等多种数据业务以及三方通话、主叫号码显示、呼叫转移、移动秘书、语音信箱、信息点播、手机银行、手机炒股、IP电话等增值业务。高度移动性、个性化、综合化、现代化的移动通信信息网，满足了社会、客户多元化的通信需求。

展望未来，榆林分公司将继续坚持“发展才是硬道理”的指导思想，遵循“沟通从心开始”的服务理念，深入推进观念创新、服务创新、业务创新、管理创新，继续强化品牌、服务、网络、业务、人才五大优势，积极发扬“改革创新，只争朝夕，艰苦创业，团队合作”的企业精神，创造企业发展更佳业绩，更好地服务于榆林经济和广大客户。真诚希望各级政府领导和广大客户继续关注支持榆林移动的发展，榆林移动将竭尽全力，在市场竞争中再展风采，以优良的业绩回报社会，为榆林经济的腾飞做出更大的贡献。

分公司长乐路营业厅

陕西秦岭水泥(集团)股份有限公司

简介

陕西秦岭水泥(集团)股份有限公司是国家水泥骨干企业，年生产能力300万吨，于1999年在上海证券交易所发行股票并上市。公司通过规范运作，做强做大水泥主业，实现了持续快速发展。2002年元月，在省政府的支持下，以陕西秦岭水泥股份有限公司为核心企业，正式成立陕西秦岭水泥集团，标志着公司走上实施大公司大集团战略的发展轨道。

省市领导为公司新生产线奠基工程剪彩

在西部大开发和国家水泥产业实施结构调整的大好机遇下，陕西秦岭水泥(集团)股份有限公司确立了“立足主业，做强做大”的发展战略方针，积极培育“主动适应，务实创新，追求卓越”的企业文化和经营理念，计划通过铜川和宝鸡两个日产4000吨水泥生产线的建设，建成铜川、宝鸡、西安三个水泥生产基地。并在礼泉、泾阳、旬阳弧形布点，完成省内的主业布局。目前，铜川项目正在建设，预计2004年底实现试生产，宝鸡、旬阳、礼泉、泾阳等项目正在做前期准备工作。通过以上主业扩张战略的落实，秦岭水泥力争2005年水泥产量达到1000万吨，为加快陕西水泥结构调整积极努力。

秦岭水泥经过40多年的持续发展，不断创新，现已形成了通用、特性、特种三大类十几个品种的水泥产品。秦岭水泥通过了ISO9002产品质量认证和质量体系认证，为首批国家免检产品，出厂水泥持续24年保持“双百”合格，实物水泥质量达到国际水平，产品性能优良，深得用户信赖。

秦岭牌通用水泥是公司的主导产品，包括P.O(普通早强型水泥)、P.C(复合水泥)、P.F(粉煤灰水泥)三个系列产品。其中P.O水泥为陕西名牌产品，性能优良，被广泛应用于大中型工程。P.C水泥和P.F水泥分别利用了工业废渣和发电厂燃煤余渣，是公司近年来开发的绿色环保产品，具有很高的性价比。

公司耀县生产基地

为满足用户的特殊需求，公司近年来相继开发了秦岭牌低碱水泥、超细水泥、缓凝水泥等特性水泥。以其优良的品质满足了各种工程的特殊需求。

近年来，公司还相继开发了道路水泥、快硬水泥、中热水泥、低热水泥、中抗油井水泥、高抗油井水泥等特种水泥。秦岭牌特种系列水泥填补了陕西省的水泥产品空白，在陕西的基础设施建设和陕北的油气能源开发中发挥了巨大作用。

陕西秦岭水泥(集团)股份有限公司在47年的发展历程中获得了众多的荣誉称号。近年来公司连续被中国建材企业管理协会确认为“中国建材百强企业”，被陕西省政府评为“质量效益型先进企业”，被中国建材协会评为“推行全员质量管理先进企业”，被陕西银行同业协会认定为“陕西省诚信企业"和“AAA级企业”。秦岭牌水泥连续数年被认定为“陕西省著名商标”，秦岭牌水泥被中国建材协会、建设部认定为“国家推荐产品”。

地址：陕西·耀县东关

邮编：727100

公司电话：0919一6231303

公司传真：0919一6282432

销售电话：(0919)6231263　6231269

网址：www.qinling.com

24小时免费服务热线：80084088188

一流的混凝土实验室

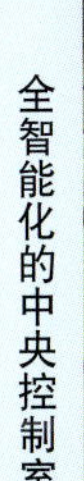

全智能化的中央控制室

西安环球印务有限公司
XI`AN GLOBAL PRINTING CO., LTD.

西安环球印务有限公司创立于1993年，现公司股东分别为陕西省医药总公司和香港永发印务有限公司。自创立伊始，环球印务一直秉承“为顾客创造价值，为员工创造福利，为股东创造回报”的企业宗旨，并全面贯彻“诚信为本，顾客至上”的经营理念，竭诚为顾客服务。

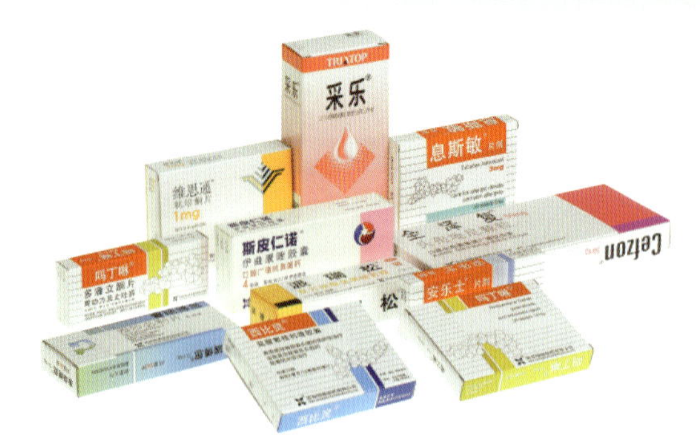

环球印务的核心业务是为医药生产企业提供专业化的包装服务，主流产品是药品包装折叠纸盒，同时向顾客提供相关的整体服务解决方案。尤其今年以来，更是坚持满足以至超越顾客与日俱增的需求，倡导TCS——整体定制服务，为顾客提供度身定做的整体解决方案，并配以强大的后勤支持。作为中国领先的药品包装供应商之一，环球印务一直专注于“质量”管理工作，相继取得了ISO质量管理体系认证以及多间国际性企业的认证。因此来自环球印务的优质产品，已经被广泛地用于OTC药物、处方药、保健品、全新医疗用品以及草本药品，成为中国诸多品牌产品的选择。

环球印务更是突破以往印刷企业的传统纯加工以及技术运用模式，在折叠纸盒技术领域不断探索，不断推出应用于自动高速包装的各种盒型，以及应用于防伪、防混淆等功能的多项技术。

环球印务将会一如既往地坚守“诚信为本，顾客至上”的经营理念，不断开拓，为越来越多的顾客提供长期的服务。

绿色食品 GreenFood

21世纪风靡全球的绿色健康时尚饮品

GREEN TEA CHINA

午子绿茶

午子绿茶产于有着“雨洗青山四季春”宜茶环境的中国陕西秦岭以南山区，因地处子午古道旁的道教名山“午子山”而得名。绿茶自古是天然健康饮品，《神农本草经》记载:“神农尝百草，日遇七十二毒，得茶而解之。”被誉为“东方宝石”的朱鹮就生活栖息在这里。优越的生态环境形成了午子绿茶独特优异的内在品质：富含锌、硒、氨基酸、茶多酚、儿茶素、维生素等多种人体必需的微量元素和有益成分，其含量均超出全国一般绿茶水平。午子绿茶具有“纯绿色、全天然、无污染、富锌硒”的品质，且突出表现在“绿色清香、富含锌硒”。“午子仙毫”绿茶是午子绿茶的代表产品,形似兰花，色泽翠绿，汤色碧绿，叶底嫩绿，香高味醇，具有极高的欣赏价值，给人带来高品位文化和艺术的享受，使人精神愉悦、心旷神怡。

午子绿茶系列产品严格按照ISO9001国际质量体系标准组织生产,经过几十道工序科学精制而成，午子绿茶被中国绿色食品认证中心认定为“绿色食品”，被中国国家有机食品认证机构认定为“有机食品”，先后获得“中国国际茶博会金奖”、“中国公认名牌产品”、“中国名茶”、“陕西省名牌产品”等国内外十多项大奖，是一种具有较高品牌度的中国绿茶新产品。为21世纪绿色健康的时尚饮品和礼品。

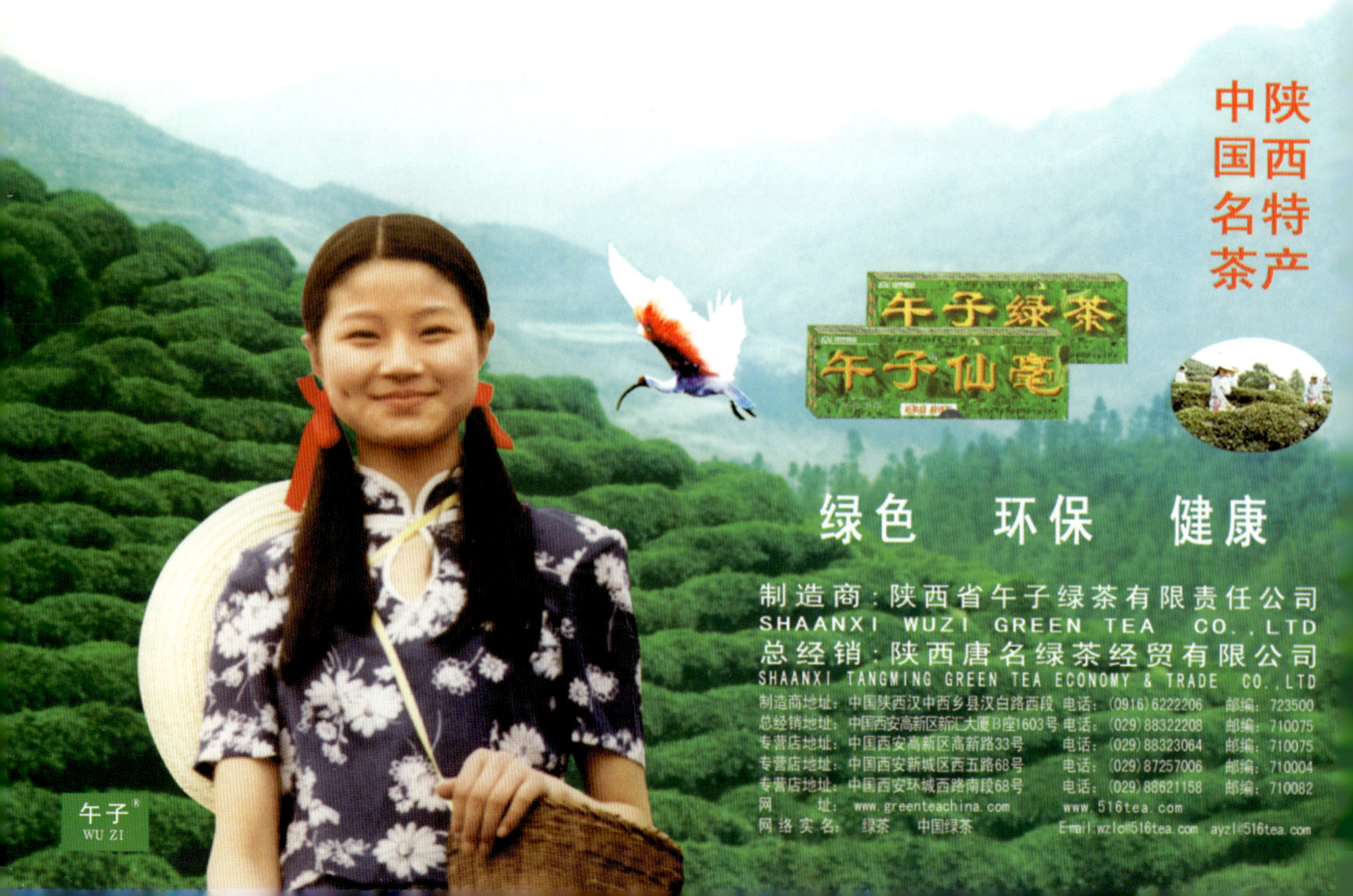

陕西特产 中国名茶

午子绿茶

午子仙毫

绿色 环保 健康

制造商：陕西省午子绿茶有限责任公司
SHAANXI WUZI GREEN TEA CO.,LTD
总经销：陕西唐名绿茶经贸有限公司
SHAANXI TANGMING GREEN TEA ECONOMY & TRADE CO.,LTD
制造商地址：中国陕西汉中西乡县汉白路西段 电话：(0916)6222206 邮编：723500
总经销地址：中国西安高新区新汇大厦B座1603号 电话：(029)88322208 邮编：710075
专营店地址：中国西安高新区高新路33号 电话：(029)88323064 邮编：710075
专营店地址：中国西安新城区西五路68号 电话：(029)87257006 邮编：710004
专营店地址：中国西安环城西路南段68号 电话：(029)88621158 邮编：710082
网址：www.greenteachina.com www.516tea.com
网络实名：绿茶 中国绿茶 E-mail:wzlc@516tea.com ayzl@516tea.com

午子® WU ZI

西瑞集团

陕西（集团）有限责任公司是集农、工、贸为一体，以粮食收购、储存、加工、粮油贸易为主业，涉足期货贸易、房地产开发、种植养殖、果业饮品等多个领域的国有控股大型企业。公司位于西安市丰禾路388号，西接西二环，南邻陇海铁路，交通便利，物流畅通。

西瑞集团公司现有总资产4亿元。拥有4万平方米的仓库，储粮能力为13万吨；瑞士布勒公司250吨小麦/日面粉生产线；日本佑竹公司150吨/日大米生产线；9000吨钢板油库，15辆自备油罐车及设施完善的铁路专用线等基础设施；是郑州交易所在西北地区的小麦期货交割仓库。公司生产“西瑞”牌系列面粉20余种，“福锦”牌系列大米20余种，均获国家免检商品称号，同时，公司代理“金龙鱼”、“福临门”等各种品牌的食用油20余种，年销售额2.5亿元。

西瑞集团的发展战略是以粮油食品为主业，以科技进步为动力，以资本为纽带，实现跨地区、跨行业、跨所有制的跨越式发展。发展目标是成为一个以粮油食品产业化、规模化、集团化的陕西粮食行业龙头企业。

西瑞集团公司将遵循以人为本，科技领先的经营方针，坚持精干、高效的工作作风，求实进取，开拓创新，愿与各界同仁真诚合作，共创未来。

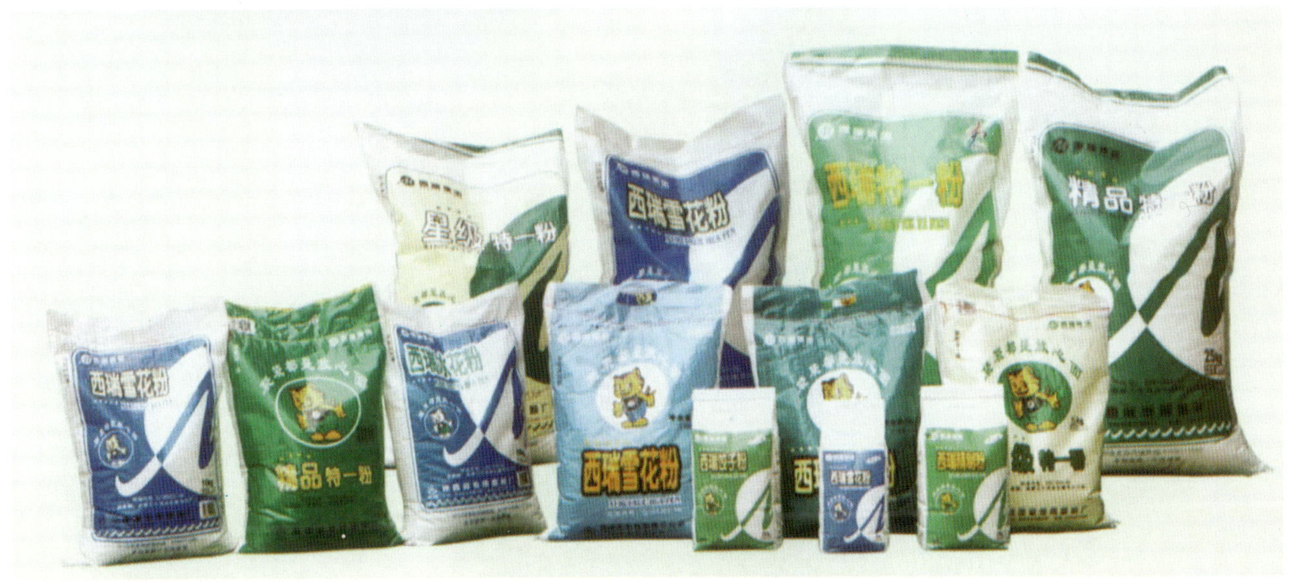

西安煤矿机械厂

厂长　王增强

党委书记　田建之

西安煤矿机械厂始建于1951年。位于西安市东北郊辛家庙东、北二环路交汇处。现有职工2315人，其中各类专业技术人员570人，有高级职称的80人。企业占地面积33万平方米，总资产2.67亿元，拥有主要生产设备546台，其中进口加工中心、磨齿机等高、精、尖设备20多台，是我国采煤机设计制造的重点骨干企业和出口基地。

企业技术力量雄厚，管理科学。有专门从事产品开发、研究、设计的采煤机研究所；从事制造工艺、技术研究的工艺处、技术处；从事产品质量管理的计量检验处；以及销售、企管计划、生产、供应、财务、审计、设备动力、基本建设、劳资社保等管理处室19个和11个生产分厂。特别是经过国家“七五”、“八五”期间较大规模的技术开发、技术引进和技术改造，使企业的综合实力不断增强。2001年通过了ISO9001:2000质量管理体系认证。2002年1月通过了国家煤矿安全标志认证。

企业当前已具备生产30台大功率电牵引采煤机和30台液压牵引采煤机的能力，主要产品技术性能达到国内领先水平。有液压牵引系列300型、600型采煤机；有横摆式350型、500型采煤机和矮机身375型采煤机；有滑差电牵引350D、500D型采煤机；有干式泵箱横摆式MG-150（200）/375（475）型、MG-500X型液压牵引采煤机；还有MG-300/700DA交流电牵引采煤机和MG-400/930-WD型大功率交流电牵引采煤机以及正在试制中的MG200/500-AWD型、G200/500-WD型薄煤层和大倾角电牵引采煤机等六大系列20多个品种。产品已销往全国47个矿务局（公司）100多个煤矿，并先后向印度、孟加拉等国出口采煤机十余台，深受国内用户和印、孟两国的好评。

2002年10月以来，企业新的领导以党的十六大精神为指导，认真学习实践“三个代表”的重要思想，在省委、省政府和上级主管部门的正确领导下，以“新思路、新举措、新局面、新台阶”为要求，本着“用户至上，用户第一”的宗旨，狠抓产品质量创名牌，售后服务牌，努力实施工厂发展“三步走”的战略目标，不断开创全厂工作的新局面。

MXG-500/4.5 采煤机

MG300/700DA 交流电牵引采煤机

MG400/930-AW 大功率交流电牵引采煤机

地址:西安市东北郊辛家庙矿山路1号
传真:029-86715644
网址:WWW.XAMJC.COM
电话:029-82055333
邮编:710032
电子信箱:market@XAMJC.COM

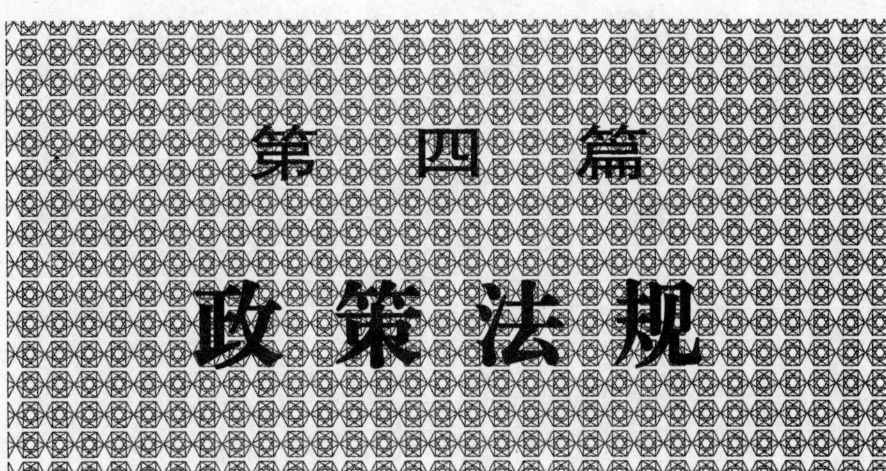

第四篇

政策法规

中华人民共和国主席令

（第七号）

《中华人民共和国行政许可法》已由中华人民共和国第十届全国人民代表大会常务委员会第四次会议于2003年8月27日通过，现予公布，自2004年7月1日起施行。

中华人民共和国主席　胡锦涛

2003年8月27日

中华人民共和国行政许可法

（2003年8月27日第十届全国人民代表大会常务委员会第四次会议通过）

第一章　总　　则

第一条　为了规范行政许可的设定和实施，保护公民、法人和其他组织的合法权益，维护公共利益和社会秩序，保障和监督行政机关有效实施行政管理，根据宪法，制定本法。

第二条　本法所称行政许可，是指行政机关根据公民、法人或者其他组织的申请，经依法审查，准予其从事特定活动的行为。

第三条　行政许可的设定和实施，适用本法。

有关行政机关对其他机关或者对其直接管理的事业单位的人事、财务、外事等事项的审批，不适用本法。

第四条　设定和实施行政许可，应当依照法定的权限、范围、条件和程序。

第五条　设定和实施行政许可，应当遵循公开、公平、公正的原则。

有关行政许可的规定应当公布；未经公布的，不得作为实施行政许可的依据。行政许可的实施和结果，除涉及国家秘密、商业秘密或者个人隐私的外，应当公开。

符合法定条件、标准的，申请人有依法取得行政许可的平等权利，行政机关不得歧视。

第六条　实施行政许可，应当遵循便民的原则，提高办事效率，提供优质服务。

第七条　公民、法人或者其他组织对行政机关实施行政许可，享有陈述权、申辩权；有权依法申请行政复议或者提起行政诉讼；其合法权益因行政机关违法实施行政许可受到损害的，有权依法要求赔偿。

第八条　公民、法人或者其他组织依法取得的行政许可受法律保护，行政机关不得擅自改变已经生效的行政许可。

行政许可所依据的法律、法规、规章修改或者废止，或者准予行政许可所依据的客观情况发生重大变化的，为了公共利益的需要，行政机关可以依法变更或者撤回已经生效的行政许可。由此给公民、法人或者其他组织造成财产损失的，行政机关应当依法给予补偿。

第九条　依法取得的行政许可，除法律、法规规定依照法定条件和程序可以转让的外，不得转让。

第十条　县级以上人民政府应当建立健全对行政机关实施行政许可的监督制度，加强对行政机关实施行政许可的监督检查。

行政机关应当对公民、法人或者其他组织从事行政许可事项的活动实施有效监督。

第二章 行政许可的设定

第十一条 设定行政许可，应当遵循经济和社会发展规律，有利于发挥公民、法人或者其他组织的积极性、主动性，维护公共利益和社会秩序，促进经济、社会和生态环境协调发展。

第十二条 下列事项可以设定行政许可：

（一）直接涉及国家安全、公共安全、经济宏观调控、生态环境保护以及直接关系人身健康、生命财产安全等特定活动，需要按照法定条件予以批准的事项；

（二）有限自然资源开发利用、公共资源配置以及直接关系公共利益的特定行业的市场准入等，需要赋予特定权利的事项；

（三）提供公众服务并且直接关系公共利益的职业、行业，需要确定具备特殊信誉、特殊条件或者特殊技能等资格、资质的事项；

（四）直接关系公共安全、人身健康、生命财产安全的重要设备、设施、产品、物品，需要按照技术标准、技术规范，通过检验、检测、检疫等方式进行审定的事项；

（五）企业或者其他组织的设立等，需要确定主体资格的事项；

（六）法律、行政法规规定可以设定行政许可的其他事项。

第十三条 本法第十二条所列事项，通过下列方式能够予以规范的，可以不设行政许可：

（一）公民、法人或者其他组织能够自主决定的；

（二）市场竞争机制能够有效调节的；

（三）行业组织或者中介机构能够自律管理的；

（四）行政机关采用事后监督等其他行政管理方式能够解决的。

第十四条 本法第十二条所列事项，法律可以设定行政许可。尚未制定法律的，行政法规可以设定行政许可。

必要时，国务院可以采用发布决定的方式设定行政许可。实施后，除临时性行政许可事项外，国务院应当及时提请全国人民代表大会及其常务委员会制定法律，或者自行制定行政法规。

第十五条 本法第十二条所列事项，尚未制定法律、行政法规的，地方性法规可以设定行政许可；尚未制定法律、行政法规和地方性法规的，因行政管理的需要，确需立即实施行政许可的，省、自治区、直辖市人民政府规章可以设定临时性的行政许可。临时性的行政许可实施满一年需要继续实施的，应当提请本级人民代表大会及其常务委员会制定地方性法规。

地方性法规和省、自治区、直辖市人民政府规章，不得设定应当由国家统一确定的公民、法人或者其他组织的资格、资质的行政许可；不得设定企业或者其他组织的设立登记及其前置性行政许可。其设定的行政许可，不得限制其他地区的个人或者企业到本地区从事生产经营和提供服务，不得限制其他地区的商品进入本地区市场。

第十六条 行政法规可以在法律设定的行政许可事项范围内，对实施该行政许可作出具体规定。

地方性法规可以在法律、行政法规设定的行政许可事项范围内，对实施该行政许可作出具体规定。

规章可以在上位法设定的行政许可事项范围内，对实施该行政许可作出具体规定。

法规、规章对实施上位法设定的行政许可作出的具体规定，不得增设行政许可；对行政许可条件作出的具体规定，不得增设违反上位法的其他条件。

第十七条 除本法第十四条、第十五条规定的外，其他规范性文件一律不得设定行政许可。

第十八条 设定行政许可，应当规定行政许可的实施机关、条件、程序、期限。

第十九条 起草法律草案、法规草案和省、自治区、直辖市人民政府规章草案，拟设定行政许可的，起草单位应当采取听证会、论证会等形式听取意见，并向制定机关说明设定该行政许可的必要性、对经济和社会可能产生的影响以及听取和采纳意见的情况。

第二十条　行政许可的设定机关应当定期对其设定的行政许可进行评价；对已设定的行政许可，认为通过本法第十三条所列方式能够解决的，应当对设定该行政许可的规定及时予以修改或者废止。

行政许可的实施机关可以对已设定的行政许可的实施情况及存在的必要性适时进行评价，并将意见报告该行政许可的设定机关。

公民、法人或者其他组织可以向行政许可的设定机关和实施机关就行政许可的设定和实施提出意见和建议。

第二十一条　省、自治区、直辖市人民政府对行政法规设定的有关经济事务的行政许可，根据本行政区域经济和社会发展情况，认为通过本法第十三条所列方式能够解决的，报国务院批准后，可以在本行政区域内停止实施该行政许可。

第三章　行政许可的实施机关

第二十二条　行政许可由具有行政许可权的行政机关在其法定职权范围内实施。

第二十三条　法律、法规授权的具有管理公共事务职能的组织，在法定授权范围内，以自己的名义实施行政许可。被授权的组织适用本法有关行政机关的规定。

第二十四条　行政机关在其法定职权范围内，依照法律、法规、规章的规定，可以委托其他行政机关实施行政许可。委托机关应当将受委托行政机关和受委托实施行政许可的内容予以公告。

委托行政机关对受委托行政机关实施行政许可的行为应当负责监督，并对该行为的后果承担法律责任。

受委托行政机关在委托范围内，以委托行政机关名义实施行政许可；不得再委托其他组织或者个人实施行政许可。

第二十五条　经国务院批准，省、自治区、直辖市人民政府根据精简、统一、效能的原则，可以决定一个行政机关行使有关行政机关的行政许可权。

第二十六条　行政许可需要行政机关内设的多个机构办理的，该行政机关应当确定一个机构统一受理行政许可申请，统一送达行政许可决定。

行政许可依法由地方人民政府两个以上部门分别实施的，本级人民政府可以确定一个部门受理行政许可申请并转告有关部门分别提出意见后统一办理，或者组织有关部门联合办理、集中办理。

第二十七条　行政机关实施行政许可，不得向申请人提出购买指定商品、接受有偿服务等不正当要求。

行政机关工作人员办理行政许可，不得索取或者收受申请人的财物，不得谋取其他利益。

第二十八条　对直接关系公共安全、人身健康、生命财产安全的设备、设施、产品、物品的检验、检测、检疫，除法律、行政法规规定由行政机关实施的外，应当逐步由符合法定条件的专业技术组织实施。专业技术组织及其有关人员对所实施的检验、检测、检疫结论承担法律责任。

第四章　行政许可的实施程序

第一节　申请与受理

第二十九条　公民、法人或者其他组织从事特定活动，依法需要取得行政许可的，应当向行政机关提出申请。申请书需要采用格式文本的，行政机关应当向申请人提供行政许可申请书格式文本。申请书格式文本中不得包含与申请行政许可事项没有直接关系的内容。

申请人可以委托代理人提出行政许可申请。但是，依法应当由申请人到行政机关办公场所提出行政许可申请的除外。

行政许可申请可以通过信函、电报、电传、传真、电子数据交换和电子邮件等方式提出。

第三十条 行政机关应当将法律、法规、规章规定的有关行政许可的事项、依据、条件、数量、程序、期限以及需要提交的全部材料的目录和申请书示范文本等在办公场所公示。

申请人要求行政机关对公示内容予以说明、解释的，行政机关应当说明、解释，提供准确、可靠的信息。

第三十一条 申请人申请行政许可，应当如实向行政机关提交有关材料和反映真实情况，并对其申请材料实质内容的真实性负责。行政机关不得要求申请人提交与其申请的行政许可事项无关的技术资料和其他材料。

第三十二条 行政机关对申请人提出的行政许可申请，应当根据下列情况分别作出处理：

（一）申请事项依法不需要取得行政许可的，应当即时告知申请人不受理；

（二）申请事项依法不属于本行政机关职权范围的，应当即时作出不予受理的决定，并告知申请人向有关行政机关申请；

（三）申请材料存在可以当场更正的错误的，应当允许申请人当场更正；

（四）申请材料不齐全或者不符合法定形式的，应当当场或者在五日内一次告知申请人需要补正的全部内容，逾期不告知的，自收到申请材料之日起即为受理；

（五）申请事项属于本行政机关职权范围，申请材料齐全、符合法定形式，或者申请人按照本行政机关的要求提交全部补正申请材料的，应当受理行政许可申请。

行政机关受理或者不予受理行政许可申请，应当出具加盖本行政机关专用印章和注明日期的书面凭证。

第三十三条 行政机关应当建立和完善有关制度，推行电子政务，在行政机关的网站上公布行政许可事项，方便申请人采取数据电文等方式提出行政许可申请；应当与其他行政机关共享有关行政许可信息，提高办事效率。

第二节 审查与决定

第三十四条 行政机关应当对申请人提交的申请材料进行审查。

申请人提交的申请材料齐全、符合法定形式，行政机关能够当场作出决定的，应当当场作出书面的行政许可决定。

根据法定条件和程序，需要对申请材料的实质内容进行核实的，行政机关应当指派两名以上工作人员进行核查。

第三十五条 依法应当先经下级行政机关审查后报上级行政机关决定的行政许可，下级行政机关应当在法定期限内将初步审查意见和全部申请材料直接报送上级行政机关。上级行政机关不得要求申请人重复提供申请材料。

第三十六条 行政机关对行政许可申请进行审查时，发现行政许可事项直接关系他人重大利益的，应当告知该利害关系人。申请人、利害关系人有权进行陈述和申辩。行政机关应当听取申请人、利害关系人的意见。

第三十七条 行政机关对行政许可申请进行审查后，除当场作出行政许可决定的外，应当在法定期限内按照规定程序作出行政许可决定。

第三十八条 申请人的申请符合法定条件、标准的，行政机关应当依法作出准予行政许可的书面决定。

行政机关依法作出不予行政许可的书面决定的，应当说明理由，并告知申请人享有依法申请行政复议或者提起行政诉讼的权利。

第三十九条　行政机关作出准予行政许可的决定，需要颁发行政许可证件的，应当向申请人颁发加盖本行政机关印章的下列行政许可证件：

（一）许可证、执照或者其他许可证书；

（二）资格证、资质证或者其他合格证书；

（三）行政机关的批准文件或者证明文件；

（四）法律、法规规定的其他行政许可证件。

行政机关实施检验、检测、检疫的，可以在检验、检测、检疫合格的设备、设施、产品、物品上加贴标签或者加盖检验、检测、检疫印章。

第四十条　行政机关作出的准予行政许可决定，应当予以公开，公众有权查阅。

第四十一条　法律、行政法规设定的行政许可，其适用范围没有地域限制的，申请人取得的行政许可在全国范围内有效。

第三节　期　　限

第四十二条　除可以当场作出行政许可决定的外，行政机关应当自受理行政许可申请之日起二十日内作出行政许可决定。二十日内不能作出决定的，经本行政机关负责人批准，可以延长十日，并应当将延长期限的理由告知申请人。但是，法律、法规另有规定的，依照其规定。

依照本法第二十六条的规定，行政许可采取统一办理或者联合办理、集中办理的，办理的时间不得超过四十五日；四十五日内不能办结的，经本级人民政府负责人批准，可以延长十五日，并应当将延长期限的理由告知申请人。

第四十三条　依法应当先经下级行政机关审查后报上级行政机关决定的行政许可，下级行政机关应当自其受理行政许可申请之日起二十日内审查完毕。但是，法律、法规另有规定的，依照其规定。

第四十四条　行政机关作出准予行政许可的决定，应当自作出决定之日起十日内向申请人颁发、送达行政许可证件，或者加贴标签、加盖检验、检测、检疫印章。

第四十五条　行政机关作出行政许可决定，依法需要听证、招标、拍卖、检验、检测、检疫、鉴定和专家评审的，所需时间不计算在本节规定的期限内。行政机关应当将所需时间书面告知申请人。

第四节　听　　证

第四十六条　法律、法规、规章规定实施行政许可应当听证的事项，或者行政机关认为需要听证的其他涉及公共利益的重大行政许可事项，行政机关应当向社会公告，并举行听证。

第四十七条　行政许可直接涉及申请人与他人之间重大利益关系的，行政机关在作出行政许可决定前，应当告知申请人、利害关系人享有要求听证的权利；申请人、利害关系人在被告知听证权利之日起五日内提出听证申请的，行政机关应当在二十日内组织听证。

申请人、利害关系人不承担行政机关组织听证的费用。

第四十八条　听证按照下列程序进行：

（一）行政机关应当于举行听证的七日前将举行听证的时间、地点通知申请人、利害关系人，必要时予以公告；

（二）听证应当公开举行；

（三）行政机关应当指定审查该行政许可申请的工作人员以外的人员为听证主持人，申请人、利害关系人认为主持人与该行政许可事项有直接利害关系的，有权申请回避；

（四）举行听证时，审查该行政许可申请的工作人员应当提供审查意见的证据、理由，申请人、利害关系人可以提出证据，并进行申辩和质证；

（五）听证应当制作笔录，听证笔录应当交听证参加人确认无误后签字或者盖章。

行政机关应当根据听证笔录，作出行政许可决定。

第五节 变更与延续

第四十九条 被许可人要求变更行政许可事项的，应当向作出行政许可决定的行政机关提出申请；符合法定条件、标准的，行政机关应当依法办理变更手续。

第五十条 被许可人需要延续依法取得的行政许可的有效期的，应当在该行政许可有效期届满三十日前向作出行政许可决定的行政机关提出申请。但是，法律、法规、规章另有规定的，依照其规定。

行政机关应当根据被许可人的申请，在该行政许可有效期届满前作出是否准予延续的决定；逾期未作决定的，视为准予延续。

第六节 特别规定

第五十一条 实施行政许可的程序，本节有规定的，适用本节规定；本节没有规定的，适用本章其他有关规定。

第五十二条 国务院实施行政许可的程序，适用有关法律、行政法规的规定。

第五十三条 实施本法第十二条第二项所列事项的行政许可的，行政机关应当通过招标、拍卖等公平竞争的方式作出决定。但是，法律、行政法规另有规定的，依照其规定。

行政机关通过招标、拍卖等方式作出行政许可决定的具体程序，依照有关法律、行政法规的规定。

行政机关按照招标、拍卖程序确定中标人、买受人后，应当作出准予行政许可的决定，并依法向中标人、买受人颁发行政许可证件。

行政机关违反本条规定，不采用招标、拍卖方式，或者违反招标、拍卖程序，损害申请人合法权益的，申请人可以依法申请行政复议或者提起行政诉讼。

第五十四条 实施本法第十二条第三项所列事项的行政许可，赋予公民特定资格，依法应当举行国家考试的，行政机关根据考试成绩和其他法定条件作出行政许可决定；赋予法人或者其他组织特定的资格、资质的，行政机关根据申请人的专业人员构成、技术条件、经营业绩和管理水平等的考核结果作出行政许可决定。但是，法律、行政法规另有规定的，依照其规定。

公民特定资格的考试依法由行政机关或者行业组织实施，公开举行。行政机关或者行业组织应当事先公布资格考试的报名条件、报考办法、考试科目以及考试大纲。但是，不得组织强制性的资格考试的考前培训，不得指定教材或者其他助考材料。

第五十五条 实施本法第十二条第四项所列事项的行政许可的，应当按照技术标准、技术规范依法进行检验、检测、检疫，行政机关根据检验、检测、检疫的结果作出行政许可决定。

行政机关实施检验、检测、检疫，应当自受理申请之日起五日内指派两名以上工作人员按照技术标准、技术规范进行检验、检测、检疫。不需要对检验、检测、检疫结果作进一步技术分析即可认定设备、设施、产品、物品是否符合技术标准、技术规范的，行政机关应当当场作出行政许可决定。

行政机关根据检验、检测、检疫结果，作出不予行政许可决定的，应当书面说明不予行政许可所依据的技术标准、技术规范。

第五十六条 实施本法第十二条第五项所列事项的行政许可，申请人提交的申请材料齐全、符合法定形式的，行政机关应当当场予以登记。需要对申请材料的实质内容进行核实的，行政机关依照本法第三十四条第三款的规定办理。

第五十七条 有数量限制的行政许可，两个或者两个以上申请人的申请均符合法定条件、标准的，行政机关应当根据受理行政许可申请的先后顺序作出准予行政许可的决定。但是，法律、行政法规另有规定的，依照其规定。

第五章　行政许可的费用

第五十八条　行政机关实施行政许可和对行政许可事项进行监督检查，不得收取任何费用。但是，法律、行政法规另有规定的，依照其规定。

行政机关提供行政许可申请书格式文本，不得收费。

行政机关实施行政许可所需经费应当列入本行政机关的预算，由本级财政予以保障，按照批准的预算予以核拨。

第五十九条　行政机关实施行政许可，依照法律、行政法规收取费用的，应当按照公布的法定项目和标准收费；所收取的费用必须全部上缴国库，任何机关或者个人不得以任何形式截留、挪用、私分或者变相私分。财政部门不得以任何形式向行政机关返还或者变相返还实施行政许可所收取的费用。

第六章　监督检查

第六十条　上级行政机关应当加强对下级行政机关实施行政许可的监督检查，及时纠正行政许可实施中的违法行为。

第六十一条　行政机关应当建立健全监督制度，通过核查反映被许可人从事行政许可事项活动情况的有关材料，履行监督责任。

行政机关依法对被许可人从事行政许可事项的活动进行监督检查时，应当将监督检查的情况和处理结果予以记录，由监督检查人员签字后归档。公众有权查阅行政机关监督检查记录。

行政机关应当创造条件，实现与被许可人、其他有关行政机关的计算机档案系统互联，核查被许可人从事行政许可事项活动情况。

第六十二条　行政机关可以对被许可人生产经营的产品依法进行抽样检查、检验、检测，对其生产经营场所依法进行实地检查。检查时，行政机关可以依法查阅或者要求被许可人报送有关材料；被许可人应当如实提供有关情况和材料。

行政机关根据法律、行政法规的规定，对直接关系公共安全、人身健康、生命财产安全的重要设备、设施进行定期检验。对检验合格的，行政机关应当发给相应的证明文件。

第六十三条　行政机关实施监督检查，不得妨碍被许可人正常的生产经营活动，不得索取或者收受被许可人的财物，不得谋取其他利益。

第六十四条　被许可人在作出行政许可决定的行政机关管辖区域外违法从事行政许可事项活动的，违法行为发生地的行政机关应当依法将被许可人的违法事实、处理结果抄告作出行政许可决定的行政机关。

第六十五条　个人和组织发现违法从事行政许可事项的活动，有权向行政机关举报，行政机关应当及时核实、处理。

第六十六条　被许可人未依法履行开发利用自然资源义务或者未依法履行利用公共资源义务的，行政机关应当责令限期改正；被许可人在规定期限内不改正的，行政机关应当依照有关法律、行政法规的规定予以处理。

第六十七条　取得直接关系公共利益的特定行业的市场准入行政许可的被许可人，应当按照国家规定的服务标准、资费标准和行政机关依法规定的条件，向用户提供安全、方便、稳定和价格合理的服务，并履行普遍服务的义务；未经作出行政许可决定的行政机关批准，不得擅自停业、歇业。

被许可人不履行前款规定的义务的，行政机关应当责令限期改正，或者依法采取有效措施督促其履行义务。

第六十八条　对直接关系公共安全、人身健康、生命财产安全的重要设备、设施，行政机关应当督促设计、建造、安装和使用单位建立相应的自检制度。

行政机关在监督检查时，发现直接关系公共安全、人身健康、生命财产安全的重要设备、设施存在安全隐患的，应当责令停止建造、安装和使用，并责令设计、建造、安装和使用单位立即改正。

第六十九条 有下列情形之一的，作出行政许可决定的行政机关或者其上级行政机关，根据利害关系人的请求或者依据职权，可以撤销行政许可：

（一）行政机关工作人员滥用职权、玩忽职守作出准予行政许可决定的；

（二）超越法定职权作出准予行政许可决定的；

（三）违反法定程序作出准予行政许可决定的；

（四）对不具备申请资格或者不符合法定条件的申请人准予行政许可的；

（五）依法可以撤销行政许可的其他情形。

被许可人以欺骗、贿赂等不正当手段取得行政许可的，应当予以撤销。

依照前两款的规定撤销行政许可，可能对公共利益造成重大损害的，不予撤销。

依照本条第一款的规定撤销行政许可，被许可人的合法权益受到损害的，行政机关应当依法给予赔偿。依照本条第二款的规定撤销行政许可的，被许可人基于行政许可取得的利益不受保护。

第七十条 有下列情形之一的，行政机关应当依法办理有关行政许可的注销手续：

（一）行政许可有效期届满未延续的；

（二）赋予公民特定资格的行政许可，该公民死亡或者丧失行为能力的；

（三）法人或者其他组织依法终止的；

（四）行政许可依法被撤销、撤回，或者行政许可证件依法被吊销的；

（五）因不可抗力导致行政许可事项无法实施的；

（六）法律、法规规定的应当注销行政许可的其他情形。

第七章　法律责任

第七十一条 违反本法第十七条规定设定的行政许可，有关机关应当责令设定该行政许可的机关改正，或者依法予以撤销。

第七十二条 行政机关及其工作人员违反本法的规定，有下列情形之一的，由其上级行政机关或者监察机关责令改正；情节严重的，对直接负责的主管人员和其他直接责任人员依法给予行政处分：

（一）对符合法定条件的行政许可申请不予受理的；

（二）不在办公场所公示依法应当公示的材料的；

（三）在受理、审查、决定行政许可过程中，未向申请人、利害关系人履行法定告知义务的；

（四）申请人提交的申请材料不齐全、不符合法定形式，不一次告知申请人必须补正的全部内容的；

（五）未依法说明不受理行政许可申请或者不予行政许可的理由的；

（六）依法应当举行听证而不举行听证的。

第七十三条 行政机关工作人员办理行政许可、实施监督检查，索取或者收受他人财物或者谋取其他利益，构成犯罪的，依法追究刑事责任；尚不构成犯罪的，依法给予行政处分。

第七十四条 行政机关实施行政许可，有下列情形之一的，由其上级行政机关或者监察机关责令改正，对直接负责的主管人员和其他直接责任人员依法给予行政处分；构成犯罪的，依法追究刑事责任：

（一）对不符合法定条件的申请人准予行政许可或者超越法定职权作出准予行政许可决定的；

（二）对符合法定条件的申请人不予行政许可或者不在法定期限内作出准予行政许可决定的；

（三）依法应当根据招标、拍卖结果或者考试成绩择优作出准予行政许可决定，未经招标、拍卖或者考试，或者不根据招标、拍卖结果或者考试成绩择优作出准予行政许可决定的。

第七十五条 行政机关实施行政许可，擅自收费或者不按照法定项目和标准收费的，由其上级行政机关或者监察机关责令退还非法收取的费用；对直接负责的主管人员和其他直接责任人员依法给予行政处分。

截留、挪用、私分或者变相私分实施行政许可依法收取的费用的，予以追缴；对直接负责的主管人员和其他直接责任人员依法给予行政处分；构成犯罪的，依法追究刑事责任。

第七十六条　行政机关违法实施行政许可，给当事人的合法权益造成损害的，应当依照国家赔偿法的规定给予赔偿。

第七十七条　行政机关不依法履行监督职责或者监督不力，造成严重后果的，由其上级行政机关或者监察机关责令改正，对直接负责的主管人员和其他直接责任人员依法给予行政处分；构成犯罪的，依法追究刑事责任。

第七十八条　行政许可申请人隐瞒有关情况或者提供虚假材料申请行政许可的，行政机关不予受理或者不予行政许可，并给予警告；行政许可申请属于直接关系公共安全、人身健康、生命财产安全事项的，申请人在一年内不得再次申请该行政许可。

第七十九条　被许可人以欺骗、贿赂等不正当手段取得行政许可的，行政机关应当依法给予行政处罚；取得的行政许可属于直接关系公共安全、人身健康、生命财产安全事项的，申请人在三年内不得再次申请该行政许可；构成犯罪的，依法追究刑事责任。

第八十条　被许可人有下列行为之一的，行政机关应当依法给予行政处罚；构成犯罪的，依法追究刑事责任：

（一）涂改、倒卖、出租、出借行政许可证件，或者以其他形式非法转让行政许可的；

（二）超越行政许可范围进行活动的；

（三）向负责监督检查的行政机关隐瞒有关情况、提供虚假材料或者拒绝提供反映其活动情况的真实材料的；

（四）法律、法规、规章规定的其他违法行为。

第八十一条　公民、法人或者其他组织未经行政许可，擅自从事依法应当取得行政许可的活动的，行政机关应当依法采取措施予以制止，并依法给予行政处罚；构成犯罪的，依法追究刑事责任。

第八章　附　　则

第八十二条　本法规定的行政机关实施行政许可的期限以工作日计算，不含法定节假日。

第八十三条　本法自2004年7月1日起施行。

本法施行前有关行政许可的规定，制定机关应当依照本法规定予以清理；不符合本法规定的，自本法施行之日起停止执行。

中华人民共和国工会法（2001年）

（1992年4月3日第七届全国人民代表大会第五次会议通过。根据2001年10月27日第九届全国人民代表大会常务委员会第二十四次会议《关于修改〈中华人民共和国工会法〉的决定》修正）

第一章　总　　则

第一条　为保障工会在国家政治、经济和社会生活中的地位，确定工会的权利与义务，发挥工会在社会主义现代化建设事业中的作用，根据宪法，制定本法。

第二条　工会是职工自愿结合的工人阶级的群众组织。

中华全国总工会及其各工会组织代表职工的利益，依法维护职工的合法权益。

第三条 在中国境内的企业、事业单位、机关中以工资收入为主要生活来源的体力劳动者和脑力劳动者，不分民族、种族、性别、职业、宗教信仰、教育程度，都有依法参加和组织工会的权利。任何组织和个人不得阻挠和限制。

第四条 工会必须遵守和维护宪法，以宪法为根本的活动准则，以经济建设为中心，坚持社会主义道路、坚持人民民主专政、坚持中国共产党的领导、坚持马克思列宁主义毛泽东思想邓小平理论，坚持改革开放，依照工会章程独立自主地开展工作。

工会会员全国代表大会制定或者修改《中国工会章程》，章程不得与宪法和法律相抵触。

国家保护工会的合法权益不受侵犯。

第五条 工会组织和教育职工依照宪法和法律的规定行使民主权利，发挥国家主人翁的作用，通过各种途径和形式，参与管理国家事务、管理经济和文化事业、管理社会事务；协助人民政府开展工作，维护工人阶级领导的、以工农联盟为基础的人民民主专政的社会主义国家政权。

第六条 维护职工合法权益是工会的基本职责。工会在维护全国人民总体利益的同时，代表和维护职工的合法权益。

工会通过平等协商和集体合同制度，协调劳动关系，维护企业职工劳动权益。

工会依照法律规定通过职工代表大会或者其他形式，组织职工参与本单位的民主决策、民主管理和民主监督。

工会必须密切联系职工，听取和反映职工的意见和要求，关心职工的生活，帮助职工解决困难，全心全意为职工服务。

第七条 工会动员和组织职工积极参加经济建设，努力完成生产任务和工作任务。教育职工不断提高思想道德、技术业务和科学文化素质，建设有理想、有道德、有文化、有纪律的职工队伍。

第八条 中华全国总工会根据独立、平等、互相尊重、互不干涉内部事务的原则，加强同各国工会组织的友好合作关系。

第二章 工会组织

第九条 工会各级组织按照民主集中制原则建立。

各级工会委员会由会员大会或者会员代表大会民主选举产生。企业主要负责人的近亲属不得作为本企业基层工会委员会成员的人选。

各级工会委员会向同级会员大会或者会员代表大会负责并报告工作，接受其监督。

工会会员大会或者会员代表大会有权撤换或者罢免其所选举的代表或者工会委员会组成人员。

上级工会组织领导下级工会组织。

第十条 企业、事业单位、机关有会员二十五人以上的，应当建立基层工会委员会；不足二十五人的，可以单独建立基层工会委员会，也可以由两个以上单位的会员联合建立基层工会委员会，也可以选举组织员一人，组织会员开展活动。女职工人数较多的，可以建立工会女职工委员会，在同级工会领导下开展工作；女职工人数较少的，可以在工会委员会中设女职工委员。

企业职工较多的乡镇、城市街道，可以建立基层工会的联合会。

县级以上地方建立地方各级总工会。

同一行业或者性质相近的几个行业，可以根据需要建立全国的或者地方的产业工会。

全国建立统一的中华全国总工会。

第十一条 基层工会、地方各级总工会、全国或者地方产业工会组织的建立，必须报上一级工会批准。

上级工会可以派员帮助和指导企业职工组建工会，任何单位和个人不得阻挠。

第十二条 任何组织和个人不得随意撤销、合并工会组织。

基层工会所在的企业终止或者所在的事业单位、机关被撤销，该工会组织相应撤销，并报告上一级工会。

依前款规定被撤销的工会，其会员的会籍可以继续保留，具体管理办法由中华全国总工会制定。

第十三条　职工二百人以上的企业、事业单位的工会，可以设专职工会主席。工会专职工作人员的人数由工会与企业、事业单位协商确定。

第十四条　中华全国总工会、地方总工会、产业工会具有社会团体法人资格。

基层工会组织具备民法通则规定的法人条件的，依法取得社会团体法人资格。

第十五条　基层工会委员会每届任期三年或者五年。各级地方总工会委员会和产业工会委员会每届任期五年。

第十六条　基层工会委员会定期召开会员大会或者会员代表大会，讨论决定工会工作的重大问题。经基层工会委员会或者三分之一以上的工会会员提议，可以临时召开会员大会或者会员代表大会。

第十七条　工会主席、副主席任期未满时，不得随意调动其工作。因工作需要调动时，应当征得本级工会委员会和上一级工会的同意。

罢免工会主席、副主席必须召开会员大会或者会员代表大会讨论，非经会员大会全体会员或者会员代表大会全体代表过半数通过，不得罢免。

第十八条　基层工会专职主席、副主席或者委员自任职之日起，其劳动合同期限自动延长，延长期限相当于其任职期间；非专职主席、副主席或者委员自任职之日起，其尚未履行的劳动合同期限短于任期的，劳动合同期限自动延长至任期期满。但是，任职期间个人严重过失或者达到法定退休年龄的除外。

第三章　工会的权利和义务

第十九条　企业、事业单位违反职工代表大会制度和其他民主管理制度，工会有权要求纠正，保障职工依法行使民主管理的权利。

法律、法规规定应当提交职工大会或者职工代表大会审议、通过、决定的事项，企业、事业单位应当依法办理。

第二十条　工会帮助、指导职工与企业以及实行企业化管理的事业单位签订劳动合同。

工会代表职工与企业以及实行企业化管理的事业单位进行平等协商，签订集体合同。集体合同草案应当提交职工代表大会或者全体职工讨论通过。

工会签订集体合同，上级工会应当给予支持和帮助。

企业违反集体合同，侵犯职工劳动权益的，工会可以依法要求企业承担责任；因履行集体合同发生争议，经协商解决不成的，工会可以向劳动争议仲裁机构提请仲裁，仲裁机构不予受理或者对仲裁裁决不服的，可以向人民法院提起诉讼。

第二十一条　企业、事业单位处分职工，工会认为不适当的，有权提出意见。

企业单方面解除职工劳动合同时，应当事先将理由通知工会，工会认为企业违反法律、法规和有关合同，要求重新研究处理时，企业应当研究工会的意见，并将处理结果书面通知工会。

职工认为企业侵犯其劳动权益而申请劳动争议仲裁或者向人民法院提起诉讼的，工会应当给予支持和帮助。

第二十二条　企业、事业单位违反劳动法律、法规规定，有下列侵犯职工劳动权益情形，工会应当代表职工与企业、事业单位交涉，要求企业、事业单位采取措施予以改正；企业、事业单位应当予以研究处理，并向工会作出答复；企业、事业单位拒不改正的，工会可以请求当地人民政府依法作出处理：

（一）克扣职工工资的；

（二）不提供劳动安全卫生条件的；

（三）随意延长劳动时间的；

（四）侵犯女职工和未成年工特殊权益的；

（五）其他严重侵犯职工劳动权益的。

第二十三条 工会依照国家规定对新建、扩建企业和技术改造工程中的劳动条件和安全卫生设施与主体工程同时设计、同时施工、同时投产使用进行监督。对工会提出的意见，企业或者主管部门应当认真处理，并将处理结果书面通知工会。

第二十四条 工会发现企业违章指挥、强令工人冒险作业，或者生产过程中发现明显重大事故隐患和职业危害，有权提出解决的建议，企业应当及时研究答复；发现危及职工生命安全的情况时，工会有权向企业建议组织职工撤离危险现场，企业必须及时作出处理决定。

第二十五条 工会有权对企业、事业单位侵犯职工合法权益的问题进行调查，有关单位应当予以协助。

第二十六条 职工因工伤亡事故和其他严重危害职工健康问题的调查处理，必须有工会参加。工会应当向有关部门提出处理意见，并有权要求追究直接负责的主管人员和有关责任人员的责任。对工会提出的意见，应当及时研究，给予答复。

第二十七条 企业、事业单位发生停工、怠工事件，工会应当代表职工同企业、事业单位或者有关方面协商，反映职工的意见和要求并提出解决意见。对于职工的合理要求，企业、事业单位应当予以解决。工会协助企业、事业单位做好工作，尽快恢复生产、工作秩序。

第二十八条 工会参加企业的劳动争议调解工作。

地方劳动争议仲裁组织应当有同级工会代表参加。

第二十九条 县级以上各级总工会可以为所属工会和职工提供法律服务。

第三十条 工会协助企业、事业单位、机关办好职工集体福利事业，做好工资、劳动安全卫生和社会保险工作。

第三十一条 工会会同企业、事业单位教育职工以国家主人翁态度对待劳动，爱护国家和企业的财产，组织职工开展群众性的合理化建议、技术革新活动，进行业余文化技术学习和职工培训，组织职工开展文娱、体育活动。

第三十二条 根据政府委托，工会与有关部门共同做好劳动模范和先进生产（工作）者的评选、表彰、培养和管理工作。

第三十三条 国家机关在组织起草或者修改直接涉及职工切身利益的法律、法规、规章时，应当听取工会意见。

县级以上各级人民政府制定国民经济和社会发展计划，对涉及职工利益的重大问题，应当听取同级工会的意见。

县级以上各级人民政府及其有关部门研究制定劳动就业、工资、劳动安全卫生、社会保险等涉及职工切身利益的政策、措施时，应当吸收同级工会参加研究，听取工会意见。

第三十四条 县级以上地方各级人民政府可以召开会议或者采取适当方式，向同级工会通报政府的重要的工作部署和与工会工作有关的行政措施，研究解决工会反映的职工群众的意见和要求。

各级人民政府劳动行政部门应当会同同级工会和企业方面代表，建立劳动关系三方协商机制，共同研究解决劳动关系方面的重大问题。

第四章 基层工会组织

第三十五条 国有企业职工代表大会是企业实行民主管理的基本形式，是职工行使民主管理权力的机构，依照法律规定行使职权。

国有企业的工会委员会是职工代表大会的工作机构，负责职工代表大会的日常工作，检查、督促职工代表大会决议的执行。

第三十六条　集体企业的工会委员会，应当支持和组织职工参加民主管理和民主监督，维护职工选举和罢免管理人员、决定经营管理的重大问题的权力。

第三十七条　本法第三十五条、第三十六条规定以外的其他企业、事业单位的工会委员会，依照法律规定组织职工采取与企业、事业单位相适应的形式，参与企业、事业单位民主管理。

第三十八条　企业、事业单位研究经营管理和发展的重大问题应当听取工会的意见；召开讨论有关工资、福利、劳动安全卫生、社会保险等涉及职工切身利益的会议，必须有工会代表参加。

企业、事业单位应当支持工会依法开展工作，工会应当支持企业、事业单位依法行使经营管理权。

第三十九条　公司的董事会、监事会中职工代表的产生，依照公司法有关规定执行。

第四十条　基层工会委员会召开会议或者组织职工活动，应当在生产或者工作时间以外进行，需要占用生产或者工作时间的，应当事先征得企业、事业单位的同意。

基层工会的非专职委员占用生产或者工作时间参加会议或者从事工会工作，每月不超过三个工作日，其工资照发，其他待遇不受影响。

第四十一条　企业、事业单位、机关工会委员会的专职工作人员的工资、奖励、补贴，由所在单位支付。社会保险和其他福利待遇等，享受本单位职工同等待遇。

第五章　工会的经费和财产

第四十二条　工会经费的来源：

（一）工会会员缴纳的会费；

（二）建立工会组织的企业、事业单位、机关按每月全部职工工资总额的百分之二向工会拨缴的经费；

（三）工会所属的企业、事业单位上缴的收入；

（四）人民政府的补助；

（五）其他收入。

前款第二项规定的企业、事业单位拨缴的经费在税前列支。

工会经费主要用于为职工服务和工会活动。经费使用的具体办法由中华全国总工会制定。

第四十三条　企业、事业单位无正当理由拖延或者拒不拨缴工会经费，基层工会或者上级工会可以向当地人民法院申请支付令；拒不执行支付令的，工会可以依法申请人民法院强制执行。

第四十四条　工会应当根据经费独立原则，建立预算、决算和经费审查监督制度。

各级工会建立经费审查委员会。

各级工会经费收支情况应当由同级工会经费审查委员会审查，并且定期向会员大会或者会员代表大会报告，接受监督。工会会员大会或者会员代表大会有权对经费使用情况提出意见。

工会经费的使用应当依法接受国家的监督。

第四十五条　各级人民政府和企业、事业单位、机关应当为工会办公和开展活动，提供必要的设施和活动场所等物质条件。

第四十六条　工会的财产、经费和国家拨给工会使用的不动产，任何组织和个人不得侵占、挪用和任意调拨。

第四十七条　工会所属的为职工服务的企业、事业单位，其隶属关系不得随意改变。

第四十八条　县级以上各级工会的离休、退休人员的待遇，与国家机关工作人员同等对待。

第六章　法律责任

第四十九条　工会对违反本法规定侵犯其合法权益的，有权提请人民政府或者有关部门予以处理，或者向人民法院提起诉讼。

第五十条 违反本法第三条、第十一条规定，阻挠职工依法参加和组织工会或者阻挠上级工会帮助、指导职工筹建工会的，由劳动行政部门责令其改正；拒不改正的，由劳动行政部门提请县级以上人民政府处理；以暴力、威胁等手段阻挠造成严重后果，构成犯罪的，依法追究刑事责任。

第五十一条 违反本法规定，对依法履行职责的工会工作人员无正当理由调动工作岗位，进行打击报复的，由劳动行政部门责令改正、恢复原工作；造成损失的，给予赔偿。

对依法履行职责的工会工作人员进行侮辱、诽谤或者进行人身伤害，构成犯罪的，依法追究刑事责任；尚未构成犯罪的，由公安机关依照治安管理处罚条例的规定处罚。

第五十二条 违反本法规定，有下列情形之一的，由劳动行政部门责令恢复其工作，并补发被解除劳动合同期间应得的报酬，或者责令给予本人年收入二倍的赔偿：

（一）职工因参加工会活动而被解除劳动合同的；

（二）工会工作人员因履行本法规定的职责而被解除劳动合同的。

第五十三条 违反本法规定，有下列情形之一的，由县级以上人民政府责令改正，依法处理：

（一）妨碍工会组织职工通过职工代表大会和其他形式依法行使民主权利的；

（二）非法撤销、合并工会组织的；

（三）妨碍工会参加职工因工伤亡事故以及其他侵犯职工合法权益问题的调查处理的；

（四）无正当理由拒绝进行平等协商的。

第五十四条 违反本法第四十六条规定，侵占工会经费和财产拒不返还的，工会可以向人民法院提起诉讼，要求返还，并赔偿损失。

第五十五条 工会工作人员违反本法规定，损害职工或者工会权益的，由同级工会或者上级工会责令改正，或者予以处分；情节严重的，依照《中国工会章程》予以罢免；造成损失的，应当承担赔偿责任；构成犯罪的，依法追究刑事责任。

第七章 附 则

第五十六条 中华全国总工会会同有关国家机关制定机关工会实施本法的具体办法。

第五十七条 本法自公布之日起施行。1950年6月29日中央人民政府颁布的《中华人民共和国工会法》同时废止。

国有企业清产核资办法

（2003年9月9日国资委1号令）

第一章 总 则

第一条 为加强对企业的国有资产监督管理，规范企业清产核资工作，真实反映企业的资产及财务状况，完善企业基础管理，为科学评价和规范考核企业经营绩效及国有资产保值增值提供依据，根据《企业国有资产监督管理暂行条例》等法律、法规，制定本办法。

第二条 本办法所称清产核资，是指国有资产监督管理机构根据国家专项工作要求或者企业特定经济行为需要，按照规定的工作程序、方法和政策，组织企业进行账务清理、财产清查，并依法认定企业的各项资产损益，从而真实反映企业的资产价值和重新核定企业国有资本金的活动。

第三条 国务院，省、自治区、直辖市人民政府，设区的市、自治州级人民政府履行出资人职责的企业及其子企业或分支机构的清产核资，适用本办法。

第四条　企业清产核资包括账务清理、资产清查、价值重估、损益认定、资金核实和完善制度等内容。

第五条　企业清产核资清出的各项资产损失和资金挂账，依据国家清产核资有关法律、法规、规章和财务会计制度的规定处理。

第六条　各级国有资产监督管理机构是企业清产核资工作的监督管理部门。

第二章　清产核资的范围

第七条　各级国有资产监督管理机构对符合下列情形之一的，可以要求企业进行清产核资：

（一）企业资产损失和资金挂账超过所有者权益，或者企业会计信息严重失真、账实严重不符的；

（二）企业受重大自然灾害或者其他重大、紧急情况等不可抗力因素影响，造成严重资产损失的；

（三）企业账务出现严重异常情况，或者国有资产出现重大流失的；

（四）其他应当进行清产核资的情形。

第八条　符合下列情形之一，需要进行清产核资的，由企业提出申请，报同级国有资产监督管理机构批准：

（一）企业分立、合并、重组、改制、撤销等经济行为涉及资产或产权结构重大变动情况的；

（二）企业会计政策发生重大更改，涉及资产核算方法发生重要变化情况的；

（三）国家有关法律法规规定企业特定经济行为必须开展清产核资工作的。

第三章　清产核资的内容

第九条　账务清理是指对企业的各种银行账户、会计核算科目、各类库存现金和有价证券等基本财务情况进行全面核对和清理，以及对企业的各项内部资金往来进行全面核对和清理，以保证企业账账相符，账证相符，促进企业账务的全面、准确和真实。

第十条　资产清查是指对企业的各项资产进行全面的清理、核对和查实。在资产清查中把实物盘点同核实账务结合起来，把清理资产同核查负债和所有者权益结合起来，重点做好各类应收及预付账款、各项对外投资、账外资产的清理，以及做好企业有关抵押、担保等事项的清理。

企业对清查出的各种资产盘盈和盘亏、报废及坏账等损失按照清产核资要求进行分类排队，提出相关处理意见。

第十一条　价值重估是对企业账面价值和实际价值背离较大的主要固定资产和流动资产按照国家规定方法、标准进行重新估价。

企业在以前清产核资中已经进行资产价值重估或者因特定经济行为需要已经进行资产评估的，可以不再进行价值重估。

第十二条　损益认定是指国有资产监督管理机构依据国家清产核资政策和有关财务会计制度规定，对企业申报的各项资产损益和资金挂账进行认证。

企业资产损失认定的具体办法另行制定。

第十三条　资金核实是指国有资产监督管理机构根据企业上报的资产盘盈和资产损失、

资金挂账等清产核资工作结果，依据国家清产核资政策和有关财务会计制度规定，组织进行审核并批复准予账务处理，重新核定企业实际占用的国有资本金数额。

第十四条　企业占用的国有资本金数额经重新核定后，应当作为国有资产监督管理机构评价企业经营绩效及考核国有资产保值增值的基数。

第四章　清产核资的程序

第十五条　企业清产核资除国家另有规定外，应当按照下列程序进行：

（一）企业提出申请；

（二）国有资产监督管理机构批复同意立项；

（三）企业制定工作实施方案，并组织账务清理、资产清查等工作；

（四）聘请社会中介机构对清产核资结果进行专项财务审计和对有关损益提出鉴证证明；

（五）企业上报清产核资工作结果报告及社会中介机构专项审计报告；

（六）国有资产监督管理机构对资产损益进行认定，对资金核实结果进行批复；

（七）企业根据清产核资资金核实结果批复调账；

（八）企业办理相关产权变更登记和工商变更登记；

（九）企业完善各项规章制度。

第十六条 所出资企业由于国有产权转让、出售等发生控股权转移等产权重大变动需要开展清产核资的，由同级国有资产监督管理机构组织实施并负责委托社会中介机构。

第十七条 子企业由于国有产权转让、出售等发生控股权转移等重大产权变动的，可以由所出资企业自行组织开展清产核资工作。对有关资产损益和资金挂账的处理，按规定程序申报批准。

第十八条 企业清产核资申请报告应当说明清产核资的原因、范围、组织和步骤及工作基准日。

对企业提出的清产核资申请，同级国有资产监督管理机构根据本办法和国家有关规定进行审核，经同意后批复企业开展清产核资工作。

第十九条 企业实施清产核资按下列步骤进行：

（一）指定内设的财务管理机构、资产管理机构或者多个部门组成的清产核资临时办事机构，统称为清产核资机构，负责具体组织清产核资工作；

（二）制定本企业的清产核资实施方案；

（三）聘请符合资质条件的社会中介机构；

（四）按照清产核资工作的内容和要求具体组织实施各项工作；

（五）向同级国有资产监督管理机构报送由企业法人代表签字、加盖公章的清产核资工作结果申报材料。

第二十条 企业清产核资实施方案以及所聘社会中介机构的名单和资质情况应当报同级国有资产监督管理机构备案。

第二十一条 企业清产核资工作结果申报材料主要包括下列内容：

（一）清产核资工作报告。主要反映本企业的清产核资工作基本情况，包括：企业清产核资的工作基准日、范围、内容、结果，以及基准日资产及财务状况；

（二）按规定表式和软件填报的清产核资报表及相关材料；

（三）需申报处理的资产损益和资金挂账等情况，相关材料应当单独汇编成册，并附有关原始凭证资料和具有法律效力的证明材料；

（四）子企业是股份制企业的，还应当附送经该企业董事会或者股东会同意对清产核资损益进行处理的书面证明材料；

（五）社会中介机构根据企业清产核资的结果，出具经注册会计师签字的清产核资专项财务审计报告并编制清产核资后的企业会计报表；

（六）其他需提供的备查材料。

第二十二条 国有资产监督管理机构收到企业报送的清产核资工作结果申报材料后，应当进行认真核实，在规定时限内出具清产核资资金核实的批复文件。

第二十三条 企业应当按照国有资产监督管理机构的清产核资批复文件，对企业进行账务处理，并将账务处理结果报国有资产监督管理机构备案。

第二十四条 企业在接到清产核资的批复30个工作日内，应当到同级国有资产监督管理机构办理相应的产权变更登记手续，涉及企业注册资本变动的，应当在规定的时间内到工商行政管理部门办理工商变更登记手续。

第五章 清产核资的组织

第二十五条 企业清产核资工作按照统一规范、分级管理的原则，由同级国有资产监督管理机构组织指导和监督检查。

第二十六条 各级国有资产监督管理机构负责本级人民政府批准或者交办的企业清产核资组织工作。

第二十七条 国务院国有资产监督管理委员会在企业清产核资中履行下列职责：

（一）制定全国企业清产核资规章、制度和办法；

（二）负责所出资企业清产核资工作的组织指导和监督检查；

（三）负责对所出资企业的各项资产损益进行认定，并对企业占用的国有资本进行核实；

（四）指导地方国有资产监督管理机构开展企业清产核资工作。

第二十八条 地方国有资产监督管理机构在企业清产核资中履行下列监管职责：

（一）依据国家有关清产核资规章、制度、办法和规定的工作程序，负责本级人民政府所出资企业清产核资工作的组织指导和监督检查；

（二）负责对本级人民政府所出资企业的各项资产损益进行认定，并对企业占用的国有资本进行核实；

（三）指导下一级国有资产监督管理机构开展企业清产核资工作；

（四）向上一级国有资产监督管理机构及时报告工作情况。

第二十九条 企业清产核资机构负责组织企业的清产核资工作，向同级国有资产监督管理机构报送相关资料，根据同级国有资产监督管理机构清产核资批复组织企业本部及子企业进行调账。

第三十条 企业投资设立的各类多元投资企业的清产核资工作，由实际控股或协议主管的上级企业负责组织，并将有关清产核资结果及时通知其他有关各方。

第六章 清产核资的要求

第三十一条 各级国有资产监督管理机构应当加强企业清产核资的组织领导，加强监督检查，对企业清产核资工作结果的审核和资产损失的认定，应当严格执行国家清产核资有关的法律、法规、规章和有关财务会计制度规定，严格把关，依法办事，严肃工作纪律。

第三十二条 各级国有资产监督管理机构应当对企业清产核资情况及相关社会中介机构清产核资审计情况进行监督，对社会中介机构所出具专项财务审计报告的程序和内容进行检查。

第三十三条 企业进行清产核资应当做到全面彻底、不重不漏、账实相符，通过核实“家底”，找出企业经营管理中存在的矛盾和问题，以便完善制度、加强管理、堵塞漏洞。

第三十四条 企业在清产核资工作中应当坚持实事求是的原则，如实反映存在问题，清查出来的问题应当及时申报，不得瞒报虚报。

企业清产核资申报处理的各项资产损失应当提供具有法律效力的证明材料。

第三十五条 企业在清产核资中应当认真清理各项长期积压的存货，以及各种未使用、剩余、闲置或因技术落后淘汰的固定资产、工程物资，并组织力量进行处置，积极变现或者收回残值。

第三十六条 企业在完成清产核资后，应当全面总结，认真分析在资产及财务日常管理中存在的问题，提出相应整改措施和实施计划，强化内部财务控制，建立相关的资产损失责任追究制度，以及进一步完善企业经济责任审计和企业负责人离任审计制度。

第三十七条 企业清产核资中产权归属不清或者有争议的资产，可以在清产核资工作结束后，依据国家有关法规，向同级国有资产监督管理机构另行申报产权界定。

第三十八条 企业对经批复同意核销的各项不良债权、不良投资及实物资产损失，应当加强管理，建立账销案存管理制度，组织力量或成立专门机构积极清理和追索，避免国有资产流失。

第三十九条 企业应当在清产核资中认真清理各项账外资产、负债，对经批准同意入账的各项盘盈资产及同意账务处理的有关负债，应当及时纳入企业日常资产及财务管理的范围。

第四十条 企业对清产核资中反映出的各项管理问题应当认真总结经验，分清工作责任，建立各项管理制度，并严格落实。应当建立健全不良资产管理机制，巩固清产核资成果。

第四十一条 除涉及国家安全的特殊企业以外，企业清产核资工作结果须委托符合资质条件的社会中介机构进行专项财务审计。

第四十二条 社会中介机构应当按照独立、客观、公正的原则，履行必要的审计程序，认真核实企业的各项清产核资材料，并按规定进行实物盘点和账务核对。对企业资产损益按照国家清产核资政策和有关财务会计制度规定的损益确定标准，在充分调查研究、论证的基础上进行职业推断和客观评判，提出经济鉴证意见，并出具鉴证证明。

第四十三条 进行清产核资的企业应当积极配合社会中介机构的工作，提供审计工作和经济鉴证所必要的资料和线索。企业和个人不得干预社会中介机构的正常执业行为。社会中介机构的审计工作和经济鉴证工作享有法律规定的权力，承担法律规定的义务。

第四十四条 企业及社会中介机构应当根据会计档案管理的要求，妥善保管有关清产核资各项工作的底稿，以备检查。

第七章　法律责任

第四十五条 企业在清产核资中违反本办法所规定程序的，由同级国有资产监督管理机构责令其限期改正；企业清产核资工作质量不符合规定要求的，由同级国有资产监督管理机构责令其重新开展清产核资。

第四十六条 企业在清产核资中有意瞒报情况，或者弄虚作假、提供虚假会计资料的，由同级国有资产监督管理机构责令改正，根据《中华人民共和国会计法》和《企业国有资产监督管理暂行条例》等有关法律、法规规定予以处罚；对企业负责人和直接责任人员依法给予行政和纪律处分。

第四十七条 企业负责人和有关工作人员在清产核资中，采取隐瞒不报、低价变卖、虚报损失等手段侵吞、转移国有资产的，由同级国有资产监督管理机构责令改正，并依法给予行政和纪律处分；构成犯罪的，依法追究刑事责任。

第四十八条 企业负责人对申报的清产核资工作结果真实性、完整性承担责任；社会中介机构对企业清产核资审计报告的准确性、可靠性承担责任。

第四十九条 社会中介机构及有关当事人在清产核资中与企业相互串通，弄虚作假、提供虚假鉴证材料的，由同级国有资产监督管理机构会同有关部门依法查处；构成犯罪的，依法追究刑事责任。

第五十条 国有资产监督管理机构工作人员在对企业清产核资工作结果进行审核过程中徇私舞弊，造成重大工作过失的，应当依法给予行政和纪律处分；构成犯罪的，依法追究刑事责任。

第八章　附　　则

第五十一条 各省、自治区、直辖市和计划单列市的国有资产监督管理机构可依据本办法制定本地区的具体实施办法。

第五十二条 各中央部门管理的企业的清产核资工作参照本办法执行。

第五十三条 本办法实施前的有关企业清产核资工作的规章制度与本办法不一致的，依照本办法的规定执行。

第五十四条　本办法由国务院国有资产监督管理委员会负责解释。

第五十五条　本办法自发布之日起施行

中央企业负责人经营业绩考核暂行办法

（国务院国资委令第2号）

第一章　总　则

第一条　为了切实履行企业国有资产出资人职责，维护所有者权益，落实国有资产保值增值责任，建立有效的激励和约束机制，根据《企业国有资产监督管理暂行条例》等有关法律法规，制定本办法。

第二条　本办法考核的中央企业负责人是指国务院确定的由国务院国有资产监督管理委员会（以下简称国资委）履行出资人职责的国有及国有控股企业（以下简称企业）的下列人员：

（一）国有独资企业和不设董事会的国有独资公司的总经理（总裁）、副总经理（副总裁）、总会计师；

（二）设董事会的国有独资公司的董事长、副董事长、董事、总经理（总裁）、副总经理（副总裁）、总会计师；

（三）国有控股公司国有股权代表出任的董事长、副董事长、董事、总经理（总裁），列入国资委党委管理的副总经理（副总裁）、总会计师。

第三条　考核企业负责人的经营业绩，实行年度考核与任期考核相结合、结果考核与过程评价相统一、考核结果与奖惩相挂钩的考核制度。

第四条　年度经营业绩考核和任期经营业绩考核采取由国资委主任或者其授权代表与企业负责人签订经营业绩责任书的方式进行。

第五条　企业负责人经营业绩考核工作应当遵循以下原则：

（一）按照国有资产保值增值以及资本收益最大化和可持续发展的要求，依法考核企业负责人的经营业绩。

（二）按照企业所处的不同行业、资产经营的不同水平和主营业务等不同特点，实事求是，公开公正，实行科学的分类考核。

（三）按照责权利相统一的要求，建立企业负责人经营业绩同激励约束机制相结合的考核制度，建立健全科学合理、可追溯的资产经营责任制。

第二章　年度经营业绩考核

第六条　年度经营业绩考核以公历年为考核期。

第七条　年度经营业绩责任书包括下列内容：

（一）双方的名称和姓名；

（二）考核内容及指标；

（三）考核与奖惩；

（四）责任书的变更、解除和终止；

（五）其他需要规定的事项。

第八条　年度经营业绩考核指标包括基本指标与分类指标。

（一）基本指标包括年度利润总额和净资产收益率指标。

1. 年度利润总额是指经核定后的企业合并报表利润总额。企业年度利润计算可加上经核准的当期企业消化以前年度潜亏。

2. 净资产收益率是指企业考核当期净利润同平均净资产的比率，计算公式为：

$$净资产收益率 = \frac{净利润}{平均净资产} \times 100\%$$

其中：净资产中不含少数股东权益。

（二）分类指标由国资委根据企业所处行业和特点，综合考虑反映企业经营管理水平及发展能力等因素确定，具体指标在责任书中确定。

第九条 确定军工企业和主要承担国家政策性业务等特殊企业的基本指标与分类指标，可优先考虑政策性业务完成情况，具体指标及其权重在责任书中确定。

第十条 年度经营业绩责任书按下列程序签订：

（一）预报年度经营业绩考核目标建议值。每年第四季度，企业负责人按照国资委年度经营业绩考核要求和企业发展规划及经营状况，提出下一年度拟完成的经营业绩考核目标建议值，并将考核目标建议值和必要的说明材料报国资委。考核目标建议值原则上不低于前三年考核指标实际完成值的平均值。

（二）核定年度经营业绩考核目标值。国资委根据宏观经济形势及企业运营环境，对企业负责人的年度经营业绩考核目标建议值进行审核，并就考核目标值及有关内容同企业沟通后加以确定。

（三）由国资委主任或者其授权代表同企业负责人签订年度经营业绩责任书。

第十一条 国资委对年度经营业绩责任书执行情况实施动态监控。

（一）年度经营业绩责任书签订后，企业负责人每半年将责任书执行情况上报国资委。国资委对责任书的执行情况进行动态跟踪。

（二）建立重大的安全生产事故和质量事故、重大经济损失、重大投融资和资产重组等重要情况报告制度。企业发生上述情况时，企业负责人应当立即向国资委报告。

第十二条 年度经营业绩责任书完成情况按照下列程序进行考核：

（一）每年4月底之前，企业负责人依据经审计的企业财务决算数据，对上年度经营业绩考核目标的完成情况进行总结分析，并将年度总结分析报告报国资委。企业负责人年度总结分析报告格式和主要内容由国资委另行规定。

（二）国资委依据经审计并经审核的企业财务决算报告和经审查的统计数据，结合企业负责人年度总结分析报告并听取监事会对企业的年度评价意见，对企业负责人年度经营业绩考核目标的完成情况进行考核（具体办法见附件1），形成企业负责人年度经营业绩考核与奖惩意见。

（三）国资委将最终确认的企业负责人年度经营业绩考核与奖惩意见反馈各企业负责人及其所在企业。企业负责人对考核与奖惩意见有不同意见的，可向国资委反映。

第三章 任期经营业绩考核

第十三条 任期经营业绩责任书以三年为考核期，由于特殊原因需要调整的，由国资委决定。

第十四条 任期经营业绩责任书包括下列内容：

（一）双方的名称和姓名；

（二）考核内容及指标；

（三）考核与奖惩；

（四）责任书的变更、解除和终止；

（五）其他需要规定的事项。

第十五条 任期经营业绩考核指标包括基本指标和分类指标。

（一）基本指标包括国有资产保值增值率和三年主营业务收入平均增长率。

1．国有资产保值增值率是指企业考核期末扣除客观因素后的所有者权益同考核期初所有者权益的比率，计算公式为：$国有资产保值增值率=\frac{考核期末扣除客观因素后的所有者权益}{考核初期所有者权益}\times 100\%$

客观因素由国资委根据国家有关规定具体审核确定。

企业国有资产保值增值结果以国资委确认的结果为准。

2．三年主营业务收入平均增长率是指企业主营业务连续三年的平均增长情况，计算公式为：

$$三年主营业务收入平均增长率=\sqrt[3]{\frac{考核期末当年主营业务收入}{三年前主营业务收入}}-1)\times 100\%$$

（二）分类指标由国资委根据企业所处行业和特点，综合考虑反映企业可持续发展能力及核心竞争力等因素确定，具体指标在责任书中确定。

第十六条　确定军工企业和主要承担国家政策性业务等特殊企业的基本指标与分类指标，可优先考虑政策性业务完成情况，具体指标及其权重在责任书中确定。

第十七条　任期经营业绩责任书按下列程序签订：

（一）预报任期经营业绩考核目标建议值。考核期初，企业负责人按照国资委任期经营业绩考核的要求和企业发展规划及经营状况，提出任期经营业绩考核目标的建议值，并将考核目标建议值和必要的说明材料报国资委。考核目标建议值原则上不低于前一任期考核指标实际完成值。

（二）核定任期经营业绩考核目标值。国资委根据宏观经济形势及企业运营环境，对企业负责人的任期经营业绩考核目标建议值进行审核，并就考核目标值及有关内容同企业沟通后加以确定。

（三）由国资委主任或其授权代表同企业负责人签订任期经营业绩责任书。

第十八条　国资委对任期经营业绩责任书执行情况进行年度跟踪检查，实施动态监控。

第十九条　任期经营业绩责任书完成情况按照下列程序进行考核：

（一）考核期末，企业负责人对任期经营业绩考核目标的完成情况进行总结分析，并将总结分析报告报国资委。企业负责人任期经营业绩总结分析报告格式和主要内容由国资委另行规定。

（二）国资委依据任期内经审计并经审核的企业财务决算报告和经审查的统计数据，结合企业负责人任期经营业绩总结分析报告并听取监事会对企业负责人的任期评价意见，对企业负责人任期经营业绩考核目标的完成情况进行综合考核（具体办法见附件2），形成企业负责人任期经营业绩考核与奖惩意见。

（三）国资委将最终确认的企业负责人任期经营业绩考核与奖惩意见反馈各企业负责人及其所在企业。企业负责人对考核与奖惩意见有不同意见的，可向国资委反映。

第四章　奖　惩

第二十条　根据企业负责人经营业绩考核得分，年度经营业绩考核和任期经营业绩考核最终结果分为A、B、C、D、E五个级别，完成考核目标值为C级进级点。

第二十一条　国资委依据年度经营业绩考核结果和任期经营业绩考核结果对企业负责人实施奖惩。

第二十二条　对企业负责人的奖励分为年度薪酬奖励和任期中长期激励。

第二十三条　企业负责人年度薪酬分为基薪和绩效年薪两个部分。绩效年薪与年度考核结果挂钩。

当考核结果为E级时，绩效年薪为0；

当考核结果为D级时，绩效年薪按“基薪×（考核分数－D级起点分数）/（C级起点分数－D级起点分数）”确定，绩效年薪在0到1倍基薪之间；

当考核结果为C级时，绩效年薪按“基薪×［1+0.5×（考核分数－C级起点分数）/（B级起点分数－C级起点分数）］”确定，绩效年薪在1倍基薪到1.5倍基薪之间；

当考核结果为B级时，绩效年薪按“基薪×［1.5+0.5×（考核分数－B级起点分数）/（A级起点分数－B级起点分数）］”确定，绩效年薪在1.5倍基薪到2倍基薪之间；

当考核结果为A级时，绩效年薪按“基薪×［2+（考核分数-A级起点分数）/（A级封顶分数-A级起点分数）］”确定，绩效年薪在2倍基薪到3倍基薪之间。

第二十四条 被考核人担任企业法定代表人的，其分配系数为1，其余被考核人的系数根据企业各负责人的责任和贡献，由企业确定。

第二十五条 绩效年薪的60%在年度考核结束后当期兑现；其余40%根据任期考核结果等因素延期到连任或离任的下一年兑现。

第二十六条 依据任期经营业绩考核结果，对企业负责人实行奖惩与任免。

（一）对于任期经营考核结果为A级和B级的企业负责人，除按期兑现全部延期绩效年薪外，给予相应的中长期激励。

（二）对于任期经营考核结果为C级的企业负责人，按期兑现全部延期绩效年薪。

（三）对于任期经营考核结果为D级和E级的企业负责人，除根据考核分数扣减延期绩效年薪外，将根据具体情况，可不再对其任命、续聘或对其进行工作调整。

具体扣减绩效年薪的公式为：

扣减延期绩效年薪=任期内积累的延期绩效年薪×（C级起点分数-实得分数）/C级起点分数。

第二十七条 对社会、行业和企业发展做出重大贡献的企业负责人，国资委设立特别贡献奖。特别贡献奖和中长期激励的具体办法由国资委另行制定。

第二十八条 企业虚报、瞒报财务状况的，除由有关部门依照《中华人民共和国会计法》、《企业会计准则》等有关法律法规规章处理外，酌情扣发企业法定代表人及相关负责人的绩效年薪或延期绩效年薪；情节严重的，给予纪律处分。触犯刑律的，依法移送司法机关追究刑事责任。

第二十九条 企业法定代表人及相关负责人违反国家法律法规和规章，导致重大决策失误、重大安全与质量责任事故、严重环境污染事故、重大违纪事件，给企业造成重大不良影响或造成国有资产流失的，除由有关部门依法处理外，酌情扣发其绩效年薪或延期绩效年薪；情节严重的，给予纪律处分。触犯刑律的，依法移送司法机关追究刑事责任。

第五章 附 则

第三十条 由于清产核资、工作调动等原因导致对企业负责人的考核指标数据发生变化的，国资委可以根据具体情况变更经营业绩责任书的相关内容。

第三十一条 国有独资企业、国有独资公司和国有控股公司党委（党组）书记、副书记、常委（党组成员）、纪委书记（纪检组长）的考核及其奖惩依照本办法执行。

第三十二条 国有独资公司和国有控股公司独立董事、职工代表出任的董事、监事等的考核及其奖惩办法另行制定。

第三十三条 国有参股企业以及实施被兼并破产企业、基本建设项目法人单位等企业中，由国资委党委管理的企业负责人的考核参照本办法执行。具体经营业绩考核事项在经营业绩责任书中确定。

第三十四条 企业应当按照建立现代企业制度的要求和《中华人民共和国公司法》的规定，抓紧建立规范的公司法人治理结构。规范的法人治理结构建立健全后，本办法规定的企业经营业绩考核对象将按《中华人民共和国公司法》等有关法律法规进行调整。

第三十五条 各省、自治区、直辖市人民政府，设区的市、自治州级人民政府所出资企业负责人的经营业绩考核，可参照本办法执行。

第三十六条 本办法由国资委负责解释。

第三十七条 本办法自2004年1月1日起施行。

附件 1:

年度经营业绩考核计分试行办法

一、年度经营业绩考核的综合计分

年度经营业绩考核的综合得分 = 年度利润总额指标得分 × 经营难度系数 + 净资产收益率指标得分 × 经营难度系数 + 分类指标得分 × 经营难度系数。

上述年度经营业绩考核指标中，若某项指标没有达到基本分，则该项指标不乘以经营难度系数。

二、年度经营业绩考核各指标计分

年度利润总额指标的基本分为 30 分。企业负责人完成目标值时，得基本分 30 分；超过目标值时，每超过 3%，加 1 分，最多加 6 分。低于目标值时，每低于 3%，扣 1 分，最多扣 6 分。

净资产收益率指标的基本分为 40 分。企业负责人完成目标值时，得基本分 40 分；高于目标值时，每高于 0.5 个百分点，加 1 分，最多加 8 分。低于目标值时，每低于 0.5 个百分点，扣 1 分，最多扣 8 分。

分类指标只设一项指标的该指标的基本分为 30 分；若设两项指标，则每个指标的基本分为 15 分。分类指标加分与扣分的上限与下限为该项指标基本分的 20%。

三、经营难度系数

经营难度系数根据企业净资产、资产总额、营业（销售）收入、利润总额、职工平均人数、离退休人员占职工人数的比重等因素加权计算，分类确定。

四、考核分级

根据企业负责人年度经营业绩考核的综合得分，考核结果分为 A、B、C、D、E 五个级别。

附件 2:

任期经营业绩考核计分试行办法

一、任期经营业绩考核的综合计分

任期经营业绩考核的综合得分 = 国有资本保值增值率指标得分 × 经营难度系数 + 三年主营业务收入平均增长率指标得分 × 经营难度系数 + 任期内三年的年度经营业绩考核结果指标得分 + 分类指标得分 × 经营难度系数。

上述任期经营业绩考核指标中，若某项指标没有达到基本分，则该项指标不乘以经营难度系数。

二、任期经营业绩考核各指标计分

国有资本保值增值率指标的基本分为 40 分。企业负责人完成目标值时，得基本分 40 分；每高于目标值 0.5 个百分点，加 1 分，最多加 8 分。低于目标值但大于 100% 时，每低于目标值 0.5 个百分点，扣 0.5 分，最多扣 4 分；低于 100% 时，每低于目标值 0.5 个百分点，扣 1 分，最多扣 8 分。

三年主营业务收入平均增长率指标基本分为 20 分。企业负责人完成目标值时，得基本分 20 分；高于目标值时，每超过 1 个百分点，加 1 分，最多加 4 分。低于目标值时，每低于 1 个百分点，扣 1 分，最多扣 4 分。

任期内三年的年度经营业绩考核结果指标的基本分为 20 分。企业负责人三年内的年度经营业绩综合考核结果每得一次 A 级的得 8 分；每得一次 B 级的得 7 分；每得一次 C 级的得 6 分；每得一次 D 级的得 5 分；每得一次 E 级的得 4 分。

分类指标 20 分。分类指标加分与扣分的上限与下限为该项指标基本分的 20%。

三、经营难度系数

经营难度系数根据企业净资产、资产总额、营业（销售）收入、利润总额、职工平均人数、离退休人员占职工人数的比重等因素加权计算，分类确定。

四、考核分级

根据企业负责人任期经营业绩考核的综合得分，考核结果分为 A、B、C、D、E 五个级别。

企业国有产权转让管理暂行办法

（2003/12/31 国务院国资委、财政部令第 3 号）

第一章 总 则

第一条 为规范企业国有产权转让行为，加强企业国有产权交易的监督管理，促进企业国有资产的合理流动、国有经济布局和结构的战略性调整，防止企业国有资产流失，根据《企业国有资产监督管理暂行条例》和国家有关法律、行政法规的规定，制定本办法。

第二条 国有资产监督管理机构、持有国有资本的企业（以下统称转让方）将所持有的企业国有产权有偿转让给境内外法人、自然人或者其他组织（以下统称受让方）的活动适用本办法。

金融类企业国有产权转让和上市公司的国有股权转让，按照国家有关规定执行。

本办法所称企业国有产权，是指国家对企业以各种形式投入形成的权益、国有及国有控股企业各种投资所形成的应享有的权益，以及依法认定为国家所有的其他权益。

第三条 企业国有产权转让应当遵守国家法律、行政法规和政策规定，有利于国有经济布局和结构的战略性调整，促进国有资本优化配置，坚持公开、公平、公正的原则，保护国家和其他各方合法权益。

第四条 企业国有产权转让应当在依法设立的产权交易机构中公开进行，不受地区、行业、出资或者隶属关系的限制。国家法律、行政法规另有规定的，从其规定。

第五条 企业国有产权转让可以采取拍卖、招投标、协议转让以及国家法律、行政法规规定的其他方式进行。

第六条 转让的企业国有产权权属应当清晰。权属关系不明确或者存在权属纠纷的企业国有产权不得转让。被设置为担保物权的企业国有产权转让，应当符合《中华人民共和国担保法》的有关规定。

第七条 国有资产监督管理机构负责企业国有产权转让的监督管理工作。

第二章 企业国有产权转让的监督管理

第八条 国有资产监督管理机构对企业国有产权转让履行下列监管职责：

（一）按照国家有关法律、行政法规的规定，制定企业国有产权交易监管制度和办法；

（二）决定或者批准所出资企业国有产权转让事项，研究、审议重大产权转让事项并报本级人民政府批准；

（三）选择确定从事企业国有产权交易活动的产权交易机构；

（四）负责企业国有产权交易情况的监督检查工作；

（五）负责企业国有产权转让信息的收集、汇总、分析和上报工作；

（六）履行本级政府赋予的其他监管职责。

本办法所称所出资企业是指国务院，省、自治区、直辖市人民政府，设区的市、自治州级人民政府授权国有资产监督管理机构履行出资人职责的企业。

第九条　所出资企业对企业国有产权转让履行下列职责：

（一）按照国家有关规定，制定所属企业的国有产权转让管理办法，并报国有资产监督管理机构备案；

（二）研究企业国有产权转让行为是否有利于提高企业的核心竞争力，促进企业的持续发展，维护社会的稳定；

（三）研究、审议重要子企业的重大国有产权转让事项，决定其他子企业的国有产权转让事项；

（四）向国有资产监督管理机构报告有关国有产权转让情况。

第十条　企业国有产权转让可按下列基本条件选择产权交易机构：

（一）遵守国家有关法律、行政法规、规章以及企业国有产权交易的政策规定；

（二）履行产权交易机构的职责，严格审查企业国有产权交易主体的资格和条件；

（三）按照国家有关规定公开披露产权交易信息，并能够定期向国有资产监督管理机构报告企业国有产权交易情况；

（四）具备相应的交易场所、信息发布渠道和专业人员，能够满足企业国有产权交易活动的需要；

（五）产权交易操作规范，连续三年没有将企业国有产权拆细后连续交易行为以及其他违法、违规记录。

第三章　企业国有产权转让的程序

第十一条　企业国有产权转让应当做好可行性研究，按照内部决策程序进行审议，并形成书面决议。国有独资企业的产权转让，应当由总经理办公会议审议。国有独资公司的产权转让，应当由董事会审议；没有设立董事会的，由总经理办公会议审议。涉及职工合法权益的，应当听取转让标的企业职工代表大会的意见，对职工安置等事项应当经职工代表大会讨论通过。

第十二条　按照本办法规定的批准程序，企业国有产权转让事项经批准或者决定后，转让方应当组织转让标的企业按照有关规定开展清产核资，根据清产核资结果编制资产负债表和资产移交清册，并委托会计师事务所实施全面审计（包括按照国家有关规定对转让标的企业法定代表人的离任审计）。资产损失的认定与核销，应当按照国家有关规定办理。

转让所出资企业国有产权导致转让方不再拥有控股地位的，由同级国有资产监督管理机构组织进行清产核资，并委托社会中介机构开展相关业务。

社会中介机构应当依法独立、公正地执行业务。企业和个人不得干预社会中介机构的正常执业行为。

第十三条　在清产核资和审计的基础上，转让方应当委托具有相关资质的资产评估机构依照国家有关规定进行资产评估。评估报告经核准或者备案后，作为确定企业国有产权转让价格的参考依据。

在产权交易过程中，当交易价格低于评估结果的90%时，应当暂停交易，在获得相关产权转让批准机构同意后方可继续进行。

第十四条　转让方应当将产权转让公告委托产权交易机构刊登在省级以上公开发行的经济或者金融类报刊和产权交易机构的网站上，公开披露有关企业国有产权转让信息，广泛征集受让方。产权转让公告期为20个工作日。

转让方披露的企业国有产权转让信息应当包括下列内容：

（一）转让标的的基本情况；

（二）转让标的企业的产权构成情况；

（三）产权转让行为的内部决策及批准情况；

（四）转让标的企业近期经审计的主要财务指标数据；

（五）转让标的企业资产评估核准或者备案情况；

（六）受让方应当具备的基本条件；

（七）其他需披露的事项。

第十五条 在征集受让方时，转让方可以对受让方的资质、商业信誉、经营情况、财务状况、管理能力、资产规模等提出必要的受让条件。

受让方一般应当具备下列条件：

（一）具有良好的财务状况和支付能力；

（二）具有良好的商业信用；

（三）受让方为自然人的，应当具有完全民事行为能力；

（四）国家法律、行政法规规定的其他条件。

第十六条 受让方为外国及我国香港特别行政区、澳门特别行政区、台湾地区的法人、自然人或者其他组织的，受让企业国有产权应当符合国务院公布的《指导外商投资方向规定》及其他有关规定。

第十七条 经公开征集产生两个以上受让方时，转让方应当与产权交易机构协商，根据转让标的的具体情况采取拍卖或者招投标方式组织实施产权交易。

采取拍卖方式转让企业国有产权的，应当按照《中华人民共和国拍卖法》及有关规定组织实施。

采取招投标方式转让企业国有产权的，应当按照国家有关规定组织实施。

企业国有产权转让成交后，转让方与受让方应当签订产权转让合同，并应当取得产权交易机构出具的产权交易凭证。

第十八条 经公开征集只产生一个受让方或者按照有关规定经国有资产监督管理机构批准的，可以采取协议转让的方式。

采取协议转让方式的，转让方应当与受让方进行充分协商，依法妥善处理转让中所涉及的相关事项后，草签产权转让合同，并按照本办法第十一条规定的程序进行审议。

第十九条 企业国有产权转让合同应当包括下列主要内容：

（一）转让与受让双方的名称与住所；

（二）转让标的企业国有产权的基本情况；

（三）转让标的企业涉及的职工安置方案；

（四）转让标的企业涉及的债权、债务处理方案；

（五）转让方式、转让价格、价款支付时间和方式及付款条件；

（六）产权交割事项；

（七）转让涉及的有关税费负担；

（八）合同争议的解决方式；

（九）合同各方的违约责任；

（十）合同变更和解除的条件；

（十一）转让和受让双方认为必要的其他条款。

转让企业国有产权导致转让方不再拥有控股地位的，在签订产权转让合同时，转让方应当与受让方协商提出企业重组方案，包括在同等条件下对转让标的企业职工的优先安置方案。

第二十条 企业国有产权转让的全部价款，受让方应当按照产权转让合同的约定支付。

转让价款原则上应当一次付清。如金额较大、一次付清确有困难的，可以采取分期付款的方式。采取分期付款方式的，受让方首期付款不得低于总价款的30%，并在合同生效之日起5个工作日内支付；其余款项应当提供合法的担保，并应当按同期银行贷款利率向转让方支付延期付款期间利息，付款期限不得超过一年。

第二十一条　转让企业国有产权涉及国有划拨土地使用权转让和由国家出资形成的探矿权、采矿权转让的，应当按照国家有关规定另行办理相关手续。

第二十二条　转让企业国有产权导致转让方不再拥有控股地位的，应当按照有关政策规定处理好与职工的劳动关系，解决转让标的企业拖欠职工的工资、欠缴的各项社会保险费以及其他有关费用，并做好企业职工各项社会保险关系的接续工作。

第二十三条　转让企业国有产权取得的净收益，按照国家有关规定处理。

第二十四条　企业国有产权转让成交后，转让和受让双方应当凭产权交易机构出具的产权交易凭证，按照国家有关规定及时办理相关产权登记手续。

第四章　企业国有产权转让的批准程序

第二十五条　国有资产监督管理机构决定所出资企业的国有产权转让。其中，转让企业国有产权致使国家不再拥有控股地位的，应当报本级人民政府批准。

第二十六条　所出资企业决定其子企业的国有产权转让。其中，重要子企业的重大国有产权转让事项，应当报同级国有资产监督管理机构会签财政部门后批准。其中，涉及政府社会公共管理审批事项的，需预先报经政府有关部门审批。

第二十七条　转让企业国有产权涉及上市公司国有股性质变化或者实际控制权转移的，应当同时遵守国家法律、行政法规和相关监管部门的规定。

对非上市股份有限公司国有股权转让管理，国家另有规定的，从其规定。

第二十八条　决定或者批准企业国有产权转让行为，应当审查下列书面文件：

（一）转让企业国有产权的有关决议文件；

（二）企业国有产权转让方案；

（三）转让方和转让标的企业国有资产产权登记证；

（四）律师事务所出具的法律意见书；

（五）受让方应当具备的基本条件；

（六）批准机构要求的其他文件。

第二十九条　企业国有产权转让方案一般应当载明下列内容：

（一）转让标的企业国有产权的基本情况；

（二）企业国有产权转让行为的有关论证情况；

（三）转让标的企业涉及的、经企业所在地劳动保障行政部门审核的职工安置方案；

（四）转让标的企业涉及的债权、债务包括拖欠职工债务的处理方案；

（五）企业国有产权转让收益处置方案；

（六）企业国有产权转让公告的主要内容。

转让企业国有产权导致转让方不再拥有控股地位的，应当附送经债权金融机构书面同意的相关债权债务协议、职工代表大会审议职工安置方案的决议等。

第三十条　对于国民经济关键行业、领域中对受让方有特殊要求的，企业实施资产重组中将企业国有产权转让给所属控股企业的国有产权转让，经省级以上国有资产监督管理机构批准后，可以采取协议转让方式转让国有产权。

第三十一条　企业国有产权转让事项经批准或者决定后，如转让和受让双方调整产权转让比例或者企业国有产权转让方案有重大变化的，应当按照规定程序重新报批。

第五章　法律责任

第三十二条　在企业国有产权转让过程中，转让方、转让标的企业和受让方有下列行为之一的，国有资产监督管理机构或者企业国有产权转让相关批准机构应当要求转让方终止产权转让活动，必要时应当依法向人民法院提起诉讼，确认转让行为无效。

（一）未按本办法有关规定在产权交易机构中进行交易的；

（二）转让方、转让标的企业不履行相应的内部决策程序、批准程序或者超越权限、擅自转让企业国有产权的；

（三）转让方、转让标的企业故意隐匿应当纳入评估范围的资产，或者向中介机构提供虚假会计资料，导致审计、评估结果失真，以及未经审计、评估，造成国有资产流失的；

（四）转让方与受让方串通，低价转让国有产权，造成国有资产流失的；

（五）转让方、转让标的企业未按规定妥善安置职工、接续社会保险关系、处理拖欠职工各项债务以及未补缴欠缴的各项社会保险费，侵害职工合法权益的；

（六）转让方未按规定落实转让标的企业的债权债务，非法转移债权或者逃避债务清偿责任的；以企业国有产权作为担保的，转让该国有产权时，未经担保权人同意的。

（七）受让方采取欺诈、隐瞒等手段影响转让方的选择以及产权转让合同签订的；

（八）受让方在产权转让竞价、拍卖中，恶意串通压低价格，造成国有资产流失的。

对以上行为中转让方、转让标的企业负有直接责任的主管人员和其他直接责任人员，由国有资产监督管理机构或者相关企业按照人事管理权限给予警告，情节严重的，给予纪律处分，造成国有资产损失的，应当负赔偿责任；由于受让方的责任造成国有资产流失的，受让方应当依法赔偿转让方的经济损失；构成犯罪的，依法移送司法机关追究刑事责任。

第三十三条 社会中介机构在企业国有产权转让的审计、评估和法律服务中违规执业的，由国有资产监督管理机构将有关情况通报其行业主管机关，建议给予相应处罚；情节严重的，可要求企业不得再委托其进行企业国有产权转让的相关业务。

第三十四条 产权交易机构在企业国有产权交易中弄虚作假或者玩忽职守，损害国家利益或者交易双方合法权益的，依法追究直接责任人员的责任，国有资产监督管理机构将不再选择其从事企业国有产权交易的相关业务。

第三十五条 企业国有产权转让批准机构及其有关人员违反本办法，擅自批准或者在批准中以权谋私，造成国有资产流失的，由有关部门按照干部管理权限，给予纪律处分；构成犯罪的，依法移送司法机关追究刑事责任。

第六章 附 则

第三十六条 境外企业国有产权转让管理办法另行制定。

第三十七条 政企尚未分开的单位以及其他单位所持有的企业国有产权转让，由主管财政部门批准，具体比照本办法执行。

第三十八条 本办法由国务院国有资产监督管理委员会负责解释；涉及有关部门的，由国资委商有关部门解释。

第三十九条 本办法自2004年2月1日起施行。

企业国有资产统计报告办法

（国务院国有资产监督管理委员会令第4号）

《企业国有资产统计报告办法》已经国务院国有资产监督管理委员会第12次主任办公会议审议通

过，现予公布，自公布之日起施行。

国务院国有资产监督管理委员会主任　李荣融

2004年2月12日

企业国有资产统计报告办法

第一章　总　　则

第一条　为加强企业国有资产监督管理，了解掌握企业国有资产营运等情况，建立全国国有资本金统计报告工作规范，依据《企业国有资产监督管理暂行条例》及国家有关财务会计制度，制定本办法。

第二条　国有及国有控股企业、国有参股企业的国有资产统计报告工作，适用本办法。

第三条　本办法所称国有资产统计报告，是指企业按照国家财务会计制度规定，根据统一的报告格式和填报要求，编制上报的反映企业年度会计期间资产质量、财务状况、经营成果等企业国有资产营运基本情况的文件。

第四条　各省、自治区、直辖市国有资产监督管理机构（以下简称省级国有资产监督管理机构）和各有关部门应当按照本办法的统一要求，认真组织实施本地区、本部门监管企业国有资产统计报告工作，并依据规定向国务院国有资产监督管理委员会（以下简称国务院国资委）报备。

第五条　凡占用国有资产的企业应当按照《企业国有资产监督管理暂行条例》和国家财务会计制度有关规定，在做好财务会计核算工作的基础上，根据国家统一的要求，认真编制国有资产统计报告，如实反映本企业占用的国有资产及其营运情况。

第二章　报告内容

第六条　国有资产年度统计报告由企业会计报表和国有资产营运分析报告两部分构成。

第七条　企业会计报表按照国家财务会计统一规定由资产负债表、利润及利润分配表、现金流量表、所有者权益变动表、资产减值准备计提情况表及相关附表构成。企业会计报表应当经过中介机构审计。

第八条　国有资产营运分析报告是对本地区、本部门或者本企业占用的国有资产及营运情况进行分析说明的文件，具体包括：

（一）国有资产总量与分布结构；

（二）企业资产质量、财务状况及经营成果分析；

（三）国有资产增减变动情况及其原因分析；

（四）国有资产保值增值结果及其影响因素分析；

（五）其他需说明的事项。

第三章　编制范围

第九条　应当编制国有资产统计报告的企业包括：由国务院，省、自治区、直辖市人民政府，设区的市、自治州级人民政府履行出资人职责的具有法人资格、独立核算、能够编制完整会计报表的境内外国有及国有控股企业。

第十条　国有参股企业的国有资产及投资收益依据合并会计报表的规定，纳入国有投资单位的国有资产统计范围，原则上不单独编制国有资产统计报告。但对于重要参股企业，应当根据国有资产监管需要单独编制国有资产统计报告。

重要参股企业的标准或者名单由相关国有资产监督管理机构确定。

第十一条 企业国有资产统计报告基本填报单位的级次为：大型企业（含大型企业集团）为第三级以上（含第三级）各级子企业，第三级以下子企业并入第三级进行填报；中小型企业为第二级以上（含第二级）各级子企业，第二级以下子企业并入第二级进行填报。

第十二条 企业应当组织做好总部及各级境内外子企业的国有资产统计报告编制工作，并编制集团或者总公司合并（汇总）的国有资产统计报告，以全面反映企业国有资产营运情况，并与所属境内外子企业的分户国有资产统计数据一同报送同级国有资产监督管理机构或者主管部门。

第四章　组织管理

第十三条 企业国有资产统计报告工作应当遵循统一规范、分级管理的原则，按照企业的财务关系或者产权关系分别组织实施。

第十四条 省级国有资产监督管理机构、各有关部门应当编制本地区、本部门所监管企业的汇总国有资产统计报告，并与所监管企业的分户国有资产统计数据一同报送国务院国资委。

第十五条 国务院国资委在国有资产统计报告工作中履行下列职责：

（一）制定全国企业国有资产统计报告规章、制度和工作规范；

（二）统一制定企业国有资产统计报告格式、编报要求和数据处理软件；

（三）负责所出资企业国有资产统计报告工作具体组织实施；

（四）负责收集、审核和汇总各地区、各有关部门国有资产统计报告，并向国务院报告全国企业国有资产营运情况；

（五）组织开展对企业国有资产统计报告质量监控工作，并组织开展企业国有资产统计报告编报质量的抽样核查。

第十六条 省级国有资产监督管理机构在企业国有资产统计报告工作中履行下列职责：

（一）依据统一的企业国有资产统计报告规章制度和工作规范，负责本地区监管企业国有资产统计报告工作的组织实施和监督检查；

（二）指导下一级国有资产监督管理机构开展企业国有资产统计报告工作；

（三）负责收集、审核、汇总本地区管理企业国有资产统计报告，并向同级人民政府报告本地区监管企业国有资产营运情况；

（四）负责向国务院国资委报送本地区监管企业国有资产统计报告；

（五）组织开展对本地区监管企业国有资产统计报告质量的核查工作。

第十七条 各有关部门在企业国有资产统计报告工作中履行下列职责：

（一）依据统一的企业国有资产统计报告规章制度和工作规范，负责本部门监管企业国有资产统计报告工作的组织实施和监督检查；

（二）负责收集、审核、汇总本部门监管企业国有资产统计报告；

（三）负责向国务院国资委报送本部门监管企业国有资产统计报告；

（四）组织开展对本部门监管企业国有资产报告质量的核查工作。

第十八条 省级国有资产监督管理机构和各有关部门应当指定专门机构或者人员具体负责国有资产统计报告工作，并与国务院国资委建立相应工作联系。

第十九条 省级国有资产监督管理机构和各有关部门应当加强对企业国有资产统计报告相关数据资料的管理，做好归档整理、建档建库和保密管理等工作。

第五章　编报规范

第二十条　企业应当在全面清理核实资产、负债、收入、支出并做好财务核算的基础上，按照统一的报告格式、内容、指标口径和操作软件，认真编制并按时上报企业国有资产统计报告，做到账实相符、账证相符、账账相符、账表相符。

第二十一条　企业应当严格按照国家财务会计制度和统一的编制要求，编制企业国有资产统计报告，做到内容完整、数字真实，不得虚报、漏报、瞒报和拒报，并按照财务关系或产权关系采取自下而上方式层层审核和汇总。

第二十二条　企业应当在认真做好总部及各级子企业分户报表编制范围与编制质量的审核工作基础上，编制集团或总公司合并报表，并按照国家财务会计制度的统一规定，做好合并范围和抵销事项的审核工作，对于未纳入范围和未抵销或者未充分抵销的事项应当单独说明。

第二十三条　企业主要负责人对本企业编制的国有资产统计报告的真实性和完整性负责。

企业财务会计等人员应当按照统一规定认真编制国有资产统计报告，如实反映本企业有关财务会计和国有资产营运信息。

第二十四条　省级国有资产监督管理机构和各有关部门应当加强对本地区、本部门监管企业国有资产统计报告工作的组织领导，加强督促指导，对企业报送的国有资产统计报告各项内容进行规范性审核。审核内容主要包括：

（一）编制范围是否全面完整；

（二）编制方法是否符合国家统一的财务会计制度，是否符合企业国有资产统计报告的编制要求；

（三）填报内容是否全面、真实；

（四）报表中相关指标之间、表间相关数据之间、分户数据与汇总数据之间、报表数据与计算机录入数据之间是否衔接一致。

第二十五条　省级国有资产监督管理机构和各有关部门应当认真做好本地区、本部门监管企业国有资产统计报告的审核工作，确保国有资产统计报告各项数据资料的完整和真实。凡发现报表编制不符合规定，存在漏报、错报、虚报、瞒报以及相关数据不衔接等情况，应当要求有关企业立即纠正，并限期重报。

第二十六条　企业国有资产统计报告采取自下而上、逐户审核、层层汇总方式收集上报。企业应当将国有资产统计报告经企业负责人、总会计师或主管财务工作负责人和报告编制人员签字并盖章后，于规定时间内上报。

第二十七条　中央企业国有资产统计报告工作应当遵守财务决算报告工作的相关规定。

第六章　奖　惩

第二十八条　授意、指使、强令企业财务会计等人员编制和提供虚假国有资产统计报告的，除依照《中华人民共和国会计法》、《企业国有资产监督管理暂行条例》和《企业财务会计报告条例》等有关法律法规处理外，还应对企业负责人给予纪律处分；有犯罪嫌疑的，依法移送司法机关处理。

第二十九条　对于玩忽职守、编制虚假财务会计信息，严重影响国有资产统计报告质量的，除依照《中华人民共和国会计法》、《企业国有资产监督管理暂行条例》和《企业财务会计报告条例》等有关法律法规处理外，还应对有关责任人员给予纪律处分；有犯罪嫌疑的，依法移送司法机关处理。

第三十条　省级国有资产监督管理机构和各有关部门工作组织不力或者不当，给企业国有资产统计报告工作造成不良影响的，应当给予通报。

第三十一条　省级国有资产监督管理机构和各有关部门应当认真做好本地区、本部门监管企业国有资产统计报告的总结工作，对在企业国有资产统计报告工作中取得优秀成绩的单位和个人给予表彰。

第七章　附　　则

第三十二条　省级国有资产监督管理机构和各有关部门可依据本办法，结合各自实际，制定相应的实施细则。

第三十三条　本办法自公布之日起施行。

中央企业财务决算报告管理办法

（国务院国有资产监督管理委员会令第5号）

《中央企业财务决算报告管理办法》已经国务院国有资产监督管理委员会第12次主任办公会议审议通过，现予公布，自公布之日起施行。

国务院国有资产监督管理委员会主任　李荣融

2004年2月12日

中央企业财务决算报告管理办法

第一章　总　　则

第一条　为加强国务院国有资产监督管理委员会（以下简称国资委）所出资企业（以下简称企业）的财务监督，规范企业年度财务决算报告编制工作，全面了解和掌握企业资产质量、经营效益状况，依据《企业国有资产监督管理暂行条例》和国家有关财务会计制度规定，制定本办法。

第二条　企业编制上报年度财务决算报告应当遵守本办法。

第三条　本办法所称年度财务决算报告，是指企业按照国家财务会计制度规定，根据统一的编制口径、报表格式和编报要求，依据有关会计账簿记录和相关财务会计资料，编制上报的反映企业年末结账日资产及财务状况和年度经营成果、现金流量、国有资本保值增值等基本经营情况的文件。

企业财务决算报告由年度财务决算报表、年度报表附注和年度财务情况说明书，以及国资委规定上报的其他相关生产经营及管理资料构成。

第四条　除涉及国家安全的特殊企业外，企业年度财务决算报表和报表附注应当按照国家有关规定，由符合资质条件的会计师事务所及注册会计师进行审计。

会计师事务所出具的审计报告是企业年度财务决算报告的必备附件，应当与企业年度财务决算报告一并上报。

第五条　国资委依法对企业年度财务决算报告的编制工作、审计质量等进行监督，并组织对企业财务决算报告的真实性、完整性进行核查。

第二章　财务决算报告的编制

第六条　企业及各级子企业在每个会计年度终了，应当严格按照国家财务会计制度及相关会计准则规定，在全面财产清查、债权债务确认、资产质量核实的基础上，认真组织编制年度财务决算报告，以全面、完整、真实、准确反映企业年度财务状况和经营成果。

本办法所称各级子企业包括企业所有境内外全资子企业、控股子企业，以及各类独立核算的分支机构、事业单位和基建项目。

第七条　企业及各级子企业编制年度财务决算报告应当遵循会计全面性、完整性原则，并符合下列规定：

（一）企业财务决算报告应当以经营年度内发生的全部经济业务事项及会计账簿为基础进行编制，全面、完整反映企业各项经济业务的收入、成本（费用）以及现金流入（出）等状况，不得漏报；

（二）企业不得存有未反映在财务决算报告中的财务、会计事项，不得有账外资产或设立账外账，不得以任何理由设立“小金库”；

（三）企业应当按规定将各级子企业全部纳入年度财务决算编制范围，以全面反映企业的财务状况；

（四）企业所属经营性事业单位应当按照规定要求执行统一的企业会计制度；暂未执行企业会计制度的所属事业单位，应当将相关财务决算内容一并纳入企业财务决算范围，以完整反映企业的经营成果；

（五）企业所属基建项目应当按照规定要求与企业财务并账；暂未并账的，应当将基建项目的相关财务决算内容一并纳入企业财务决算范围，以完整反映企业的资产状况。

第八条　企业及各级子企业编制年度财务决算报告应当遵循会计真实性、准确性原则，并符合下列规定：

（一）企业财务决算报告应当以经过核对无误的相关会计账簿进行编制，做到账实相符、账证相符、账账相符、账表相符；

（二）企业编制财务决算报告应当根据真实的交易事项、会计记录等资料，按照规定的会计核算原则及具体会计处理方法，对各项会计要素进行合理确认和计量；

（三）企业应当严格遵守会计核算规定，不得应提不提、应摊不摊或者多提多摊成本（费用），造成企业经营成果不实，影响企业财务决算报告的真实性；

（四）企业不得采取利用会计政策、会计估计变更，以及减值准备计提、转回等方式，人为掩饰企业真实经营状况；不得计提秘密减值准备，影响企业财务决算报告的真实性；

（五）企业应当客观地反映实际发生的资产损失，以保证财务决算报告的真实、可靠。

第九条　企业及各级子企业应当遵循会计稳健性原则，按有关资产减值准备计提的标准和方法，合理预计各项资产可能发生的损失，定期对计提的各项资产减值准备逐项进行认定、计算。

第十条　企业及各级子企业编制财务决算报告应当遵循会计可比性原则，编制基础、编制原则、编制依据和编制方法及各项财务指标口径应当保持前、后各期一致，各年度期间财务决算数据保持衔接，如实反映年度间企业财务状况、经营成果的变动情况。

第十一条　除国家另有规定外，企业及各级子企业所执行的会计制度应当按照国家财务会计制度的有关规定和要求保持一致；因特殊情形不能保持一致的，应当事先报国资委备案，并陈述相关理由。

第十二条　企业及各级子企业的各项会计政策、会计估计一经确定，不得随意变更；因特殊情形发生较大变更的，应当事先报国资委备案，并陈述相关理由。

第十三条　企业在年度财务决算报告编制中，对报表各项指标的数据填报不得遗漏，报表内项目之间和表式之间各项指标的数据应当相互衔接，保证勾稽关系正确。

第三章 财务决算报表的合并

第十四条 集团型企业应当按照国家财务会计制度有关规定，将各级子企业年度财务决算进行层层合并，逐级编制企业集团年度财务决算合并报表。企业年度财务决算合并报表范围包括：

（一）执行企业会计制度的境内全部子企业；

（二）境外（含香港、澳门、台湾地区）子企业；

（三）所属各类事业单位；

（四）各类基建项目或者基建财务（含技改，下同）；

（五）按照规定执行金融会计制度的子企业；

（六）所属独立核算的其他经济组织。

第十五条 企业编制年度财务决算合并报表，应当将企业及各级子企业之间的内部交易、内部往来进行充分抵销，对涉及资产、负债、所有者权益、收入、成本和费用、利润及利润分配、现金流量等财务决算的相关指标数据均应当按照合并口径进行剔除。

第十六条 各级子企业执行的会计制度与企业总部不一致的，企业总部在编制财务决算合并报表时，应当按照国家统一会计制度的规定和要求将企业总部或者子企业的财务决算的数据进行调整，然后再进行企业财务决算报表的合并工作。

第十七条 企业所属合营子企业应当按照比例合并方式进行企业财务决算报表的合并工作；国有投资各方占等额股份的子企业，应当由委托管理一方按合并会计报表制度进行合并，或者按照股权比例进行企业财务决算报表的合并。

第十八条 企业财务决算报表合并过程中，境外子企业与企业总部会计期间或者会计结账日不一致时，应当以企业总部的会计期间和会计结账日为准进行调整。因特殊情形暂不能进行调整的，企业应当事先报国资委备案，并在报表附注中予以说明。

第十九条 凡年度内涉及产权划转的企业，财务决算报表合并原则上应当以企业年末结账日的产权隶属关系确定。结账日尚未办理产权划转手续的，由原企业合并编制；结账日已办理完产权划转关系的，由接收企业合并编制。

第二十条 按照国家财务会计有关规定，符合下列情形之一的，各级子企业可以不纳入年度财务决算合并报表范围，但企业应当向国资委报备具有法律效力的文件或者经济鉴证证明：

（一）已宣告破产的子企业；

（二）按照破产程序，已宣告被清理整顿的子企业；

（三）已实际关停并转的子企业；

（四）近期准备售出而短期持有其半数以上权益性资本的子企业；

（五）非持续经营的、所有者权益为负数的子企业；

（六）受所在国或地区外汇管制及其他管制，资金调度受到限制的境外子企业。

企业财务决算报表合并范围发生变更，应当于年度结账日之前，将变更范围及原因报国资委备案。

第四章 财务决算信息的披露

第二十一条 为便于理解企业财务决算报表，了解和分析企业资产质量、财务状况，核实企业真实经营成果，企业应当在报表附注和财务情况说明书中，对企业财务决算报表和财务决算合并报表的重要内容进行详尽说明和披露。

企业财务决算报告所披露的信息内容应当真实、全面、详尽，不得隐瞒企业有关重大违规事项。

第二十二条 企业财务决算的报表附注应当重点披露以下内容：

（一）企业报告期内采用的主要会计政策、会计估计和合并财务决算报表的编制方法；报告期内会计政策、会计估计变更的内容、理由、影响数额；

（二）财务决算报表合并的范围及其依据，将未纳入合并财务决算报表范围的子企业资产、负债、销售收入、实现利润、税后利润以及对企业合并财务决算报告的影响分户列示；

（三）企业年内各种税项缴纳的有关情况；

（四）控股子企业及合营企业的情况；

（五）财务决算报表项目注释。企业在财务决算合并报表附注中，除对财务决算合并报表项目注释外，还应当对企业总部财务决算报表的主要项目注释；

（六）子企业与企业总部会计政策不一致时对财务决算合并报表的影响；

（七）关联方关系及其交易的披露；

（八）或有事项、承诺事项及其资产负债表日后事项；

（九）重大会计差错的调整；

（十）按照规定应当披露的有助于理解和分析报表的其他重要财务会计事项，以及国资委要求披露的其他专门事项。

第二十三条　企业财务情况说明书应当重点说明下列内容：

（一）企业生产经营的基本情况；

（二）企业预算执行情况及实现利润、利润分配和企业盈亏情况；

（三）企业重大投融资及资金变动、周转情况；

（四）企业重大改制、改组情况；

（五）重大产权变动情况；

（六）对企业财务状况、经营成果和现金流量、资本保全等有重大影响的其他事项；

（七）上一会计年度企业经营管理、财务管理中存在的问题及整改情况；

（八）本年度企业经营管理、财务管理中存在的问题，拟采取的整改措施；

（九）其他情况。

第二十四条　企业及各级子企业对外提供的财务决算数据应当与报送国资委的财务决算报告数据及披露的财务信息保持一致。

第五章　财务决算的审计

第二十五条　为保证企业年度财务状况及经营成果的真实性，根据财务监督工作的需要，国资委统一委托会计师事务所对企业年度财务决算进行审计。

第二十六条　国资委统一委托会计师事务所，按照“公开、公平、公正”的原则，采取国资委公开招标或者企业推荐报国资委核准等方式进行。其中，国有控股企业采取企业推荐报国资委核准的方式进行。

第二十七条　国资委暂未委托会计师事务所进行年度财务决算审计工作的企业，应当按照“统一组织、统一标准、统一管理”的原则，经国资委同意，由企业总部依照有关规定采取招标等方式委托会计师事务所对企业及各级子企业的年度财务决算进行审计。

第二十八条　企业年度财务决算审计内容应当包括企业财务决算报表中的资产负债表、利润及利润分配表、现金流量表、所有者权益变动表等相关指标数据和报表附注，以及国资委要求的其他重要财务指标有关数据。

编制财务决算合并报表的企业，其财务决算合并报表应当纳入审计范围。

第二十九条　企业及各级子企业应当根据会计师事务所及注册会计师提出的审计意见进行财务决算调整；企业对审计意见存有异议且未进行财务决算调整的，应当在上报财务决算报告时，向国资委提交说明材料。

第三十条 会计师事务所及注册会计师出具的审计报告应当按照有关规定，对企业违反国家财务会计制度规定或者未按注册会计师意见进行调整的重大会计事项进行披露。

第三十一条 企业应当为会计师事务所及注册会计师开展财务决算审计、履行必要的审计程序、取得充分审计证据提供必要的条件和协助，不得干预会计师事务所及注册会计师的审计业务，以保证审计结论的独立、客观、公正。

第三十二条 境外子企业年度财务决算审计工作按照所在国家或地区的规定进行。为适应境外子企业的特殊性，企业应当建立和完善对境外子企业的内审制度，并出具内审报告，保证境外子企业财务决算数据的真实性、完整性。

第三十三条 对于涉及国家安全的特殊子企业，以及国家法律法规未规定须委托会计师事务所进行审计的有关单位，企业应当建立和完善对其年度财务决算内审制度，并出具内审报告，以保证财务决算数据的真实性、完整性。

第六章 财务决算报告的报送

第三十四条 企业应当按财务关系或者产权关系负责各级子企业财务决算报告的组织、收集、审核、汇总、合并等工作，并按规定及时将企业年度财务决算报告报送国资委。

第三十五条 企业向国资委报送的年度财务决算报告应当做到“统一编报口径、统一编报格式、统一编报要求”。

（一）符合国资委规定的报表格式、指标口径要求；

（二）使用统一下发的财务决算报表软件填报各项财务决算数据；

（三）按照要求报送纸质文件和电子文档的财务决算报表、报表附注、财务情况说明书、审计报告及国有资本保值增值说明等资料。

第三十六条 企业财务决算报告的报送级次如下：

（一）企业集团除报送企业合并财务决算报告外，还应当报送企业总部及二级子企业的分户财务决算报告，二级以下子企业财务决算数据应当并入第二级子企业报送；

设立境外子企业的企业集团，应当报送境外子企业的分户财务决算报告；

（二）企业总部设立在境外的企业集团，除报送合并财务决算报告外，还应当报送企业总部及所属二级以上子企业的分户财务决算报告；

（三）级次划分特殊的企业集团财务决算报告报送级次由国资委另行规定。

第三十七条 企业财务决算报告具体内容如下：

（一）企业集团（含企业总部设在境外企业集团）应当报送合并财务决算报告（含报表附注、财务情况说明书、国有资本保值增值情况说明等材料）和审计报告的纸质文件及电子文档；

（二）企业集团总部及二级子企业应当报送财务决算报告（含报表附注、财务情况说明书、国有资本保值增值情况说明等材料）和审计报告的电子文档；

（三）企业集团应当附报三级子企业年度财务决算报表的电子文档。

第三十八条 企业应当以正式文函向国资委报送财务决算报告。文函主要包括下列内容：

（一）年度财务决算工作组织情况；

（二）企业年度间主要财务决算数据的变化情况；

（三）纳入企业财务决算合并的范围；

（四）对于被出具非标准无保留意见审计报告的企业，应当对有关情况进行说明；

（五）需要说明的其他有关情况。

第三十九条 企业财务决算报告应当加盖企业公章，并由企业的法定代表人、总会计师或主管会计工作的负责人、会计机构负责人签名并盖章。

企业报送的财务决算报告及附送的各类资料应当按顺序装订成册，材料较多时应当编排目录，注明备查材料页码。

第四十条　企业主要负责人、总会计师或主管会计工作的负责人等应当对企业编制的财务决算报告真实性、完整性负责。承办企业年度财务决算审计业务的会计师事务所及注册会计师对其出具的审计报告真实性、合法性负责。

第四十一条　企业报送财务决算报告后，国资委应当在规定时间内对企业资产质量、财务状况及经营成果进行核批，并依据核批后的财务决算报告进行企业负责人业绩考核、企业绩效评价和企业国有资产保值增值结果确认等工作，有关办法另行制定。

第七章　罚　　则

第四十二条　企业报送的财务决算报告内容不完整、信息披露不充分，或者数据差错较大，造成财务决算不实，以及财务决算报告不符合规范要求的，由国资委责令其重新编报，并予以通报批评。

第四十三条　在财务决算编制工作中弄虚作假、提供虚假财务信息，以及严重故意漏报、瞒报，尚不构成犯罪嫌疑的，由国资委责令改正，并依照《中华人民共和国会计法》、《企业国有资产监督管理暂行条例》和《企业财务会计报告条例》等有关法律法规予以处罚；有犯罪嫌疑的，依法移送司法机关处理。

第四十四条　会计师事务所及注册会计师在企业财务决算报告审计工作中参与做假账，或者在审计程序、审计内容、审计方法等方面存在严重问题和缺陷，造成审计结论失实的，国资委应当禁止其今后承办企业财务决算审计业务，并通报或者会同有关部门依法查处；有犯罪嫌疑的，依法移送司法机关处理。

第四十五条　国资委相关工作人员在对企业财务决算信息的收集、汇总、审核和管理过程中徇私舞弊，造成重大工作过失或者泄露国家机密或企业商业秘密的，依法给予行政处分；有犯罪嫌疑的，依法移送司法机关处理。

第八章　附　　则

第四十六条　各省、自治区、直辖市国有资产监督管理机构可以参照本办法，制定本地区相关工作规范。

第四十七条　本办法自公布之日起施行。

国有企业法律顾问管理办法

（2004年5月11日，国务院国有资产监督管理委员会第6号发布）

第一章　总　　则

第一条　为进一步建立健全国有企业法律风险防范机制，规范企业法律顾问工作，保障企业法律顾问依法执业，促进企业依法经营，进一步加强企业国有资产的监督管理，依法维护企业国有资产所有者和企业的合法权益，根据《企业国有资产监督管理暂行条例》和国家有关规定，制定本办法。

第二条　国有及国有控股企业（以下简称企业）法律顾问管理工作适用本办法。

第三条　本办法所称所出资企业，是指国务院，省、自治区、直辖市人民政府，设区的市、自治州人民政府授权国有资产监督管理机构依法履行出资人职责的企业。

第四条 国有资产监督管理机构负责指导企业法律顾问管理工作。

上级政府国有资产监督管理机构依照本办法对下级政府国有资产监督管理机构负责的企业法律顾问管理工作进行指导和监督。

第五条 国有资产监督管理机构和企业应当建立防范风险的法律机制，建立健全企业法律顾问制度。

第六条 国有资产监督管理机构和企业应当建立健全企业法律顾问工作激励、约束机制。

第二章 企业法律顾问

第七条 本办法所称企业法律顾问，是指取得企业法律顾问执业资格，由企业聘任，专门从事企业法律事务工作的企业内部专业人员。

第八条 企业法律顾问执业，应当遵守国家有关规定，取得企业法律顾问执业资格证书。

企业法律顾问执业资格证书须通过全国企业法律顾问执业资格统一考试，成绩合格后取得。

企业法律顾问执业资格管理由国务院国有资产监督管理机构和省级国有资产监督管理机构按照国家有关规定统一负责。条件成熟的，应当委托企业法律顾问的协会组织具体办理。

第九条 企业应当支持职工学习和掌握与本职工作有关的法律知识，鼓励具备条件的人员参加全国企业法律顾问执业资格考试。

企业应当建立企业法律顾问业务培训制度，提高企业法律顾问的业务素质和执业水平。

第十条 企业法律顾问应当遵循以下工作原则：

（一）依据国家法律法规和有关规定执业；

（二）依法维护企业的合法权益；

（三）依法维护企业国有资产所有者和其他出资人的合法权益；

（四）以事前防范法律风险和事中法律控制为主、事后法律补救为辅。

第十一条 企业法律顾问享有下列权利：

（一）负责处理企业经营、管理和决策中的法律事务；

（二）对损害企业合法权益、损害出资人合法权益和违反法律法规的行为，提出意见和建议；

（三）根据工作需要查阅企业有关文件、资料，询问企业有关人员；

（四）法律、法规、规章和企业授予的其他权利。

企业对企业法律顾问就前款第（二）项提出的意见和建议不予采纳，造成重大经济损失，严重损害出资人合法权益的，所出资企业的子企业的法律顾问可以向所出资企业反映，所出资企业的法律顾问可以向国有资产监督管理机构反映。

第十二条 企业法律顾问应当履行下列义务：

（一）遵守国家法律法规和有关规定以及企业规章制度，恪守职业道德和执业纪律；

（二）依法履行企业法律顾问职责；

（三）对所提出的法律意见、起草的法律文书以及办理的其他法律事务的合法性负责；

（四）保守国家秘密和企业商业秘密；

（五）法律、法规、规章和企业规定的应当履行的其他义务。

第十三条 企业应当建立科学、规范的企业法律顾问工作制度和工作流程，规定企业法律顾问处理企业法律事务的权限、程序和工作时限等内容，确保企业法律顾问顺利开展工作。

第十四条 企业应当建立企业法律顾问专业技术等级制度。

企业法律顾问分为企业一级法律顾问、企业二级法律顾问和企业三级法律顾问。评定办法另行制定。

第十五条 企业法律事务机构可以配备企业法律顾问助理，协助企业法律顾问开展工作。

第三章　企业总法律顾问

第十六条　本办法所称企业总法律顾问，是指具有企业法律顾问执业资格，由企业聘任，全面负责企业法律事务工作的高级管理人员。企业总法律顾问对企业法定代表人或者总经理负责。

第十七条　大型企业设置企业总法律顾问。

第十八条　企业总法律顾问应当同时具备下列条件：

（一）拥护、执行党和国家的基本路线、方针和政策，秉公尽责，严守法纪；

（二）熟悉企业经营管理，具有较高的政策水平和较强的组织协调能力；

（三）精通法律业务，具有处理复杂或者疑难法律事务的工作经验和能力；

（四）具有企业法律顾问执业资格，在企业中层以上管理部门担任主要负责人满三年的；或者被聘任为企业一级法律顾问，并担任过企业法律事务机构负责人的。

第十九条　企业总法律顾问可以从社会上招聘产生。招聘办法另行制定。

第二十条　企业总法律顾问的任职实行备案制度。所出资企业按照企业负责人任免程序将所选聘的企业总法律顾问报送国有资产监督管理机构备案；所出资企业的子企业将所选聘的企业总法律顾问报送所出资企业备案。

第二十一条　企业总法律顾问履行下列职责：

（一）全面负责企业法律事务工作，统一协调处理企业决策、经营和管理中的法律事务；

（二）参与企业重大经营决策，保证决策的合法性，并对相关法律风险提出防范意见；

（三）参与企业重要规章制度的制定和实施，建立健全企业法律事务机构；

（四）负责企业的法制宣传教育和培训工作，组织建立企业法律顾问业务培训制度；

（五）对企业及下属单位违反法律、法规的行为提出纠正意见，监督或者协助有关部门予以整改；

（六）指导下属单位法律事务工作，对下属单位法律事务负责人的任免提出建议；

（七）其他应当由企业总法律顾问履行的职责。

第四章　企业法律事务机构

第二十二条　本办法所称的企业法律事务机构，是指企业设置的专门承担企业法律事务工作的职能部门，是企业法律顾问的执业机构。

第二十三条　大型企业设置专门的法律事务机构，其他企业可以根据需要设置法律事务机构。

企业应当根据工作需要为法律事务机构配备企业法律顾问。

第二十四条　企业法律事务机构履行下列职责：

（一）正确执行国家法律、法规，对企业重大经营决策提出法律意见；

（二）起草或者参与起草、审核企业重要规章制度；

（三）管理、审核企业合同，参加重大合同的谈判和起草工作；

（四）参与企业的分立、合并、破产、解散、投融资、担保、租赁、产权转让、招投标及改制、重组、公司上市等重大经济活动，处理有关法律事务；

（五）办理企业工商登记以及商标、专利、商业秘密保护、公证、鉴证等有关法律事务，做好企业商标、专利、商业秘密等知识产权保护工作；

（六）负责或者配合企业有关部门对职工进行法制宣传教育；

（七）提供与企业生产经营有关的法律咨询；

（八）受企业法定代表人的委托，参加企业的诉讼、仲裁、行政复议和听证等活动；

（九）负责选聘律师，并对其工作进行监督和评价；

（十）办理企业负责人交办的其他法律事务。

第二十五条 法律事务机构应当加强与企业财务、审计和监察等部门的协调和配合，建立健全企业内部各项监督机制。

第二十六条 企业应当支持企业法律事务机构及企业法律顾问依法履行职责，为开展法律事务工作提供必要的组织、制度和物质等保障。

第五章 监督检查

第二十七条 国有资产监督管理机构应当加强对所出资企业法制建设情况的监督和检查。

第二十八条 国有资产监督管理机构应当督促所出资企业依法决策、依法经营管理、依法维护自身合法权益。

第二十九条 所出资企业依据有关规定报送国有资产监督管理机构批准的分立、合并、破产、解散、增减资本、重大投融资等重大事项，应当由企业法律顾问出具法律意见书，分析相关的法律风险，明确法律责任。

第三十条 所出资企业发生涉及出资人重大权益的法律纠纷，应当在法律纠纷发生之日起一个月内向国有资产监督管理机构备案，并接受有关法律指导和监督。

第三十一条 所出资企业对其子企业法制建设情况的监督和检查参照本章规定执行。

第六章 奖励和处罚

第三十二条 国有资产监督管理机构和企业应当对在促进企业依法经营，避免或者挽回企业重大经济损失，实现国有资产保值增值等方面作出重大贡献的企业法律事务机构和企业法律顾问给予表彰和奖励。

第三十三条 企业法律顾问和总法律顾问玩忽职守、滥用职权、谋取私利，给企业造成较大损失的，应当依法追究其法律责任，并可同时依照有关规定，由其所在企业报请管理机关暂停执业或者吊销其企业法律顾问执业资格证书；有犯罪嫌疑的，依法移送司法机关处理。

第三十四条 企业未按照国家有关规定建立健全法律监督机制，发生重大经营决策失误的，由国有资产监督管理机构或者所出资企业予以通报批评或者警告；情节严重或者造成企业国有资产重大损失的，对直接负责的主管人员和其他直接责任人员依法给予纪律处分；有犯罪嫌疑的，依法移送司法机关处理。

第三十五条 企业有关负责人对企业法律顾问依法履行职责打击报复的，由国有资产监督管理机构或者所出资企业予以通报批评或者警告；情节严重的，依法给予纪律处分；有犯罪嫌疑的，依法移送司法机关处理。

第三十六条 国有资产监督管理机构的工作人员违法干预企业法律顾问工作，侵犯所出资企业和企业法律顾问合法权益的，对直接负责的主管人员和其他直接责任人员依法给予行政处分；有犯罪嫌疑的，依法移送司法机关处理。

第七章 附 则

第三十七条 企业和企业法律顾问可以依法加入企业法律顾问的协会组织，参加协会组织活动。

第三十八条 地方国有资产监督管理机构可以依据本办法制定实施细则。

第三十九条 本办法自2004年6月1日起施行。

中央企业经济责任审计管理暂行办法

(国务院国有资产监督管理委员会令第7号)

现公布《中央企业经济责任审计管理暂行办法》，自2004年8月30日起施行。

国务院国有资产监督管理委员会主任 李荣融

2004年8月23日

中央企业经济责任审计管理暂行办法

第一章 总 则

第一条 为加强对国务院国有资产监督管理委员会（以下简称国资委）履行出资人职责企业（以下简称企业）的监督管理，规范企业经济责任审计工作，客观评判企业负责人任期经济责任及经营绩效，根据《企业国有资产监督管理暂行条例》和国家有关法律法规，制定本办法。

第二条 企业及其独资或者控股子企业的经济责任审计工作，适用本办法。

第三条 本办法所称企业经济责任审计，是指依据国家规定的程序、方法和要求，对企业负责人任职期间其所在企业资产、负债、权益和损益的真实性、合法性和效益性及重大经营决策等有关经济活动，以及执行国家有关法律法规情况进行的监督和评价的活动。

第四条 本办法所称企业负责人是指企业主要负责人，即法定代表人。

第五条 国资委按照企业负责人管理权限负责组织对企业负责人的经济责任审计工作，并会同有关部门依法对企业经济责任审计工作进行监督。

第二章 审计工作组织

第六条 企业经济责任审计工作，按照企业负责人管理权限和企业产权关系，依据“统一要求、分级负责”的原则组织实施。

(一) 企业负责人离任或任期届满，都应依据国家有关法律法规规定，组织开展经济责任审计工作。

(二) 企业独资或者控股子企业负责人离任或者任期届满，企业应当组织开展经济责任审计工作；对于提拔到企业总部领导岗位的子企业负责人经济责任审计工作结果，应报国资委备案。

(三) 企业应当建立对主要业务部门负责人的任期或定期经济责任审计制度。

第七条 根据出资人财务监督工作需要，对企业发生重大财务异常情况，如企业发生债务危机、长期经营亏损、资产质量较差，以及合并分立、破产关闭等重大经济事件的，应当组织进行专项经济责任审计，及时发现问题，明确经济责任，纠正违法违规行为。

第八条 国资委在企业经济责任审计工作中履行下列职责：

(一) 根据国家有关法律法规，制定有关企业经济责任审计工作规章制度；

(二) 负责企业负责人经济责任审计工作的组织实施；

(三) 决定对发生重大财务异常情况企业进行专项经济责任审计；

(四) 指导监督企业按照国家有关规定开展企业内部经济责任审计工作。

第九条 国资委组织实施企业经济责任审计工作，主要采取以下三种形式：

（一）按国家有关规定，委托国家有关审计机关具体实施审计工作；

（二）根据出资人财务监督工作需要，聘请具有相应资质条件的社会审计组织承担审计工作任务；

（三）根据实际工作需要，组织或者抽调企业内部审计机构人员实施有关审计工作。

第十条 企业在经济责任审计工作中履行下列职责：

（一）按照国家有关规定和国资委统一工作要求，制定本企业经济责任审计具体实施细则；

（二）组织实施独资或者控股子企业负责人任期经济责任审计工作；

（三）组织实施企业主要业务部门负责人任期或者定期经济责任审计工作；

（四）决定并组织实施对发生重大财务异常情况子企业的专项经济责任审计工作。

第十一条 中央有关部门干部管理权限内的企业负责人经济责任审计工作按照有关规定办理。

第十二条 按照重要性原则，企业总部及重要子企业应当纳入经济责任审计工作范围内，其他子企业可视不同情况决定审计工作范围，但审计户数不得低于50%，审计资产量不得低于被审计企业资产总额的70%。

第十三条 在经济责任审计工作中，企业或者承办审计业务的社会审计组织应当将经济责任审计工作与其他财务审计工作相结合，在确保审计结果客观公正的基础上，可以参考利用相关财务审计或者经济责任审计工作资料，避免重复审计。

第十四条 企业领导班子其他成员（不含企业负责人）离任或者任期届满，可根据出资人监管工作需要或者企业负责人建议开展相应的经济责任审计工作。

第三章　审计工作内容

第十五条 根据国家有关规定，结合出资人财务监督工作需要，企业负责人经济责任审计工作主要内容包括：

（一）企业负责人任职期间企业经营成果的真实性；

（二）企业负责人任职期间企业财务收支核算的合规性；

（三）企业负责人任职期间企业资产质量变动状况；

（四）企业负责人任职期间对企业有关经营活动和重大经营决策负有的经济责任；

（五）企业负责人任职期间企业执行国家有关法律法规情况；

（六）企业负责人任职期间企业经营绩效变动情况。

第十六条 企业经营成果的真实性是指企业负责人任职期间会计核算是否准确，企业财务决算编报范围是否完整，企业经济成果是否真实可靠，以及企业计提资产减值准备与资产质量是否相匹配。主要内容包括：

（一）企业财务会计核算是否准确、真实，是否存在经营成果不实问题；

（二）企业年度财务决算报告合并范围、方法、内容和编报质量是否符合规定，有无存在故意编造虚假财务决算报告等问题；

（三）企业是否正确采用会计确认标准或计量方法，有无随意变更或者滥用会计估计和会计政策，故意编造虚假利润等问题。

第十七条 企业财务收支核算合规性是指企业负责人任职期间财务收支管理是否符合国家有关法律法规规定，会计核算是否符合国家有关财务会计制度，年度财务决算是否全面、真实地反映企业财务收支状况。主要内容包括：

（一）企业收入确认和核算是否完整、准确，是否符合国家财务会计制度规定，有无公款私存、私设“小金库”，以及以个人账户从事股票交易、违规对外拆借资金、对外资金担保和出借账户等问题；

（二）企业成本开支范围和开支标准是否符合国家有关财务会计制度规定，有无多列、少列或不列成本费用等问题，以及企业工资总额来源、发放、结余和企业负责人收入情况；

（三）企业会计核算是否符合国家有关财务会计制度规定，是否随意改变资产、负债、所有者权益的确认标准或计量方法，有无虚列、多列、不列或者少列资产、负债、所有者权益的问题；

（四）企业会计账簿记录与实物、款项和有关资料是否相符，有无存在账外资产、潜亏挂账等问题，有无存在劳动工资核算不实等问题。

第十八条　企业资产质量变动情况是指企业负责人任职期间各项资产质量是否得到改善，是否存在严重损失、重大潜亏或资产流失等问题，企业国有资本是否安全、完整，以及对企业未来发展能力的影响。主要内容包括：

（一）企业负责人任职期间有关企业资产负债结构合理性及变化情况，以及对企业未来发展的影响；

（二）企业负责人任职期间企业资产运营效率及变化情况，以及对企业未来发展的影响；

（三）企业负责人任职期间企业有效资产及不良资产的变化情况，以及对企业未来发展的影响；

（四）企业负责人任职期间企业国有资产保值增值结果，及企业在所处行业中水平变化的对比分析。

第十九条　企业有关经营活动和重大经营决策是指企业负责人任职期间做出的有关对内对外投资、经济担保、出借资金和大额合同等重大经济决策是否符合国家有关法律法规规定，及其企业内部控制程序，是否存在较多问题或者造成重大损失。主要内容包括：

（一）企业重大投资的资金来源、决策程序、管理方式和投资收益的核算情况，以及是否造成重大损失；

（二）对外担保、对外投资、大额采购与租赁等经济行为的决策程序、风险控制及其对企业的影响情况；

（三）涉及的证券、期货、外汇买卖等高风险投资决策的审批手续、决策程序、风险控制、经营收益或损失情况等；

（四）改组改制、上市融资、发行债券、兼并破产、股权转让、资产重组等行为的审批程序、操作方式和对企业财务状况的影响情况等，有无造成企业损失或国有资产流失问题。

第二十条　企业经济责任审计要认真检查企业负责人及企业执行国家有关法律法规情况，核实企业负责人及企业有无违反国家财经法纪，以权谋私，贪污、挪用、私分公款，转移国家资财，行贿受贿和挥霍浪费等行为，以及弄虚作假、骗取荣誉和蓄意编制虚假会计信息等重大问题。

第二十一条　企业经济责任审计在全面核实企业各项资产、负债、权益、收入、费用、利润等账务的基础上，依据国家有关经营绩效评价政策规定，对企业负责人任职期间经营成果和经营业绩，以及企业资产运营和回报情况进行客观、公正和准确的综合评判。

第四章　审计机构委托

第二十二条　企业负责人经济责任审计工作，采取委托国家有关审计机关或者聘请有关社会审计组织等方式具体组织实施。

（一）对于资产规模较大企业负责人经济责任审计工作，根据国家有关规定，委托国家审计机关组织实施；

（二）对于未委托国家审计机关实施企业负责人经济责任审计的，按照“公开、公平、公正”的原则，采取招标等合理方式，聘请具有相应资质条件的社会审计组织组织实施。

第二十三条　委托国家有关审计机关开展企业经济责任审计工作的，有关审计工作组织实施依据国家有关规定进行。

第二十四条　承办企业负责人经济责任审计的社会审计组织，应当具备以下资质条件：

（一）资质条件应与企业规模相适应；

（二）具备较完善的审计执业质量控制制度；

（三）拥有经济责任审计工作经验的专业人员；

（四）3 年内未承担同一企业年度财务决算审计业务；

（五）与企业或企业负责人不存有利害关系；

（六）近 3 年未有违法违规不良记录；

（七）能够适时调配较强的专业人员承担经济责任审计任务。

第二十五条 接受聘请的社会审计组织应严格依据国家有关法律法规，以及国资委对企业经济责任审计工作的统一要求，按照规定的方法、程序和内容，依据独立审计原则认真组织经济责任审计工作，并对审计报告的真实性、合法性负责。

第二十六条 国资委根据财务监督工作需要，可委托企业内部审计机构承担相关专项经济责任审计工作任务。

第二十七条 受委托承担国资委专项经济责任审计工作任务的企业内部审计机构和专业人员，应依据国资委统一工作要求，独立、客观、公正地开展审计工作，对审计工作结果承担相应的工作责任。

第五章 审计工作程序

第二十八条 国资委组织实施企业负责人经济责任审计基本工作程序如下：

（一）编制审计工作计划；

（二）确定审计机构；

（三）下达审计工作通知；

（四）拟定审计方案；

（五）成立审计项目组；

（六）组织实施审计；

（七）交换审计意见；

（八）出具审计报告；

（九）下达审计意见或审计决定。

第二十九条 根据干部管理部门提出的任期经济责任审计工作要求，以及出资人财务监管工作需要，编制企业经济责任审计工作计划，明确审计的对象、时间安排、范围、重点内容、方法与组织方式等内容。

第三十条 国资委应当在实施审计 7 日前通知被审计企业。被审计企业在接到审计通知书后，应做好接受审计的有关准备工作，如实地提供有关资料。

第三十一条 按照企业经济责任审计工作要求，审计机构应拟定审计方案，明确审计目标、审计范围、审计重点、审计要求、审计组织、延伸审计单位和其他审计事项等，并报国资委同意。

第三十二条 审计机构按照企业经济责任审计工作任务要求，成立由具有相关工作经验和一定专业知识的专业人员组成的审计项目组，组长应由具有经济责任审计工作经验和具备较高专业技术资格的业务负责人担任。

第三十三条 审计项目组在对企业负责人任职期间企业经营成果、财务收支、资产质量和有关经营活动、重大经营决策，以及经营绩效等资料审计过程中，也可采取向有关单位、个人调查等方式，充分听取企业董事会、监事会、纪检监察、工会和职工反映的情况和意见。

第三十四条 审计项目组完成现场审计后，审计机构应在 10 个工作日内向国资委提交审计报告。审计报告提交前，应当征求被审计企业负责人及其所在企业的意见，并将审计报告及企业负责人或其所在企业的书面意见一并上报。

第三十五条 审计项目组应当在计划工作时间内完成审计任务，确需延长审计时间的，应当商国资委同意，并及时通知被审计企业及其负责人。

第三十六条　国资委依据审计报告，对发现的重大问题，经研究核实后正式下达相关审计决定。

第三十七条　在经济责任审计工作中发现企业负责人有严重违法违纪问题的，应移交有关管理机构予以处理。

（一）对于需由企业负责人承担一般经济责任的，移交相应管理部门予以处理；

（二）对于企业负责人违反党纪政纪的，移交纪检监察机关予以处理；

（三）对于应依法追究企业负责人刑事责任的，移送司法机关处理。

第三十八条　相关审计机构在企业负责人经济责任审计工作中，采用其他审计资料和审计结果时，应进行必要的复核工作，并对其真实性、合法性承担相应的法律责任。

第六章　审计工作结果

第三十九条　企业经济责任审计应当分清企业负责人本人应当负有的直接责任和主管责任。

（一）直接责任是指企业负责人因对主管的资产经营活动和财务管理事项未履行或者未正确履行职责，致使企业经营管理不善，或由于决策失误而事后又处理不力以及违规操作等，造成所在企业经济损失或经济效益下降应负的经济责任。

（二）主管责任是指企业负责人在其任期内对其所在企业资产和财务状况，以及有关经济活动应当负有的直接责任以外的领导和管理责任。

第四十条　企业负责人应对下列行为负有直接责任：

（一）直接违反国家财经法规和财经纪律的；

（二）授意、指使、强令、纵容、包庇下属人员违反国家财经法规的；

（三）失职、渎职的；

（四）其他直接违法违规行为。

第四十一条　承办企业负责人经济责任审计的社会审计组织提交的审计报告，应当对企业负责人的经济责任做出客观、公正的评价，并对提交的审计报告真实性、客观性承担相应责任。

第四十二条　承办企业负责人经济责任审计的社会审计组织提交审计报告前，报国资委审核。国资委审定的内容主要包括：审计证据是否充分、审计评价是否适当、主要事实是否清楚和审计处理意见是否正确。

委托国家审计机关进行经济责任审计工作的，审计工作结果应送国资委，并抄送被审计企业。

第四十三条　企业对财务部门负责人开展经济责任审计工作的结果，应当向国资委备案。

第四十四条　企业经济责任审计工作结果，作为对企业负责人任免、奖惩的重要依据。

第四十五条　对于在经济责任审计工作中，发现因经济决策失误给企业造成重大损失，或者企业资产状况不实、经营成果虚假等问题，应当视其影响程度相应追究有关负责人责任，并予以经济处罚。

第四十六条　企业应根据经济责任审计工作所反映出的有关管理问题，及时加强整改工作，堵塞管理漏洞。企业内部审计机构应当对企业有关整改工作做好后续跟踪审计。

第四十七条　在经济责任审计工作中，发现企业领导班子有关成员存在严重问题的，经国资委批准后，可进一步开展延伸审计工作。

第七章　罚　　则

第四十八条　被审计企业负责人或所在企业拒绝、阻碍经济责任审计，或拒绝、拖延提供相关资料或证明材料的，国资委或企业上级单位应当责令改正或给予警告，并对负有直接责任的主管人员和直接责任人给予行政或者纪律处分。

第四十九条　被审计企业负责人所在企业转移、隐匿、篡改、伪造、毁弃有关经济责任审计资料的，国资委或企业上级单位对负有直接责任的主管人和直接负责人给予行政或者纪律处分；涉嫌犯罪的，依法移送司法机关处理。

第五十条 对于打击报复或者陷害检举人、证明人、资料提供人和审计人员的，国资委或企业上级单位应当责令其改正，并给予行政或纪律处分；给被害人造成损失的，应当依法予以赔偿；涉嫌犯罪的，依法移送司法机关处理。

第五十一条 审计人员利用职权谋取私利、徇私舞弊、玩忽职守、索贿受贿和泄漏国家机密或者商业秘密的，应当给予行政或纪律处分；涉嫌犯罪的，依法移送司法机关处理。

第五十二条 承担经济责任审计的社会审计组织出具虚假不实的审计报告，或者违反国家有关审计工作要求，避重就轻、回避问题或明知有重要事项不予指明的，移交有关部门予以处罚；涉嫌犯罪的，依法移送司法机关处理。

第八章 附 则

第五十三条 各中央企业可结合本企业实际情况，制定具体实施细则。

第五十四条 各省、自治区、直辖市国有资产监督管理机构可参照本办法，结合本地区实际，制定相应的工作规范。

第五十五条 本办法自2004年8月30日起施行。

中央企业内部审计管理暂行办法

（国务院国有资产监督管理委员会令第8号）

现公布《中央企业内部审计管理暂行办法》，自2004年8月30日起施行。

国务院国有资产监督管理委员会主任 李荣融

2004年8月23日

中央企业内部审计管理暂行办法

第一章 总 则

第一条 为加强对国务院国有资产监督管理委员会（以下简称国资委）履行出资人职责企业（以下简称企业）的内部监督和风险控制，规范企业内部审计工作，保障企业财务管理、会计核算和生产经营符合国家各项法律法规要求，根据《企业国有资产监督管理暂行条例》和国家有关法律法规，制定本办法。

第二条 企业开展内部审计工作，适用本办法。

第三条 本办法所称企业内部审计，是指企业内部审计机构依据国家有关法律法规、财务会计制度和企业内部管理规定，对本企业及子企业（单位）财务收支、财务预算、财务决算、资产质量、经营绩效，以及建设项目或者有关经济活动的真实性、合法性和效益性进行监督和评价工作。

第四条 企业应当按照国家有关规定，依照内部审计准则的要求，认真组织做好内部审计工作，及时发现问题，明确经济责任，纠正违规行为，检查内部控制程序的有效性，防范和化解经营风险，维护企业正常生产经营秩序，促进企业提高经营管理水平，实现国有资产的保值增值。

第五条　国资委依法对企业内部审计工作进行指导和监督。

第二章　内部审计机构设置

第六条　企业应当按照国家有关规定，建立相对独立的内部审计机构，配备相应的专职工作人员，建立健全内部审计工作规章制度，有效开展内部审计工作，强化企业内部监督和风险控制。

第七条　国有控股公司和国有独资公司，应当依据完善公司治理结构和完备内部控制机制的要求，在董事会下设立独立的审计委员会。企业审计委员会成员应当由熟悉企业财务、会计和审计等方面专业知识并具备相应业务能力的董事组成，其中主任委员应当由外部董事担任。

第八条　企业审计委员会应当履行以下主要职责：

（一）审议企业年度内部审计工作计划；

（二）监督企业内部审计质量与财务信息披露；

（三）监督企业内部审计机构负责人的任免，提出有关意见；

（四）监督企业社会中介审计等机构的聘用、更换和报酬支付；

（五）审查企业内部控制程序的有效性，并接受有关方面的投诉；

（六）其他重要审计事项。

第九条　未建立董事会的国有独资公司及国有独资企业，应当按照加强财务监督和完善内部控制机制的要求，依据国家的有关规定，加强内部审计工作的组织领导，明确工作责任，强化企业内部审计工作，做好内部审计机构与内部监察（纪检）、财务、人事等有关部门的协调工作。

第十条　企业内部审计机构依据国家有关规定开展内部审计工作，直接对企业董事会（或主要负责人）负责；设立审计委员会的企业，内部审计机构应当接受审计委员会的监督和指导。

第十一条　企业所属子企业应当按照有关规定设立相应的内部审计机构；尚不具备条件的应当设立专职审计人员。

第十二条　企业内部审计人员应当具备审计岗位所必备的会计、审计等专业知识和业务能力；内部审计机构的负责人应当具备相应的专业技术职称资格。

第三章　内部审计机构主要职责

第十三条　根据国家有关规定，结合出资人财务监督和企业管理工作的需要，企业内部审计机构应当履行以下主要职责：

（一）制定企业内部审计工作制度，编制企业年度内部审计工作计划；

（二）按企业内部分工组织或参与组织企业年度财务决算的审计工作，并对企业年度财务决算的审计质量进行监督；

（三）对国家法律法规规定不适宜或者未规定须由社会中介机构进行年度财务决算审计的有关内容组织进行内部审计；

（四）对本企业及其子企业的财务收支、财务预算、财务决算、资产质量、经营绩效以及其他有关的经济活动进行审计监督；

（五）组织对企业主要业务部门负责人和子企业的负责人进行任期或定期经济责任审计；

（六）组织对发生重大财务异常情况的子企业进行专项经济责任审计工作；

（七）对本企业及其子企业的基建工程和重大技术改造、大修等的立项、概（预）算、决算和竣工交付使用进行审计监督；

（八）对本企业及其子企业的物资（劳务）采购、产品销售、工程招标、对外投资及风险控制等经济活动和重要的经济合同等进行审计监督；

（九）对本企业及其子企业内部控制系统的健全性、合理性和有效性进行检查、评价和意见反馈，对企业有关业务的经营风险进行评估和意见反馈；

（十）对本企业及其子企业的经营绩效及有关经济活动进行监督与评价；

（十一）对本企业年度工资总额来源、使用和结算情况进行检查；

（十二）其他事项。

第十四条 企业内部审计机构对年度财务决算的审计质量监督应当根据企业的内部职责分工，依据独立、客观、公正的原则，保障企业财务管理、会计核算和生产经营符合国家各项法律法规要求。

第十五条 为保证企业年度财务决算报告的真实和完整，企业内部审计机构应按照国资委相关工作要求，对下列特殊情形的子企业组织进行定期内部审计工作：

（一）按照国家有关规定，涉及国家安全不适宜社会中介机构审计的特殊子企业；

（二）依据所在国家及地区法律规定，在境外进行审计的境外子企业；

（三）国家法律、法规未规定须委托社会中介机构审计的企业内部有关单位。

第十六条 企业内部审计机构对本企业及其子企业的经营绩效及有关经济活动的评价工作，依据国家有关经营绩效评价政策进行。

第十七条 企业内部审计机构应当加强对社会中介机构开展本企业及其子企业有关财务审计、资产评估及相关业务活动工作结果的真实性、合法性进行监督，并做好社会中介机构聘用、更换和报酬支付的监督。

第十八条 企业内部审计机构相关审计工作应当与外部审计相互协调，并按有关规定对外部审计提供必要的支持和相关工作资料。

第十九条 企业应当依据国家有关法律法规，完善内部审计管理规章制度，保障内部审计机构拥有履行职责所必需的权限：

（一）参加企业有关经营和财务管理决策会议，参与协助企业有关业务部门研究制定和修改企业有关规章制度并督促落实；

（二）检查被审计单位会计账簿、报表、凭证和现场勘察相关资产，有权查阅有关生产经营活动等方面的文件、会议记录、计算机软件等相关资料；

（三）对与审计事项有关的部门和个人进行调查，并取得相关证明材料；

（四）对正在进行的严重违法违规和严重损失浪费行为，可作出临时制止决定，并及时向董事会（或企业主要负责人）报告；

（五）对可能被转移、隐匿、篡改、毁弃的会计凭证、会计账簿、会计报表以及与经济活动有关的资料，经企业主要负责人或有关权力机构授权可暂予以封存；

（六）企业主要负责人或权力机构在管理权限范围内，应当授予内部审计机构必要的处理权或者处罚权。

第四章　内部审计工作程序

第二十条 企业内部审计机构应当根据国家有关规定，结合企业实际情况，制定企业年度审计工作计划，对内部审计工作作出合理安排，并报经企业主要负责人或审计委员会审核批准后实施。

第二十一条 企业内部审计机构应当充分考虑审计风险和内部管理需要，制定具体项目审计计划，做好审计准备。

第二十二条 企业内部审计机构应当在实施审计前5个工作日，向被审计单位送达审计通知书。对于需要突击执行审计的特殊业务，审计通知书可在实施审计时送达。

被审计单位接到审计通知书后，应当做好接受审计的各项准备。

第二十三条　企业内部审计人员在出具审计报告前应当与被审计单位交换审计意见。被审计单位有异议的，应当自接到审计报告之日起10个工作日内提出书面意见；逾期不提出的，视为无异议。

第二十四条　被审计单位若对审计报告有异议且无法协调时，设立审计委员会的企业，应当将审计报告与被审计单位意见一并报审计委员会协调处理；尚未设立审计委员会的企业，应当将审计报告与被审计单位意见一并报企业主要负责人协调处理。

第二十五条　审计报告上报企业董事会或主要负责人审定后，企业内部审计机构应当根据审计结论，向被审计单位下达审计意见（决定）。

对于报请审计委员会、主要负责人协调处理的审计报告，应当根据审计委员会、主要负责人的审定意见，向被审计单位下达审计意见（决定）。

第二十六条　企业内部审计机构对已办结的内部审计事项，应当按照国家档案管理规定建立审计档案。

第二十七条　企业内部审计机构应当每年向本企业董事会（或主要负责人）和审计委员会提交内部审计工作总结报告。

第二十八条　企业内部审计机构对主要审计项目应当进行后续审计监督，督促检查被审计单位对审计意见的采纳情况和对审计决定的执行情况。

第五章　内部审计工作要求

第二十九条　企业内部审计机构应当根据国家有关规定和企业内部管理需要有效开展内部审计工作，加强内部监督，纠正违规行为，规避经营风险。

第三十条　企业内部审计机构应当对违反国家法律法规和企业内部管理制度的行为及时报告，并提出处理意见；对发现的企业内部控制管理漏洞，及时提出改进建议。

第三十一条　对于被审计单位及相关工作人员不及时落实内部审计意见，给企业造成损失浪费的，企业应当追究相关人员责任；对于给企业造成重大损失的，还应当按有关规定向上一级机构及时反映情况。

第三十二条　企业内部审计机构下列工作事项应当报国资委备案：

（一）企业年度内部审计工作计划和工作总结报告；

（二）重要子企业负责人及企业财务部门负责人的经济责任审计报告；

企业内部审计工作中发现的重大违法违纪问题、重大资产损失情况、重大经济案件及重大经营风险等，应向国资委报送专项报告。

第三十三条　根据出资人财务监督工作需要，企业内部审计机构按照国资委有关工作要求，对企业及其子企业发生重大财务异常等情况组织进行的专项经济责任审计，应当向国资委提交审计报告。

第三十四条　企业内部审计机构要不断提高内部审计业务质量，并依法接受国资委、国家审计机关对内部审计业务质量的检查和评估。

第三十五条　企业内部审计机构应当根据本办法组织开展内部审计工作，并对其出具的内部审计报告的客观真实性承担责任。

第三十六条　为保证内部审计工作的独立、客观、公正，企业内部审计人员与审计事项有利害关系的，应当回避。

第三十七条　企业内部审计人员应当严格遵守审计职业道德规范，坚持原则、客观公正、恪尽职守、保持廉洁、保守秘密，不得滥用职权，徇私舞弊，泄露秘密，玩忽职守。

第三十八条　企业内部审计人员在实施内部审计时，应当在深入调查的基础上，采用检查、抽样和分析性复核等审计方法，获取充分、相关、可靠的审计证据，以支持审计结论和审计建议。

第三十九条　企业董事会（或主要负责人）应当保障内部审计机构和人员依法行使职权和履行职责；企业内部各职能机构应当积极配合内部审计工作。任何组织和个人不得对认真履行职责的内部审计人员进行打击报复。

第四十条 企业对于认真履行职责、忠于职守、坚持原则、作出显著成绩的内部审计人员，应当给予奖励。

第四十一条 企业应当保证内部审计机构所必需的审计工作经费，并列入企业年度财务预算。企业内部审计人员参加国家统一组织的专业技术职务资格的考评、聘任和后续教育，企业应当按照国家有关规定予以执行。

第六章 罚 则

第四十二条 对于企业出现重大违反国家财经法纪的行为和企业内部控制程序出现严重缺陷，除按规定依法追究企业主要负责人、总会计师（或者主管财务工作负责人）及财务部门负责人的有关责任外，同时还相应追究企业审计委员会及内部审计机构相关人员的监督责任。

第四十三条 对于滥用职权、徇私舞弊、玩忽职守、泄漏秘密的内部审计人员，由所在单位依照国家有关规定给予纪律处分；涉嫌犯罪的，依法移交司法机关处理。

第四十四条 对于打击报复内部审计人员问题，企业应及时予以纠正；涉嫌犯罪的，依法移交司法机关处理。受打击报复的企业内部审计人员有权直接向国资委报告相关情况。

第四十五条 被审计单位相关人员不配合企业内部审计工作、拒绝审计或者不提供资料、提供虚假资料、拒不执行审计结论的，企业应当给予纪律处分；涉嫌犯罪的，依法移交司法机关处理。

第七章 附 则

第四十六条 各中央企业可结合本企业实际情况，制定具体实施细则。

第四十七条 各省、自治区、直辖市国有资产监督管理机构可参照本办法，结合本地区实际制定本地区相关工作规范。

第四十八条 本办法自2004年8月30日起施行。

企业国有资本保值增值结果确认暂行办法

（国务院国有资产监督管理委员会令第9号）

现公布《企业国有资本保值增值结果确认暂行办法》，自2004年8月30日起施行。

国务院国有资产监督管理委员会主任 李荣融
2004年8月25日

企业国有资本保值增值结果确认暂行办法

第一章 总 则

第一条 为加强对企业国有资产的监督管理，真实反映企业国有资本运营状况，规范国有资本保值增值结果确认工作，维护国家所有者权益，根据《企业国有资产监督管理暂行条例》和国家有关财务会计规定，制定本办法。

第二条　国务院，各省、自治区、直辖市人民政府，设区的市、自治州级人民政府履行出资人职责的企业（以下简称企业）国有资本保值增值结果确认工作，适用本办法。

第三条　本办法所称企业国有资本，是指国家对企业各种形式的投资和投资所形成的权益，以及依法认定为国家所有的其他权益。对于国有独资企业，其国有资本是指该企业的所有者权益，以及依法认定为国家所有的其他权益；对于国有控股及参股企业，其国有资本是指该企业所有者权益中国家应当享有的份额。

第四条　本办法所称企业国有资本保值增值结果确认是指国有资产监督管理机构依据经审计的企业年度财务决算报告，在全面分析评判影响经营期内国有资本增减变动因素的基础上，对企业国有资本保值增值结果进行核实确认的工作。

第五条　国务院国有资产监督管理机构负责中央企业国有资本保值增值结果核实确认工作。

各地国有资产监督管理机构负责监管职责范围内的企业国有资本保值增值结果核实确认工作。

第六条　企业应当在如实编制年度财务决算报告的基础上，认真分析和核实经营期内国有资本增减变化的各项主客观因素，真实、客观地反映国有资本运营结果，促进实现国有资本保值增值经营目标，并为企业财务监管与绩效评价、企业负责人业绩考核、企业工效挂钩核定等出资人监管工作提供基础依据。

第二章　国有资本保值增值率的计算

第七条　企业国有资本保值增值结果主要通过国有资本保值增值率指标反映，并设置相应修正指标和参考指标，充分考虑各种客观增减因素，以全面、公正、客观地评判经营期内企业国有资本运营效益与安全状况。

第八条　本办法所称国有资本保值增值率是指企业经营期内扣除客观增减因素后的期末国有资本与期初国有资本的比率。其计算公式如下：

国有资本保值增值率＝（扣除客观因素影响后的期末国有资本÷期初国有资本）×100%

国有资本保值增值率分为年度国有资本保值增值率和任期国有资本保值增值率。

第九条　企业国有资本保值增值修正指标为不良资产比率。其计算公式为：

不良资产比率＝（期末不良资产÷期末资产总额）×100%

本办法所称不良资产是指企业尚未处理的资产净损失和潜亏（资金）挂账，以及按财务会计制度规定应提未提资产减值准备的各类有问题资产预计损失金额。

第十条　因经营期内不良资产额增加造成企业不良资产比率上升，应当在核算其国有资本保值增值率时进行扣减修正。

（一）暂未执行《企业会计制度》的企业，经营期内企业不良资产比率上升，其增加额在核算国有资本保值增值率时进行直接扣减。计算公式为：

修正后国有资本保值增值率＝（扣除客观影响因素的期末国有资本－不良资产增加额）÷期初国有资本×100%

不良资产增加额＝期末不良资产－期初不良资产

（二）已执行《企业会计制度》的企业，经营期内对有问题资产未按财务会计制度计提资产减值准备，应当在核算国有资本保值增值率时进行扣除修正。其计算公式为：

修正后国有资本保值增值率＝（扣除客观影响因素的期末国有资本－有问题资产预计损失额）÷期初国有资本×100%

有问题资产预计损失额＝各类有问题资产×相关资产减值准备计提比例

（三）国有控股企业修正国有资本保值增值率，应当按股权份额进行核算。

第十一条 企业国有资本保值增值参考指标为净资产收益率、利润增长率、盈余现金保障倍数、资产负债率。

（一）净资产收益率：指企业经营期内净利润与平均净资产的比率。计算公式如下：

净资产收益率=（净利润÷平均净资产）×100%

其中：平均净资产=（期初所有者权益+期末所有者权益）÷2

（二）利润增长率：指企业经营期内利润增长额与上期利润总额的比率。计算公式如下：

利润增长率=（利润增长额÷上期利润总额）×100%

其中：利润增长额=本期利润总额-上期利润总额

（三）盈余现金保障倍数：指企业经营期内经营现金净流量与净利润的比率。计算公式如下：

盈余现金保障倍数=经营现金净流量/净利润

（四）资产负债率：指本经营期负债总额与资产总额的比率。计算公式如下：

资产负债率=（负债总额÷资产总额）×100%

第十二条 本办法所称客观增加因素主要包括下列内容：

（一）国家、国有单位直接或追加投资：是指代表国家投资的部门（机构）或企业、事业单位投资设立子企业、对子企业追加投入而增加国有资本；

（二）无偿划入：是指按国家有关规定将其他企业的国有资产全部或部分划入而增加国有资本；

（三）资产评估：是指因改制、上市等原因按国家规定进行资产评估而增加国有资本；

（四）清产核资：是指按规定进行清产核资后，经国有资产监督管理机构核准而增加国有资本；

（五）产权界定：是指按规定进行产权界定而增加国有资本；

（六）资本（股票）溢价：是指企业整体或以主要资产溢价发行股票或配股而增加国有资本；

（七）税收返还：是指按国家税收政策返还规定而增加国有资本；

（八）会计调整和减值准备转回：是指经营期间会计政策和会计估计发生重大变更、企业减值准备转回、企业会计差错调整等导致企业经营成果发生重大变动而增加国有资本；

（九）其他客观增加因素：是指除上述情形外，经国有资产监督管理机构按规定认定而增加企业国有资本的因素，如接受捐赠、债权转股权等。

第十三条 本办法所称客观减少因素主要包括下列内容：

（一）专项批准核销：是指按国家清产核资等有关政策，经国有资产监督管理机构批准核销而减少国有资本；

（二）无偿划出：是指按有关规定将本企业的国有资产全部或部分划入其他企业而减少国有资本；

（三）资产评估：是指因改制、上市等原因按规定进行资产评估而减少国有资本；

（四）产权界定：是指因产权界定而减少国有资本；

（五）消化以前年度潜亏和挂账：是指经核准经营期消化以前年度潜亏挂账而减少国有资本；

（六）自然灾害等不可抗拒因素：是指因自然灾害等不可抗拒因素而减少国有资本；

（七）企业按规定上缴红利：是指企业按照有关政策、制度规定分配给投资者红利而减少企业国有资本；

（八）资本（股票）折价：是指企业整体或以主要资产折价发行股票或配股而减少国有资本；

（九）其他客观减少因素：是指除上述情形外，经国有资产监督管理机构按规定认定而减少企业国有资本的因素。

第十四条 国有资本保值增值率计算以企业合并会计报表为依据。企业所有境内外全资子企业、控股子企业，以及各类独立核算分支机构、事业单位和基建项目等应当按规定全部纳入合并会计报表编制范围。

第十五条 企业应当按国家有关财务会计制度和企业财务决算管理规定，委托会计师事务所审计经营期内影响企业国有资本变化的客观增减因素，并由会计师事务所在审计报告中披露或出具必要鉴证证明。

第十六条　企业本期期初国有资本口径应当与上期期末口径衔接一致。企业对期初国有资本进行口径调整应当符合国家财务会计制度有关规定，并对调整情况作出必要说明。本期期初国有资本口径调整范围具体包括：

（一）对企业年度财务决算进行追溯调整；

（二）经营期内子企业划转口径调整；

（三）企业财务决算合并范围变化口径调整；

（四）其他影响企业期初国有资本的有关调整。

第十七条　根据企业国有资产监督管理工作需要，企业保值增值结果按照会计年度、企业负责人任期分别确认。企业负责人任期国有资本保值增值结果以任职期间年度企业财务决算数据为依据。

第三章　国有资本保值增值结果的确认

第十八条　企业应当在规定的时间内，将经营期国有资本保值增值情况和相关材料随年度财务决算报告一并报送国有资产监督管理机构。报送材料应当包括：

（一）《国有资本保值增值结果确认表》及其电子文档；

（二）企业国有资本保值增值情况分析说明，具体内容包括国有资本保值增值完成情况、客观增减因素、期初数据口径、与上期确认结果的对比分析、相关参考指标大幅波动或异常变动的分析说明以及其他需要报告的情况；

（三）客观增减因素证明材料。

第十九条　企业国有资本保值增值客观增减因素的证明材料除年度财务决算审计报告外，还应当包括：

（一）国家有关部门的文件；

（二）有关专项鉴证证明；

（三）企业的有关入账凭证；

（四）其他证明材料。

第二十条　企业上报国有资本保值增值材料应当符合下列要求：

（一）各项指标真实、客观，填报口径符合规定；

（二）电子文档符合统一要求；

（三）各项客观增减因素的材料真实、完整，并分类说明有关情况。

第二十一条　企业负责人、总会计师或主管会计工作的负责人应当对企业上报的国有资本保值增值材料的真实性、完整性负责。承办企业年度财务决算审计业务的会计师事务所及注册会计师应当对其审计的企业国有资本保值增值材料及出具的相关鉴证证明的真实性、合法性负责。

第二十二条　根据出资人财务监督工作需要，国有资产监督管理机构依照《中央企业财务决算报告管理办法》（国资委令第5号）及其他有关规定，对企业财务会计资料及保值增值材料进行核查，并对企业国有资本保值增值结果进行核实确认。

第二十三条　国有资本保值增值结果核实确认工作，应当根据核批后的企业年度财务决算报表数据，剔除影响国有资本变动的客观增减因素，并在对企业不良资产变动因素分析核实的基础上，认定企业国有资本保值增值的实际状况，即国有资本保值增值率。

第二十四条　企业国有资本保值增值结果分为以下三种情况：

（一）企业国有资本保值增值率大于100%，国有资本实现增值；

（二）企业国有资本保值增值率等于100%，国有资本为保值；

（三）企业国有资本保值增值率小于100%，国有资本为减值。

第二十五条 企业国有资本存在下列特殊情形的，不核算国有资本保值增值率，但应当根据经营期国有资本变动状况分别作出增值或减值的判定。

（一）经调整后企业国有资本期初为正值、期末为负值，国有资本保值增值完成情况判定为减值；

（二）经调整后企业国有资本期初为负值、期末为正值，国有资本保值增值完成情况判定为增值。

第二十六条 国有资产监督管理机构应当以经核实确认的企业国有资本保值增值实际完成指标与全国国有企业国有资本保值增值行业标准进行对比分析，按照“优秀、良好、中等、较低、较差”五个档次，评判企业在行业中所处的相应水平。

中央企业国有资产保值增值率未达到全国国有企业保值增值率平均水平的，无论其在行业中所处水平，不予评判“优秀”档次。

第二十七条 下列情形之一的企业国有资本保值增值水平确认为“较差”档次：

（一）存在重大财务问题、年度财务决算严重失实的；

（二）年度财务决算报告被会计师事务所出具否定意见、无法表示意见审计报告的；

（三）持续资不抵债的。

持续资不抵债企业，在经营期间弥补国有资本亏损的，可确认其国有资本减亏率。

第二十八条 经营期内没有实现国有资本保值增值目标的企业，其负责人延期绩效年薪按《中央企业负责人经营业绩考核暂行办法》（国资委令第2号）及其他有关规定扣减。实行工效挂钩的企业，经营期内没有实现国有资本保值增值的，不得提取新增效益工资。

第二十九条 企业在对外提供国有资本保值增值结果时，应当以经国有资产监督管理机构核实确认的结果为依据。

第三十条 国有资本保值增值指标行业标准由国务院国有资产监督管理机构根据每年全国国有资本总体运营态势，以全国国有企业年度财务决算信息为基础，按行业分类统一测算并公布。

第四章 罚 则

第三十一条 企业报送的年度财务决算报告及国有资本保值增值相关材料内容不完整、各项客观因素证据不充分或数据差错较大，造成企业国有资本保值增值确认结果不真实的，由国有资产监督管理机构责令其重新编报，并进行通报批评。

第三十二条 企业在国有资本保值增值结果确认工作中存在弄虚作假或者提供虚假材料，以及故意漏报、瞒报等情况的，由国有资产监督管理机构责令其改正；情节严重的，按照《企业国有资产监督管理暂行条例》等有关法律法规予以处罚，并追究有关人员责任。

第三十三条 会计师事务所及注册会计师在企业国有资本保值增值有关材料的审计工作中参与作假，提供虚假证明，造成国有资本保值增值结果严重不实的，国有资产监督管理机构应当禁止所出资企业聘请其承担相关审计业务，并通报或会同有关部门依法进行查处。

第三十四条 国有资产监督管理机构相关工作人员在国有资本保值增值结果核实确认过程中徇私舞弊，造成重大工作过失或者泄露企业商业秘密的，依法给予纪律处分；涉嫌犯罪的，依法移交司法机关处理。

第五章 附 则

第三十五条 各省、自治区、直辖市国有资产监督管理机构可依照本办法，结合本地区实际，制定相应工作规范。

第三十六条 本办法实施前的有关企业国有资本保值增值结果确认工作的规章制度与本办法不一致的，依照本办法的规定执行。

第三十七条 本办法自2004年8月30日起施行。

国有企业清产核资工作规程

（2003年9月13日国资评价〔2003〕73号）

第一章　总　　则

第一条　为规范国有及国有控股企业（以下简称企业）清产核资工作，保证工作质量，提高工作效率，根据《国有企业清产核资办法》和国家有关财务会计制度，制定本工作规程。

第二条　企业开展清产核资工作，应当依据《国有企业清产核资办法》规定及本工作规程明确的工作程序、工作方法、工作要求和工作步骤等组织进行。

第三条　企业开展清产核资工作，有关立项申请、账务清理、资产清查、价值重估、损益认定、报表编制、中介审计、结果申报、资金核实、账务处理、完善制度等工作任务，应当遵循本工作规程相关要求。

第四条　制定企业清产核资工作规程的目的，是为了促进建立依法管理、公开透明、监督制衡的企业清产核资工作基本程序和工作规范。

第二章　立项申请

第五条　企业开展清产核资工作，除国有资产监督管理机构特殊规定外，均应当根据实际情况和国家清产核资有关要求提出申请，经批准同意后组织实施。

属于由国有资产监督管理机构要求开展清产核资工作的，企业依据国有资产监督管理机构的工作通知或者工作方案，组织实施。

第六条　企业发生《国有企业清产核资办法》第八条所规定的有关经济行为的，依据国家清产核资有关政策和企业经济行为需要，由母公司统一向同级国有资产监督管理机构提出开展清产核资工作申请报告。

第七条　企业清产核资工作申请报告主要包括以下内容：

（一）企业情况简介；

（二）开展清产核资工作的原因；

（三）开展清产核资工作基准日（清查时点）；

（四）清产核资工作范围；

（五）清产核资工作组织方式；

（六）需要说明的其他事项。

第八条　企业清产核资工作申请报告，应当附报能够说明开展清产核资理由的相关文件或材料。

国有控股企业开展或者参加清产核资工作，应当附报企业董事会或者股东会的相关决议。

第九条　企业开展清产核资工作的范围应当包括：企业总部及所属全部的子企业（含下属事业单位、分支机构、境外子企业等，下同）。对于因特殊原因不能参加清产核资工作的子企业，企业应当附报有关名单并说明原因，经批准后可以账面数作为清产核资工作结果。

第十条　企业所属下列子企业可以不列入参加清产核资工作范围，直接以企业账面数作为企业清产核资工作结果：

（一）子企业新成立不到1年的；

（二）子企业因某种特定经济行为在上一年度已组织进行过资产评估的；

（三）子企业资产、财务状况良好，经财务审计确实不存在较大资产损失或者潜亏挂账的。

第十一条 国有资产监督管理机构在收到企业报送的清产核资工作申请报告后，应当依据清产核资制度及时予以审核和答复。

（一）对于符合开展清产核资工作条件的，国有资产监督管理机构应在规定时间内出具同意企业开展清产核资工作的文件；

（二）对于不符合开展清产核资工作条件的，国有资产监督管理机构应当及时通知企业并告之原因。

第十二条 企业经核准同意开展清产核资工作后，应当指定内设的财务管理或资产管理等机构或者成立多部门组成的临时机构作为具体工作办事机构，负责本企业清产核资有关工作的组织和协调，并与国有资产监督管理机构建立工作联系。

第十三条 企业经核准同意开展清产核资工作后，应当于接到同意文件15个工作日内，根据国家有关清产核资工作政策、工作制度和工作要求，制定本企业清产核资工作的具体实施方案，并报同级国有资产监督管理机构备案（其中应当抄报本企业监事会1份）。

第十四条 企业清产核资工作的具体实施方案，主要包括以下内容：

（一）企业开展清产核资工作目标；

（二）企业清产核资办事机构基本情况；

（三）企业清产核资工作组织方式；

（四）企业清产核资工作内容；

（五）企业清产核资工作步骤和时间安排；

（六）企业清产核资工作要求及工作纪律；

（七）需要说明的其他事项。

第十五条 企业在清产核资中，应当认真做好本企业内部户数清理工作，确定基本清查单位或项目，明确工作范围，落实工作责任制。基本清查单位和清产核资工作组织，原则上按照企业财务隶属关系划分和确定。

第三章 账务清理

第十六条 为保证企业的账账相符、账证相符，企业在清产核资工作中必须认真做好账务清理工作，即：对企业总公司及子企业所有账户进行清理，以及总公司同各子企业之间的各项内部资金往来、存借款余额、库存现金和有价证券等基本账务情况进行全面核对和清理，以保证企业各项账务的全面和准确。

第十七条 企业账务清理应当以清产核资工作基准日为时点，采取倒轧账的方式对各项账务进行全面清理，认真做好内部账户结算和资金核对工作。

通过账务清理要做到总公司内部各部门、总公司同各子企业之间、子企业相互之间往来关系清楚、资金关系明晰。

第十八条 企业对在金融机构开立的人民币支付结算的银行基本存款账户、一般存款账户、临时存款账户、专用存款账户，以及经常项目外汇账户、资本项目外汇账户等要进行全面清理。

第十九条 企业在清产核资中，应当认真清理企业及所属子企业各种违规账户或者账外账，按照国家现行有关金融、财会管理制度规定，检查本企业在各种金融机构中开立的银行账户是否合规，对违规开立的银行账户应当坚决清理；对于账外账的情况，一经发现，应当坚决纠正。

第二十条 企业在清产核资工作中，应当认真清查公司总部及所有子企业的各项账外现金，对违反国家财经法规及其他有关规定侵占、截留的收入，或者私存私放的各项现金（即“小金库”）进行全面清理，应当认真予以纠正，及时纳入企业账内。

第二十一条 企业在清产核资中，应当认真对企业总部及所属子企业对内或者对外的担保情况、财产抵押和司法诉讼等情况进行全面清理，并根据实际情况分类排队，并采取有效措施防范风险。

第二十二条　企业在账务清理中，对清理出来的各种由于会计技术性差错因素造成的错账，应当根据会计准则关于会计差错调整的规定自行进行账务调整。

第四章　资产清查

第二十三条　企业应当在清产核资过程中认真组织力量做好资产清查工作，对企业的各项资产进行全面的清理、核对和查实。社会中介机构应按照独立审计准则的相关规定对资产盘点进行监盘。

第二十四条　企业在组织资产清查时，应当把实物盘点同核实账务结合起来，在盘点过程中要以账对物、以物核账，做好细致的核对工作，保证企业做到账实相符。

（一）企业资产清查工作应当把清理资产同核查负债和所有者权益结合起来，对企业的负债、权益认真清理，对于因会计技术差错造成的不实债权、债务进行甄别并及时改正；对清查出来的账外权益、负债要及时入账，以确保企业的资产、负债及权益的真实、准确。

（二）企业资产清查工作应当重点做好各类应收及预付账款、各项对外投资、账外资产的清理，查实应收账款的债权是否存在，核实对外投资初始成本的现有实际价值。

第二十五条　企业对流动资产清查核实的范围和内容包括现金、各种存款、各种应收及预付款项、短期投资和存货等。

第二十六条　现金清查主要是确定货币资金是否存在；货币资金的收支记录是否完整；库存现金、银行存款以及其他货币资金账户的余额是否正确。

第二十七条　对库存现金的清查，应当查看库存现金是否超过核定的限额，现金收支是否符合现金管理规定；核对库存现金实际金额与现金日记账户余额是否相符；编制库存现金盘点表。对库存外币依币种清查，并以清查时点当日之银行外币买入牌价换算。

备用金余额加上各项支出凭证的金额应等于当初设置备用金数额。截止清查时，应当核对企业现金日记账的余额与库存现金的盘点金额是否相符；如有差异，应说明原因。

第二十八条　对其他货币资金，主要是清查外埠存款、银行汇票存款、银行本票存款、在途货币资金、信用卡存款、信用证存款等，按其他货币资金账户及其明细分类账逐一核对。

第二十九条　对银行存款，主要清查企业在开户银行及其他金融机构各种存款账面余额与银行及其他金融机构中该企业的账面余额是否相符；对银行存款的清查，应根据银行存款对账单、存款种类及货币种类逐一查对、核实。检查银行存款余额调节表中未达账项的真实性；检查非记账本位币折合记账本位币所采用的折算汇率是否正确，折算差额是否已按规定进行账务处理。

（一）存款明细要依不同银行账户分列明细，应当区分人民币及各种外币；

（二）定期存款应当出具银行定期存款单；

（三）各项存款应当由银行出具证明文件；

（四）外币存款应当按外币币种及银行分列；

（五）银行存款账列有利息收入时应当详加注明。

第三十条　应收及预付款项的清查内容包括应收票据、应收账款、其他应收款、预付账款和待摊费用。

（一）清查应收票据时，企业应当按其种类逐笔与购货单位或者银行核对查实；

（二）清查应收账款、其他应收款和预付账款时，企业应当逐一与对方单位核对，以双方一致金额记账。对有争议的债权要认真清理、查证、核实，重新明确债权关系。对长期拖欠，要查明原因，积极催收；对经确认难以收回的款项，应当明确责任，做好有关取证工作；

（三）应当认真清理企业职工个人借款并限期收回。

第三十一条　短期投资的清查主要对国库券、各种特种债券、股票及其他短期投资进行清理，取得股票、债券及基金账户对账单，与明细账余额核对，盘点库存有价证券，与相关账户余额进行核对。

第三十二条 存货的清查内容主要包括：原材料、辅助材料、燃料、修理用备件、包装物、低值易耗品、在产品、半成品、产成品、外购商品、协作件以及代保管、在途、外存、外借、委托加工的物资（商品）等。

（一）各企业都应当认真组织清仓查库，对所有存货全面清查盘点；对清查出的积压、已毁损或需报废的存货，应当查明原因，组织相应的技术鉴定，并提出处理意见；

（二）对长期外借未收回的存货，应当查明原因，积极收回或按规定作价转让；

（三）代保管物资由代保管单位协助清查，并将清查结果告知产权单位。

第三十三条 固定资产清查的范围主要包括房屋及建筑物、机器设备、运输设备、工具器具和土地等。

（一）对固定资产要查清固定资产原值、净值，已提折旧额，清理出已提足折旧的固定资产、待报废和提前报废固定资产的数额及固定资产损失、待核销数额等；

（二）租出的固定资产由租出方负责清查，没有登记入账的要将清查结果与租入方进行核对后，登记入账；

（三）对借出和未按规定手续批准转让出去的资产，应当认真清理收回或者补办手续；

（四）对清查出的各项账面盘盈（含账外）、盘亏固定资产，要认真查明原因，分清工作责任，提出处理意见；

（五）经过清查后的各项固定资产，依据用途（指生产性或非生产性）和使用情况（指在用、未使用或不需用等）进行重新登记，建立健全实物账卡；

（六）对清查出的各项未使用、不需用的固定资产，应当查明购建日期、使用时间、技术状况和主要参数等，按调拨（其价值转入受拨单位）、转生产用、出售、待报废等提出处理意见；

（七）土地清查的范围包括企业依法占用和出租、出借给其他企业使用的土地，企业举办国内联营、合资企业以使用权作价投资或入股的土地，企业与外方举办的中外合资、合作经营企业以使用权作价入股的土地。

第三十四条 长期投资的清查主要包括总公司和子企业以流动资产、固定资产、无形资产等各种资产的各种形式投资。

（一）在清查对外长期投资时，凡按股份或者资本份额拥有实际控制权的，一般应采用权益法进行清查；没有实际控制权的，按企业目前对外投资的核算方式进行清查。核查内容包括：有关长期投资的合同、协议、章程，有权力部门的批准文件，确认目前拥有的实际股权、原始投入、股权比例、分红等项内容；

（二）企业在境外的长期投资清查主要包括以资金、实物资产、无形资产在境外投资举办的各类独资、合资、联营、参股公司等企业中的各项资产，由中方投资企业认真查明管理情况和投资效益。

第三十五条 在建工程（包括基建项目）清查的范围和内容主要是在建或停缓建的国家基建项目、技术改造项目，包括完工未交付使用（含试车）、交付使用未验收入账等工程项目、长期挂账但实际已经停工报废的项目。在建工程要由建设单位负责按项目逐一进行清查，主要登记在建工程的项目性质、投资来源、投资总额、实际支出、实际完工进度和管理状况。

对在建工程的毁损报废要详细说明原因，提供合规证明材料。对清理出来的在建工程中已完工未交付使用和交付使用未验收入账的工程，企业应当及时入账。

第三十六条 无形资产清查的范围和内容包括各项专利权、商标权、特许权、版权、商誉、土地使用权及房屋使用权等。对无形资产的清查进行全面盘点，确定其真实价值及完整内容，核实权属证明材料，检查实际摊销情况。

第三十七条 递延资产及其他资产清查的范围和内容包括开办费、租入固定资产改良支出及特准储备物资等，应当逐一清理，认真核查摊销余额。

第三十八条 负债清查的范围和内容包括各项流动负债和长期负债。流动负债要清查各种短期借款、应付及预收款项、预提费用及应付福利费等；长期负债要清查各种长期借款、应付债券、长期应付款、住房周转金等。对负债清查时企业、单位要与债权单位逐一核对账目，达到双方账面余额一致。

第三十九条　企业在对以上资产进行全面清查的基础上，根据国家有关清产核资损失认定的有关规定，在社会中介机构的配合下，收集相关证据，为资产损失、资金挂账的认定工作做好准备。

第五章　价值重估

第四十条　企业凡在以前开展清产核资工作（包括第五次全国清产核资工作，配合军队、武警部队和政法机关移交企业，中央党政机关脱钩企业，科研机构整体转制及日常开展的清产核资工作）时已进行过资产价值重估的，或者因特定经济行为需要已经组织过资产评估工作的，原则上不再进行资产价值重估。

第四十一条　中央企业在清产核资中，属第四十条规定以外，且企业账面价值和实际价值背离较大的主要固定资产和流动资产确需进行重新估价的，须在企业清产核资立项申请报告中就有关情况及原因进行专项说明，由国务院国有资产监督管理委员会审批。

第四十二条　地方所出资企业需在清产核资中进行资产价值重估的，须由省级国有资产监督管理机构核准同意。

第四十三条　企业在清产核资中经核准同意进行资产价值重估工作的，原则上应当采取物价指数法。对于特殊情况经批准后，也可采用重置成本法等其他方法进行。

第四十四条　物价指数法是以资产购建年度价格为基准价格，按国家有关部门制定的《清产核资价值重估统一标准目录》（1995 年）中列出的价格指数，对资产价值进行统一调整估价的方法。

第六章　损溢认定

第四十五条　企业在进行账务清理、资产清查的基础上，对各项清理出来的资产盘盈、资产损失和资金挂账，依据国家清产核资政策和有关财务会计制度规定，认真、细致地做好资产损益的认定工作。

第四十六条　企业在清产核资中对清理出来的各项资产盘盈、资产损失和资金挂账的核实和认定，具体按照《国有企业资产损失认定工作规则》的有关规定进行。

第四十七条　企业在清产核资中对各项资产盘盈、资产损失和资金挂账的核实和认定都必须取得合法证据。合法证据包括：

（一）具有法律效力的外部证据；

（二）社会中介机构的经济鉴证证明；

（三）特定经济行为的企业内部证据。

第四十八条　企业在清产核资中，要认真组织做好资产盘盈、资产损失和资金挂账有关证明的取证与证据甄别。在取得各项相关证据和资料后，企业应当认真甄别各项证明材料的可靠性和合理性；承担清产核资专项财务审计业务的社会中介机构要对企业提供的各项证据真实性、可靠性进行核实和确认。

第四十九条　企业在清产核资中对清理出的各种账外资产以及账外的债权、债务等情况在进行认真分析的基础上，作出详细说明，报国有资产监督机构审核批准后及时调整入账。

第五十条　企业在清产核资工作中，对证据充分、事实确凿的各项资产损失、资金挂账，经社会中介机构专项财务审计后，可以按照国家清产核资政策规定向国有资产监督管理机构申报认定和核销。

第五十一条　企业在清产核资中应当严格区分内部往来、内部关联交易的损失情况，在上报子企业的资产损失时，作为投资方采用权益法核算的，母公司不重复确认为损失。

第七章　报表编制

第五十二条　《企业清产核资报表》是在清产核资各项工作的基础上，依据各工作阶段所获得的数据和资料，进行整理、归类、汇总和分析，编制反映企业清产核资基准日资产状况、清查结果和资金核实的报告文件。

国务院国有资产监督管理委员会负责统一制定和下发《企业清产核资报表》格式。

第五十三条 企业在清产核资工作中，在进行账务清理、资产清查等工作并填制《清产核资工作基础表》的基础上，应当认真、如实的分别填制《企业清产核资报表》。

第五十四条 《清产核资工作基础表》是企业开展资产清查工作的基本底表。企业在清产核资过程中可根据企业自身情况对《清产核资工作基础表》进行必要的修改或调整。

第五十五条 《企业清产核资报表》分为清产核资工作情况表和清产核资损失挂账分项明细表两个部分：

（一）清产核资工作情况表主要包括：资产清查表、基本情况表、资金核实申报表、资金核实分户表、损失挂账情况表；

（二）清产核资损失挂账分项明细表反映企业申报的资产盘盈、资产损失和资金挂账分项明细情况，具体按照不同单位、损失类别等列示。

第五十六条 《企业清产核资报表》编制工作，要明确分工，精心组织，积极做好内部相关业务机构的协调和配合，确保报表数据的真实、合法和完整，并依次装订成册，由企业法人签字并加盖公章。

第五十七条 企业在清产核资工作中编制的《企业清产核资报表》和《清产核资工作基础表》应当作为工作档案的一部分，按照有关档案管理的要求妥善保管。

第八章 中介审计

第五十八条 企业清产核资工作结果应当按照规定委托符合资质条件的社会中介机构进行专项财务审计。涉及国家安全的特殊企业经同意后，由企业自行组织开展清产核资工作。

第五十九条 社会中介机构要按照独立、客观、公正的原则，履行必要的审计程序，依据独立审计准则等相关规定，认真核实企业的各项清产核资材料，并按照规定参与清点实物实施监盘。

第六十条 企业在清产核资工作中要分清与社会中介机构的职责分工，明确工作关系，细化工作程序，分清工作责任。如选择多家社会中介机构的，应当指定其中一家社会中介机构为主审机构牵头负责，并明确主审所与协作所的分工、责任等关系。

第六十一条 社会中介机构在清产核资专项财务审计工作和经济鉴证中享有法律规定的权力，承担法律规定的义务。任何企业和个人不得干涉社会中介机构正常职业行为。社会中介机构要在清产核资工作中保守企业的各项商业秘密。

第六十二条 社会中介机构对企业资产损益，应当在充分调查研究、论证的基础上，进行职业推断和客观评判，出具经济鉴证证明，并对其真实性、可靠性负责。

社会中介机构对企业清产核资结果，应当在认真核实和详细分析的基础上，根据独立、客观、公正原则，出具专项财务审计报告，并对其准确性、可靠性负责。

第六十三条 社会中介机构在清产核资专项财务审计工作结束后，应当对企业的内控机制等情况进行审核的基础上，出具管理意见书，提出企业的改进相关管理的具体措施和建议。

第九章 结果申报

第六十四条 企业对清查出的各项资产盘盈（包括账外资产）、资产损失和资金挂账等，应当区别情况，按照国家有关清产核资政策规定，分别提出具体处理意见，及时向同级国有资产监督管理机构报送清产核资结果申报材料。

第六十五条 从企业收到清产核资立项批复文件起，应于6个月内完成清产核资各项主体工作，并向国有资产监督管理机构报送清产核资工作报告；在规定时间内不能完成工作的，需报经国有资产监督管理机构同意。

第六十六条　清产核资结果申报材料具体包括：清产核资工作报告、清产核资报表、专项财务审计报告及有关备查材料。

第六十七条　企业清产核资工作报告主要包含以下内容：

（一）企业清产核资基本情况简介；

（二）清产核资工作结果；

（三）对清产核资暴露出来的企业资产、财务管理中存在的问题、原因进行分析并提出改进措施等。

第六十八条　企业清产核资报表应包括企业总部及所属全部子企业的资产状况，以反映企业总体经营实力，并采取合并方式编制。企业所属子企业的清产核资报表以送电子文档格式附报。

第六十九条　专项财务审计报告由社会中介机构出具，主要内容包括：清产核资范围及内容；清产核资行为依据及法律依据；清产核资组织实施情况；清产核资审核意见；社会中介机构认为需要专项说明的重大事项；报告使用范围说明等。另外，还应当附申报资产损失分项明细表；资产损失申报核销项目说明及相关工作材料等。

第七十条　企业各项资产损失、资金挂账的原始凭证资料及具有法律效力证明材料的复印件，如材料较多应单独汇编成册，编注页码，列出目录。

清产核资企业及相关社会中介机构要对所提供证明材料的复印件与原件的一致性负责。

第十章　资金核实

第七十一条　国有资产监督管理机构对企业经过账务清理、资产清查等基础工作后上报的各项资产盘盈、资产损失、资金挂账等进行认定，重新核实企业实际占用的全部法人财产和国家资本金。

第七十二条　国有资产监督管理机构在收到企业报送的清产核资报告后，按照国家有关清产核资政策、国家现行的财务会计制度及相关规定，对上报材料的内容进行审核。

属于国有控股企业的应向国有资产监督管理机构附报董事会或者股东会相关决议。

第七十三条　对企业上报的各项资产损失、资金挂账有充分证据的，国有资产监督管理机构在清产核资企业申报的处理意见及社会中介机构的专项财务审计意见基础上，依据企业的承受能力等实际情况，提出相应的损失挂账处理意见。企业有消化能力的应以企业自行消化为主；如企业确无消化能力的可按相关规定冲减所有者权益。

第七十四条　对确实因客观原因在企业申报清产核资资金核实结果时，相关资产损失、资金挂账的证据不够充分，国有资产监督管理机构无法审定核准的，经同意企业可继续收集证据，在不超过一年的时间内另行补报（1次）。

第十一章　账务处理

第七十五条　企业在接到清产核资资金核实批复文件后，依据批复文件的要求，按照国家现行的财务、会计制度的规定，对企业总公司及子企业进行账务处理。

第七十六条　企业对因采用权益法核算引起的由于子企业损失被核销造成的长期投资损失，在经批准核销后，按照会计制度的规定同时调整相关会计科目。

第七十七条　企业在接到清产核资的批复60个工作日内要将账务处理结果报同级国有资产监督管理机构并抄送企业监事会（1份）。主要内容有：

（一）总公司按照国有资产监督管理机构批复的清产核资资金核实结果，对列入清产核资范围的各子企业下达的账务调整批复；

（二）企业应当对未能按照国有资产监督管理机构批复的清产核资资金核实结果调账部分的原因进行详细说明并附相关证明材料；

（三）企业所属控股、参股子企业按照批复的损失额等比例进行摊销。

第七十八条 企业对经同意核销的各项不良债权、不良投资，要建立账销案存管理制度，组织力量和建立相关机构积极清理和追索；对同意核销的各项实物资产损失，应当组织力量积极处置、回收残值，避免国有资产流失。

第七十九条 企业在接到清产核资的批复30个工作日内，按规定程序到同级国有资产监督管理机构办理相应的产权变更登记手续。企业注册资本发生变动的，在接到清产核资的批复后，在规定的时间内，按规定程序到工商行政管理部门办理工商变更登记手续。

第十二章 完善制度

第八十条 企业在清产核资的基础上，应当针对清产核资工作中暴露出来的资产及财务管理等方面问题，对资产盘盈、资产损失和资金挂账等形成原因进行认真分析，分清管理责任，提出相关整改措施，巩固清产核资工作成果，防止前清后乱。

第八十一条 企业在清产核资的基础上，按照国家现行的财务、会计及资产管理制度规定并结合企业实际情况，建立健全各项资产包括固定资产、流动资产、无形资产、递延资产、在建工程等管理制度，完善内部资产与财务管理办法。

第八十二条 企业在清产核资的基础上，应当进一步加强会计核算，完善各项内控机制，加强对企业内部各级次的财务监督，建立资产损失责任制度，完善经济责任审计和子企业负责人离任审计制度。

第八十三条 企业在清产核资的基础上，应当认真研究各项风险控制管理制度，尤其是对企业担保、委托贷款资金等事项，提出控制风险的可行的办法，加强担保及委托资金的管理与控制。

第八十四条 企业在清产核资的基础上，应当建立和完善财务信息披露制度，将本企业投资、经营、财务以及企业经营过程中的重大事项，按照国家法律、法规的要求及时向出资人、董事会和股东披露，规范会计信息的披露。

第八十五条 企业应当根据清产核资工作结果，对所属各子企业的资产及财务状况进行认真分析，对确已资不抵债或不能持续经营的，应当根据实际情况提出合并、分立、解散、清算和关闭破产等工作措施，促进企业内部结构的调整，提高企业资产营运效益。

第八十六条 企业内部的纪检监察部门应当积极介入本企业的清产核资工作，对发现的严重违纪违规问题，应当移交有关部门调查处理；涉嫌违法的问题，应当及时移送司法机关处理。

第十三章 附 则

第八十七条 企业应当按照《会计档案管理办法》的规定，妥善保管清产核资工作档案。清产核资各种工作底稿、各项证明材料原件等会计基础材料应装订成册，按规定存档。

第八十八条 本工作规程自公布之日起施行。

国有企业资产损失认定工作规则

（2003年9月13日国资评价〔2003〕72号）

第一章 总 则

第一条 为加强对国有及国有控股企业（以下简称企业）清产核资工作的监督管理，规范企业资产损失的核实和认定工作，根据《国有企业清产核资办法》和国家有关财务会计制度，制定本规则。

第二条　本规则所称的资产损失，是指企业清产核资清查出的在基准日之前，已经发生的各项财产损失和以前年度的经营潜亏及资金挂账等。

第三条　企业清产核资中清查出的各项资产损失，依据《国有企业清产核资办法》及本规则规定进行核实和认定。

第四条　企业清产核资中清查出各项资产损失的核实和认定，依据有关会计科目，按照货币资金损失、坏账损失、存货损失、待摊费用挂账损失、投资损失、固定资产损失、在建工程和工程物资损失、无形资产损失、其他资产损失等分类分项进行。

第五条　国有资产监督管理机构按照国家有关规定负责对企业清产核资中清查出的资产损失进行审核和认定工作。

第二章　资产损失认定的证据

第六条　在清产核资工作中，企业需要申报认定的各项资产损失，均应提供合法证据，包括：具有法律效力的外部证据、社会中介机构的经济鉴证证明和特定事项的企业内部证据。

第七条　具有法律效力的外部证据，是指企业收集到的司法机关、公安机关、行政部门、专业技术鉴定部门等依法出具的与本企业资产损失相关的具有法律效力的书面文件，主要包括：

（一）司法机关的判决或者裁定；

（二）公安机关的立案结案证明、回复；

（三）工商管理部门出具的注销、吊销及停业证明；

（四）企业的破产清算公告及清偿文件；

（五）政府部门的公文及明令禁止的文件；

（六）国家及授权专业技术鉴定部门的鉴定报告；

（七）保险公司对投保资产出具的出险调查单，理赔计算单等；

（八）符合法律条件的其他证据。

第八条　社会中介机构的经济鉴证证明，是指社会中介机构按照独立、客观、公正的原则，在充分调查研究、论证和分析计算基础上，进行职业推断和客观评判，对企业的某项经济事项发表的专项经济鉴证证明或鉴证意见书，包括：会计师事务所、资产评估机构、律师事务所、专业鉴定机构等出具的经济鉴证证明或鉴证意见书。

第九条　特定事项的企业内部证据，是指本企业在财产清查过程中，对涉及财产盘盈、盘亏或者实物资产报废、毁损及相关资金挂账等情况的内部证明和内部鉴定意见书等，主要包括：

（一）会计核算有关资料和原始凭证；

（二）资产盘点表；

（三）相关经济行为的业务合同；

（四）企业内部技术鉴定小组或内部专业技术部门的鉴定文件或资料（数额较大、影响较大的资产损失项目，应当聘请行业内专家参加技术鉴定和论证）；

（五）企业的内部核批文件及有关情况说明；

（六）由于经营管理责任造成的损失，要有对责任人的责任认定及赔偿情况说明。

第十条　对作为资产损失的所有证据，企业都应当根据内部控制制度和财务管理制度，进行逐级审核，认真把关；承担企业清产核资专项财务审计业务的中介机构应根据独立审计准则规定做好相关证据的复核、甄别工作，逐项予以核实和确认。

第三章　资产损失认定的原则

第十一条　为保证企业资产状况的真实性和财务信息的准确性，企业对清产核资中清查出的已丧失了使用价值或者转让价值、不能再为企业带来经济利益的账面无效资产，凡事实确凿、证明充分的，依据国家财务会计制度和清产核资政策规定，认定为损失，经批准后可予以财务核销。

第十二条 企业对清产核资中清查出的各项资产损失，应当积极组织力量逐户逐项进行认真清理和核对，取得足以说明损失事实的合法证据，并对损失的资产项目及金额按规定的工作程序和工作要求进行核实和认定。

对数额较大、影响较大的资产损失项目，企业应当逐项作出专项说明，承担专项财务审计业务的中介机构应当重点予以核实。

第十三条 企业对清产核资中清查出的各项资产损失，虽取得外部法律效力证明，但其损失金额无法根据证据确定的，或者难以取得外部具有法律效力证明的有关资产损失，应当由社会中介机构进行经济鉴证后出具鉴证意见书。

第十四条 企业对经批准核销的不良债权、不良投资等损失，应当认真加强管理，建立“账销案存”管理制度，组织力量或成立专门机构进一步清理和追索，避免国有资产流失。

第十五条 企业对经批准核销的报废毁损固定资产、存货、在建工程等实物资产损失，应当分类排队，进行认真清理，对有利用价值或者能收回残值的，应当积极进行处理，以最大限度降低损失。

第十六条 企业清查出的由于会计技术性差错引起的资产不实，不属于资产损失的认定范围，应当由企业依据会计准则规定的会计差错更正办法，经会计师事务所审计提出相关意见后自行处理。

第十七条 企业集团内部单位之间、母公司与子公司之间的互相往来款项、投资和关联交易，债务人核销债务要与债权人核销债权同等金额、同时进行，并签订书面协议，互相提供处理债权或者债务的财务资料。

第四章　货币资金损失的认定

第十八条 货币资金损失是指企业清查出的现金短缺和各类金融机构存款发生的有关损失。

第十九条 企业清查出的现金短缺，将现金短缺数扣除责任人赔偿后的数额，依据下列证据，确认为损失：

（一）现金保管人确认的现金盘点表（包括倒推至基准日的记录）；

（二）现金保管人对于短款的说明及相关核准文件；

（三）由于管理责任造成的，应当有对责任人的责任认定及赔偿情况说明；

（四）涉及刑事犯罪的应当提供有关司法涉案材料。

第二十条 企业清查出的存款中金融机构已付、企业未付的款项，依据财产清查基准日的银行对账单及相应的银行存款余额调节表，要逐笔查明银行已付、企业未付款项的形成原因，确认与收款人的债权债务关系，核实情况分清责任。对不能收回款项，比照本规则坏账损失的认定要求，进行损失认定。

第五章　坏账损失的认定

第二十一条 坏账损失是指企业不能收回的各项应收款项造成的损失，主要包括：应收账款和其他应收款、应收票据、预付账款等发生坏账造成的损失。

第二十二条 对在清产核资中清查出的各项坏账，企业应当逐项分析形成原因，对有合法证据证明确实不能收回的应收款项，分别不同情况，认定为损失。

第二十三条 债务单位已被宣告破产、注销、吊销工商登记或者被政府责令关闭等，造成应收款项无法收回的，依据下列证据，认定为损失：

（一）法院的破产公告和破产清算的清偿文件；

（二）工商部门的注销、吊销证明；

（三）政府部门有关行政决定文件。

对上述情形中已经清算的，应当扣除债务人清算财产实际清偿部分后，对不能收回的款项，认定为损失。

对尚未清算的，由社会中介机构进行职业推断和客观评判后出具经济鉴证证明，对确实不能收回的部分，认定为损失。

第二十四条　债务人已失踪、死亡的应收款项，在取得公安机关出具的债务人已失踪、死亡的证明后，确定其遗产不足清偿部分或无法找到承债人追偿债务的，由社会中介机构进行职业推断和客观评判后出具经济鉴证证明，认定为损失。

第二十五条　债务人因遭受战争、国际政治事件及自然灾害等不可抗力因素影响，对确实无法收回的应收款项，由企业作出专项说明，经社会中介机构进行职业推断和客观评判后出具经济鉴证证明，认定为损失。

第二十六条　逾期不能收回的应收款项，有败诉的法院判决书、裁定书，或者胜诉但无法执行或债务人无偿债能力被法院裁定终（中）止执行的，依据法院的判决、裁定或终（中）止执行的法律文书，认定为损失。

第二十七条　在逾期不能收回的应收款项中，单笔数额较小、不足以弥补清收成本的，由企业作出专项说明，经社会中介机构进行职业推断和客观评判后出具经济鉴证证明，认定为损失。

第二十八条　逾期三年以上的应收款项，企业有依法催收磋商记录，确认债务人已资不抵债、连续三年亏损或连续停止经营三年以上的，并能认定在最近3年内没有任何业务往来，由社会中介机构进行职业推断和客观评判后出具鉴证证明，认定为损失。

第二十九条　逾期三年以上的应收款项，债务人在境外及港、澳、台地区的，经依法催收仍不能收回的，在取得境外中介机构出具的有关证明，或者取得我国驻外使（领）馆或商务机构出具的有关证明后，认定为损失。

第三十条　对逾期三年以上的应收款项，企业为了减少坏账损失而与债务人协商，按一定比例折扣后收回（含收回的实物资产）的，根据企业董事会或者经理（厂长）办公会审议决定（二级及以下企业应有上级母公司的核准文件）和债权债务双方签订的有效协议，以及已收回资金的证明，其折扣部分，认定为损失。

第六章　存货损失的认定

第三十一条　存货损失是指有关商品、产成品、半成品、在产品以及各类材料、燃料、包装物、低值易耗品等发生的盘盈、盘亏、变质、毁损、报废、淘汰、被盗等造成的净损失，以及存货成本的高留低转资金挂账等。

第三十二条　对盘盈和盘亏的存货，扣除责任人赔偿后的差额部分，依据下列证据，认定为损失：

（一）存货盘点表；

（二）社会中介机构的经济鉴证证明；

（三）其他应当提供的材料：

1. 存货保管人对于盘盈和盘亏的情况说明；

2. 盘盈存货的价值确定依据（包括相关入库手续、相同相近存货采购发票价格或者其他确定依据）；

3. 盘亏存货的价值确定依据；

4. 企业内部有关责任认定、责任人赔偿说明和内部核批文件。

第三十三条　对报废、毁损的存货，将其账面价值扣除残值及保险赔偿或责任人赔偿后的差额部分，依据下列证据，认定为损失：

（一）单项或者批量金额较小的存货，由企业内部有关部门出具技术鉴定证明；

（二）单项或者批量金额较大的存货，应取得国家有关技术鉴定部门或具有技术鉴定资格的社会中介机构出具的技术鉴定证明；

（三）涉及保险索赔的，应当有保险公司理赔情况说明；

（四）其他应当提供的材料：

1. 企业内部关于存货报废、毁损情况说明及审批文件；

2. 残值情况说明；

3. 企业内部有关责任认定、责任人赔偿说明和内部核批文件。

第三十四条 对被盗的存货，将其账面价值扣除保险理赔以及责任人赔偿后的差额部分，依据以下证据，认定为损失：

（一）向公安机关的报案记录；公安机关立案、破案和结案的证明材料；

（二）涉及责任人的责任认定及赔偿情况说明；

（三）涉及保险索赔的，应有保险公司理赔情况说明。

第三十五条 对已削价、折价处理的存货，由企业有关部门说明情况，依据有关会计凭证将原账面价值与已收回价值的差额部分，认定为损失。

第三十六条 对清查出的存货成本高留低转部分，由企业作出专项说明，经社会中介机构进行职业推断和客观评判后出具经济鉴证证明，认定为损失。

第七章 待摊费用挂账损失的认定

第三十七条 企业清查出的已经失去摊销意义的费用项目，由企业作出相关事项说明，经社会中介机构进行职业推断和客观评判后出具经济鉴证证明，认定为损失。

第三十八条 企业清查出的长期应摊未摊费用，由企业作出难以自行消化的未摊销专项说明，经社会中介机构进行职业推断和客观评判后出具经济鉴证证明，认定为损失。

第三十九条 企业清查出的有关应提未提费用，由企业作出专项说明，经社会中介机构进行职业推断和客观评判后出具经济鉴证证明，认定为损失。

第四十条 企业清查出的以前年度由于国家外汇汇率政策调整引起的汇兑损失挂账，由企业作出专项说明，经社会中介机构进行职业推断和客观评判后出具经济鉴证证明，认定为损失。

第八章 投资损失的认定

第四十一条 投资损失是指企业发生的不良股权或者债权投资造成的损失，包括长期投资损失和短期投资损失。对清查出的不良投资，企业要逐项进行原因分析，对有合法证据证明不能收回的，认定为损失。

第四十二条 被投资单位已破产、清算、被撤销、关闭或被注销、吊销工商登记等，造成难以收回的不良投资，依据下列证据，认定为损失：

（一）法院的破产公告或者破产清算的清偿文件；

（二）工商部门的注销、吊销文件；

（三）政府部门的有关行政决定文件；

对已经清算的，扣除清算财产清偿后的差额部分，认定为损失。

尚未清算的，由社会中介机构经过职业推断和客观评判后出具经济鉴证证明，对被投资单位剩余财产确实不足清偿投资的差额部分，认定为损失。

第四十三条 对企业有关参股投资项目金额较小，确认被投资单位已资不抵债、连续经营亏损 3 年以上或连续停止经营 3 年以上的，由社会中介机构进行职业推断和客观评判后出具经济鉴证证明，对确实不能收回的部分，认定为损失。

第四十四条 企业经营期货、证券、外汇等短期投资未进行交割或清理的，不能认定为损失。

第九章　固定资产损失的认定

第四十五条　固定资产损失是指企业房屋建筑物、机器设备、运输设备、工具器具等发生的盘盈、盘亏、淘汰、毁损、报废、丢失、被盗等造成的净损失。

第四十六条　对盘盈的固定资产，依据下列证据，确认为固定资产盘盈入账。

（一）固定资产盘点表；

（二）使用保管人对于盘盈情况说明材料；

（三）盘盈固定资产的价值确定依据（同类固定资产的市场价格、类似资产的购买合同、发票或竣工决算资料）；

（四）单项或批量数额较大固定资产的盘盈，企业难以取得价值确认依据的，应当委托社会中介机构进行估价，出具估价报告。

第四十七条　对盘亏的固定资产，将其账面净值扣除责任人赔偿后的差额部分，依据下列证据，认定为损失：

（一）固定资产盘点表；

（二）盘亏情况说明（单项或批量金额较大的固定资产盘亏，企业要逐项作出专项说明，由社会中介机构进行职业推断和客观评判后出具经济鉴证证明）；

（三）社会中介机构的经济鉴证证明；

（四）企业内部有关责任认定和内部核准文件等。

第四十八条　对报废、毁损的固定资产，将其账面净值扣除残值、保险赔偿和责任人赔偿后的差额部分，依据下列证据，认定为损失：

（一）企业内部有关部门出具的鉴定证明；

（二）单项或批量金额较大的固定资产报废、毁损，由企业作出专项说明，应当委托有技术鉴定资格的机构进行鉴定，出具鉴定证明；

（三）不可抗力原因（自然灾害、意外事故）造成固定资产毁损、报废的，应当有相关职能部门出具的鉴定报告。如消防部门出具的受灾证明；公安部门出具的事故现场处理报告、车辆报损证明；房管部门的房屋拆除证明；锅炉、电梯等安检部门的检验报告等；

（四）企业固定资产报废、毁损情况说明及内部核批文件；

（五）涉及保险索赔的，应当有保险理赔情况说明。

第四十九条　对被盗的固定资产，将其账面净值扣除责任人的赔偿和保险理赔后的差额部分，依据下列证据，认定为损失：

（一）向公安机关的报案记录；公安机关立案、破案和结案的证明材料；

（二）企业内部有关责任认定、责任人赔偿说明和内部核批文件；

（三）涉及保险索赔的，应当有保险理赔情况说明。

第十章　在建工程和工程物资损失的认定

第五十条　在建工程损失和工程物资损失是指企业已经发生的因停建、废弃和报废、拆除的在建工程项目造成的损失，以及因此而引起的相应工程物资报废或者削价处理等发生的损失。

第五十一条　因停建、废弃和报废、拆除的在建工程，将其账面投资扣除残值后的差额部分，依据下列证据，认定为损失：

（一）国家明令停建项目的文件；

（二）规划等有关政府部门出具的工程停建、拆除通知文件；

（三）企业对报废、废弃的在建工程项目出具的鉴定意见和原因说明及核批文件；单项数额较大的在建工程报废，应当有行业专家参与的技术鉴定意见；

（四）工程项目实际投入的价值确定依据。

第五十二条 由于自然灾害和意外事故毁损的在建工程，将其账面投资扣除残值、保险赔偿及责任赔偿后的差额部分，依据下列证据，认定为损失：

（一）有关自然灾害或者意外事故证明；

（二）涉及保险索赔的，应当有保险理赔情况说明；

（三）企业内部有关责任认定、责任人赔偿说明和核准文件。

第五十三条 工程物资发生损失的，比照本规则存货损失的认定要求，进行损失认定。

第十一章 无形资产和其他资产损失的认定

第五十四条 无形资产损失是指某项无形资产已经被其他新技术所代替或已经超过了法律保护的期限，已经丧失了使用价值和转让价值，不能给企业再带来经济利益，而使该无形资产成为无效资产，其账面尚未摊销的余额，形成无形资产损失。

第五十五条 企业清查出的无形资产损失，依据有关技术部门提供的鉴定材料，或者已经超过了法律保护的期限证明文件，将尚未摊销的无形资产账面余额，认定为损失。

第五十六条 企业或有负债（包括担保、抵押、委托贷款等行为造成的损失）成为事实负债后，对无法追回的债权，分别按有关资产损失认定要求，进行损失认定。

（一）对外提供担保损失。被担保人由于不能按期偿还债务，本企业承担了担保连带还款责任，经清查和追索，被担保人无偿还能力，对无法追回的，比照本规则坏账损失的认定要求，进行损失认定。

（二）抵押损失。由于企业没能按期赎回抵押资产，使抵押资产被拍卖或变卖，其账面价值与拍卖或变卖价值的差额部分，依据拍卖或变卖证明，认定为损失。

（三）委托贷款损失。企业委托金融机构向其他单位贷出的款项，对贷款单位不能按期偿还的，比照本规则投资损失的认定要求，进行损失认定。

第五十七条 国家特准储备物资发生损失的，按有关规定的审批程序另行报批。

第十二章 附 则

第五十八条 企业应按照《会计档案管理办法》的规定，妥善保管清产核资工作档案，清产核资各种工作底稿、各项资产损失认定证明和会计基础材料，应分类装订成册，按规定期限保存。

第五十九条 本规则自公布之日起施行。

国有企业清产核资资金核实工作规定

（2003年9月13日 国资评价〔2003〕74号）

第一条 为规范国有及国有控股企业（以下简称企业）清产核资工作，促使解决企业历史遗留问题，真实反映企业的资产质量和财务状况，依据《国有企业清产核资办法》和国家有关清产核资政策，制定本规定。

第二条 资金核实是指国有资产监督管理机构根据清产核资企业上报的各项资产盘盈、资产损失和资金挂账等清产核资工作结果，依据国家清产核资政策和有关财务会计制度规定，组织进行审核并批复予以账务处理，重新核定企业实际占用国有资本金数额的工作。

第三条 企业开展清产核资工作，应当按照《国有企业清产核资办法》的有关规定，认真组织做好账务清理、资产清查等各项基础工作，如实反映企业资产质量和财务状况，做到全面彻底、账账相符、账实相符，保证企业清产核资结果的真实性、可靠性和完整性，严禁弄虚作假，避免国有资产流失。

第四条　企业清产核资工作结果应当按照规定经社会中介机构进行专项财务审计，查出的资产盘盈、资产损失和资金挂账应当提供相关合法证据或者社会中介机构经济鉴证证明等具有法律效力的证明材料。承担企业清产核资专项财务审计工作和出具经济鉴证证明的社会中介机构，应当依据《独立审计准则》等有关规定，对企业清理出的各项资产盘盈、资产损失和资金挂账等清产核资工作结果进行客观、公正审计和经济鉴证，并对审计结果和经济鉴证证明的真实性、可靠性承担责任。

第五条　企业清理出的各项资产盘盈、资产损失和资金挂账等的认定与处理，按照事实确凿、证据充分、程序合规的原则，依据《企业清产核资办法》规定的工作程序和工作要求，由清产核资企业向国有资产监督管理机构申报批准，并按照资金核实批复结果调整账务。

第六条　企业应当按照规定要求在清产核资资金核实工作中向国有资产监督管理机构提交以下申报材料：

（一）企业清产核资工作报告，主要包括：清产核资工作基准日、工作范围、工作内容、工作结果和基准日的资产财务状况，以及相关处理意见；

（二）企业清产核资报表，包括：基准日企业基本情况表、各类资产损失明细情况表等；

（三）社会中介机构专项财务审计报告；

（四）企业申报处理的资产盘盈、资产损失和资金挂账的有关意见专项说明。企业申报处理的资产盘盈、资产损失和资金挂账的专项说明和各类资产损失明细情况表，应当逐笔写明发生日期、损失原因、政策依据、处理方式以及有关原始凭证资料和具有法律效力的证明材料齐全情况，并分类汇编成册；

（五）有关资产盘盈、资产损失和资金挂账备查材料，主要包括：企业清产核资原始凭证材料和具有法律效力的证明材料（可以用复印件），作为企业清产核资工作备查和存档资料，应当分类汇编成册，并列出目录，以便于工作备查；

（六）需要提供的其他材料。

第七条　企业清产核资资金核实工作按照以下程序进行：

（一）企业在账务清理、资产清查等工作基础上，经社会中介机构对清产核资专项财务审计和有关资产损失提出合规证据或者经济鉴证证明后，对清理出的各项资产盘盈、资产损失和资金挂账，按照国家清产核资政策和有关财务会计制度，分项提出处理意见，编制清产核资报表，撰写企业清产核资工作报告；

（二）企业向国有资产监督管理机构上报企业清产核资工作报告、清产核资报表、社会中介机构专项财务审计报告，并附相关合法证据及经济鉴证证明等材料；

（三）国有资产监督管理机构在规定工作时限内，对上报的企业清产核资工作报告、清产核资报表、社会中介机构专项财务审计报告及相关材料进行审核，并对资金核实结果进行批复；

（四）企业按照国有资产监督管理机构有关资金核实批复文件，依据国家财务会计制度有关规定，调整企业会计账务，并按照有关规定办理相关产权变更登记及工商变更登记。

第八条　对于企业在清产核资中查出的资产盘盈与资产损失相抵后，盘盈资产大于资产损失部分，根据财政部等六部门联合下发的《关于进一步贯彻落实国务院办公厅有关清产核资政策的通知》（财清〔1994〕15号，以下简称财清15号文件）的规定，经国有资产监督管理机构审核批准后，相应增加企业所有者权益。

第九条　依据《国务院办公厅关于扩大清产核资试点工作有关政策的通知》（国办发〔1993〕29号）和财清15号文件规定，企业清产核资中查出的各项资产损失和资金挂账数额较小，企业能够自行消化的，可以按照国家有关财务会计制度规定，经国有资产监督管理机构征求财政部门意见批准后分年计损益处理；对查出的企业各项资产损失和资金挂账数额较大、企业无能力自行消化弥补的，经国有资产监督管理机构审核批准后，可冲减企业所有者权益。

第十条 企业查出的各项资产损失和资金挂账，经国有资产监督管理机构审核批准冲减所有者权益的，可依次冲减盈余公积金、资本公积金和实收资本。

对企业执行《企业会计制度》查出的各项资产损失和资金挂账，依据国家有关清产核资政策规定，以及财政部《关于国有企业执行〈企业会计制度〉有关财务政策问题的通知》（财企〔2002〕310号，以下简称企业310号文件）有关规定，经国有资产监督管理机构审核批准的，可以依次冲减以前年度未分配利润、公益金、盈余公积金、资本公积金和实收资本。

第十一条 企业应当依据国有资产监督管理机构资金核实批复文件，及时调整会计账务，并将调账结果在规定时限内报国有资产监督管理机构备案（其中抄送国有重点大型企业监事会1份）。

第十二条 企业有关资产损失和资金挂账经国有资产监督管理机构审核批准后，冲减所有者权益应当保留的资本金数额不得低于法定注册资本金限额，不足冲减部分依据财企310号文件规定，暂作待处理专项资产损失，并在3年内分期摊销，尚未摊销的余额，在资产负债表”其他长期资产”项目中列示，并在年度财务决算报告中的会计报表附注中加以说明。

第十三条 企业经批准冲销的有关不良债权、不良投资和有关实物资产损失等，应当建立“账销案存”管理制度，并组织力量或者成立专门机构进一步清理和追索，避免国有资产流失；对以后追索收回的残值或者资金应当按国家有关财务会计制度规定，及时入账并作有关收入处理。

第十四条 企业对清产核资各项基础工作资料应当认真整理，建立档案，妥善保管，并按照会计档案保管期限予以保存。

第十五条 企业对清产核资中反映出的各项经营管理中的矛盾和问题，应当认真总结经验，分清责任，建立和健全各项管理制度，完善相关内部控制机制，并做好组织落实工作。企业应当在清产核资工作的基础上，建立资产损失责任追究制度和健全企业不良资产管理制度，巩固清产核资成果。

第十六条 本规定自公布之日起施行。

国有企业清产核资经济鉴证工作规则

（2003年9月18日 国资评价〔2003〕78号）

第一章 总 则

第一条 为规范国有及国有控股企业（以下简称企业）清产核资经济鉴证行为，保证企业清产核资结果的真实、可靠和完整，根据《国有企业清产核资办法》（以下简称《办法》）和国家有关财务会计制度规定，制定本规则。

第二条 本规则适用于组织开展清产核资工作的企业以及承办企业清产核资经济鉴证及专项财务审计业务的有关社会中介机构（以下简称中介机构）。

第三条 本规则所称清产核资经济鉴证工作，是指中介机构按照国家清产核资政策和有关财务会计制度规定，对企业清理出的有关资产盘盈、资产损失及资金挂账（以下简称损失及挂账）进行经济鉴证，对企业清产核资结果进行专项财务审计，以及协助企业资产清查和提供企业建章健制咨询意见等工作。

第四条 本规则所称中介机构主要是指具有经济鉴证业务执业资质的会计师事务所、资产评估事务所和律师事务所等。

第五条 中介机构在企业清产核资经济鉴证工作中，应根据《办法》和国家有关财务会计制度规定的工作要求、工作程序和工作方法，按照独立、客观、公正的原则，在充分调查研究、论证和分析基础上，对企业提供的清产核资资料和清查出的损失及挂账进行职业推断和客观评判，提出鉴证意见，出具清产核资专项财务审计报告和经济鉴证证明。

第二章　中介委托

第六条　按照《办法》规定，除涉及国家安全的特殊企业外，企业开展清产核资工作均须委托中介机构承办其经济鉴证业务，并应当依法签订业务委托约定书，明确委托目的、业务范围及双方责任、权利和义务。

第七条　企业按照国家有关法律法规规定或者特定经济行为要求申请进行清产核资的，以及企业所属子企业由于国有产权转让、出售等经济行为使产权发生重大变动（涉及控股权转移）需开展清产核资的，由企业母公司统一委托中介机构，并将委托结果报同级国有资产监督管理机构备案。

第八条　企业根据各级国有资产监督管理机构的要求必须开展清产核资工作的，以及企业母公司由于国有产权转让、出售等经济行为使产权发生重大变动（涉及控股权转移）需开展清产核资的，由同级国有资产监督管理机构统一委托中介机构。

第九条　承办企业清产核资经济鉴证业务的中介机构，必须具备以下条件：

（一）依法成立，具有经济鉴证或者财务审计业务执业资格；

（二）三年内未因违法、违规执业受到有关监管机构处罚，机构内部执业质量控制管理制度健全；

（三）中介机构的资质条件与委托企业规模相适应。

第十条　承办企业清产核资经济鉴证业务的中介机构专业工作人员应当具备以下条件：

（一）项目负责人应当为具有有效执业资格的注册会计师、注册评估师、律师等；

（二）相关工作人员应当具有相应的专业技能，并且熟悉国家清产核资操作程序和资金核实政策规定。

第十一条　承办企业清产核资经济鉴证业务的中介机构或者相关工作人员，与委托企业存在可能损害独立性利害关系的，应当按照规定回避。

第十二条　承办企业清产核资经济鉴证业务的中介机构在接受企业委托后，应当根据清产核资经济鉴证业务量需要，选定相对固定的专业人员参加清产核资经济鉴证工作，以保证工作按期完成。

第三章　损失及挂账鉴证

第十三条　企业在清产核资工作过程中，对于清查出的下列损失及挂账，应当委托中介机构进行经济鉴证：

（一）企业虽然取得了外部具有法律效力的证据，但其损失金额无法根据证据确定的；

（二）企业难以取得外部具有法律效力证据的有关不良应收款项和不良长期投资损失；

（三）企业损失金额较大或重要的单项存货、固定资产、在建工程和工程物资的报废、毁损；

（四）企业各项盘盈和盘亏资产；

（五）企业各项潜亏及挂账。

第十四条　在企业损失及挂账经济鉴证工作中，中介机构和相关工作人员应当实施必要的、合理的鉴证程序：

（一）督促和协助企业及时取得相关损失及挂账的具有法律效力的外部证据；

（二）在企业难以取得相关损失及挂账具有法律效力的外部证据时，中介机构及相关工作人员应当要求企业提供相关损失及挂账的内部证据；

（三）中介机构赴工作现场进行深入调查研究，取得相关调查资料；

（四）根据收集的上述材料，中介机构进行职业推断和客观评判，对企业相关损失及挂账的发生事实和可能结果进行鉴证；

（五）通过认真核对与分析计算，对企业相关损失及挂账的金额进行估算及确认；

（六）对收集的上述材料进行整理，形成经济鉴证材料；

（七）出具鉴证意见书。

第十五条 企业损失及挂账的鉴证意见书应符合以下要求：

（一）对于企业的相关损失及挂账应按照类别逐项出具鉴证意见；

（二）鉴证意见应当内容真实、表述客观、依据充分、结论明确。

第十六条 在企业损失及挂账经济鉴证工作中，中介机构及相关工作人员必须认真查阅企业有关财务会计资料和文件，勘察业务现场和设施，向有关单位和个人进行调查与核实；对企业故意不提供或者提供虚假会计资料和相关损失及挂账证据的，中介机构及相关工作人员有权对相关损失及挂账不予鉴证或者不发表鉴证意见。

第四章 专项财务审计

第十七条 企业清产核资专项财务审计业务，原则上应当由一家中介机构承担，但若开展清产核资的企业所属子企业分布地域较广，清产核资专项财务审计业务量较大时，多家中介机构（一般不超过5家）可以同时承办同一户企业的清产核资专项财务审计业务，并由承担母公司专项财务审计业务的中介机构担任主审，负责总审计工作。

第十八条 主审中介机构一般应承担企业清产核资专项财务审计业务量的50%以上（含50%），负责全部专项审计工作的组织、协调和质量控制，并对出具的企业清产核资专项财务审计报告的真实性、合法性负责。

第十九条 在企业清产核资专项财务审计工作中，中介机构及相关审计人员应当实施必要的审计流程，取得充分的审计证据。具体包括：

（一）制定清产核资专项财务审计工作计划，明确审计目的、审计范围和审计内容，拟定审计工作基础表和审计工作底稿格式，并对参加专项审计工作的相关审计人员进行培训；

（二）对企业清产核资基准日的会计报表进行审计，以保证企业清产核资基准日账面数的准确；

（三）负责企业资产清查的监盘工作；

（四）核对、询证、查实企业债权、债务；

（五）对企业损失及挂账进行审核，协助和督促企业取得损失及挂账所必须的外部具有法律效力的证据，其他中介机构出具的经济鉴证证明，以及提供特定事项的内部证明，并对其真实性和合规性进行审计；

（六）出具企业清产核资专项财务审计报告。

第二十条 在企业清产核资专项财务审计工作中，中介机构及相关审计人员应当审计的重点事项有：

（一）货币资金：重点审计企业的现金是否存在短缺，各类银行存款是否与银行对账单存在差异，其他货币资金是否存在损失等；

（二）应收款项：重点审计应收款项的账龄分析及其回函确认的情况，坏账损失的确认情况；

（三）存货：重点审计存放时间长、闲置、毁损和待报废的存货；

（四）长期投资：重点审核企业的长期投资产权清晰状况、核算方法、被投资单位的财务状况等；

（五）固定资产：重点审计固定资产的主要类型、折旧年限、折旧方法和使用状况；

（六）在建工程：重点审计在建工程的主要项目和工程结算情况，停建和待报废工程的主要原因；

（七）待摊费用、递延资产及无形资产：重点审计是否存在潜亏挂账的项目；

（八）各类盘盈资产：重点审计盘盈的原因和作价依据；

（九）各类盘亏资产：重点审计盘亏的原因、责任及金额；

（十）各项待处理资产损失：重点审核其申报审批程序是否符合企业内部控制制度和相关管理办法及相关政府部门的有关规定；

（十一）企业的内部控制制度：重点审计企业内部控制制度是否健全、有效。

第五章　审计报告

第二十一条　在实施了必要的审计流程和收集了充分、适当的审计证据后，承办企业清产核资专项财务审计业务的中介机构应当及时出具企业清产核资专项财务审计报告。

第二十二条　对于单独承办同一企业全部清产核资专项财务审计业务的中介机构，不仅应当出具该企业清产核资专项财务审计报告，还应当对该企业有较大损失的子企业出具分户清产核资专项财务审计报告。

第二十三条　对于同时承办同一企业清产核资专项财务审计业务的多家中介机构，应当分别对其审计的子企业出具分户清产核资专项财务审计报告，并报送主审中介机构，主审中介机构在此基础上出具企业清产核资专项财务审计报告。

第二十四条　企业清产核资专项财务审计报告的基本格式为：

（一）封面：标明清产核资专项审计项目的名称、中介机构名称、项目工作日期等；

（二）目录：应对专项审计报告全文编注页码，并以此列出报告正文及附表或者附件的目录；

（三）报告正文：应做到内容真实、证据确凿、依据充分、结论清楚、数据准确、文字严谨；

（四）相关工作附表及附件：

1. 损失挂账分项明细表；

2. 损失挂账申报核销项目审核说明；

3. 损失挂账的证明材料（应当分类装订成册，若证明材料过多，则作为备查材料）；4. 主审会计师的资质证明和中介机构营业执照复印件；

5. 其他有关材料。

第二十五条　清产核资专项审计报告正文的格式为：清产核资工作范围、清产核资行为依据及法律依据、清产核资组织实施情况、清产核资审核结果、清产核资处理意见、中介机构认为需要专项说明的重大事项及报告使用范围说明等。

第二十六条　在损失挂账分项明细表中，应当将企业申报处理的损失挂账按单位和会计科目逐笔列示。具体格式为：损失项目名称、损失原因、发生时间、项目原值、申报损失金额、企业处理意见、关键证据及索引号和中介机构处理意见等。

第二十七条　在损失挂账申报核销项目审核说明中，中介机构应当对损失挂账分项明细表中列示的各类损失项目，按单位和会计科目逐项编写损失挂账项目说明。具体格式为：序号、申报损失项目名称、申报核销金额（以人民币元为单位）、关键证据、中介机构的审核意见等。

第二十八条　中介机构及相关审计人员在清产核资专项财务审计报告中应当重点披露的内容有：

（一）企业的会计责任和中介机构的审计责任；

（二）审计依据、审计方法、审计范围和已实施的审计流程；

（三）对企业损失及挂账的核实情况；

（四）处理损失及挂账，对企业的经营和财务状况将产生的影响；

（五）在清产核资专项财务审计工作中发现的有可能对企业损失及挂账的认定产生重大影响的事项；

（六）在清产核资专项财务审计工作中发现的企业重大资产和财务问题以及向企业提出的有关改进建议；

（七）对企业内部控制制度的完整性、适用性、有效性以及执行情况发表意见。

第六章 工作责任与监督

第二十九条 企业负责人对企业提供的会计资料以及申报的清产核资工作结果的真实性、完整性承担责任；中介机构对所出具的清产核资专项财务审计报告和损失及挂账经济鉴证意见的准确性、可靠性承担责任。

第三十条 承办企业清产核资经济鉴证业务的中介机构及相关工作人员应认真遵循相关执业道德规范：

（一）严格按照《办法》和国家有关财务会计制度规定，认真做好企业清产核资损失及挂账经济鉴证和专项财务审计工作；

（二）恪守独立、客观、公正的原则，做到诚信为本，不虚报、瞒报和弄虚作假；

（三）认真按照业务约定书的约定履行责任；

（四）严守企业的商业秘密，未经许可不得擅自对外公布受托企业的清产核资结果及相关材料。

第三十一条 国有资产监督管理机构负责中介机构及相关工作人员的企业清产核资经济鉴证监督工作，建立企业清产核资经济鉴证质量抽查工作制度，对中介机构出具的清产核资专项财务审计报告和企业损失及挂账经济鉴证意见的质量进行必要检查和监督。

第三十二条 承办企业清产核资经济鉴证业务的中介机构及相关工作人员在实际工作中违反国家有关法律法规规定的，国有资产监督管理机构可及时终止其清产核资经济鉴证业务，并视情节轻重，移交有关部门依法进行处罚；触犯刑律的，依法移送司法机关处理。

第三十三条 在国有资产监督管理机构对资金核实结果批复后，承办企业清产核资经济鉴证业务的中介机构应当及时协助企业按批复文件的要求进行调账。

第七章 附　　则

第三十四条 企业和承办企业清产核资经济鉴证业务的中介机构，应当按照《会计档案管理办法》的规定，妥善保管好清产核资各类工作底稿及相关材料，并做好归档管理工作。

第三十五条 本规则自公布之日起施行。

关于印发《国有企业文件材料归档办法》的通知

（2004年1月20日　国资档发［2004］4号）

各省、自治区、直辖市、计划单列市档案局、国有资产监督管理委员会，新疆生产建设兵团办公厅，有关中央国家机关，各中央企业：

为规范国有企业文件材料归档工作，丰富和完善企业档案资源，有效为企业发展服务，现将《国有企业文件材料归档办法》印发给你们，请结合实际情况贯彻执行。其他类型企业可参照执行。

国有企业文件材料归档办法

第一章 总　　则

第一条 为规范国有及国有控股企业（以下简称企业）文件材料的归档工作，完整、系统保存企业档案，根据《中华人民共和国档案法》、《中华人民共和国档案法实施办法》、《企业档案管理规定》，制定本办法。

第二条　归档的企业文件材料是指企业自筹建以来各种活动中形成的具有保存价值的各种形式的记录。

第三条　企业应建立文件材料归档制度，明确企业文件材料的归档范围、时间、要求，保证归档文件材料齐全、完整、准确、系统。

第四条　企业文件材料归档工作应纳入企业各项工作计划，纳入企业领导工作议程，纳入有关人员岗位责任制。

企业各部门专（兼）职档案人员负责所形成的文件材料的收集、整理，并按要求向档案部门归档。

第五条　企业档案部门负责本企业及所属单位文件材料归档工作的指导、监督和检查。

第六条　企业应建立文件材料归档责任追究制度。不按要求归档的应由有关单位追究当事人或部门的责任。

第二章　归档范围

第七条　企业在筹备、成立、经营、管理及产权变动过程中形成的具有保存价值的文件材料应列入归档范围（见附件《国有企业文件材料归档范围》）。

第八条　归档文件材料的来源：

（一）本企业内部形成的文件材料；

（二）本企业所属单位和派出机构（包括境外机构）应报本企业的文件材料；

（三）本企业引进项目、外购设备等带来的文件材料；

（四）本企业投资的全资、控股、参股企业应向本企业提交的文件材料；

（五）本企业参与的合作项目，合作单位按要求应向本企业提交的文件材料；

（六）本企业执行、办理的外来文件材料。

第九条　归档的文件材料主要包括纸质、光盘、磁带、照片及底片、胶片、实物等各种载体形式。

第三章　归档时间

第十条　管理性文件材料一般应在办理完毕后的第二年上半年归档。

第十一条　工业企业产品、非工业企业业务项目、科研课题、基建项目文件材料在其项目鉴定、竣工后或财务决算后三个月内归档，周期长的可分阶段、单项归档。

第十二条　外购设备仪器或引进项目的文件材料在开箱验收或接收后即时登记，安装调试后归档。

第十三条　企业职工外出参加公务活动形成的文件材料应在活动结束后及时归档。

第十四条　会计文件材料在会计年度终了后由会计部门整理归档，保管一年后向档案部门移交。

第十五条　电子文件逻辑归档实时进行，物理归档应与纸质文件归档时间一致。

第十六条　磁带、照片及底片、胶片、实物等形式的文件材料应在工作结束后及时归档。

第十七条　下列文件材料应随时归档：

（一）变更、修改、补充的文件材料；

（二）企业内部机构变动和职工调动、离岗时留在部门或个人手中的文件材料；

（三）企业产权变动过程中形成的文件材料；

（四）其他临时活动中形成的文件材料。

第四章　归档要求

第十八条　整理归档的文件材料应遵循文件材料形成规律，保持其有机联系，并符合有关标准、规范要求。

第十九条 归档的文件材料应为原件。因故无原件的可归具有凭证作用的文件材料。

文件材料归档后不得更改。

第二十条 非纸质文件材料应与其文字说明一并归档。

外文（或少数民族文字）材料若有汉译文的应与汉译文一并归档，无译文的要译出标题后归档。

第二十一条 具有永久、长期保存价值的电子文件，必须形成一份纸质文件归档。

第二十二条 归档文件材料的载体和字迹应符合耐久性要求。

第二十三条 归档的文件材料一般一式一份。重要的、利用频繁的和有专门需要的可适当增加份数。

反映同一内容而形式不同的文件材料应保持其一致性。

第二十四条 两个以上单位合作完成的项目，主办单位保存全套文件材料，协办单位保存与承担任务相关的正本文件。

有合同、协议规定的，按其要求执行。

第二十五条 各部门的专（兼）职档案人员应检查本部门归档文件材料的齐全、完整与准确情况，整理完毕并编制移交清册，由部门或项目负责人签字核准后向档案部门移交。重要项目的文件材料移交时应编写归档说明。

档案部门接收时应全面检查归档文件材料的质量。

第二十六条 交接双方应认真核对移交清册，并履行签字手续，移交清册各留一份以备查考。

附件

国有企业文件材料归档范围

一、党群工作形成的文件材料

（一）党务综合性工作、党员代表大会或党组织其他有关会议。

（二）党组织建设、党员和党员干部管理、党纪监察工作、重要政治活动或事件。

（三）宣传及思想政治工作、企业文化和精神文明建设、统战工作。

（四）职工代表大会、工会工作、共青团工作、女工工作。

（五）专业学会、协会工作，群众团体活动。

二、行政管理工作形成的文件材料

（一）企业筹备期的可行性研究、申请、批准，企业章程。

（二）企业领导班子（包括董事会、股东会、监事会和经理层，下同）构成及变更，企业内部机构及变更。

（三）企业领导班子活动。

（四）综合性行政事务，企业事务公开，文秘、机要、保密、信访工作，印鉴的管理。

（五）法律事务，纪检监察，公证工作。

（六）审计工作。

（七）职工人事管理，劳动合同管理，劳动工资和社会保险，职务任免，职称评聘。

（八）职工教育与培训工作。

（九）医疗卫生工作。

（十）后勤福利，住房管理。

（十一）公安保卫，综合治理，防范自然灾害。

（十二）外事工作。

三、经营管理工作形成的文件材料

（一）企业改革，经营战略决策。

（二）计划管理，责任制管理，各种统计报表，企业综合性统计分析。

（三）资产管理，房地产管理，资本运作，对外投资，股权管理，多种经营管理，产权变动、清产核资。

（四）属企业所有的知识产权和商业秘密及其管理。

（五）企业信用管理，形象宣传。

（六）商务合同正本及与合同有关的补充材料，有关的资信调查等。

（七）财务管理，资金管理，成本价格管理，会计管理。

（八）物资采购、保存、供应和流通。

（九）经营业务管理，服务质量管理。

（十）境外项目管理。

（十一）招投标项目管理。

四、生产技术管理工作形成的文件材料

（一）生产准备、生产组织、调度工作。

（二）质量管理，质量检测和质量控制工作。

（三）能源管理。

（四）企业管理现代化和信息化建设，科技管理。

（五）生产安全，消防工作，交通管理。

（六）环境保护、检测与控制。

（七）计量工作。

（八）标准化工作。

（九）档案、图书、情报工作。

五、产品生产或业务开发工作形成的文件材料

A 工业企业

（一）产品的市场调研、立项论证、设计。

（二）产品的工艺、工装、试制、加工制造。

（三）产品的检验、包装。

（四）产品的销售与售后服务。

（五）产品鉴定、评优。

（六）产品质量事故分析及处理。

B 非工业企业

（一）业务项目的研发与形成。

（二）业务项目的经营。

（三）业务项目的保障与监督。

六、科学技术研究工作形成的文件材料

（一）、科研项目的调研、申报立项。

（二）、科研项目的研究、试验。

（三）、科研项目的总结、鉴定。

（四）、科研项目的报奖、推广应用。

七、基本建设和技术改造工作形成的文件材料

（一）基建项目和技术改造项目的可行性研究、立项、勘探、测绘、招标、投标、征迁工作，以及建设单位项目管理工作。

（二）基建项目和技术改造项目的设计。

（三）基建项目和技术改造项目的施工。

（四）基建项目和技术改造项目的监理。

（五）基建项目和技术改造项目的竣工和验收。

（六）基建项目和技术改造项目的评奖、创优。

（七）基建项目的使用、维修、改建、扩建。

（八）事故分析和处理。

八、设备仪器管理形成的文件材料

（一）购置设备、仪器的立项审批，购置合同。

（二）设备、仪器的开箱验收或接收。

（三）设备、仪器的安装调试。

（四）设备、仪器的使用、维护和改造、报废。

（五）事故分析和处理。

九、会计工作形成的文件材料

（一）会计凭证。

（二）会计账簿。

（三）财务报告及报表。

（四）其他文件材料。

十、职工个人管理形成的文件材料

（一）职工（包括离退休职工、死亡职工）的履历材料。

（二）职工的鉴定、考核。

（三）职工的专业技术职务评聘。

（四）职工的奖励与处分。

（五）职工的工资、保险、福利待遇等。

（六）职工的培训与岗位技能评定等。

（七）其他记载个人重要社会活动的文件材料。

十一、其他对国家、社会和企业有保存价值的文件材料。

陕西省工商行政管理局

关于放宽市场准入条件的实施方案

（2003年10月31日　陕工商字［2003］117号）

为了认真贯彻省委、省政府《关于进一步深化我省国有企业改革的意见》、《关于进一步加快非公有制经济发展的若干意见》及《关于加快发展壮大县域经济的决定》等文件精神，促进我省经济快速发展，特制订本实施方案。

一、允许部分企业注册资本分期到位

下列企业登记为有限责任公司按申报注册资本予以核准登记，允许注册资本分期到位，在首次注入资本不低于申请注册资本额40%的情况下，即可办理营业执照，同时注明实际到位资本金额，其余部分须在一年内补齐。

1. 民营科技企业。依据《陕西省民营科技企业条件》以科技人员为主体，按照自筹资金、自愿组合、自主经营、自负盈亏原则创办和经营的，主要从事技术开发、技术转让、技术服务和科技成果产业化业务的经济实体为民营科技企业。

2. 从事农业种植、养殖、加工、储藏、运输的企业。

3. 下岗失业人员创办的企业。

4. 设立为生产型有限责任公司的企业。

具体操作办法：

1. 企业的注册登记按有限责任公司的登记程序办理。

2. 企业验资报告上实际到位的有形注册资本至少要达到企业申请注册资本的40%以上（登记机关按实际到位注册资本收取注册登记费）。

3. 公司的设立申请书中应载明公司实际到位资本及在一年期限内应补齐的资本数额。公司在一年内若未能补足认缴的资本数额时，公司应申请变更登记或注销登记。

4. 注册资本分期到位的公司，其营业执照的有效期为一年。

5. 企业在一年内补足剩余认缴的注册资本，登记机关按换发营业执照的程序办理相关手续。企业补足剩余认缴注册资本时应提供验资报告（登记机关收取补足剩余认缴注册资本的注册登记费）。

6. 在企业尚未补足认缴的注册资本以前，公司不得申请设立分公司。

7. 下岗失业人员创办的企业须提供两个以上股东的《再就业优惠证》。

8. 注册资本分期到位的公司从事的行业、项目有国家法律法规规定需要前置审批的，应提供相应的前置审批文件。

9. 若企业在一年的期限内没有补足应认缴的资本且又不主动到登记管理机关申请变更登记或注销登记，登记机关应收缴其营业执照，责令其停止营业，并按有关法律、法规处理。

二、企业经营范围按大类核定，放开经营方式

除国家法律、法规明确禁止及需要前置审批的行业、项目外，在我省注册登记的企业、个体工商户的经营范围由企业和个体工商户自主决定，登记机关在核定经营范围时原则上应参照国民经济行业分类大类进行规范核定，不再规定具体的经营项目。

除国家法律、法规明确有限制的经营方式外，企业、个体工商户自主选择经营方式。

三、允许较多的自然人作为股份有限公司的股东

国有企业改制中设立的股份有限责任公司，允许较多数量的自然人作为股份有限责任公司发起人。经营者持股时，可以以自然人的名义注册登记。

本实施方案不涉及外商投资企业，外商投资企业按现行有关法律、法规规定执行。

本实施方案自下发之日起施行。

关于印发《关于国有企业改革中登记管理若干问题的实施意见》的通知

（国家税务总局 工商企字〔1998〕第88号）

各省、自治区、直辖市及计划单列市工商行政管理局：

为贯彻落实党的十五大精神，支持国有企业改革，国家工商行政管理局制定了《关于国有企业改革中登记管理若干问题的实施意见》。现印发给你们，请遵照执行。执行中的问题，请及时报告国家工商行政管理局。

附件：关于国有企业改革中登记管理若干问题的实施意见

1998年5月8日

关于国有企业改革中登记管理若干问题的实施意见

党的十五大明确提出，要按照“产权清晰、权责明确、政企分开、管理科学”的要求，对国有大中型企业实行规范的公司制改革。要以资本为纽带，通过市场形成具有较强竞争力的跨地区、跨行业、跨所有制和跨国经营的大企业集团。要采取改组、联合、兼并、租赁、承包经营和股份合作制、出售等形式，加快放开搞活国有小型企业的步伐。为了深入贯彻落实党的十五大精神，充分发挥登记管理机关的职能作用，支持国有企业改革，现就国有企业改革中登记管理的若干问题提出如下意见：

一、各级登记主管机关要深入学习和领会党的十五大精神，高举邓小平理论伟大旗帜，按照“三个有利于”原则，紧紧围绕现代企业制度这一中心，既要依法登记注册，又要解放思想，主动介入，热忱服务，积极研究现代企业制度建设中出现的新情况、新问题，探索新的思路和对策，充分发挥企业登记管理在促进现代企业制度建设和推进国有企业战略性改组中的职能作用。

二、国有企业改建为公司（指依《公司法》设立的有限责任公司或股份有限公司，下同），主要应是改建为多个投资主体的有限责任公司和股份有限公司。改建为国有独资公司的，应由经国务院或省级人民政府授权投资的机构或授权的部门作为公司的股东。

三、国有企业整体改建为公司，应由原国有企业投资人或新的投资人作为该公司股东或发起人，原国有企业自身不得作为该公司股东或发起人。

国有企业以其部分资产改建为公司（部分改建）是企业的一种投资行为。国有企业对外投资按《国务院批转财政部关于加强国有企业财产监督意见的通知》（国发〔1997〕9号）的有关规定执行，投资后剩余自有资金不得低于法定注册资金最低限额，且应与企业经营规模、经营范围和经营方式相适应。其投资或与其他投资者共同投资设立的公司，按新设立公司登记注册。

四、对原国有企业吸收本企业职工入股改建为有限责任公司的，可由具有社团法人资格的本企业职工持股会或本企业工会，代表全体或部分职工作为公司的投资主体行使股东或发起人的职能；改建为股份有限公司的，按国家有关规定办理。

五、国有企业改建为公司的登记管辖，应符合《中华人民共和国公司登记管理条例》（以下简称《公司登记管理条例》）的规定。原登记机关没有公司登记权的，应当将申请文件和登记档案一并移送有登记管辖权的公司登记机关。

六、国有企业改建为公司，应在原国有企业投资主体依法作出改建为公司的决定，并报经政府授权部门批准后，由全体股东或发起人按照《公司法》和《公司登记管理条例》的规定，向公司登记主管机关申请公司登记。地方政府对国有企业改建为公司的审批有规定的，按地方政府的规定办理。

七、国有企业整体改建为公司属于下列情形之一的，应按设立登记的要求提交文件，按变更登记程序办理，换发营业执照：

（一）改建为国有独资公司或独家发起的股份有限公司；

（二）吸收新股东投资入股组成公司；

（三）吸收合并组成公司。

属于新设合并组成公司的，应按设立登记办理。

属于吸收合并的被合并方和新设合并的合并各方，应按《中华人民共和国企业法人登记管理条例》（以下简称《企业法人登记管理条例》）及其施行细则的规定办理注销登记。

八、国有企业整体改建为公司，公司的经营范围中有属于法律、行政法规限制的项目，如原国有企业已经取得专项审批，只要在有效期内，申请公司登记时可不再重新办理审批手续。但法律、行政法规规定需要重新审批的，或现行法律、行政法规规定需要审批而原企业没有取得批准的，还需向登记主管机关提交有关批准文件。

九、国有企业改建为公司，以原国有企业资产出资的方式、比例应符合《公司法》及其他有关法规、规章的规定。

十、国有企业整体改建为公司，应将其下属企业法人或营业单位一并纳入改建方案，限期改建为子公司或分公司。对已纳入原国有企业改建方案的下属企业法人，在按《公司法》和《公司登记管理条例》规范之前，不得继续对外投资或设立分支机构，需要进行变更登记的仍按《企业法人登记管理条例》执行，需由主管部门审批或签署意见的，可由已改建的公司行使该职能。

对没有纳入原国有企业改建方案的下属企业法人，应在重新确定其主管部门后，按《企业法人登记管理条例》及其施行细则的规定向其登记主管机关申请变更登记或备案。

十一、国有企业被公司兼并，该国有企业应同时改建为子公司或分公司，也可以参照公司兼并的有关规定，将国有企业撤销。申请登记时除提交《公司登记管理条例》规定的文件外，还应提交主管部门批准文件及兼并协议。

国有企业被非公司企业兼并而改变登记注册事项、隶属关系的，应按《企业法人登记管理条例》及其施行细则的有关规定办理变更登记或备案，登记主管机关应重新核定企业的登记注册事项。因兼并而终止的，应办理注销登记。

十二、濒临破产或资不抵债的国有企业被兼并后，要求保留企业法人资格，改建为公司的，应按前条有关规定办理登记注册；以非公司企业法人存在的，则兼并企业应新注入资金，并应达到注册资金的最低数额要求，登记主管机关应重新核定企业的注册资金及其他登记注册事项。

十三、国有企业依照国家有关规定实行承包、租赁经营的，企业的经济性质不变，法定代表人或负责人以及其他登记注册事项发生变化的应进行变更登记。

十四、国有企业改建为股份合作企业的，在国家有关法律、法规出台前，地方已有规定的，可按地方规定执行；地方没有规定的，可参照《关于发展城市股份合作制企业的指导意见》（体改生〔1997〕96号）制定登记办法。

十五、集体企业资产构成较为复杂，产权界定政策性强，其改制、改组应按国务院的有关部署，在清产核资、界定产权、评估资产的基础上开展工作。其登记管理可参照本实施意见进行。

关于妥善解决国有企业办中小学退休教师待遇问题的通知

（国办发〔2004〕9号）

各省、自治区、直辖市人民政府，国务院各部委、各直属机构：

分离企业办社会的职能是党中央、国务院作出的加快国有企业改革、完善社会主义市场经济体制的重大举措。企业办中小学移交地方管理，是企业分离办社会职能工作的重要组成部分。近年来，分离企业办中小学工作取得了一定的进展，但也存在一些问题。由于企业办中小学教师工资及退休待遇执行的政策与地方政府办中小学不尽相同，造成大部分国有企业中小学退休教师待遇偏低。根据《中华人民共和国教师法》有关规定，为妥善解决上述问题，现通知如下：

一、各地区、各有关部门要以“三个代表”重要思想为指导，全面贯彻落实党的十六大、十六届三中全会精神，从推进国有企业改革、促进基础教育事业发展、切实维护社会稳定的大局出发，加快国有企业办中小学移交地方政府管理的进度，理顺办学管理体制。

二、对已经移交地方政府管理的企业所办中小学，其退休教师仍留在企业的，由企业按照《教师法》的有关规定，对退休教师基本养老金加统筹外项目补助低于政府办中小学同类人员退休金标准的，其差额部分由所在企业予以计发。

尚未移交地方政府管理的企业办中小学，其在职教师的工资和退休教师的基本养老金加统筹外项目补助，低于政府办中小学同类人员标准的，由企业按政府办中小学同类人员标准计发。

企业上述支出，允许计入费用，在所得税前扣除。按政府办中小学同类人员标准计发确有困难的亏损企业，同级财政予以适当补助。中央亏损企业，由中央财政给予适当补助。

上述规定自2004年1月1日起执行。

三、对各地已实施关闭破产的企业，其关闭破产前所办中小学退休教师的待遇问题，由各地方政府研究解决。

四、今后在企业办中小学移交地方政府管理时，企业退休教师一并移交。在职人员的移交要在核定的编制限额内进行。移交后，退休教师退休金待遇按照当地政府办中小学同类人员标准执行。中央管理企业所办中小学移交地方政府管理后，由中央财政对困难地区给予适当补助。

五、解决国有企业办中小学退休教师待遇问题，情况复杂，涉及面广，政策性强，各级人民政府和有关部门要高度重视，加强领导，密切配合，狠抓落实。各地要从当地实际情况出发，抓紧制定具体的政策措施和工作方案，精心组织，周密部署，认真实施，切实加强思想政治工作，将国有企业办中小学退休教师的待遇问题妥善解决好，维护社会稳定。

中华人民共和国国务院办公厅

2004年1月20日

陕西省人民政府办公厅转发

《国务院办公厅关于妥善解决国有企业办中小学退休教师待遇问题的通知》的通知

（陕政办发［2004］88号）

各市、县、区人民政府，省人民政府各工作部门、各直属机构：

现将《国务院办公厅关于妥善解决国有企业办中小学退休教师待遇问题的通知》（国办发［2004］9号）转发你们，并提出以下意见，请一并认真贯彻执行。

一、解决国有企业办中小学退休教师待遇问题，涉及面广，政策性强，各级政府和各有关部门要高度重视，加强领导，周密部署，组织实施。企业主管部门要督促相关企业，认真落实国办9号文件精神，妥善解决国有企业办中小学退休教师待遇问题。

二、企业办中小学教师待遇，按企业所在地县、区政府办中小学同类人员标准计发。确有困难的亏损企业，由企业按其隶属关系报主管部门，主管部门会同有关部门按照《教师法》的有关规定审核后，向同级财政提出申请，同级财政给予适当补助。

三、已实施关闭破产的企业，其关闭破产前所办中小学退休教师基本养老金加统筹外项目补助，低于当地政府办中小学同类人员退休金标准的差额部分，按原企业隶属关系，由上级主管部门解决，或在破产费用中统筹解决。已实施关闭破产企业的中小学尚未移交地方政府的，原企业所在地政府应尽快落实交接工作，省国资委和各市经贸委（经委）负责协调，各有关部门积极配合。

四、妥善解决国有企业办中小学教师待遇问题由省国资委和各级经贸部门负责督促检查，教育、财政、劳动、人事等部门要加强指导和协调。

2004年8月17日

财政部关于印发《关于企业国有资产办理无偿划转手续的规定》的通知

（1999年9月27日 财管字［1999］301号）

国务院各部委、各直属机构，各省、自治区、直辖市、计划单列市财政厅（国有资产管理局）、中央管理企业：

为促进国有经济结构调整，加速国有资产的合理流动和优化配置，规范资产划转操作程序，特制定《关于企业国有资产办理无偿划转手续的规定》。现印发给你们，请遵照执行，并将执行中遇到的问题及时告知我们，以便进一步完善。

附件：关于企业国有资产办理无偿划转手续的规定

关于企业国有资产办理无偿划转手续的规定

第一条 为促进国有经济结构调整，加速国有资产的合理流动和优化配置，规范操作程序，特制定本规定。

第二条 本规定所指的企业国有资产无偿划转是指企业因管理体制改革、组织形式调整和资产重组等原因引起的整体或部分国有资产在不同国有产权主体之间的无偿转移。

第三条 办理企业国有资产无偿划转手续应遵循以下原则：

1. 符合国家有关法律法规，符合国家的产业政策；

2. 有利于产业结构、企业产权结构的调整、有利于提高国有资产的运营效率；

3. 坚持双方协商一致的原则。

第四条 企业国有资产无偿划转由各级财政（国有资产管理）部门负责办理。

第五条 凡占有、使用国有资产的部门和企业发生下列产权变动情况的，应按本规定办理企业资产无偿划转手续：

1. 企业因管理体制导组织形式调整，改变行政隶属关系的；

2. 国有企业之间无偿兼并；

3. 企业间国有产权（或国有股权）的无偿划转或置换；

4. 组建企业集团，理顺集团内部产权关系；

5. 经国家批准的其他无偿划转行为。

第六条 按照国有资产统一所有，分级管理的原则，企业国有资产办理无偿划转应按照下列情况分别进行申报：

1. 属于地方管理的国有资产，在本省、自治区、直辖市、计划单列市所辖范围内划转的，由划入及划出双方的主管部门或企业集团母公司向同级财政（国有资产管理）部门提出申请。属跨地、市、县划转的，还应由双方同级财政（国有资产管理）部门分别向同一上级财政（国有资产管理）部门提出申请。

2. 属于地方管理的国有资产跨省、自治区、直辖市、计划单列市进行划转的，由划入及划出双方企业主管部门或集团母公司向同级财政（国有资产管理）部门提出申请。逐级上报财政部。

3. 属于地方管理的国有资产与中央管理的国有资产之间划转的，地方由企业的主管部门或企业集团母公司向同级财政（国有资产管理）部门提出申请目逐级上报财政部。中央由企业集团母公司、重点企业或企业主管部门向财政部提出申请。

4. 属于中央管理的国有资产在企业集团、重点企业及中央各部门之间进行划转的，由划入与划出双方向财政部提出申请。

第七条 各级财政（国有资产管理）部门在接到完整的资产划转申报材料后，应认真审查，及时作出是否批准资产划转的决定，并发文批复。

第八条 企业集团、重点企业按产权纽带管理的国有资产，在集团内部进行资产划转由集团母公司审批，报同级财政（国有资产管理）部门备案矿由部门管理暂未脱钩企业的国有资产在同一部门内部进行资产划转，暂由有关主管部门审批，报同级财政（国有资产管理）部门备案。

第九条 办理资产划转手续，需提交下列文件：

1. 划转双方办理资产划转的申请（凡申办跨区域资产划转的，同时应附逐级上报的有关文件资料）；

2. 划转双方企业母公司或主管部门签订的资产划转协议及政府有关批准文件（涉及企业行政隶属关系改变的，需提交经贸委批准文件）；

3. 被划转企业经中介机构审定的划转基准日财务报告；

4. 被划转企业与划入方企业的产权登记证、企业法人营业执照复印件。

第十条 划入、划出双方企业应依据资产划转文件办理变动产权登记等有关手续，并进行相关的账务调整。

第十一条 凡未按本规定办理资产划转手续的，财政（国有资产管理）部门不予办理相应的产权登记手续。

第十二条 本规定自发布之日起执行，原国家国有资产管理局《关于国有资产办理无偿划转手续的通知》（国资工字［1990］第17号）同时废止。

国家经贸委、财政部

关于国有企业管理关系变更有关问题的通知

（国经贸企改［2001］257号）

各省、自治区、直辖市、计划单列市及新疆生产建设兵团经贸委（经委）、财政厅（局），国务院各部门，各中央管理企业：

为促进国有经济结构调整和国有资产的优化配置，规范国有企业（以下简称企业）管理关系变更操作程序，现将有关问题通知如下：

一、办理企业管理关系变更应遵循以下原则：

（一）符合国家有关法律法规及国家的产业政策，符合建立现代企业制度的方向。

（二）有利于产业结构、企业产品结构的调整，促进生产要素的合理流动，有利于提高国有资产的运营效率。

（三）有利于精干主业，提高企业核心竞争力。

（四）有关各方协商一致。

二、按照国有资产国家所有，分级管理的原则，企业管理关系变更按照下列情况分别办理审批手续：

（一）中央管理的企业（以下简称中央企业）整体并入另一中央企业、中央企业整体交地方管理、地方管理的企业（以下简称地方企业）整体交中央管理，报国务院决定。

（二）中央企业的子企业划入另一中央企业，由划入方提出申请，划出方出具意见，报国家经贸委并商财政部审批。其中，划转双方均为国家授权投资机构（含授权经营企业，下同）的，由国家授权投资机构决定，报国家经贸委、财政部备案。

中央企业的子企业的所属企业变更管理关系的，由中央企业决定。

（三）中央企业接收地方企业，或中央企业的子企业交地方管理，由划入方提出申请，划出方出具意见，报国家经贸委并商财政部审批。其中，中央企业为国家授权投资机构的，由国家授权投资机构与地方人民政府批准，报国家经贸委、财政部备案。

中央企业的子企业接收地方企业，或中央企业的子企业的所属企业交地方管理，由中央企业与地方人民政府批准。

（四）地方企业之间划转，由划转双方当地人民政府或政府授权的部门或机构审批。

三、办理企业管理关系变更手续，需国家经贸委审批的，应提交下列文件：

（一）划入方关于企业管理关系变更的申请，内容包括划入方、划出方及管理关系变更的企业（以下简称被划转企业）的基本情况，变更企业管理关系的理由等。

（二）划转双方签订的资产划转协议。

（三）被划转企业的意见。

（四）被划转企业经中介机构审定的上一年度财务审计报告。

（五）被划转企业及划入方企业的产权登记证、企业法人营业执照复印件。

（六）其他有关文件。

四、企业管理关系变更，根据本通知第二条的审批权限经批准后，划入、划出双方应依据财政部《关于企业国有资产办理无偿划转手续的规定》（财管字〔1999〕301号）到财政部办理资产划转手续，并依据有关规定办理税务、劳动、人事、产权等关系变更手续。

2001年3月16日

国务院办公厅关于中央企业分离办社会职能试点工作有关问题的通知

（国办发［2004］22号）

各省、自治区、直辖市人民政府，国务院各部委、各直属机构：

分离企业办社会职能，切实减轻国有企业的社会负担，是深化国有企业改革，实现政企分开，提高国有企业竞争力，完善社会主义市场经济体制的一项重大举措。近年来，企业办社会职能的分离工作取得了一定进展，但任务仍相当艰巨。为积极稳妥地推进中央企业分离办社会职能工作，经国务院同意，选择中国石油天然气集团公司（以下简称中石油）、中国石油化工集团公司（以下简称中石化）、东风汽车公司进行分离企业办社会职能的试点。现就试点工作有关问题通知如下：

一、从2004年1月1日起，将中石油、中石化、东风汽车公司所属的全日制普通中小学（以下简称中小学）和公安、检察、法院（以下简称公检法）等职能单位，一次性全部分离并按属地原则移交地方管理。企业医院、市政机构、消防机构、社区机构、生活服务单位等分离问题，由企业和地方政府根据实际情况协商决定，鼓励企业办社会机构通过市场化改革进行分离。

二、移交地方管理的中小学、公检法机构，按照“移交资产无偿划转”的原则，以2003年企业财务决算数为依据，实行成建制移交。移交前已发生的债务不移交地方政府，仍由原企业承担。

三、移交人员以2003年12月31日的在职人数为依据，符合有关职（执）业资格条件的，在规定编制内经地方政府核定后，纳入移交范围。移交中涉及的机构编制事宜，按有关规定和程序办理。

中小学离退休教师纳入移交人员范围。

四、移交地方政府管理的中小学、公检法以及中小学离退休教师的经费补助，按照2003年企业实际补助金额，经中央财政专项核定后，由中央财政给予补助。其中，对中小学的经费补助应剔除2003年企业收到的教育费附加返还。对移交地方政府管理后，人员工资标准和离退休人员养老金低于当地政府规定同类人员标准的，按当地政府规定的标准计算。补助资金通过中央财政转移支付方式划转地方财政补助基数。

五、移交机构的资产、财务、劳动工资、社会保险、人事关系的划转，由国务院有关部门和中石油、中石化、东风汽车公司商地方政府按国家有关规定办理。

六、中石油、中石化、东风汽车公司分离企业办社会职能工作完成后，中央财政相应调减其所得税返还金额。

七、中石油、中石化、东风汽车公司办社会职能移交地方政府管理，涉及面广，政策性强，各有关省、自治区、直辖市人民政府及国务院有关部门要高度重视，加强领导，密切配合，确保顺利完成接收工作。财政部、国资委要会同教育部、公安部、高法院、高检院、劳动保障部、人事部等有关部门，加强对试点工作的跟踪、指导，协调地方政府和企业，做好移交机构的交接工作，并及时总结试点经验。中石油、中石化、东风汽车公司要分别与地方政府制定具体的实施方案，精心组织，统一部署，周密安排，逐省（自治区、直辖市）研究落实。在交接过程中，要严格执行财经纪律和各项规章制度。各有关地区、部门和单位要加强思想政治工作，讲政治、顾大局，确保移交机构的正常运转和社会稳定，做到思想不散、秩序不乱、工作不断、国有资产不流失。

中华人民共和国国务院办公厅

2004年3月10日

划拨用地目录

（中华人民共和国国土资源部令第9号）

一、根据《中华人民共和国土地管理法》和《中华人民共和国城市房地产管理法》的规定，制定本目录。

二、符合本目录的建设用地项目，由建设单位提出申请，经有批准权的人民政府批准，方可以划拨方式提供土地使用权。

三、对国家重点扶持的能源、交通、水利等基础设施用地项目，可以以划拨方式提供土地使用权。

对以营利为目的，非国家重点扶持的能源、交通、水利等基础设施用地项目，应当以有偿方式提供土地使用权。

四、以划拨方式取得的土地使用权，因企业改制、土地使用权转让或者改变土地用途等不再符合本目录的，应当实行有偿使用。

五、本目录施行后，法律、行政法规和国务院的有关政策另有规定的，按有关规定执行。

六、本目录自发布之日起施行。原国家土地管理局颁布的《划拨用地项目目录》同时废止。

国家机关用地和军事用地

（一）党政机关和人民团体用地

1. 办公用地。

2. 安全、保密、通讯等特殊专用设施。

（二）军事用地

1. 指挥机关、地面和地下的指挥工程、作战工程。

2. 营区、训练场、试验场。

3. 军用公路、铁路专用线、机场、港口、码头。

4. 军用洞库、仓库、输电、输油、输气管线。

5. 军用通信、通讯线路、侦察、观测台站和测量、导航标志。

6. 国防军品科研、试验设施。

7. 其他军事设施。

城市基础设施用地和公益事业用地

（三）城市基础设施用地

1. 供水设施：包括水源地、取水工程、净水厂、输配水工程、水质检测中心、调度中心、控制中心。

2. 燃气供应设施：包括人工煤气生产设施、液化石油气气化站、液化石油气储配站、天然气输配气设施。

3. 供热设施：包括热电厂、热力网设施。

4. 公共交通设施：包括城市轻轨、地下铁路线路、公共交通车辆停车场、首末站（总站）、调度中心、整流站、车辆保养场。

5. 环境卫生设施：包括雨水处理设施、污水处理厂、垃圾（粪便）处理设施、其他环卫设施。

6. 道路广场：包括市政道路、市政广场。

7. 绿地：包括公共绿地（住宅小区、工程建设项目的配套绿地除外）、防护绿地。

（四）非营利性邮政设施用地

1. 邮件处理中心、邮政支局（所）。

2. 邮政运输、物流配送中心。

3. 邮件转运站。

4. 国际邮件互换局、交换站。

5. 集装容器（邮袋、报皮）维护调配处理场。

（五）非营利性教育设施用地

1. 学校教学、办公、实验、科研及校内文化体育设施。

2. 高等、中等、职业学校的学生宿舍、食堂、教学实习及训练基地。

3. 托儿所、幼儿园的教学、办公、园内活动场地。

4. 特殊教育学校（盲校、聋哑学校、弱智学校）康复、技能训练设施。

（六）公益性科研机构用地

1. 科学研究、调查、观测、实验、试验（站、场、基地）设施。

2. 科研机构办公设施。

（七）非营利性体育设施用地

1. 各类体育运动项目专业比赛和专业训练场（馆）、配套设施（高尔夫球场除外）。

2. 体育信息、科研、兴奋剂检测设施。

3. 全民健身运动设施（住宅小区、企业单位内配套的除外）。

（八）非营利性公共文化设施用地

1. 图书馆。

2. 博物馆。

3. 文化馆。

4. 青少年宫、青少年科技馆、青少年（儿童）活动中心。

（九）非营利性医疗卫生设施用地

1. 医院、门诊部（所）、急救中心（站）、城乡卫生院。

2. 各级政府所属的卫生防疫站（疾病控制中心）、健康教育所、专科疾病防治所（站）。

3. 各级政府所属的妇幼保健所（院、站）、母婴保健机构、儿童保健机构、血站（血液中心、中心血站）。

（十）非营利性社会福利设施用地

1. 福利性住宅。

2. 综合性社会福利设施。

3. 老年人社会福利设施。

4. 儿童社会福利设施。

5. 残疾人社会福利设施。

6. 收容遣送设施。

7. 殡葬设施。

国家重点扶持的能源、交通、水利等基础设施用地

（十一）石油天然气设施用地

1. 油（气、水）井场及作业配套设施。

2. 油（气、汽、水）计量站、转接站、增压站、热采站、处理厂（站）、联合站、注水（气、汽、化学助剂）站、配气（水）站、原油（气）库、海上油气陆上终端。

3. 防腐、防砂、钻井泥浆、三次采油制剂厂（站）、材料配制站（厂、车间）、预制厂（车间）。

4. 油（气）田机械、设备、仪器、管材加工和维修设施。

5. 油、气（汽）、水集输和长输管道、专用交通运输设施。

6. 油（气）田物资仓库（站）、露天货场、废旧料场、成品油（气）库（站）、液化气站。

7. 供排水设施、供配电设施、通讯设施。

8. 环境保护检测、污染治理、废旧料（物）综合处理设施。

9. 消防、安全、保卫设施。

（十二）煤炭设施用地

1. 矿井、露天矿、煤炭加工设施，共伴生矿物开采与加工场地。

2. 矿井通风、抽放瓦斯、煤层气开采、防火灌浆、井下热害防治设施。

3. 采掘场与疏干设施（含控制站）。

4. 自备发电厂、热电站、输变电设施。

5. 矿区内煤炭机电设备、仪器仪表、配件、器材供应与维修设施。

6. 矿区生产供水、供电、燃气、供气、通讯设施。

7. 矿山救护、消防防护设施。

8. 中心试验站。

9. 专用交通、运输设施。

（十三）电力设施用地

1. 发（变）电主厂房设施及配套库房设施。

2. 发（变）电厂（站）的专用交通设施。

3. 配套环保、安全防护设施。

4. 火力发电工程配电装置、网控楼、通信楼、微波塔。

5. 火力发电工程循环水管（沟）、冷却塔（池）、阀门井水工设施。

6. 火力发电工程燃料供应、供热设施，化学楼、输煤综合楼，启动锅炉房、空压机房。

7. 火力发电工程乙炔站、制氢（氧）站，化学水处理设施。

8. 核能发电工程应急给水储存室、循环水泵房、安全用水泵房、循环水进排水口及管沟、加氯间、配电装置。

9. 核能发电工程燃油储运及油处理设施。

10. 核能发电工程制氢站及相应设施。

11. 核能发电工程淡水水源设施，净水设施，污水、废水处理装置。

12. 新能源发电工程电机，厢变、输电（含专用送出工程）、变电站设施，资源观测设施。

13. 输配电线路塔（杆），巡线站、线路工区，线路维护、检修道路。

14. 变（配）电装置，直流输电换流站及接地极。

15. 输变电、配电工程给排水、水处理等水工设施。

16. 输变电工区、高压工区。

（十四）水利设施用地

1. 水利工程用地：包括挡水、泄水建筑物、引水系统、尾水系统、分洪道及其附属建筑物，附属道路、交通设施，供电、供水、供风、供热及制冷设施。

2. 水库淹没区。

3. 堤防工程。

4. 河道治理工程。

5. 水闸、泵站、涵洞、桥梁、道路工程及其管护设施。

6. 蓄滞洪区、防护林带、滩区安全建设工程。

7. 取水系统：包括水闸、堰、进水口、泵站、机电井及其管护设施。

8. 输（排）水设施（含明渠、暗渠、隧道、管道、桥、渡槽、倒虹、调蓄水库、水池等）、加压（抽、排）泵站、水厂。

9. 防汛抗旱通信设施，水文、气象测报设施。

10. 水土保持管理站、科研技术推广所（站）、试验地设施。

（十五）铁路交通设施用地

1. 铁路线路、车站及站场设施。

2. 铁路运输生产及维修、养护设施。

3. 铁路防洪、防冻、防雪、防风沙设施（含苗圃及植被保护带）、生产防疫、环保、水保设施。

4. 铁路给排水、供电、供暖、制冷、节能、专用通信、信号、信息系统设施。

5. 铁路轮渡、码头及相应的防风、防浪堤、护岸、栈桥、渡船整备设施。

6. 铁路专用物资仓储库（场）。

7. 铁路安全守备、消防、战备设施。

（十六）公路交通设施用地

1. 公路线路、桥梁、交叉工程、隧道和渡口。

2. 公路通信、监控、安全设施。

3. 高速公路服务区（区内经营性用地除外）。

4. 公路养护道班（工区）。

5. 公路线路用地界外设置的公路防护、排水、防洪、防雪、防波、防风沙设施及公路环境保护、监测设施。

（十七）水路交通设施用地

1. 码头、栈桥、防波堤、防沙导流堤、引堤、护岸、围堰水工工程。

2. 人工开挖的航道、港池、锚地及停泊区工程。

3. 港口生产作业区。

4. 港口机械设备停放场地及维修设施。

5. 港口专用铁路、公路、管道设施。

6. 港口给排水、供电、供暖、节能、防洪设施。

7. 水上安全监督（包括沿海和内河）、救助打捞、港航消防设施。

8. 通讯导航设施、环境保护设施。

9. 内河航运管理设施、内河航运枢纽工程、通航建筑物及管理维修区。

（十八）民用机场设施用地

1. 机场飞行区。

2. 公共航空运输客、货业务设施：包括航站楼、机场场区内的货运库（站）、特殊货物（危险品）业务仓库。

3. 空中交通管理系统。

4. 航材供应、航空器维修、适航检查及校验设施。

5. 机场地面专用设备、特种车辆保障设施。

6. 油料运输、中转、储油及加油设施。

7. 消防、应急救援、安全检查、机场公用设施。

8. 环境保护设施：包括污水处理、航空垃圾处理、环保监测、防噪声设施。

9. 训练机场、通用航空机场、公共航运机场中的通用航空业务配套设施。

法律、行政法规规定的其他用地

（十九）特殊用地

1. 监狱。

2. 劳教所。

3. 戒毒所、看守所、治安拘留所、收容教育所。

关于促进下岗失业人员再就业税收政策具体实施意见的通知

各省、自治区、直辖市和计划单列市国家税务局、地方税务局、劳动和社会保障厅（局）：

为贯彻落实《中共中央、国务院关于进一步做好下岗失业人员再就业工作的通知》（中发［2002］12号，以下简称《通知》）和《财政部、国家税务总局关于下岗失业人员再就业有关税收政策问题的通知》（财税［2002］208号）精神，经国务院批准，现将下岗失业人员再就业有关税收政策的具体实施意见明确如下：

一、新办服务型企业的认定、审核程序

（一）企业申请认定

新办服务型企业的认定工作由劳动保障部门负责。

新办服务型企业当年新招用下岗失业人员，并与其签订三年以上期限劳动合同的，可向当地劳动保障部门递交书面认定申请。

（二）企业申请认定需报送下列材料：

1. 营业执照副本；

2. 税务登记证副本；

3. 下岗失业人员《再就业优惠证》；

4. 职工花名册（企业盖章）；

5. 企业与新招用的下岗失业人员签订的劳动合同（副本）；

6. 企业为职工缴纳的社会保险费记录；

7. 企业工资支付凭证（工资表）；

8. 劳动保障部门要求的其他材料。

（三）认定办法

1. 核查材料。县级以上劳动保障部门接到企业报送的材料后，重点核查下列材料：一是核查新办服务型企业当年新招用的人员是否属于《通知》中规定的享受税收扶持政策对象；二是核查新办服务型企业新招用的下岗失业人员占企业职工总数的比例；三是核查新办服务型企业是否与下岗失业人员签订了三年以上期限的劳动合同；四是核查新办服务型企业为新招用的下岗失业人员缴纳社会保险费的记录。必要时，应深入企业进行现场核实。

2. 人员比例计算公式新办服务型企业当年新招用的下岗失业人员比例的计算公式为：当年新招用下岗失业人员占职工总数的比例＝当年新招用下岗失业人员人数/职工总数×100%。新办服务型企业经核查，符合条件的，由劳动保障部门核发《新办服务型企业吸纳下岗失业人员认定证明》。

（四）新办服务型企业申请税收减免程序

1. 具有《新办服务型企业吸纳下岗失业人员认定证明》的企业申请减免税的，应向其当地主管税务机关报送下列材料：

（1）减免税申请表；

（2）营业执照副本；

（3）税务登记证副本；

（4）《新办服务型企业吸纳下岗失业人员认定证明》；

（5）资产负债表；

（6）企业工资支付凭证（工资表）；

（7）主管税务机关要求的其他材料。

2. 经县级以上（含县级，下同）税务机关审核同意后，可以按下列办法享受税收优惠政策：新办服务型企业当年新招用下岗失业人员达到职工总数30%（含30%）以上的，三年内免征企业应缴纳的营业税、城市维护建设税、教育费附加和企业所得税；新办服务型企业当年新招用下岗失业人员不足职工总数30%的，三年内按计算的减征比例减征企业所得税。减征比例＝（企业当年新招用的下岗失业人员/企业职工总数×100%）×2。

二、新办商贸企业的认定、审核程序

（一）企业申请认定新办商贸企业的认定工作由劳动保障部门负责。新办商贸企业当年新招用下岗失业人员，并与其签订三年以上期限劳动合同的，可向当地劳动保障部门递交书面认定申请。

（二）企业申请认定需报送下列材料：1. 营业执照副本；2. 税务登记证副本；3. 下岗失业人员《再就业优惠证》；4. 职工花名册（企业盖章）；5. 企业与新招用的下岗失业人员签订的劳动合同（副本）；6. 企业为职工缴纳的社会保险费记录；7. 企业工资支付凭证（工资表）；8. 劳动保障部门要求的其他材料。

（三）认定办法 1. 核查材料。县级以上劳动保障部门接到企业报送的材料后，重点核查下列材料：一是核查新办商贸企业当年新招用的人员是否属于《通知》中规定的享受税收扶持政策对象；二是核查新办商贸企业新招用的下岗失业人员占企业职工总数的比例；三是核查新办商贸企业是否与下岗失业人员签订了三年以上期限的劳动合同；四是核查新办商贸企业为新招用的下岗失业人员缴纳社会保险费的记录。必要时，应深入企业进行现场核实。2. 人员比例计算公式新办商贸企业当年新招用的下岗失业人员比例的计算公式为：当年新招用下岗失业人员占职工总数的比例 = 当年新招用下岗失业人员人数/职工总数 × 100%。新办商贸企业经核查，符合条件的，由劳动保障部门核发《新办商贸企业吸纳下岗失业人员认定证明》。

（四）新办商贸企业申请税收减免程序

1. 具有《新办商贸企业吸纳下岗失业人员认定证明》的企业申请减免税的，应向其当地主管税务机关报送下列材料：

(1) 减免税申请表；

(2) 营业执照副本；

(3) 税务登记证副本；

(4)《新办商贸企业吸纳下岗失业人员认定证明》；

(5) 资产负债表；

(6) 企业工资支付凭证（工资表）；

(7) 主管税务机关要求的其他材料。

2. 经县级以上税务机关审核同意后，可以按下列办法享受税收优惠政策：新办商贸企业当年新招用下岗失业人员达到职工总数 30%（含 30%）以上的，三年内免征企业应缴纳的城市维护建设税、教育费附加和企业所得税；新办商贸企业当年新招用下岗失业人员不足职工总数 30%的，三年内按计算的减征比例减征企业所得税。减征比例 =（企业当年新招用的下岗失业人员/企业职工总数 × 100%）× 2。

三、现有服务型企业的认定、审核程序

（一）企业申请认定现有服务型企业的认定工作由劳动保障部门负责。现有服务型企业，其新增加的岗位，当年新招用下岗失业人员达到职工总数 30%（含 30%）以上，并签订三年以上期限劳动合同的，可向当地劳动保障部门递交书面认定申请。

（二）企业申请认定需要报送下列材料：

1. 营业执照副本；

2. 税务登记证副本；

3. 下岗失业人员《再就业优惠证》；

4. 企业上年底职工花名册及本年度职工花名册（企业盖章）；

5. 企业与新招用的下岗失业人员签订的劳动合同；

6. 企业为职工缴纳的社会保险费记录；

7. 企业工资支付凭证（工资表）；

8. 劳动保障部门要求的其他材料。

（三）认定办法

1. 核查材料。县级以上劳动保障部门接到企业报送的材料后，重点核查下列材料：

一是核查现有服务型企业新招用的人员是否属于《通知》中规定的享受税收扶持政策对象；

二是核查现有服务型企业新增加岗位与新招用的下岗失业人员占企业职工总数的比例；

三是核查现有服务型企业是否与下岗失业人员签订了三年以上期限的劳动合同；四是核查现有服务型企业为当年新招用的下岗失业人缴纳社会保险费的记录。必要时，应深入企业进行现场核实。

2. 人员比例计算公式现有服务型企业在当年新增加岗位中，新招用的下岗失业人员占职工总数比例的计算公式为：当年新招用下岗失业人员占职工总数的比例＝当年新招用下岗失业人员人数/职工总数（上年年底职工总数＋当年新招人员数）×100%。现有服务型企业经核查，符合条件的，由劳动保障部门核发《现有服务型企业吸纳下岗失业人员认定证明》。

（四）现有服务型企业申请税收减免程序

1. 具有《现有服务型企业吸纳下岗失业人员认定证明》的企业申请减免税的，应向其当地主管税务机关报送下列材料：

（1）减免税申请表；

（2）营业执照副本；

（3）税务登记证副本；

（4）《现有服务型企业吸纳下岗失业人员认定证明》；

（5）企业财务报表；

（6）企业工资支付凭证（工资表）；

（7）主管税务机关要求的其他材料。

2. 经县级以上税务机关审核同意后，三年内对年度应缴的企业所得税额减征30%。

四、现有商贸企业的认定、审核程序

（一）企业申请认定现有商贸企业的认定工作由劳动保障部门负责。现有商贸企业，其新增加的岗位，当年新招用下岗失业人员达到职工总数30%（含30%）以上，并签订三年以上期限劳动合同的，可向当地劳动保障部门递交书面认定申请。

（二）企业申请认定需要报送下列材料：

1. 营业执照副本；

2. 税务登记证副本；

3. 下岗失业人员《再就业优惠证》；

4. 企业上年底职工花名册及本年度职工花名册（企业盖章）；

5. 企业与新招用的下岗失业人员签订的劳动合同；

6. 企业为职工缴纳的社会保险费记录；

7. 企业工资支付凭证－工资表；

8. 劳动保障部门要求的其他材料。

（三）认定办法

1. 核查材料。县级以上劳动保障部门接到企业报送的材料后，重点核查下列材料：

一是核查现有商贸企业新招用的人员是否属于《通知》中规定的享受税收扶持政策对象；

二是核查现有商贸企业新增加岗位与新招用的下岗失业人员占企业职工总数的比例；

三是核查现有商贸企业是否与下岗失业人员签订了三年以上期限的劳动合同；四是核查现有商贸企业为当年新招用的下岗失业人缴纳社会保险费的记录。必要时，应深入企业进行现场核实。

2. 人员比例计算公式现有商贸企业在当年新增加岗位中，新招用的下岗失业人员占职工总数比例的计算公式为：当年新招用下岗失业人员占职工总数的比例＝当年新招用下岗失业人员人数/职工总数（上年年底职工总数＋当年新招人员数）×100%。现有商贸企业经核查，符合条件的，由劳动保障部门核发《现有商贸企业吸纳下岗失业人员认定证明》。

（四）现有商贸企业申请税收减免程序

1. 具有《现有商贸企业吸纳下岗失业人员认定证明》的企业申请减免税的，应向其当地主管税务机关报送下列材料：

(1) 减免税申请表；

(2) 营业执照副本；

(3) 税务登记证副本；

(4)《现有商贸企业吸纳下岗失业人员认定证明》；

(5) 企业财务报表；

(6) 企业工资支付凭证（工资表）；

(7) 主管税务机关要求的其他材料。

2. 经县级以上税务机关审核同意后，三年内对年度应缴的企业所得税额减征30%。

五、国有大中型企业通过主辅分离和辅业改制分流安置本企业富余人员兴办的经济实体（以下简称“经济实体”）的认定、审核程序（一）经济实体申请认定经济实体，符合下列条件的，可向其主管财政部门、经贸部门和劳动保障部门申请认定：

1. 利用原企业的非主业资产、闲置资产或政策性破产关闭企业的有效资产（以下简称“三类资产”）；

2. 独立核算，产权清晰并逐步实现产权主体多元化；

3. 吸纳原企业富余人员占职工总数达到30%以上（含30%）；

4. 与安置的职工变更或签订新的劳动合同。其中，地方企业“三类资产”的认定由财政部门出具证明；主辅分离、辅业改制的认定及其产权多元化的认定由经贸部门出具证明；富余人员的认定、签订劳动合同以及安置比例由劳动保障部门出具证明。中央企业需出具国家经贸委、财政部、劳动和社会保障部联合批复意见和集团公司（总公司）的认定证明，具体办法按国家经贸委等八部门联合下发的《关于国有大中型企业主辅分离辅业改制分流安置富余人员的实施办法》（国经贸企改［2002］859号）执行。

（二）具有上述证明的经济实体申请减免税的，应向其当地主管税务机关报送下列材料：

1. 营业执照副本；

2. 税务登记证副本；

3. 由财政部门出具的《“三类资产”认定证明》；

4. 由经贸部门出具的主辅分离或辅业改制的证明；

5. 由经贸部门出具的《产权结构证明》（或《产权变更证明》）；对中央企业兴办的经济实体，上述3、4、5项是指由国家经贸委、财政部、劳动和社会保障部联合出具的批复意见和集团公司（总公司）出具的认定证明。

6. 由劳动保障部门出具《经济实体安置富余人员认定证明》；

7. 经济实体职工花名册；

8. 原企业与安置的富余人员劳动关系的变更协议及经济实体与富余人员签订的新的劳动合同（副本）；

9. 经济实体工资支付凭证（工资表）；

10. 经济实体为所安置的富余人员个人缴纳社会保险费的记录；11. 主管税务机关要求的其他材料。

（三）认定办法

1. 核查材料主管税务机关接到经济实体报送的材料后，重点核查下列材料：

一是由经贸部门出具的主辅分离或辅业改制的证明和《产权结构证明》（或《产权变更证明》）；

二是由财政部门出具的国有企业的《“三类资产”认定证明》；三是由劳动保障部门出具的《经济实体安置富余人员认定证明》，具体包括：经济实体安置的富余人员是否属于《通知》中规定的享受税收扶持政策对象；经济实体安置的富余人员占企业职工总数的比例；经济实体是否与安置的富余人员签订了新的劳动合同；经济实体为安置的富余人员缴纳社会保险费的记录。必要时，应深入经济实体进行现场核实。

2. 人员比例计算公式经济实体当年安置本企业富余人员比例的计算公式为：当年安置本企业富余人员占职工总数的比例 = 当年安置本企业富余人员人数/企业职工总数（上年年底职工总数 + 当年新安置富余人员人数）×100%。

（四）经济实体享受的税收扶持政策经县级以上税务机关审核同意后，对符合条件的经济实体，三年内免征企业所得税。

六、对下岗失业人员从事个体经营的审核程序下岗失业人员从事个体经营的，领取税务登记证后，可持下列材料向其当地主管税务机关申请减免税：

1. 营业执照副本；

2. 税务登记证副本；

3.《再就业优惠证》；

4. 主管税务机关要求的其他材料。经县级以上税务机关审核同意后，下岗失业人员可到当地主管税务机关办理营业税、城市维护建设税、教育费附加和个人所得税的减免税手续。

七、监督管理（一）建立健全年度检查制度各级劳动保障部门、税务部门共同负责本地区年检工作。年检的主要目的是检查企业是否符合国家规定，具备享受扶持政策的条件，防止和杜绝骗税、逃税情况的发生，凡经年检合格的，由税务部门核准继续给予企业或个人享受相关减免税待遇。

1. 企业要按照年检内容和工作要求，首先做好自查自检。

2. 参加年检的企业应向当地的劳动保障部门递交下列材料（一式两份）：

(1)《新办服务型企业吸纳下岗失业人员认定证明》、《新办商贸企业吸纳下岗失业人员认定证明》、《现有服务型企业吸纳下岗失业人员认定证明》、《现有商贸企业吸纳下岗失业人员认定证明》或《经济实体安置富余人员认定证明》(以下通称《认定证明》)；

(2) 新招用下岗失业人员的《再就业优惠证》；

(3) 填写《年度检查报告书》(一式四份)；

(4) 上年度及本年度上半年财务报表；

(5) 职工花名册；

(6) 工资报表；

(7) 与吸纳的下岗失业人员或被安置的富余人员签订的劳动合同；

(8) 社会保险缴费记录。

各级劳动保障部门、税务部门对企业报送的年检材料要及时认真审查。对不符合要求的，要尽快通知企业限期进行整改；对限期整改后，仍达不到要求的，不得继续享受减免税优惠政策，并追缴已减免税款。

对年检合格的企业，由劳动保障部门在《认定证明》上加盖“年检合格”印戳。3. 年检工作结束后，劳动保障部门、税务部门应将年检资料装订成册，分别归档备查。

不参加年检的企业不得继续享受税收优惠政策。

在年检中发现弄虚作假，伪造《认定证明》和骗取税收扶持政策的，应缴销《认定证明》、追缴所骗税款，情节严重的，应移交司法部门处理。

各省、自治区、直辖市和计划单列市劳动保障部门、税务部门应根据本地区的实际情况，联合做好重点抽查工作。抽查企业不得少于各类应享受税收优惠政策企业的15%。劳动和社会保障部与国家税务总局每年对各地年检认证及享受税收政策情况组织抽查，对抽查中发现的问题要全国通报。

对从事个体经营的下岗失业人员，申请继续享受税收扶持政策的，应持有经县以上劳动保障部门年检的《再就业优惠证》，申请办理本年度减免税手续。

（二）加强《认定证明》的管理 1.《认定证明》由劳动和社会保障部制定统一式样，并负责监制。2.《认定证明》由各省、自治区、直辖市劳动保障部门负责印制，统一编号备案。3.企业关闭破产或改变其性质时，发证机关应及时收回《认定证明》。4.任何单位或个人不得伪造、涂改、转让《认定证明》，违者将依法予以惩处。

国家税务总局
劳动和社会保障部
2002 年 12 月 24 日

陕西省财政厅

关于加强资产评估工作的通知

（2004 年 1 月 2 日陕财办企［2004］001 号）

各设区市、杨凌示范区财政局，省级各有关部门、企业集团，各资产评估机构：

为加强资产评估工作监管力度，提高评估工作透明度，促进公平交易，防止国有资产流失，根据《国有资产评估管理办法》（国务院 91 号令）、《国务院办公厅转发财政部 < 关于改革国有资产评估行政管理方式加强资产评估监督管理工作意见 > 的通知》（国办发［2001］102 号）及《国务院办公厅转发国务院国有资产监督管理委员会〈关于规范国有企业改制工作意见〉的通知》（国办发［2003］96 号）精神，结合我省实际，现提出以下要求：

一、国有资产占有单位发生改制、对外投资、合并、分立、清算、产权（股权）转让、资产拍卖、租赁、资产诉讼等行为时，必须依法进行资产审计、评估。审计、评估一般应由投资主体进行委托，先审计，后评估，审计和评估应分别委托两个有资质的中介机构交叉进行。

二、资产评估项目评估报告基准日应与财产清查、审计基准日保持一致。评估基准日原则上按年度、半年度、季度确定。具体评估项目基准日的确定应以经济行为发生最近的时间点确定，有特殊情况的根据实际情况确定。

三、改制过程中不良资产核销、非经营性资产及相关资产剥离必须经过财政部门审核同意，先审批，后审计，再评估，中介机构、主管部门不得超越职权违规操作。

四、审计报告、改制过程中核销的不良资产及有关资产剥离的审批材料应作为评估报告的备查文件装入评估报告。

五、资产评估项目分为备案项目和核准项目。资产评估核准项目有：国有资产占有单位以国有资产发起设立股份有限公司、国有股权转让等事项；省属国有企业整体改组为有限责任公司；省属及省以下列入国家兼并破产计划企业及省级国有及国有控股企业实施破产的项目；省级国有及国有控股企业整体转让、部分转让（转让资产总额占企业资产总额 50%以上）及经省政府批准出售的重要资产项目；省属企业债转股项目；省级企业整体资产或部分资产（资产额占企业资产总额的 70%以上）租赁给非国有单位的项目；省级人民政府批准的其他重大经济事项的资产评估项目。除以上项目外均为资产评估的备案项目。凡进行资产评估的机构都必须有国家有关部门颁发的资产评估证书。资产评估机构的确定必须公开、透明。资产评估核准项目评估机构的确定由投资主体商国有资产管理部门指定或公开招标。进行资产评估核准项目的机构必须具备以下条件：

(一) 有专职资产评估师6人（含6人）以上；

(二) 注册资本在100万元（含100万元）以上；

(三) 两年之内资产评估工作无违法、违规行为的。

六、企业及上级单位的资产评估申请备案或核准的报告应包括以下内容：

(一) 资产评估的目的及进行改制的批准文件；

(二) 资产评估基准日及选定的理由；

(三) 资产评估机构及委托方，资产评估过程简述；

(四) 资产评估结果及有关单位的审查意见。

七、国有资产占有单位评估报告必须实行公示制度。

1. 公示范围：国有资产占有单位及职工代表大会。

2. 公示办法：中介机构在出具正式资产评估报告前，其草案必须在国有资产占有单位内部公示一周，发挥全体职工的民主监督作用。资产评估报告公示由资产占有单位职代会负责，纪检部门负责对公示进行全过程监督。评估机构对单位内部公示中提出的意见要进行调查核实，及时对评估报告作适当调整。

3. 资产占有单位向财政部门申请评估核准或备案时，除正常报送的材料外，还必须附有单位职代会、纪检部门关于资产评估结果单位内部公示的说明。

4. 对公示过程中发现的问题，资产占有单位及评估机构要进行核实，并按规定调整评估报告。资产占有单位或评估机构隐瞒事实真相，弄虚作假，致使评估结果失实的，要承担相应的法律责任。财政部门可根据情节轻重，按照国务院（1991）91号令、财政部15号令（《国有资产评估违法行为处罚办法》）进行处罚，涉及犯罪的移送司法机关处理。

八、本通知自发文之日起执行。

关于指定西部产权交易所作为省属企业国有产权交易机构的通知

(陕国资改办发〔2004〕18号)

省级各有关部门、省属各国有及国有控股、国有参股企业：

为了贯彻落实国务院国资委、财政部颁发的《企业国有产权转让管理暂行办法》（国资委、财政部令第3号，以下简称《办法》）和省委、省政府《关于进一步深化我省国有企业改革的意见》（陕发〔2003〕16号，以下简称《意见》）及《陕西省省属国有企业改制工作暂行程序》（陕国企改发〔2004〕002号）的精神，规范企业国有产权转让行为，加强企业国有产权交易的监督管理，落实企业国有产权进场交易的规定，经省人民政府批准设立的西部产权交易所从场地、设施、人员以及经营能力上，均符合国家有关规定对产权交易机构的要求。经研究决定西部产权交易所作为从事我省省属企业国有产权交易活动的产权交易机构，负责发布企业国有产权转让信息，组织相关产权交易活动并出具产权交易凭证。

省属各企业要充分认识企业国有产权进场交易的重要意义，切实执行进场交易制度。省级各有关部门要认真落实《办法》及《意见》的精神，严格执行企业国有产权交易都要在产权交易市场公开进行的规定，杜绝各种形式的场外交易，促进企业国有产权“阳光交易”制度的建立。

根据国务院国资委《关于加强企业国有产权交易监督有关工作的通知》（国资发产权〔2004〕176号）的要求，“没有设立产权交易机构的地区，可以在做好本地有关部门协调工作的基础上，采取业务委托等方式与其他经省级国资监管机构确定的产权交易机构或区域性产权交易市场建立相应的委托代理关系”，本省未设立产权交易机构或虽设立但不具备国有产权交易条件的地区，应委托西部产权交易所为本地区所属企业国有产权交易提供服务。

2004年4月28日

关于加强企业国有产权交易管理工作的通知

（省国资办、省工商局、省监察厅陕国资改办发〔2004〕007号）

省级各有关部门、省属各企业：

为了贯彻落实国务院国资委、财政部颁发的《企业国有产权转让管理暂行办法》和省委省政府《关于进一步深化我省国有企业改革的意见》的精神，加强企业国有产权交易的监督管理，规范企业国有产权交易行为，促进产权交易市场的健康发展，现就加强企业国有产权交易管理工作的有关事宜通知如下：

一、各国有及国有控股、国有参股企业（以下简称企业），凡发生下列产权变动情况的，均应进入依法设立并符合《企业国有产权转让管理暂行办法》规定条件的产权交易机构交易。国有产权交易范围如下：

1. 国有企业的整体或部分产权转让；

2. 公司制企业（包括有限责任公司、非上市的股份有限公司）的整体或部分国有产（股）权转让；

3. 其它非公司制企业的整体或部分国有产权转让。

二、企业进行产权交易时应向产权交易机构提供以下材料：

1. 出让产权的《产权交易上市申请书》；

2. 出让方和受让方的资格证明和其他有效证明（营业执照、税务登记证、身份证明等）；

3. 产权权属的有关证明（企业国有产权登记证（表）、投资证明等）；

4. 转让企业国有产权的有关决议文件、国有产权持有单位对企业改制的核准意见、国有资产监管机构同意转让的批文；

5. 清产核资报告、审计报告、资产评估报告及资产评估核准、备案材料；

6. 按规定需提交的其他材料。

三、按照《企业国有产权转让管理暂行办法》的规定，企业国有产权转让坚持公开、公平、公正的原则，采取拍卖、招投标、协议转让等方式进行。

四、企业国有产权转让达成协议后，产权交易双方应签订产权转让合同，产权交易机构应向交易双方出具产权交易凭证，产权交易双方凭转让合同和产权交易凭证办理有关权证变更手续。

五、国有资产监管机构在办理企业产权登记时，凡涉及国有产（股）权转让的，除要求企业提交产权变动登记所必需的材料外，还应要求企业提交产权转让合同及产权交易凭证，方可办理产权变动登记手续。

六、工商行政管理部门在办理企业国有产权转让相关登记时，除要求企业提交工商登记所必需的材料外，还应要求企业提交产权转让合同、产权交易凭证及国有资产监管机构的产权变动登记证明。

七、凡未按规定进入产权交易市场并未取得产权交易凭证的产权交易，其交易行为无效，国有资产监管机构不予办理产权变动登记手续，工商行政管理部门不予办理工商变更登记手续，监察部门将根据情节轻重，依据有关规定，对相关责任人给予纪律处分；触犯刑律的，依法追究刑事责任。

关于严禁在国有企业破产中强行向收购或租赁方收取原企业拖欠水、电、气等费用的通知

（陕政办发［2003］32号）

各设区市人民政府，省人民政府各工作部门、各直属机构：

近年来，在省委、省政府的领导下，我省国有企业关闭破产工作取得了积极进展。2000年至今国家共下达我省关闭破产计划42户，涉及资产77.88亿元，职工15.6万人，可核销金融机构债权76.37亿元。截至目前，已有17户企业终结破产法律程序，共核销金融机构债权31亿元，处理各种债务57亿元。

按照计划安排，今年我省企业关闭破产任务十分繁重。为积极稳妥地推进此项工作，根据《破产法》和国家关于企业破产的有关政策规定，省政府重申：在国有企业实施破产中，原企业拖欠水、电、气等部门的费用，有关部门应向破产清算组申报债权，依照破产财产分配顺序受偿，不得向清算组和新收购企业（或租赁企业）强行收取拖欠的费用，并应及时为收购企业（或租赁企业）办理接续使用水、电、气等相关手续，积极支持国有企业破产工作。

2003年5月22日

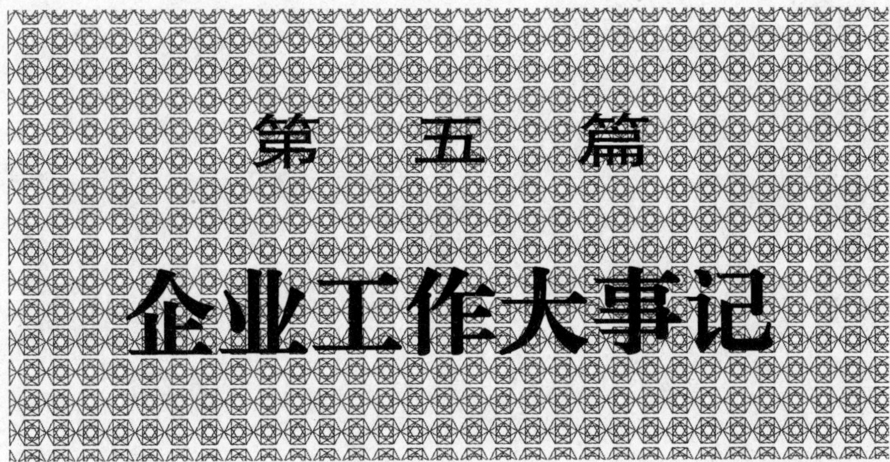

第五篇

企业工作大事记

2003 年陕西省企业工作大事记

2002 年 10 月份，省委、省政府成立了省国有资产管理体制改革领导小组。

2003 年 1 月 4 日，我省表彰 80 户优秀企业，副省长巩德顺出席表彰会并为中小企业服务中心揭牌。

1 月 6 日,华夏银行西安分行正式开业,省上领导李建国、贾治邦、栗战书、陈德铭等出席庆典仪式。

1 月 22 日，全省经贸工作会议在西北饭店隆重召开。

1 月 26 日，我国西部最大的信用担保公司西部信用担保有限公司在西安隆重揭牌。

1 月 28 日，陕西上市公司协会召开成立大会，常务副省长陈德铭到会并讲话。

2 月 20 日，陕西省人民政府与中国银行控股有限公司签订了《财务顾问服务框架协议》，建立国有企业改革中的战略合作伙伴关系，全面推进我省国有经济战略性调整。这是中银国际控股有限公司与中西部地区政府所签署的第一份财务顾问服务协议。

3 月 5 日，省委、省政府和中央企业工委在京联合举行了第七届中国东西部合作与投资贸易洽谈会说明会。

3 月 10 日，“2003 中国西部国际装备制造业博览会”在西安正式开幕。

3 月中旬，省政府主要领导率有关部门深入有色金属集团公司和省医药总公司进行调研，并召开政府专题会议研究两户企业集团的改制方案。

4 月初，省经贸委、省委企业工委联合召开了陕西省国有企业改革发展现场经验交流会，陕西汽车集团有限公司 、陕西龙门钢铁集团有限公司等 6 户企业做了经验交流。

4 月 6 日，第七届中国东西部合作与投资贸易洽谈会在西安隆重开幕。

4 月 9 日，陕西省人民政府和中国华能集团公司在西安签署了陕西电源项目建设合作开发投资意向书，合作金额 230 多亿元。

4 月 10 日，备受海内外关注的第七届中国东西部合作与投资贸易洽谈会圆满闭幕。

4 月 15 日，副省长巩德顺在陕汽集团公司和西航集团公司调研时要求，总结国企改革经验，解放思想，深化改革。

5 月初，贾治邦省长主持省长办公会，专门听取省国资改革领导小组工作汇报。

6 月 20 日，省经贸委、省财政厅、省教育厅、省卫生厅、省劳动和社会保障厅联合下发《关于分离国有企业办社会职能的实施意见》，我省分离国有企业办社会职能工作全面展开。

6 月 23 日，从事环保能源工业产品的陕西西北新技术实业股份有限公司（西北实业）在香港宣布，将以配售股份方式在港发行 H 股，并于 7 月 3 日在香港联交所创业板挂牌买卖。这是内地西北地区企业首次在港上市，集资额 6500 万港元，成为我省第一家在香港挂牌上市的民营企业。

6 月 26 日，省政府与中国大唐集团公司在石泉县喜河镇，共同举行汉江梯级开发工程重点建设项目喜河水电站开工仪式。

7 月 16 日，中国网通集团西北通信股份有限公司经过前期精心筹备和多次实验，已建成完整的、覆盖西北、技术领先、安全高效的通信网络。

7 月 20 日，全国最大的纺电仪器设备科研生产基地，在宝鸡国家级高新技术产业开发区开工建设。

7 月 21 日，我省关中“一线两带”产业基地的第一个重大建设项目和标志性工程——渭化集团 20 万吨“双甲”项目正式开工建设。

7 月 24 日，陕西重型汽车有限公司同西安经济技术开发区正式签约，在该区泾渭科技产业园建设现代化的重型汽车生产基地。

8月8日，省长贾治邦率省政府有关部门负责同志到西电公司调研，并考察了西安变压器厂和西安高压开关厂，肯定西电公司在技术改造、科技创新和企业改革等方面取得的成绩，强调坚持走新型工业化道路，不断提高企业核心竞争力。

8月9日，陕西技术产权交易所“资本与科技——沪陕互动·陕西优秀企业暨成果推介会”在上海科技城隆重举行。

8月、11月，陕西省委、省政府先后组团赴珠江三角洲和长江三角洲学习考察并开展招商引资活动，共签订合同项目258个，引进资金近400亿元，加快了我省利用外资建设西部经济强省的步伐。

8月11日在“2003陕西·广东经贸合作推介会”项目签约中，我省代表团签订了总投资近50亿元的17个合同项目。

9月份，省委、省政府推出全省75户改制试点企业名单，全面带动和推进我省国有企业改革工作。

10月1日，省委、省政府《关于进一步深化我省国有企业改革的意见》、《关于进一步加快非公有制经济发展的若干意见》正式印发全省，指导和推进全省国企改革。

10月份，一直由国有独资经营的312国道一级公路被我省民营企业陕西新桃花源旅游经贸有限责任公司，以3．6亿元人民币买走咸阳至永寿段70%股份的20年经营权，这是我省首家民营企业出资控股经营国道公路。

10月21日，省政府召开全省深化国有企业改革座谈会，省长贾治邦出席并作讲话，副省长巩德顺主持会议，省级机关有关部门和首批重点改革的70多户国有企业负责人参加了座谈会。

11月份，省工商部门制定出台了《关于进一步放宽市场准入条件的实施方案》。方案允许部分私营企业开办者分期注入注册资本，除国家法律、法规明令禁止和需要前置审批的行业、项目外，企业经营范围按大类核定，放开经营方式，国有企业改制中设立的股份有限责任公司可有较多数量的自然人作为公司发起人，经营者持股时，可以自然人的名义注册登记。

11月7日，我国覆盖面积最大的区域电网公司——西北电网有限公司在西安挂牌成立。

11月11日，国家四大电影集团之一，以西安电影制片厂为核心组建的跨地区、跨行业、跨所有制的西部第一影视航母——西部电影集团正式揭牌。

11月18日,一座集研究开发、企业孵化、生产制造等功能于一体的现代工业园区动工兴建。这是我省民营企业蓝溪集团投巨资9.6亿元,正在建设中的数字化医疗产业基地,即清华科技园(陕西)咸阳园区。

11月20日，在财富聚集的长江三角洲地区，我省经贸代表团共抛出招商项目“绣球”1186个，总投资1489亿元，其中重点推介项目130个，总投资433亿元。

11月20日，“2003年陕西·江苏经贸洽谈会”在南京隆重举行。

11月24日，由美国伊顿公司控股、总投资2980万美元的西安伊顿法士特公司成立。

11月28日，以省委副书记、省长贾治邦为团长的陕西省赴长江三角洲学习考察暨经贸代表团在江苏、上海、浙江两省一市为期9天的系列经贸洽谈活动正式结束。

12月1日，省委召开常委扩大会议，传达学习中央经济工作会议精神和胡锦涛总书记、温家宝总理的重要讲话。

12月3日，中泰果品企业家圆桌会议在泰国首都曼谷举行，我省17家果品企业与泰国90余家果品企业家签订长期供货协议。

12月6日，长庆油田年产油气当量一举突破1000万吨大关，达到1002.4万吨。

12月8日，全国最大的煤电铝一体化生产项目将落户榆阳区，预计项目总投资115亿元。

12月19日，以西安咸阳国际机场为主的我省境内5家民用机场共同组建为陕西省机场管理集团公司，同时这些原由国家民航总局管理的民用机场移交陕西省政府管理。

12月25日，为贯彻落实党的十六届三中全会通过的《中共中央关于完善社会主义市场经济体制若干问题的决定》，省委十届四次全体会议讨论并通过了实施意见。

延长油矿管理局瓦窑堡钻采公司

延长油矿管理局瓦窑堡钻采公司成立于1987年5月，它的前身是延安市子长煤建公司，组建于1982年10月，为地方国有中型企业，县级建制，隶属于子长县政府。公司一套机构，两块牌子。截至2003年底，有正常生产井1111口，累计生产原油1363690吨，已形成年产原油20万吨的能力。拥有大中型生产技术设备1000余台(件)，形成资产总值82154万元，其中固定资产63071万元，累计实现税利60161万元，累计上缴财政29486万元，成为科室功能齐全、生产手段完备的集地质勘探、井位勘定、钻井设计、测井、固井、射孔、压裂、安装、修井、洗井、采油和运输为一体的市级中型企业。已跻身于省市经济明星行列。

近年来，在党的改革开放的政策指引下，公司遵循“深化改革、加强管理、依靠科技、提高效益”的工作方针，以“推广科技促生产、强化管理抓采油、努力建设高水平的明星企业”为目标，从加强思想政治工作入手，从培养和建设三支队伍，即能文能武的干部队伍、能打善战的职工队伍、精益求精的技术队伍着眼，不断总结经验、加强管理、推广技术、夯实基础，有力地提高了企业的经济和社会效益，1998年、1999年被县委、县政府评为企业管理先进单位，荣获延安市经济明星企业称号。2000、2001年被市委、市政府授予“原油生产先进企业”称号。2002年被县委、县政府评为“财政增收中做出显著成绩”奖。

2004年，公司继续以邓小平理论和“三个代表”重要思想为指导，认真贯彻落实党的十六大精神，贯彻落实市、县工作会议精神，坚持以人为本，科学规划，以探促采、探采并举，进一步加大勘探开发力度，不断强化企业内部管理，解放思想、实事求是、与时俱进、开拓创新，促进公司持续、快速、协调、健康发展，为振兴石油事业做出更大的贡献。

延长油矿管理局

先进的采油设备

延长油矿管理局定边石油钻采公司原名陕西省定边县石油钻采公司，始建于1993年，原是定边县石化总公司下属企业，1998年分设为独立的法人实体，2003年9月并入延长油矿管理局，冠名为延长油矿管理局定边石油钻采公司，具有油气资源勘探开发资质。从事石油勘探、钻采、运销和井下作业等业务。公司下设15个职能科室、5个采油队，共有职工1430人，油井593口(其中注水井29口)、注水站3个，年原油生产能力50万吨。每年可以实现工业产值7.5亿元，税利2.5亿元。

公司从无资金、无设备、无技术起步，走过了一条从无到有、从小到大、从弱到强的艰难发展道路。1998年分设时，资产1694万元、负债2001万元，资产负债率高达118%。5年来，我们坚持“以科技为先导，以效益为目标，抓管理固基础，促规模上台阶”的经营指导思想，一手抓管理，一手抓开发，实现了跨越式发展。2003年和1998年比较，原油年产量增长了18.4倍，销售收入增长34.5倍，税利费增长了123.4倍，总资产增长了41倍。

在石油开发上，我们始终以科技为先导，科学勘探，科学开发，统筹规划，注采结合，保持合理的开采速度，采收率达到陕甘宁盆地先进水平。推行原油集输工艺，废水处理后回注地层，伴生气做为燃料。同时，硬化油区道路，绿化开发区域，很好地保护并改善了油区生态环境。

在企业管理上，以科学化、制度化、高标准、严要求为指导思想，全面推行目标管理和标准化管理。以人为本，实行半军事化管理，持续提高全员素质。

公司连年被评为市、县经济效益明星企业、百强企业和管理先进企业、技术改造先进企业。2001年榆林市人民政府在全市推广我公司经验，2002年被评为陕西省优秀企业和安全生产单位，2003年被评为陕西省绿色企业。

今后，公司继续走科技含量高、经济效益好、资源消耗低、环境污染少、人力资源得到充分发挥的路子，加大开发和建设力度，2004年计划生产原油50万吨，2006年建成100万吨原油产能基地，企业综合素质达到同行业先进水平，为地方经济社会发展做出更大贡献。

集输处理总站

定边石油钻采公司

职工住宅楼

重视人才、培养人才是公司发展壮大的动力

丰富多彩的职工文化生活

龙钢集团

LONG GANG GROUP

集团公司董事会成员

董事长兼总经理 张丹力(前中)　董事 党委书记 王连智(前右一)

董事 副总经理 秦敏生(前左一)　董事 工会主席 宁水泉(后右一)

董事 副总经理 杨尚智(后左一)

陕西省经贸委主任邱世杰来公司视察

陕西龙门钢铁集团是以陕西龙门钢铁(集团)有限责任公司为母公司及母公司所控股的8个子公司、5个参股公司、13个协作单位所构成的经济联合体。陕西龙门钢铁集团组建于2002年10月5日，2002年12月5日登记成立。

8个子公司是：龙钢集团宝鸡红光钢铁有限公司、龙钢集团宝鸡轧钢有限公司、龙钢集团钢铁炉料有限公司、龙钢集团昌龙运输有限公司、龙钢集团华山冶金设备有限公司、陕西大西沟矿山有限责任公司、龙钢集团韩城华龙耐火材料有限公司、龙钢集团韩城环保产业有限公司。

5个参股公司是：西安骏龙物资储运有限公司、陕西龙门钢铁集团骏龙轧钢有限公司、龙钢综合服务有限责任公司、陕西龙门钢铁集团龙丰轧钢有限公司、西安建大科教产业有限责任公司。

13家协作单位是：韩城同兴冶金有限责任公司、陕西海燕焦化有限公司、韩城市华阳选矿有限责任公司、韩城市鑫达工贸有限责任公司、韩城市信洁煤焦有限责任公司、韩城市北龙钢铁有限责任公司、陕西龙门钢铁总厂建筑安装公司、韩城市振龙煤气厂、龙钢集团龙泉轧钢有限责任公司、三原县富雄焦化有限责任公司、韩城市金马焦化有限责任公司、龙钢集团富平轧钢有限责任公司、龙钢集团西安平和炉料有限责任公司。

集团的常设办事机构为集团工作部。

集团现拥有员工13000余人，总资产40亿元。形成了钢材250万吨、钢坯350万吨、生铁300万吨、焦炭220万吨的综合生产能力，是陕西省重点发展的企业集团之一。

集团成员之间以诚信为最高准则，以实现双赢为最终目的，以市场化的动作，达到资源合理配置、利益共享、风险共担，实现共同发展，为陕西经济做出应有的贡献。

生铁

低压流体输送用 焊接钢管

陕西陕焦化工有限公司

董事长兼总经理吴建智

省政府副秘书长司南(右一)、省委企业工委副书记高盈民(右三)等领导为公司70万吨焦化工程奠基

省经贸委主任邱世杰(前排左三)、省煤炭局局长霍世昌(前排左二)、铜川市副市长冯新柱(前前右三)等省、市领导在公司检查工作